Leben für Musik

Hans Günther Bastian

Leben für Musik

Eine Biographie-Studie über musikalische (Hoch-)Begabungen

mit einem Begleitwort des
Bundesministers für Bildung und Wissenschaft
und einem methodenkritischen Beitrag von Adam Kormann

SCHOTT

Mainz · London · New York · Paris · Tokyo

Für Martha Bastian (†) und Johannes Calmano (†),
die die Biographie des Autors maßgeblich beeinflußt haben.

Das dieser Studie zugrunde liegende Vorhaben
wurde mit Mitteln des Bundesministeriums
für Bildung und Wissenschaft gefördert.
Die Verantwortung für den Inhalt
der Veröffentlichung liegt beim Autor.

Foto Umschlagseite: Norbert Hornig

Bestellnummer: ED 7669

Printed in Germany BSS 46692
ISBN 3-7957-0207-0

Inhalt

Ergebnisse

Anhang

Begleitwort des Bundesministers für Bildung und Wissenschaft

Der Bundesminister für Bildung und Wissenschaft hat ein Forschungsvorhaben über „Lebensgeschichten musikalischer Begabungen“ vergeben, *um* mehr darüber zu erfahren, wie künstlerisch hochbegabte Kinder und Jugendliche verantwortungsvoll gefördert werden können, und um den Kenntnisstand über wettbewerbstypische, aber unerwünschte Nebenwirkungen zu verbreiten.

Im Rahmen dieser Untersuchung wurden zunächst 62 Bundesteilnehmer des vom Bundesminister für Jugend, Familie, Frauen und Gesundheit geförderten bundesweiten Wettbewerbs „Jugend musiziert“ über ihre persönliche, schulische und musikalische Entwicklung ausführlich befragt. In einem ersten Band *Jugend musiziert* (Mainz 1987) sind die vor allem den Wettbewerb berührenden Ergebnisse dieser Befragung publiziert worden.

In dem nunmehr vorgelegten zweiten Band *Leben für Musik. Eine Biographiestudie über musikalische (Hoch-) Begabungen* konzentriert sich der Autor auf das musikalische Leben der 62 befragten Teilnehmer. Der Leser findet in diesem zweiten Band interessante Aussagen über Kindheit und Elternhaus der musikalisch begabten Jugendlichen. Er kann etwas über den instrumentalen Werdegang, die Alltags- und musikalische Lebenswelt, die Persönlichkeitsstruktur musikalischer Begabungen erfahren und einen Einblick in den schulischen Musikunterricht erhalten.

Es ist erstaunlich, welche Fülle von Informationen der Autor aus den jeweils mehrstündigen Gesprächen mit den Jugendlichen – und getrennt davon mit den Eltern – ermittelt und ausgewertet hat. Wer sich in diesen zweiten Band einliest oder nur einzelne ihn besonders interessierende Kapitel herausgreift, wird überrascht sein über das tiefe Verständnis für die besondere konkrete Lebenssituation der einzelnen musikalischen Begabungen. Wir erfahren von Eltern, die sich um den brennenden Ehrgeiz ihres Kindes Sorge machen, oder auch von Jugendlichen, die sich durch die überschwenglichen, häufig übertreibenden Besprechungen in den Medien nicht „irre“ machen lassen und auf ihre „Normalität“ pochen.

Ich hoffe, daß die in diesem zweiten Band ermittelten lebensgeschichtlichen Hintergründe und Bedingungen musikalischen Lernens der Musik- und insbesondere der Instrumentalpädagogik neue Perspektiven eröffnen. Von der Untersuchung verspreche ich mir aber auch wichtige Anregungen für eine breit angelegte Talentfindung und Förderung musikalischer Begabungen.

Den Abschluß findet das Forschungsvorhaben „Lebensgeschichten musikalischer Begabungen“ in einem in Vorbereitung befindlichen dritten Band, der die Ergebnisse einer Repräsentativbefragung unter dem Titel *Jugend am Instrument* vorstellt. Dieser Band wird voraussichtlich 1991 erscheinen.

Die dann vorliegenden umfassenden systematisch-empirischen Erkenntnisse zu den Lern- und Lebensgeschichten musikalischer Begabungen und ihrer Rahmenbedingungen sollten rasch umgesetzt werden. So strebe ich an, daß eine internationale Expertenkonferenz entsprechende Empfehlungen zur Förderung des musikalischen Nachwuchses erarbeitet.

Hans Günther Bastian, der dieses Forschungsvorhaben mit großem Einsatz und viel Engagement verantwortlich leitet, möchte ich für die Fortführung dieses ambitionierten Projekts aufrichtig danken und ihm die notwendige Kraft für die noch ausstehende Forschungsarbeit wünschen. Schon jetzt ist erkennbar, daß er weit mehr geleistet hat, als dies bei der Vergabe des Forschungsvorhabens intendiert war. Dem Schott-Verlag Mainz möchte ich an dieser Stelle für sein verlegerisches Engagement ebenfalls danken.

Jürgen W. Möllemann

Bundesminister für
Bildung und Wissenschaft

Gedankensplitter

● zum biographischen Forschungsansatz

Das Buch „Christiane F. – Wir Kinder vom Bahnhof Zoo" hat mehr Menschen dazu gebracht, sich mit Problemen von Jugendlichen heute auseinsanderzusetzen als drei Repräsentativstudien über Drogenkonsum.

W. Fuchs zum Sinn biographischer Portraits, in: Shell-Studie *Jugend '81*

Die Schwierigkeit, wissenschaftlich des subjektiven Gehalts musikalischer Erfahrungen, über die äußerlichsten Indices hinaus, sich zu versichern, ist nahezu prohibitiv.

Theodor W. Adorno

● zur Kasuistik der Studie

Fallstudien sind wie Glas... Allerdings: Glas ist nicht ungefählich...; es kann verletzen (Scherben), es kann den Blick schärfen, aber auch einengen (Brille), es kann Illusionen erzeugen (Whisky-Flasche).

Hans Brügelmann

● zum bildungs- und gesellschaftspolitischen Aspekt

Hochbegabung ist ein Geschenk der Natur an die Gesellschaft. Karl Marx

Es gibt nichts ungleicheres als die gleiche Behandlung von Ungleichen.

Paul F. Brandwein

Wir kennen nicht genau das Vorkommen aller möglichen Rohstoffe, aber von der Größe und Art unseres Schatzes an geistigen Rohstoffen – das sind die Begabungen – wissen wir noch beschämend wenig; und doch ist diese Kenntnis nicht weniger wichtig als die materiellen Hilfsmittel.

William Stern

Ein Problem der sogenannten Wunderkinder ist sicher das frühzeitige Erkennen der Begabung, das richtige Fördern und ein ebenso großes Problem [...] ist das Verhindern von Wunderkindern. Es wird immens viel Schaden angerichtet. Ich will das nicht den Eltern in die Schuhe schieben, auch nicht den Lehrern, aber man muß sich darüber im klaren sein, daß ohne diesen Druck von Eltern und Lehrern dieses kleine wunderbare Wunderkind-Wesen sicher nicht existieren kann, daß es aber auf jeden „Druck zuviel" unerhört sensibel reagiert und auch zerspringen kann. Aus meinen sehr vielfäligen Erfahrungen mit verschiedenartigen Altersgruppen kann ich sagen, es kann einem das Herz zerspringen, wenn man sieht, wieviel Leben, wieviel wunderbare Begabung, wieviel Lebensraum dort wegschwimmt und daß dann zum Schluß doch nicht das dabei herauskommt, was wir alle uns und was wir diesen jungen Menschen wünschen: daß sie fertige, reife Künstler sind.

Es ist dann irgendwo ein Bruch drin, die Persönlichkeit bleibt irgendwo stehen, entwickelt sich nicht weiter, und nur diese Entwicklung ist dann das, was die Kunst bringt. Das andere ist Zirkusreiterei, das andere ist Eislaufprinzessin oder junger Tennis-Star.

Gerd Albrecht, im Fernsehfilm: *Wunderkinder* (NDR 1986)

● zur Frage: „Was ist musikalische Begabung?"

Musikalische Begabung ist die Befähigung zu einer Persönlichkeit. Es kostet auf jeden Fall Kraft und Energie, eine Position einzunehmen. Die haben viele Menschen nicht aus Gründen der Bequemlichkeit. Eine überzeugende Meinung kann man nur mit einer festen Position haben. Eine überzeugende Persönlichkeit ist potentiell fähig, Musik zu machen. Ein musikalisch begabter Mensch ist kein rationaler Mensch, man muß Intuition zulassen und deren Kompetenz nutzen, intuitives Verstehen in sich selber zulassen. Wer Persönlichkeit und intuitives Verstehen besitzt, der müßte musikalisch begabt sein. Das sind „die" Voraussetzungen. Hinzu kommt eine Ehrlichkeit mit der Wahrheit für sich selber. Man muß relativ gnadenlos sein mit seinem Charakter, mit seinen Schwächen und Stärken umgehen können. Menschen, die unintensiv und uninteressiert sind, werden keine tolle Musik machen. Ich habe es nie verstanden, wenn ein Musikstudent nicht in Museen geht oder zu sonstigen kulturellen Veranstaltungen. Ich weiß nicht, ob man begabt sein muß zur Persönlichkeit, ob man begabt sein muß, diese Energie aufzuwenden, um eine Persönlichkeit zu entwickeln, oder ob das eine eigene Kompetenz ist, die nicht apriori existiert. Es gab immer wieder Leute, die sagten, die Power, die ich hätte, die hat eben nicht jeder. Damit wurde dann auch sehr vieles entschuldigt. Natürlich war ich bei einem Solokonzert mit einem professionellen Orchester nicht nervös, aber es hat mich sehr viel Energie gekostet, nicht nervös zu sein. Heute weiß ich das nicht mehr so genau. Es gibt ein sehr interessantes Werk, das mich sehr betroffen hat, Stefan Zweigs „Der Kampf mit den Dämonen", eine Abhandlung über Genialität und Persönlichkeit und deren Ursachen. Der Dämon ist im Menschen ein Unruhe spendendes, zur Ekstase treibendes, selbstzerstörendes, kreatives, künstlerisches Element, das bei einigen Menschen Überhand gewinnt. Sie werden wahnsinnig, enden im Selbstmord, im Übermaß, in Ekstase... Man kann sich eine Reihe von Musiker-Biographien ansehen, es ist tatsächlich so. Kaum ein Komponist, der für mich von Bedeutung ist, ist alt geworden. Mich hat das erschreckt. Ich entdecke Parallelen zu meiner Auffassung vom Leben. Dieses Exzentrische, Vulkanische, was ich nicht unter Kontrolle bekomme, worunter man leidet, auch an Einsamkeit...

Ein Jugendlicher unserer Stichprobe (21 Jahre)

Vorwort

Eine Alltagssituation war Auslöser vorliegender Studie: die Übertragung eines Eurovisionskonzertes nationaler Preisträger im Deutschen Fernsehen. Zwischen den Konzertauftritten wurden die jungen Musiker mit Bildern aus ihrem Lebensalltag portraitiert, die wenig von der tatsächlichen Lebensgeschichte der brillant aufspielenden Jugendlichen ahnen ließen. Provoziert von diesen Kurzfilmen ließ mich die Frage nicht mehr los, wie es um Alltags- und Lebenswelten, die individuellen Lern- und Lebensgeschichten der jungen Begabungen „in Wirklichkeit" bestellt sein könnte, wieviel Erfolg und Mühe, wieviel Bereicherung und Entbehrung, wieviel Selbst- und Fremdbestimmung, wie viele Höhen und Tiefen, wie viele Schübe und Krisen, welche Schlüsselerlebnisse, welche Orientierungen, welche Lebensperspektiven, welches Erziehungsklima in der Familie, welches Wert- und Normengefüge, welche Motive den instrumentalen und biographischen Werdegang gezeichnet haben.

Verstärkt wurde diese forschend-grüblerische Nachfrage durch die in unserer Gesellschaft so vorschnell vergebenen Etikette der Wunderkinder, Genies und Außenseiter, wofür der 17jährige Tennisspieler Boris Becker in eben jenen Tagen als vielgepriesener „Mozart des Sports" ein aktuelles Beispiel war. Auf der anderen Seite vernimmt man ebenso vorschnell die Sorge um eine verlorene Kindheit und Jugend, um einseitig gedrillte, von „Eislaufmüttern" oder „Tennisvätern" fremdbestimmte Kinder, die ihre Fixiertheit mit personalen und sozialen Defiziten teuer bezahlen müßten. Was stimmt eigentlich an diesen Schlagworten und Gemeinplätzen, die so selbstverständlich gebraucht werden, daß sie von der Forschung bisher nicht hinterfragt wurden? Man kennt sie eben, diese Vorurteile, vom Hörensagen, dem bekanntlich besten Nährboden der Mythologie. Bis heute fehlt eine systematisch-empirische Untersuchung zu Lern- und Lebensgeschichten musikalischer Begabungen und ihrer Rahmenbedingungen. Der Reiz, hier möglicherweise eine allseits beklagte Forschungslücke in Psychologie, Musikpsychologie und Musikpädagogik schließen zu können, tat ein übriges, Lebensgeschichten junger Begabungen ins Visier zu nehmen. Worauf ich mich eingelassen hatte, habe ich erst im Verlauf des Projektes erkannt: Es wurden Jahre forschender Vollbeschäftigung mit wechselnden Phasen von Euphorie und Emphase, aber ebensolche von Gefühlen empfindlicher Dauerbelastung, vom erdrückenden „Hilfe, ich ersticke in Texten!"

Die nächststehende Frage war, wo jenseits aller Expertenzweifel, kontroverser Begabungsdiskussion und umstrittener Musikalitätstests eine Begabten-Stichprobe zu finden war. Die Entscheidung fiel auf die bereits im Fernsehen erlebte Stichprobe, auf instrumentale Talente in Gestalt von Bundespreisträgern und -teilnehmern der Wettbewerbe Jugend musiziert. Sie kamen lern- und lebensmäßig den jungen Erfolgsmusikern im europäischen Rampenlicht am nächsten. Wenn man will, kann man von einer pragmatischen Lösung der Begabungsproblematik sprechen, zumindest konnte ich mich dem Aufwand komplizierter Testkonstruktion, Datenerhebung und -auswertung entziehen, auf deren Basis dann erst eine solche Studie hätte entstehen können. Forschung aber unterliegt immer auch ökonomischen Zwängen, und für mich war mit der Auswahl der wohl qualifiziertesten Teilnehmer von Jugend musiziert (bei allem Vorbehalt gegen Irrtümer von Juroren) die Stichprobenbedingung einer hinreichenden Begabungsvalidität mit hoher Wahrscheinlichkeit gegeben. Außerdem waren meine Fragen auf diese instrumentalen Talente bruchlos übertragbar. Ihr Lernen und Leben interessierte mich, ob hochbegabt oder im Einzelfall auch weniger begabt. Und einen recht tragischen Einzelfall gab es dann tatsächlich in dieser Studie.

Käte Strobel, ehemalige Bundesministerin für Jugend, Familie und Gesundheit (dieses Ministerium ist übrigens Träger der Wettbewerbe), meinte anläßlich einer Auszeichnung der besten Leistungen im Bundeswettbewerb Jugend musiziert: *Wir alle wissen, wieviel Begabung, aber auch ständiges Üben und Arbeiten an sich selbst dahintersteht.*[1]

Wissen wir das wirklich? Kennen wir tatsächlich die Lebensgeschichte des virtuos brillierenden Vierzehnjährigen, der Liszts Campanella-Etüde quasi anstrengungslos meistert? Ich bezweifle es und folge den Lebensspuren der jungen Interpreten von frühester Kindheit bis zum Tag des Interviews. Die Präposition „aus" Lebensgeschichten will sagen, daß ich Biographien nicht chronologisch und geschlossen als Einzelfälle wiedergebe, sondern daß ich mit dem Filter erkenntnisleitender Fachinteressen und Fragestellungen die Erzählungen der Jugendlichen strukturiere, Grobkategorien wie Kindheit, Schule, Instrumentalausbildung, Musikunterricht, musikalische Lebenswelt usw. als Vorgaben der Analyse und Systematik gebrauche. Dies ändert nichts an der forschungsmethodischen Maxime, daß die Deutungsmuster und Interpretationen der Jugendlichen selbst, ihre Perspektiven absolute Priorität behalten (vgl. Kap. *Zur Methode*).

Lebensgeschichten musikalischer Begabung haben keinen unterhaltenden Selbstzweck, auch wenn sich die Studie vermutlich spannender liest als die Wissenschaftssprache von Dissertationen. Biographische Studien sind vorzügliche Quellen instrumentaler Lerngeschichte und haben diagnostischen Wert. Daneben steht ihre projektive Bedeutung, sie können zur Veränderung von Gegenwartskonzepten in Instrumentalpädagogik und (Musik-) Erziehung beitragen. Die selbstreflexive Re-Konstruktion musikalischer Lern- und Lebensgeschichten kann Modell sein für die Begründung fachpädagogischer, bildungs- und kulturpolitischer Fragen und für Verfahren zu deren Lösung. Ansichten und Erfahrungen musikbegabter junger Menschen können verantwortlicher Politik und Pädagogik nicht gleichgültig sein.

Neben diesen allgemeinen Zielsetzungen versteht sich die Studie auf einer privaten Ebene als Ratgeber und Orientierung für alle Jugendlichen, die eine Instrumentalausbildung anstreben oder erhalten, für ihre Eltern und Lehrer. Sie alle können Lern- und Lebenserfahrung gewinnen, die sie für sich selbst womöglich sinnvoll umsetzen. Allein die Vermittlung von Schwierigkeiten und Krisen, Erfolgen und Höhepunkten von Menschen in vergleichbarer Situation kann den Sinn für die jeweils eigene Lage schärfen.

Die subjektiv von mir so empfundene Faszination der Studie, allein Garant für das Durchhalten über einen langen Zeitraum, ging von Gegenstand und Methode gleicherma-

[1] Käte Strobel: *Musikalische Jugendbildung heute*, in: Deutscher Musikrat (Hg.): *Referate und Informationen* 14/1970, S. 17

ßen aus. Zum einen ist die Frage nach dem Leben von Menschen immer interessant, wievielmehr derjenigen, die Jahr für Jahr unsere Fachwelt in Erstaunen versetzen, zum anderen war es die Vorgehensweise. Über mehrere Monate hinweg habe ich (und als zweite Interviewerin meine Mitarbeiterin Karin Sträubig) zwei- bis dreistündige Gespräche mit den Jugendlichen in deren elterlichen und studentischen Wohnungen geführt (mit wenigen Ausnahmen ohne die Anwesenheit der Eltern), quer verstreut über die gesamte Bundesrepublik, zwischen Hamburg und Kempten, zwischen Saarbrücken und Berlin. Kritischen und selbstbewußten jungen Menschen zuzuhören, ihre Lebenserfahrungen und -deutungen nachzuvollziehen, ist einfach spannend, denn die besten Geschichten schreibt bekanntlich das Leben selbst. Der open-end-Charakter der Gespräche ließ Raum und Zeit für alle Nischen des Lebens; das zeitlich längste Gespräch dauerte fünf Stunden. Die Jugendlichen selbst waren an Mitteilung interessiert, sie erzählten, ohne auf die Uhr zu sehen, sie suchten offensichtlich über den Forscher die Öffentlichkeit (was auch die nahezu 100%ige Gesprächszusage und Mitarbeit belegt). Ermüdungserscheinungen waren hier und da nur beim Interviewer selbst zu beobachten, wenn zwei Gespräche an einem Tag stattfinden mußten. In den meisten Fällen schloß sich an das Gespräch mit den Jugendlichen ein Elterngespräch an.

Den Jugendlichen meiner Stichprobe ist an erster Stelle zu danken. Ohne sie wäre nichts gegangen. Ich werde ihren weiteren Lebensweg, wann und wo immer möglich, mit Interesse verfolgen. Über eine Langzeitstudie (etwa: Was ist aus ihnen geworden?) wäre mit gebührendem Zeitabstand nachzudenken. Den jungen Gesprächspartnern dürfte es trotz Anonymität der Studie schnell gelingen, den Interview-Code zu entziffern und die eigenen Beiträge mit besonderer Aufmerksamkeit in diesem Buch zu entdecken. Für sie dürfte die Lektüre besonders spannend sein. Ebenso Dank an die Eltern für ihr Gespräch. Die Aufnahme in den Familien war stets freundlich und interessiert.

Ein Projekt dieses Ausmaßes ist nicht im Alleingang zu schaffen. Allen beteiligten Personen und Förderern ist für ihre Unterstützung zu danken. Der Bundesminister für Bildung und Wissenschaft hat diese Studie durch seine finanzielle Förderung erst möglich gemacht. Stellvertretend ist den Herren Dr. Wilhelm Neufeldt und Hans Jürgen Schönemann für ihr Engagement in der Genehmigungsphase und ihr begleitendes Interesse im Verlauf des Projektes zu danken.

Ein Dankwort ist auch zu richten an den Deutschen Musikrat, stellvertretend an die Herren Dr. Andreas Eckhart und Dr. Eckart Rohlfs, die zur Kontaktaufnahme mit den Jugendlichen wertvolle organisatorische Hilfen gaben. Ebenfalls zu danken habe ich meinen beiden Mitarbeiterinnen, Karin Sträubig (Universität Bonn) für ihre Mitarbeit in der Interviewerhebung und Elisabeth Koch (Universität Gießen) für die anstrengende Transkription der mehrstündigen Gesprächsprotokolle und für Beratung in EDV-Fragen. Bei qualitativhermeneutischen Forschungsergebnissen ist methodisch die Prüfung der interindividuellen Konkordanz (Übereinstimmung in bezug auf bestimmte Auswertungsaspekte) von Bedeutung: Interpretieren andere Experten vorliegende Gesprächstexte in ähnlicher oder abweichender Weise, kommen sie zu anderen Schlußfolgerungen als der Forscher selbst? Diese Arbeit wurde von zwei Psychologen geleistet, Herrn Dr. Adam Kormann (Landshut) und Herrn H. E. Bräuninger (Mainz); beiden danke ich für Ihre kritische Mitarbeit.

Eine Studie, die sich mit *Jugend* und *Klassik* beschäftigt, konnte kein sinnvolleres Entstehungsjahr (Phase der Gespräche) haben als das Jahr 1985: das *Internationale Jahr der Jugend* und das *Europäische Jahr der Musik.* Jugend und Musik sind die wertvollen Erfahrungen dieser Studie, die ich an Jugendliche, ihre Eltern und Lehrer, an Kollegen der Musik- und Instrumentalpädagogik sowie der Psychologie, Musikpsychologie, Sozial- und Erziehungswissenschaften, an Fachverbände und nicht zuletzt an alle verantwortlichen Bildungs- und Kulturpolitiker unterschiedlichsten Einflusses weitergebe, dies in der stillen Hoffnung auf Bewegungen in der Praxis.

Wir haben uns bemüht, die Darstellung gedanklich und sprachlich so zu verfassen, daß auch jene Eltern Interesse an unseren Fragen gewinnen, deren Kinder einstweilen noch nicht zu den Begabungen gehören, von denen in diesem Buch die Rede ist. Die vorliegende Studie macht unmißverständlich deutlich, daß das Musikinteresse von Eltern „der" entscheidende Impuls zum Instrumentalspiel ihres Nachwuchses ist. Unser erklärtes Ziel muß also sein, a l l e Eltern zu erreichen!

Der Leser mag selbst entscheiden, ob es uns in dieser ständig nach Deutung und Interpretation rufenden Studie gelungen ist, die Wanderung auf dem schmalen Grat zwischen Einzelfall und Population, zwischen Kasuistik und Symptomatik, zwischen subjektiven Erinnerungen und objektivierbaren Gehalten, zwischen berechtigter und unberechtigter Kritik und ihrer Bewertung, zwischen unnötiger Komplizierung und unzulässiger Vereinfachung zu überstehen, ohne nach der einen oder anderen Seite abzustürzen.

Hans Günther Bastian

Die Studie im Kontext qualitativer Jugendforschung

Zu keiner Zeit war das Forschungsinteresse an Jugend so ausgeprägt wie im letzten Jahrzehnt. Neben den vielen von offizieller Politik in Auftrag gegebenen Studien[1] sind auch sozial- und erziehungswissenschaftliche[2] sowie fachpädagogische Jugendforschung[3] keine Seltenheit mehr. Die vorliegende Untersuchung würde sich nahtlos einreihen, hätte sie nicht eine solch exponierte Stichprobe zum Gegenstand, die vom Normalbürger allzu schnell in die Aura des Genie- und Wunderkindhaften geschoben wird.

Die Gründe für das allgemeine wissenschaftliche und politische Interesse an Jugend sind bekannt, wenn auch der Jugendbegriff selbst weitaus problematischer ist, als seine Gängigkeit vermuten läßt. Jugend tritt schon deswegen in den Gesellschafts- und Forschungsbrennpunkt, weil mit dieser sozialen Gruppe eine Generation nachwächst, deren Einstellungen und Erwartungen, Alltagskulturen und Lebensentwürfe für jede Gesellschaft von Interesse sein müssen, will sie auch morgen noch überleben. Und daß immer wieder nachgefragt werden muß, liegt zum einen an den Akzelerationen einer technisch-industriellen Gesellschaft und zum anderen, damit zusammenhängend, an der mangelnden Kontinuität jugendlichen Verhaltens. Was heute noch als „en vogue" und „dernier cri" gilt, ist dank profitsüchtiger Konsumindustrie morgen bereits ein alter Hut. Dies gilt nicht nur für Mode und Konsum, sondern relativ auch für den technischen, wirtschaftlichen und wissenschaftlichen Fortschritt. Paradigmenwechsel in der Forschungsszene muß freilich kein Nachteil oder eine Schwäche sein, sondern ist Ausdruck eines hohen forschungskritischen Bewußtseins, eines gesunden Augenmaßes für zeit- und wissenschaftsimmanentes Umdenken. In der Erziehungswissenschaft mag gerade das Wiedererwachen der Biographieforschung ein beredtes Beispiel für Wenden sein, die immer auch gesellschaftliche Hintergründe haben. In dem Maß beispielsweise, wie Bürokratisierung und Spezialisierung zur Entmenschlichung der Gesellschaft beitragen, wird die Aufhebung der Anonymität des sozialen Lebens, der Neueinbezug von Subjektivität, die Neuanerkennung des Ein-

1 Studie des Bundesministers für Jugend, Familie und Gesundheit: *Jugend in der BRD heute - Aufbruch oder Verweigerung* (1981); Studie des Jugendwerks der Deutschen Shell: *Jugend '81, Lebensentwürfe, Alltagskulturen und Zukunftsbilder*, Studie der eidgenössischen Kommission für Jugendfragen: *Thesen zu den Jugendunruhen 1980*; *Stichworte zum Dialog mit der Jugend* (1981); Untersuchung im Auftrag des Ministeriums für Arbeit, Gesundheit und Soziales des Landes NRW: *Zur Situation der Jugendlichen in NRW* (1982); die Studie *Mädchen '82*, durchgeführt vom Deutschen Jugendinstitut im Auftrag der Zeitschrift *Brigitte;* Bericht *Zur Sache* 1/83 der Enquete-Kommission des 9. Deutschen Bundestages: *Jugendprotest im demokratischen Staat* (II): der Bundesminister für Jugend, Familie und Gesundheit (Hg.): *Die verunsicherte Generation. Jugend und Wertewandel. Ein Bericht des SINUS-Institutes im Auftrag des BMJFG*, Opladen 1983; Shell-Jugendwerk: *Jugendliche und Erwachsene '85: Generationen im Vergleich* (Hg. A. Fischer), Opladen 1985

2 vgl. ausführliche Bibliographie in Baacke/Schulze (Hg.): *Pädagogische Biographieforschung*, Weinheim und Basel 1985, S. 171-188

3 vgl. vor allem die zahlreichen Studien zu „Jugend und Rockmusik", Bibliographie MUDOK; vgl. Georg Maas/Wolfgang Schmidt-Brunner (Hg.): *Pop/Rock im Musikunterricht*, Mainz 1988

zelnen als Handelndem und nicht nur Verwaltetem von anderer Seite wieder eingeklagt. Besonders auf kultureller Ebene beobachten wir eine Aufsplitterung von Authentizität, von Symbolen und Orientierungshorizonten, die den Forscher zwingen, differenzierter bei teilkulturellen Gruppen nachzufragen und soziologische Repräsentativforschung vorübergehend ins zweite Glied zu rücken. Jugendforschung zeigt heute diesen Trend schlagzeilenkräftig an. Die Rede ist von „künftiger" Jugendforschung unter dem Motto *Lehrer und Forscher laßt uns allein*[4] oder vom programmatischen Ruf *Plant uns bloß nicht bei euch ein*[5]. Begriffe wie „Krise" und „neu" werden inflationär ge- und mißbraucht: *Jugend und Krise*[6] oder *Jugend und Krise - Krise aktueller Jugendforschung*[7] oder *Die neue Jugenddebatte*[8] und im wissenschaftlichen Focus stehen alle denkbaren Korrespondenzen zwischen *Biography and Society*[9].

Zu beobachten ist, daß sich vor allem Jugendforscher mehr den natürlichen, individuellen und subjektiven Momenten von Lebenswelten zuwenden, der *unverfälschten Abbildung individueller Welten*[10]. *Idiografische Forschung* wird zum *Hoffnungsgebiet*[11] erklärt. Wissenschaftsimmanent werden damit die reduktionistischen Verfahren traditioneller Psychologie und Sozialwissenschaft überholt, denen weitestgehend ein quantifizierendes Bewußtsein zugrunde liegt, das nicht nur zur historisch versteinerten, sondern auch zur forschungsdominierenden Denkfigur geworden ist (vgl. Habermas 1968a). Jugendforschung heute ist Ausdruck des Bemühens, die tiefgreifende Kluft *zwischen wissenschaftlichem und vorwissenschaftlichem Wissen, den wissenschaftsmethodologisch demonstrativ gesteuerten Abstand zwischen dem der Lebenswirklichkeit enthobenen „empirischen Orkanwissen der Experten" und dem allseits zugänglichen, dem sogenannten gesunden Menschenverstand folgenden Erfahrungswissen Jedermanns/-frau ein Stück weit zu verringern*[12].

Im Kontext dieses Denkens setzt auch vorliegende Studie an. Die befragten Jugendlichen werden als handelnde Subjekte, als Produzenten ihrer eigenen Lebensverhältnisse verstanden und ernst genommen. Die Deutung jugendlicher Ausdrucks- und Lebensformen wird nicht vorschnell durch klassifizierende Theorien bestimmt, sondern wir versuchen zu ergründen, worin die Bedeutungen für den Jugendlichen selbst liegen.

Dies hat Konsequenzen für die Forschungsmethodik (vgl. Kap. *Zur Methode*). Sollen Jugendliche nämlich nicht zur bloßen Verfügungsmasse von Theorie und Medienarrangement werden, müssen Verfahren eingesetzt werden, die der Subjektivität den Freiraum

4 Jürgen Zinnecker in: Jugendwerk des Deutschen Shell (Hg.): Näherungsversuche. *Jugend '81*, Opladen 1983, S. 546-550

5 Hubert Skolud/Horst Sasiak: *Plant uns bloß nicht bei euch ein*, Bergisch Gladbach 1984

6 Erik H. Erikson: *Jugend und Krise*, Frankfurt 1981

7 M. Baethge/H. Schomburg/U. Voskamp (Hg.): *Jugend und Krise - Krise aktueller Jugendforschung*, Frankfurt/New York 1983

8 Deutsches Jugendinstitut (Hg.): *Die neue Jugenddebatte*, München 1982

9 D. Berteaux: *Biography and society. The life history in approach in social society*, London 1981

10 Hans Thomae: *Das Individuum und seine Welt. Eine Persönlichkeitstheorie*, Göttingen 1968, S. 214

11 Peter Gstettner: *Biographische Methoden in der Sozialforschung*, in: Klaus Hurrelmann/Dieter Ulich (Hg.): *Handbuch der Sozialisationsforschung*, Weinheim ^{2}1982, S. 372

12 Wilfried Ferchoff: *Jugend-(Biographien) und Sinnkrisen des Jugendalters*, in: Dieter Baacke/Theodor Schulze (Hg.): *Aus Geschichten lernen*, München ^{2}1984, S. 64

der Selbstdarstellung, -entfaltung, -deutung und des Identitätsrapports ermöglichen. Damit sind wir in der Lage, den Blickwinkel zu erweitern und Neues darüber zu erfahren, was man bisher nicht ohne weiteres zu denken vermochte. Dies gilt in besonderem Maße für eine Studie über Jugendliche, die als Begabte in unserer Gesellschaft eher einen Außenseiterrang einnehmen. Wir lassen uns auf die Widersprüche individueller Biographien ein, repräsentative Mittelwerte sind nicht gefragt.

Lebensgeschichtliche Entwicklungen und Orientierungen sind immer auch historisch bedingt. Dies bedeutet, daß wir Konzepte und Bewußtsein begabter Menschen in ihrer gesellschaftlichen Bedingtheit und Abhängigkeit sehen. *Wenn engagierte Jugendforschung ihr Credo ernst nimmt, die Jugendlichen als handelnde Subjekte, als Produzenten ihrer eigenen Lebensverhältnisse ernst zu nehmen, dann kann sie sich nicht damit begnügen, dem Alltagsleben und der subkulturellen Praxis der Jugendlichen nur Verständnis entgegenzubringen und um Verständnis für sie zu werben. Dann muß sie das, was im Leben der Jugendlichen als Leidens- und als Widerstandserfahrung „verstehend" erschlossen wird, auf die tatsächlichen Bedingungen zurückwenden*[13]. In diesem Anspruch wird die Forderung nach bildungs- und kulturpolitischen Konsequenzen aus dieser Studie prinzipiell deutlich.

Vorliegende Untersuchung will an einer ausgewählten Teilkultur Jugendlicher Sozialisationsforschung in weitestem Sinne leisten. Dies meint die Erforschung von Alltagswelten musikalisch begabter Jugend und der in ihnen ablaufenden Beeinflussungen und Lernprozesse und ihres Niederschlages in Einstellungen, Fähigkeiten, Kenntnissen, Prägungen, Urteilsdispositionen, Interessen, Hoffnungen und Ängsten. (Musik-)Pädagogisch wird danach zu fragen sein, welche Bedeutungen, Sinngebungen und Sinnbeziehungen die Biographien dieser Jugendlichen prägten. Dies impliziert lebensphilosophisches Fragen: nach dem Sinn musikalischen Tuns im menschlichen Leben. So verstandene Sozialisationsforschung läuft nicht Gefahr, unter dem Primat des Gesellschaftlichen objektivistisch zu werden[14].

13 Manfred Liebel: *König Subjekt? Anmerkungen zu subjektorientierter Jugendforschung*, in: *Deutsche Jugend* 8/1983, S. 366

14 H. Scarbath/H. J. Plewig/Th. Wegner: *Selbstthematisierung von Kindern in Tagesheimen angesichts drohender Devianz*, in: *Zeitschrift für Pädagogik* 3/1981, S. 363-378

Zum wiedererwachten Interesse an Biographieforschung

Wir registrieren heute ein verbreitetes Unbehagen an empirisch-quantifizierender Forschungmethodik in nahezu allen Wissenschaftsdisziplinen. Handlungs- und interpretative Forschung innerhalb einer Unterrichtsforschung[15] suchen den konkreten Alltag und die Mitarbeit aller an Forschung Beteiligten. Interpretative Verfahren und anthropozentrische Gedanken verdrängen zunehmend den Signifikanz-Fetisch empirisch-experimenteller Forschung. Statt komplexe Wirklichkeit in Mittelwertstabellen und Typenbildungen zu verdinglichen, läßt man sich auf die interindividuelle Heterogenität konkreter Gesellschaftsgruppen ein.

Biographische Differenzierung ersetzt kollektive Generalisierung; es ist weniger das Kollektivwesen als das Einzelwesen, das Individuum in seiner „Höckerigkeit" (Herbart), das interessiert. Dieser neue Trend ist wie so oft an der Flut modischer Begriffe und Titel abzulesen: *Dominanz der Experten*[16] (die es zu überwinden gilt), *Umgang mit sich selbst*[17] oder *Ausspioniert und angeschmiert. Das Bewußtsein der Arbeiterjugend als Objekt von Forschung und Erziehung*[18] zeigen an, wie sehr sich der einzelne als unbeteiligtes Objekt von fremdbestimmter Forschung, als re-aktionsbereite Versuchsperson mißbraucht sieht. Statt von Repräsentativität großer Kollektiva, Mittelwerten, Chi-Quadraten und Kreuzkorrelationen ist die Rede von Alltagswende, Lebensweltanalysen, vom König Subjekt, von narrativer Pädagogik, ökologischem Lernen – von Lebensgeschichten eben, aus denen zu lernen gilt. Biographieforschung erscheint in den adjektivischen Kopula qualitativ, explorativ, interaktionistisch, kommunikativ, alltagsweltehermeneutisch, subjektorientiert oder postkonventionell. Biographie steht damit als *Chiffre von Subjektivität*[19].

Biographieforschung gibt uns Einblick in den von frühester Kindheit an sich vollziehenden Vorgang von Aneignungen und Auseinandersetzungen des sich entwickelnden Individuums im Einflußbereich sozialer Beziehungen, erzieherischer Einwirkungen und umfassender gesellschaftlicher Verhältnisse und Prozesse. Sie kann dazu verhelfen, Möglichkeiten pädagogisch-didaktischer Hilfen zum Aufbau von Selbstidentität, sozialer Beziehungsfähigkeit, musikalisch-instrumentaler Kompetenz und Handlungsfähigkeit zu entwerfen.

15 Hans Günther Bastian: *Unterrichtsforschung in der Musikpädagogik. Erkenntniskritische Aspekte und forschungspraktische Perspektiven*, in: Günter Kleinen (Hg.): *Kind und Musik, Musikpädagogische Forschung*, Band 5, Laaber 1984, S. 339-359

16 Eliot Freidson: *Dominanz der Experten - Zur sozialen Struktur medizinischer Versorgung*, München 1972

17 Hans-J. Gramm: *Umgang mit sich selbst*, Reinbek 1976

18 Thomas von Freyberg: *ausspioniert und angeschmiert. Das Bewußtsein der Arbeiterjugend als Objekt von Forschung und Erziehung*, Gießen 1978

19 Martin Kohli (Hg.): *Soziologie des Lebenslaufs*, Darmstadt und Neuwied 1978, S. 23

In dem von Baacke/Schulze jüngst veröffentlichten Dokumentationsband *Pädagogische Biographieforschung*[20] wird ein emphatisches Plädoyer für die Wiederbelebung qualitativer Forschung gehalten – und dies schließt die biographische Methode ein. Baacke[21] nennt vor allem folgende Motive:

1. ein wachsendes Ungenügen an messender und zählender Forschung mit ihren strikten Kriterien der Reliabilität und Validität.
2. Kritik an Rollentheorie und Funktionalisierung führt zur alten Frage nach der Bestimmung des Menschen. Biographieforschung hat ein Bild vom Menschen, der sich nicht durch Funktionserfordernisse definiert weiß, sondern durch Eigenverantwortung, Selbstbetroffenheit und Aktivität. Es geht um das gesellschaftliche Subjekt in seiner konkreten Befindlichkeit.
3. Interesse am Konzept der Identität. *Identität ist insofern Ausdruck einer psychosozialen Befindlichkeit: Sie konstituiert sich durch Interaktion und Kommunikation mit anderen, geht aber nicht notwendig darin auf* [...] *Identität* [ist] *für viele eine wesentliche Bürgschaft dafür, daß Sinnkonstruktion noch möglich ist*[22].
4. Biographieforschung deckt am ehesten die Komplexität und Vielschichtigkeit sozialen Erlebens und Handelns auf und warnt uns, vorschnell Typen zu bilden.
5. Die Frage nach der Gesamtstrukturierung einer Lebensspanne gewinnt zunehmend an Bedeutung in einer Zeit, da wir „lebenslanges Lernen" verlangen. Biographieforschung hilft, das veränderte Verhältnis der Generationen untereinander zu klären.
6. Interesse an Lebenswelten konkreter Menschen: *Indem sie* [die Biographieforschung] *am Subjekt seinen Durchgang durch unterschiedliche Lebenswelten und Erfahrungsräume rekonstruiert*[23].
7. Unbehagen an der sozialwissenschaftlichen Begrifflichkeit. Die Vielzahl typisierender Begriffe verdinglicht unzulässig soziale Wirklichkeit.
8. Perspektivenwechsel von Forschung: *Wir beginnen uns vielmehr für uns selbst und für die Herkunft der eigenen Lebensbedingungen, Verhaltensweisen, Deutungsmuster und Handlungsmöglichkeiten zu interessieren*[24]. Biographieforschung schreibt also Geschichte „von unten".

Die Essenz biographischer, qualitativ-hermeneutischer Forschung faßt Baacke quasi in ein Postulat: *Biographien erlauben, Handlungsentwürfe über Vorstellungswelten zu deuten, und sie fungieren als hermeneutisches Instrument im Auffinden von Themen und Relevanzen, die der Besserwisserei eines sich vorab als aufgeklärt erachtenden wissenschaftlichen Subjekts allzuschnell verlorengehen*[25].

20 Dieter Baacke/Theodor Schulze: *Pädagogische Biographieforschung. Orientierungen, Probleme, Beispiele*, Weinheim und Basel 1985

21 ebda., S. 5 ff.

22 ebda., S. 7

23 ebda., S. 8

24 Lutz Niethammer: *Lebenserfahrung und kollektives Gespräch. Die Praxis der „Oral History"*, Frankfurt 1980

25 Baacke/Schulze: *Biographieforschung*, S. 9

Ferchoff nennt einige inner- und außerwissenschaftliche Motive für das neuerwachte Interesse am Alltag, an der Subjektivität gesellschaftlich handelnder Akteure[26]: die neuen sozialen Bewegungen, ausgelöst durch die systemintegrative *Kolonialisierung der Lebenswelt* (Habermas), tendenzielle Abkehr von „materialistischen Werten" insgesamt wie etwa Selbstdisziplin, Pflichterfüllung, Sparsamkeit, Bedürfnisaufschub, Konformismus mit herrschenden Werten, Sicherheitsstreben usw. (*weg von einer protestantischen oder kantianischen Arbeits- und Pflichtethik* [27]). Im Gegenzug erfahren Werte, die auf Bedürfnisse von Selbstentfaltung, Selbstverwirklichung und Selbsttun zielen, eine Rangerhöhung und Aufwertung, was im Grunde typisch ist für einen Gesellschaftsprozeß von einer materialistisch-kapitalistischen zu einer postmaterialistischen Gesellschaft hin, in deren Zuständen das Ausleben eigener Kompetenzen und emotionaler Strebungen und Bedürfnisse zählt. Der Wertewandel wird weitaus weniger durch den Wunsch bestimmt, überhaupt nicht mehr zu arbeiten, als vielmehr durch das Bedürfnis nach sinnvoller, nicht fremdbestimmter Tätigkeit, also genauer wissen zu wollen, warum, was und wofür gearbeitet wird. Eine Frage, die in besonderem Maße an die auf Leistung orientierten Jugendlichen unserer Stichprobe zu stellen ist. Weiter nennt Ferchoff das Motiv, daß es in hochentwickelten, hochdifferenzierten Gesellschaften keine intersubjektiv verbindlichen Lebensentwürfe gibt, stattdessen eine Vielzahl konkurrierender. Überlieferte kulturelle Traditionsbestände (Kirche, Staat) haben ihre sinn-, motiv- und identitätsstiftende Wirkung ein Stück weit eingebüßt. Gleichzeitig wird ein Sinndefizit durch rasch expandierende Angebote konfektionierter Deutungen „kompensiert", die von den Massenmedien wie Konsum- und Freizeitgüterindustrien mit hoher Zirkulationsgeschwindigkeit auf den Markt geworfen werden: Identität kann zur austauschbaren Ware werden[28].

Neben diesen eher zeitgeistigen und außerwissenschaftlichen Hintergründen nennt Ferchoff für die Wiederentdeckung des Alltags, die Rehabilitierung einer narrativen Biographieforschung im Kontext einer qualitativ-hermeneutischen Sozialforschung den Unmut und Überdruß an rationalistisch vereinseitigten und sozialtechnologischen Hypostasierungsformen wissenschaftlichen Denkens und Wissens, inklusive eines vorwiegend neopositivistisch oder behavioristisch gefärbten Methodenverständnisses und der expertokratischen Problemdeutungen und Interventionsstrategien. Es breite sich innerscientifisch die Erkenntnis aus, daß der mangelnde Bezug zur „realen alltäglichen sozialen Welt" eine „künstlich geschaffene Wirklichkeit" nach sich ziehe, die mit der „sozialen Welt" um die es forschungs- und biographiebezogen eigentlich geht, kaum etwas gemein habe. Ferchoff schließt mit der Erwartung, daß sich eine „Betroffenenwissenschaft" gegen die Entmündigung von alltagsweltlichen Wissensformen durchsetzen möge.

26 Ferchoff, a. a. O., S. 64ff.
27 ebda., S. 73
28 Theo Olk/H. U. Otto: *Wertewandel und Sozialarbeit*, in: *Neue Praxis* 2/1981, S. 107

Buchmann/Gurny[29] nennen in ähnlicher Weise drei Kritikpunkte am traditionellen struktur-funktionalistischen Paradigma anglo-amerikanischer Sozialforschung und formulieren neue Ansprüche gegenwärtiger Biographieforschung:

1. aus der Kritik der Vernachlässigung subjektiver Konstruktion von Realität leitet sich der *Anspruch der Subjektivität,* der Eigenperspektive der Akteure und der Authentizität ab,
2. aus der Kritik der Statik und Unangemessenheit in der Erfassung des Prozeßcharakters des Lebens folgt der *Anspruch auf Historizität,* die den Prozeßcharakter des sozialen Lebens einbezieht, das Handlungssystem eines Individuums unter Bezug auf dessen Geschichte interpretiert,
3. aus der Kritik der deduktiven Vorgehensweise etablierter Ansätze in der Soziologie, die soziale Wirklichkeit fragmentiert, ergibt sich die Konsequenz eines ganzheitlichen Zugangs zum Leben ohne vorschnelle Reduktion auf ein apriorisches theoretisches Forscherinteresse: *Anspruch auf Ganzheitlichkeit.*

Daß Biographieforschung in der Musikpädagogik bisher keinen zentralen Stellenwert einnimmt, ist ebenso erstaunlich wie bedauernswert. Selbst die Lebens- und Werkdarstellungen historischer Musikpädagogen[30] sind recht vernachlässigt und nur zögernd entwickelt sich dieser so wichtige Forschungszweig[31].

Auf der *Suche nach der verlorenen Wirklichkeit*[32] deuten sich auch in unserem Fach im Zuge der wiederbelebten geisteswissenschaftlichen (Alltags-) Hermeneutik Fragestellungen und Methoden an, die sich der Subjektivität der musiksozialen Wirklichkeit annähern. Im Vorwort zum Dokumentationsband der Bonner AMPF-Tagung 1984 *Umgang mit Musik* konnte ich resümieren: *Es gibt keinen Zweifel, daß musikpädagogische Forschungsergebnisse künftig mit der Integration von Methoden qualitativer Sozialforschung an praktischer Relevanz gewinnen und Testkriterien experimenteller Laborpsychologie ins zweite Glied rücken werden. Denn gerade ein Forschungsproblem wie „Umgang mit Musik“* (und darum geht es ja auch in dieser Studie ganz entscheidend) *wird also umso wirklichkeitsnäher zu bestimmen sein, je mehr Forscher „ins Feld gehen“, je mehr nichtreaktive Erhebungs- und qualitative Auswertungsverfahren zur Anwendung kommen... Biographieforschung, authentische Praxisberichte von Lehrern und Schülern, teilnehmende Beobachtung im musikalischen Verhalten von Kindern und Jugendlichen, kritisch-vergleichende Quellenbefragung sind hoffnungsvolle Neuansätze... Unser Fach zeigt ein kritisches Methodenbewußtsein und sucht das interdis-*

29 Marlis Buchmann/Ruth Gurny: *Wenn Subjektivität zum Subjektivismus wird...*, in: *Kölner Zeitschrift für Soziologie und Sozialpsychologie* 4/1984, S. 773ff.

30 vgl. Sigrid Abel-Struth: *Methodik der Musikpädagogik. Versuch zur methodologischen Situation musikpädagogischer Forschung,* in: H. G. Bastian/D. Klöckner (Hg.): *Musikpädagogik. Historische, systematische und didaktische Perspektiven,* Düsseldorf 1982, S. 42

31 vgl. G. Holtmeyer: *Schulmusik und Musiklehrer an der höheren Schule. Ein Beitrag zur Geschichte des Musikpädagogen in Preußen,* Diss. Köln Handschrift B, 1972, sowie Michael Roske: *Sozialgeschichte des privaten Musiklehrers vom 17. bis zum 19. Jahrhundert,* MFL Band 22, Mainz 1985

32 Ulrich Beck: *Auf der Suche nach der verlorenen Wirklichkeit,* in: *Soziologische Revue* 1/1984, S. 1-5

ziplinäre Gespräch[33]. So versuchte Klüppelholz[34] durch Sammlung von Fallstudien *Licht in das Dunkel* zu bringen, das gemeinhin musikalische Sozialisation genannt wird, *eine Probe aufs Exempel qualitativer Methoden* per Intensiv-Interview.

Ein an Materialien umfangreiches Projekt zu *Erfahrungen mit Musik im Kindes- und Jugendalter in der Erinnerung Erwachsener*[35] legte uns Graml vor, dessen erste Berichte bis ins Jahr 1966 zurückreichen. *Problemfälle zu analysieren, Ursachen für Vorurteile, Hindernisse, Störungen bei der Entwicklung musikalischer Fähigkeiten zu erkennen, war das Ausgangsmotiv ..für die Sammlung „musikalischer Lebensläufe"* [36]. Besonderes Augenmerk fiel auf „Kritische Lebensereignisse". Im einzelnen wurden die biographischen Materialien nach den Kriterien Erinnerungen an Lehrer, Einfluß des Elternhauses, Erinnerungen zu den Komplexen Singen und Instrumentalspiel ausgewertet.

Ausgehend von der These, daß der tägliche Umgang mit Musik seinen Niederschlag in der Beschreibung musikalischer Welten findet, versuchte Günter Kleinen[37] über freie Äußerungen in individuelle musikalische Lebenswelten vorzudringen. Fern jeder Fragebogenprogrammatik äußerten sich Jugendliche zu Fragen: *Wie sieht meine Lebenswelt aus? Wie es dazu kam: Personen, Erlebnisse, Erfahrungen mit anderen und mit mir, Instrumentenspiel und Singen, Gebrauch technischer Medien. Mögliche Fortentwicklung*[38]. Im Beispiel weniger verbalisierungsfähiger Jugendlicher half die Formulierung „Ich und die Musik". Mit dieser Aufsatzmethode, die im übrigen Zimmerschied bereits 1971 anwandte, wird uns eine Fülle biographischer Materialien zugeliefert, die über standardisierte Befragungen im allgemeinen eher verborgen bleiben. Einem Teilaspekt vorliegender Studie, nämlich dem *sozialen Charakter musikalischer Begabung*, ging Günter Kleinen[39] in der Intensiv-Befragung von einigen Preisträgern der Wettbewerbe „Jugend musiziert" nach. Vom Ansatz her eine gleichermaßen „qualitative Studie", deren Ergebnisse im Kontext der Auswertung unserer Texte herangezogen werden.

Eine lebensgeschichtlich angelegte Studie führte Frauke Grimmer (1985 ff.) auf der Basis narrativer Interviews durch, um aus der Kenntnis der Voraussetzungen künstlerischer Ausbildung pädagogische Entscheidungen begründen zu helfen. Erste Ergebnisse über Höhen und Tiefen instrumentaler Entwicklung liegen vor und können gewinnbringend in eine zukünftige Ausbildung eingebracht werden.

Gemeinsam ist all diesen biographisch angelegten Studien der Versuch, individuelles Lernen und Erfahren von Musik in Abhängigkeit von den sie bedingenden Faktoren zu

33 Hans Günther Bastian (Hg.): *Umgang mit Musik. Musikpädagogische Forschung,* Band 6, Laaber 1985, S.10

34 Werner Klüppelholz: *Momente musikalischer Sozialisation*, in: Klaus-Ernst Behne (Hg.): *Einzeluntersuchungen, Musikpädagogische Forschung,* Band 1, Laaber 1980, S. 146ff.

35 Karl Graml: *Erfahrungen mit Musik im Kindes- und Jugendalter. Teilergebnisse einer Auswertung von 600 Berichten*, in: H. G. Bastian (Hg.): *Umgang mit Musik, Musikpädagogische Forschung*, Band 6, Laaber 1985, S. 119ff.

36 ebda., S. 120

37 Günter Kleinen: *Über die Durchdringung des täglichen Lebens mit Musik*, in: H. G. Bastian (Hg.): *Umgang mit Musik*, a. a. O., S. 35ff.

38 ebda., S. 38

39 a. a. O.

aktualisieren, bewußt zu machen und mit der Erkundung dieses Quellenmaterials letztlich auch fachpädagogische Konzepte zu verändern und zu innovieren. Es geht um die Konstituierung musikalischer Lebenswelten und -geschichten um die Erkenntnis von Prozeßstrukturen, die Entwicklung persönlicher Identität, um Form und Gehalt musikalischen Lernens und Entwickelns.

Der Rekurs auf biographische Materialien muß nicht zwangsläufig zu einer „feuilletonistischen" Musikpädagogik führen, aber eine „narrative" Musikpädagogik kann helfen, eine Lücke zu schließen, unter der wir alle leiden: die Disjunktion von musikpädagogischer Theorie und unterrichtspraktischem Handeln.

Zur Identifikationsproblematik musikalischer (Hoch-)Begabung

Beginnen wir mit einigen stenographischen Lebensläufen (noch nicht Lebensgeschichten), die die frühen Erfolge musikalischer (Hoch-) Begabungen chronologisieren:

Ulrike-Anima M., Jahrgang 1964, mit 6 Jahren erster Geigenunterricht bei Erna Honigberger, später bei Françoise Zöldy in Basel, acht-, zwölf- und vierzehnjährig erste Bundessiegerin bei Jugend musiziert (solo bzw. Ensemble), mit 17 Jahren Lehrerdiplom vor dem Schweizer Musikpädagogen-Verband, Studien bei Dorothy Delay an der Juilliard School in New York, Interpretationskurse bei Franco Gulli, Sandor Vegh und Tibor Varga. Im Jahr 1981 (17jährig) gewinnt sie den 2. Preis beim internationalen Violinwettbewerb Sion, beim internationalen Ludwig-Spohr-Preis in Freiburg, den Preis für französische Musik im Menuhin-Wettbewerb Paris und den 1. Preis beim europäischen Violinwettbewerb in Wien. Ein Jahr später (1986) wird sie mit dem 1. Preis im Deutschen Musikwettbewerb ausgezeichnet, im selben Jahr (1986) legt sie ihr Konzertexamen ab. Ulrike-Anima M. konzertierte mit verschiedenen Kammer- und Sinfonie-Orchestern im In- und Ausland, seit 1983 bildet sie mit dem amerikanischen Pianisten Scott Faigen ein Duo. 1986 und 1987 nimmt sie am Kammermusikfestival in Marlboro/USA teil.
Ihre Presse: *Junger Stern am Geigenhimmel – Ein junges Geigenwunder – Sie gehört nicht zu den dressierten Wunderkindern, sie ist vielmehr ein echtes Talent – Ein Geigenphänomen, ein Musterbeispiel an kammermusikalischer Feininterpretation – A special, almost magical performance. You couldn't expect more!* ...
Und ausführlicher heißt es in einer Konzertkritik der F.A.Z. (10.12.1987): ... *Posen und Show sind ihr fremd. Kein Vorspielen falscher Leidenschaftlichkeit, keine Manierismen stören die Musik, die diese Geigerin mit untrüglichem Instinkt begreift. Sie schöpft sozusagen aus der inneren Ruhe ihrer musikalischen Sicherheit und spielt mit der Furchtlosigkeit eines Naturkindes. Als wäre es das Selbstverständlichste der Welt, eröffnet sie das Konzert mit Beethovens „Kreutzer-Sonate"*...

Andreas B., Jahrgang 1968, mit vier Jahren erste Spielversuche auf einer Clarina mit farbigen Tasten, mit knapp 6 Jahren erster Klavierunterricht, mit sieben und acht Jahren erste Erfolge bei Jugend musiziert, mit zwölf Jahren Schüler des Klavierpädagogen Karl Heinz Kämmerling, mit vierzehn 1. Bundespreis in Altersstufe II, mit sechzehn erster Bundespreis Altersstufe III, im selben Jahr (1984) Teilnahme am Eurovisionswettbewerb in Genf, daneben erfolgreiche und vielbeachtete Klavierkonzerte in der Alten Oper Frankfurt und im Herkulessaal München, mit 16 Jahren bei einer namhaften Konzertdirektion mit 11 Konzerten pro Jahr verpflichtet. Sein Wunsch zum Zeitpunkt des Gesprächs (1985): ein Klavierkonzert mit den Berliner Philharmonikern.

Seine Presse: *Lässiger Wunderknabe – Laßt ihn nur stürmen – Wunderpianist – Ein großes Klaviertalent mit Zukunft – Der Erfolg hat auch etwas Beängstigendes – 13jähriger auf Chopins Spuren...* Und ausführlicher schreibt Joachim Kaiser in der *Süddeutschen Zeitung* (15.1.1985): *Was an diesem bemerkenswerten Klavierabend geschah, war aufregender als vieles fabelhaft virile Virtuosentum* [...]. *Der junge Mann bewies sich als bemerkenswertes lyrisches Talent. Ein 16jähriger Künstler hört jene Innigkeit aus großer abstrakter Musik heraus, die seinem Lebensgefühl entsprechen. Ohne Pose, ohne altkluges Gebaren,* [...] *die irrsinnigen schweren Sprünge* (in Chopin's h-Moll-Scherzo) *traf er genauer als in ihren letzten Konzerten Pollini und Horowitz... B.'s Debut hat in manchem an den jungen Bruno Leonardo Gelber erinnert, eine beträchtliche Hoffnung...*

Anette B., Jahrgang 1964, vom 4. bis zum 8. Lebensjahr Klavierunterricht, mit 8 Jahren Violinunterricht am Peter-Cornelius-Konservatorium im Mainz, mit 9 und 11 Jahren Preise beim Landeswettbewerb Jugend musiziert, mit 13 und 15 Jahren Preise auf Bundesebene. 13jährig Vorschülerin an der Musikhochschule des Saarlandes Saarbrücken bei Ulrike Dierich; langjährige Konzertmeisterin des Landesjugendorchesters Rheinland-Pfalz. Mit 17 Jahren 1. Bundespreisträgerin, im selben Jahr (1981) Förderpreis des Südwestfunks, 1983 Kunst-Förderpreis des Landes Rheinland-Pfalz, 1983-1985 Studium in Saarbrücken, 1986 Wechsel an die Hochschule der Künste (Berlin) zum Studium bei Thomas Brandis, ein Jahr (1987) später 1. Preis beim Internationalen Yfrah-Neaman-Wettbewerb in Mainz und 3. Preis beim Internationalen Leopold-Mozart-Wettbewerb in Augsburg, zur Zeit Tutorin der Violinklasse von Thomas Brandis in Berlin...

Ihre Presse: Die *F.A.Z.* rezensiert am 11.7.1987 ein Konzert der International String Soloists im Kloster Eberbach (Rheingau): [...] *hervorzuheben ist die aus Wiesbaden stammende junge Geigerin Anette B.. Ihr „Frühling“* (aus Vivaldi's *Jahreszeiten*) *unterschied sich in musikalischer Reife und technischer Kompetenz keineswegs von den Wiedergaben der erfahrenen Geiger-Kollegen des Ensembles. Frischer Musizierduktus, stringente Tempi und lebendige Gestaltung ergaben ein insgesamt rundes Bild...*

Traumkarrieren einzelner – Karriereträume vieler, vor allem jener, die als Bundessieger der Wettbewerbe Jugend musiziert der Fachwelt beträchtliche Hoffnungen geben? Stenogrammartige Paradigmata für Erfolgsleitern instrumentaler Talente – exemplarisch für Höhepunkte in den Biographien unserer Stichprobe?

Doch Vorsicht, allzu voreilig und enthusiastisch sollten wir frühe Karrieren nicht einläuten, ein Gegenbeispiel ist schnell zur Hand: Nach mehrfachen Preisen bei Bundeswettbewerben JM, trotz Meisterkursen und Unterricht bei renommierten Instrumentallehrern, nach Studium bei Prof. L. in Genf, wird Monika im Alter von 21 Jahren mitgeteilt, daß ihr Rhythmusempfinden, ihr musikalisches Gehör und ihr Intonationsvermögen für den Beruf des Orchestermusikers nicht ausreichten. Monika gibt daraufhin ihr Studium und ihren über viele Jahre zielstrebig verfolgten Traum von der Orchestermusikerin oder Solistin auf. Ihre Querflöte ruht seither unberührt in der Schublade, zum Leidwesen der nicht nur finanziell arg gebeutelten Eltern.

Will man Lebensgeschichten musikalischer Begabung erforschen, dann stellt sich unmittelbar die Frage, wo man jenseits aller testpsychologischen Diagnostik, die im Bereich von Musikpädagogik und -psychologie ohnehin vernachlässigt scheint, eine Stichprobe musikalischer Begabung findet, die auch der zweifelnden Skepsis der Fachwelt standhält und den Definitionsmerkmalen von Begabung am ehesten zu entsprechen vermag. Unabhängig von der Tatsache, daß es auch in der rockmusikalischen Szene musikalische (Hoch-) Begabungen gibt, fiel unsere Wahl auf jene Kinder und Jugendliche, die mit frühen künstlerischen Leistungen Experten und Öffentlichkeit in Erstaunen versetzen, gemeint sind die jungen Musiker, die alle Ausscheidungsklippen bis zum Bundeswettbewerb Jugend musiziert überwinden.

Bemühen wir uns zunächst um einen definitorischen Zugriff, dann können Begriffsbestimmungen von (Hoch-) Begabung in der allgemeinen Hochbegabungsforschung hilfreich sein. Der Hamburger Entwicklungspsychologe Wilhelm Wieczerkowski, der sich im deutschsprachigen Raum mit dem Phänomen von Hochbegabungen forschungsmäßig auseinandergesetzt hat, schreibt: *Die verschiedenen Bemühungen, Hochbegabung begrifflich zu fixieren, haben ihren Niederschlag in mehr als hundert unterschiedlichen Definitonen gefunden, und weitere kommen ständig hinzu. Von den verschiedenen theoretischen Positionen her sind konträre Hypothesen aufgestellt worden, die das Entstehen außergewöhnlicher spezifischer Fähigkeiten und den Zusammenhang mit den persönlichen und sozialen Merkmalen erklären sollten*[40]. Ein ähnlich engagierter Hochbegabten-Forscher, Klaus K. Urban, verdeutlicht an amerikanischen Definitionen das Spektrum solcher Bemühungen. Stichwortartig seien hier Merkmale herausgegriffen: *Das talentierte oder begabte Kind zeigt beständig bemerkenswerte Leistungen in jeglicher Art von erstrebenswerten Bemühungen. Deshalb umschließt dieser Begriff nicht nur das intellektuell begabte Kind, sondern auch jene, die sich in Musik, bildnerischen Künsten, Theaterstücke-Schreiben, technischen Fertigkeiten und sozialen Führungsqualitäten vielversprechend zeigen*[41] oder *Hochbegabte Kinder sind solche, die vom Kindergartenalter an bis in ihr Jugendalter in bezug auf gesellschaftlich nützliche Gebiete ungewöhnlich vielversprechend sind*[42] oder [...] *solche, die die Fähigkeit haben, Aufgaben zu bewältigen, die einen vergleichsweise hohen Grad von intellektueller Abstraktion und kreativer Phantasie oder beides verlangen*[43].

Weitere Definitionen sollen helfen, die Identifikationsproblematik einer (Hoch-) Begabung zu vertiefen: *Hochbegabt ist, wer in der Lage ist oder in die Lage versetzt werden kann, sich für ein Informationsangebot – auch aus seiner Sicht – hohen Niveaus zu interessieren, ihm zu folgen, es zu erarbeiten und zu nutzen*[44]. Oder: *Hochbegabte Kinder sind solche, die von früher Kindheit an in ihrem Verhalten und ihrer Leistung*

40 Wilhelm Wieczerkowski/Harald Wagner (Hg.): *Das hochbegabte Kind*, Düsseldorf 1981, S. 13

41 N. B. Henry (Hg.): *Education for the gifted*, 1958, S. 19, zitiert nach Klaus K. Urban: *Zur Geschichte der Hochbegabtenforschung*, in: Wieczerkowski/Wagner, a. a. O., S. 25

42 R. J. Havighurst u. a.: *A survey of the education of gifted children*, Chicago 1955, zitiert nach ebda.

43 M. R. Sumption/E. N. Luecking: *Education of the gifted*, New York 1960, S. 6, zitiert nach ebda.

44 H. Geuß: *Zur Problematik der Identifikation von Hochbegabungen*, in: Wieczerkowski/Wagner, a. a. O., S. 53

konstant ein deutlich überlegenes (akzeleriertes) Entwicklungsniveau aufweisen oder bei denen zu erwarten ist, daß sie in kontinuierlichen schnellen Fortschritten zu außergewöhnlichen Ergebnissen in einem Bereich – einem akademischen Fach, Sport, Musik, Tanz oder Bildende Kunst – gelangen können und deren Fähigkeiten nicht in erster Linie schlicht dem physischen Entwicklungsstand zuzuschreiben sind[45].

Kurt A. Heller[46] der gegenwärtig eine Studie zu „Formen der Hochbegabung bei Kindern und Jugendlichen" an der Universität München durchführt, definiert in Anlehnung an neuere Forschungsliteratur Hochbegabung als Beschreibungsbegriff für bestimmte (sehr hohe) Ausprägungsgrade eines Begabungsmusters mit folgenden Fähigkeitsfaktoren:

- allgemeine und/oder spezifische intellektuelle Fähigkeiten
- kreative Fähigkeiten
- künstlerische Fähigkeiten
- soziale Kompetenz
- psychomotorische Fähigkeiten.

In Abhängigkeit von den Ausprägungen der einzelnen Fähigkeitsformen gibt es nach Heller verschiedene Formen von Hochbegabungen, die empirisch nachzuweisen sind, d. h. die Ausprägungsgrade der Faktorenbündel Kreativität, künstlerische Fähigkeiten, soziale Kompetenz und psychomotorische Fähigkeiten bestimmen die jeweilige Form von Hochbegabung, das konkrete Hochbegabungsmuster. In unserer Studie geht es vor allem um kreative künstlerische und psychomotorische Fähigkeiten, die instrumentale Talente bestimmen. Von besonderem Interesse wird sein, wie der Jugendliche „seine" musikalische Begabung erlebt, wie er sie aus der Selbsterfahrung definiert. Nach Heller ist im übrigen eine hohe Ausprägung einer Kernintelligenz notwendige Bedingung für Hochbegabung überhaupt.

Neuere Arbeitsmodelle zur Hochbegabung beziehen den soziokulturellen Bereich des Umfeldes bewußt stärker ein *(favourable constallation of facilitating factors*[47]). Als ein Beispiel kann das gegenwärtig vieldiskutierte Drei-Ring-Konzept von Renculli[48] betrachtet werden, das Hochbegabung im Schnittpunkt zwischen Kreativität, Aufgabenbewußtsein (task commitment) und überdurchschnittlicher Fähigkeit ansiedelt. Beziehen wir uns auf die von Otto Ewert[49] genannten Begabungskriterien, dann sind Leistungsniveau, Lernfähigkeit und Lernfortschritt Maßstäbe, die zumindest auf den ersten Blick und mit gewisser Plausibilität auf unsere Jugend musiziert-Bundesteilnehmer zutreffen.

Wir sind aber keineswegs so vermessen zu glauben, daß alle Teilnehmer von Jugend musiziert Hochbegabungen in vorweg definiertem Sinne seien. Viele Jugendliche sind sicher begabt für Musik in einer Weise, wie es viele andere Kinder und Jugendliche bei

45 Department of Education and Science, zitiert nach ebda., S. 84

46 Kurt A. Heller: *Formen der Hochbegabung bei Kindern und Jugendlichen: Identifikation, Entwicklungs- und Leistungsanalyse*, München 1984 (Exposé einer Forschungsstudie, Ms.)

47 in: Kurt Heller/John F. Feldhusen (Ed.): *Identifying and Nurturing the Gifted*, Toronto-Bern 1986, S. 13

48 ebda., S. 33

49 Otto Ewert: *Begabung und Begabungsmessung*, in: Michael Alt (Hg.): *Empirische Forschung in der Musikpädagogik*, Mainz 1970, S. 6

entsprechender Energie, Leistungsmotivation und Förderung vielleicht auch sein könnten. Leider haben noch viel zu wenig Kinder den Vorteil einer Geburt in ein familiales Kultur- und Bildungsbewußtsein, dessen Maximen Lebenswege der Kinder entscheidend vorzeichnen und erleichtern. Unterhalb einer recht hoch gegriffenen Spitzenbegabungsstufe leistet vorliegende Studie einen Beitrag zur musikalischen Begabungsforschung, die bis heute nach validen, reliablen und objektiven Antworten auf die Frage sucht, die sich bereits Brahms-Freund Theodor Billroth 1896 in seiner Schrift stellte: *Wer ist musikalisch?* Mit unserer Stichprobe wollen wir ganz pragmatisch aus empirischer Sicht Bedeutungsdimensionen ausloten und zu alltagspsychologischen Definitonen finden. Fachsprachlich formuliert: Können wir Aufklärung leisten in der Strukturbestimmung von musikalischer (instrumentaler) Begabung, können wir neue Argumente in die Kontroverse einer elementenpsychologischen oder ganzheitlichen Position einbringen? Ohne hier die kontroversreiche und differenzierte Geschichte der Musikalitäts- und Begabungsforschung aufarbeiten zu können, sei die Alternative in theoretischer Sicht am Beispiel unserer Stichprobe formuliert:Erleben unsere jungen Instrumentalisten ihre Begabung als Bündel von verschiedenen Fähigkeiten („specifics" bei Seashore), die zum Teil voneinander unabhängig sind? Demnach könnte ein ausgeprägtes Tonhöhen-Sensorium einhergehen mit Schwächen im rhythmischen Vermögen. In sogenannten Musikalitätstests (etwa auch bei Bentley) werden solche Fähigkeiten dann auch einzeln und isoliert gemessen und ausgewertet, ohne daß man zu einem Gesamtkennwert kommt.

Im Ansatz einer „omnibus"-Theorie (Mursell, Wing) dagegen wird Musikalität auf ganzheitlichen Prozessen mit unterschiedlichen Anteilsfähigkeiten grundiert. Der Amerikaner Wing extrahiert aus statistischen Analysen seiner Testergebnisse einen sogenannten „general factor", mit dem allein er 40% der Musikalitätsvarianz (Streuungsbreite) glaubt aufklären zu können. Spätere Untersuchungen anderer Begabungsforscher haben gezeigt, daß es Differenzen in der Annahme eines „generellen Faktors" der Musikalität gibt. Heute scheint gesichert, *daß wir uns von Seashore's Vorstellung, musikalische Fähigkeiten seien hochspezifisch und von Wing's Glauben an einen Einheitsfaktor abwenden müssen*[50].

Von Interesse für uns war, wie begabte junge Menschen selbst das Verhältnis von Anlage und Umwelt (nature-nurture bei Edwin Gordon) bewerten, das die Begabungsforschung von jeher und seit Heinrich Roth auch die Pädagogik beschäftigte. Wie werden Anteilsprioritäten von *Begabung und Lernen* (so der Titel der Schrift von Roth, 1970) gesehen?

In der Forschung kennen wir sogenannte genealogische Studien, in denen Familienähnlichkeiten untersucht werden sowie Studien, in denen der Einfluß von Umweltbedingungen auf musikalische Leistungen nachgewiesen werden soll. Zur Klärung des Verhältnisses von Anlage und Umwelt griff man beispielsweise auf die Stammbaumforschung und Zwillingsforschung zurück. Als Beweis für eine Vererbungsthese wurde vor

50 vgl. Rosamund Shuter-Dyson: *Psychologie musikalischen Verhaltens, Angloamerikanische Forschungsbeiträge*, Mainz 1982

allem Johann Sebastian Bach mit seinen zahllosen Musiker-Vorfahren zitiert, als Gegenbeispiel Robert Schumann, unter dessen Ahnen sich kein Hinweis auf musikalische Aktivitäten ausmachen ließ. *Abgesehen davon, daß auf diese Weise nichts geklärt werden kann, da Anlage und Umwelteinflüsse im Nachhinein nicht zu trennen sind, wird hier (...) unberücksichtigt gelassen, daß in anderen Epochen Musikausübung als ein Beruf wie ein anderer auch in der Familie weitergegeben werden konnte*[51]. In der Zwillingsforschung wurde wegen der Identität von Erbanteilen bei eineiigen Zwillingen versucht, den Einfluß unterschiedlicher musikalischer Milieus zu bestimmen. Entsprechende Untersuchungen haben jedoch methodische und statistische sowie Versuchsplan-Schwächen, so daß ihre Ergebnisse kaum weiterhelfen. In jüngster Zeit hat sich Edwin Gordon mit der Weiterentwicklung von Musikalitätstests vor allem bei jüngeren Kindern beschäftigt. Der Autor glaubt nachweisen zu können, daß in der Altersphase zwischen 5 und 9 Jahren eine Wechselwirkung zwischen Begabung und Förderung besteht, danach die Begabung aber relativ stabil ist und Umwelteinflüsse keine positiven Auswirkungen mehr auf deren Ausprägung nehmen. Christa Nauck-Börner resümiert zur Begabungsforschung mit dem Ausblick: *Für die Zukunft ist zu erwarten, daß die Arbeiten über Musikalität mehr als bisher in andere Wissensgebiete eingebettet werden*[52]. Eine Möglichkeit der Integration des musikalischen Begabungsbegriffs in eine allgemeinere psychologische Theorie hat Klaus-Ernst Behne[53] aufgezeigt. Der Vorteil einer solchen Integration liegt darin, daß damit mehr Kenntnisse über Gesetzmäßigkeiten von Lernprozessen herangezogen werden können, die u. a. für praktisches pädagogisches Handeln von Bedeutung sind. In diesem Sinne meinen wir, daß vorliegende Untersuchung mit der Aufmerksamkeit der Biographieforschung zugleich weiterbringende Erkenntnisse zur musikalischen Begabung zutage fördert. Biographie und Begabung sind die zentralen Schwerpunkte, denen wir uns am Beispiel von Bundesteilnehmern Jugend musiziert zuwenden. Wir sprechen von instrumentalen Talenten, gehen also begabungstheoretisch von einer Talentkonzeption aus. Wir meinen, daß angelegte Fähigkeiten sich zumeist sehr früh im Verlauf der Entwicklung bei entsprechender Förderung im sozialen Kontext durchsetzen und dahingehend Früchte zeigen, daß Produkte weit überdurchschnittlicher Qualität (Beispiel: künstlerische Leistungen) erbracht werden. Bundesteilnehmer Jugend musiziert scheinen jenes Talent zu besitzen, das wir definieren als bestimmte körperliche Veranlagung für ein Instrument (1:1-Identität von Körper und Instrument), als merkliche Geschicklichkeit von Händen, Fingern und Lippen, als überdurchschnittliche Hör-Sensibilität, als außerordentliches musikalisches Gedächtnis, als Sinn für Gestaltqualitäten der Musik (melodisch-harmonisch-rhythmische Strukturen), als Fähigkeit zur Abstraktion musikalischer Syntax und schließlich – hier hypothetisch und die praktische Ebene übersteigend – als Gefühl oder Intuition für Freiräume zur

51 Eberhard Kötter im Kapitel über *Begabung – Lernen – Entwicklung*, in: Carl Dahlhaus/Helga de la Motte-Haber (Hg.): *Systematische Musikwissenschaft*, Band 10, Wiesbaden 1982, S. 270

52 Christa Nauck-Börner: *Musikalische Begabung*, in: Rudolf-Dieter Kraemer/Wolfgang Schmidt-Brunner (Hg.): *Musikpsychologische Forschung und Musikunterricht*, Mainz 1983, S. 15ff.

53 Klaus-Ernst Behne: *Lern- und motivationspsychologische Besonderheiten musikalischer Lernprozesse*, in: Wolfgang Schmidt-Brunner (Hg.): *Methoden des Musikunterrichts*, Mainz 1982, S. 96ff.

persönlichen individuellen Nutzung und künstlerischen Entfaltung. Wir gehen davon aus, daß musikalische Begabung (d. h. instrumentales Talent) das Resultat eines optimalen Zusammenwirkens von Persönlichkeitsfaktoren und Umweltbedingungen ist. Dabei kann man sich vorstellen, daß die Entstehung und Entwicklung der Begabung von Bedingungsfaktoren abhängen, die sehr leicht zerstörbar sind. Diese Studie ist daher zugleich ein Versuch, das Interaktionsgefüge von Bedingungen am Beispiel musikinteressierter und -fördernder Umweltfaktoren ein Stückweit transparenter und demgemäß in Förderprogrammen systematisch beeinflußbar zu machen. Entdecken und Fördern musikalisch-instrumentaler Begabung im lebens- und lerngeschichtlichen Kontext nachzuvollziehen, heißt zugleich, wichtige Einflußfaktoren offenlegen und eine Begabungstheorie konstruieren wollen, die im Sinne eines dynamischen Begabungsbegriffes jene Zusammenhänge ordnet, die für musikalisches „Begaben“ von Bedeutung sind.

Klassik musizierende Jugend – Hypothesen zu einer jugendlichen Teilkultur

Jugend ist faul, Jugend ist aufsässig, Jugend ist autoritäts- und orientierungslos, Jugend ist undankbar... ein jeder könnte den Katalog problemlos fortsetzen. Klagen und Gemeinplätze über Jugend sind so alt, wie es Jugend als Lebensphase gibt. Das öffentliche Jugendbild ist oft erschreckend einseitig, plakativ und in der Tendenz eher negativistisch. Manch einer ist geneigt, ein einheitliches Jugendimage zu akzeptieren. Es kann nicht übersehen werden, daß die öffentlichen Medien da ein gutes Stück Mitschuld tragen, wie die Resignation eines jugendlichen Klassikmusikers zeigt: *Wenn in Berlin 10 Jugendliche Fensterscheiben einschlagen, dann wird das tags darauf in allen Medien ausgeschlachtet. Wenn tausende Jugendliche bei Jugend musiziert in Regional-, Landes- und Bundeswettbewerben spielen, liest man darüber allenfalls eine Kleinnotiz in irgendwelchen Provinzpressen.*

Allerbeck/Hoag greifen in ihrer jüngsten Studie *Jugend ohne Zukunft?* diesen bedenkenswerten Aspekt auf[54]: *Das Bild, das die Öffentlichkeit von der Jugend hat, ist in erster Linie geprägt von den Eigengesetzlichkeiten der Medien: gerade das Seltene wird am ehesten Nachricht, und die ungeheure Vervielfältigung des Seltenen in Zeitung und Fernsehen hebt das Außergewöhnliche und Abwegige – durch den simplen Akt steter Wiederholung – in den Rang des Normalen. Schlagwörter wie „Null Bock auf Arbeit" oder „No future", Fotos von Punkern, Rockern und Aussteigern beherrschen so die allgemeine Vorstellung von der heutigen Jugend.*

Auch Sozial- und Erziehungswissenschaften sind an solchen Jugend-Generalisierungen und -Etiketten nicht unschuldig. Wenn der Erziehungswissenschaftler Dieter Baacke 1979 in seinem Buch *Die Dreizehn- bis Achtzehnjährigen* den Rückzug Jugendlicher aus der Gesellschaft als Selbstausbürgerung durch Sucht, durch Radikalisierung des Verhaltens, durch religiöse Fanatisierung, durch radikale Privatisierung und Gruppenintimisierung beschreibt, dann kann er immer nur einen Teil Jugendlicher erfassen wollen. „Die" Jugend als geschlossene Gruppe gibt es nicht, sie ist eine soziale Fiktion. Wissenschaft und Alltagsrede sollten auf diesen typisierenden Begriff verzichten, denn er verdinglicht Wirklichkeit, und wir finden, versuchen wir ihn in biographischer oder empirischer Differenzierung zu erfassen, kaum eine Entsprechung. Entschließt man sich zum Versuch einer Synopse von Ergebnissen der Jugendforschung, so läßt sich vielleicht folgender Minimalkonsens resümieren:

– In unserer hochtechnisierten, zunehmend automatisierten und Menschen ersetzenden Gesellschaft, deren Merkmale Arbeitsentfremdung, Nutzen- und Konkurrenzden-

[54] Klaus R. Allerbeck/Wendy J. Hoag: *Jugend ohne Zukunft? Einstellungen, Umwelt, Lebensperspektven,* München 1985

ken sind, muß vor allem jene Gesellschaftsgruppe in besonderer Weise belastet sein, die um die existentiell vollwertige Aufnahme in diese Gesellschaft nachsucht: die Gruppe der Jugendlichen. Die Vielzahl der Jugendstudien mag ein beredtes Indiz für die allgemeine, fachpädagogische und politische Unsicherheit im Umgang mit Jugendlichen sein. Maßnahmen, Mißstände abzubauen, sind ebenso dringlich wie häufig wirkungslos. Rund 400.000 Jugendliche* ohne Arbeits- und Ausbildungsplätze sind eine beängstigende Realität. Die Konsequenzen für Jugendliche werden nicht selten in markigen Schlagzeilen der Medien vermarktet oder lassen sich prägnant an der Sprüchekultur der Jugendlichen ablesen: Null Bock auf Nichts – Du hast keine Chance, aber nutze sie – No Future – Wir haben nichts zu verlieren außer unserer Angst – Wir wollen alles und davon möglichst viel – Wir sind zu allem bereit, aber zu nichts zu gebrauchen – Werdet niemand, dann seid ihr einzigartig – Wenn die Zukunft schon düster ist, wollen wir wenigstens den Protest genießen – Artige Kinder sind unglückliche Kinder – Ratschläge sind auch Schläge – Wer Ordnung hält, ist zu faul zum Suchen – Faulenzen ist ein Tätigkeitswort – Lieber Feste feiern als feste arbeiten – Es gibt noch viel zu tun, fangt schon mal an – Keiner fragt, Politiker antworten...

Der Pädagoge, Jugend- und Medienforscher Dieter Baacke kommentiert diese Sentenzen, Ratschläge und Aufforderungen, zu finden als Graffiti an Häuserwänden oder anderen öffentlichen Plätzen, wie folgt: *Sie zielen mit ihrer Pointe jeweils darauf ab, daß sie gemeinhin geteilte Überzeugungen, scheinbar anständige Gesinnungen und vernünftigen Konsens gutwilliger Bürger und Pädagogen zitierend gegen den Strich bürsten, respektlos ins Gegenteil verkehren. Sie sind der Ausdruck eines tiefen Mißtrauens gegenüber allem, auf das wir uns so gern verlassen. Arbeit ist eine gesellschaftliche Notwendigkeit, Ordnung und Disziplin sind tradierte Bürgertugenden; Politiker sind, da von uns gewählt, Vertreter unserer Interessen und Hoffnungen: All dies scheint für bestimmte junge Menschen nicht zu gelten. Viele Erwachsene irritiert an diesen Sprüchen der Gestus der Provokation sowie eines unbotmäßigen Selbstbewußtseins. Umgekehrt drückt sich in den Sprüchen der Jugendlichen ein Mißtrauen aus gegenüber allzu billig hergestellten Übereinkünften*[55].

Das vorwiegend negative, mit trüben Farben gemalte Bild des Lebensgefühls junger Menschen in Medien und Öffentlichkeit läßt bei naiver Betrachtung ein Jugendimage entstehen – vorwiegend auch bei älteren Generationen –, das Jugendlichen generalisierend Subversion, Tagträumerei und Aussteigermentalität unterschiebt und sie zu steuerlich subventionierten Nutznießern am relativen Wohlstand dieser Gesellschaft erklärt.

– Akzeleration der Geschlechtsreife und Postadoleszenz sorgen dafür, daß sich die Jugendphase sozial immer weiter ausdehnt. Auf der einen Seite verlagert sich die Geschlechtsreife der Jugendlichen in ein immer früheres Alter, gehen Kinder in Discos

55 Dieter Baacke: *Jugend, Medienkultur und Bildungsprozeß, Zu den Musikwelten der Jugendlichen,* in: Deutscher Musikrat (Hg.): *Referate und Informationen* 65/1987, S. 5

* Stand Dezember 1988 – unter 20 Jahre: 91 841 Arbeitslose; 20–25 Jahre: 300 039 Arbeitslose

und streben nach dem Habitus des Frühreifen, des Jugendlichen, auf der anderen Seite sind Jugendliche immer länger in Ausbildungsinstitutionen eingebunden (Verlängerung der Schulzeit, der Studienzeit, der vorberuflichen Praxisphasen) und müssen länger denn je auf einen vollwertigen Arbeitsplatz warten. Trotz ihrer sozialkulturellen Selbständigkeit sind sie heute oft noch als 30jährige ökonomisch abhängig und unter diesem sozio-ökonomischen Aspekt noch immer Jugendliche. Hinzu kommt ein Phänomen, das Tenbruck[56] als *Puerilismus-Tendenz* in unserer Gesellschaft beschrieben hat. Er diagnostiziert eine Dialektik zwischen Jugend- und Erwachsenenkultur dergestalt, daß die Jugend einerseits zwar über eine autarke Kultur verfügt (Umgang, Sport, Musik, Mode, Moral, Literatur, Sprache...), andererseits kommt es in unserer Gesellschaft zu einem Puerilismus der Gesamtkultur, d. h. die jugendliche Teilkultur wird in mancher Hinsicht zur dominanten Kultur. Im Wirtschaftsleben ist dies besonders deutlich zu spüren, wo Ziele und Mittel der Lockung fast durchweg an jugendliche Wünsche, Symbole und Realitäten appellieren. Die 55jährige Großmutter trägt eben Jeans und der graumelierende Beatle-Fan illusioniert und transzendiert sein Alter mit einer junggebliebenen Musik. Dieter Baacke beschreibt dieses Phänomen als *retroaktive Sozialisation*: *Erwachsene erziehen und beeinflussen nicht nur Jugendliche; umgekehrt sind es diese, die viele Standards setzen, nach denen auch Erwachsene sich richten. Jeans und Turnschuhe; legeres Verhalten und sportliche Betätigung; liberale Lebensauffassung und Betonung von Freizeitwerten: dies alles sind Stil-Elemente, die längst von der Erwachsenengeneration übernommen worden sind*[57].

- Jugend bildet in unserer Gesellschaft eine eigenständige Teilkultur, die sich in zahlreiche Unterkulturen mit jeweils eigenen Normen, Werten, Symbolen und Lebensentwürfen zersplittert. Der Verweis auf Pluralismus und Heterogenität von Teilkulturen bleibt jedoch abstrakt und sinnleer, solange nicht zur Nennung konkreter Aktivitäten und Aktionen, Einstellungen und Erwartungen vorangeschritten wird. Der Begriff Teilkultur steht heute für eine kulturelle und soziale Konfiguration, die sich vorschneller und eindeutiger Klassifikation verweigert. Martialisch ausgestattete *Punks,* die mit selbstbewußter Attitude Obszönitäten ausschreien; pechschwarz gekleidete *Grufties,* die auf Grabplatten ihre Depressionen ausleben; strickfleißige und natürliche *Müslis,* die vorzugsweise in Bio-Läden einkaufen; die second-hand-liebenden *Mods,* die auf Rollern unterwegs sind; die exklusiv und perfekt gestylten *Popper,* cool und lässig in Cashmere-Pullis und Diplomatenmantel; die vielen und einfach ganz *Normalen,* die einem „ordentlichen" bürgerlichen Beruf nachgehen; die Reggaeverliebten *Rudeboys* mit ihren streichholzkurzen Haaren, Bomberjacken und Springerstiefeln; die an den Haartollen erkennbaren *Psychobillies,* die College-Jacken, Jeans und Petticoats bevorzugen; die zu Gewalt neigenden *Skinheads* und die feuerstuhlbesessenen *Rocker;* die leicht hörgeschädigten *Disco-Philen,* die im diabolischen Bum-Bum das Saturday-Night-Fever suchen; die politisch engagierten *Öko-Paxler* im

56 Friedrich H. Tenbruck: *Jugend und Gesellschaft,* Freiburg^2 1985
57 Dieter Baacke: *Jugend, Medienkultur und Bildungsprozeß,* S. 5

Schlabberlook... sie alle und andere beschreiben jenes bizarre Phänomen, das wir übergreifend Jugendkultur nennen. Und wer behauptet, Jugend sei sprachlos, sei nicht kommunikationsbereit, der sollte jene anderen jugendlichen Ausdrucksmedien in der vorausgehenden Kurzbeschreibung finden: Bilder, Blicke, Kostüme, Gerüche, Kleidung, Klänge, Musik, Haarmoden, Farben, Insignien aus früheren Zeiten und letztlich auch ihre Sprache, die für uns ältere zum Geheimcode geworden ist. Wer zu ihnen gehören will, muß die Szenen-Sprache ihrer Clique „drauf haben". Aus dem „Mädchen, das um die Ecke läuft", wird bekanntlich die „Tussi, die um die Kante düst..."

Zu den bereits genannten jugendlichen Teil- und Splitterkulturen kommen die vielen jungen Leute, die an verschiedenen Jugend-Musikkulturen partizipieren, ohne sich mit ihnen zu identifizieren. Viele Jugendliche gebrauchen einen entsprechenden Stil zu bestimmten Lebenszwecken oder die Symbole bestimmter Teilkulturen als modisches Accessoire, ohne sich an Idolen und Ideen zu orientieren. Sie benutzen Ausdrucksgehalte und – symbole wie einen Gebrauchsgegenstand und eine Modetendenz. Dies gilt gleichermaßen auch für Erwachsene. Das lumpenproletarische Papierkleid, 1976 noch authentischer Ausdruck der Punk-Kultur, avancierte nach kommerziellem Zugriff zum Mode-Gag in Londons exquisitesten Boutiquen.

Bei unscharfem Blick sucht man in dieser bizarren Jugendszene nach einer Jugendkultur fast vergeblich, weil sie in soziologischen Studien oft übersehen und im öffentlichen Bewußtsein als elitär verdrängt wird. Wir meinen jene Jugendlichen, die selbst musizieren, und zwar sogenannte „Klassische Musik". Allein die Zahl öffentlicher Musikschulen ist in den vergangenen sieben Jahren um 200 gestiegen. Über eine halbe Million Jugendlicher wird hier unterrichtet, die vielen Privatschulen nicht gerechnet. Auch die Absätze der Musikinstrumentenindustrie sind konstant geblieben. Damit stehen jene unter dem Verdacht kulturkritischer Übertreibungen, die behaupten, daß unsere Mitmenschen immer rezeptiver, mediensklavischer würden und daß Musizieren ein zum Aussterben verurteiltes Steckenpferd sei. Laien- und vor allem Jugendmusizieren in diesem Ausmaß zu registrieren, widerspricht einfach den verbreiteten Parolen von einer konsumorientierten Jugend, die eine heile Welt in Disco-Glamour und – Glitzer sucht.

Die Vernachlässigung von Klassik musizierender Jugend seitens der Forschung, die nahezu ausschließliche Kontamination von „Jugend und Rockmusik" ist sicher auch ein wichtiges Motiv zu vorliegender Studie. Vor lauter Emanzipationsgeläute, das den kritisch-mündigen Hörer zelebrierte, vor lauter Schülerorientierung mit dem gefälligen Topos, den Jugendlichen da abzuholen, wo er stehe, hat sich Musikpädagogik vielfach auf den funktionalen Alltag reduziert und das Kunstwerk zur *romantischen Mystifikation*[58] verklärt. Wenn sich aber Musikpädagogik mit einer übertriebenen Alltagsästhetik von den Künsten verabschiedet, dann gefährdet sie in einem nicht geringen Maße und gerade im Namen der angestrebten Emanzipation die Integrität des Menschen, indem sie sein Grundbedürfnis nach ästhetischer Erweiterung aus dem Auge verliert.

58 Carl Dahlhaus/Michael Zimmermann: *Musik zur Sprache gebracht*, Kassel 1984

Auf dem Hintergrund dieser allgemeinen jugendkulturellen Überlegungen seien einige Hypothesen zu Persönlichkeit und Selbstanspruch musikbegabter Jugendlicher entwickelt, wie sie uns in Gestalt erfolgreicher Jugend musiziert-Teilnehmer begegnen. Eine bündige Theorie zur Entdeckung, zum Wesen, zur Förderung, zu Alltags- und Lebenswelten instrumentaler Talente quasi als Vorgabe dieser Studie würde der Eigenart qualitativer Sozialforschung widersprechen, sie ist nach Sichtung und Auswertung des biographischen Materials eher Endziel. Hypothesen werden vorangestellt, die allenfalls den Anspruch von Plausibilität haben und das begrenzte persönliche Meinungs-, Wissens- und Vor-Urteilsfeld des Forschers markieren. Es sind zugegeben sehr subjektive Vermutungen, die sich gegen verbreitete Gemeinplätze über begabte junge Menschen wenden, andererseits auch potentielle Fehlentwicklungen ungeschminkt herausstellen. Instrumentale (musikalische) Talente sind

- Jugendliche, die deswegen als begabt gelten, weil sie im musikalischen Bereich den allgemeinen Bestimmungsmerkmalen[59] von Begabung entsprechen. Ihre instrumentalen Leistungen liegen weit über dem Druchschnitt (Verhältnis Leistung : Gütemaßstab), ihre besondere Leistung tritt in einem frühen Alter auf (Leistung : Lebensalter), und sie eignen sich ihre Fertigkeiten relativ rasch an (Leistung : Lerntempo). Wenn demnach Leistungsniveau, Lernfähigkeit und Lernfortschritt Maßstäbe zur Bestimmung einer Begabung sind, dann gelten sie in besonderer Weise für die Bundesteilnehmer JM. Es ist sicher nicht übertrieben, festzustellen, daß diese jungen Musiker in hohem Maße handwerklich-technische Fertigkeiten und künstlerisch gestaltende Fähigkeiten besitzen, die sie von der großen Mehrheit musizierender Jugendlicher unterscheidet.
- Jugendliche, die sich einer Musik widmen, die in unserer Gesellschaft eher als elitär verschrien und in manchen musikpädagogischen Konzepten als jugendatypisch tabuiert ist. Die Kinder und Jugendlichen, von denen hier die Rede ist, pflegen eine Kultur – und Kultur meint hier Kunst –, die den sozialbedingten Wandlungen des Stellenwertes von Kultur widerspricht. Der allgemeine Verfall von Kultur, der das Ende eines Zeitalters des Individuums kennzeichnet, das Ersetzen der individuellen Freiheit und Entfaltung durch den komfortablen Isolationismus im anonymen Kollektiv, gilt für jene Jugendgruppe nicht, die tagaus tagein mit Widerwillen und Begeisterung durchs Gestrüpp der Noten sich hindurchplagt, bis die ästhetische Erfahrung so gelingt, daß sie Bereitschaft zum nächst Neuen innerviert.
- Jugendliche, die die Anstrengung zur Kunst mit zunehmender Verselbständigung immer bereitwilliger auf sich nehmen, Anstrengungen, die – wie beim Sport das Training – unauffhebbare Voraussetzungen dafür sind, die Qualität der Musik zu vermitteln. Und sie sind Künstler, weil sie sich als speziell Begabte mit einer nicht jedermann erreichbaren Sache beschäftigen.
- Jugendliche, die damit zusammenhängend etwas von dem verwirklichen, was in verbreiteten Fach- und Alltagsparolen zum allgemeinen Geschwätz verkommen ist: Die

59 Ewert, a. a. O., S. 6

Rede von der Selbsterfahrung und Selbstverwirklichung. Sie reduzieren ihr ästhetisches Grundbedürfnis nicht nur auf den funktionalen Alltag. Sie sind die Antagonisten einer Alltagsästhetik, die mit fast masochistischem Selbstgenuß den grauen Alltag immer wieder zelebriert, anstatt den Menschen aus seiner zwanghaften Konsumwelt hinauszuführen und die ohnehin bedrohte Empfindsamkeit in einer Welt der überwiegend praktischen Zweckrationalität zu verteidigen. Und ihre Auseinandersetzung mit Kunst kann dafür sorgen, daß sie weniger unter der allgemeinen Orientierungskrise einer Generation leiden, die am Höhepunkt der hochentwickelten und ihr fremden technologisch-bürokratischen Gesellschaft nach Ersatzformen sucht, die sie noch weiter ins Abseits führen.

– Jugendliche, die sich einem weitverbreiteten Leistungscountdown nicht anschließen. Für sie mag nicht gelten, daß, je weniger einer leistet und verlangt, er um so beliebter ist. So sehr auch der Wettbewerb den Teilnehmer ins Zwielicht egozentrischer Selbstdarstellung manövrieren kann, so wenig ist zu übersehen, daß Tugenden wie Fleiß und Ehrgeiz Voraussetzungen erfolgreichen Arbeitens sind. Unsere Gesellschaft ist angesichts eines solchen Leistungsniveaus nicht verlegen, man spendet Applaus, nicht ohne das Außenseiterformat zu artikulieren und diese Jugendlichen mit dem hypertrophen Etikett der „Wunderkinder" oder der fadenscheinigen Sorge über die „verlorene Kindheit und Jugend" als bedauernswerte Ausnahmeerscheinungen an den Rand des Bewußtseins zu drängen. Und gerade das musikalische Talent läuft mehr als ein anderes Gefahr, zum „kleinen Mozart" stigmatisiert zu werden. Unsere Gesellschaft scheint sich übrigens immer dann eines Künstlerischen zu erinnern, wenn geniale Etikett-Zuweisungen angefragt sind, wie das aktuelle Beispiel eines Boris Becker als dem „neuen Mozart des Sports" wieder einmal belegt.

Vorurteilslastig argumentiert auch die „Gesellschaft für das hochbegabte Kind", die eigentlich um Abbau von Vorurteilen bemüht sein sollte. Sie zieht in einer Informationsschrift für Eltern und Lehrer gedankenlos-platte Parallelen zwischen kindlichen Musikbegabungen und herausragenden Musikern: *Auch die künstlerische Begabung ist geläufig und wird von der Umwelt in der Regel akzeptiert* (worüber zu diskutieren wäre, d. Verf.). *Musische Fähigkeiten äußern sich oft schon sehr früh. Denken Sie an „Wunderkinder" wie Beethoven und Mozart*[60]. Mit J. Kaiser möchte man anmerken[61]: *Imponierend am Wunderkind ist ja nicht, daß es seine Finger rasch und unnervös bewegen kann, sondern die überraschende Mischung aus Technik, seelischer Unabgenutztheit und unbegreiflichem Ausdruck.* Daß Bundesteilnehmer JM hochbegabte Individualisten seien, denen ihre Leistungen quasi anstrengungslos zufließen oder die vor lauter Übedrang und – zwang lebensferne oder gar – untüchtige Künstler seien, ist m. E. nichts mehr als eine Rechtfertigung subjektiver Mangelerscheinungen. Ein weiteres Vorurteil dürfte die bisweilen ideologisch gefärbte Annahme sein, solche Begabungen be-

60 Deutsche Gesellschaft für das hochbegabte Kind e. V. (Hg.): *Hochbegabung und Hochbegabte. Eine Informationsbroschüre für Eltern und Lehrer*, Hamburg 1984, S. 10

61 Joachim Kaiser: *Wunderkind gesucht*, in: *Neue Musikzeitung* (*nmz*) 2/1986, S. 6

62 Kurt Bauer: *Gegen die musikalischen Fachidioten. Gedanken über Teilnehmer und Kriterien bei „Jugend musiziert"*, in *nmz* 1/1981, S. 22

dürften keiner besonderen pädagogischen Betreuung und Begleitung. Gleiches Recht für alle bedeutet auch angemessene Spitzenförderung. Wer sie einklagt, wird schnell in die Ecke reaktionärer Bildungspolitik verschoben und elitärer Ideologie beschimpft.

Doch wer allzu sozialistisch gleiche Chancen für alle mit Gleichmacherei eintauscht, befrage keinen geringeren als Karl Marx: *Hochbegabungen sind ein Geschenk der Natur an die Gesellschaft.* Sie nicht zu fördern hieße demnach, dieses Geschenk der Gesellschaft vorzuenthalten. Breiten- und Spitzenförderung sind gleichberechtigte bildungspolitische Forderungen unserer Tage.

- Jugendliche, für die weder Baackes Thesen der Selbstausbürgerung, noch das Jugendbild unserer Medien, noch die einseitige Zuschiebung von Rock als Jugendmusik zutreffen. Unsere Gesellschaft, ja sogar unser eigenes Fach nimmt oft nur am Rand zur Kenntnis, daß es neben jugendlicher Rockkultur eine Jugendkultur gibt, die sich ernsthaft und aktiv mit klassischer Musik auseinandersetzt. Dies schließt nicht aus, daß diese Jugendlichen auch an Rockmusik, an Kultur und Mode partizipieren, daß es Zwischentöne und Übergänge von Klassik zu Rock gibt.
- Jugendliche, die sich aufgrund ihrer musikalischen Interessen der Industrialisierung von Kultur widersetzen und den Verlockungen einer Freizeitindustrie entziehen, welche mit ausgeklügelten marktanalytischen Methoden die Interessen der jungen Menschen mit Beschlag belegt. Jugendliche, die so gar nicht in das Bild der nivellierten und regulierten Massenkultur passen, die bekanntlich vom Ausverkauf der individualistischen lebt (Adorno).

Dieses subjektive und eher euphorische Jugendbild sei aus Gründen der Vollständigkeit durch jene Hypothesen ergänzt, die auch Gefahren in der frühen Fixierung auf Instrument und Musik durch elterliche Fremdbestimmung formulieren. Inwieweit solche Vermutungen nichts als haltlose Verdächtigungen sind, wird die Studie zeigen müssen. Spekulieren wir auf der Basis von Einzelerfahrungen und dem Hörensagen, dann geht es um

- Jugendliche, deren Leben so sehr vom Instrument und dem anvisierten Erfolg bestimmt ist, daß sie neurotizistisch und emotional labil mit dem Leben selbst nur schwer zurechtkommen, körperlich schwach, kränklich, ständig schwankenden Stimmungen unterworfen, aufgrund ihrer Begabung in einer sozialen Isolation.
- Jugendliche, die in Erkenntnis lebenswichtiger Persönlichkeitsdefizite eines Tages radikal mit dem Elternhaus brechen, weil sie von dort auf die Einbahnstraße der instrumentalen Karriere gezwungen wurden. Denn, *der Ehrgeiz der Pädagogen wird gelegentlich noch übertroffen von den Eltern, die – ganz wie die Eislaufmütter – ihr eigenes Leben völlig in den Dienst der frühen Karriere ihres Kindes stellen* (von Gutzeit). Oder trifft die Kritik eines Wettbewerbskommentatoren[62]: *Warum begegnet man unter Spitzenkönnern immer wieder jungen Menschen, mit denen man sich über nichts als ihre Technik, ihre Übzeiten und Metronomzahlen, über die Behaarung ihres Bogens oder einen Trillerfingersatz unterhalten kann... Man möchte die-*

[62] Kurt Bauer: *Gegen die musikalischen Fachidioten. Gedanken über Teilnehmer und Kriterien bei „Jugend musiziert“*, in *nmz* 1/1981, S. 22

sen Jugendlichen den Rat geben: Vergeßt nicht, daß ihr nicht nur tolle Instrumentalisten werden wollt, sondern Persönlichkeiten. Dazu gehören geistige Vielseitigkeiten und Offenheit, dazu gehören Freunde, und Freundschaften wollen gepflegt werden. In ähnlicher Weise spricht Oskar Blarr (Wettbewerbsjuror) von „menschlichen Tastenrobotern an der Orgel", die Perfektionismus und Drill, Karriere um jeden Preis fetischisieren und deren menschliche wie künstlerische Individualität behindert ist. Da wird die Klage geführt über mangelndes gegenseitiges Zuhören bei Wettbewerben. Steht Konkurrenz vor Kommunikation, „Jugend kämpft" vor „Jugend musiziert"? Cossés Kritik wirkt wie eine Karikatur der Wettbewerbe[63]: *Die spezifische Wettbewerbsatmosphäre hat eine Betonung quasi sportlicher Fähigkeiten verschuldet, deren Faszination man sich zum gegebenen Zeitpunkt nur schwer entziehen kann... Wie ein nach allen Regeln der Kunst trainiertes Tier bewegt sich der Wettbewerbsmusiker in einem Käfig, durch dessen Gitterstäbe es sich nur bedingt kommunizieren läßt.* Maßlose Übertreibung, verbaler Kraftakt oder schonungsloses Abschminken einer bedenklichen Kommunikationspraxis?

- Jugendliche, die in ihrer Aura des Esoterischen und einer allzu frühen Karriere beruflich scheitern. Sind die frühen Erfolge vielleicht sogar hinderlich, weil sie von einer Solo-Karriere und vom ersten Pult träumen lassen? Sind sie derart auf ihre eigenen Leistungen fixiert, daß sie in einer mühevollen Alltagskonkurrenz zwangsläufig versagen? Oder aber haben sie möglicherweise mit 16 oder 18 Jahren bereits einen künstlerischen Gipfel, eine Hochform erreicht, die sich nicht mehr zu einer absoluten Spitzenbegabung ausbauen läßt? Haben sie in ihrer adoleszenten Phase ihre persönliche Begabung bis an die Grenzen ausgereizt, so daß sie trotz Hochschulstudium nicht weiter förderbar sind?
- Jugendliche, für die ein hohes Maß an Selbstkritik charakteristisch ist. Haben Ausbildung und Erfolge Nebenwirkungen auf Lebensmaximen derart, daß sie immer noch besser, immer qualifizierter, immer erfolgreicher sein wollen, daß ein Ausmaß an egozentrischem Ehrgeiz und Selbstanspruch erreicht wird, die sie als normal Sterbliche im Zusammenleben mit Menschen, die sich Fehler erlauben und machen, scheitern läßt? Lapidar gefragt: Wie und wo finden sie einen Partner fürs Leben, einen Freund, wenn sie auch in ihre menschlichen Beziehungen überdurchschnittliche Ewartungen und Forderungen des ständigen und aufreibenden „Sich-Bemühens" und „Besser-Werdens" übertragen? Sind sie derart auf vollkommene Leistung gezüchtet, daß ihnen Fehler auch im Menschlichen zuwider und kaum entschuldbar sind? Wie können sie mit einer bisweilen notwendigen Null-Bock-Haltung oder einem Sichgehen-lassen gewinnbringend umgehen? Sind sie überhaupt fähig, sich Pausen und Entspannungen zuzugestehen? Immer „gut sein" und „besser werden" wollen kann zu einem Überforderungssyndrom führen, das in lebensexistentielle Krisen manövriert, wie sie bei talentierten Menschen ohnehin verstärkt beobachtet werden.

63 Peter Cossé: *Die Sieger stehen sich gegenseitig im Weg*, in: *nmz* 4/1981, S. 6

Die hypothetische Beschreibung der Stichprobe macht deren Exponiertheit deutlich, in der zugleich ihre besondere Eignung für den biographischen Zugriff liegt. Der Sozialforscher hält es nämlich mit *jenen Anthropologen, die glauben, eine Kultur sei in ihren extremen Ausprägungen, den Festen, Katastrophen, Randgruppen, den Privilegierten, Ausgestoßenen, den Krisen, Kriegen und Verbrechen, den wissenschaftlich und kulturell herausragenden Leistungen und ebenfalls in der Normalität des Alltages – auch ein „Extremfall" – besser zu studieren, als durch Befragung oder Beobachtung eines repräsentativen Querschnitts ihrer Angehörigen*[64].

So verstandene Sozialforschung hält es mit ethnomethodologischen Konzepten[65], die an möglichst unverstellter Selbstthematisierung interessiert sind.

64 Gerhard Kleining: *Umriß zu einer Methodologie qualitativer Sozialforschung*, in: *Kölner Zeitschrift für Soziologie und Sozialpsychologie* 33/1982, S. 236

65 vgl. E. Weingarten/F. Sack/J. Schenheim: *Ethnomethodologie*, Frankfurt 1976

Fragestellungen und Zielsetzungen der Studie

Frühe Kindheit und Familie

Welche Wissenschaft vom Kind wir auch bemühen, übereinstimmend wird die Bedeutung der familialen Sozialisation für das Hineinwachsen eines Kindes in unsere Gesellschaft hervorgehoben. Die ersten sozialen und auch musikalischen Interaktionen in einer Familie haben möglicherweise entscheidenderen Einfluß auf das Musikverhalten von Kindern als schulische Lernprozesse im späteren Alter. Erziehungswissenschaften und Psychologie sprechen von der frühen Kindheit als einer stark prägenden und bildsamen Phase, in der Erziehungserfahrungen für die Entwicklung der Selbstbewertung und des Anspruchsniveaus entscheidend sein können. Wieczerkowski/zur Oeveste[66] resümieren als entwicklungspsychologischen Forschungskonsens, daß die Entwicklungsphasen des Menschen vom Zusammenwirken seiner ererbten Ausstattung mit den Umwelteinflüssen, denen er ausgesetzt ist, bestimmt werden. Lernprozesse im weitesten Sinne, die zielgerecht und frühzeitig initiiert wurden, haben großen Einfluß auf die Ausprägung von Eigenschaften, Einstellungen und Fähigkeiten. Auch nicht-intendiertes, beiläufig-unkontrollierbares Lernen, abhängig vom Anregungspotential der Umwelt, hat einen wesentlichen Anteil am Entwicklungsprozeß im Spannungsfeld von Individuation und Sozialisation. Hoffnung auf Erfolg und Angst vor Mißerfolg (Heckhausen, 1977) als grundlegende Ausprägungen der Leistungsmotivation entstehen schon in der frühen Kindheit. Auch das Maß an elterlicher Selbständigkeitserziehung hat Einfluß auf die Stärke und Richtung des späteren Leistungsmotivs. Je früher Eltern ihre Kinder in (musikalische) Interaktionen verwickeln und erbrachte Leistungen belobigen, um so mehr werden kleine Kinder bemüht sein, diese Art elterlicher Zuneigung zu wiederholen. Eltern, die ihre Babys und Kleinkinder zu musikalischen Äußerungen ermutigen, werden dies während der ganzen Kindheit fortsetzen.

Etwa zwischen 4 bis 5 Jahren sind Kinder fähig, aus den Sanktionen der Eltern auf ihre eigene Tüchtigkeit zu schließen. Setzt Instrumentalunterricht schon auf dieser frühen Altersstufe ein, so kommt ihm deshalb eine besondere Bedeutung zu, weil er das Kind mit einer wiederkehrenden Aufgabe konfrontiert [...]*Bei wiederkehrenden Tätigkeiten ist es möglich, sehr konkret einen Standard der Selbstbewertung aufzubauen und damit ein Anspruchsniveau auszubilden. In diesem Alter sind recht leicht Maß-*

[66] Wilhelm Wieczerkowski/Hans zur Oeveste (Hg.): *Theoretische Grundzüge der Entwicklungspsychologie,* in: G. Kleinen (Hg.): *Kind und Musik, Musikpädagogische Forschung,* Band 5, Laaber 1984, S. 86ff

stäbe zu setzen, die das Leben lang eine Funktion im Wertsystem eines Menschen besitzen[67].

Einer Untersuchung von Brand[68] zufolge, stehen verschiedene Faktoren der häuslichen Umgebung miteinander in Beziehung. Musikalische Fähigkeiten kleiner Kinder korrelierten mit folgenden Einflüssen:

- die Eltern singen zusammen mit dem Kind
- die Eltern helfen dem Kind, neue Lieder zu lernen
- das Kind hat eigene Kinderschallplatten mit Musik
- es gibt Spielsachen, auf denen man Musik machen kann
- ein Elternteil spielt oft mit dem Kind
- allgemeine Einstellung zur Musik

Die Tatsache, daß ein Kind ein Musikinstrument spielt, scheint allein damit zusammenzuhängen, ob ein Elternteil ein Musikinstrument spielt[69].

Der potentielle Einfluß der familialen Musikerfahrungen ist für uns ein Grund, die frühe Kindheit und die Familie zum eigenen Gesprächsthema zu machen. Gibt es frühe Schlüsselerlebnisse, die den Lebensweg mit Musik entscheidend vorzeichneten, gibt es bei den jungen Talenten Momente der Begabungsentdeckung besonderer Qualität? Die Frühidentifikation musikalischer Begabung ist sicher ein erzieherisches Problem aller Eltern, denn künstlerische Produkte sind in frühen Jahren kaum zu erwarten, allenfalls erste Indizien. Begabungsförderung stellt sich vor allem als diagnostisches Problem: Wie, mit welchen Mitteln und nach welchen Kriterien sind unter den Bedingungen des Alltags individuelle Besonderheiten und spezielle Vorzüge, Talente, Begabungen zu erkennen? In der Begabungsdiskussion ist die Dichotomie von Anlage und Umwelt im Sinne einer jeweils alleinigen Wirkungsdominanz längst aufgegeben. Man weiß um die Dynamik von Begabung, um die Bedeutung des kulturellen Hintergrundes, *Begabung ist nicht nur Voraussetzung für Lernen, sondern auch dessen Ergebnis*[70]. Die Studie leistet einen Beitrag zur Begabungsforschung, weil im Gespräch mit den Jugendlichen und den Eltern nach Merkmalen, Beobachtungen musikalischer Talentiertheit gefragt wurde. Antworten können uns helfen, Musikalität und Begabung alltagspsychologisch zu bestimmen.

Besonderes Augenmerk richten wir auf den familialen Hintergrund unserer Jugendlichen. Die Förderung einer Begabung dürfte vor allem von den sozialen und sozioökonomischen Bedingungen der unmittelbaren Umwelt abhängen. Die Anregungsbedingungen zur Entwicklung und Festigung hoher musikalischer Fähigkeiten wird in Familien aus mittleren und höheren sozialen Schichten günstiger sein. Im einzelnen meinen wir die familieninterne kulturelle Tradition (Bourdieu spricht vom „Bildungs-

67 Helga de la Motte-Haber: *Die Bedeutung der Motivation für den Instrumentalunterricht*, in: *Zeitschrift für Musikpädagogik* 25/1984,S.52

68 M. Brand: *Development and Validation of the Home Musical Environment Scale for use at the early elementary level*, in: *Psychology of Music* 13/1985

69 vgl. R. Shuter-Dyson: *Musikalische Sozialisation durch Elternhaus und Schule*, in: Bruhn u. a. (Hg.): a. a. O., S. 197ff

70 Heinrich Roth (Hg.): *Begabung und Lernen. Gutachten und Studien der Bildungskommission* Band 4, Stuttgart 1969, S. 22

kapital", s. u.), das Berufs- und Karrierestreben von Vater und/oder Mutter, die Leistungserwartungen und – forderungen, die Spiel- und Lernmöglichkeiten in der häuslichen, räumlichen Umwelt, Quantität und Qualität elterlicher Zuwendung verbaler und nonverbaler Art, Werthaltungen und Emotionalität. Eltern, die sich aufgrund ihrer eigenen Biographie und Ausbildung reflektiver mit Erziehung auseinandersetzen, können Schwierigkeiten sensibler erfassen und aufgrund ihres sozio-ökonomischen Status eine qualifiziertere Ausbildung finanzieren. Diese Überlegungen werden durch eine Reihe von Studien bestätigt. Jüngst von „infas" ermittelte Daten belegen eine hohe Korrelation zwischen dem Instrumentalspiel von Kindern und dem Bildungsniveau der Eltern: *Während kaum jemand unter den Bürgern mit Volksschule ohne Lehre angibt, ein Instrument zu spielen, während der Anteil der Musizierenden an den Volksschulabsolventen mit Lehre etwas unter dem Durchschnitt liegt, scheint das Zupfen, Klimpern oder Fideln unter den Bürgern mit Abitur oder gar Studium gang und gäbe zu sein: Beinahe jeder zweite (46%) gibt an, zu musizieren.*[71]

Korman[72] registriert, daß die Kurse für „Musikalische Früherziehung" zu etwa 90% von Kindern aus den mittleren und oberen Sozialschichten besucht werden. Freeman[73] stellt fest, daß musiktalentierte Kinder typischerweise aus Mittelschicht-Familien kommen. Eine lineare Beziehung zwischen den Leistungen bei musikalischen Aufgaben und häuslicher Umgebung, sozio-ökonomischem Status der Familie und Intelligenzquotienten ermitteln Seargant und Thatcher[74]; Zenatti[75] berichtet, daß der Beruf des Vaters, die Vielfalt des musikalischen Hintergrundes im Elternhaus und der Privatmusikunterricht die Ergebnisse in Wahrnehmungstests positiv beeinflußt haben.

Wegen der Bedeutsamkeit familialer Bedingungen für die Entdeckung und Förderung musikalischer Begabung sei auf die Theorie vom Bildungskapital, die Pierre Bourdieu in seinem Buch *Die feinen Unterschiede* entwickelt hat, kurz eingegangen. Es geht um die plausible These, daß die ökonomische Struktur des Elternhauses den Umgang mit Musik entscheidend prägt.

Wider die charismatische Ideologie, die Geschmack und Vorliebe für legitime Kultur zu einer Naturgabe stilisiert, belegt die wissenschaftliche Analyse den sozialisationsbedingten Charakter kultureller Bedürfnisse: Nicht nur jede kulturelle Praxis, auch die Präferenz für eine bestimmte Literatur, ein bestimmtes Theater, eine bestimmte Musik erweisen ihren engen Zusammenhang mit dem Ausbildungsgrad, sekundär mit der sozialen Herkunft (wobei ein dialektisches Verhältnis von Schulbesuch und Sozialmilieu anzunehmen ist, der Verf.). Die ästhetische Einstellung als Vermögen, sich aktiv mit sogenannter klassischer Musik auseinanderzusetzen, ist ein durch Erziehung im Elternhaus reproduzierter Effekt, der sich sicher in den Lebensgeschichten der je einzelnen Jugendlichen nachweisen läßt.

71 INFAS: *Vorliebe für Instrumente auf den Zahn gefühlt*, in: *nmz* 3/1984, S. 9
72 Adam Kormann: *Musikalische Früherziehung auf dem Prüfstand* (Teil: IV), in: *nmz* 1/1985, S. 18/19
73 J. Freeman: *Musical and artistic talent in children*, in: *Psychology of Music* 2/1974, 1, S. 5-12
74 nach Shuter-Dyson, *Psychologie musikalischen Verhaltens*, S. 140ff.
75 A. Zenatti: *L'enfant et son environment musical*, Issy-les-Moulinueaux 1981

Bourdieu geht von der These aus, daß Kunst und Kunstkonsum sich glänzend zur Erfüllung einer gesellschaftlichen Funktion der Legitimierung sozialer Unterschiede eignen. Praktiken wie der aktive Umgang mit bildender Kunst oder das Musizieren setzten ein kulturelles Kapital voraus, das in der Regel außerhalb der Schule, eben in den Familien, erworben wird. *Es gibt keine andere Praxis, die annähernd so klassifikationswirksam wäre wie ein Konzertbesuch oder das Spielen eines „vornehmen" Instrumentes. Ihrer gesellschaftlichen Bestimmung nach ist „musikalische Bildung" etwas anderes als eine bloße Summe von Kenntnissen und Erfahrungen, verbunden mit der Fähigkeit, darüber zu reden: Die Musik verkörpert die am meisten vergeistigte aller Geisteskünste, und die Liebe zur Musik ist sicherer Bürge für „Vergeistigung".*[76] Die Unterschiede, die sich aus unterschiedlicher sozialer Herkunft ergeben, dürften niemals klarer hervortreten als im Zusammenhang mit dem Spielen eines Instrumentes. *Diese Fähigkeiten, deren Erwerb wie Praxis nicht nur eine aus langer Vertrautheit mit der Welt der Bildung und Kunst erwachsene Disposition, sondern nicht minder (besonders in bezug auf Klavierspielen) entsprechende finanzielle Mittel und freie Zeit voraussetzen, variieren tatsächlich bei gleichem Bildungsniveau je nach sozialer Herkunft*[77]. Dies bedeutet doch, daß sich jeder einen akademischen Grad und damit ein Bildungskapital nach seinen eigenen Möglichkeiten erwerben kann, nicht jedoch den aktiven Zugang zur Kunst, weil dieser frühzeitiger im Kindes- und Jugendalter durch das familiale Milieu bestimmt wird. Der soziale Status der Eltern generiert letztlich Vertrautheit mit Kunst, der aktive Umgang mit Musik korreliert mit sozialer Herkunft stärker als mit erworbenem Bildungskapital, er resultiert aus einer frühzeitigen „praktischen" Bekanntschaft in der Familie.

Der instrumentale Werdegang

Untersucht man Lebensgeschichten instrumentaler Talente, dann tritt der Werdegang zwangsläufig in den Interessenmittelpunkt. Die individuellen Lerngeschichten und die daraus verallgemeinerbaren Prozeßstrukturen sind forschungsrelevante Aspekte der Studie. Uns interessiert die strukturelle Logik instrumentaler Lernbiographien. Die Instrumentalausbildung wird rekonstruiert von der ersten Begegnung mit einem Instrument bis zur Entscheidung zum Erfolgsinstrument, um dann die weitere Entwicklung zu verfolgen. Dazu gehören Fragen nach der Entdeckung des Instrumentes, nach familialen Traditionen, nach Anfangsproblemen und Fördermaßnahmen, nach der Beurteilung des ersten, folgenden und momentanen Unterrichtes, nach der Erfahrung mit Instrumentallehrern, deren Pädagogik und Didaktik, nach Phasen zunehmender Verselbständigung, nach Methoden des Übens und dessen Pensum wie Einhaltung im Alltag, nach der Ba-

[76] Pierre Bourdieu: *Die feinen Unterschiede. Kritik der gesellschaftlichen Urteilskraft*, Frankfurt 1982, S. 41

[77] ebda., S. 134

lance von Technik, künstlerischer Gestaltung und Analyse als unabdingbarem Anspruch von Kunstinterpretation, nach stilistischen Entwicklungen, nach der Bestimmung des Repertoires, nach eigener Konzertpraxis, nach Vorbildinterpreten und ihrer Funktion, vor allem aber nach lebensgeschichtlichen Krisen, Konflikten, spieltechnischen Schwierigkeiten, wie diese ausgelöst und überwunden wurden. Vieles wird beispielsweise gemutmaßt über das tägliche Übepensum der jungen Musiker, über freizeitbegrenzenden elterlichen Druck zum Üben; es entstehen Gerüchte über „Einzelhaft am Instrument" bei „Wasser und Brot", über den Ehrgeiz von Eltern, die ihr Leben ganz in die frühe Karriere ihrer Kinder investieren.

Uns interessiert auch, welchen klangästhetischen Anspruch junge Könner an ihre Instrumente stellen, wie kostbar und teuer die Instrumente sind, wer sie finanziert und wieweit sich daraus eine moralische Verpflichtung gegenüber den Sponsoren ergibt. Die Situation der Erstbegegnung mit einem Instrument, die Frage nach einem Schlüsselerlebnis ist Bezugspunkt zur Rekonstruktion und ausführlichen Narration der musikalischen Lernbiographie, der Genese und weiterführenden Motivation für eine womöglich lebenslange Auseinandersetzung mit Musik. Von hier aus versuchen wir den Entwicklungsverlauf in verschiedenen Altersphasen zu erfassen. Die Untersuchung der Kontinuität instrumentalen Lernens erleichtert Verlaufsprognosen und ermöglicht pädagogische Intervention bei Verlaufsstörungen. Hinterfragt werden soll auch der Zusammenhang zwischen selbsteingeschätztem Begabungspotential und Leistungsprodukt, was uns weitere Erkenntnisse für Leistungsprognosen und optimale Bedingungen der Begabungsentwicklung erschließen hilft. Es geht um jene Einflußfaktoren, die eine offizielle Biographie selten verrät, um psychische Zustände, die be- oder entlasten. Welche Gefühlshaltungen begleiten junge Menschen während ihrer langen und aufwendigen Ausbildungszeit, Gefühle des persönlichen Wohlergehens, die für ein „glückliches Leben" Voraussetzung sind? Besondere Bedeutung mißt Richter den emotionalen Vorgängen beim Instrumentalspiel bei. Emotionalität eröffnet als unmittelbarer, intuitiver und ganzheitlicher Bewußtseinsmodus dem Üben und Musizieren wichtige Freiräume, Ausdrucks- und Verstehenshilfen und sie kann sich in Verbindung mit Rationalität *durch gegenseitige Kontrolle zu einer Gesamt-Erfahrung vereinen und steigern*[78]. Ribke[79] bezeichnet musikalische Interpretation als ein beständiges Wechselspiel zwischen Konzeption und Realisation, planvoller Überlegung und spontaner Intuition. Darauf gründe, in seinen Wirkungszusammenhängen kaum erfaßbar, die Vielfalt künstlerischer Phantasie. Für uns wird von Interesse sein, was in den jungen Talenten während ihrer Interpretation vorgeht, wieweit sie Musik im Moment ihrer Realisierung mehr intuitiv oder rational oder mit beiden Modi zugleich gestalten.

Wenn richtig ist, daß man vor allem aus Krisen und Konflikten lernen kann, dann interessieren uns solche Fixpunkte der Lernbiographie. Besonders kritische Lebensereignisse tragen zur interindividuellen Variabilität im Verlauf des Lebens erheblich bei. Star-

[78] Christoph Richter: *Möglichkeiten und Grenzen des emotionalen Bereichs im Instrumentalunterricht,* in: Diethard Wucher u. a. (Hg.): *Handbuch des Musikschulunterrichts,* Regensburg 1979, S. 66

[79] vgl. Wilfried Ribke: *Zur Psychologie des Übens – Dimensionen der musikalischen Interpretation,* in: Wolfgang Schmidt-Brunner (Hg.): *Methoden des Musikunterrichts,* Mainz 1982, S. 296

ke Krisen in der Lernentwicklung können die interne Konkurrenz der Jugendlichen reduzieren und eine Neuorganisation des Person-Umwelt-Systems erforderlich machen (z. B. Lehrerwechsel). Indes stellt jede Krise auch eine Chance für die Persönlichkeitsentfaltung und individuelle Weiterentwicklung dar, sie kann zugleich Ausgangspunkt und Ziel unterschiedlicher präventiver Maßnahmen sein.

Behne stellt als eines der wichtigsten Ziele der musikalischen Begabungsforschung heraus, *unterschiedliche Förderstrategien für unterschiedlich musikalische Kinder zu entwerfen oder mitberatend zu entwickeln helfen*[80]. Im Horizont dieses Anspruches leisten wir für die Population instrumentaler Begabungen einen Forschungsbeitrag.

In ihrem Beitrag *Ünglückliche Liebe zum Klavier* unterstützt Grimmer die schon in den siebziger Jahren von Frisius[81] aufgestellte These, daß die pädagogische Dimension des Instrumentalunterrichtes bis heute nicht erschlossen sei: *innerhalb der instrumentalpädagogischen Forschung ist die Lebens- und Bildungsgeschichte Instrument erlernender Menschen bislang weitgehend vernachlässigt worden* [...]. *Wir wissen im Grunde nur wenig von den Lebensbezügen unserer Schüler und Studenten, von vergangenen Leidenserfahrungen, Orientierungen, Anregungen, welche ihre Festlegungen, Fähigkeiten, Schwierigkeiten, ihre Hoffnungen und Motivationen geprägt haben*[82]. Um ein Unterrichten an den Schülern „vorbei" zu vermeiden, wäre die Erforschung individueller Lebenserfahrungen, lebensgeschichtlich bedingter Brüche vonnöten, da *diese spezifische Begegnungsweisen Musik, dem Instrument, sich selbst und dem Lehrer gegenüber bedingen.*

Grimmers lebensgeschichtlicher Ansatz kommt dem unserer Studie sehr nahe, weil Lernen im Instrumentalunterricht im Kontext der biographischen Auseinandersetzung gesehen wird:

- *mit ihrem Instrument als Medium der Interpretation*
- *mit Musik als zu realisierendem ästhetischen Gegenstand in seiner historisch-gesellschaftlichen Vermitteltheit*
- *mit sich selbst und ihren dispositonell und l e b e n s g e s c h i c h t l i c h* (Hervorhebung vom Verf.) *bedingten Begrenzungen*
- *mit der bzw. dem Lehrenden und ihrem/seinem personenspezifischen Gesamtbewußtsein.*

Sicher kommt dem Instrumentallehrer ein entscheidender Einfluß in der Förderung des jungen Talentes zu. Wie sehr werden sein Fachkönnen, vielleicht mehr noch sein Einfühlungsvermögen und seine Persönlichkeit, sein Interesse für die jeweils individuelle Lebensgeschiche seiner Schüler und der durch sie ausgelösten Lernschwierigkeiten individuelle Entwicklungen fördern oder hemmen. Schon die rechtzeitige Identifikation einer besonderen musikalischen (instrumentalen) Begabung ist für den weiteren Berufs-

80 Klaus-Ernst Behne: *Begabtenförderung – Forschungsförderung – Kulturförderung*, in: *Musik und Bildung* 11/1985, S. 754ff.

81 Rudolf Frisius: *Thesen zur Fragengruppe „Moderne Industriegesellschaft – Musikpädagogik – Instrumentalunterricht"*, in: *Musik und Bildung* 7, 8/1972, S. 329ff.

82 Frauke Grimmer: *Unglückliche Liebe zum Klavier*, in: *Zeitschrift für Musikpädagogik* 29/1985, S. 69

weg von großer Bedeutung. Wir wissen aus einer Begabungsstudie von B. S. Bloom[83] um die unterschiedlichen Qualitäten der Lehrer von Hochbegabungen: *Der erste Lehrer war meist nur von bescheidenem Können, aber warmherzig, machte die Unterweisung zum Spiel und sparte nicht mit Belohnungen, bei Pianisten war es oft ein Musiker aus der Nachbarschaft, bei den Mathematikern gewöhnlich der Vater. Stets aber bekamen die Kinder Einzelunterricht, und die Eltern nahmen daran großen Anteil. Ein zweiter, nun schon kompetenter Privatlehrer sah dann weit stärker auf qualifizierte Fertigkeit und Disziplin. Konzentration auf die Begabung und Ausrichtung auf höhere Ziele setzten ein, sobald Kind und Eltern die überdurchschnittlichen Fähigkeiten deutlich erkannten. Die Familien suchten schließlich einen „Meisterlehrer", einen der seltenen Experten, die Profis trainieren und ihnen die richtigen Türen öffnen – sie scheuten dafür weder Zeit noch Geld, und manche nahmen Reisen quer über den Kontinent in Kauf.* Ohne den Ergebnissen dieser Studie vorgreifen zu wollen, kann diese Erkenntnis Wort für Wort für unsere Stichprobe bestätigt werden. Wir befragen Instrumentallehrer zwar nicht direkt, aber über die Narration zu Erfahrungen mit Unterricht im Verlauf der instrumentalen Entwicklung gewinnen wir einen tiefen Einblick in Unterrichtsziele und -praktiken. Dieser Zugriff dürfte validere Erkenntnisse zulassen als die direkte Befragung von Lehrern selbst, die sich in ihrer tatsächlichen Wirkung auf ihre Schüler ohnehin kaum einschätzen können. Die Frage nach einem Traumlehrer impliziert ein zweifaches Interesse: zum einen die kritische Bilanz zum gegenwärtigen Unterricht, zum anderen die Vorstellung über eine optimale instrumentalpädagogische Betreuung im Urteil talentierter und anspruchsvoller Schüler.

Die Fragestellungen machen deutlich, daß es in dieser Studie weniger um die Überprüfung lerntheoretischer Ansätze mit ihren behavioristischen, ganzheitlichen, kognitiven, tiefenpsychologischen, soziologischen und anthropologischen Ausrichtungen geht als um die biographische Konkretheit des Instrumentlernens. Auch haben wir keine Möglichkeit, anhand elektromyographischer Tests die Diskussionen um die neuromuskuläre Aktivität spezifischer Hemisphären bei instrumentalen Talenten voranzutreiben, so interessant solche Untersuchungen wären. Wenn Sloboda auf analoge kognitive Verarbeitungsstrategien zwischen Musik und Sprache verweist, ausgelöst durch Experimente zur Fähigkeit des Vom-Blatt-Spiels, dann sind vielleicht Korrelationen zwischen Musik und Sprache (Interesse an und Leistungen im Fach Deutsch) von Bedeutung. Auf ähnliche Zusammenhänge zwischen Musik und Mathematik wird in der Begabungsliteratur wiederholt verwiesen.

Die von Klausmeier vorgelegte Studie *Die Lust sich musikalisch auszudrücken*[84] geht von soziologischen, verhaltenspsychologischen und psychoanalytischen Theoremen aus, sie hat einen anthropologisch-kulturellen Anspruch (*Warum spielt ein Mensch auf seinem Instrument* oder *Wie erwirbt man in unserer Kultur die Fähigkeit, auf einem Instrument zu spielen*) und zielt weniger in die biographische „Höckerigkeit" des je einzelnen Instrumentalisten, in die vielfältigen individuellen Motivationen und Attribu-

83 Benjamin S. Bloom, zitiert nach *DER SPIEGEL* (*Türen öffnen*) 17/1982
84 Friedrich Klausmeier: *Die Lust sich musikalisch auszudrücken*, Reinbek 1978

tierungen. So gesehen ist diese Studie in Teilaspekten eine empirische Validierung anthropologischer Thesen über Instrument spielende Menschen.

Alltagswelt und musikalische Lebenswelt

Wenn in unserer Gesellschaft von Musik gesprochen wird, dann meist unter negativen Vorzeichen: Von der Vertreibung der Stille, vom Leben unter der akustischen Glocke, unter dem großen kollektiven Walkman ist die Rede. Tatsächlich kennzeichnen Allgegenwart und Funktionalisierung von Musik unsere „Gesellschaft mit Musikzwang" (Lutz Rössner). Dennoch ist Differenzierung angefragt, da sich der Umgang mit Musik definitorischer Eindeutigkeit entzieht. Wir alle haben irgendwann, irgendwo und irgendwie mit Musik zu tun, doch jeder tut es auf seine Weise. Der menschliche und demgemäß der pädagogische Umgang mit Musik verweigert sich einer idealen, individuenunabhängigen und zeitlosen Bestimmung. Die technische Verfügbarkeit von Musik erlaubt eine Vielfunktionalität. Gleich ob als Stimulus intellektueller Bemühungen, ästhetischer Kontemplation im „l'art pour l'art" oder ausgleichender Entspannung, ob als manipulierender Soundtrack oder als prestigespendendes Sozialetikett: Der Umgang mit Musik reicht von elitärer Ästhetisierung bis zu zweckgebundener Funktionalisierung, dem einen ist Musik Reizquelle und Gebrauchsgegenstand, dem andern Sinnzusammenhang.

In jüngster Zeit richten Musikwissenschaft und Musikpädagogik ihr Interesse verstärkt auf die Funktion von Musik im Lebensalltag des Menschen[85]. Noch 1980 kritisierte Kurt Blaukopf die theoretische Reflexion von Musik im Alltag als grobes Manko musikwissenschaftlicher Forschung, und H. H. Eggebrecht[86] forderte in seinem Beitrag über „Funktionale Musik" die Notwendigkeit einer Umorientierung des auf Musik gerichteten wissenschaftlichen und pädagogischen Denkens von Alleinherrschaft der Autonomie zum Vorrang der Funktion, was er als Umdenken vom Geistvollen zum Notwendigen wertet.

Der Musikpädagoge, der für die Vermittlung von Musik verantwortlich zeichnet, wird seine didaktischen Intentionen nicht ohne vorherige Klärung der Frage nach der Funktion von Musik im Leben Jugendlicher bestimmen können. Nun ist der Singular „Funktion" ein hypothetisches Konstrukt, hinter dem sich in Wirklichkeit eine sehr plurale und individuell unterschiedliche Funktionalisierung von Musik verbirgt. In unserem Beitrag geht es weniger um die in jeder Kultur zu registrierenden kommunikativ-gesellschaftlichen Funktionen (politisch, wirtschaftlich, erzieherisch...), sondern um individuell-psychische Funktionen im Lebensalltag des Menschen. Diese haben mit der „Demokratisierung der Musik" via Medien ohnehin zunehmend an Priorität gewonnen. Max Weber bezeichnete sie als die affektuell bzw. emotionale Funktionen zum Zwecke

85 G. Kleinen, u. a. (Hg.): *Musik im Alltag*, Düsseldorf 1985

86 Hans-Heinrich Eggebrecht: *Funktionale Musik*, in: ders.: *Musikalisches Denken*, Wilhelmshaven 1977, S. 192

psychischer Resonanz, Projektion und Abreaktion[87]. Musik fungiert heute im psychischen Haushalt des Menschen als Medium zum Abbau von Aggressionen, zur Triebkompensation, zur Projektion von Wünschen und Träumen, zur Alltags- und Lebensflucht, als psychische Rückzugsmöglichkeit, als Therapeutikum, zur allgemeinen und spezifischen Aktivierung und Stimulation, zur ästhetischen Erfahrung und Erbauung, zur eigenen Betätigung und vielem mehr. Schon diese Auflistung macht deutlich, daß sich Funktionen gegenseitig durchdringen und wechselseitig bedingen[88].

Mit der Frage zur musikalischen Lebenswelt instrumentaler Talente nähern wir uns einem musikanthropologischen Ansatz, wie er von Suppan entwickelt wurde. Am Beispiel musikbegabter junger Menschen wurde der Frage des Menschseins in Bezug auf Musik nachgegangen unter der Voraussetzung, daß Musik als Bestandteil menschlicher Selbstverwirklichung zu funktionieren und als Katalysator sozialer Vorgänge, als Medium der Sensibilisierung und Sozialisierung in einer gesellschaftspolitischen Aufgabe zu wirken vermag[89]. Die Fragestellungen zum Komplex Lebenswelt folgen Suppans Thesen zur Konzeption einer Musikanthropologie[90]. Es geht um den musizierenden und den Musik hörenden, empfindenden, ertragenden Menschen. Musik wird als Teil der Symbolwelt Jugendlicher verstanden in Mitteilung, Kommunikation und Interaktion sowie als Gebrauchsgegenstand. Wie machen junge Musiker ihre Musik zum Medium außermusikalischer Zwecke, welche Funktionen übernimmt sie in ihrer Alltags- und Lebenswelt, fungiert Musik als intellektuelles, kommunikatives, therapeutisches, emotionales Medium? Schließen spezifische Funktionen einander aus, oder bedingen sie sich wechselseitig? Wird sogenannte klassische Musik auch „gebraucht" in lebenswichtigen Vollzügen des Alltags, als Aussteig-, Flucht- und Harmonisierungsmittel zur Steigerung subjektiver Befindlichkeit und/oder psychisch-geistiger Fähigkeiten? Inwieweit inspiriert der musizierende Umgang die Gefühls-und Gedankenwelt junger Menschen, was bringt er im Blick auf die Entwicklung und Stärkung von Identität und Menschsein schlechthin? Welche Funktionen also erfüllt Musik im Leben jener, die sich ihr aktiv und bisweilen bis zur Preisgabe anderer Interessen widmen? Wozu (ge-)brauchen sie Musik? Hierher gehört auch die Frage, wieweit Kritiken berechtigt sind, die den jugendlichen Klassik-„Freaks" eine ausschließliche musikalische Begrenzung auf ihre Instrumentalmusik unterschiebt. Frisius schreibt[91]: *Ein Pianist ist [...] der Gefahr ausgesetzt, die Klaviermusik für zentral zu halten und andere Musik allenfalls auf dem Umweg des Klavierauszugs zur Kenntnis zu nehmen. Die Spezialisierung auf ein Einzelinstrument kann also zu einer Verengung des musikalischen Horizontes führen.* Welches Verhältnis haben diese Jugendlichen zu Jazz und Rockmusik, werden diese als störende Un- oder Antimusik empfunden, oder gehört auch sie zur musikalischen Lebenswelt der Klassik-„Freaks"? Gibt es Zwischentöne oder Übergänge zwischen Jazz/Rock und Klassik?

87 Max Weber: *Die rationalen und soziologischen Grundlagen der Musik*, München 1921, Reprint Tübingen 1972
88 Kleinen u. a., a. a. O.
89 Wolfgang Suppan: *Der musizierende Mensch. Eine Anthropologie der Musik*, Mainz 1984, S. 7
90 ebda., S. 26ff.
91 a. a. O., S. 329

Mit diesen Fragestellungen praktizieren wir eine „Musikwissenschaft als Menschenforschung", *denn Kulturgüter sind nur in Bezug zu jenen Menschen, die sie herstellen und benutzen, verständlich , sinnvoll und analysierbar*[92].

In musikpädagogischer Sicht begründet sich dieser Ansatz aus der Erkenntnis, *daß die Grundlegung von Musikpädagogik nicht ohne anthropologischen Entwurf möglich ist*[93]. Die Frage nach der Anteiligkeit von „ratio" und „emotio" im Musizieren berührt die eben zitierte gebrauchsfunktionale Frage, wieweit *die Versöhnung beider Momente zu einem utopischen Entwurf der Versöhnung des Menschen mit sich selbst*[94] beitragen kann.

Das Spielen eines Instrumentes dürfte die musikalische Lebenswelt sicher anders prägen als alle anderen Umgangsweisen mit Musik. Auf diesen besonderen Stellenwert des Instrumentspielens verweist Bourdieu[95]: *Wer in einer Familie aufwächst, in der Musik z. B. nicht nur per Radio oder Stereogerät gehört, sondern auch praktiziert wird – die „musizierende Mutter" aus den bürgerlichen Autobiographien –, gar von Kindesbeinen auf mit einem „vornehmeren" Musikinstrument wie dem Klavier zu spielen lernt, der verfügt zumindestens über einen vertrauteren Umgang mit Musik. Dieser unterscheidet sich vom stets ein wenig distanzierten, kontemplativen und leicht „kopflastigen" Verhältnis des über Konzerte und Schallplatten zur Musik Gelangten ungefähr so, wie das Verhältnis zur Malerei desjenigen, der sie erst spät und in der gleichsam schulischen Atmosphäre des Museums entdeckt, zur Beziehung, die derjenige zu ihr hat, der in einer von Kunstwerken beseelten Umgebung groß wird, worin diese, seit Generationen vertrauter Familienbesitz und nicht selten „hausgemacht" wie Marmelade oder gestickte Wäsche als objektivierte Zeugenschaft von Reichtum wie gutem Geschmack der Familie fungieren.* Zu fragen ist also, worin das besondere Verhältnis des musizierenden Menschen zur Musik besteht. Nun bleiben wir nicht in der Erkundung der rein „musikalischen" Lebenswelt stehen, sondern fragen nach Aufbau und Krisen „allgemeiner" Lebensentwürfe. Unter Bezugnahme auf die Shell-Studie *Jugend '81* fragen wir mit drei Fixpunkten nach jenem Vorgang, in dem der Jugendliche seine Biographie entwirft und sie selbstverantwortlich zu leben beginnt[96]: *anfangen, sich über die eigene Zukunft Gedanken zu machen, bezeichnet den Beginn eines individuellen Lebensentwurfs. Zum ersten Mal Rückblick halten, was man aus seinem Leben gemacht hat, bezeichnet den Zeitpunkt der ersten Zwischenbilanz. Zum ersten Mal nicht mehr weiterleben wollen, steht für die radikale Krise des eigenen Lebensentwurfs. In ihr steht die Entscheidung an, ob man diesen Lebensentwurf weiterleben soll, ob es sich noch lohnt, ob es Gründe gibt, die eigene Biographie ganz und gar abzubrechen.*

Lebensweltliche Fragen erfordern mehr als andere Selbstreflexion und persönliches Credo der je einzelnen. Selbstreflexion versucht dabei, *das bereits Erlebte und Erfahre-*

92 Suppan, a. a. ., S. 12
93 Karl Heinrich Ehrenforth: *Emotionalität und Humanität*, in: *Musik und Bildung* 10/1978, S. 32
94 ebda.
95 Bourdieu: a.a.O., S. 134
96 Jugendwerk der Deutschen Shell (Hg.): *Jugend '81. Lebensentwürfe, Alltagskulturen, Zukunftsbilder*, Opladen 1982, S. 237

ne immer wieder in Übereinstimmung zu bringen mit den Entwürfen und Vorstellungen, die sich der einzelne von seinem Leben macht. Die Entwicklung einer Lebensperspektive in Träumen, Phantasien und realen Plänen ist eine der wichtigen Aufgaben, mit der es lebensgeschichtliches Lernen zu tun hat, und die Selbstreflexion setzt da ein, wo solche Phantasien und Pläne auf Widerstand stoßen, mit den realen Bedingungen und Möglichkeiten in Konflikt geraten[97]. Zu diesem Bereich gehört ganz sicher auch die Berufsperspektive der jungen Musiker. Die hochkarätige Konkurrenz, die anspruchsvollen Probespiele vor dem Orchester, das Wissen um die Maxime, stets auf Hochglanz trainiert zu sein, die fast tägliche Bewährung, der Zwang, sich keine Fehler leisten zu können, sind Hürden und Ansprüche, die die kritische Selbstreflexion unentwegt herausfordern. Wieweit läßt ein solcher Außenanspruch Selbstverwirklichung und -entfaltung, letztlich Seinsbestimmung zu?

Zur Persönlichkeit musikalischer (Hoch-)Begabung

Mutmaßungen, Allgemeinplätze und Gerüchte ranken sich um die Persönlichkeit des Künstlers wie bei kaum einem zweiten Beruf. Im öffentlichen Bewußtsein wird er gezeigt *als ein Sich-berufen-Fühlender, ein ständig Ringender, der nicht selten dem Wahnsinn verfällt, der ob seiner dämonischen Besessenheit Probleme mit sozialen Beziehungen hat und am Ende seines Lebens verkannt, vereinsamt und elend in einer Dachkammer zugrunde geht* [...] *Das Künstlerstereotyp ist das Resultat einer Ästhetik, die die Kunst zum Religionsersatz machte und den Künstler als Propheten und Märtyrer erscheinen lassen mußte*[98]. „Melancholie" wird seit der Antike als Quelle musikalischer Inspiration angesehen. Aber nicht nur Mythologie und öffentliche Gemeinplätze bestimmen die Diskussionen, auch musikpsychologische Forschung war stets an der „Persönlichkeit" des Musikers interessiert.

Nach Gardner unterscheiden sich männliche Musiker von Nichtmusikern darin, daß die Faktoren allgemeine Aktivität, emotionale Stabilität, Objektivität, Kooperationsbereitschaft, Maskulinität der Gefühle und Interessen signifikant geringere Werte aufweisen. Musikausübende Mädchen unterscheiden sich dagegen nicht von ihren Mitschülerinnen in der Aktivität, sind zugleich aber zurückhaltender und weniger gesellig und freundlich als diese.

Gilt dies in gleichem Maß auch für die talentierten Jugendlichen unserer Stichprobe? Eine Studie von Kemp, der mit einem Persönlichkeitsinventar von R. B. Cattell arbeitet,

97 Theodor Schulze: *Lebenslauf und Lebensgeschichte, Zwei unterschiedliche Sichtweisen und Gestaltungsprinzipien biografischer Prozesse*, in: D. Baacke/Th. Schulze (Hg.), a. a. O., S. 56

98 Helga de la Motte-Haber: *Handbuch der Musikpsychologie*, Laaber 1985, S. 340

zeitigt die Befunde, daß Instrumentalisten introvertierter, innerlich beherrschter waren und zu Einzelgängertum neigten. Sie sind weniger dominant und selbstsicher, dafür aber feinfühliger, intelligenter, gewissenhafter und selbstdisziplinierter als andere Schüler. Für uns wichtig: Diese Charakterzüge sind bei der Gruppe der besonders Talentierten noch ausgeprägter. Die Schüler zeigten gleichzeitig eine größere Neigung zu Reizbarkeit, Angst und Schuldgefühlen. Kemp interpretiert diesen Faktor als abhängig von der Intensität der Ausbildung und von den Institutionen, die diese ausführen. Frage an uns: Intensiviert der anspruchsvolle und leistungsorientierte Ausbildungsgang neurotizistische Dispositonen, und führt er zu psychischen Mehrbelastungen bzw. Erkrankungen? Bei den eben genannten Instrumentalisten ist ebenso ein Sichzurückziehen aus dem sozialen Klassenverband zu beobachten.

Eine gleichermaßen bedeutsame Studie hat Cattell selbst durchgeführt. Danach fallen Musikstudenten durch höhere Neigung zu Introversion und Angstneurotizismus sowie durch ausgeprägte Züge von Feingefühl, Intelligenz und Gewissenhaftigkeit auf. Auch hier werden diese Eigenschaften verstärkt von den besonders Talentierten gezeigt, gepaart mit größerer Unsicherheit und Phantasiereichtum. Die gleichermaßen registrierte höhere Intelligenz wirkt sich, für uns eher überraschend, keineswegs auf bessere schulische Leistungen aus, sondern diese Schüler konzentrieren ihren ganzen Fleiß auf ihr Instrument. Besonders erfolgreiche Studenten haben höhere Werte auf den Primärfaktoren Vorstellungskraft, Subjektivität und Unabhängigkeit.

Typische Merkmale für den Musiker sind diesen Studien zufolge Introversion, Intelligenz und Feingefühl. Kötter schlußfolgert[99], daß der Musiker die Neigung, sich auf sich selbst zurückzuziehen und Phantasie zu entwickeln, mit einer konsequenten Willenskraft vereinbart, die für die Aneignung instrumental-technischer Fertigkeiten unerläßlich ist. Während fehlende Kontaktbereitschaft bei anderen Menschen mit geistiger Unbeweglichkeit („tough-minded") und Gefühllosigkeit gekoppelt ist, ist sie bei Musikern gerade mit Sensibilität, Vorstellungskraft und Intelligenz verbunden. Cattell nimmt an, daß in dieser Kombination die Neigung begründet ist, der Realität in alle Arten symbolischer, kultureller und kreativer Gegenwelt zu entfliehen.

Studien über Orchestermusiker zeigen, daß diese im allgemeinen dünnhäutige, empfindliche und anfällige Naturen sind. Mit Unterschieden gewiß, die bisweilen auch mit der Art des Instruments korrelieren. *Spieler, deren Kopfnerven sehr stark beansprucht werden, neigen zu jähen Stimmungsschwankungen. Dazu zählen unter den Holzbläsern vor allem die Oboisten, auch die Fagottisten. Die Vertreter des schweren Blech gelten dagegen für stabiler, doch muß man sich bei ihnen unerwarteter Ausbrüche versehen. Während Geiger ein Mittelfeld bilden, häufen sich bei Bratschern Empfindsamkeit und melancholische Trübungen. Am wenigsten steil soll das Gefühlsbarometer bei Cellisten und Kontrabassisten ausschlagen. So heißt es und es stimmt auch nicht einmal selten, ist aber doch ein unzuverlässiger, grober Raster. Die Unterschiede nach Art und Grad können auch anders verteilt auftreten*[100].

99 a. a. O., S. 284

100 Hans-Wilhelm Kulenkampff: *Musiker im Orchester*, Frankfurt 1980, S. 42

In seinem Beitrag *Von den Funktionen der Musik* geht Graetschel der Frage nach, wie Musizieren (Musik selber machen) Persönlichkeitsmerkmale prägt, d. h. welche Folgen des Musikmachens für die Persönlichkeitsbildung zu vermuten sind[101]. Danach erzieht Instrumentalausbildung zu Stetigkeit und Ausdauer, weil nur beharrliches und regelmäßiges Üben zum Erfolg führt. Jede Unterbrechung bringt Verlust an Fertigkeit und selbst wenn kein hörbarer Fortschritt erfolgt, ist das Üben angefragt. *Wir wissen, daß an dieser ersten unumgänglichen Grundforderung, die der Umgang mit Musik an uns stellt, schon ein erklecklicher Teil der schwungvollen Beginner scheitert*[102]. Persönlichkeitsbildende Momente lassen sich im Alltag der Jugendlichen sicher überall finden. Das Ensemblespiel beispielsweise bringt die Erfahrung, daß ein Nachlassen der eigenen Leistung das Ganze gefährdet. Demnach ist auch hier Ansporn und Zuverlässigkeit seitens des musizierenden Partners Voraussetzung soliden Musizierens. Graetschel spricht sodann von der Befähigung zur Kontemplation und Konzentration[103]: *Wer Musik macht, lernt bald einzusehen, daß eine musikalische Leistung nur dann volkommen werden kann, wenn für die ganze Dauer des Vollbringens, also ohne Unterbrechung, Konzentration wichtig ist. Ein Fortschritt in der musikalischen Leistungsfähigkeit, der sich in der zunehmenden technischen Beherrschung seines Instrumentes und im wachsenden musikalischen Gestaltungsvermögen zeigt und der sich an immer umfangreicheren musikalischen Gegenständen beweisen muß, verlangt sinngemäß ein wachsendes Konzentrationsvermögen.* Wer lernt, aus einem vielfältigen Klangbild alle Einzelheiten herauszuhören und eine Komposition zusammenhängend im Gedächtnis zu speichern, um es dann auswendig reproduzieren zu können, erwirbt die wesentlichen Voraussetzungen für geistiges Wachstum im allgemeinen, im besonderen aber die Fähigkeit, zum analytischen und synthetischen Erfassen musikalischer (und nicht nur solcher) Strukturen und Gestalten. Es wird eine Wahrnehmungsfähigkeit geschult, die sicher auch anderen geistigen Engagements zugutekommt. Musizieren schult das Denken vorweg. Musikerleben und Musikwiedergabe verlangen eine stete Denkvorgabe. Das Gedächtnis wird somit nicht nur für musikalische Zwecke geschult.

Graetschel verweist auch auf das Training der motorischen Reaktionen, wenn Musiker Informationen aus Notenzeichen aufnehmen, sie in Nervenimpulse umsetzen, die Muskelreaktionen hervorrufen. Diese enge musikalische Bindung hat unseres Erachtens ihren positiven Transfer im schnellen Erfassen von komplexen Lebens- und Alltagssituationen. Musizieren verlangt zudem ein besonderes Maß an Selbstkritik und Kritikfähigkeit überhaupt. Alles, was produziert wird, muß einer sofortigen Kontrolle unterzogen werden: Gelang der Lauf so, wie ich ihn mir vorstellte? Warum ging die Intonation daneben? Habe ich die Musik auch „interpretiert"? War ich ein gleichwertiger Ensemble-Partner? Kritische Distanz zum eigenen Tun und ständig wachsame Selbstkontrolle sind Vorausetzungen qualifizierten Musizierens. Das freilich muß auf die Lebensgestaltung abfärben. Wie also steht es um Kritik und Selbstkritik der jungen Talente? Weiter ver-

101 Wolfgang Graetschel: *Von den Funktionen der Musik*, in: W. Müller-Bech/W. Stumme (Hg.): *Die Musikschule*, Band 1, *Situation – Meinung – Aspekte*, Mainz 1973, S. 9f.

102 ebda., S. 10

103 ebda., S. 11[104] *und Antwort, in: üben & Musizieren* 4/1984, S. 225

weist Graetschel auch auf die sozialen Verhaltensweisen, die durch das Ensemble-Spiel geschult werden. Miteinander sprechen, Gedanken austauschen, Gegensätze in Auffassungen ausgleichen oder tolerieren, zu einer gemeinsamen Lösung finden, sind Voraussetzungen eines fruchtbaren demokratischen Miteinander. Dieser durch Musik ausgelöste Dialog fördert die Fähigkeit der Jugendlichen, sich auszutauschen, fördert Kommunikationsfähigkeit zumindest unter Gleichgesinnten. Wer Musik interpretiert, lernt auch, seine Gefühle mitzuteilen, sich auszudrücken, wenn auch in der Sprache der Musik. Der dem musikalischen Gegenstand innewohnende Ausdrucksgehalt wird *nur wahrnehmbar durch das Medium Interpret* [...] *Jede musikalische Darbietung wird zugleich ein Akt des persönlichen Ausdrucks, der Selbstmitteilung und – darstellung*[104].

Nicht zuletzt geht Graetschel auf einen bildungs- und gesellschaftspolitischen Aspekt des musizierenden Menschen ein[105]: *Es läßt sich nachweisen, daß Musik in besonderem Maße geeignet ist, die Begrenztheit eines bildungsfernen Milieus aufzubrechen und erlernte oder gefühlsbedingte Bildungsdistanz zu überwinden, denn gerade weil Musik sich vordergründig als ein Gegenstand der praktischen Handhabung und eines damit möglichen Lustgewinns anbietet, weil sie anfangs keinen geistigen Anspruch an den Auszubildenden erkennen läßt, kann sie wie ein trojanisches Pferd in ein solches Milieu eindringen und als „heilsames Gift" tätig werden. Dann wirkt sie als „skandalon", bietet Anreiz und Material, das Denken aus dem Bannkreis des Praktisch-Zweckhaft-Alltäglichen herauszuheben... Kommen wir schließlich noch zu der Feststellung, daß die Musik, die so oft als ein Mittel elitärer Abgrenzung gescholten wird, ebenso auch zu einer sozialen Integration unserer Gesellschaft beizutragen vermag, in all den vielen Fällen, in denen sie zum unverfänglichen, legitimen, zugleich stark motivierenden Anlaß für milieuübergreifende Gruppenbildung wird.*

Ein eigenes Kapitel ist die Frage der Leistungsmotivation der jugendlichen Musiker. Wer in jungen Jahren derart erfolgreich ist, wird von einer hohen Leistungsmotivation geprägt sein. Sie ist als Bestreben zu definieren, *die eigene Tüchtigkeit in all jenen Tätigkeiten zu steigern oder möglichst hoch zu halten, in denen man einen Gütemaßstab für verbindlich hält und deren Ausführung deshalb gelingen oder mißlingen kann*[106]. Greift man die von Heckhausen so benannten Ausprägungstendenzen für das Leistungsmotiv auf, die *Hoffnung auf Erfolg* und die *Angst vor Mißerfolg*[107], dann dürften die frühen Anfangserfolge den Jugendlichen bestätigen und beflügeln und damit ein positives Leistungsmotivationskonzept generieren. Auch die Häufigkeit der Erfolge dürfte die Motivation zu neuen Anstrengungen intensivieren, weil sie sich mit zunehmenden Erfolgserfahrungen verstärkt. Bei Erfolgsmotivierten verschiebt sich das Anspruchsniveau nach oben. Ruoff registriert in seinen *psychologischen Analysen zum Alltag jugendlicher Hochleistungssportler*[108] (zu denen auch junge Musiker zählen) einen Zusammenhang

104 ebda., S. 13

105 ebda., S. 14f.

106 Heinz Heckhausen: *Leistungsmotivation*, in: *Handbuch der Psychologie* II, Göttingen 1965, S. 604

107 Heinz Heckhausen: *Motivation und Handeln. Lehrbuch der Motivationspsychologie*, Heidelberg 1980, S. 257

108 Bernd A. Ruoff: *Psychologische Analysen zum Alltag jugendlicher Leistungssportler. Eine empirische Untersuchung kognitiver Repräsentation von Tagesabläufen*, München 1981, S. 226

zwischen Leistungszeiten und Externalität sowie Mißerfolgsmotivierung: *Je mehr Zeit leistungsbezogen verbracht wird, desto internaler und desto weniger mißerfolgsorientiert urteilen Musiker.* Dies dürfte besonders für Jugendliche zutreffen, die pro Tag ein mehrstündiges Übungspensum absolvieren. Motivation scheint der ausschlaggebendste Faktor für Erfolg schlechthin. Aus Blooms Studie mit 100 weltberühmten Könnern (Musiker, Sportler, Mathematiker) geht hervor, daß keiner mit endlosem Üben gedrillt wurde. Aber durchweg hatten die Erzieher die Einstellung, daß eine geringere als die entwicklungsgemäße Bestleistung zu wenig sei, und jeder Fortschritt gefeiert wurde. Familien mit mehreren Kindern förderten immer nur eines. Überraschend scheint die Beobachtung, daß jedoch nicht unbedingt der nach der Meinung von Eltern und Lehrern größten Begabung die Star-Rolle zufiel, sondern dem Kind mit der stärksten Motivatiom. Die Forscher konstatieren, das Geheimnis sei offenbar *eine nahezu religiöse Hingabe.* Dies lasse auch den Verzicht auf glatte Schullaufbahn, Freizeit in Freundescliquen und frühe Liebeleien verschmerzen[109].

Wir versuchen uns mit unterschiedlichen Methoden im Zugriff auf die Persönlichkeit der jungen Begabungen. Auf einen standardisierten Persönlichkeitstest müssen wir zum einen aus Gründen nicht gegebener Anonymität verzichten, zum anderen reduzieren psychologische Testbatterien die komplexe Figuration „Persönlichkeit“ unzulässig auf das Meßbare, häufig auf Neurotizismus und Extraversion. Im Gespräch wird die Frage gestellt, wieweit ein in der Öffentlichkeit verbreitetes Urteil stimme, daß junge Menschen, die viel Zeit am Instrument verbringen, irgendetwas anderes entbehren, versäumen und sich in ihrer Persönlichkeitsentwicklung einseitig vernachlässigen.

Mittels der Methode des Semantischen Differentials (Polaritätsprofil als Ergebnis) wollen wir Persönlichkeitsmerkmale im Selbst- und Fremdbild ermitteln (s. Variable 25 im Fragebogen). Die bipolaren Adjektive repräsentieren Persönlichkeitsdimensionen wie Extra- und Introversion, Neurotizismus, Aktivität, Emotion, Leistungsmotivation. Mit ähnlichen Merkmalslisten haben bereits Dollase/Rüsenberg/Stollenwerk[110], Behne[111] und Kemp[112] sinnvoll arbeiten können. In der Konstruktion unserer Liste wurde auf dortige Adjektiva zurückgegriffen. Wir gehen in Bezug auf die Validität der Ergebnisse davon aus, daß Selbstbewertung reales Empfinden widerspiegelt, daß eine Selbsteinschätzung das individuelle Leben wirksam prägt, beeinflußt und steuert. Über den anschließenden Vergleich zum Fremdbild suchen wir eine Antwort auf die Frage, wie sich junge Talente von ihrer Umwelt, von Öffenlichkeit und Gesellschaft eingeschätzt sehen, ob sie sich verstanden oder mißverstanden fühlen. Auch die Frage, welche Merkmale wohl entscheidend waren für den Erfolg beispielsweise bei „Jugend musiziert“, konnte neben expressis verbis formulierten Charaktereigenschaften im begleitenden Fragebogen Var. 29 Aufschlüsse über Persönlichkeitsdimensionen geben.

109 zit. n. *DER SPIEGEL* (*Türen öffnen*) 17/1982

110 Rainer Dollase/Michael Rosenberg/Hans J. Stollenwerk: *Das Jazzpublikum*, Mainz 1978

111 K. E. Behne: *Daten und Mutmaßungen über den jugendlichen Pop- und Schlagerhörer*, in: R. Brinkmann (Hg.): *Musik im Alltag*, Mainz 1980, S. 56ff.

112 A. Kemp: *The Personality Structure of the Musician*, in: *Psychology* 9/1981, S. 3-14

Talente – Schule – Musikunterricht

Interessanter als übliche Befragungen von Schülern zu Inhalten und Methoden des Musikunterrichts in Wunsch und Wirklichkeit[113] kann die Ermittlung von Erfahrungen und Bewertungen von Jugendlichen sein, denen als erfolgreiche Instrumentalisten und Semi-Professionelle der Musik eine besondere Urteilsfähigkeit und eine intrinsische Motivation am Fach Musik zukommt. Diese Schüler, die außerschulisch sehr intensiv Musik pflegen, haben sicher klare Vorstellungen, was ein Musiklehrer und sein Musikunterricht leisten sollten. Freilich kann ihre nahezu ausschließliche Beschäftigung mit klassischer Musik zu einseitigen Unterrichtserwartungen führen. Ob unsere Talente ganz und gar auf *ihre* Musik abfahren, bleibt abzuwarten. Alle bisherigen Befragungen zur Wertschätzung und Wirkung des Musikunterrichtes zeitigen eher desolate Eindrücke. Dies beginnt bei mangelnder Kontinuität des unterrichtlichen Lernens, geht über erhebliche Diskrepanzen zwischen Schülerbedürfnissen und deren Befriedigung und endet bei der Verweigerung zur Mitarbeit im Unterricht selbst. Für viele erschöpft sich Musikunterricht in einem reinen Ausgleichs- und Spaßfach, wo Nonsens und Schülerstreiche regieren. Bewertungsunterschiede zwischen Schülern, Eltern und Lehrerkollegen sind nicht prinzipieller, allenfalls gradueller Natur. Bekannt ist auch, daß sich musikalische Kompetenz im allgemeinen nicht der Wirkkraft von Musikunterricht an allgemeinbildenden Schulen verdankt. Die Förderung eines musikalisch begabten Schülers dürfte angesichts einer notwendigen Anspruchsnivellierung im Musikunterricht kaum möglich sein. Zu groß sind die Unterschiede in den Vorgaben der Schüler, so daß auch Binnendifferenzierung ein extremes Interessen- und Begabungsgefälle nicht auffangen wird. Curricula und Unterricht orientieren sich an einem wie auch immer zu definierenden Durchschnittsniveau, und Musikunterricht kann im Grunde auch nicht auf das akzelerierte Niveau von Begabten zugeschnitten sein. Allenfalls sind die Musikleistungskurse der Sekundarstufe II Ort fachlichen Zugewinns. Für Grundschule und Sekundarstufe I ist zu vermuten, daß ihr Musikunterricht relativ wenig konsistente Lernanreize zu bieten vermag, die dem ohnehin angezogenen Anspruchsniveau der instrumentalen Begabungen gerecht werden könnten. Die Folge kann eine unerträgliche Diskrepanz sein: auf der einen Seite sind sie Jungstudenten bei renommierten Instrumentallehrern mit erfolgreichen Konzerten oder lukrativen Verträgen, auf der anderen Seite sind sie zu einem Musikunterricht verdonnert, der der restlichen Klasse den Quintenzirkel einzubleuen sucht. Diese didaktische Differenz zwischen schulischer und außerschulischer Musikerfahrung dürfte zu Disziplinproblemen und Außenseiterrollen, zu Kontaktschwierigkeiten mit (Musik-) Lehrern, Mitschülern und Schule überhaupt führen. Die Deutsche Gesellschaft für das Hochbegabte Kind vermerkt dazu[114]: *Die Aussagen von Eltern und Lehrern lassen immer wieder erkennen, wie sehr die Bedürfnisse hochbegabter Kinder dem schulischen Lernan-*

113 u. a. H. G. Bastian: *Schüler und Musikunterricht. Neue Daten zu alten Fragen an 13-16Jährige*, in: *Musik und Bildung* 1/1985, S. 34ff.; M. L. Schulten: *Schülerwünsche zu Unterrichtsmethoden im Musikunterricht*, in: K. E. Behne (Hg.): *Musikpädagogische Forschung* Band 1, Laaber 1981, S. 96ff.

114 Deutsche Gesellschaft für das hochbegabte Kind, a. a. O., S. 198ff.

gebot vorauseilen. Sie gelten oft als Streber und Besserwisser und werden deshalb leicht abgelehnt. Oder sie isolieren sich selbst, weil ihre Interessen von denen der Altersgruppe deutlich abweichen. Nicht selten werden sie wegen ihrer oftmals unkonventionellen Bedürfnisse und Reaktionen als verhaltensschwierig eingestuft. In den USA regelt man die schulische Zuweisung flexibler als in der BRD. Hochbegabte Schüler dürfen schon auf dem College studieren, während sie noch zur Schule gehen. *In vielen Fällen befreite die frühe Zulassung zum College diese Studenten von Trägheit und Frustration über ein uninteressantes Schulleben, gab ihnen neuen intellektuellen Antrieb und beschleunigte ihre soziale und emotionale Reifung*[115]. In der BRD bleibt der Kontakt zur Musikhochschule und damit die angemessene instrumentale Förderung einstweilen der Privatinitiative von Eltern und Instrumentallehrern überlassen. Die Belastung tragen die Jugendlichen selbst. Neben das schulische Tagespensum treten die erheblichen Übzeiten und die Fahrten zum Unterricht an entfernten Studienorten. Die Frage für uns ist, wieweit Schule und Üben am Instrument miteinander vereinbar sind, welche Konflikte sich aus dieser Doppelbelastung ergeben.

Wir interessieren uns also für Erfahrungen musikalischer Begabung mit dem Musikunterricht in allen Stufen der allgemeinbildenden Schule. Wir fragen, warum sie (nicht) Schulmusiker werden wollen. Zur Begründung werden auch einige Items im Fragebogen herangezogen (Variable 28 b). Die Frage, was die offizielle Musikerziehung falsch macht bzw. anders machen sollte, veranlaßt uns zu bildungspolitischen Überlegungen.

Im Zusammenhang mit Schule interessieren die schulischen Leistungen insgesamt sowie die besonderen Fachneigungen und Fachstärken. Hier ist eine weiterführende Erkenntnis über Korrelationen zwischen musikalischer Begabung und anderen Begabungen wie Mathematik, Sprache u. a. möglich, wie sie in der Begabungsliteratur immer wieder formuliert werden.

Aus lerntheoretischer Sicht ist zu vermuten, daß sich die jungen Talente mit Schule und Lernen nicht allzu schwer tun. In „Leistungsmusik" erworbene oder verstärkte Verhaltensweisen, Einschätzungen und Dispositionen kommen auch schulischem Lernen zugute. Schulischer Unterricht hat in gewisser Weise ähnliche Komponenten wie das tägliche Üben und das Instrumentalspiel überhaupt. Einstellungen, die für das fleißige, konzentrierte und ausdauernde Üben zutreffen, lassen sich für das Lernen generalisieren. Vermutlich werden junge Musiker schulisches Lernen insgesamt auch positiver einschätzen als andere Jugendliche, die weniger leistungsorientiert und – geprägt sind. Entweder machen sie Schule nur so nebenbei als leidige Pflicht und dann mit durchschnittlichem Erfolg, oder aber sie gehören zu den Schulorchideen, für die ein 1,0-Abitur so selbstverständlich ist wie die Teilnahme auf der Bundesebene von Jugend musiziert. In diesen Fragehorizont gehört die Überlegung von Verantwortlichen bei Jugend musiziert, musikbegabten Jugendlichen schulische Stundenentlastung zu gewähren. Rohlfs fordert: *Für diese Jugendlichen, die ihre gesamte Freizeit der Musik widmen, sollte eine schulische Entlastung möglich sein. Sie könnte darin bestehen, daß auch Musikunter-*

[115] W. D. Wall: *Highly intelligent children.* Part II: *The Education of the Gifted,* in: *Educational Research* 2/1960, S. 214

richt, der außerhalb der Schule erfolgt, als erbrachte Leistung wie eine Arbeitsgemeinschaft im Stundenplan berücksichtigt werden kann[116]. Solche Desiderate finden sich auch in offiziellen ministeriellen Stellungnahmen. Wir zitieren aus der Schriftenreihe des Kultusministers von Nordrhein-Westfalen[117]: *Hochbegabungen sollten für entsprechende Leistungen als Ausgleich ab Klasse 9 Entlastungen in anderen Fächern eingräumt werden (Regelungen könnten sich am Schulversuch musische Gymnasien orientieren).* Einstweilen bleibt es bei Absichtserklärungen und die interessantere Frage ist ohnehin die, ob die Betroffenen solche „Entlastungen", die schnell zu „Begrenzungen" werden können, überhaupt für sich wünschen. Ähnliche Vorstellungen hat man hinsichtlich einer Notenausgleichsfunktion[118]: *Die besondere musikalische Leistung sollte als Ausgleich für schwächere Leistungen in anderen Fächern herangezogen werden dürfen.* *

116 E. Rohlfs: Der Wettbewerb *„Jugend musiziert". Entwicklungen und Probleme E. Rohlfs steht Rede und Antwort, in: üben & Musizieren* 4/1984, S. 225

117 Schriftenreihe des Kultusministers des Landes Nordrhein-Westfalen Nr. 29, 1972, S. 229

118 E. Rohlfs: „Jugend musiziert", S. 225

* Der Gesprächskomplex „Freizeit – Freunde – Medien" wird nur in Teilaspekten im Rahmen übergreifender Fragestellungen anderer Kapitel behandelt. Die nahezu unübersehbaren Textmaterialien und der Umfang dieses Buches ließen eine gesonderte Auswertung der genannten Fragestellung nicht zu. Wir werden in Beiträgen für Fachzeitschriften auf diese Problematik eingehen.

Die Stichprobe

Bestimmungsmerkmale

Die Anzahl der mehrstündigen Gespräche mußte aus forschungsökonomischen Gründen begrenzt sein. Erfahrungswerten qualitativer Sozialforschung zufolge garantiert die Beschränkung auf 60 Interviews eine ausreichende Validität und Repräsentativität der Ergebnisse[119]. Eine Interviewphase kann immer dann abgeschlossen werden, wenn keine neuen qualitativen Erkenntnisse mehr erwartet werden. Diese Erfahrung wurde auch in dieser Studie gemacht. Die stichprobenbestimmenden Variablen waren Alter, Instrument, Geschlecht, Erfolg bei Jugend musiziert.

Berücksichtigt wurden die *Altersgruppen* II (11–13 Jahre), III (14-16 Jahre) und IV (17–21 Jahre). Jüngere sind auf Bundesebene aus guten Gründen noch nicht beteiligt. Vor allem die älteren Jugendlichen sollten zur kritischen Aufarbeitung erlebter musikalischer Lernbiographie in der Lage sein. In der Altersphase von 18 bis 21 Jahren sind Jugendliche entwicklungsbedingt besonders kritisch mit sich und ihrer Umwelt, orientieren sich neu durch einen Studienbeginn, verselbständigen sich durch das Verlassen des Elternhauses und reflektieren ihr Leben mit besonderer Intensität. Dieser diskursive Umgang mit Vergangenem, Gegenwärtigem und Zukünftigem konnte der Intensität der Interviews nur zugutekommen. Da Ereignisse der Biographie immer nachträgliche sprachliche Gestaltung erforderlich machen, muß man eine entsprechende Kompetenz voraussetzen. Mit Ausnahme von 4% haben alle Gesprächspartner gymnasiale Bildung bzw. Abitur. Damit war eine gewisse Verbalisationsfähigkeit von vornherein gegeben, die sich vorteilhaft auf den narrativen Charakter der Gespräche auswirken mußte.

Die Variable *Instrument* wurde festgelegt durch die Auswahl von Solo-Spielern, weil individuelle Entwicklungen und Biographien gefragt waren. Vertreten sind alle wichtigen Orchesterinstrumente, womit ein breites instrumentales Spektrum abgedeckt war. Diese instrumentale Streuung kam den Fragen nach unterschiedlichen technischen und künstlerischen Problemen, Nachwuchssorgen, Zukunftsaussichten des Orchestermusikers entgegen. Alle ausgewählten Instrumente waren in nahezu allen Altersgruppen vertreten (vgl. Grafik weiter unten). Zugleich konnte die Berücksichtigung von Tasten-, Streich- und Blasinstrumenten eine ausreichende Heterogenität in der instrumentalen Lernbiographie der Jugendlichen sicherstellen. Die Auswahl der Instrumente ist gewissermaßen auch repräsentativ für die Instrumente, die mehrheitlich an Musikschulen unterrichtet werden, d. h., die von Jugendlichen am häufigsten gespielt werden (Statistik der Musikschulen 1984). Die am Beispiel von Musikschulunterricht ablesbare Sozialisierung des Instrumentalspiels hat folgende Verteilung:

119 vgl. Kleining, a. a. O.

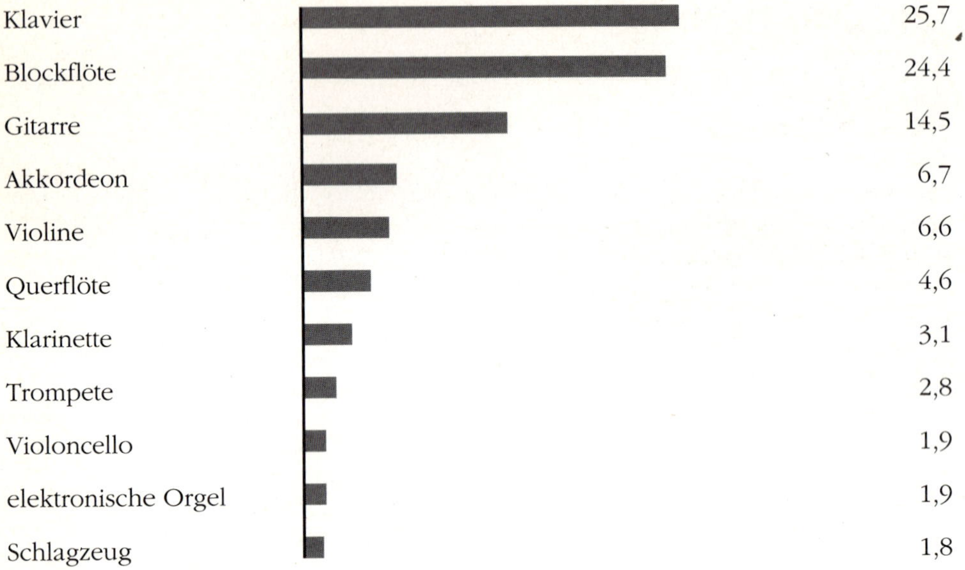

alle anderen Instrumente fallen unter die 1%-Marke

Grafik: Instrumentalunterricht an Musikschulen in der Häufigkeit seiner Wahl (Statistik aus dem Jahr 1983)

In der Variablen *Geschlecht* sollte die Stichprobe annähernd gleich verteilt sein, um alle Fragen des Leitfadens einer geschlechtsspezifischen Differenzprüfung zu unterziehen. Dazu zählen Fragen wie: Sind Mädchen im frühen Kindesalter stärker zum Lernen eines Instrumentes motiviert als Jungen, gibt es eine geschlechtsabhängige Auswahl des Instrumentes (eher Streicher als Bläser?), welche besonderen spieltechnischen Schwierigkeiten haben die jeweiligen Geschlechter, haben sie unterschiedliche Berufsvorstellungen oder – erwartungen?

Das offizielle Musikleben wird ganz offensichtlich von Männern bestimmt. Rieger/Hoffmann zitieren den Künstlerreport von 1975 und stellen fest, *daß 95% aller angestellten Dirigenten, Kapellmeister, Tonmeister und Chorleiter* [...], *desgleichen 93% der Orchestermusiker und sogar 100% aller abhängigen, d. h. angestellten Komponisten und Arrangeure*[120] Männer sind. Die Frage ist: Welche besonderen Schwierigkeiten sehen die angehenden Berufsmusikerinnen in dieser Dominanz des männlichen Geschlechtes? Haben sie es schwerer als ihre Geschlechtsgenossinnen, ist Musizieren so sehr Männersache? Daß Frauen in bestimmten Orchestern und Orchestergruppen nach

120 Hoffmann/Rieger: *Über die Benachteiligung von Mädchen im Musikunterricht*, in: *Musik und Bildung* 5/1983, S. 29-43

wie vor in der Minderheit sind oder, wie ein Beispiel der Berliner Philharmoniker gezeigt hat, zur persona non grata erklärt werden, hat sicher Folgen für die Berufseinstellungen von jungen Instrumentalistinnen. Inwieweit haben sich unbewußt Vorurteile gehalten, wie sie in Anweisungen an den Privatmusikerzieher im 18. Jahrhundert zu finden sind: *...so halte ich es für die Pflicht des Erziehers, das aufstrebende Genie des Mädchens zurückzudrücken und auf alle Weise zu verhindern, daß es selbst die größten seiner Anlagen nicht bemerke*[121]. Nun wird man dergleichen nicht von erfolgreichen Bundessiegerinnen sagen können, aber die Frage ist, ob sie solche Relikte beengender Mädchenerziehung irgendwo und irgendwann beobachtet haben.

Mit der Auswahl von „nur" *Bundesteilnehmern* in dieser ersten Forschungsphase wird die Variable musikalische Begabung operationalisiert. Bundesteilnehmer „Jugend musiziert" dürften jene Begabungsmerkmale besitzen, die weiter oben ausführlich beschrieben sind (vgl. Kap. III). Neben den Prämierten und auf den ersten 3 Rängen Plazierten wurden jene berücksichtigt, die „nur" eine Leistungsstufe 2 oder 3 erreicht haben. Die Frage ist, ob sich hinsichtlich unserer Fragen Differenzen zwischen den jungen Talenten zeigen.

Sonstige Kriterien: Geschwister wurden ausdrücklich eingeplant, weil sich im familialen Milieu besondere Einflußfaktoren zeigen können, die für den Erkenntnishorizont dieser Studie von Bedeutung sind. Zunehmendes Familienmusizieren wird bei Jugend musiziert in den letzten Jahren ohnehin beobachtet. Weiterhin wurde auf Beteiligung aus allen Bundesländern geachtet, um besondere Fördermaßnahmen oder Defizite in den Ländern erkunden zu können. Rein quantitativ liegt auf der Hand, daß flächendeckende Länder wie Nordrhein-Westfalen oder Baden-Württemberg prinzipiell mehr Teilnehmer stellen.

Statistik

Zum Gespräch angefragt waren 62 Bundesteilnehmer des Wettbewerbs Jugend musiziert aus den Jahren 1983 und 1984 (zwei Jugendliche aus dem Wettbewerb von 1982 wurden später aus Gründen der instrumentalen Ergänzung der Stichprobe nachgezogen). In nur zwei Fällen sagten die Eltern die Mitarbeit aus persönlichen Gründen ab. Diese Zahlen belegen das außerordentliche Interesse der Jugendlichen bzw. auch ihrer Eltern an der Studie. Die Interviews fanden in den elterlichen oder studentischen Wohnungen statt; die Erhebungsorte streuten über die gesamte Bundesrepublik, vom Hamburg bis Kempten, von Saarbrücken bis Berlin (Grund: Länderrepräsentanz in der Stichprobe).

121 zitiert nach Rieger: *Frau, Musik und Männerherrschaft*, Frankfurt 1981, S. 190

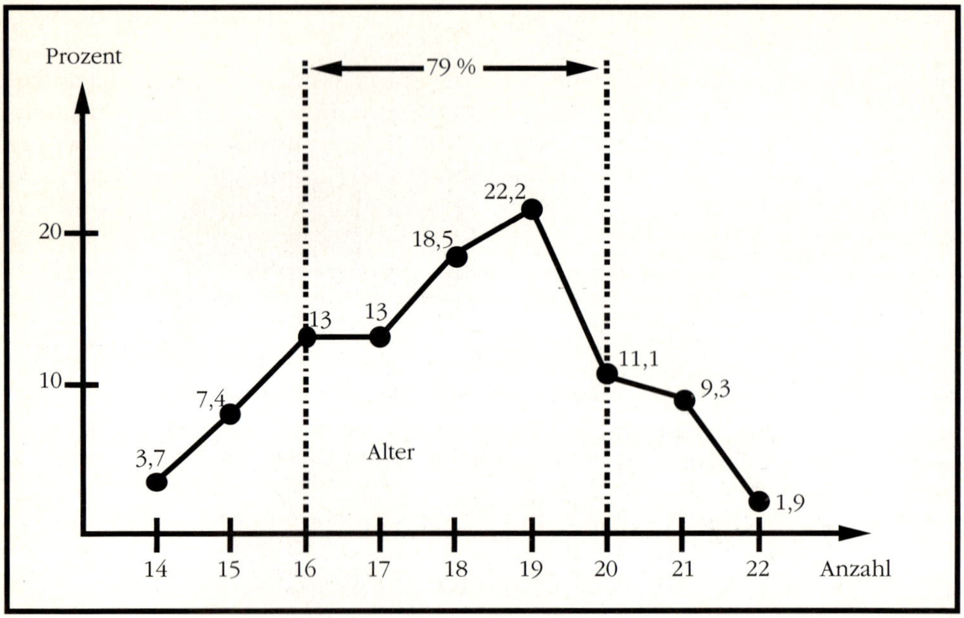

Grafik: Altersverteilung

Der Gipfel der Altersverteilung lag bei 19 Jahren, 79% aller Jugendlichen waren zwischen 16 und 20 Jahren alt. Dies bedeutet, daß sich die meisten Gesprächspartner mit Fragen des Musikberufes beschäftigt bzw. in unserer Stichprobe bereits für einen solchen Beruf entschlossen hatten. Berufsperspektiven und Lebensentwürfe zeichnen sich in dieser Altersphase bereits deutlich ab. Für unsere Fragestellungen konnte diese Tatsache nur von Vorteil sein.

Die Jugendlichen unseres Samples waren mit 2 Ausnahmen Gymnasiasten oder bereits Studenten. Leider haben 15% keine Angaben zur Schulvariablen gemacht. Das Ergebnis als Kreisdiagramm:

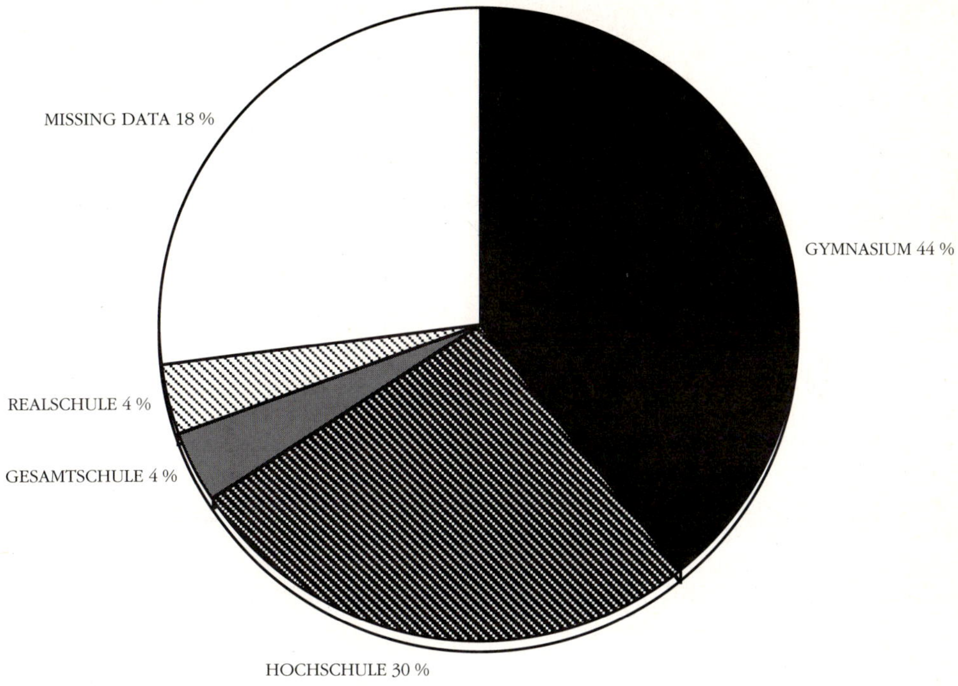

Grafik: Schulzugehörigkeit der Jugendlichen unserer Stichprobe

In der Zusammenstellung der Stichprobe wurde darauf geachtet, daß alle „klassischen" Orchesterinstrumente vertreten waren. Die endgültige Instrumentenverteilung in der Stichprobe sah dann wie folgt aus:

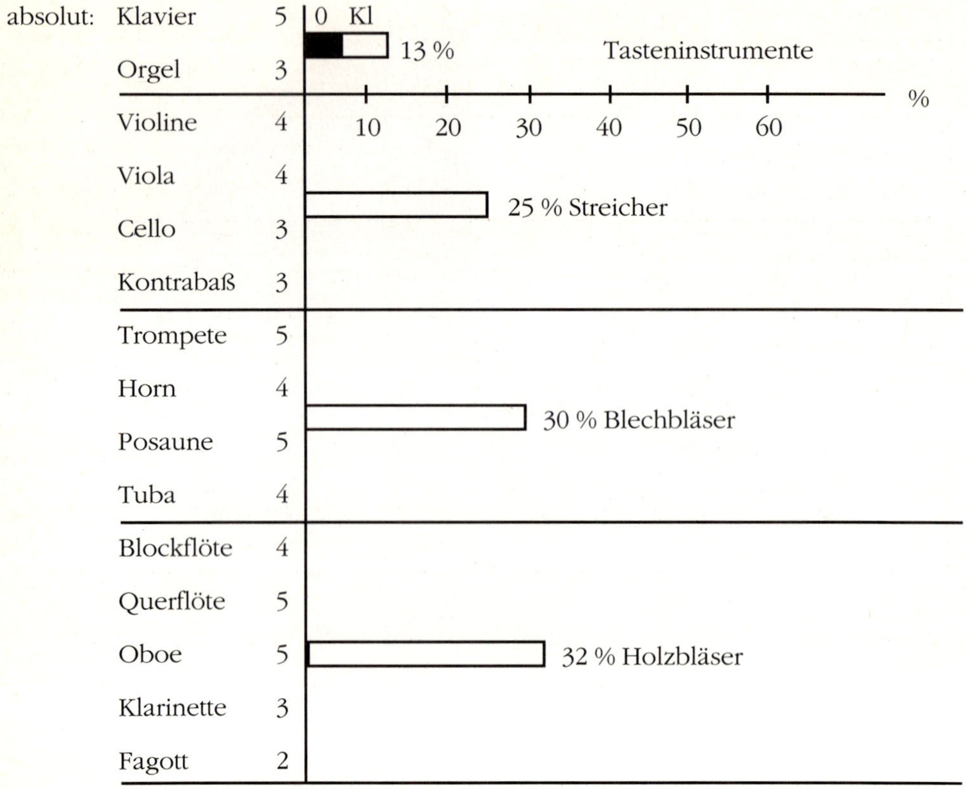

In der Verteilung auf die Geschlechter dominierten die Jungen mit 61% vor den Mädchen mit 39%, was ein Verhältnis von 1,5:1 ergibt; die Verteilung hängt bekanntlich auch von den Instrumenten ab. In unserer Stichprobe gab es bei den Violinen keinen einzigen Jungen, in den Gruppen Orgel, Posaune, Tuba, Klarinette, Fagott und Kontrabaß fehlte das weibliche Geschlecht. Zum einen spielen in einer solchen Verteilung physiognomische Bedingungen eine Rolle, zum anderen womöglich noch immer die Vorstellung, was ein typisches Jungen- und was ein typisches „Mädcheninstrument" ist. Bekanntlich musizieren heute zunehmend auch Mädchen mit Blechblasinstrumenten, und wir versprechen uns von der 2. Forschungsphase weitergehende Aufschlüsse über Zusammenhänge zwischen Geschlecht und der Wahl eines Instrumentes.

Überblick über die Gesamtstichprobe:

Instrumentengruppe			Geschlecht männlich/weiblich		Alter Jahre	
Tasteninstrumente	8	davon	6	2	14	1
(Klavier/Orgel)	5/3				15	7
Streichinstrumente	16	davon	8	8	16	7
(Vl/Vla/Vc/Kb)	4/5/4/3				17	7
Blechblasinstrumente	18	davon	15	3	18	9
(Tro/Ho/Po/Tu)	5/4/5/4				19	12
Holzblasinstrumente	20	davon	9	11	20	6
(Blo/Quer/Ob/Kla/Fa)	4/6/5/3/2				21	9
					22	4
Gesamt	62	davon	38	24		62

Zur Methode

Der methodische Anspruch des Projektes

Komplexe Forschungsgegenstände verlangen nach Variation der Methoden, wiewohl man weiß, daß Methoden einen entscheidenden Einfluß auf Ergebnisse haben. Prinzipiell sollten sich die Methodenarrangements heutiger Forschung auf mehrgleisige Vorgehensweisen einlassen: zum Intensivgespräch kommt die Repräsentativbefragung, zur Textanalyse die Beobachtung, zur Befragung das Experiment, zum Test der biographische Zugriff. Und hermeneutische, kritische und empirische Positionen sollten sich nicht gegenseitig der Unwissenschaftlichkeit verdächtigen, sondern die Begrenztheiten der jeweils eigenen Vorgehensweise anerkennen.

Die vielschichtige Frage nach Lebensgeschichten fordert eine methodische Entscheidung, die zwischen hermeneutisch-qualitativer und empirisch-quantitativer Forschung vermittelt. Forschungsstrategisch benutzt unsere Studie daher einen methodischen Ansatz, wie ihn Ritsert[122] unter Bezugnahme auf Strategien und Methoden der „Aktionsforschung" als sozialwissenschaftliches Paradigma entwickelt. Damit sucht er einen Ausweg aus der vieldiskutierten Alternative zwischen Objektivismus und Subjektivismus.

Unser Projekt sieht zwei methodisch unterschiedliche Forschungsphasen vor, die jedoch inhaltlich miteinander korrespondieren. In einer ersten Phase geht es um die Ermittlung biographischer Materialien zu Lebensgeschichten musikalischer Talente via Tiefeninterview mit narrativen Strukturen. Analyse, Deutung und Interpretation der transkribierten Gesprächsprotokolle haben einen in sich geschlossenen eigenen Erkenntniswert für die Rekonstruktion musikalischer Lernbiographien und ihrer Rahmenbedingungen. Diese erste qualitative Phase ist für die zweite, empirisch-quantifizierende Phase substantiell bedeutsam, *will sie nicht Gefahr laufen, Sinnlosigkeiten zu produzieren, deren Vermeidung ja gerade die Aufgabe der qualitativen Forschung ist*[123]. In dieser zweiten Phase geht es um eine postalische Repräsentativbefragung von 2150 Teilnehmern aus Bundes- und Landeswettbewerben, d. h. hier kommen stichprobenmäßig auch jene jungen Musiker hinzu, die vorzeitig – aus welchen Gründen auch immer – ausschieden.

Die biographische Methode der 1. Phase ist jedoch keineswegs nur ein Hypothesengenerator der empirischen Phase. Die gewonnenen Erkenntnisse sind qualitative Ausgangsbasis zur Konstruktion eines umfassenden problemnahen Fragebogens, in dem Hypothesen zu vergleichbaren Personen und Lebenszusammenhängen operationalisiert sind. Entlang dieser mittels der biographischen Phase gewonnenen Hypothesen sollte eine valide Konstruktion systematischer Zusammenhänge und Entwicklungen von musikalischen Begabungen möglich sein. Damit wird dann zugleich die Subjektivität erzähl-

122 J. Ritsert: *Inhaltsanalyse und Ideologiekritik*, Frankfurt^2 1975
123 Kleining, a. a. O., S. 226

ter Lebensgeschichte in Bezug auf Wahrnehmung, Auswahl, Zusammenstellung und Deutung überwunden. Dem heuristischen Deuten der Lebensgeschichte durch Betroffene und Forscher in der narrativen Phase folgt der klassifizierende oder auch typologisierende Datenzugriff der empirischen Phase. Der zweite Schritt ist deswegen möglich, weil wir glauben, daß es bei musikalischen Talenten interindividuelle Prozeßstrukturen der Entwicklung und ihrer Rahmenbedingungen gibt, die sich in individuellen Lebensgeschichten finden. Darüberhinaus dürfte es systematische Kombinationen solcher Prozeßstrukturen geben, die aber erst über die Methode des narrativen Interviews qualitativ erfaßt werden.

In der geplanten Koordination interpretativ-hermeneutischer und empirischer Verfahren dokumentiert sich wissenschaftstheoretisch zugleich das Aufeinanderzugehen von Sozial- und Geisteswissenschaften. Was Baacke für die erziehungswissenschaftliche Forschung feststellt, gilt gleichermaßen für eine musikpädagogische Forschung: *Man kann Interesse für den einzelnen Fall haben oder Interesse an Generalisierungen, die aus dem einzelnen zu gewinnen sind. Wenn ich recht sehe, muß die Pädagogik beides tun. Will sie nicht „Erziehungswissenschaft" von sozialem Handeln abspalten, darf sie wissenschaftlichen Erkenntnisprozeß und sozial-pädagogisches Handeln nicht trennen. Er* (der Pädagoge) *braucht selbst Erfahrungen in Geschichten mit Menschen, um Geschichten zu verstehen und verstandene Geschichten anzuwenden – und anderen zu erklären, was da möglicherweise abläuft. Der Psychoanalytiker ist da keine ungünstige Modell-Figur für diesen Punkt. Denn dieser muß beides tun: verstehen und erklären – und dem Analysanden nach Möglichkeit helfen*[124].

Unsere Phase der narrativen Interviews ist eine solche des Verstehens und Erklärens aus der Sicht Betroffener, der subjektiven Deutung musikalischer Talente. Die Phase der repräsentativen Befragung ist eine Phase der möglichen Generalisierung bzw. nachträglichen Prüfung, inwieweit die Befunde der qualitativen Phase verallgemeinerbar sind.

Wer Lern- und Lebensgeschichten musikalischer Begabung untersuchen möchte, wird sich mit komplexen Fragestellungen konfrontiert sehen. Lernen und Leben sind Ereignisse und Prozesse mit Vielperspektivität, was ihre Bedingungen wie ihre Wirkungen betrifft. Wir lassen uns primär auf lebensgeschichtliche Entwicklungen ein. Damit meinen wir nicht nur die Welt subjektiver Erfahrungen, mit denen jemand vertraut ist um zu leben, sondern auch den Kontext, in dem soziales Handeln aus der Verknüpfung der historischen Entwicklung, der Interpretation des aktuellen Hintergrundes und der Antizipation künftiger Handlungen entsteht. Heinze/Klusemann verstehen unter Lebenswelt *den Kontext des Alltags, der sich als Vermittlungszusammenhang von persönlicher Biographie und sozialkulturellen Bedingungen in ihrem historisch-gesellschaftlichen Kontext darstellt*[125].

Lebenswelten konstituieren die biographische Situation, und sie werden in dieser Studie nach folgenden Aufmerksamkeitsrichtungen aufgeschlüsselt:

124 Baacke/Schulze: *Aus Geschichten lernen*, München 1984

125 Thomas Heinze/H. W. Klusemann: *Ein biografisches Interview als Zugang zu einer Bildungsgeschichte*, in: D. Baacke/Th. Schulze, a. a. O., 1984, S. 182

1. *Kindheit und Elternhaus:* Begabungs„entdeckung" und erste Förderung, familiale Musiktradition, Sozialmilieu („Bildungskapital", Normen- und Wertorientierungen), Erziehungsklima, Einfluß von Eltern und/oder Geschwistern...
2. *Instrumentaler Werdegang:* von der Erstbegegnung mit einem Instrument bis zum Erfolgsinstrument, „Schlüsselerlebnisse", Weichenstellungen, erster Unterricht und erster Lehrer, Lehrerwechsel und ihre Gründe, Entwicklungsschübe und ihre Auslöser, Krisen und ihre Überwindung, Druck zum Üben, „Einzelhaft" am Instrument, Fragen der Instrumentalpädagogik (Technik, Interpretation, Analyse) spieltechnische Schwierigkeiten, stilistische Entwicklungen, Neue Musik, Ensembletätigkeiten, Berufsperspektiven...
3. *Schulzeit:* Erfahrungen mit Musiklehrern, Musikunterricht (Inhalte und Methode), Mitschüler, Schule insgesamt, Leistungen als Schüler, Fachinteressen, Lernen für die Schule und Üben am Instrument als Konflikt, Bekanntheit als junger Künstler im schulischen Umfeld, Fragen der schulischen Entlastung instrumentaler Talente...
4. *Freizeit, Freunde, Medien:* außermusikalische Interessen und Aktivitäten, Kontakte zu Freunden und was sie bedeuten, Stellenwert von Fernsehen, Radio und Schallplatte (bzw. Cassette), politische/pädagogische Engagements, Zwischentöne von Klassik zu Rock, Discotheken, Walkman...
5. *Musikalische Lebenswelt:* Funktionsbestimmungen, Musik als Gebrauchsgegenstand und/oder ästhetisch-intellektuelle Herausforderung, Fixierung aufs Instrument oder Interesse an Musik, Publikum, Kritik und Selbstkritik, Selbstanspruch, Persönlichkeit (Selbst- und Fremdbild), Fixpunkte einer Lebensgeschichte, Jugend heute, Musik in unserer Gesellschaft, Träume und Phantasien in und mit Musik, Lebensentwürfe...
6. *Der Wettbewerb „Jugend musiziert":* Erfahrungen, Kritik, Juroren, Beratungsgespräche, Jugend kämpft oder Jugend musiziert, Solidarität, Begegnung oder Konkurrenz, Anschlußmaßnahmen, Änderungswünsche...

Ziele sind die Konstituierung musikalischer Lern- und Lebensgeschichten, die Erkenntnis individueller und interindividueller Prozeßstrukturen musikalischer Förderung und Entwicklung, die Herausbildung von Identität bei musikalischen Talenten, von Form und Gehalt musikalischen Lernens mit dem Ziel der Überwindung der Disjunktion von musik-/instrumentalpädagogischer Theorie und Praxis. Die Ermittlung lebensgeschichtlicher Hintergründe und Bedingungen instrumentalen Lernens eröffnet der Instrumentalpädagogik neue Perspektiven zur Optimierung ihrer Ausbildung. Weitere Anwendungsmomente der Studie sind: breiter angelegte Talentfindung, bildungs- und kulturpolitische Förderung musikalischer Talente, Korrektur und Innovation von Ausbildungsdefiziten, pädagogische Konsequenzen für Aus- und Weiterbildung im schulischen und außerschulischen Bereich, kulturpolitische Entscheidungshilfen...

Involviert sind damit unterschiedliche musikwissenschaftliche und musikpädagogische Interessen:

Musikpsychologie: alltagspsychologische Begabungsdefinitionen, Begabungsfindung und erste Förderung, Beobachtung und Deutung musikalischer Entwicklung in der Retrospektive der Talente (Zeitraum von 10-15 Jahren);

Musiksoziologie: Lebenspraxis, Normen, Werte, Orientierungen, Perspektiven einer Jugendkultur, die sich „aktiv“ mit sogenannter klassischer Musik auseinandersetzt, quasi eine Vergleichsgruppe zur rockmusikalischen Jugend;

Musik-/Instrumentalpädagogik: Instrumentalpädagogische Ansprüche in der Kritik von Talenten, Erfahrungen über Schübe und Krisen, Defizite, Hilfestellungen, Instrumentallehrer, Musikschulen, Erfahrungen mit Musikunterricht und Musiklehrern in allgemeinbildenden Schulen, musikcurriculare Konzepte und Innovationsvorschläge.

Mit den thematischen Gesprächseinheiten glauben wir Lebensgeschichten ausreichend realistisch und sinnvoll strukturieren und rekonstruieren zu können. Wir möchten im Sinne einer Betroffenenwissenschaft ermitteln, was der musikalisch Begabte für sich zu realisieren wünscht(e), was ihn hinderte, was ihm Ziele bedeuten, wie er seine Erfahrungen für seine individuelle Lebensgestaltung auswertet. Dabei sind die oft nicht aktenkundigen Mißerfolge, Demütigungen, Enttäuschungen, Krisen, Zweifel, Verzweiflungen, die mühsamen ersten Schritte von besonderem heuristischen Wert.

Tiefeninterview mit narrativen Strukturen

Eine Sozialforschung, die die Relevanzgesichtspunkte der Forschungssubjekte bei weitgehender Zurücknahme des Forschereinflusses zur Geltung bringen will, benötigt eine entsprechende Methode der Materialerhebung. Das Tiefeninterview, auch Intensivinterview, offene Befragung, Gespräch, qualitatives Interview genannt, schafft dazu die Voraussetzungen. Wir haben uns forschungsmethodisch nicht für das reine „narrative“ Interview entschieden, weil Narrationen streng genommen keine Gesprächsführung und – lenkung erlauben. Da wir uns aber nicht dafür interessieren, wann unsere jungen Talente erstmals, von welcher Seite und wie lange ihr „Töpfchen“ bestiegen, sondern explizites Erkenntnisinteresse an instrumental- und (musik)pädagogischen, an musikpsychologischen und -soziologischen, an gesellschafts-, kultur- und bildungspolitischen Fragen hatten, fiel die Entscheidung zugunsten eines Tiefeninterviews mit narrativen Strukturen. Diese Mischform bedeutet, daß wir einerseits mit grob-themenstrukturierendem Leitfaden ins Gespräch gingen, zugleich aber über eine Einleitungsfrage zu den einzelnen Komplexen ausführliche Narrationen wünschten, die durch keine Zwischenfragen gestört wurden.

Schon das Tiefeninterview geht stärker als andere Verfahren auf den Befragten ein, erhöht dessen Antwortspielraum, erlaubt dem Interviewer die situationsnotwendige Neuanordnung von Fragen und hintergrunderöffnenden Nachfragen. Vorteile dieses Verfahrens sind: Bedeutungen einer Antwort können unmittelbar geklärt, Einschätzungen relevanter Faktoren ermittelt, Einflüsse auf Meinungen einer Person herausgefunden, komplexe Einstellungsmuster analysiert, motivationale Interpretationen ermöglicht werden. Forschungspragmatisch verlangt schon die Länge der Gespräche von ca. 3 Stunden eine Vorstrukturierung, um nicht in einem Chaos unstrukturierter Erzählungen unterzugehen. Das Intensivinterview ist daher eine geeignete Methode zur Exploration, zum Zugang zu Lern- und Lebensgeschichten musikalischer Begabung, aus denen sowohl Faktizitäten, deren soziale Bedingtheit als auch die Bewertung der Einflüsse, die das Verhältnis zur Musik und weiterführend zu Leben und Gesellschaft prägen, erschlossen werden können. Der gesprächstrukturierende Leitfaden versteht sich als Impulssammlung, die Differenzierung ist eine potentielle, d. h. nur wenn in der Narration des Befragten wichtige Aspekte des Leitfadens fehlen, werden sie nachgefragt. Eine zu starke Orientierung am Leitfaden kann nämlich eine „natürliche" Gesprächssituation auch verhindern und zu einer „Gesprächs-Oktroi" führen (Hopf und Mitarbeiter 1978), zu einer Leitfadenbürokratie, der die eigengesteuerte Selbstdarstellung der Befragten zum Opfer fällt.

Innerhalb der Gespräche wurden über themenspezifische Einleitungsfragen ausführliche Narrationen provoziert. Fragen wie „Wie kamst du zu deinem Instrument?", „Erzähle von deiner Kindheit und Familie", „Welche Erfahrungen hast du mit Schule und Musikunterricht?", „Was bedeuten dir Freizeit und Freunde?", „Beschreibe deine musikalische Lebenswelt" u. a. lassen ausführliche Erzählungen zu. Mit diesen Narrationen knüpft der Forscher an alltagsweltlich vertraute Kommunikationsformen an. Schütze will mit der „narrativen" Methode die schichtenunabhängige menschliche Fähigkeit des Erzählens zur Abbildung von Handlungsabläufen nutzen. Buchmann/Gurny heben auf den Alltagscharakter der Vorgehensweise ab[126]: *Die Methode des narrativen Interviews basiert auf der Vorstellung, daß das Erzählen eine alltagsweltliche, natürliche Form der Kommunikation darstellt, die geeignet ist, Begebenheiten und Ereignisse sowie deren Interpretation und Bewertung aus der Sicht der Betroffenen zum Ausdruck zu bringen. Dadurch soll im Prozeß der Datengewinnung gewährleistet werden, daß sich die Produktion von Inhalten nicht an vermuteten Erwartungen des Forschers ausrichtet, sondern eine dem Erzähler eigene Logik aufweist, die sowohl der faktischen Abfolge von erlebten Ereignissen als auch den Relevanzstrukturen und Handlungsorientierungen des Betroffenen entspricht.* Trotz mancher methodischer Bedenken gegen das narrative Interview gibt es derzeit kein zweites Verfahren, das einem Befragten eine derart flexible, breite Antwortmöglichkeit zugesteht und den von Kleining formulierten Forschungsanspruch der *maximalen strukturellen Variation der Perspektiven*[127] einlöst. Wir wissen, wie sehr beispielsweise ein Fragebogen im Fragehorizont des Forschers liegen kann, wie eingeengt ein potentieller Informant sein muß, wenn er unter Preisgabe seines eigenen Bezugs- und Wertungssystems mit „ja" oder „nein" re-agieren darf. Die Folgen sind eine Nivellierung individueller Differenzen und ein Informationsverlust, den sich keine biographische Studie leisten kann. Häufig sind es gerade die *feinen Unterschiede*[128], die individuelle Lebensentwürfe prägen.

Letztlich liegt es auch im Geschick des Interviewers, die Gesprächsführung so anzulegen, daß authentische Punkte, signifikante Gesten und Handlungen, Schlüssel- und Fixpunkte erschlossen werden. Die Gespräche dürfen nicht zur faktenreichen Bilanzierung gelebten Lebens werden, d. h. Lebens"lauf"charakter haben, sondern müssen zur sub-

[126] Buchmann/Gurny, a.a.O., S. 776
[127] a.a.O., S. 234
[128] Bourdieu, a.a.O.

stantiellen Bestimmung von entscheidenden Weichenstellungen und Entwicklungen in der musikalischen Lernbiographie begabter Jugendlicher führen. Dies schließt ein, daß die Gespräche Ausdruck des „Menschlich-Allzumenschlichen“ sind, daß triviale Antworten eine höchst erstaunliche heuristische Funktion haben können. *Nicht der „äußerliche“ Ereignisverlauf, sondern auch die „inneren“ Reaktionen, die Erfahrungen des Biographieträgers mit den Ereignissen und die interpretative Verarbeitung in Deutungsmustern gelangen zur eingehenden Darstellung. Zudem werden durch den Raffungscharakter des Erzählvorganges die großen Zusammenhänge des Lebenslaufs herausgearbeitet, markiert und mit den besonderen Relevanzstrukturen versehen*[129].

Im Anschluß an das Gespräch mit den Jugendlichen folgte ein zeitlich weniger ausgedehntes Eltern-Interview (ca. 1 Stunde), das der Kontrolle und Ergänzung vor allem von Ereignissen der frühen Kinderjahre diente. Darüberhinaus sind die Erfahrungen, Perspektiven und Deutungen von Eltern von eigenem Erkenntniswert, d. h. die Sicht der Erzieher selbst sollte unseren Fragehorizont entscheidend ergänzen. Eltern waren bei den Gesprächen mit den Jugendlichen nicht anwesend (wenige Ausnahmen können vernachlässigt werden) und umgekehrt fehlten die Jugendlichen bei den Elterngesprächen. Dadurch sind Gesprächsbereitschaft und Offenheit durch keine intervenierenden Störfaktoren gehemmt, die sich aus Eltern- oder Kinderpräsenz hätten ergeben können.

Einige Hinweise zur technischen Organisation der Gespräche: Die Interviews wurden vom Projektleiter und einer Mitarbeiterin in den Wohnungen der Befragten durchgeführt. Aus der internen Vergleichbarkeit der Gesprächssituation ergibt sich eine Gewähr für die gleichermaßen motivierende persönliche Beziehung zwischen Interviewer und Interviewtem sowie eine Kontrolle über den Relativitätsgrad des Wahrheitsgehaltes der Interviewaussagen. Für die Effizienz narrativer Gespräche ist auch ein hohes Zeitbudget erforderlich. Die Befragten wußten um die Länge der Gespräche und waren auf ein Dreistundengespräch eingerichtet.

Die Interviews liefen analog zu den Komplexvorgaben in drei Ebenen ab:

1. Die biographische Anfangserzählung:
   Wie kam ich zu meinem Instrument? (Bereich: Instrumentaler Werdegang)
   Meine frühe Kindheit – Schlüsselerlebnisse – Begabungsfindung und -förderung (Bereich: Familie)
   Erfahrungen mit Musiklehrern und Musikunterricht (Bereich: Schulzeit)
   Meine musikalische Lebenswelt: Ein Leben für Musik (Bereich: Lebenswelt)
   Was gibt (bedeutet) mir Freizeit (Bereich: Freizeit, Medien, Freunde)
   Meine Erfahrungen mit den Wettbewerben Jugend musiziert (Bereich: Jugend musiziert)[130].
   Mit diesen Eingangsfragen konnte in der Regel eine erste ausführliche Narration erreicht werden, die nicht durch Zwischen- und Nachfragen gestört werden mußte.

[129] Fritz Schütze: *Biografieforschung und narratives Interview*, in: *Neue Praxis* 3/1983, S. 285

[130] Die Ergebnisse dieser Gesprächseinheit wurden in einem gesonderten Band publiziert: Hans Günther Bastian: *Jugend musiziert. Der Wettbewerb in der Sicht von Teilnehmern und Verantwortlichen*, Mainz 1987

2. Die strukturierten Nachfragen des Interviewers zu den einzelnen Themenblöcken: Diese im Leitfaden nachlesbaren Detailfragen sollen die Lebensgeschichten auch aus dem Erkenntnisinteresse des Forschers heraus erweitern oder transparenter machen, wenn noch Unklarheiten bestanden.
3. Theoretische Warum-Fragen:
Sie sollen zur argumentativen Beantwortung provozieren, situative, habituelle, sozialkulturelle Hintergründe aufdecken und bewerten, damit in der Interpretation der narrativen Protokolle die Selbstdeutung der Befragten so weit als möglich zugelassen ist. Zugleich sollen Einblicke möglich werden in immer wiederkehrende, interindividuelle Abläufe und systematische Zusammenhänge jeweils einzelner Lebensgeschichten.

Die biographischen Materialien stehen einer Textanalyse und -deutung zur Verfügung, die die Möglichkeit des vergleichenden Lesens und Klassifizierens voraussetzt.

Verarbeitung und Interpretation von Texten

Die auf Tonband aufgezeichneten Gespräche wurden transkribiert und auf Computerband gespeichert, um sie für eine computergesteuerte Inhaltsanalyse verfügbar zu machen. Die Transkription beachtete die Hauptkategorien bzw. die Rahmenschaltelemente der Gespräche (Familie, Kindheit, Schule, Instrument usw.). Diese wurden von der Transkriptorin häufiger auch zusätzlich als „keywords" eingegeben, um die anschließende Computeranalyse zu erleichtern und optimal vorzubereiten. Dadurch war sichergestellt, daß alle Textstellen kategorial richtig erfaßt wurden und nicht in einem anderen Zusammenhang untergingen. Vor der Transkription war das Kategoriensystem weitgehend nach den Fragen des Leitfadens strukturiert worden. Diese Ordnungsvorgabe war eine zwangsläufige Bedingung, um über das unübersehbare Textmaterial Herr zu werden und nicht in Texten zu ersticken. Die Systematik der Kategorien soll aus Raumgründen nur an einem Beispiel konkretisiert werden, weil sie implizit in den Haupt- und Unterkapiteln der Gliederung enthalten ist.

Zum Verzicht auf computergesteuerte Inhaltsanalysen

Unsere ursprüngliche Absicht einer computergesteuerten Inhaltsanalyse wurde nach mehreren Versuchen mit unterschiedlichen Programmen aufgegeben, weil der Erkenntnisgewinn in keinem Verhältnis zu Zeit- und Kostenaufwand stand. An der EDV-Anlage des Hochschulrechenzentrums Gießen standen uns zwei Textverarbeitungsprogramme zur Verfügung, das Oxford Concordance Programm (OCP) und die Textauswertung mit dem Full-Screen-Editor (FSE).

Das OCP ermöglicht eine Textauswertung nach Index und Konkordanz. Ein Index ist die Auflistung aller verschiedenen Wörter, die in einem Text vorkommen. Für jedes einzelne Wort werden alternativ aufgeführt:
– jedes Auftreten des Wortes innerhalb der Referenzkategorie (= Grobkategorien, s. o.);
– die Zeilennummern.

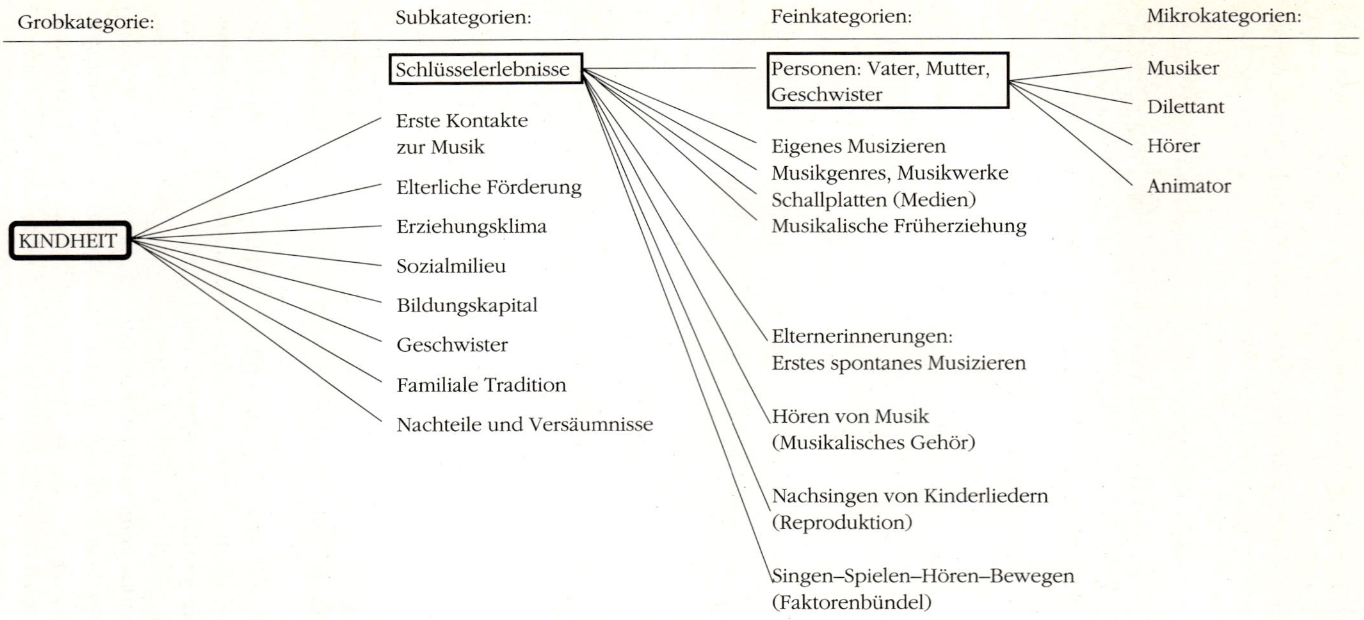

Inhaltsanalytischer Prozeß im grafischen Modell:

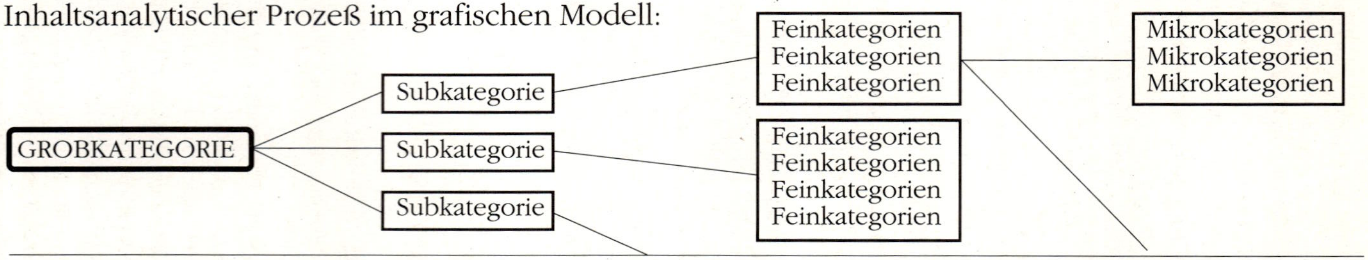

Beispiel einer fortschreitenden inhaltsanalytischen Auswertung nach Kategorien (zu interpretieren als Stufen zunehmender Konkretion)

In einer Konkordanz wird notiert, in welchen Kontexten die einzelnen Worte (keywords bzw. Sub- und Feinkategorien, s. o.) vorkommen. Darunter werden dann die Textstellen vermerkt, in denen die „keywords“ auftreten. Zusätzlich aufgelistet sind die zugehörigen Referenzkategorien und Zeilennummern, so daß ein Nachlesen des gesamten Textzusammenhanges im Eingabe (Ur-)Protokoll möglich ist, was für die Rekonstruktion von Zusammenhängen unverzichtbar ist.

Da das Programm außerordentlich viel Rechenzeit und Speicherplatz beanspruchte, ergaben sich bereits bei nur wenigen Interviews erhebliche Probleme. Die Bildung einer vollständigen Konkordanz (oder auch eines Indexes) über alle Textprotokolle (und nur dieser umfassende Zugriff wäre sinnvoll gewesen) war bei der Länge der einzelnen Gespräche und Textprotokolle unmöglich. Das zulässige Pru-Limit (maximale Anzahl von Zeichen, die auf eine Datei geschrieben werden können) für die Ergebnisdatei auf der größten im Fachbereich 06 zur Verfügung stehenden Benutzernummer wurde weit überschritten. Die Konsequenz war, daß die Interviews einzeln oder in kleinen Gruppen hätten ausgewertet werden müssen. Doch der Erkenntniswert wäre kein größerer als der über die direkte Lektüre des transkribierten Protokolls. Im Gegenteil, letztere hatte den Vorteil der wiederholten Auseinandersetzung mit dem Gesamtprotokoll und dem Einsparen kostenintensiver Rechenzeit. Die Bildung einer Konkordanz für ausgewählte Kategorien kostete ca. 14 Minuten CPU-Zeit, ein Aufwand, der in Anbetracht der Datenmenge nicht zu rechtfertigen war.

Auch Versuche mit dem FSE brachten keinen durchschlagenden Erfolg. FSE ist ein bildschirmorientierter Texteditor, mit dem man einige primitive Textverarbeitungsoperationen durchführen kann. Dem FSE werden Direktiven (= charakteristische Phrasen aus den Texten, sogenannte „strings“ = Zeichenketten)auf einer Datei gesammelt übergeben. Das Ergebnis läßt sich ebenfalls auf eine Datei schreiben und kann ausgedruckt werden. Z. B. bewirkt die Direktive */Wie kamst Du zu Deinem Instrument/*, daß der zwischen den Schrägstrichen eingeschlossene „string“ an allen Stellen der Eingabedatei lokalisiert werden kann. Anhand der ausgewiesenen Zeilennummer kann man jeden einzelnen „string“ in der Eingabedatei identifizieren. Der Vorteil des FSE gegenüber dem OCP ist die gezielte Auswertung nach für bestimmte Fragen des Leitfadens charakteristischen Phrasen und die vertretbare Rechenzeit für ein Einzelprotokoll. Die gemeinsame Auswertung aller Protokolle war aber auch hier in Anbetracht des Textumfanges schwierig und aus ökonomischen Gründen nicht vertretbar. Das prinzipielle Problem unserer Datenverarbeitung bestand also in der ungeheuren Materialmenge. Nach Abwägen des Für und Wider, dem Erkennen der Grenzen einer computergesteuerten Inhaltsanalyse, auch nach Rücksprache mit einigen Experten der Linguistik, entschlossen wir uns zu dem altbekannten und bewährten Verfahren des „Verzettelns“ der Interviews nach den vorher festgelegten Grob-, Sub- und Feinkategorien. Ein weiterer Vorteil dieses Verfahrens ist, daß der Forscher als Interpret der Texte ein weiteres Mal die Gesamtprotokolle studieren muß. Über die Verzettelung wird sichergestellt, daß Textzusammenhänge in ihrer aussagelogischen Struktur erhalten bleiben und letztlich kein einziger Interview-Satz verlorengeht.

Inhaltsanalytische und interpretatorische Entscheidungen

Biographische Protokolle sind nicht nur nach den thematischen Aufmerksamkeitsrichtungen zu interpretieren – etwa wie im Leitfaden vorgegeben –, sondern auch nach der Qualität des Materials innerhalb eines Fragenkomplexes und übergreifend über alle Themenblöcke hinweg. Es müssen immer wieder Querkoordinationen zwischen einzelnen Textstellen hergestellt werden und der *Interpretationsvorgang bedeutet ein ständiges Schließen vom Ganzen auf das Einzelne und umgekehrt*[131]. So kann die Schilderung „starker Krisen" in der Narration zu wichtigen Ereignissen der Lebensgeschichte erledigt sein. Sie wird dann im Komplex „meine musikalische Lebenswelt" ausgespart. Dennoch ist sie zur Interpretation dortiger Entscheidungen unbedingt heranzuziehen. Man liest also den Teil immer aus der Sicht des Ganzen, muß die Gesamtstruktur eines Protokolls gedanklich als Einheit fassen. Dies kann vorerst kein Computer leisten, seine qualitativen Möglichkeiten sind nach wie vor begrenzt.

Ein weiteres Beispiel: Die Frage nach Schulmusik als Berufsperspektive löste bei vielen Jugendlichen eine Retrospektive zum Musikunterricht in den Schulen aus. Die Erzählung der Jugendlichen wurde dann nicht unterbrochen. Die Einstellung zum Musikunterricht wurde in der späteren Interpretation aus dem Komplex Berufspläne abgerufen. Die Begründung für ein bestimmtes Verhalten oder eine Entscheidung kann also an ganz anderer Stelle der Textprotokolle zu finden sein. In einem anderen Fall löste die Frage nach dem Sinn schulischer Stundenentlastung für begabte Musiker Vorstellungen über Persönlichkeitsbildung aus. Eine Aussage wie die folgende ist zur Interpretation von Persönlichkeitsansprüchen heranzuziehen, auch wenn sie nicht explizit im unmittelbaren Kontext dieser Grobkategorie zu finden ist:

> *Man sollte auf jeden Fall aufpassen, daß man da keine einseitigen Talente heranzieht, die nur auf Musik spezialisiert sind. Was nutzt es einem im späteren Leben, wenn man ein guter Solist ist und keine Ahnung hat, was eigentlich vorgeht. Dann bin ich irgendwie in einer Traumwelt und nicht mehr auf der Erde* (15, m).

Zu beobachten war, daß die Erzählungen im Bereich *Instrumentaler Werdegang* am ausführlichsten gerieten. Hier bereits wurden Punkte angesprochen, die im Leitfaden an ganz anderer Stelle zur Sprache gebracht werden sollten und dann eben erledigt waren.

Die Interpretation der Textprotokolle orientiert sich an den Schichten eines Interviews. Schulze unterscheidet fünf Prozeßstufen[132]:

1. Die Schicht der objektiven Gegebenheiten und Tatsachen (Geburtsort, Eltern, materielle Lebensbedingungen, Schule, d. h. überprüfbare Gegebenheiten der realen Außenwelt)
2. Die Schicht subjektiver Erfahrungen und ihrer Organisation, d. h. hier werden Tatsachen von innen reflektiert, Tatsachen als Gefühle, Antriebe, Vorstellungen und Erwartungen, als psychologische Daten. Diese schaffen erst eine persönliche Bedeu-

[131] Heinze/Klusemann, a.a.O., S. 195
[132] Schulze, Theodor: *Autobiographie und Lebensgeschichte*, in: D. Baacke/Th. Schulze, a.a.O., 1984

tung und damit die Grundlage für die Selektivität der Erinnerungen. *In dieser Schicht bilden sich die wesentlichen Elemente heraus, die eine Lebensgeschichte konstituieren*[133].

3. Die Schicht der späteren Erinnerungen, die ermöglichen, den die Zeit übergreifenden Zusammenhang herzustellen und zu verändern.
4. Die Schicht der nachträglichen sprachlichen Gestaltung, d. h. Erinnerung ist immer abhängig von der sprachlichen Kompetenz und man muß ständig rechtfertigen, warum man Privates bekanntgibt und veröffentlicht.
5. Die Schicht von kommentierenden Reflexionen und übergreifenden Deutungsversuchen.

Formal lassen wir uns in der Analyse der Protokolle zunächst auf die Perspektive der Befragten durch Rekonstruktion der privaten Theorien über musikalische Begabung, Entdeckung, Entwicklung, Förderung, instrumentalen Werdegang usw. ein, und zwar entlang der Erzählstruktur der transkribierten Texte. Weitergehende Leistung des Interpreten ist die metakommunikative Rekonstruktionsarbeit, in der wichtige Erfahrungen und Einflüsse in einer Bedeutungshierarchie systematisiert werden. Diese Hierarchie kann sich zum einen aus der Quantität vorkommender Einflußfaktoren herleiten, zum anderen gilt: Was zählt wirklich? Was war entscheidend? Solche Fragestellungen führen dann zur Identifikation von „Kernaussagen". *Diese Kernaussage ist Quintessenz und handlungsleitender Bezugspunkt der Alltagstheorien und Situationsdeutungen der Befragten. Die Interpretation eines Interviewprotokolls kann eine Vielzahl von Kernaussagen zu jeweils unterschiedlichen Aufmerksamkeitsrichtungen haben*[134]. Schütze spricht in diesem Zusammenhang von der Wissensanalyse[135], die nach eigentheoretischen, argumentativen Einlassungen des Informanten zu seiner Lebensgeschichte und zu seiner Identität sowohl aus den Erzählpassagen der Interviewabschnitte als auch aus dem argumentierenden und abstrahierenden Abschnitt fragt. Diese seien aus der Ansehung des Ereignisverlaufs, der Erfahrungsschichtung und des Wechsels dominanter Prozeßstrukturen des Lebenslaufs systematisch auf ihre Orientierungs-, Verarbeitungs-, Deutungs-, Selbstdefinitions-, Legitimations-, Ausblendungs- und Verdrängungsfunktion hin zu interpretieren.

Wir greifen in der Interpretation unserer Texte auf einen weiteren Vorschlag Schützes zurück. In der Interpretation der Feinkategorien lösen wir uns aus dem singulären Interview durch die Strategien des minimalen und maximalen Vergleichs. Minimal heißt, es werden solche Texte gewählt, die hinsichtlich des interessierenden Phänomens Ähnlichkeiten aufweisen. Die Analyse einer zweiten sehr ähnlichen Narration oder Begründung hat die Funktion, die aus der ersten Einzelfallanalyse gewonnenen Beziehungskategorien zu verdichten und von den Besonderheiten des Einzelfalls zu lösen. Im maximalen Vergleich werden Texte maximaler Verschiedenheit zum Ausgangspunkt genommen, die jedoch immer noch Vergleichspunkte mit dem Ursprungstext aufweisen. Der maxi-

133 ebda., S. 56
134 Heinz/Klusemann, a.a.O., S. 198
135 F. Schütze, a.a.O.

male Vergleich von Texten hat die Funktion, alternative Strukturen biographisch-sozialer Prozesse in ihrer unterschiedlichen lebensgeschichtlichen Wirksamkeit herauszuarbeiten.

Mit vorgenannten analytischen Vorgehensweisen und interpretatorischen Entscheidungen hoffen wir die von Buchmann/Gurny formulierten Kritikpunkte an der Auswertungsmethodik von Textprotokollen[136] aufgefangen zu haben, die Kritik nämlich, die Totalität der Inhalte werde in der formalen und inhaltlichen Textanalyse zerstört, der Forscher versuche, möglichst rasch sein Material zu strukturieren und die Validierung erfolge meist im gleichgesinnten Kollegenkreis.

Zur Prüfung der interindividuellen Konkordanz (d. h. der Übereinstimmung weiterer Experten mit den Ergebnissen und Interpretationen des Forschers) wurden die beiden Psychologen Adam Kormann und Hans E. Bräuninger herangezogen (s. Vorwort). Während die Deutung und Bewertungen Bräuningers in den fortlaufenden Text integriert wurden, hat sich Kormann in einem eigenen Beitrag am Beispiel von „Schlüsselerlebnissen" zum methodischen Ansatz dieser Studie geäußert. Wir bringen seine differenzierten forschungskritischen Überlegungen im Anhang dieses Buches.

136 Buchmann/Gurny, a.a.O., S. 779

Ergebnisse

Frühe Kindheit und Familie

Schlüsselerlebnisse und frühe Kontakte zur Musik oder Der Grundstein zu ästhetischen Bedürfnissen wird im Elternhaus gelegt

Die „Entdeckung" des Musikers bzw. des Talentes ereignet sich weit weniger auffällig, als Außenstehende angesichts der frühen Leistungen der Jugendlichen vermuten könnten. Beobachtungen von Eltern und Erinnerungen von Jugendlichen sind Alltagsereignisse, die in allen musikinteressierten Familien täglich gemacht werden können. Damaskus-Erlebnisse, die den „geborenen" Künstler auf den Weg bringen, bleiben eher aus. Fixpunkte, in denen der musikalische Funke zündete, ein bestimmtes Musikwerk, das zum absoluten Auslöser und Weichensteller für eine musikalische Karriere wurde, ein spezifischer biographischer Moment lassen sich nur zum geringeren Teil markieren. Die frühe Kindheit läuft weitaus normaler ab, als wir es für möglich halten.

Eine interindividuelle, bereits vermutete Beobachtung ist jedoch zu registrieren: Nahezu alle jungen Talente wachsen in einem musiksensiblen Elternhaus auf. Für die meisten ist die Familie „die" Keimzelle ihrer musikalischen Entwicklung. Da sind die selbstmusizierenden Eltern, die Geschwister oder auch der Großvater als „allround-Musiker". Bei vielen Talenten trifft man auf jene Voraussetzungen, die Adorno als die wirksamsten für eine musikalische Erziehung und gestalttheoretisches Lernen überhaupt herausgestellt hat, *das Hören bedeutender und hochartikulierter Musik, zu Hause, in frühester Kindheit, als Objekt unbewußter, gar nicht stets voll „verstehender" Wahrnehmung. Das Kind, das abends in seinem Schlafzimmer verbotenerweise eine halbe Stunde der Kammermusik zuhört, welche die Erwachsenen im Wohnzimmer machen, wird in dieser dem Schlaf gestohlenen Zeit tiefer in die geheimen Zellen der Musik eindringen, als wenn es jahrelang zur Aktivität in Spielkreisen organisiert ist.* [...] *wenn Eltern Sinn für Musik haben, ihn beim Kind fühlen und fördern wollen, so steht die Schallplatte ihnen bei*[137].

Familienensembles sind keine Seltenheit in dieser Stichprobe, und geschwisterliches Musizieren wird auch beim Wettbewerb „Jugend musiziert" zunehmend beobachtet. Wo Eltern das Selbstmusizieren aus zeit- und ausbildungsbedingten Gründen nicht möglich war, springt gewissermaßen die Klassik-Schallplattensammlung ein und sorgt für das frühe beiläufige Mithören der Kinder. Die oft unerfüllte Sehnsucht mancher Eltern nach eigenem Musizieren in früher Kindheit und Jugendzeit zieht ein musikalisches Ambiente nach sich, das in seinem erziehlichen Einfluß außerordentlich wirksam ist. Wo die einen

137 Theodor W. Adorno: *Dissonanzen. Musik in der verwalteten Welt*, Göttingen ^{5}1972, S. 118

im Elternhaus mit Heino und Peter Alexander als ständiger Klangtapete aufwachsen, da leben andere mit Mozart und Mahler. In den Wünschen und Bedürfnissen, in den erziehlichen Vorstellungen und Träumen der Eltern liegt der Schlüssel zur frühen Begegnung ihrer Kinder mit klassischer Musik. Wir müssen daher davon ausgehen, daß eine Vielzahl von Talenten brach liegt, für immer unentdeckt bleibt, weil im Elternhaus die wichtigen Stimuli zur Auseinandersetzung mit Musik fehlen. Eine Begabung läßt sich leider immer erst dann feststellen, wenn Kinder produktiv, reproduktiv, transformativ oder rezeptiv mit Musik umgehen. Und wo die Voraussetzungen im Elternhaus fehlen, wird im allgemeinen auch keine Entwicklung in Gang gebracht.

Freilich gibt es auch Ausnahmen. Ein familiales Musikdefizit kann ausgeglichen werden, wenn die bekannten Zufälle des Alltags Schicksal spielen und der Weg eines Lebens oder auch Berufes mit Musik durch außerfamiliale Einflüsse gefunden wird (hier besonders die Animation des Laienmusizierens).

Eltern und Jugendliche markieren in der Retrospektive folgende Beobachtungen, die die Empfänglichkeit für und die Freude an Musik widerspiegeln: Das lustbetonte tänzerische Bewegen zu jeder Art von Musik, das Nachspielen von bekannten Kinderliedern auf einem einfachen Kinder-Xylophon oder einem bis dahin unbenutzten Klavier, der frühe Versuch im Ordnen von Tönen zum zweistimmigen Spiel, das musikalische Gedächtnis im Auswendigspiel des ersten Instrumentalunterrichtes, die im Vergleich zu anderen Kindern auffälligen Lernfortschritte in der „Musikalischen Früherziehung", die kreative Produktion von Klängen auf selbstgebastelten Instrumenten und Spielmaterialien, das Wiedererkennen bekannter Opernmelodien, wenn der Vater (Professor für Klavier) seine einjährige Tochter in den Schlaf spielt. Wiederholt werden auch ein ausgeprägtes Singbedürfnis und eine auffällige Reproduktionsfähigkeit oder gar das frühe Solo im Kinderchor erinnert.

Eltern begreifen Beobachtungen lediglich als Indizien für eine gewisse Musikalität, nicht als die zukunftweisende Begabungsentdeckung schlechthin. Die häufig achselzuckende und stirnrunzelnde Reaktion von Jugendlichen und Eltern auf meine Frage nach „Schlüsselerlebnissen" in der frühen Kindheit mag eine gestische Bestätigung für die relative Normalität des Alltags talentierter Kinder sein. Überzufälliges Merkmal allerdings sind musikinteressierte und -engagierte Familien. Die musikalische Sensitivität und Kompetenz der Eltern zeigt sich nicht zuletzt auch an deren Sprache, die musikologische Fachtermini wie selbstverständlich gebraucht.

Die Interpretation der Antworten basiert auf folgenden Inhaltskategorien, deren Rangfolge sich aus der Häufigkeit der Nennungen ergibt:

- Familie: Mutter-, Geschwister- und Vatereinfluß
- Teilnahme am Musikleben
- eigenes Musizieren und Singen
- Hören von Musik über die Medien Schallplatte und Cassette

Diese Kategorien repräsentieren in der frühen Kindheit die biographischen Punkte, die besonderen Erlebnisse, die Wendepunkte und Schlüssel für ein Leben mit Musik. Sie zeigen zugleich, wie selbstverständlich klassische Musik ein Stück Alltagsleben ist. Der Kontakt zur Musik basiert nicht auf der Bedingung des Verstehens, sondern des emotionalen Erlebens im unmittelbaren Lebensvollzug. Dies entspricht musikpsychologischen Thesen, wonach eine positive Einstellung zur Musik grundsätzlich eher durch den direkten Kontakt, durch Hören in frühester Kindheit entsteht, durch ihre zwanglose Integration zu einem selbstverständlichen Teil der Lebenswelt des Menschen. Demnach setzt eine positive Einstellung zur Musik nicht so sehr das Verstehen der Musik als reflektierenden Aneignungsprozeß voraus als vielmehr den unmittelbaren Kontakt zu ihr im Leben selbst.

Zum Einfluß der Familie
oder
„Musik habe ich bereits im Bauch meiner Mutter gehört"

Die vermutete Dominanz der Familie als Keimzelle der musikalischen Entwicklung ist bereits an der Häufigkeit ihrer Nennung ablesbar. Mutter, Geschwister und Vater sind (die Reihenfolge spiegelt die Häufigkeit) bedeutsame Einflußfaktoren.

Mehr als alle anderen Familienmitglieder scheint die Mutter für musikalische Biographien im Kindesalter prägend. Auch zwischen den Zeilen der Gespräche war bei vielen Jugendlichen immer wieder ein besonderes emotionales Verhältnis zur Mutter spürbar. Sie ist es, die für die ersten musikalischen Gehversuche sorgt, ihr Interesse an klassischer Musik überträgt sich auf mithörende Kinder, sie spielt selbst ein Instrument, sie singt mit den Kindern vom ersten Lallgesang an. Wie hatte doch Zoltán Kodály einmal auf die Frage nach der bestmöglichen Form musikalischer Erziehung geantwortet: *Sie beginnt neun Monate vor der Geburt...* (dann machte er eine Pause, um fortzusetzen) ... *der Mutter!*

Wählen wir symptomatisch einige Antworten der Jugendlichen aus:

> *Also schon früh im Bettchen wurde mir vorgesungen, so „la, la" und dann habe ich richtig „la" dazugemacht, auf welchem Ton auch immer. Die Quinte konnte ich schon sehr früh singen. Dann hat meine Mutter auch Klavier gespielt, als Hausfrau. Jetzt unterrichtet sie an einer Musikschule, aber damals war sie den ganzen Tag zu Hause und hat Klavier geübt. Da kam ich nun hin und sah, daß sie das spielte, was sie da vor sich in den Noten hatte, das sie irgendwie las, so wie sie mir auch immer aus Büchern vorgelesen hat und mir gezeigt hatte „Da bin ich". Dann habe ich immer gefragt „Wo bist Du?" und habe lange neben ihr gestanden und zugehört. Auf diese Weise habe ich irgendwie mitgekriegt, wie man Noten liest* (22, m, I 10).

Geschwister werden in ihrer Funktion als Vorbild wiederholt zitiert. Da gibt es die Brüder, die allesamt in der Dorfkapelle musizieren, oder gar das Familienensemble:

> *Schlüsselerlebnisse waren eigentlich meine Brüder, die haben halt alle musiziert. Das war schon eine gewisse Vorbildfunktion, weil man das, was die machten, auch mal machen wollte. Die haben in der Dorfkapelle gespielt und das war damals für mich das Non-Plus-Ultra* (18, m, I 52).

Ich bin aufgewachsen in der Musik, weil mein Vater, meine Mutter, meine Brüder musiziert haben (15, w, I 19).

Alle meine Geschwister haben ein Instrument gespielt (6 Geschwister, davon spielen heute fünf professionell). *Dadurch habe ich natürlich von klein auf sehr viel Musik mitbekommen. Ich habe halt mit meiner Mutter Blockflöte angefangen, mit 6 Jahren, dann auch mit Klavier. Mit 10 Jahren habe ich dann auf der Geige begonnen. Das war eine lustige Geschichte. Ich habe mit einem Finger auf einer Viertelgeige gespielt, habe so ein Vivaldi-Konzert nachgespielt, das ich von unten aus dem Unterricht meiner Schwester gehört hatte. Irgendwann kam dann die treibende Kraft meines Vaters, der dann auf einen Unterrichtsbeginn Wert legte* (18, w, I 15).

Eine Schlüsselfigur ist für viele Jugendliche auch der musizierende oder auch nur musikhörende Vater bzw. wie soeben gehört, der Vater „als treibende Kraft". Nicht wenige Väter dieser Stichprobe sind selbst professionelle Musiker oder Laienmusiker in örtlichen Vereinen, die mit ihrem Einfluß bewußt und unbewußt den Weg des Kindes vorzeichnen. Der Vater übt zu Hause, der Vater nimmt das Kind mit in Konzerte und Proben, klassische Musik gehört zum Alltag, ist eine Gewohnheit, von „Schlüsselerlebnis" ist weniger die Rede.

Hier zu Hause hat mein Bruder Geige gespielt mit meinem Vater. Die haben eigentlich jeden Abend Duos gespielt und Kammermusik, da habe ich immer zugehört. Ich bin eigentlich schon immer mit klassischer Musik aufgewachsen, habe anfangs gar nichts anderes gekannt. Es ist auch nur klassische Musik gelaufen, auf Schallplatte oder im Rundfunk. Dann bin ich sehr oft mit in die Chorproben meines Vaters gegangen und habe da zugehört (17, m, I 12).

Schlüsselerlebnis kann ich eigentlich gar nicht sagen, weil klassische Musik für mich der Alltag war, von morgens bis abends, weil meine Schwester geübt hat, mein Vater geübt hat, meine Muter geübt hat, da haben alle was zusammen gemacht. Besondere Erlebnisse spielten sich immer mit Konzerten ab, mein Vater hatte Konzertreisen und wir sind mitgefahren. Das war eigentlich der ganze Schlüssel zu meiner jetzigen Ausbildung. Ich habe Musik eigentlich schon im Bauch meiner Mutter gehört, sowas nimmt ja bekanntlich Einfluß (17, m, I 26).

Bedingt durch das Interesse von Vater, Mutter und Geschwistern gehört klassische Musik eben zum Lebensalltag, so auch die in vielen Familien übliche Hör-Praxis: „Klassik zum Sonntagsfrühstück". Zumindest für zwei Jugendliche ist dieses Sonntagmorgen-Idyll ein erinnernswertes Erlebnis aus ihrer frühen Kindheit.

Es war so, daß wir zu Hause keine Musik spielten, bis wir Kinder selbst damit anfingen. Aber wir haben eigentlich immer am Sonntag beim Frühstückstisch irgendeinen Mozart laufen gehabt, das weiß ich noch, Mozart als Tafel- oder Hintergrundmusik. Schlüsselerlebnisse hatte ich eigentlich erst so richtig, als ich mit dem Spielen anfing (18, m, I 47).

Wir haben jeden Sonntag beim Frühstück eine Bachkantate gehört. Da kam ich immer mit Musik in Berührung. Eigentlich wurde nie eine andere Musik gehört, es sei denn von meinen Geschwistern in ihren eigenen Zimmern (20, m, I47).

Teilnahme am Musikleben

Kontakte zum Musikleben durch Besuch öffentlicher Konzerte sind für manche Talente mit besonderen Erinnerungen begleitet: Es handelt sich um Chor- oder Sinfoniekonzerte, in die die Kinder nach ihren eigenen Aussagen einfach „mitgeschleppt" wurden. Hier werden Berührungen zur Klassik emotional vertieft. Allein schon die Tatsache eines „abendlichen" Ausgehens mit Eltern hinterläßt tiefe Spuren in der Erinnerung.

Ich war einmal in einem Sinfoniekonzert, da wußte ich von Musik noch gar nichts, so mit 8. Das war mein erstes Konzert. Das hat mir unheimlich gut gefallen vom Orchesterpart her, also weniger vom Solisten. Ich fand das unheimlich super, wie das Orchester voll gespielt hat und dann habe ich zu Hause gefragt: „Gibt's denn auch Orchester alleine?" Dann hat mir das mein Vater erklärt, aber das ist nichts besonderes (16, m, I 36).

Singen und Musizieren

Andere nennen die Freude am eigenen Musizieren, das Singen, das erste Spielen und Tanzen zur Musik. Auch in diesem Bereich der Selbstaktivation gehört der unmittelbare Umgang mit Musik, das Singen das musikalische Gestalten von Festen in den Alltag dieser Kinder.

Als wir ganz klein waren, haben wir in der Familie schon immer diese Weihnachtsspiele gemacht, mit Text auswendig lernen und Lieder singen. Das war uns allen schon von frühester Kindheit vertraut. Alle Feste wurden immer musikalisch ausgestaltet und gespielt, rumschauspielern. Klassische Musik ist mir erst später durch meinen Bruder begegnet (21, w, I 16).

Also früher, wenn Musik kam, habe ich immer vor dem Fernseher rumgetanzt. Ich erinnere mich auch, daß wir so ein Kindergartenfest hatten, da durften wir auf Musik tanzen, uns irgendwie bewegen. Die Musik dazu fand ich so toll. Das hat mir eigentlich in der ganzen Kindergartenzeit so gut gefallen, das Tanzen zur Musik. Dann war ich auch im Ballett (18, w, I 21).

Daß ich mich für Musik begeistert habe, kam daher, daß bei meiner Urgroßmutter ein Klavier rumstand. Bevor ich überhaupt spielen und Noten lesen konnte, habe ich da immer gespielt und improvisiert. Ich kann mich noch genau erinnern an meine erste Improvisation, so ein Stück über einen König namens Bombo. Der hatte das Motiv der Quart. Das ist ganz interessant, denn das war der Liebe, der hatte ein reines Intervall. Dann gab es auch die Bösen, die hatten einen Tritonus. Ich wußte natürlich überhaupt nicht, was das war, es klang halt nur „schepp". Der König ist immer von diesem Tritonus gefangengenommen worden. Am Schluß wurde er durch die Engel gerettet, das waren die schwarzen Tasten, so mit Pedal rauf und runtergezogen, glissandi, das waren meine ersten Erfahrungen mit Musik. Dann habe ich aus den Heften meines Bruders gespielt, bis ich selbst mit Klavier begann. Aber was ich eigentlich sogar mehr als üben gemacht habe, war improvisieren. Ich habe Comics gelesen und mich dabei ans Klavier gesetzt, habe Schlager nachgespielt, bis ich mich für Rockmusik interessierte, die Beatles natürlich (19, m, I 19).

Hören von Musik über die Medien Schallplatte und Cassette

Die in der Musikpädagogik vielfach kritisierte Medieninvasion hat ganz sicher auch ihre positiven Seiten. Märchen- und Kinderschallplatten mit Musik (beispielsweise *Pumuckl, Räuber Hotzenplotz, Die kleine Flöte* oder *Peter und der Wolf, Piccolo, Sax & Co.* und *Yehudi Menuhin erklärt die Instrumente des Orchesters*) werden von einigen Talenten als besondere Musikerlebnisse erinnert. Märchen werden häufig hintergrundmäßig mit (klassischer) Musik kommentiert, so wenn Tölpelhans seine Prinzessin heiratet. Experimente mit Kindern und Jugendlichen haben gezeigt[138], wie stark beispielsweise ein Vivaldi-Konzert mit der Assoziation „Hochzeit am königlichen Hof" belegt ist, weil eben Hochzeiten auf der Märchenschallplatte stets mit einer barocken Wendung inszeniert werden. Die Medienschelte in der Musikpädagogik müßte relativiert werden, weil der Mediengebrauch auch eine positive Seite hat: Unsere jungen Talente beispielsweise hörten als Kleinkinder Lieder von Schallplatten oder Cassetten und sangen dazu. Die Schallplatte in der Funktion der Rillen-Oma mit durchaus wünschenswerten Effekten?

Musikalische Früherziehung

Nur wenige Jugendliche nahmen in ihrer frühen Kindheit an einer „Musikalischen Früherziehung" in Kindergarten, Vor- oder Musikschule teil. Vermutlich war diese Früherziehungseinrichtung zur Kindheitszeit unserer Talente nicht so verbreitet wie heute. Dennoch erinnern einige Jugendliche Musik- und Begabungserlebnisse im Rahmen dieses Programmes: das begeisterte Spiel auf den Orff-Instrumenten, insbesondere dem Glockenspiel, die eine oder andere aufgeführte Kinderkantate, die Freude am eigenen Musizieren und Singen, die spielerischen Übungen im Rahmen der Hörerziehung, die ein absolutes Gehör entdecken ließen.

138 Hans Günther Bastian: *Musik im Fernsehen. Funktion und Wirkung bei Kindern und Jugendlichen*, Wilhelmshaven 1986, S. 118 ff.

Eltern erinnern sich

Die ersten auffälligen Begegnungen mit Musik in der frühen Kindheit müssen im Grunde den Eltern stärker in der Erinnerung haften als den Kindern. Daher war in der Frage nach Beobachtungen einer frühen Musikalität oder Begabung das Elterngespräch von besonderem Interesse. Zeigen talentierte Jugendliche bereits in den ersten Lebensjahren Indizien einer musikalischen Begabung und wie sehen diese aus? Wir stellen vor die kategoriale Systematik eine ausführlichere Narration, in der mehrere Merkmale einer Frühidentifikation von auffälliger Musikalität erinnert werden.

> *Es begann damit, daß wir XXX in eine Sportschule steckten und die Lehrerin immer nur erzählte, wie schön XXX singen könne. Von sportlichen Leistungen war nie die Rede. Es war auffällig, daß sie sehr viel gesungen hat, daß sie leicht die Lieder lernte. Ihre Blockflötenlehrerin sagte schon bald: „Gebt acht, die ist sehr talentiert". Aber das war eine sehr alte Dame, XXX war noch sehr klein, und wir haben nicht viel darauf gegeben. Wir nahmen das nicht so ernst, daß XXX begabt sei. Es gibt da aber noch ein Erlebnis mit einer Kinderschallplatte zu erzählen. Wir hatten ein nettes Kinderbuch so für 2 und 5 Jahre alte Kinder, mit hübschen, etwas märchenhaften Geschichten, die waren immer mit einem Instrument verbunden. Über das Instrument wurde in die Märchenwelt eingeführt und umgekehrt. Die Schallplatte hatte ein tschechisches Kammerorchester eingespielt, und zu den Geschichten kamen immer passende Instrumentensoli. Das hat genau gepaßt. Man konnte die Musik hören und dazu die Gedichte lesen. Ich habe das oft gemacht, weil XXX das ständig wollte. Das war dann die Bettkantengeschichte für uns, vor dem Einschlafen nochmal die Platte und dann die Gedichte durchgehen, Tag für Tag. Das wurde nie langweilig, und ich erinnere mich, daß XXX schon im Vorschulalter alle Instrumente erkannte, wenn ein Orchester spielte. Wir haben von der Schule aus immer wieder Theater und Opern besucht. Das war noch zu der Zeit in Ungarn. Sie hat dann bis 2 Stunden ruhig dagesessen und zugehört, wenn andere Kinder schon nach einer halben Stunde unruhig wurden. Für sie war das anders. Sie saß ruhig da und hörte zu. Einmal waren wir in einer Oper, und da hat XXX einen Flötisten gesehen, es war schon ein älterer Mann, und XXX fragte mich, wie alt er sei. Ich habe ihr dann ein Alter genannt, und sie antwortete: „Dann ist es gut. Dann bin ich eben so weit, wenn der in den Ruhestand geht, daß ich dort sitzen kann."*

Systematisiert man die Beobachtungen der Eltern, dann registrieren wir

- die frühe Fähigkeit des spontanen und intonationssauberen Singens (noch vor dem Sprechen), des Nachsingens von Kinderliedern
- die Lust am freien Bewegen und Tanzen
- die Neugier im experimentellen Umgang mit einem Intstrument.

Diese unterschiedlichen Begabungsbeobachtungen werden zum Teil als Einzelfaktoren, zum Teil auch als Faktorenbündel erinnert, d. h. die Fähigkeit des ausgezeichneten Hörens ist gekoppelt mit der Fähigkeit der Wiedergabe von Melodien durch Stimme und/oder Instrument. Es sind produktive, reproduktive, rezeptive, transformative und improvisatorische Fähigkeiten, die deswegen hervortreten, weil sie in einem frühen Alter beobachtet, relativ spontan ausgeführt, kurzzeitig in einem enormen Lernfortschritt erlebt und mit auffälligem Niveau ausgeführt werden. Dieser Fähigkeitenkomplex ist gekoppelt mit einer altersuntypischen Auffassungsgabe.

Zu diesen musikalischen Indizien kommen allgemeine Verhaltensmerkmale hinzu, die für die spätere Intensivbeschäftigung mit Musik ebenso wichtig sein dürften: die ausdauernde, nicht ermüdende Konzentration und Auffassung in einer (musikalischen) Tätigkeit, die Intensität, mit der etwas ausgeführt wird, beispielsweise die Hartnäckigkeit des Ausprobierens im Ordnen von Tönen und der Ehrgeiz, stets Neues oder gar Schwieriges zu versuchen.

Das frühe re-produktive Singen und Spielen

Mit besonderer Häufigkeit nennen Eltern das frühe Singen und Spielen. Ihre Kinder haben bereits mit zwei und drei Jahren „einwandfrei" (mit richtiger Intonation) gesungen. Dazu konnten auch Oboen-Etüden gehören, die die kleinere Schwester aus dem Unterricht der größeren mithörte. Auch die Eltern bestätigen einen positiven Einfluß der Medien insofern, als ihre Kinder zu Liedern auf Schallplatten fleißig mitgesungen haben.

> *Wir haben gesungen und musiziert. Ich habe mit den Kleinen viele Kinderliedchen gesungen. Das haben sie sehr schnell erfaßt, und sie haben sehr sauber intoniert. Oder wenn wir gemeinsam Musik gehört haben, dann haben sie Passagen nachgesungen aus einer Sinfonie. Das würde ich aber alles noch nicht als musikalische Begabung werten wollen. Es ist einfach allgemein gut, wenn man sich mit Musik beschäftigt, sie ausübt und sich nicht nur passiv berieseln läßt* (M, I 25).

> *Sie konnte sehr früh Melodien nachsingen, es war von Anfang an eine gewisse stimmliche Begabung da. So mit 3, 4 Jahren. Dann kam die Ausbildung in der MFE, wo sie im Vergleich zu anderen schnellere Fortschritte machte, was das Rhythmische und das Nachsingen betrifft, überhaupt was Lernfähigkeit angeht* (V, I 58).

> *Sie hat von sich aus Blockflöte gespielt, sie hat niemanden gebraucht. Sie hat einmal in der Kirche gespielt und da war ich ganz erstaunt, weil sie gar keine Noten konnte. Sie hat am Altar gestanden und mit noch einem Mädchen die Messe begleitet. Da hat sie keine Hemmungen gehabt und nichts. Sie hat alles nach dem Gehör gespielt* (M, I 40).

> *Er hat als Kind sehr gut gesungen. Er konnte von Angang an ganze Melodiebögen sauber nachsingen, da war er noch im Kindergartenalter. Die Lieder aus dem Kindergarten hat er zu Hause immer vorgesungen. Aber XXX war ja schon unser 3. Kind, so furchtbar erstaunlich war das für uns nicht, er hat von früh auf bei uns Musik gehört. Er ist übergangslos in unsere musikalische Tradition hineingewachsen.* (V, I 37).

Sie ging alleine ans Klavier und hat sich mit den Fingern die Melodien und schließlich Harmonien zusammengesucht, so mit 4 Jahren. Die Mutter hat Klavierunterricht gegeben und sie ist dann hinterher ans Klavier und hat versucht, diese Stücke nachzuspielen. Das hat sie gut gehört (V). Sie hat auch viel gesungen. Und wenn es nur Oboenetüden waren, die sie so beim Spielen vor sich hingesungen hat. Ich habe gedacht, das ist ja eine Etüde von meinem Mann, was die da singt. Das war schon auffällig. Es gab da die Schallplatte „Die kleine Flöte" und noch früher gab es eine ganz kitschige Märchenschallplatte mit „Brüderlein und Schwesterlein". Die hat sie bis zur Vergasung angehört. Da waren an und für sich sehr hübsche Zwischenstücke und Liedchen drauf. Das hat sie sehr beeindruckt mit 2 Jahren. Sie konnte die Texte noch nicht richtig nachsprechen, aber sie hat angefangen sie zu singen (M, I 06).

Sie hat sehr früh geturnt und sich dabei auch nach einem Rhythmus bewegen müssen und dazu gesungen. Das hat sie mit sehr viel Freude getan. Sie hat eine schöne Stimme, hat sehr melodisch gesungen und nachsingen können, Töne, Intervalle usw. Sie hat sehr gut gehört, auch so Empfindungen im Singen ausdrücken können, sie hat nicht einfach so rausgesungen, sondern gestaltet. Das hat uns sehr viel Spaß gemacht. Sie hat eine Melodie gesungen und sich danach entsprechend bewegt. Sie hatte geradezu das Bedürfnis, sich nach Musik zu bewegen, das hat ihr sehr viel Freude gemacht. Wir haben das gemeinsam gemacht: Wir singen ein Lied und bewegen uns dazu. Wie kann man die Melodie am besten ausdrücken und so. Mein Mann spielt Trompete und der übt da schon immer, solange die Kinder leben. Da war das so integriert, daß er abends übte. Dann begann die ältere Schwester mit der Flöte. Dann hat sie sich irgendein Buch genommen, sich in ihr Zimmer zurückgezogen und hat auch geübt, Tonleitern gesungen. Sie wollte Sängerin werden. Immer zu der Zeit, wenn Vater und Schwester ihr Instrument übten, war sie in ihrem Zimmer und hat ihre Stimme geübt. Also von sich aus alles. Das hat ihr einfach Spaß gemacht (M, I 69).

Ich muß sagen, da wir keine Musiker sind, haben wir das nicht so sehr beachtet. Er hat ganz zeitig gesungen, er konnte noch nicht sprechen, aber er hat schon mit Dreivierteljahr Melodien gesungen. Als er 3 Jahre war, sang er die ganzen englischen Lieder, die sein älterer Bruder auf der Schallplatte hatte. Wir wunderten uns nur, daß er das so konnte. Die schnelle Auffassungsgabe war auf allen Gebieten da. Mit 4 Jahren haben wir ihn dann in die Musikschule geschickt. In dem Gruppenunterricht merkte die Lehrerin schon, daß bei ihm alles sehr schnell ging, daß er ein gutes Gehör hatte und schnell begriff, obwohl er damals noch gar nicht so viel übte (M/V, I 01).

Als XXX 3 oder 4 Jahre alt war, hatten wir schon die ersten Schallplatten mit Kinderliedchen, und die sang sie mit ganz großer Begeisterung. Die kannte die Reihenfolge auf der Platte und sang und sang... Sie setzte sich dann an den Flügel und spielte die ersten Kinderliedchen. Das machte sie mit großer Begeisterung. Mir hat das Freude bereitet, weil sie alles mit Begeisterung machte (M, I 04).

Da gibt es eine ganze Menge zu berichten, schon als sie 1 Jahr war, hat sie zur Elisabeth-Arie aus dem Tannhäuser gejubelt, rein und sauber, daß mein Mann immer fasziniert war und ihr jeden Abend, bevor sie ins Bett ging, auf dem Klavier vorimprovisierte und irgendwann eine Fanfare einbaute, so versteckt. Und sobald XXX das hörte, fing sie an zu krähen. Das war so eine Spielerei für ihn, jeden Abend, und er war todtraurig, wenn er abends nicht zu Hause war. Dann ist uns aufgefallen, daß sie immer sehr sauber nachsang, was sie hörte, daß sie auch selbst am Klavier rumfummelte.

Auffallend war bei XXX, daß sie sehr spät gesprochen hat, daß sie aber immer gerne Musik gehört hat. Sie hat sich auch dementsprechend bewegt und sie hat eher gesungen als gesprochen. Für mich ist ein Kind musikalisch, wenn es ein gutes Gehör hat, wenn es weiß, welcher Ton das ist, den sie aufnehmen und auch wiedergeben kann. Musikalität kann man nicht reinprügeln, die muß einfach da sein, sie kommt von innen heraus, sonst würde ich nicht sagen, daß mein Kind musikalisch ist (M, I 55).

Vom ersten Spiel auf Instrumenten

Eltern erinnern sich, wie ihre Kinder in sehr frühem Alter nach dem Instrument der Geschwister gegriffen haben, um Töne zu erzeugen oder Kinderlieder und Themen klassischer Musikwerke ohne Hilfen nachzuspielen. Dies setzt eine besondere Hörfähigkeit voraus. In allen Fallbeispielen war auffällig, wie relativ schnell diese jungen Talente aufgefaßt haben. Erste Instrumente waren Xylophone und Blockflöten.

Die ältere Schwester spielte Klavier und da haben wir sie mit 6 Jahren Blockflöte spielen lassen. Mein Mann hat gemerkt, daß die Auffassung beim Flötenspiel ständig unterfordert war. Die hat damals leichte Kinderliedchen gespielt und sie hat das schneller erfaßt als man gucken konnte. Dann hat mein Mann ihr von Telemann die „Tafelmusik" gegeben. Die hat sie dann auch mit Leichtigkeit gemacht. Wir haben uns dann für die Querflöte entschieden (M, I 63).

Ich habe meiner Tochter die ersten Blockflötentöne gezeigt. Das war um Weihnachten, wie das immer so geht. Sie wollte von sich aus unbedingt Weihnachtslieder singen. Sie hat dann eigentlich sehr schnell alles aus dem ersten Notenbüchlein vom Blatt gespielt. Die Flötenlehrerin unserer ältesten Tochter hat ihr dann mal ein paar Noten hingelegt, mal so als Test, und sie hat alles vom Blatt gespielt. Da war die Lehrerin plötzlich an ihr interessiert (M, I 62).

Er hat schon rechtzeitig auf einem kleinen Xylophon gespielt. Da waren diese kleinen Plättchen, die waren farbig markiert, und er hatte seine Vorlage dazu. Seine Schwester hat ihm mal dieses Blatt mit den Farbennoten verschlampt, und da ging es auf einmal auch ohne dieses Blatt. An Weihnachten bekam er ein größeres Instrument und hat sehr schön darauf gespielt, die üblichen Kinderliedchen und so, die die Mutter mit i hm gesungen hat. Aber so besonders finde ich das auch nicht (V, I 05).

Wir waren bei Bekannten zu Besuch, 2 Tage vor seinem 3. Geburtstag. Das Mädchen in der Familie hatte eine Kirmestrompete. Als er die in die Finger kriegte, gab er sie einfach nicht mehr aus der Hand. Wir haben ihm dann selbst so ein Ding gekauft mit bunten Tasten, da war er restlos begeistert. Dann kam die Melodika, weil die etwas mehr hergibt, auch nach Noten ... da sehe ich ihn morgens um 7 Uhr, wir lagen alle noch im Bett, da spielte er schon ... auf einmal kommt er ins Zimmer und sagte: „Papa, guck' mal, wenn ich das hier oben spiele, dann klingt das ganz genauso", da hatte er die Oktav entdeckt ... das war eigentlich für mich ... ich weiß nicht ob ich das überbewerte ... Dann habe ich gedacht: „Moment mal, wenn er das schon hört, das ist vielleicht was"... (V, I 43).

Zum Anteil der Eltern an der musikalischen Entwicklung

Auch wenn meine Mutter künstlerisch gar nicht viel sagen kann, wichtig ist, daß sie Interesse zeigt. Wenn sie mal nicht zuhört, dann vermisse ich sie (15, w).

Das ausgeprägte Musikinteresse des Elternhauses wird in dieser Studie aus je anderen Perspektiven bestätigt. Da löst die unerfüllte Sehnsucht der Eltern eine frühe musikalische Förderung der Kinder aus, oder da registrieren wir familiale Tradition. Erste und intensive Kontakte zur Musik gehen auf die Familie als Keimzelle aller musikalischen Entwicklung zurück. Wir stellten ergänzend und vertiefend die Frage nach dem Anteil der Eltern am instrumentalen Werdegang (und nicht nur für ihn), um gleichzeitig die Bewertung der Jugendlichen zu erfassen. Hinter der instrumentalen Förderung stecken gewiß ideelle, ethische, soziale, persönliche und sicher nicht an letzter Stelle auch finanzielle Investitionen (vgl. Kap. *Müssen Eltern Opfer bringen?*).

Unsere Jugendlichen heben mehrheitlich die starke Unterstützung beider Eltern hervor, in sehr wenigen Fällen sind es nur Vater oder nur Mutter. Das traditionelle Bild von der Arbeitsteilung in der Erziehung, in der der Mutter weitgehend die alleinige Erziehungsfunktion zukommt, paßt nicht zu diesen Familien. Die jungen Talente erinnern sich an die Unterstützung ihrer Eltern im menschlichen und musikalischen Bereich als keinesfalls marginal oder gar nur auf das Finanzielle beschränkt.

Unsere Mutter hat ihr Leben ganz in uns Kinder investiert. Sie war immer und ausschließlich für uns da. Heute stellt mich das vor große Probleme, denn ich weiß, daß ich selbst nie die Zeit haben werde, mich so in meine eigenen Kinder zu investieren (19,w, I 14).

Ich glaube, meine Eltern haben ausschließlich für uns Kinder gelebt. Sie haben sehr wenig Eigeninitiative entwickelt und sich sehr stark auf uns konzentriert (19, w, I 17).

Als besonders wertvoll wird die ideelle und emotionale Stütze durch das Elternhaus erinnert. Dies gilt gleichermaßen auch für die Bewertung der Rolle älterer Geschwister.

Auch sie haben Vorbildfunktion, sie motivieren, sie spornen an, sie sind wichtige Animateure für Jüngere. Der instrumentale Werdegang der (des) jüngeren Schwester (Bruders) ist nur noch die Folge eines (fast unausgesprochenen) familialen Anspruchs. In wenigen Fällen wirken ältere Geschwister belastend, dann nämlich, wenn sich die Jüngeren von der Dominanz der bereits im Rampenlicht stehenden Älteren und der daraus resultierenden Erfolgserwartung an die Jüngeren erdrückt fühlen. Wie gesagt, in unserer Stichprobe ist dieser Familienkonflikt eher eine Ausnahme, die die Jüngeren dann mit Rockmusik als Kontrast- und Protestsymbol reagieren läßt.

Dort, wo Geschwister als Erfolgs- und Leitbilder akzeptiert werden, sind die Jüngeren nicht selten die erfolgreicheren Musiker.

„Ich verdanke meinen Eltern fast alles"

Die Verdienste der Eltern in der (musikalischen) Erziehung werden von ihren Kindern in folgenden Funktionen konkretisiert:

- Eltern sind in frühester Kindheit Auslöser des Instrumentalspiels.
- Eltern finanzieren Erstinstrumente und mit zunehmendem künstlerischen Anspruch und Erfolg wertvolle Instrumente. Sie schaffen die materiellen Voraussetzungen für den Unterricht bei höchstqualifizierten (immer auch höher dotierten) Lehrern, für Notenbeschaffung, Instrumentenpflege, Fahrten zum Unterricht, zu Proben, zu Konzerten, zu Vorspielterminen, zu diversen Ensemblespielen. Manche Eltern sprechen von einem „privaten Taxi-Unternehmen" mit quasi pausenlosem Einsatz. Dies gilt besonders für Familien mit mehreren Kindern, und die haben die meisten Familien unserer Population. Die finanziellen Investitionen der Eltern sind erheblich und können das Budget einer selbst sozial besser gestellten Familie erheblich belasten.

  Sie haben keine Mühen und Kosten gescheut, mir alles zu ermöglichen. Ich möchte sagen: Sie sind vorbildhaft für alle Eltern (19, w, I 63).

- Eltern knüpfen nach einem als unzureichend erkannten Anfangsunterricht sehr bald Kontakt zu qualifizierteren Instrumentallehrern frei nach dem Motto: Das Beste ist für eine Begabung gerade gut genug. In diesem Punkt der optimalen Betreuung der Kinder sind viele Eltern von Zweifel geplagt. Die verständliche und quasi-neurotische Frage: Ist mein Kind auch in den besten Händen?
- Eltern investieren sehr viel Zeit in das „Hobby" ihrer Kinder. Sie sitzen beim Üben neben ihren Kindern und geben ihnen das Gefühl von Interesse, Geborgenheit und totaler Zuwendung. Dieses Zuhören wird von vielen Jugendlichen als entscheidender Motivationsschub erlebt, zum Musizieren und besonders zum täglichen Üben. Hier liegt unseres Erachtens ein entscheidender Schlüssel für den späteren Erfolg der Kinder.

  Mir war immer wichtig, daß die Eltern von Anfang an Interesse zeigten. Ich sehe das heute bei meinen eigenen Schülern: Diejenigen kommen gut voran, deren Eltern sich interessieren, diejenigen scheitern und hören deprimiert auf, deren El-

tern nur mit Zwang arbeiten oder gar meinen, es gehöre zum vornehmen Ton, ein Instrument zu erlernen. Diese Kinder üben dann irgendwo im Keller nach dem Motto: „Üb du mal da unten, aber verschone uns im Wohnzimmer". Ich habe an mir selbst gespürt, daß alles, was ich gemacht habe, in meiner Familie einen hohen Stellenwert hatte. Die haben alles akzeptiert, haben mich begleitet, haben immer alles miterlebt und mitgetragen. Das hat mir immer viel bedeutet (22, m, I 10).

Meine Eltern tragen den Hauptanteil. Sie sind tolerant, vor allem meine Mutter, sie setzt sich beim Üben dazu, nimmt sich Zeit. Das ist für mich besonders wichtig. Wenn sie mal nicht zuhört, dann vermisse ich sie (15, w, I 40).

– Eltern gehen zum Teil mit in den Unterricht, beobachten, hören die Kritik des Lehrers, lassen sich beraten, wollen aus jedem Unterricht optimale Erfahrungen mitnehmen. Dies mag Außenstehenden als Gängelung der Kinder anmuten. Daß sich Instrumentallehrer in solchen Fällen besondere Mühen geben, wo sie spüren, wie sehr das Elternhaus am Weiterkommen des Kindes interessiert ist (in der Psychologie als wirksamer HALO-Effekt bekannt) ist freilich nicht von der Hand zu weisen. Nicht alle Lehrer sind jedoch mit der Präsenz von Eltern im Unterricht einverstanden.
– Eltern sind bei Vorspielen der Kinder anwesend, sie geben psychische Stütze, sie leiden mit, sie freuen sich mit, sie teilen alle Wechselbäder der Gefühle.
– Eltern zeigen Verständnis für Krisen und helfen wo möglich über jene Phasen hinweg, in denen weniger betreute Kinder ihr Instrumentalspiel wieder aufgeben. Und wer hat in seinem Leben nicht einmal irgendein Instrument gespielt und ebenso sicher wieder aufgehört (vgl. Kap. *Krisen, ihre Auslöser und ihre Überwindung*).
– Eltern sind häufig in einem Elternteil die ersten Instrumentallehrer. In einigen Beispielen können sie sogar professionelle Hilfestellungen geben, dann nämlich, wenn der Vater (die Mutter) Musik-Professor, Konzertmeister oder Schulmusiker (mit höchstem Prozentsatz) ist. In diesen Musikerfamilien prägt auch die geistige Auseinandersetzung mit Musik als ästhetischem Phänomen die Kinder: sie analysieren Musik, sie erleben Mahler-Abende im Familienkreis, sie hinterfragen und kritisieren künstlerische Interpretationen.

Ich verdanke meinen Eltern fast alles. Von meiner Mutter habe ich die ersten Striche auf der Geige gelernt, von meinem Vater habe ich später viel übernommen, Musikalisches, Technik, Bogeneinteilung (19, w, I 14).

– Eltern können bei allzu übertriebener Umsorgung der Kinder lästig fallen. Dies gilt für bestimmte Entwicklungsphasen, vor allem dann, wenn Eltern entgeht, daß aus Kindern selbstbewußte und nach eigenen Wegen strebende junge Erwachsene geworden sind. Wenn beispielsweise die Entscheidung der Jugendlichen für einen Beruf mit Musik gefallen ist, werden elterliche Anmahnungen zum Üben als überflüssig und deshalb lästig erlebt. Die Notwendigkeit des Übens und gezielter Anstrengung wird spätestens dann von den Jugendlichen in ihre eigene Verantwortung delegiert. Manchen Eltern fällt diese „Abnabelung" sehr schwer.

Zur besonderen Rolle von Vater oder Mutter

In einigen Antworten wird differenziert auf die besondere Rolle der Mutter oder des Vaters in der musikalisch-instrumentalen Entwicklung hingewiesen. Dieses Kapitel wird zu einem „Loblied auf die Mütter": Die Mutter überwindet sozial bedingte Barrieren zur klassischen Musik, die in der Familie des Vaters gesetzt waren; sie setzt sich gegen den Vater für eine instrumentale Ausbildung durch. Sie erledigt das Formale und gibt moralische Unterstützung.

Die Mutter ist in einigen Fällen weniger skeptisch als der Vater, wenn die Entscheidung des Jugendlichen für einen dem Hörensagen nach existentiell „labilen" Musikerberuf gefallen ist. Die Mutter steht auf der Seite des Sohnes, der sich für Musik berufen fühlt, während der Vater aufgrund eines 1,0 Abiturs seines Sohnes auf ein vordergründig prestigesuggerierendes Medizinstudium pocht. Mütter scheinen in diesen (Einzel-?) Fällen mehr Verständnis für ein Leben als Musiker(-in) aufzubringen als die mitverantwortlichen Väter.

> *Meinen Vater kann man eher in die Rolle des Zuschauenden oder Nicht-Beteiligten stellen. Er hat oft meiner Mutter gesagt „Das ist doch Quatsch, was Du da machst, laß das doch, ein Klavier kaufen!" In der Zeit damals, wo kein Geld da war... Wir haben's halt nicht so dick. Da sagte mein Vater immer: „Was soll das denn, ein Klavier, das paßt doch gar nicht zu uns". Das ist in seinem Umkreis so gewesen. Und immer, wenn meine Mutter eine Anregung gab, so auf's Konservatorium schicken und so, dann kam erstmal immer „Nee, lassen wir das!" Er war immer das retardierende Moment gewesen. Meine Mutter hat das dann doch immer mit viel Effet durchgezogen, auch gegenüber der ganzen Familie, Tanten, Onkels, die haben immer gesagt „Ihr spinnt ja"* (21, w, I 61).

> *Musikalische Erfahrungen habe ich größtenteils von meiner Mutter bekommen. Ich halte sie für sehr musikalisch und begabt und sie kann diese Fähigkeiten auch gut vermitteln. Ich glaube, sie ist eine sehr gute Pädagogin, sie ist ja auch Lehrerin. Sie hat mir musikalisch unheimlich viel mit auf den Weg gegeben. Dann habe ich starke finanzielle Unterstützung bekommen. Ich mußte nie überlegen, ob das jetzt zu teuer ist, ob das finanziell aufgeht, also meine Eltern haben lieber auf das letzte Krümelchen Brot verzichtet, um mir alles zu ermöglichen, damit ich weiterkommen kann. Ich wurde deswegen nie um eine Gegenleistung gefordert: „Jetzt hast du das bekommen, jetzt mußt du aber...". Das war mir eine wichtige Stütze, auch in so Krisenzeiten, wie ich sie am Anfang erlebt habe, weiterzukommen und durchzuhalten, weil schon viel in einem steckt. Es wäre dann schon ein bißchen gemein gegenüber den Eltern, wenn man dann aufstecken würde* (16, w, I 61).

In empirischen Studien ist die Bedeutung einer hohen mütterlichen Erziehungsintensität für die Erfolgsmotivation im musikalischen Bereich nachgewiesen worden. Gertraud Reinhard[139] stellt in ihrer Studie zu *Bedingungen der Leistungsmotivation im musikalischen Bereich* fest, daß *mütterliche Erziehungsintensität der mit Abstand bedeutsamste*

Faktor zur Vorhersage der Erfolgsmotivation im musikalischen Bereich ist[140]. Durch positive Bekräftigung wird jener Gütemaßstab übermittelt, der die Motiventwicklung zum erfolgreichen Musizieren beeinflußt.

Die besondere Erwähnung des Vaters verdankt sich nicht jener Breite an mütterlichen Hilfeleistungen, sondern eher aus seiner Funktion als (erstem) Instrumentallehrer.

> *Mein Vater war mein erster Lehrer, und von daher war diese Startchance schon recht gut* (18, m, I 37).

> *Mein Vater hat einen sehr großen Anteil, weil ich bei ihm sehr viel gelernt habe. Er hat sich das Klarinette-Spielen selber beigebracht, weil er damals kein Geld für den Unterricht hatte. Das hat mich schon sehr geprägt, wie er da so engagiert gelernt hat und mich fast jeden Tag unterrichtet hat* (19, m, I 75).

> *Mein Vater interessiert sich vor allem theoretisch für Musik, hört viel, hat eine Videothek mit Musikaufnahmen, hat eine große Schallplattensammlung, viele Musikbücher. Er hat mich sehr gefördert und auch die Materie reingebracht. Manchmal vielleicht auch mit sanftem Druck, was ja nicht unbedingt schlecht ist. Wenn es total gegen meinen Willen wäre, hätte ich das nicht mitgemacht, vor allem jetzt, wo ich selbst über mich bestimmen kann, würde ich alles hinschmeißen* (19, m, I 74).

Fazit: Das Anregungspotential im musikalisch interessierten Elternhaus ist für die Kinder von entscheidender Bedeutung. Die fast überstimulierte Lebenswelt der Familie wirkt fördernd auf die Begabungsentwicklung. Daneben spielt aber eine weitere Persönlichkeitsvariable wohl eine ebenso wichtige Rolle, die der Imagination und Inspiration. Neben die Inspiration durch die Umwelt tritt die Selbstinspiration, d. h. die Fähigkeit, inspirierende Einflüsse der geistig-kulturellen Umwelt aufzugreifen und als Impuls zur Auslösung einer personalen Triebkraft nutzen zu können. Während weniger Begabte solche Anreize mehr oder weniger pragmatisch wahrnehmen, dürfte der (Hoch-) Begabte diese Stimuli besonders effektiv nutzen. Alle Impressionen, die Elternhaus und weitergehende Umwelt anbieten, treffen auf günstigen Resonanzboden, der nicht nur mitschwingt, sondern eine eigene Melodie als Antwort und Weiterentwicklung findet. Daß für das Gelingen dieses Prozesses ein entsprechender kommunikativer Stil in den Familien wichtig ist, steht außer Zweifel. Diese Erkenntnis bestätigt sich eindeutig über die Inhaltsanalysen der beiden mitauswertenden Psychologen (Zufallsstichprobe von 20 Protokollen). Adam Kormann spricht von außerindividuellen Determinanten, wie z. B. seitens der Eltern (gerade im Kindesalter), von der Bereitschaft der Eltern zur Tolerierung der Wünsche ihrer Kinder nach Selbstverwirklichung. Hans E. Bräuninger[141] resü-

139 Gertraud Reinhard: *Bedingungen der Leistungsmotivation im musikalischen Bereich*, Diss. Köln 1979

140 hier zit. n. G. Reinhard: *Untersuchungen zur Leistungsmotivation im musikalischen Bereich*, in: *Forschung in der Musikerziehung* (Klaus-Ernst Behne, Hg.), Mainz 1979, S. 26

141 Hans E. Bräuninger: Inhaltsanalyse von 20 per Zufall gewonnenen Gesprächsprotokollen aus dem Forschungsprojekt *Lebensgeschichten musikalischer (Hoch-) Begabung*, Manuskript Dezember 1987

miert: *Der Anteil der Eltern in der Entdeckung und Förderung der erkannten Begabung ist in der vorliegenden Studie sehr groß, sind es doch häufig sie, die das Kind an ein Instrument heranführen und durch eigenes Interesse an der Musik Vorbildfunktion ausüben. (Mindestens ein Elternteil spielt selber ein Instrument, ist Mitglied eines Gesangvereins oder eines Chores oder sogar beruflich als Pädagoge der Musik verbunden)* [...] *So sind es vermutlich eher die äußeren Bedingungsfaktoren und Einflüsse (die durch diese Eltern vermittelt werden), als eine persönliche Entscheidung des Hochbegabten, die die weitere Entwicklung bestimmen.*

Zum Erziehungsklima: Erwartungen und Ansprüche

In Gemeinplätzen wird oft und vorschnell eine unnachgiebig strenge Hand in der Erziehung talentierter Kinder vermutet. „Von nichts kommt nichts" könnte man in der Sprache des Volksmundes lapidar feststellen. Das Leistungsniveau hochbegabter Kinder wird gerne mit Hinweisen auf einen überzogenen Leistungsanspruch und ein Karrieredenken der Eltern erklärt. Mütter werden zu „Eislaufmüttern" und Väter (heutiger Sportszene entsprechend) zu „Tennisvätern". Von „Einzelhaft am Instrument" ist die Rede, von persönlichkeitsschädigenden Versäumnissen und Nachteilen.

Erzählungen auf die Frage nach dem Erziehungsklima im Elternhaus bestätigen zunächst einmal eine relative Strenge. Und ebenso charakteristisch ist die sofortige Relativierung und Rücknahme dieser Strenge aus der Perspektive des Heute. Die Jugendlichen rationalisieren mit gebührender Distanz zu früheren Negativerlebnissen in dem Sinne, daß eine strenge Hand wohl noch niemandem geschadet habe. Auffällig ist in diesem Zusammenhang der häufige Gebrauch von Rechtfertigungsformeln, die Eltern „in Schutz" nehmen:

> *Das sehe ich heute ein... in bezug auf's Instrument bin ich heute dankbar, daß der Vater damals diesen Leistungsanspruch stellte, den ich von mir aus nie erreicht hätte... Von heutiger Sicht aus sehe ich vieles ein... Im Nachhinein akzeptiere ich eigentlich alles... Ich bereue heute nicht, daß ich manches nicht durfte...*

Die Strenge elterlicher Erziehung zeigt sich in der Kontrolle des täglichen Übens (bis hin zu Tagesberichten der Kinder), in der Beschränkung von Freizeitmöglichkeiten und Freundeskontakten, im unnachgiebigen Druck, Krisen durchzustehen, nicht zu entgleisen, im Vorschieben von Riegeln, in der Erwartung von Höchstleistungen, die „man seiner Begabung schuldig ist". Und selbst da, wo Kinder von Toleranz sprechen, sprechen sie zugleich von der Notwendigkeit „gewisser Regeln". Auch das „schlechte Gewissen", die innere moralische Verpflichtung, etwas leisten zu müssen angesichts der Investitionen der Eltern, werden zur Antriebsfeder für Weitermachen oder vermehrte Anstrengung.

Strenge als Erziehungsmerkmal

Wir haben die Kommentare der Jugendlichen und Eltern zum Erziehungsklima zunächst einer quantitativen Inhaltsanalyse unterzogen. Damit konnten wir an der Häufigkeit des Gebrauchs von charakteristischen Erziehungsattributen, -verben und -substantiven auf Normen und Erwartungen rückschließen. Für die Kategorie Strenge ergaben sich folgende Wortlisten (N = 60):

Erziehung der Eltern in der Selbst- und Fremd- (Kind-) Bewertung

Attribute:

9 mal: streng (mit den Zusätzen: ziemlich, sehr, unheimlich)

3 mal: autoritär

2 mal: unerlaubt, beleidigend

1 mal: konservativ, pünklich, belastend, fies, wertgebunden

Verben:

4 mal: verlangen

2 mal: festlegen, arbeiten, moralisieren, gehorchen, Begabung nutzen

1 mal: überprüfen, kämpfen, nicht trödeln, durchhalten, Ziele vorgeben, Hintern vollkriegen, zanken, sich steigern, Aufgaben vorlegen, nicht entgleisen, nie wegdürfen, Riegel vorschieben, auf alles achten, anerkennen, durchsetzen, nicht abbauen, bestrafen, sich einsetzen, nichts vergeben

Substantive:

9 mal: Leistungsanspruch

6 mal: Konflikte/Probleme

5 mal: Druck/Zwang

3 mal: Arbeit

2 mal: Krach, Angst, absolute Tabus

1 mal: Wortgefechte, Einschränkung, Sonderstellung, Widerstand, Knatsch, Tränen, Inanspruchnahme, Krisenzeiten, Erwartungshaltung, Einsamkeit, Streitpunkte, Ordnung, Pflichtbewußtsein, Willensstütze, Gesetz, Maßstäbe, sanfte Gewalt, Ehrgeiz

Die quantitative Kumulation dieser Merkmale für Erziehungsstrenge kann hier schnell zu einem Artefakt in der Interpretation führen. Sie suggeriert, losgelöst vom Kontext der Erzählungen, Rigidität in der Erziehung, die möglicherweise der tatsächlichen Erziehungssituation nicht entspricht. Wir konzentrieren uns daher ergänzend auf die Kommentare der Jugendlichen.

Konflikte entstehen häufig dadurch, daß sich Eltern zu sehr in die musikalischen und technischen Probleme der Jugendlichen einmischen, daß sie Druck machen, Freiheiten und Freizeiten der Kinder (im Vergleich zu Gleichaltrigen) einschränken, Erwartungshaltungen mit dem Unterton der Moralisierung nahelegen, den Fernsehkonsum beschränken oder erst gar keinen Apparat anschaffen. Was aber ebenso deutlich wird, ist die bereits angesprochene Rationalisierung der Strenge aus heutiger Sicht. Der sichtbare

Erfolg scheint den Eltern recht zu geben, scheint die Strenge nachträglich zu legitimieren. Extreme Reaktionen finden sich bei jenen, die euphorisch meinen, mit ihrer Erziehung *Glück gehabt* zu haben (Beispiel 1), wie auf der anderen Seite bei jenen (eher Einzelfällen), die mit Erreichen ihrer Mündigkeit das Elternhaus verlassen und auf Distanz gehen (Beispiel 2).

> *Ich meine, als Kind beurteilt man natürlich... viel zu streng, aber im Nachhinein muß ich ehrlich sagen... aus heutiger Sicht würde ich sagen, daß ich mit der Erziehung wirklich Glück gehabt habe. Jede Erziehung hat was mit Einschränkung zu tun, aber andererseits haben die Eltern einem auch Freiheit gegeben, Verantwortungsbereitschaft zu lernen. Meine Eltern machen mir manchmal den Vorwurf, ich würde mir zu viele Gedanken über das machen, was sie von mir wollen. Konzerte und so... Manchmal ist es schon an der Grenze* (19, m, I 30).

> *Ich glaube, die Erziehung war ziemlich streng. Konflikte gab es nicht, weil ich immer getan habe, was man mir aufgeschrieben hat. Ich habe das erst richtig gemerkt, als ich in die Schule kam und den Vergleich mit anderen hatte, was die hatten und alles bekamen. Da merkte ich, wie sehr ich doch eine Sonderstellung hatte. Vor allem von Seiten meines Vaters war die Zeit einfach stehengeblieben. Man mußte immer die gleichen Hausarbeiten machen. Das hat er nie eingesehen, daß es Zeiten im Leben gibt, wo man mehr für sich selbst braucht und dann kann man sich nicht mit Hausarbeiten rumschlagen. Da hat er immer angefangen, daß auch das „wichtig" sei und dann ging es immer um „wichtig und nicht wichtig". Diese dauernde Inanspruchnahme ging mir mit der Zeit gewaltig auf den Wecker. Nur ich habe nicht so viel gesagt wie meine anderen Brüder. Heute hat es sich als nützlich erwiesen, daß ich zu Hause ausgezogen bin und die räumliche Distanz gesucht habe* (20, m, I 05).

Erziehungsstrenge von Eltern zeigt sich nach Ansicht der Jugendlichen in der täglichen Kontrolle des Übens, im Einhalten von Übe-Zeiten, im Argwohn gegen Zeitvertrödeln, in der Beschränkung von Freizeit und Freiheit zugunsten des Instrumentalspiels. In diesem Elternhaus gab es hin und wieder „den Hintern voll", in jenem wurde prinzipiell nicht geschlagen, stattdessen mit psychischem Druck moralisiert, mit „beleidigten Reaktionen" gestraft. Daß letztere nachhaltiger, belastender und verletzender wirken können, davon weiß ein Jugendlicher ein Lied zu singen:

> *Die Erziehung, das ist ein Problem... eigentlich eine freie Erziehung mit absoluten Tabus. Vor allem meine Mutter hat mir halt so gewisse Erwartungshaltungen nahegelegt. Sie hat das immer so ausgedrückt: „Der Papa wäre aber enttäuscht, wenn er das wissen tät". Es wird erwartet... und wenn man etwas anders macht, dann wird nicht geprügelt oder geschimpft, es wird so auf den Moralischen gemacht und das fand ich sehr, sehr fies, wenn der Vater so enttäuscht in seinem Büro verschwunden ist. Das hat mir sehr wehgetan. Es gab halt immer Tabus in meiner Familie, gerade auch mit Freundinnen. Da hieß es immer: „Wenn du eine Freundin hast, kannst du nicht gleichzeitig ... spielen" und so. Das hat mir ei-*

gentlich ziemlich viel kaputt gemacht in meinem Leben, diese Erziehung. Sie war für mein Instrument vielleicht günstig. Das war einfach eine Erziehung, von der meine Eltern heute wissen, daß sie falsch war. Wir haben gerade im letzten Jahr darüber diskutiert. Ich habe ihnen ein Buch geschenkt, von Fritz Zorn: Mars, ein tolles Buch, über einen Menschen, dem seine Eltern sein Leben kaputt gemacht haben. Es handelt von einem Menschen, der mit 32 an Kehlkopfkrebs stirbt, der noch nie eine freundschaftliche oder sexuelle Beziehung zu einer Frau hatte und der seinen Krebs darauf zurückführt, daß seine Eltern ihn so tabuisiert und moralisch erzogen haben. Mit meiner Mutter habe ich sehr viel darüber geredet, sie hat vor 2 Jahren eine ganz schwere Depression gehabt und war auch eine Zeitlang in einem Sanatorium und hat da eigentlich eine sehr große Entwicklung durchgemacht. Seitdem ist sie eigentlich wieder ansprechbar. Mit ihr habe ich ein sehr informatives Verhältnis. Mein Vater hat sich eigentlich nicht verändert (21, m, I 70).

Mit zunehmendem Alter und Selbstbewußtsein der Kinder scheinen sich verstärkt „Kräche", „Konflikte", „Wortgefechte" eingestellt zu haben. Ein Jugendlicher berichtet von einem exakten Zeitplan am Nachmittag, den er einhalten mußte. Die musikalische Qualifikation mancher Eltern führt in Einzelfällen zur Kontrolle des Übens, des Spielens mit entsprechenden Korrekturhinweisen oder Mahnungen. Warum?

Mein Vater will, daß ich meine Möglichkeiten voll ausnutze, die mir gegeben sind, daß ich nichts vergebe. Es gibt vor allem Krach über technische und musikalische Probleme, meistens ein ziemlicher Krach und mein Vater fühlt sich dann überlegen (15, m, I 18).

Auch Freizeiten scheinen bei Einzelnen begrenzt und stark kontrolliert, so das Fahrradfahren, das nur als „auf und ab vor dem Haus" erlaubt war, das Nicht-weg-Dürfen wie Altersgleiche und Schulfreunde, die tägliche abendliche Hausaufgabenkontrolle (*wenn mal was nicht schön geschrieben war, dann „ratsch", war die Seite raus aus dem Heft*). Kontakte mit Freund(inn)en wurden erschwert oder behindert (Ein Jugendlicher: *Meine Mutter hat mir schon früh klargemacht: „Mit Freundin ist nichts drin!"*). Die Maxime „Zuerst die Musik, dann..." haben einige Jugendliche entsprechend internalisiert:

Meine Eltern sind sehr konservativ, und meine Brüder wurden sehr streng erzogen. Ich als letzter nicht so. Sie haben darauf geachtet, daß man auf eine gute Schule kam und dort einigermaßen eine Leistung brachte. Meine Mutter hat mir schon sehr früh klargemacht: „Mit Freundin ist nichts drin!" Das gab so einen richtigen Spalt in unser Verhältnis, ich hatte nämlich schon mal eine, und das gab so richtigen Knatsch zu Hause. Ein Musiker muß zu seiner Freundin sagen: „Erst die Musik, dann Du!" Mein Bruder hatte eine Freundin, und er übte nicht sehr, und er hatte durchaus die Voraussetzung, um in der Kapelle von Ernst Mosch mitzuspielen. Wenn er es anders herummacht, kann er Musik als Berufskarriere abschreiben, wenn er nicht ein übermusikalisches Talent ist. Vielleicht weiß eine Freundin das aber auch. Musikalisch hatte ich jede Freiheit, stellen Sie sich mal diese horrenden Summen vor... Mein Vater hat schon die Tendenz, nach außen mit uns Söhnen zu repräsentieren. Meine Mutter mahnt immer: „Leute, ihr müßt auf dem Boden der Realitäten bleiben!" Zur Mutter habe ich eigentlich schon eine sehr intensive Beziehung, durch seine Kommunalpolitik war der Vater halt sehr viel unterwegs. Heute bin ich zwar erwachsen, aber man spricht sich in wichtigen Dingen immer noch mit den Eltern ab. Ich gehe halt doch gerne zur Mutter, wenn es darum geht, etwas anzuschaffen (18, m, I 52).

Wenn im Einzelfall hinzukommt, daß ein Vater herzkrank ist und keiner Aufregung ausgesetzt sein darf, ist für offenen Widerspruch, für alterstypischen und für die Selbstfindung wichtigen Protest keinerlei Raum und die psychische Belastung für den betroffenen Jugendlichen umso größer. Die Konsequenz eines Jugendlichen: *Früher flossen die Tränen... Aber das hat natürlich auch was für sich gehabt!*

Wenn von Autorität(en) gesprochen wird, dann ist in erster Linie vom Vater die Rede, der Maßstäbe setzt und Erwartungen ausspricht:

Das autoritäre Moment war schon immer vorhanden, vor allem von meinem Vater. Beim Instrument gab es einen Leistungsanspruch aus dieser Vorahnung heraus, was es uns später einmal bringt. Jetzt bin ich dankbar, daß es diesen Anspruch aufgestellt hat, den man als Kind nicht entwickelt hätte (18, m, I 37).

Die Leistungsansprüche vom Vater waren eigentlich von Anfang an sehr hoch. Mein Vater wollte immer, daß aus seinen Kindern etwas wird und hat seine Erwartungen auch durchgesetzt. Er hat immer eine strenge Hand darübergehalten, zeigte immer eine beleidigte Reaktion, wenn man mal nicht geübt hatte. Er hat sich fast jeden Tag mit mir hingesetzt und hat überprüft (18, m, I 37).

„Es war immer genügend Freiraum da"

Freiraum, Verständnis, Toleranz, Aufwachsen im Anthroposophensinne mit Entfaltung als Hauptaspekt, moralisches Rückgrat, lockere Führung sind ebenso Erziehungsmerkmale unserer Begabtenstichprobe; sie werden jedoch weniger häufig genannt. Die Erziehung der Eltern wird als „normal", als „gesundes Mittelmaß" bezeichnet, wobei „Normalität" definiert wird als Erziehungsklima zwischen den Extrempolen eines antiautoritäten Stils, eines „laissez-faire" auf der einen, und einer streng autoritären, einengenden, Selbstentfaltung verhindernden Erziehung auf der anderen Seite. Erziehung ohne Regeln und ohne Grenzen kann es nach allgemeinem Konsens dieser Jugendlichen nicht geben, Erziehung setzt zwangsläufig Beschränkungen, verlangt Ein- und Unterordnen. Anti-autoritäre Erziehung wird abgelehnt:

Ich halte nicht viel von antiautoritärer Erziehung. Ich habe die Kinder gesehen, die den Eltern auf der Nase herumsteigen. Meine Eltern haben nie so mit Druck gearbeitet. Sie haben zwar auch bestraft, nie mit Schlägen, nur so, daß irgendetwas verboten wurde. Das sehe ich auch heute ein. Eigentlich kann ich nur sagen, es war eine gute Erziehung, wir hatten keine Angst vor den Eltern, aber auch keine Erziehung, in der man mit den Eltern umgehen konnte wie mit irgendwem. Irgendwo hatte man vor Augen, das sind deine Eltern und nicht irgendwer. Ich bin so ein Typ, der auch auf äußere Verhaltensweisen ein bißchen Wert legt, wie man miteinander umgeht, wie man sich anzieht, und nicht rumläuft wie der letzte Hänger. Auch so das gemeinsame Zusammenleben, daß es bestimmte Essenszeiten gab, zu denen jeder dasein mußte. Da wurde auch nicht nachgegeben, es sei denn man hatte einen wichtigen Termin. Aber wenn es nur eine Verabredung mit einem Freund war, da wurde gesagt: „Du kannst Dich auch noch eine Stunde später verabreden. Zu der Zeit wird gegessen und da sitzen wir gemeinsam am Tisch." Das wird dann auch von allen genossen (29, m, I 31).

Die Eltern werden schon allein in ihrer Funktion als Erzieher anerkannt, in ihrer Elternrolle respektiert. Besonderer Wertschätzung erfreut sich auch hier wieder einmal eine Mutter, deren Erziehung Kinder zu Dankesworten veranlaßt.

Von meiner Mutter her sehr hingebungsvoll und sehr ausschließlich, nur Erziehung. Was mir manchmal Probleme bereitet, wenn ich mir überlege, wie ich das später in der eigenen Familie machen würde. Ich sehe, daß das irgendwie gut war, ich fühle mich wohl in meiner Familie und habe das Gefühl eines tollen Elternhauses, daß die Kindheit allen dreien gut bekommen ist. Aber wie mache ich das später, mich so ausschließlich meinen Kindern widmen? (21, w, I 16)

Mein Vater ist ein sehr ruhiger Mensch und geht fast nie aus sich heraus. Zu ihm hatte ich nie ein engeres persönliches Verhältnis. Meine Mutter war immer zu Hause und hat sich um alle drei sehr gekümmert. Sie hatte schon ihre Erziehungsgrundsätze, aber nie versucht, irgendwelchen Druck zu erzeugen. Sie hat uns beigebracht, wie man richtig lernt, mit möglichst wenig Aufwand zu lernen, weil sie sich selbst früher schwergetan hat. Mein Vater hat Konflikte, wenn er sie überhaupt bekam, über meine Mutter gelöst. Wenn ich mit meiner Mutter etwas nicht auf einen gemeinsamen Nenner bringen kann, weltanschauliche Sachen vor allem, dann reiten wir auch nicht darauf herum (21, m, I 80).

Da die Familien unserer Stichprobe im allgemeinen mehrere Kinder haben, wird die Erziehung der Eltern und die durch ältere Geschwister als „Erfahrungserziehung" bezeichnet.

Als letztes von sieben Kindern bin ich recht locker aufgewachsen. Für mich waren die Eltern immer ein moralisches Rückgrat, wenngleich mich von der persönlichen Erziehung meine älteren Geschwister stärker geprägt haben. Eine autoritäre Erziehung habe ich nie erlebt, die ein Ziel setzt, das man möglichst schnell erreichen muß. Erziehung war bei uns einfach eine Erfahrungserziehung von allen sechs vorausgehenden Kindern (18, w, I 15).

„Leistung wird bei uns nicht unter den Tisch gekehrt" –
Eltern bewerten ihre Erziehung

Von Interesse war, ob die sich im Gespräch mit den Kindern angedeutete Strenge der Erziehung über die elterliche Bewertung bestätigen würde. Die Frage nach Erziehungsvorstellungen, nach Ansprüchen, nach Leistungserwartungen war also besonders an die Erzieher selbst zu richten. Die Vorstellungen der Eltern sind ausgesprochen einheitlich. Sie setzen prinzipiell auf Anstrengungsbereitschaft, Bemühen, Wille, Fleiß und Zielstrebigkeit. Ihre Begründung: Zum einen stellen sie diese Ansprüche an sich selbst (quasi als Vorbild für die Kinder), zum anderen hat jeder Mensch die Verpflichtung, die ihm gegebenen Anlagen und Begabungen zu nutzen und zu entwickeln. Den Eltern scheint es weniger um den meßbaren Erfolg zu gehen, als um die ethisch grundierte Verpflichtung des Menschen, das Beste aus sich zu machen:

> *Wenn jemand eine Begabung hat, soll er auf diesem Sektor Optimales erzeugen* (V, I 66).

Die Antworten der Eltern erlauben eine Kategorisierung der Erziehungsstile nach „leistungsgeprägt" und eher „liberal". Das Selbstportrait des Erziehungsstils „leistungsgeprägt" läßt sich mit folgenden authentischen Schlüsselworten schlagzeilenhaft charakterisieren:

- Wir arbeiten auch den ganzen Tag.
- Jede Sache hat ein Gesetz in sich selbst, und sie (die Kinder) müssen lernen, sich dem Gesetz der Sache unterzuordnen.
- Nicht wie in Summerhill!
- Das darfst Du, das darfst Du nicht! Aber die Kinder wissen, daß wir sie lieben.
- Wir erziehen mit „sanfter Gewalt" und „sanftem Druck".
- Volle Pulle, heißt die Devise.
- Wer A sagt, muß auch B sagen.
- So gut sein, wie man es vermag.
- Mein Ehrgeiz war stellenweise hinderlich für die Persönlichkeitsentwicklung meines Kindes.
- Wir haben auch mit Fleiß und Zielstrebigkeit etwas erreicht.
- Leistung wird bei uns nicht unter den Tisch gekehrt.
- Arbeit ist Arbeit, Vergnügen ist Vergnügen.

Wir zitieren die nachfolgenden Erziehungsvorstellungen von Eltern ausführlicher, um die Selbstdarstellung und -bewertung möglichst authentisch mit allen Nebensätzen und Randbemerkungen, die zu interpretieren von Bedeutung ist, wirken zu lassen. Nicht zuletzt auch aus dem Grund, daß die wiedergegeben Kommentare mehrheitlich von Pädagogen (Lehrern, Pfarrern...) gesprochen werden. Wie sagte doch ein Jugendlicher unserer Stichprobe: *Mein Vater ist so streng, weil er ja auch Lehrer ist* (15, m).

> *Wir praktizieren eine Erziehung, die man früher christlich nannte. Daß also durchaus Bibel und Christentum in richtig verstandenem Sinn als wirklich direk-*

te Beziehung zu dem persönlich existierenden und lenkenden Gott und die dadurch resultierende Dominanz der christlichen Erziehung die Kinder prägen. Das heißt: „Das darfst Du und das darfst Du nicht!" Das heißt auch: „Du wirst bestraft... Du kriegst was auf die Finger." Das heißt aber natürlich umgekehrt auch irgendwo jemanden liebhaben, gerade dann, wenn man vielleicht sehr streng zu ihm sein muß. Mein Erziehungsgrundsatz ist eine im christlichen Sinne autoritäre Erziehung, die versucht allerdings, dafür bin ich Pädagoge von Beruf, mit allen Raffinessen und Tricks, den Kindern das Fragen anzuerziehen. Alles zu befragen, was es gibt. Und wenn möglich, dann umfassend und erschöpfend zu antworten und den Blick für alles offenzuhalten, nicht nur für die Musik. Und wenn man entdeckt, daß Kinder in einer Richtung besonders viele Fragen haben oder besondere Begabungen und Interessen entwickeln, dann um Gottes Willen nicht sagen: „Das hat mit Musik nichts zu tun, also lassen wir das!" Im Gegenteil: Jede nur mögliche Begabung intensiv entwickeln, volle Pulle, tun, was man kann und ihn in seiner Hinsicht erziehen (V) ...M: *Ich habe mal den XXX gefragt, so mit 18: „Du bist den Kinderschuhen entwachsen, wie würdest Du Deine Kindheit beschreiben? War es schön, war es scheußlich, wie?" Und da hat er geantwortet: „Weißt Du, wenn die Schule nicht gewesen wäre, dann wäre es ein Paradies"* (V,M I 30).

Ja mein Ehrgeiz, was aus den Kindern werden zu lassen, ist schon streckenweise hinderlich für die eigentliche Persönlichkeitsentwicklung der Kinder. Manche Entwicklungen werden von mir abgewürgt, ich habe so wenig Geduld, etwas sich entwickeln zu lassen. Mein starker Druck läßt manches eher abwürgen statt wachsen und werden zu lassen. Geduld ist oft bei mir nicht da (V, I 54).

Wenn ich etwas anfange und ja sage zu einer Sache, dann mache ich sie auch. Aber das würde nicht so weit führen, daß ich jemanden zwingen würde, ein Instrument zu lernen. Wer nicht innerlich ja sagt, soll es sein lassen, aber wer A sagt, muß auch B sagen (V, I 08).

Mit einer so großen Familie (5 Kinder, d. Verf.) *hätten wir das nicht erreicht, was wir erreicht haben. Auch wo wir jetzt hier sitzen in dem Haus, das wäre durchaus nicht machbar gewesen, wenn wir nicht von Grund auf beide darauf hingearbeitet hätten. Wir sparen nicht nur für uns, auch für die Kinder, und wir haben ein Environment, das einigermaßen lebenswert ist* (V)... *Was man beim ersten Kind noch sagen muß, also der Fleiß in der Schule und in der Musik, was manchmal ein bißchen hart ankommt, das ist für das fünfte selbstverständlich. Der kriegt schon mit, wie das jetzt läuft im Studium, wie da ausgesiebt wird. So viele Worte braucht's da nicht mehr, das steckt an* (M, I 06).

Leistungsorientiert ist man sicher in einem Pfarrhaus nicht, wenn man das an Erfolg messen will. Da gibt es andere Möglichkeiten, erfolgreicher zu sein. Wir versuchen jedoch in unserem Beruf, und das gilt für meine Frau genauso wie für mich, ein Stück über die 40-Stunden-Woche hinaus zu arbeiten, weil wir sehen, es gibt wichtigere Dinge, die gelöst werden müssen. Insofern erlebt er hier zu Hause, daß wir ein Stück hart arbeiten, uns einsetzen für Dinge (V, I 48).

Wenn ich sehe, hier ist eine Begabung, und die wird auch noch bestätigt, dann versuche ich's schon mit sanftem Druck... dann hat man ein Ziel, und das sollte man auch konsequent verfolgen. Nur man darf sich nicht darin verbohren und keinen falschen Träumen nachjagen. Mein Mann und ich, wir beobachten die Sache kritisch (M, I 40).

„Wir haben den Kindern nie kratzige Wollstrümpfe eingeredet."

Von Lockerheit, Liberalität, früher Selbständigkeit, die Erziehung überflüssig mache, und von Freiwiligkeit ist in nachfolgenden Erziehungsvorstellungen die Rede. Gemessen an der Häufigkeit sind sie in unserer Stichprobe jedoch ungleich seltener zu hören. Diese Eltern setzten primär auf frühe Selbstdisziplin und Begeisterung der Kinder.

Wir haben die Kinder niemals gedrillt, vom ersten Tag an nicht. Nicht aufs Töpfchen gesetzt, bei uns gibt es keine festen Essenszeiten, man muß nicht brav aufessen, und die Kinder können sich kleiden, wie sie es wollen. Wir haben denen nie kratzige Wollstrümpfe eingeredet. Das macht sich dann auch im fehlenden Ehrgeiz bemerkbar. Doch das ist auch wieder positiv, weil ein Musiker die Selbstdisziplin aufbringen muß, die nun mal von dem Töpfchensetzen auch irgendwie kommt. Erziehung ist voll auf die Freiwilligkeit und den eigenen Spaß angewiesen, und diese Basis ist manchmal schmal, eine Gratwanderung oft. Aber wir denken, daß es die beste Basis ist, um zufrieden zu sein, vielleicht nicht die beste für Erfolg. Wenn sie uns mit ihren Erfolgen trotzdem erstaunen, können wir nur froh sein (V, I 36).

Was bereits im Kapitel über den *Anteil der Eltern an der musikalischen Entwicklung* der Kinder deutlich wurde, bestätigt sich auch in den Gedanken zur Erziehung. Eltern investieren sehr viel Zeit in die Ausbildung und Betreuung ihrer Kinder, nach der Maxime:

Die beste Erziehung ist die, wenn man einfach für sie da ist (M, I 47).

Sie erleben intensiv mit, was ihre Kinder beschäftigt, sie suchen nach gemeinsamen Aktivitäten, sind ständig ansprechbar, lösen gemeinsam Probleme, das Für- und Miteinander scheint das Familienleben zu bestimmen.

In Einzelfällen waren Jugendliche mit widersprüchlichen Erziehungsstilen konfrontiert: der „laissez-faire-Vater" auf der einen und die ehrgeizige, eher dirigistische Mutter auf der anderen Seite. Wir zitieren aus dem Gespräch, das eine gewisse Selbstkritik beinhaltet:

Wir haben leider zwei Erziehungsprinzipien in der Familie walten. Meine Frau ist ziemlich anders als ich; ich sehr viel mehr laissez-faire und „lasset die Kinder sich selbst durchbeißen", durch ihre Sorgen, Fragen, Probleme und sie werden danach lernen. Meine Frau gängelt sehr viel mehr, sie beobachtet mehr, sie verlangt mehr, stellt mehr Anforderungen. Zwischen diesen beiden Erziehungsstilen müssen die Kinder klarkommen. Ich versuche ihnen das auch bewußt zu machen: „Ihr seid hier zwei ganz verschiedenen Einflüssen ausgesetzt, Euch muß das bewußt sein, sonst kann das zu Stauungen und Fehlentwicklungen kommen. Ich kann es nicht ändern. Ich weiß nicht, ob XXX das mitkriegt, es bedrückt sie ein Pflichtbewußtsein, das fast schon preußisch zu nennen ist (V, I 67).

Abschließende Bewertung

Unter Erziehung versteht die Erziehungswissenschaft ein bewußtes Gestalten von Situationen, um Erfahrungen zu ermöglichen, die zu einem bestimmten Ziel hinführen. *In der Intention des Erziehungshandelns liegt es, ein mehr oder weniger deutlich bewußtes Ziel erreichen zu wollen*[142], oder: *Unter Erziehung werden soziale Handlungen verstanden, durch die Menschen versuchen, das Gefüge der psychischen Disposition anderer Menschen in irgendeiner Hinsicht dauerhaft zu verbessern oder seine als wertvoll beurteilten Komponenten zu erhalten*[143]. Allgemein gesagt, möchte jeder Erzieher Lebens- und Entwicklungshilfe zum Wohl des Educanden leisten, Unterstützung geben, wo immer möglich. Das Lernen hat das Kind jedoch selbst zu leisten, es muß Eigenaktivität und zunehmend Eigeninitiative entwickeln.

Auf diesem allgemeinen Verstehenshintergrund registrieren wir für die Eltern unserer Musikbegabungen einen ausgeprägten Grad an Erziehungsbewußtheit, ein hohes milieubedingtes Reflexionsniveau subjektiver Erziehungstheorie. Quellen des Erziehungswissens sind Studien (u. a. in Pädagogik), das erlebnismäßige Betroffensein und die reflektierende Verarbeitung von Prozessen und Folgen ihres eigenen Erziehungshandelns, daneben auch nachwirkende Erfahrungen aus ihrer eigenen Kindheit und Erziehung. Dabei zielen erzieherische Einflußfaktoren und Eigenmaßnahmen auf ein bestimmtes Ziel hin: auf eine Persönlichkeitswerdung und auf eine höchstmögliche Nutzung einer vorhandenen (Musik-) Begabung. Intentionalität der Erziehung scheint uns in hohem Maße das erzieherische Charakteristikum zu sein, geprägt von eigenen Leistungsvorstellungen, die sehr früh auf die Kinder übertragen werden (*Wir arbeiten auch den ganzen Tag... Arbeit ist Arbeit, und Vergnügen ist Vergnügen*). Eindeutige Erziehungsmaxime: Wir leisten etwas, warum soll das nicht für unsere Kinder gelten? Sie übertragen ex pressis verbis oder in subtiler unausgesprochener Erwartung Ansprüche, die sie an sich selbst als Erwachsene stellen, auf ihre Kinder. Unsere Frage: Sind Kinder dieser Elternhäuser schon früh keine Kinder mehr? Die Eltern unserer Stichprobe überlassen so schnell nichts dem Zufall, sie planen, arrangieren, gestalten, setzen Ziele, organisieren, um das möglichst Beste aus dem Kind für das Kind herauszuholen (in Einzelfällen auch

142 Georg Dietrich: *Erziehungsvorstellungen von Eltern*, Göttingen 1985, S. 1

143 Wolfgang Brezinka: *Grundbegriffe der Erziehungswissenschaft*, München/Basel 1974, S. 95; vgl. ders.: *Erziehungsziele, Erziehungsmittel, Erziehungserfolg*, München/Basel 1976

als Bestätigung für sie selbst). Kinder und Jugendliche sind einer zielbewußten Stringenz des elterlichen Erziehungsverständnisses unterworfen. Das Erziehungskonzept ist als eine Einflußnahme mit geringer, mittlerer, hoher und sehr hoher Intensität zu beschreiben. Die Elastizität dieses Konzeptes ist unterschiedlich: im musikalischen Bereich läßt es größtmöglichen Entfaltungsspielraum zu, der dann zwangsläufig individuell unterschiedlich strenge Grenzen setzt im außermusikalischen Freizeit- und Lebensbereich der Kinder und Jugendlichen (in Einzelfällen bis zu rigider Kontrolle und Fremdbestimmung). Vergleichen wir die Erziehungsvorstellungen mit jenem von Georg Dietrich empirisch ermittelten Verständnis, dann treffen für unsere Elternstichproben unterschiedliche Intensitätsformen erzieherischer Einflußnahme zu. Unter Anwendung und Erweiterung der Skalierung von Dietrich[144] registrieren wir gleich häufig eine geringe und eine mittlere Erziehungsintensität. Formen geringer Intensität erzieherischer Einflußnahme sind:

- Zeigen, Hinweisen, Orientieren, Beraten
- Beistehen helfen, eigene Erfahrungen vermitteln
- Überzeugen, Einsicht erwecken
- Vorbild sein, ein Beispiel geben, als Modell fungieren
- Kind fördern, Individualität des Kindes beachten/respektieren
- Eigenintentionen des Kindes mitberücksichtigen, den Eigenwillen nicht unterdrücken

Ebenso häufig ist in unserer Stichprobe ein Erziehungseinfluß mittlerer Intensität. Erziehung ist:

- Kind formen; aus dem Educanden nach Vorstellung des Erziehers ‚etwas machen' wollen
- Grenzen setzen, aufzeigen, abstecken und die Respektierung dieser Grenzen sicherstellen
- Kind an die Familie/Normen „mit (leichtem) Druck anpassen", mit „sanfter Gewalt" führen
- Sicherung von Ordnung, Vermittlung von Einsicht in die Notwendigkeit von Anstrengung und Leistungsbereitschaft.

Nach Internalisierung dieses Wert- und Normengefüges schwindet der elterliche Einfluß zugunsten einer Selbstbestimmung der Jugendlichen. In wenigen Einzelfällen registrieren wir in der elterlichen Erziehungspraxis auch Formen sehr hoher Intensität. Erziehung ist danach:

- Konditionierung, Durchsetzung von Gehorsam
- Moralisierung, Liebes- bzw. Zuneigungsentzug in teils rigider Form, seelischer Druck
- autoritäre Fremdbestimmung mit starker Kontrolle und Beaufsichtigung bis zur Aufgabe von Freizeitinteressen und Freundeskontakten in Kindheit und früher Jugendzeit.

Auffällig ist in unserer Stichprobe auch die Beobachtung, daß Vater und Mutter gleichermaßen ein ausgeprägtes Erziehungsinteresse zeigen. Wenn wir in unserer Gesellschaft eine hohe interstrukturelle Vielfalt (keine Familie ist wie die andere) beobachten, dann

144 Georg Dietrich, a.a.O., S. 10

registrieren wir für unsere Familien eine relativ hohe Homogenität. Vater und Mutter sind Leitfiguren, Vorbilder (nicht nur im Musikalischen), familiale Interaktionen werden gepflegt (nicht selten im Ensemblespiel), zur Familie gehören mehrere Kinder (wobei ältere Geschwister gleichermaßen Vorbildfunktion haben können), eine Traditionsbindung ist nicht zu übersehen. Unsere Jugendlichen erfahren in ihren Familien erste Wertorientierungen und Normen, die die Grundlage bilden für ihre spätere Anstrengungsbereitschaft, ihre Zielbestimmtheit, ihre Selbstbewertung und ihr Anspruchsniveau. In frühem Alter werden in den Familien dieser Jugendlichen Maßstäbe gesetzt, die das Leben lang eine Funktion im Wert- und Leistungssystem besitzen.
Die Auswertung von 20 per Zufall selektierten Protokollen führt bei Hans E. Bräuninger[145] zu folgendem Ergebnis, das sich inhaltlich mit vorlaufenden Überlegungen deckt:

Eltern setzen Erwartungen in den weiteren Ausbau der Fähigkeiten ihrer Kinder. Dies wird einerseits durch die gezielte Vermittlung von Disziplin, Zielstrebigkeit und Einsatz für die Sache versucht, andererseits durch die bloße Modellfunktion der Eltern erreicht: das Kind macht sich die Erwartungen der Eltern zueigen und entwickelt Anspruchshaltungen, die sich mit denen der Eltern decken.

Auch das hochbegabte Kind sucht nach elterlicher Billigung und Akzeptanz, nach Zuwendung und Anteilnahme und wird - wenn dies über die fortschreitende Leistungserbringung am Instrument möglich erscheint - sein Talent auch zur emotionalen Bedürfnisbefriedigung einsetzen.

Als klinischer Psychologe und Verhaltenstherapeut bewertet er die Folgen zu hoher Leistungserwartungen wie folgt:

Dabei ist es für die Eltern wichtig zu berücksichtigen, daß zuviel Leistungserwartung zu überzogenem Perfektionismus beitragen kann, der für die weitere psychische Entwicklung des Kindes nicht folgenlos bleiben muß. So können sich die Kinder selbst sehr hohe (oft überhöhte) Standards setzen, selbst wenn ihnen (aktuell) die Fähigkeiten und Fertigkeiten dazu noch fehlen, um diese dann an sich selbst gestellten Ansprüche auch zu erfüllen. Dies führt nicht selten zu erheblichen Frustrationen, wenn die gesteckten Ziele - weil zu hoch angesetzt - nicht erreicht werden; das Kind wertet als Versagen oder Mißerfolg, was eigentlich als bereits hervorragende Leistung gesehen werden müßte. Die überwiegende Anzahl der Eltern in den vorliegenden Interviews scheint Ansprüche und Erwartungen an ihre Kinder direkt oder indirekt weiterzugeben, Leistung zu fördern und durch (verbale) Verstärkungen auch aufrechtzuerhalten. Dies wird von den Jugendlichen aber selten als unangenehmer „Druck" erlebt: sie scheinen klare, strukturierte Anleitungen und Anweisungen eher zu begrüßen; äußern sich aber negativ über erzieherischen „Drill", den die meisten auch nicht erlebt zu haben scheinen und der bei ihnen eher das Gegenteil bewirkt hätte.

Familiäre Harmonie wird als wichtige Bedingung für eine natürliche Entwicklung der Begabung angesehen, zu starke Einflußnahme der Erzieher, Neid, Rivalität (evtl. durch Geschwister) wirken sich offensichtlich hemmend und verzögernd für die Instrumentalentwicklung aus.

145 Hans E. Bräuninger, a.a.O.

Bräuninger merkt zum Verlauf der Interviews kritisch an:

Es kommt mir in den Interviews mit den Eltern der Bereich „Förderung und Unterstützung des Talentes" (über den Leistungsaspekt hinaus) zu kurz. Es wird selten nachvollziehbar, wie die Eltern ihrem Kind verdeutlichen, daß sie es auch um seiner selbst willen lieben und akzeptieren, nicht nur aufgrund seiner Fähigkeit und Begabung.

Wie wird ermutigt, gelobt, ermuntert; wie auf Fehlversuche oder Stagnation reagiert? Positive Unterstützung ist zweifellos unabdingbar für das Wachstum einer Begabung; so kann - da wenig kritische Anmerkungen zum Erziehungsstil der Eltern von den Jugendlichen geäußert wurden - unterstellt werden, daß das häusliche Klima als eher repressionsfrei erlebt worden ist und ein emotional förderliches coaching gegeben war.

Es ist richtig, daß wir in den Interviews Fragen nach sonstigen Formen der kindlichen Umsorgung, nach der Echtheit und Wärme (im Sinne Tauschs[146]) in den Beziehungen zwischen den Personen einer Familie nicht gestellt haben. Wir können lediglich aus den vielen live-Begegnungen mit den Eltern, ihrer Selbstpräsentation im Gespräch, ihrer erzieherischen Kompetenz darauf schließen, was Bräuninger spekulativ unterstellt: ein relativ repressionsfreies und emotional förderliches Elternhaus. Doch vor einer Pauschalisierung möchten wir warnen, denn elterliche Erziehungsmaximen wie *Wer A sagt, muß auch B sagen* und *Wir haben den Kindern nie kratzige Wollstrümpfe eingeredet* lassen sich nicht über einen Kamm scheren, einmal ganz abgesehen von der Erkenntnis, daß sich geäußerte Erziehungsvorstellungen keinesfalls mit der tatsächlichen Erziehungspraxis decken müssen.

Druck zum Üben – ein chronischer Erziehungskonflikt?

Vieles wird über das tägliche Übepensum instrumentaler Talente gemutmaßt oder befürchtet, von Druck und Zwang durch Erzieher, von „Einzelhaft am Instrument", von ausbleibenden persönlichkeitsprägenden Erfahrungen ist schnell die Rede. Wir haben in dieser Frage beide Perspektiven erfaßt, die der Jugendlichen und die ihrer Eltern. Wie haben sie das Problem des täglichen Übens jeweils für sich lösen können – sicher eine wichtige Frage für alle Eltern, deren Kinder ein Instrument lernen. Antworten können zum Ratgeber für verzweifelte Eltern werden, deren Erziehungsklima durch tägliche Übe-Anmahnungen belastet ist.

Übergreifend konnten wir feststellen, daß die Erinnerungen an Übe-Druck und Übe-Zwang aufgrund der Distanz zu den ersten instrumentalen Gehversuchen und der mittlerweile eingetretenen Verselbständigung des Übens (*Ich weiß selbst, was ich will*), daß Konflikte im Umfeld des täglichen Übens relativiert und rationalisiert werden. Hinzu kommt ein definitorisches Problem: Was wird subjektiv unter „Druck" verstanden, wie werden elterliche Übe-Erwartungen oder gar Übe-Sanktionen individuell empfunden

[146] Reinhard und Anne-Marie Tausch: *Erziehungspsychologie*, Göttingen 1979 (9.Aufl.)

und verarbeitet? Statt von Druck und Zwang sprechen die Jugendlichen von „elterlichen Bedenken", wenn das Übe-Pensum nachgelassen hat, von sachlichen Feststellungen, Erinnerungen („Hast Du heute schon geübt?"), aber eben ganz und gar nicht so, *daß die Tür abgeschlossen wurde und daß dann geübt werden mußte, ob ich wollte oder nicht.*

In der Retrospektive der Kinder scheint Druck *gar nicht so schlimm* gewesen zu sein, oder er wurde mehrheitlich erst gar nicht als solcher empfunden. In einigen Fällen wird er als *sanfter* Druck bestätigt und zugleich als förderlich gewürdigt. Außerdem gibt, so die Kinder, der Erfolg den Eltern recht.

Von Druck und Zwang ist in erster Linie in Zusammenhang mit einem (Erst-) Instrument die Rede, das nicht geliebt wurde und das die Kinder eigentlich nicht spielen wollten. Bei vielen ist es das ungeliebte Klavier in den Anfangszeiten ihres instrumentalen Werdeganges:

> *Beim Klavierspielen haben sie schon Druck ausgeübt, weil ich da keine Lust hatte. Das war wirklich Zwang! Aber das XXX* (Wunsch-Instrument) *war freiwillig, da habe ich von selbst geübt* (20, w, I 44).

> *Als ich kleiner war, gab es beim Klavierspielen immer Druck, diese totalen Methoden, um das Üben zu erreichen. Mir wurde eine Modelleisenbahn versprochen, eine Lok usw., wenn ich übe. Ich habe mir dann die XXX* (Instrument) *ausgesucht und gesagt: „Das ist jetzt mein Instrument und da redet mir keiner mehr rein, ob ich übe oder nicht* (20, m, I 70).

Mit anderen Worten: Die Freude am „richtigen" Instrument ist der beste Garant für die Bereitschaft zum täglichen Üben. Sind familiäre Übe-Konflikte womöglich nur dadurch bedingt, daß Kinder das „falsche", von Eltern bestimmte Instrument spielen?

Der Moment der Verselbständigung des Übens trat bei den meisten immer dann ein, wenn Musik als Berufsziel feststand.

> *Als dieser Aufschwung kam und ich sah, daß ich Musik ernsthaft machen könnte, da habe ich von mir aus immer mehr geübt* (20, w, I 44).

Die meisten Jugendlichen antworten auf die Frage nach elterlichem Übe-Druck für uns überraschend mit einem spontanen und klaren „nein".

> *Das gab es nie! Da habe ich großes Glück gehabt. Ich glaube, wenn mich die Eltern gezwungen hätten, wäre aus der ganzen Sache nichts geworden. Üben geschah immer aus eigenem Antrieb. Am Anfang hat mir der Dirigent des Orchesters öfter gesagt: ‚Übe etwas mehr'. Das habe ich aber nie als Druck empfunden* (21, m, I 53).

> *Von Zwang kann keine Rede sein. Überhaupt nicht! Ich bin von der ersten Cello-Stunde total begeistert nach Hause gekommen, habe mich hingehockt, die leeren Saiten gestrichen – ich weiß das noch wie heute. Ich meine, daß Zwang die Lust an der Musik verdirbt, wenn etwa die Eltern dabeihocken oder sogar abstoppen* (17, m, I 27).

Dieses „Nein“ erklärt sich in vielen Familien aus der Tatsache, daß Musizieren zum Familienambiente gehört. Demzufolge war auch das Üben nur eine alltägliche Gewohnheit.

Wir alle machten Musik. Es war früher immer so, daß wir uns abends in die Zimmer verteilten und übten. Ich habe da nie gedacht: „Jetzt mußt du üben“ (17, w, I 68).

Ich habe geübt so wie ich meine Hausaufgaben gemacht habe, als tägliche Gewohnheit (20, m, I 05).

Ein anderes Erfolgsrezept ist die Erfahrung, daß sich Eltern die Zeit nehmen und sich während des Übens zu den Kindern setzen (vgl. Kap. *Müssen Eltern Opfer bringen?*)

Mein Vater hat halt gesagt: „Komm, wir gehen ein bißchen üben.“ Er hat sich dann neben mich gesetzt und mitgespielt, aber als Druck habe ich das nie empfunden. Man gab sich auch mehr Mühe, wenn die Eltern dabeisaßen. Dann habe ich mit meinem Bruder auch viel im Duett gespielt, was wir dann den Eltern vorspielten. Es ist wichtig, daß Eltern ein bißchen Motivation geben (18, m, I 47).

In Trend scheinen unsere Jungmusiker keinen elterlichen Druck geschweige denn „Einzelhaft am Instrument“ erlebt zu haben. Sie fühlten sich offenbar derart intrinsisch motiviert, daß schon die elterliche Rückfrage nach dem täglichen Übe-Pensum als überflüssig betrachtet wird. Was die Bereitschaft zur stundenlangen Anstrengung und zum Verzicht auf alterstypische Interessen auslöst, ist die zunehmende Qualität des eigenen Spiels, die Erfahrung des stetigen und überdurchschnittlichen Fortschritts, der Erfolg etwa bei den Wettbewerben „Jugend musiziert“

oder die Aufnahme in ein Orchester, die zum Üben verpflichtet. Man sieht selbst, welche Fortschritte man macht. Die spornen zum Üben an. Oder wenn man guten Unterricht hatte, stellt man sich anschließend nochmals 2 bis 3 Stunden hin und übt weiter... Das ist ein wahnsinniger Ansporn. Oder wenn man Konkurrenz in gutem Sinne im Orchester hat, dann übt man mehr (20, m, I 31).

Das Thema „Druck zum Üben“ in der intersubjektiven Konkordanzprüfung: Hans E. Bräuninger resümiert seine Analyse wie folgt[147]:

Hochbegabte zeigen sich eher intrinsisch motiviert und sind damit unabhängiger von äußeren Stimuli, die das Üben begünstigen sollen. Das heißt nicht, daß der Hochbegabte keinerlei motivationaler Unterstützung bedürfe, nur darf sich diese nicht als disziplinierende Maßnahme erweisen. Zwang, Druck und Drill der Eltern führen häufig zu genau gegenteiligem Effekt: zu einem Motivations- also Antriebsmangel, einer Motivationshemmung, die sich als Abwehr und Reaktion gegen das Diktat der Erzieher interpretieren läßt und den Eigenwillen und das große Bedürfnis des Hochbegabten nach Selbstverantwortung und Selbstbestimmung dokumentiert. So verwundert es

[147] Hans E. Bräuninger, a.a.O.

nicht, daß die Mehrzahl der befragten Talente einen "chronischen Erziehungskonflikt", bedingt durch die elterliche Forderung nach mehr „Einsatz für die Sache" einerseits und einer vermeintlichen Passivität und einem „laissez-faire" Widerstand in ihrem eigenen Verhalten andererseits, nicht gegeben sahen. Der Hochbegabte besitzt offenbar ein sehr hohes Potential an Selbstverwirklichung und Selbstentfaltung, reagiert durchaus positiv auf unterstützende Anerkennung und Wertschätzung, belohnt sich aber bei sukzessiv zunehmendem Erfolg im Umgang mit dem Instrument eher selbst.

Quantifizieren wir die Antworten der Jugendlichen, dann spricht nur eine kleinere Gruppe von Übe-Druck, der in unterschiedliche Intensitätsgrade differenziert wird. Vom Drängeln wird gesprochen, vom Fernsehverbot, vom gesperrten Fußballspiel, oder es werden wohlbekannte Floskeln erinnert:

> *Wenn Du jetzt nicht übst, dann melden wir Dich wieder ab... Wenn Du nicht geübt hast, darfst Du nicht zu Deinen Freunden... Entscheide Dich, was Du machen willst...*

> *Meine Eltern achten auch heute noch darauf, daß ich übe. Nur bin ich selbst etwas verständnisvoller geworden. Früher sind sie ins Zimmer gekommen, haben gefragt, ob ich übe. Vor allem meine Großmutter hat sich sehr aufgeregt, wenn ich mal nicht übte. Es gab auch schon Konflikte mit den Eltern, die ich jedoch nicht Krach nennen möchte* (19, w, I 31).

In einem einzigen Fallbeispiel werden auch Tränen zugegeben:

> *Ich bin manchmal weinend ans Instrument gegangen, aber irgendwie habe ich die Autorität meiner Eltern anerkannt. Ich bin nicht von zu Hause ausgerissen, nur weil ich üben mußte. Mit 12 Jahren bin ich nach England gegangen, wo sie dann keinen Einfluß auf meine Übungs-Frequenz nehmen konnten. Ich mußte mich zwingen, mit mir selbst zurechtkommen.*

Etwa die Hälfte der Jugendlichen gibt erwartungsgemäß jene psychische Belastung zu, die dann entsteht, wenn Eltern sich bemühen und investieren: in Instrumente, Noten, Unterricht, Fahrtkosten, Kammermusikkurse, Meisterkurse usw. Sie können sich von solchen inneren Bindungen nicht ganz frei machen. Gleichwohl müssen wir nochmals unterscheiden zwischen einem Druck, der durch unmißverständlich formulierte Erwartungen der Eltern sehr unmittelbar und offen entsteht, und einem Druck, der existiert, auch wenn Eltern keinerlei Ansprüche verbal zum Ausdruck bringen, wenn sie ihr Engagement mit keiner Moralisierung verbinden. Offene Kritik drückt sich etwa wie folgt aus:

> *Moralischer Druck hat schon reingespielt. Man kann das Argument ja wohl auch nicht ausschlagen „Wir haben investiert in Dich, und Du enttäuschst uns dann!" Klar habe ich das gehört. Ich verstehe das auch angesichts der horrenden Summen... vor allem, wenn man mal eine Down-Phase hat. Ich bin meinen Eltern deswegen auch nicht böse gewesen* (18, m, I 52).

Auch heute ist das noch mit dem „psychischen Druck" so. Sie sagen dann: „Wieso, Du bist jetzt in XXX, kostest uns Geld, hast Du heute schon geübt?" (18, w, I 40).

Wann immer Eltern von ihren Bemühungen sprechen, besteht die Gefahr, daß sie zur „Moralisierung" neigen. Aber Hand aufs Herz: Welchem Vater oder welcher Mutter rutscht nicht schon einmal die Bemerkung heraus, daß ein Kind mehr leisten oder üben könnte angesichts der finanziellen Belastungen. Was real so ist, kann als Mitteilung an die Kinder nicht falsch sein, nur darf daraus eben keine penetrante Erziehungsrigidität entstehen. In einigen Kommentaren fühlen sich Jugendliche eben auch unausgesprochen verpflichtet, man sei es den Eltern doch schuldig.

Eine solche innere Verpflichtung kann auch entstehen, wenn Eltern, selbst den Unterricht übernehmend, Zeit und Mühen investieren:

Der moralische Druck war früher bei mir eigentlich größer als heute. Ich konnte sehen, mein Vater investiert unheimlich viel Zeit und Energie, um mir etwas beizubringen. Jetzt muß man den auch zufriedenstellen, besteht für mich die Pflicht, ihm entgegenzukommen und das Beste rauszuholen. Diese Verpflichtung spüre ich auch heute noch meinen Lehrern gegenüber, die sich jede Woche Zeit nehmen und Energie opfern. Das ist bindender, da kommt man sich näher (19, m, I 30).

Einen psychischen Druck anderer Art beklagt ein 20jähriger, es ist der Vorzeige-Drang seiner Eltern, eine selbstdarstellerische „Schaut-her-unser-Sohn"-Attitüde:

Ich habe ein Problem gehabt, und zwar ging es um Hausmusik. Wenn die Verwandtschaft zusammenkommt, wird immer gerne Musik gehört. Das Problem ist, ich kenne meine Verwandtschaft, die hat zu klassischer Musik überhaupt kein Verhältnis. Und wenn dann so 40 Familienmitglieder zusammen sind, muß ich mich präsentieren als das Enkelkind, als der Sohn... und das hasse ich. Ich weiß genau, die sitzen da und verstehen das sowieso nicht. Das ist keine Überheblichkeit, wenn ich das sage, ich spiele gerne anderen Leuten vor. Wenn ich sehe, daß ich ausgenutzt werde, nur um präsentiert zu werden, schiebe ich einen Riegel vor. Da gab es in letzter Zeit Probleme, vor allem von meiner Großmutter her, weil sie sich dadurch sehr gekränkt fühlte... (XXX).

Diese Studie wäre keine kasuistische, gäbe es nicht (in Ausnahme!) auch das krasse Gegenteil zu berichten: Statt Freude am Üben eher Verdruß über zu viel Üben auf Erzieherseite.

Mein Vater haßt das wie die Pest, wenn er in seinem Zimmer ist und ich fange an zu üben. Egal ob Klavier, Baß oder Fagott, das stinkt ihm. Der wird echt fuchsig! Nach dem Motto: Er hätte den ganzen Tag gearbeitet, und ich könnte jetzt gefälligst aufhören. Da hat er überhaupt keine Hemmungen. Meine Mutter erträgt das wohl still leidend, habe ich den Eindruck. Ich habe nicht das Gefühl, daß meine Eltern das irgendwie besonders bewundern. Wenn mein Vater da ist, ist Klavierüben „out", sonst kriege ich eins auf den Deckel (17, m, I 32).

Eine andere Beobachtung ist uns eine abschließende Glosse wert: Druck, Repressalien und Einzelhaft kennen die Jugendlichen stets nur vom Hörensagen aus dem Bekanntenkreis. Vor allem jene Familien sollen angeblich für Kinder ausgesprochen belastend sein, zur „Einzelhaft“ neigen, wo die Eltern selbst Musiker oder Musikerzieher sind. Schon während der Einzelgespräche wiederholten sich Vorankündigungen etwa folgender Art:

> *...wenn Sie zu dieser oder jener Familie kommen, diesem Vater, jener Mutter begegnen, die mit totalen Scheuklappen ihr Kind trainieren, da werden Sie...*

Jetzt tauchen plötzlich jene bekannten Vorurteile auf, von denen Gemeinplätze wissen: animalisches Training bis zur Schmerzgrenze, unbändiger Ehrgeiz von Eltern, die ihr Leben ganz in die Karriere des Kindes investieren... Ein Jugendlicher berichtet:

> *Die erfolgreiche Teilnahme an einem Landeswettbewerb war Bedingung für die Anschaffung eines neuen Fahrrades. Das Fahrrad wurde vorzeitig gekauft und dem Jungen täglich als Stimulans präsentiert. Doch, wie es kommen mußte, der Landeserfolg blieb aus! Die Konsequenz der Eltern: Das Fahrrad verschwand. Zur Frustration, ausgelöst durch den musikalischen "Mißerfolg", kam der schmerzhafte Verlust des so sehnlich gewünschten Fahrrades.*

Ein solches Erziehungsklima kann dazu führen, daß eine 18jährige am Tag ihres Geburtstages das Elternhaus verläßt und über Jahre hinweg die Kontakte zu ihren Eltern mit dem Vorwurf eines langjährigen Drills abbricht. Vom Hörensagen, dem besten Nährboden der Mythologie, kennt man jene penetranten und erziehungsrigiden Maßnahmen verbissen-ehrgeiziger Eltern, die jeweils „eigene“ Familie bleibt ausgeklammert. Nur „Andere“ wurden von ihren Eltern *zum Üben gestriezt*, und *die gehen dann kaputt.* Für uns bleibt die Frage: „War es wirklich so, wie viele Jugendliche ihre Antwort auf die Frage nach Übe-Druck beginnen?“

> *Mit meinen Eltern war das immer phantastisch. Die hätten mir niemals gesagt: „Du gehst jetzt runter und übst“, kein einziges Mal. Meine Eltern haben gesagt: „Wenn Du üben willst, dann kannst Du üben. Das ist Deine Sache. Du machst das nebenher und Du mußt das entscheiden“* (29, m, I 31).

Wir bewahren uns einstweilen eine gesunde Skepsis und bezweifeln, ob diese Elternhaltung für die meisten Familien unserer Talent-Stichprobe tatsächlich charakteristisch war und ist. Wir glauben vielmehr, daß so manche Konflikte in der rückblickenden Bewertung nicht mehr als solche empfunden oder im Gespräch geglättet werden. Vielleicht versagt auch nur die Erinnerung der Jugendlichen? Möglicherweise stecken die jungen Musiker noch zu sehr in dieser Erziehung, haben sie die Normen der Eltern derart internalisiert, daß sie einstweilen nicht in der Lage sind, mit ausreichender Distanz und Objektivität Erziehungsmaßnahmen (-druck) kritisch zu bewerten. Nur ein einziger Jugendlicher hat diesen Abstand und bilanziert entsprechend kritisch:

Ich habe innerlich keine Bindung nach Hause, das sind für mich Menschen, die mir leidtun, manchmal, deshalb war der Schritt auszuziehen so wichtig, war die Freiheit, daß ich endlich tun konnte, was ich wollte. Als ich mein erstes Auto kaufte, war das der erste Auszug, daß ich unabhängig war, daß ich essen konnte, was ich wollte, daß ich trinken konnte, was ich wollte, daß ich mir den Tag einteilen konnte, wie ich wollte. Das war tendenziell zwar auch im Elternhaus möglich, aber da war immer diese Erwartungshaltung von Vater und Mutter im Hintergrund, die mich immer sehr gestört hat. (21, m, I 70).

Für uns war von Interesse, wie Eltern das Problem oder, weniger dramatisch gesagt, die Frage des täglichen Übens gelöst haben. Bestätigt sich über das Gespräch mit den Erziehern die von den Kindern erinnerte relative Konfliktlosigkeit des Übens?

Da gibt es zunächst jene Eltern, die von sich sagen, keinerlei Schwiergkeiten mit den Kindern gehabt zu haben. Für diese Eltern ist es geradezu ein Markenzeichen des Talentes, weniger üben zu müssen als andere, als beispielsweise die Geschwister. Charakteristisch für begabte Kinder muß demnach eine hohe „intrinsic motivation" sein (vorausgesetzt, das Instrument ist das „richtige"), d. h. die innere Bereitschaft zum Instrumentlernen ist so stark ausgeprägt, daß stundenlanges Üben nicht als lästig empfunden wird. Demnach erreichen begabte Instrumentalisten mit nur „sparflammigem" Üben sehr viel. Es fiel ihnen eben leicht, wie einige Eltern lapidar feststellen.

Problemlos scheint das Üben auch in all den Familien (und das sind die meisten), wo Eltern oder Geschwister ein Instrument spielen. Und das bedeutet immer auch gemeinsames Musizieren, den anderen nicht nachstehen oder den Vater (die Geschwister) gar überflügeln wollen.

Das Vorbild des musizierenden Vaters (der Mutter) wird wiederholt als ein entscheidender Motivationsschub („extrinsic motivation") bewertet. Richtig: Auf die Motivation kommt es an – wie wohl bei allem Lernen. Kinder vermögen nicht neutral zu sein. Alles Lernen ist zu gewissem Anteil immer auch außengelenkt, und erst recht das Üben von Fertigkeiten, denen Anregungsbedingungen wie Neuigkeitsgehalt und Sachanreiz eher abgehen. Was motiviert, ist meist der Schwierigkeitsgrad einer gestellten Aufgabe, den man erreichen will. Was beim Üben eine wichtige Rolle spielen muß, ist die Begeisterung, die Liebe, die Sympathie, die Wertschätzung für einen bestimmten Menschen, für die Eltern, für die Lehrer... Und der 17jährige übt u. a. deswegen so fleißig auf der Orgel, weil er womöglich seiner Angebeteten den neuesten „Bach" vorspielen möchte.

Ein weiterer Motivationsimpuls zum Üben war für einige Jugendliche die Teilnahme am Wettbewerb „Jugend musiziert" (vgl. *Jugend musiziert. Der Wettbewerb in der Sicht von Teilnehmern und Verantwortlichen*, Mainz 1987). Auch durch die Mitwirkung in einem Orchester kommt bei manchen Jugendlichen die große Wende: Die Herausforderung, von anderen gehört, kontrolliert und beurteilt zu werden, ist eine massive außengelenkte Motivation zu „mehr üben".

Einige Eltern geben zu, daß sie das Einhalten täglicher Übezeiten überwachen mußten. Wer, so ihre Argumentation, ein Instrument lernen will, muß auch die Konsequenzen tragen, er muß üben... Und außerdem ist da noch das liebe Geld, das man reinsteckt. Was hätte das auch für einen Sinn, „wenn doch nichts dabei rauskommt"?

Eine andere Gruppe von Eltern, und wer kennt diese kleine Motivationshilfe nicht, setzt Anreize, macht kleine Versprechungen, spart nicht an Belobigungen. So zieht beispielsweise die Teilnahme an Vorspielen der Musikschule, die fleißiges Üben voraussetzt, einen freien Wunsch des Kindes nach sich.

> *Es war eine Art Belobigung für die Kinder, wenn sie in den Vorspielen dabei sein durften. Wenn meine Tochter teilgenommen hatte, durfte sie sich immer etwas wünschen. Dann hat es halt immer die geliebten Kasperle-Figuren gegeben. Das sollte ein Anreiz sein. Ich habe immer überlegt, ob es auch richtig ist, daß ich sie so anstachele* (M, I 21).

Und denen es weniger leicht fällt, den „Arbeitern", sie können einen Ehrgeiz entwikkeln, der eher sorgenvoll stimmen mag (vgl. Kap. *Zur Persönlichkeit*).

Es bestätigt sich auch die Gruppe jener Eltern, die ihre eigene freie Zeit in die Übezeiten der Kinder investieren.

> *Wenn er keine Lust zum Üben hatte, sagte ich immer: „Komm, ich gehe mit Dir, ich höre es mir an." Diese Kraft hat man natürlich manchmal mehr, manchmal weniger. Ich sitze dann dabei und lobe oder kritisiere auch mal* (M, I 47).

> *Als sie kleiner war, saß ich immer dabei und habe gestrickt. Für kleine Kinder ist das eine besondere Motivation, daß sie nicht alleine sind* (M, I 62).

Einige Eltern sprechen von phasenweisen Übe-Konflikten, in denen es ohne „sanften" Druck (Variation: „gesunden" Druck) nicht geht. Gemeint sind Entwicklungsphasen der Jugendlichen, aber auch Durststrecken, wenn einem bestimmten Musikstück ein gewisser Reiz abgeht, wenn der Unterricht stagniert und keine motivationalen Impulse setzt. Zu solchen Phasen, in denen ein Anhalten und Nachfragen seitens der Eltern häufiger erinnert wird, gehört zweifellos die Anfangszeit der Lerngeschichte der Kinder. Wiederholt beginnen die Eltern ihre Erinnerungen mit:

> *Am Anfang, als er noch kleiner war... Als er mit seinem Unterricht begann, da waren seine Uhren immer schneller als unsere... Wenn Kinder noch kleiner sind, sehen sie die Notwendigkeit des Übens noch nicht so richtig ein... Am Anfang war es ein Konflikt zwischen Musik und Sport... Anfangs mußten wir immer zu ihm sagen: „Wenn Du ein Instrument lernen willst, dann mußt Du auch üben, sonst kannst Du es lassen..."*

> *Wir haben in den Anfangsphasen mal ein bißchen drängeln müssen, die ersten Geigenstunden waren schrecklich. Ich war mit ihm in den Stunden und hinterher haben wir dagesessen und den Bogen rauf- und runtergezogen. Ich weiß gar nicht mehr, wie oft ich gesagt habe: „Ellbogen krumm machen!"* (m, I 43).

Daß es auch phantasievolle Kinder gibt, die in ihrem Zimmer den Cassetten-Rekorder anstellen, um bei den Eltern den Eindruck fleißigen Übens zu wecken, ist zumindest eine Erwähnung wert. Ob auch zur Nachahmung empfohlen, sei dahingestellt – vielleicht da, wo elterlicher Übe-Hunger schier unstillbar bleibt.

In den Gesprächen mit den Jugendlichen wurde wiederholt auch das Argument angeführt, daß mit Druck im Grunde nichts geht, daß Druck auf Dauer gesehen eher zur Verweigerung führen kann. Ehrgeiz von Eltern kann nach Ansicht der jungen Talente letztlich keine Basis für ein erfolgreiches selbstmotiviertes Musizieren sein. Dieser Argumentation folgt ein Vater:

> *Wir haben nie versucht, ihn in eine bestimmte Richtung zu drängen. Wir haben nie Druck ausgeübt, einfach weil ich das für fürchterlich halte, wenn ein Kind oder ein Jugendlicher zum ‚Fachidioten' wird und ein Stück Kindheit oder Jugend verliert. Aber er hat nie die Sehnsucht seines Bruders gehabt, Nächte in Discos zu verbringen. Das wäre keine Erfüllung für ihn gewesen* (w, I 48).

Am Schluß unserer Recherchen zu Erziehungsvorstellungen und -maximen der Eltern zitieren wir, weil es uns so wichtig scheint, Gedanken Georg Solti's zum Thema Spitzenbegabung bzw. „Wunderkinder"[148]:

> *Man muß die Kinder anhalten, natürlich! Wenn meine Mutter das mit mir nicht getan hätte, ich wäre nie Musiker geworden oder so spät, daß ich nicht mehr dazu gekommen wäre. Aber man darf nicht barbarisch ein Kind 5, 6 Stunden lang strapazieren und täglich üben lassen und dabei generelle Erziehung vernachlässigen. Das ist falsch! Die Dosierung ist alles! ... Wenn man die jungen Leute nicht forciert, wenn man sie ganz zart und langsam auf diesen schwierigen und aufreibenden Beruf vorbereitet, dann muß es nicht schaden. Also wenn Sie es umdrehen wollen: Wenn ich einen Sohn oder eine Tochter hätte, der (die) ein Wunderkind wäre, würde ich es erlauben, ich würde es wollen, mit gewissen Vorbedingungen:*
>
> *1. daß die Schule nicht vernachlässigt wird,*
> *2. daß das Kind nicht überfordert wird,*
> *3. daß es nicht zu viel konzentriert,*
> *4. daß man das Nervensystem schont.*

Wir haben schon sehr viele tragische und traurige Beispiele gesehen.

Glosse: *Hast du heute schon geübt?*

Das Thema „Druck zum Üben" inspiriert uns zu einem resümierenden Brief an alle Eltern übe-unlustiger Kinder:

> *Betr.: 13 durchaus ernstgemeinte Empfehlungen zum täglichen Üben Ihres Kindes*

[148] Georg Solti, in: *Wunderkinder*, Fernsehfilm des NDR, © 1986

Sehr geehrte Eltern,
haben Sie Probleme mit dem täglichen Üben Ihrer Kinder? Leiden Sie unter dem Dauer-Druck wiederholter Anmahnungen? Wird das unzureichende und lustlose Üben Ihrer Kinder zu einem chronischen Erziehungskonflikt? Dann sind Sie bei uns an der richtigen Adressse. Wir wissen Rat und helfen Ihnen weiter. Außerdem garantieren wir absoluten Erfolg, wenn Sie nachfolgende Empfehlungen strengstens beachten:

1. Überprüfen Sie, ob Ihr Kind das „richtige" Instrument spielt. Haben Sie es bestimmt, sollte Ihr Kind schnellstens „sein" Wunschinstrument lernen dürfen. Ein Instrumentenwechsel ist unbedingt ins Auge zu fassen, bevor alle Mühen und Kosten ins Auge gehen.

2. Nehmen Sie sich die Zeit (und davon haben wir in dieser Freizeitgesellschaft doch mehr als genug!?), dem Kind beim Üben zuzuhören, es zu loben, zu ermuntern, einfach da zu sein! Diese Zeitinvestition wird Ihre Ohren und Nerven schonen.

3. Schicken Sie Ihr übe-unlustiges Kind baldmöglichst in ein Ensemble. Der Vergleich mit dem Partner am Nebenpult wird Wunder wirken. Das Kind lernt einsehen, wofür es (außer für den Lehrer und die Eltern) sich zu üben lohnt. Es kommt sich plötzlich nützlich vor und wird Sie mit ungeahnten Übezeiten überraschen.

4. Noch wirksamer: Lernen Sie gemeinsam mit Ihrem Kind ein Instrument. Zu spät ist es nie! Die schnelleren Fortschritte Ihres jugendlichen "Konkurrenten" werden diesen noch fleißiger üben lassen. Den Vater (die Mutter, die Geschwister) zu übertreffen, ist ein Stimulus mit besonderer Effektivität. Lassen Sie all Ihre Kinder ein Instrument lernen. Das gemeinschaftliche Musizieren in der Familie spornt an und macht Freude. Und Freude an der Musik ist der beste Garant zum Üben.

5. Überprüfen Sie, ob Ihr Kind den „richtigen Lehrer" hat, was immer dies heißen mag. Mit der Qualität und Motivationskraft des Lehrers steigt mit absoluter Sicherheit die Übe-Lust Ihres Kindes! Ganz wichtig: Besprechen Sie selbst mit dem Instrumentallehrer „Methoden des richtigen Übens".

6. Überlassen Sie nicht allein dem Ehepartner das Ritual (Einrichtung, Kontrolle, Gestaltung) des täglichen Übens. Ihr Kind spielt auch Ihnen zuliebe! Ob Sie es das spüren lassen?

7. Sorgen Sie für möglichst viele Vorspieltermine, die das Kind zum Üben anregen ... vorausgesetzt, Ihr Kind verspürt einen Trend zur Bühne. Wenn nicht, kann dieses „Medikament" auch unerfreuliche Nebenwirkungen haben. Landläufiger gesagt: Der Schuß geht nach hinten los!

8. Für gereiftere Altersstufen: Gestatten Sie Ihrem Sohn eine Freundin, Ihrer Tochter einen Freund; wenn er (sie) Musik und Freund(in) liebt, werden Sie überrascht sein über die Wirkung auf das tägliche Übe-Pensum.

9. Sollte Ihr Kind keine Bedenken gegen eine Wettbewerbsteilnahme haben (etwa bei „Jugend musiziert"), dann halten Sie zunächst Ihre Gegenargumente zurück. Die Teilnahme wird sich als Motivationsschub ersten Ranges auswirken. Ein

Leistungsvergleich mit Gleichaltrigen macht zumindest bei Fortgeschrittenen zusätzliche Übe-Reserven frei. Vergleichen spornt an!

10. Wenn sich Ihr Kind „Musik" als Berufsziel gesetzt hat, dann können Sie sich entspannt zurücklehnen und genüßlich dem selbstbestimmten Üben lauschen. Das Selbstbewußtsein Ihres Nachwuchses wird sich im Anspruch formulieren: „Ich weiß selbst, was ich will!" Wir gratulieren: Sie sind am Ziel Ihrer Wünsche.

11. Strafen Sie Übe-Unlust nicht mit Fernsehverbot, mit reduzierten Freundeskontakten, mit Fußballsperre oder sonstigen „typischen" Erzieherideen. Ihr Kind wird dadurch weder sein Instrument noch die Musik lieben lernen. Verzichten Sie möglichst (auch wenn's schwerfällt) auf das Argument des „vielen Geldes", das Sie investieren. Warum sollten sich Eltern (mit Geld) und Kinder (mit Üben) belasten, wenn's auch einfacher geht? Im übrigen wird Ihr Kind mit der Mahnung „Später wirst Du's bereuen!" nicht zu überzeugen sein.

12. Wo Empfehlungen 1 bis 11 keinen Erfolg haben, sollten Sie überlegen, ob Ihr Kind nicht doch besser dem Fußballverein beitritt, Schach spielt oder sonstigen Freizeitinteressen nachgeht. Auch diese Kinder sind glückliche Kinder. Ist Ihnen die Musik so wichtig, dann sollten Sie selbst ein Instrument spielen lernen. Wenn Ihnen keine unmittelbare Wirkung auf die eigenen Kinder beschert ist, wird spätestens die Generation Ihrer Enkelchen diese Familientradition fortsetzen und sich dankbar an die instrumentspielende Großmutter erinnern (hier sind die Garantien jedoch aus Altersgründen ausgeschlossen).

13. Haben Sie unsere Ratschläge nicht nötig und eher den Eindruck, daß Ihr Kind zu viel übt, dann sollten Sie sich glücklich schätzen oder kritisch prüfen, warum es das tut. Der Autor wünscht Ihnen guten Erfolg und ist für Rück- (Erfolgs-) Meldungen besonders dankbar. Dies hätte zumindest den Nutzen, den Empfehlungskatalog ggf. zu ändern oder gar mit dem Ausdruck des Bedauerns zurückzuziehen.

Herzliche Grüße
Ihr Autor als Vater übe-lustiger und -unlustiger Kinder

Sozialmilieu und Bildungskapital

Keine Frage dieser Studie ist leichter und eindeutiger zu beantworten als die nach der sozialen Schichtzugehörigkeit der jungen Talente. Ein ausgesprochen gehobenes Sozialmilieu ist der familiale Background und Startpunkt nahezu aller Jugendlichen. Ausnahmen finden sich allenfalls unter den Blechbläsern, die ihren Weg zur Musik nicht über familiäre Anregungen und Angebote finden.

Das Elternhaus bietet der großen Mehrheit der Jugendlichen Ein- und Aufstiegschancen, die vielen anderen für immer vorenthalten bleiben. Ihre soziale Herkunft wissen die jungen Gesprächspartner auch gebührend zu würdigen, wenn sie davon sprechen, daß sie ihren Eltern fast alles verdanken. Sie schätzen den geistig, bildungsmäßig und auch finanziell förderlichen familialen Hintergrund der Familie. Die Frage nach dem Sozialstatus im gesprächsergänzenden Fragebogen führt zum Ergebnis wie in Grafik S. 122 ersichtlich.

Die jungen Talente sind mehrheitlich Kinder von leitenden Angestellten oder Beamten in gehobenem Dienst. Nur 6% sind Arbeiterkinder. In ca. 50% aller Familien sind Vater und Mutter berufstätig (Hausfrauen: 55%). Differenziert man die Verteilung nach akademisch versus nicht akademisch, dann sprechen die Daten eine deutliche Sprache: 71% der jungen Musiker sind Akademiker-Kinder, womit Bourdieus Theorie vom Bildungskapital eine empirische Bestätigung erfährt. Das dialektische Verhältnis von Bildungsniveau (das wir bei Akademiker einmal voraussetzen) und Beschäftigung mit Kunst (klassischer Musik) wird eindrucksvoll nachgewiesen. Wir stellen fest: Künstlerische Spitzenleistungen hängen mit einem gehobenen Sozialstatus der Eltern zusammen, der die geistigen, ideellen, emotionalen Voraussetzungen für ein anspruchsvolles und leistungsorientiertes Musizieren besorgt – und dazu gehört sicher auch die Bereitstellung finanzieller Ressourcen. Die Eindeutigkeit dieses Befundes wurde über eine weitere Variable zur Schichtzugehörigkeit bestätigt. Mit dem Schichtmodell der Sozialen Selbsteinstufung („SSE" von Kleining/Moore[149]) wurden die konkreten Berufe, die Tätigkeiten der Eltern erfaßt. Damit wurde die relative Anonymität eines Status wie Beamter oder Angestellter aufgehoben. Wir erfahren, in welchen Berufen Klassische Musik zum Lebensalltag gehört wie das tägliche Brot. Knapp ein Drittel (29%) der Eltern ist Lehrer verschiedener Schularten. In Pädagogen-Kreisen finden wir sie also: die musikalischen (Hoch-) Begabungen unserer Gesellschaft. Warum? Zum einen kann man davon ausgehen, daß Lehrer weniger einer fremdgesteuerten Zeiteinteilung unterliegen und sich der Erziehung der Kinder intensiver annehmen können (selbst bei parallel laufender Unterrichtsvorbereitung sind sie zu Hause einfach präsent, können das Üben überwachen, stehen für Fragen zur Verfügung, sind greifbarer als außerhalb des Hauses arbeitende Eltern), zum anderen sind viele Eltern zugleich Schulmusiker, d. h. sie sind vom Fach. Das Familienmusizieren mag kompensationspsychologisch für sie geradezu ein Ausgleich sein für anstrengende, mitunter deprimierende Versuche, im Musikunterricht Jugend und klassische Musik zu vermitteln. Schüler lieben bekanntlich andere Musik als ihre Lehrer, womit Konflikte zwangsläufig programmiert sind. Für den Schulmusiker mag häusliches Musizieren geradezu eine Erholung sein. Und sie haben sicher ein Interesse daran, daß auch das Leben der Kinder mit anspruchsvoller Musik bereichert wird. An zweiter Stelle unserer Berufsskala stehen die Ärzte (10%). Ihre heimliche und öffentliche Liebe zur Musik (siehe hochqualifizierte Ärzteorchester) ist bekannt. Diese ist so stark, daß der eine oder andere Vater über die Entscheidung des Sohnes, Musiker zu werden glücklicher ist als über eine ebenfalls in Aussicht genommene Weiterführung der väterlichen Arztpraxis. Musizieren scheint in diesen Fällen wohl das „größte Glück", das einem Menschen widerfahren kann. Auf der Berufsskala folgen dann Diplomingenieure (8%) und Architekten (6%).

149 Kleining G./Moore, H.: *Soziale Selbsteinstufung (SSE) – Ein Instrument zur Messung sozialer Schichten*, in: *Kölner Zeitschrift für Soziologie und Sozialpsychologie*, Köln 1968, S. 502 f.

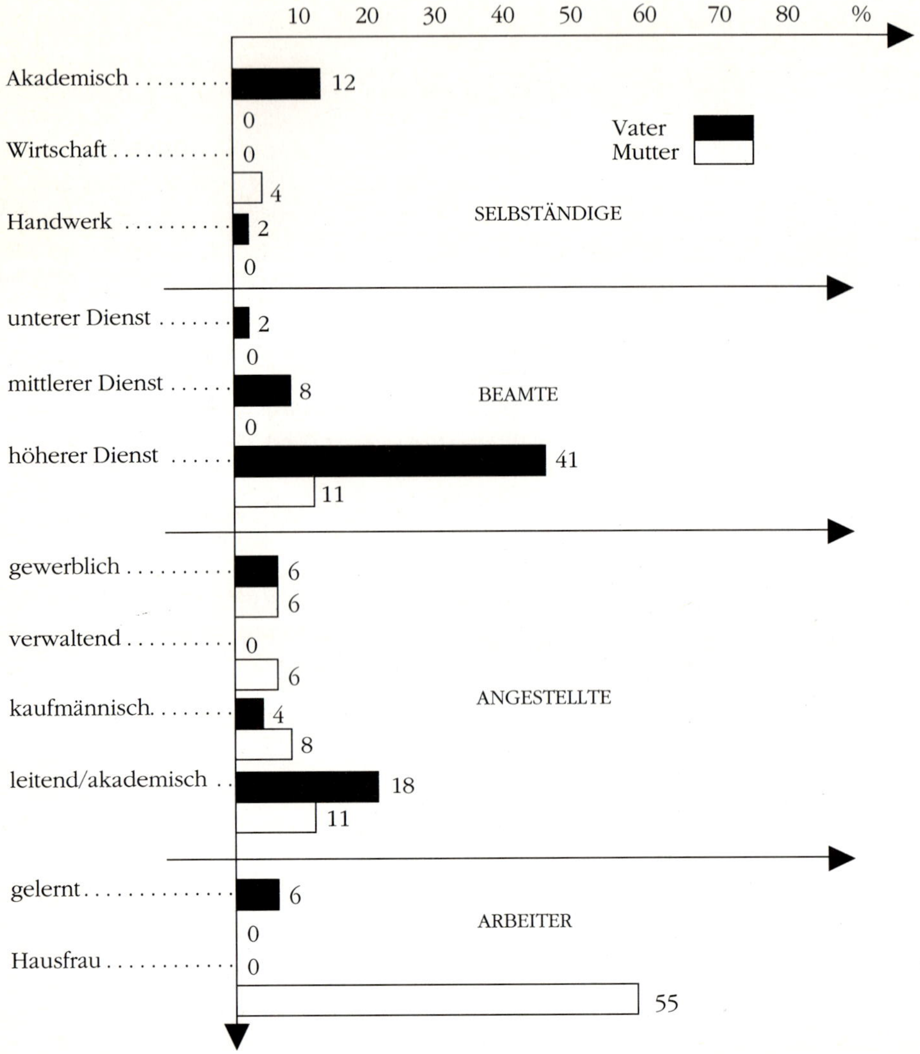

Grafik: Sozialstatus der Eltern unserer Stichprobe

Kinder aus der unteren Mittelschicht (Angestellte/untere Beamtenkreise) und der oberen Unterschicht machen nicht einmal ein Drittel der Stichprobe aus. Das Privileg anspruchsvollen Musizierens ist nach wie vor mit dem Bildungskapital (Bourdieu) gekoppelt, ästhetische und kulturelle Bedürfnisse werden im sozial gehobenen Elternhaus grundiert, und wir zweifeln, ob an diesem Zustand eine noch so progressiv-aufklärerische Bildungs- und Kulturpolitik in den nächsten tausend Jahren entscheidend etwas ändern wird.

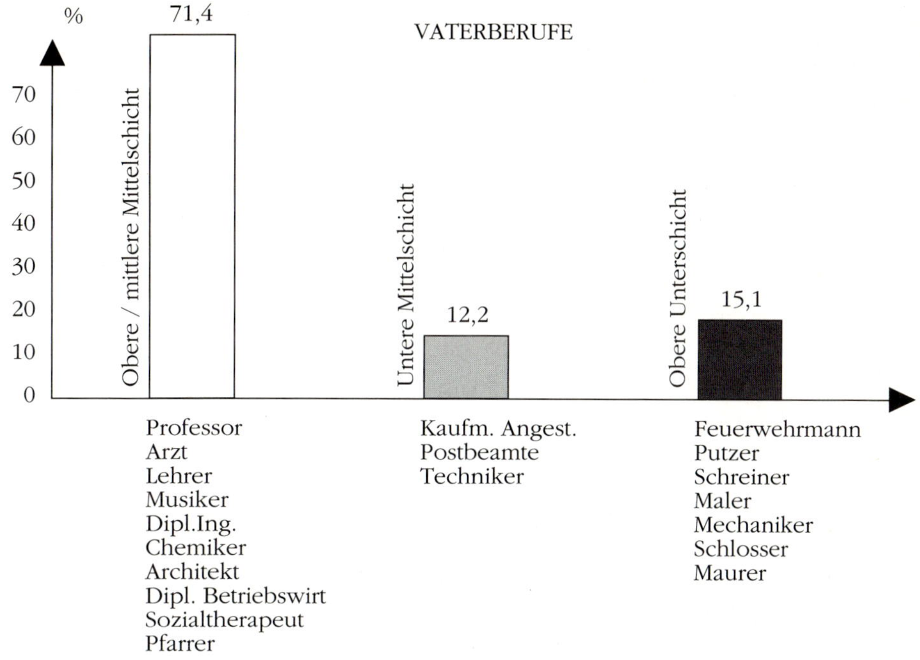

Grafik: Konkrete Berufsangaben/Schichtmodell nach Kleining/Moore (1968)

„Mein Vater kennt fast den ganzen *Faust* auswendig!"

Wenn Bourdieus Theorie (vgl. Kap. *Sozialmilieu und Bildungskapital*), daß jede kulturelle Praxis und auch Präferenz für bestimmte Literatur oder Musik mit dem Ausbildungsgrad zusammenhängt, aufgehen soll, dann mußte sich im Beispiel unserer akademisch überrepräsentierten Stichprobe jenes „Bildungskapital", das stärker als materieller Besitz junge Menschen prägt, problemlos feststellen lassen. Tatsächlich ist ein allgemeiner kultureller und bildungsmäßiger Anspruch für 93% der Stichprobe charakteristisch. Nur 4 Jugendliche vermissen eine kulturelle Prägung über die Familie, was sie letztlich mit dem Ausdruck des Bedauerns tun. Für die absolute Mehrheit gehört ein Kulturleben zum Alltag, das sich im regelmäßigen Konzertbesuch, in der Besichtigung von Sehenswürdigkeiten auf Reisen, im riesigen Bücherschrank mit Welt- und Musikliteratur, in einer Videothek, im Besitz einer Schallplattensammlung, in der Lektüre von Klassikern, im gemeinsamen Familienmusizieren, im Theaterbesuch, in der Besichtigung von Museen und Gemäldeausstellungen usw. manifestiert. Dieser kulturelle Bezug wird häufig über beide Eltern hergestellt, ganz sicher aber zumindest über Vater oder Mutter. Entweder achtet der Vater auf „Niveaubewußtsein" (und läßt z. B. den Fernseher über Jahre hin nicht reparieren), oder die „Liebe der Mutter zu den Klassikern" hat prägenden Einfluß. Die Kommentare der Jugendlichen zur Frage nach einem „Bildungskapital" sind überzeugend einheitlich:

> *Mein Vater ist in jeder Beziehung gebildet, der hat viel gelesen und besitzt Schallplatten in Massen. Er hat auch ganz bestimmte Vorstellungen, wie das sein soll. Meine Mutter ist unheimlich belesen, hat viele Museen besucht, natürlich auch mit Malerei. Das kennt mein Vater schon alles und ich habe mich auch ein bißchen dafür interessiert. Als ich noch kleiner war, habe ich mit meinem Bruder so eine Zeitschrift über Malerei bekommen. Auch Ballett mag ich sehr gerne, auch wenn ich nicht so oft da hingehen kann. Oper habe ich auch sehr viel kennengelernt, vor allem wegen meines Vaters, weil er jetzt da arbeitet* (19, w, I 14).

> *In unserer Familie wird sehr viel an Kultur betrieben, wenn man so sagen kann... Wir gehen oft in Konzerte, aber nur klassische Konzerte, Sinfoniekonzerte, sehr oft in die Oper. Besonders mein Vater weiß über Schauspiel ziemlich viel, weil er in seiner Studienzeit halt als Beleuchter fungiert hat am Schauspielhaus in XXX. Der kennt sämtliche Schauspielstücke teilweise auswendig, den ganzen „Faust" auswendig. Insofern läuft bei uns kulturell sehr viel. Mit dem Bereich der klassischen Musik hat er sich selbst sehr intensiv beschäftigt, ist durch sein Flötenspiel da rangekommen, und wir hören heute zu Hause fast nur klassische Musik* (19, m, I 43).

> *Ja, gibt's schon, durch meinen Vater, der hat mich sehr oft zu kulturellen Veranstaltungen mitgenommen, zu Konzerten, Theater, Museen, Bilderausstellungen und so weiter, und von daher bin ich eigentlich fast damit aufgewachsen* (17, m, I 27).

> *Das ist ganz sicher da bei uns in der Familie, ein gewisses Kulturbewußtsein. Gerade gegenüber der Malerei. Verwandte von mir sind nämlich Künstler, Maler. Der Versuch bei uns ist, ein bißchen Grundwissen zu schaffen, da gehört Literatur einfach auch dazu. Wir kaufen uns jetzt ein Abonnement für die Neue Philharmonie in München, dann fahren wir einundeinehalbe Stunde zum Konzert bis München... Ein Hausfreund von uns ist Hornist im Rundfunkorchester in München. Der besorgt uns immer die Karten, wenn was Besonderes los ist* (19, m, I 47).

> *Wir verfügen über ein hohes Bildungskapital, weil mein Vater sehr interessiert ist in Bezug auf Kunst und Musik. Wir haben einen riesigen Bücherschrank, in allen Gebieten besetzt, von Literatur über Bildbände von Ländern, Bildende Kunst, wozu wir immer uneingeschränkt Zugang hatten. Auch zu seinen Schallplatten, auch wenn mal eine verkratzt wurde. Ich konnte abends lesen, was angeboten war. Mein Vater liest sehr viel, abends lesen eigentlich beide Eltern* (21, m, I 80).

> *Das ist bei uns etwas gespalten, mein Vater kommt aus dem Beamten- und Handwerkermilieu. Meine Mutter dagegen aus relativ gebildeten Kreisen, die zum Teil vor dem Krieg Ministerposten in Deutschland innehatten und ziemlich gebildet*

und kulturell hochstehend waren, stark humanistisch geprägt. Was ich an Kulturellem vermittelt bekommen habe, verdanke ich der Liebe meiner Mutter zu den Klassikern, zu den Gedichten von Goethe und Schiller, ich habe immer was ganz Tolles vorgelesen bekommen. Ich konnte viele Bücher zu Hause lesen, weil meine Eltern viele Bücher hatten, unbegrenzte Möglichkeiten. Ich habe viel gelesen als Ausgleich neben dem Üben, zur Entspannung (21, m, I 53).

In der Prüfung der intersubjekten Nachvollziehbarkeit unserer Recherchen zum Sozialmilieu und Bildungskapital schreibt Hans E. Bräuninger übereinstimmend[150] mit uns:

Die vorliegende Untersuchung scheint zu bestätigen, daß (Hoch-) Begabungen im Bereich der instrumentalen Beschäftigung mit Musik eher an ein Sozialmilieu gebunden sind, welches sich im sogenannten Status- und Schichtaufbau der Bevölkerung als untere Mittelschicht bis Oberschicht beschreiben ließe. Ein mittlerer bis höherer Schulabschluß herrscht vor und sieht man durch den Beruf des Vaters (oder eines Elternteils) andere Merkmale der Schichtzugehörigkeit, wie Ausbildung und Einkommen miterfaßt, so dominieren hier besonders die Gruppe der Angestellten, Beamten und Selbständigen. Da in diesen Schichtgruppen ein gewisser schöpferisch-künstlerischer und allgemein-meinungsbildender Einfluß eher unterstellt werden kann, dürfte die Entdeckung, Förderung und Unterstützung eines (musischen) Talentes sicherlich nicht unabhängig vom Sozialmilieu diskutiert werden. Die wirtschaftlichen Voraussetzungen zum Erwerb eines Instrumentes, die Honorare für Unterrichtsstunden, sowie die Aufwendungen für Fahrten, Unterbringung und Verpflegung etc. bei Konzerten oder Wettbewerben setzen eine solide ökonomische Basis in der Familie voraus und scheinen in der vorliegenden Studie auch überwiegend gegeben. Und die Entwicklung einer Hochbegabung wird zweifellos begünstigt von einem Milieu, welches die Voraussetzungen für Wachstum und Reife eines Talentes zur Verfügung stellt. Die begabten Jugendlichen können also auf ein allgemeines Bildungsniveau innerhalb des sozialen Systems, dem sie angehören, zurückgreifen und dieses „Kapital" „gewinnbringend" in ihren eigenen Bildungsprozeß einbringen.

Eine Kehrseite des Bildungskapitals

Ich hätte zu einer Uraufführung nach Berlin fahren können, aber keine 10 DM für eine Fete bekommen.

Daß ein Zuviel an Bildungsbewußtsein, -anspruch und -kapital auch belasten und Freiheiten wie Bedürfnisse beeinträchtigen kann, empfindet ein Jugendlicher in nachträglicher Kritik. Konsequenz eines überzogenen Bildungsbürgertums kann sein, daß gleichzeitig jugendtypische Bedürfnisse, Wünsche und Träume begrenzt oder gezielt verhindert werden. Wo ein Familienindex vorschreibt, was Wert und Unwert, was Sitte und

150 Hans E. Bräuninger, a.a.O.

Unsitte, was erlaubt und was nicht erlaubt ist, muß es bei Jugendlichen Probleme und Konflikte geben. Die eigene Identitätsfindung kann durch allzu viele Vorschriften, Reglementierungen und rigide Stringenz negativ beeinträchtigt werden. Unter elterliche Restriktionen können bestimmte Filme, Literatur, Freundeskontakte, Feten mit Kumpels und das Medium Fernsehen fallen. Für einige Eltern meiner Stichprobe ist das Fernsehen geradezu der Bildungsfeind Nr. 1, was von den eigenen Kindern als unerträgliche „Bildungsüberheblichkeit" bewertet wird. Eine gewisse Erziehungsrigidität ist nicht zu übersehen, wo allein die Eltern über Anschaffung und Einschaltquote des Apparates entscheiden. Dies macht andererseits aber auch deutlich, daß dem Fernsehen in diesen Familien keine „third parent" - Funktion zukommt, wie in der Literatur zur Massenkommunikation häufig kritisiert. Nur steht zu befürchten, daß sich Erziehungsrigidität nicht nur auf den Umgang mit den Medien beschränkt, sondern sich auf andere Lebensbereiche ausweitet. Freiräume und hier vor allem die Möglichkeit der Begegnung mit Freunden, wann und wo ein Jugendlicher möchte, werden von einzelnen Eltern doch stark begrenzt. Daß die so Reglementierten dann spätestens mit ihrer Volljährigkeit von zu Hause ausbrechen, ist nur die verschobene Konsequenz einer Freiheit und Selbstbestimmung suchenden Jugend. Vom Hörensagen kennt man solche Beispiele zur Genüge.

An einer Hand abzuzählen sind die Antworten der Jugendlichen, denen keine anspruchsvolleren kulturellen Erfahrungen im Elternhaus vermittelt wurden. Daß sie es dennoch bis zum Erfolg der Bundesebene „Jugend musiziert" brachten, zumindest also Landessieger sind, ist um so erfreulicher und bewundernswerter. Ihre Anstöße zur instrumentalen und musikalischen Entwicklung liegen außerhalb der Familie und sind meist im örtlichen Musikverein zu finden (vgl. Kap. *Der instrumentale Werdegang*). Das Ausbleiben einer kulturellen Anleitung und Förderung wird als Mangel empfunden und bedauert. Daß es sich ausnahmslos um Kinder aus unteren Sozialschichten handelt, bedarf in diesem Zusammenhang keiner Hervorhebung mehr.

Eine Anmerkung zum Stichwort „eigene Wohnung" bzw. „eigenes Haus": Nahezu alle Familien verfügen über ein Eigenheim, das ein zeitunabhängiges Üben möglich macht, ohne daß sich „der liebe Nachbar" gestört fühlen könnte. Das eigene Wohnhaus ist zugleich Indikator eines relativen Wohlstandes.

Müssen Eltern Opfer bringen?

Es ist sehr wichtig, daß die Eltern vorrangig für ihre Kinder da sind (M).

Wertvolle Instrumente, Unterricht (Solo und Ensemble) bei hochqualifizierten Instrumentallehrern, Noten, weite Anfahrten zu Unterricht, Konzerten, Proben und Ensembles, Meisterkurse, Mitgliedschaft in Landes- oder Bundesjugendorchester – wer soll das bezahlen? „Die unheimlich vielen Fahrten" (wöchentliche Strecken von 150 km und mehr) machen nicht selten ein zweites Auto zur Bedingung, Folgekosten stellen sich ein (*Wird sind kreuz und quer überall hingesaust*). Hinzu kommt, daß in fast allen Familien mehrere Kinder (häufig mit zwei Instrumenten) auf einem anspruchsvollen Niveau musizieren. Und das heißt immer: Kosten multiplizieren! Nun meint „Opfer bringen" aber mehr als rein finanzielle Anstrengungen oder Entbehrungen. Wir denken auch an die Rückstellung von Elterninteressen und -wünschen zugunsten einer optimalen Förderung und Entwicklung der Kinder. Dazu gehört vor allem die Investition von Zeit, die viele Erwachsene in unserer Leistungsgesellschaft nicht mehr haben oder nicht zu haben glauben. „Time is money" ist heute für viele eine maßgebliche Arbeits- und Erfolgsperspektive. Auf den ersten Blick scheint sie für die Eltern unserer jungen Talente nicht zu gelten. Daß die instrumentale Ausbildung den Eltern „Opfer" abverlangt, wird zunächst in allen Gesprächen von ihnen selbst bestätigt. Doch der entbehrungssuggerierende Begriff „Opfer" wird spontan eingeschränkt. Die Eltern empfinden anders, Selbstmitleid ist nicht gefragt, sie wollen nicht dramatisieren. Einige Mütter kontern unsere Frage nach „Opfern" wie folgt:

> *Was kann es Schöneres geben, als dem Trio-Spiel seiner Kinder aus dem Nachbarzimmer zu lauschen?* (M, I 62)

> *Musik ist das Leben meines Kindes. Das Kind ist das Leben der Eltern, also ist das Ganze mein Leben* (M, I 23).

> *Es war nie ein Opfer, weil mir alles Spaß gemacht hat* (M, I 47).

> *Wenn Sie meinen, daß da ein bißchen Schmerz mitklingt, dann nein!* (V, I 06)

Besonders eindrucksvoll war das Gespräch mit einer Mutter, die aus der Gruppe der Wohlsituierten herausfällt. Ihr Mann ist Alleinverdiener, von Beruf Maurer. Gegen den Willen ihres Ehemannes hat sie die musikalische Ausbildung aller drei Kinder vorangetrieben. Sie resümiert:

> *Man ist entlohnt worden, ich persönlich war ganz fasziniert, mir hat sich eine Welt erschlossen, die mir völlig unbekannt war. Ich war glücklich darüber und so dankbar. Die vielen wunderbaren Konzerte unserer Kinder haben uns für alles entschädigt. Ich bin jeweils mit einer solchen Vorfreude zu den Konzerten gefahren, und dann sah ich die eigenen Kinder so mitten drin, im großen Orchester sitzen. Das waren für mich unvergeßliche Erlebnisse. Wir hatten aber auch Glück, denn es hat sich eine private Familie spontan bereit erklärt, die Hälfte unserer Kosten zu übernehmen. Das ging dann über Jahre, und ich fand es großartig, daß wir so unterstützt wurden. Heute ist meine Tochter in der Deutschen Studienstiftung* (M, I 16).

„Lohn" für persönliche Rücknahme und Entbehrung ist der Erfolg der Kinder, ist das Miterleben der Musik, die den Eltern ohnehin viel, wenn nicht alles bedeutet. Hier liegt der Schlüssel für die zeit- und kostenintensive Betreuung der Kinder, die eine gehörige Portion Selbstlosigkeit verlangt.

Bleiben wir zunächst bei den finanziellen Belastungen der Eltern. Trotz eines gehobenen Sozialmilieus, trotz relativen Wohlstandes (vgl.Kap. *Sozialmilieu und Bildungskapital*) fließen die Finanzen nicht unbegrenzt. Sparmaßnahmen und persönliche Beschränkungen der Eltern müssen einen Ausgleich schaffen für Größenordnungen, die allein beim Instrumentenkauf um 30 000 DM und höher liegen können. Gemeint sind Kosten für einen neuen Flügel oder für eine eigens in Japan angefertigte Querflöte (34 000 DM). Freuen kann sich der 15jährige, der die Chance hat, auf einem 150 000-DM-Cello zu spielen, das ihm sein Land zur Verfügung stellt. Dem Vater bleiben „nur" die monatlichen Versicherungskosten (vgl. Kap. *Mein Instrument*). Diese höchstförderlichen Rahmenbedingungen der instrumentalen Ausbildung der Kinder haben ihren „Preis". Manche Eltern verzichten seit vielen Jahren auf Urlaubsreisen, auf Putzhilfen im Haushalt, oder der Kauf eines längst überfälligen Neuwagens wird verschoben, ein abgetretener Teppich muß weiterhin seinen Dienst tun...

Eine Mutter offenbart ihren persönlichen „Sparplan", der manches im musikalischen Bereich möglich machte, was man nicht leisten zu können glaubte:

> *Viele Menschen meinen, daß es ohne bestimmte Dinge nicht gehe. Aus diesem Hause war seit 1964 niemand mehr beim Friseur. Nun machen Sie einmal für diese Zeit die Rechnung auf für sieben Personen. Dann merken Sie, daß da mit Leichtigkeit ein Flügel bei rausspringt* (M, I 06).

Daß einige Eltern eine Aufrechnung machen und den „Vater Staat" kritisch in die Mitverantwortung nehmen möchten, ist allzu verständlich. Talentförderung geht Kulturpolitikern allzu leicht von der Zunge, wie aber sieht die Wirklichkeit aus?

Ein Vater beklagt, daß die Fahrten zum Konservatorium nicht als Schülerfahrten anerkannt werden und der Sohn vollen Fahrpreis zahlen muß. Wir meinen, daß Entlastungen in diesen und in steuerlichen Bereichen durchaus vertretbar sind und möglich sein sollten. Einige Gesprächspartner relativieren die finanzielle Belastung als abhängig vom Einkommen. Aber selbst die Besserverdienenden können schon arg „gebeutelt" werden, wie nachfolgendes Beispiel zeigt:

> *Ein sehr großes Opfer war dann schon der Auslandsaufenthalt meiner Tochter. XXX ist ein teures Pflaster, sie mußte dort wohnen, das Studium war nicht kostenlos, im Jahr 2400 DM Gebühren, plus Lebensunterhalt, die hohen Mieten. Das war ein echtes Opfer selbst bei meinem relativ hohen Gehalt* (V, I 66).

Eltern heben wiederholt die besonderen „zeitlichen" Opfer hervor. Sie fahren zum entfernten Unterrichtsort (Fahrten bis zu 6 Stunden wöchentlich werden in Kauf genommen), warten dort stundenlang bis zum Ende des Unterrichtes, sie sitzen beim nachmittäglichen Üben dabei (im allgemeinen handelt es sich hier um Lehrerehepaare, die den Nachmittag zeitlich freier gestalten können), sie gehen mit in den Unterricht, geben dort nicht selten Empfehlungen (sicher nicht immer zum Wohlgefallen der Lehrer). Besonders kraß wurde dies in einem Fall deutlich:

> *Wir beschäftigten uns sehr mit dem instrumentalen Entwicklungsstand unserer Kinder. Wenn es uns im Unterricht zu langsam vorangeht und wir glauben, er braucht eine andere Literatur, dann suche ich die in der Stadtbibliothek zusammen und frage den Lehrer, was er von den Stücken hält. Die Zeit, die ich mit meinen Kindern in diesen Dingen verbringe, ist schon ein ganz schönes Stück* (w, I 18).

> *Die zeitliche Einschränkung oder das zeitliche Einschneiden ist in unserem Falle von größter Bedeutung. Mein Mann ist beruflich sehr eingespannt, und wir haben wenig gemeinsame Freizeit. Und diese gemeinsame freie Zeit wird durch das Musizieren doch erheblich eingeschränkt. Wir haben Fahrdienste, Abholdienste...* (M, I 25).

Eltern sprechen neben ihren finanziellen und zeitlichen Aufwendungen auch von sogenannten „psychischen" Opfern. Sie „begleiten" ihre Kinder, und das bedeutet: Sie teilen deren Gefühle, sie leiden mit, sie freuen sich mit, sie versuchen, Krisen überwinden zu helfen, sie druchleben Tiefen und Höhen. Vor allem die „Psyche" von Müttern wird bisweilen arg strapaziert. Sie, verantwortlich für die vielen Termine, fühlen sich mitunter gestresster als ihre Kinder selbst.

Einigen Eltern ist die Frage nach Opfern sichtlich unangenehm, sie relativieren und rationalisieren:

> *Eigentlich keine Opfer, aber na ja, die Instrumente waren schon teuer... Er kann sich das ja über den eigenen Unterricht, den er gibt, wieder reinholen. Insofern war es eine sinnvolle Investition... Ach nein, finanziell ging es uns nie schlecht, und das einzige, wozu es mich drängt, Geld auszugeben, ist für die Musik. Wenn ich mir Noten kaufe, bin ich glücklich...*

Tatsache bleibt, diese Eltern scheuen keine Investitionen in ihre Kinder. Wenn es eine Lebens- und Erziehungsmaxime für Eltern ist, Kinder nicht nur auf die Welt zu bringen, sondern sie auch optimal ihren Anlagen entsprechend zu fördern, dann scheint dies in exponierter und überzeugender Weise für die Eltern unserer jungen Nachwuchsmusiker zu gelten. Anerkennung und Bewunderung verdienen die Erzieher in dem Maße, wie hinter ihrem Engagement tatsächlich Selbstlosigkeit und kein überzüchtetes Karriere- und Erfolgsdenken stehen. Der sehr persönliche Eindruck in den Gesprächen mit den Eltern läßt uns daran glauben, daß die uneigennützig fördernde Erzieherhaltung für die weitaus meisten Eltern zutrifft.

In Übereinstimmung mit uns sieht Hans E. Bräuninger (mitauswertender Konkordanzprüfer) nicht nur eine finanzielle und zeitliche „Opfer"-Bereitschaft der Eltern, sondern auch eine erhebliche emotionale und psychische Belastung im erzieherischen Anspruch, den (Hoch-) Begabte an ihren Eltern stellen[151]:

Eltern hochbegabter Kinder sind häufig im Zweifel darüber, ob sie auch wirklich alles Erdenkliche tun, um der Begabung ihres Kindes gerecht zu werden, ob sie verantwortungsvoll handeln, mit ihnen „Schritt halten können", einer Entfremdung vorbeugen oder entgegenwirken sollen, ihnen „nicht im Wege stehen" durch erzieherische Anordnungen, oder aber „zu großzügig" – alles verstehend und verzeihend – dem Kind notwendige Grenzsetzungen versagen, um nur nicht dem Vorwurf ausgesetzt zu sein, man enge den Spielraum des Talentes unangemessen ein. Es besteht sicherlich Einigung darüber, daß elterliches Verhalten zur optimalen Entwicklungsförderung eines

151 Hans E. Bräuninger, a.a.O.

auch durchschnittlich begabten Kindes höchsten Ansprüchen genügen sollte – was in den seltensten Fällen je gelingt. Die Betreuung und Führung eines hochbegabten Kindes erfordert aber nicht weniger Bemühen (die Begabung schafft keine erzieherische Entlastung, sondern bedeutet in der Regel eine Zunahme elterlicher Anteilnahme) und ist insofern am besten vergleichbar mit dem anderen Extrem erzieherischer Höchstanforderung: die Betreuung eines minderbegabten Kindes!

Oft finden sich deutliche Unterschiede in der Entwicklung Hochbegabter zu den Geschwistern, was einen uniformen Erziehungsstil für die Eltern unmöglich macht; Rivalität, Eifersucht und Neid innerhalb (Geschwister, Verwandte) und außerhalb der Familie (Nachbarn, Lehrer) die angesichts der Begabung des Kindes nicht auszuschließen sind, greifen nachhaltig in das psychische Gleichgewicht der Familie und der Eltern ein; die Anspruchshaltung der Hochbegabten an die Eltern und – umgekehrt – die Erwartungen dieser an die Kinder führen häufig zu beiderseitiger Überforderung, Aggressivität, Erschöpfung.

Der letztgenannten Situationsanalyse von Rivalität und Eifersucht in Familien mit mehreren Geschwistern können wir uns weniger anschließen. In den meisten Familien unserer Stichprobe musizieren im allgemeinen alle Kinder (oft mit ihren Eltern) auf einem recht hohen Niveau. Differenzen in den Leistungen dürften nicht zu jenen Rivalitätsformen führen, die das Familienleben zusätzlich belasten, auch deswegen nicht, weil die Eltern ausgesprochen erziehungsbewußt um einen innerfamilialen Ausgleich bemüht sind. Und wo der eine Sohn „Leistungsmusik" betreibt, geht der andere womöglich dem Leistungssport nach.

Der instrumentale Werdegang

Der Vater zeigt ihm die Griffe auf der Geige; der ältere Bruder gibt ihm die ersten Klavierstunden. Bald stellen beide ihren Unterricht wieder ein; denn der Schüler überflügelt rasch seine Lehrmeister[152].

Gemeint ist kein geringerer als Franz Schubert, aber so oder ähnlich könnte man in die instrumentale Biographie unserer Talente einleiten. Sie haben häufig einen Elternteil als ersten Instrumentallehrer, musizierende Geschwister zum Vorbild, und sie machen in kurzer Zeit derartige Fortschritte, daß sie Eltern oder auch Erstlehrer im Können überflügeln und qualifizierterer Instrumentalpädagogik bedürfen. Übrigens teilen viele auch mit Schubert das Schicksal, „Schulmeister" als Eltern zu haben.

Motive zur Wahl des Instrumentes

So richtig die Vermutung ist, daß familiale Traditionen und elterliche Erwartungen in der Instrumentenwahl entscheidend sind, so richtig ist auch, daß die Festlegung auf ein bestimmtes Instrument außerfamilialen Einflüssen und dem Zufall des Alltags zuzuschreiben ist. Die Kategorisierung der Motive für die Wahl eines Instrumentes kommt zu folgendem Ergebnis (die Rangfolge entspricht der Häufigkeit der Motive):

1. Elterliche Erwartungen führen zur Auswahl und zum Erlernen eines Instrumentes
2. Musikvereine, Posaunenchöre und Schulorchester im regionalen Musikleben geben entscheidende Impulse zum Lernen eines Instrumentes. Häufig spielen bereits ältere Geschwister in diesen Instrumentalformationen.
3. Kontakte zu bestimmten Instrumenten werden über Verwandte, Bekannte und auch (Instrumental-) Lehrer ausgelöst.
4. Schallplatte und Spielzeug-Instrument
5. Musikimmanente und instrumentenspezifische Gründe
6. Ein Motivbündel legt die Wahl des Instrumentes fest.
7. Einzelstimuli sorgen für die Festlegung auf ein Instrument, etwa die Wirkung bestimmter Filmmusik, die preiswerte Klarinette im Sonderangebot, der ausgebuchte Instrumentalunterricht, der in ein anderes Fach wechseln läßt. Solche Auslöser verdanken sich den Zufällen des Alltags.

Bevor wir auf die einzelnen Motive zurückkommen, sollten wir hervorheben, daß in nahezu allen Fällen die Blockflöte das Erst- und Einstiegsinstrument schlechthin ist, bei dem jedoch nur wenige bleiben. Die Erzählungen zur Frage „Wie kamen Sie zu Ihrem Instrument?" begannen nahezu stereotyp:

Mit vier habe ich angefangen, Blockflöte zu spielen, im Kindergarten. Das war eigentlich meine erste musikalische Betätigung. Dann habe ich viel mit Freunden in Duett oder Trio gespielt ... (19, w, I 23).

152 K. Rehberg (Hg): *Deutsche Musikkunde*, Berlin (1951), 12. Aufl. 1971, S. 91

Also zuerst haben wir mal in der Grundschule Blockflöte gelernt. Dann war ich noch in einem Konservatorium, in einer musikalischen Früherziehung, da waren Glockenspiele und Orff-Instrumente... (15, w, I 25).

zu 1. „Meine Eltern wollten, daß ich ein Instrument lerne."

Welch dominante Rolle das Elternhaus in der Biographie der Jugendlichen spielt, mußten wir bereits mehrfach feststellen. Daß Eltern, und hier besonders der Vater, den entscheidenden Anstoß zur Wahl des Instrumentes geben, war daher zu vermuten. Begründungen lauten:

weil mein Vater das Instrument spielte... weil mein Vater sich selbst noch spät zum Spielen eines Instrumentes entschloß... durch den Einfluß meines Vaters... Irgendwie war das durch meine Eltern gleich eingeprägt, daß ich Geigerin werde.

Ein 21jähriger stellt lapidar fest:

Das Instrument ist bestimmt worden. Bei uns haben alle ein Instrument gelernt. Es ging einfach der Reihe nach: der Älteste spielte Cello, dann kam die Geige und dann kam ich mit dem Klavier (21, m, I 05).

Die Jugendlichen erzählen von tiefgreifenden Erlebnissen, wenn sie mit einem Strohhalm in der Hand neben ihrem Vater in der örtlichen Blaskapelle „mitspielten", wie sie vom Vater den ersten Unterricht erhalten und schon bald selbst im Musikverein mitblasen.

Wieder andere Eltern sorgen sich um eine sinnvolle Freizeitgestaltung und nehmen Anregungen auf, die von einem örtlichen Musikgeschäft bzw. der Musikschule (über die „Musikalische Früherziehung") kommen. Freilich wird der instrumentale Weg eines Kindes nicht bei allen Jugendlichen bereits so früh fixiert wie in nachfolgendem Beispiel. In seiner Tendenz aber ist es charakteristisch für die Art und Weise des elterlichen Einflusses auf die Instrumentenwahl.

Das ist eine sehr einfache Frage, wie ich zu meinem Instrument gekommen bin. Meine beiden Eltern sind Geiger, mein Vater war sogar Solist in einem philharmonischen Sinfonieorchester und meine Mutter hat an der Hochschule in XXX unterrichtet. Seit ich laufen kann, habe ich mit Musik zu tun. Mit viereinhalb habe ich auf der Geige begonnen. An sich wollte ich Harfe spielen, aber das ging nicht, weil das irgendwie gleich eingeprägt war, daß ich Geigerin werden sollte. Meine Eltern haben das entschieden, als ich viereinhalb war (19, w, I 14).

Eine eher seltene aber durchaus wirkungsvolle Variante instrumentaler Sozialisation ist das Erlebnis eines Jugendlichen, der gemeinsam mit seinem Vater ein Instrument lernt.

Mein Vater hat, als er schon ziemlich erwachsen war, mit dem Gedanken gespielt, noch Geige zu lernen. Er hat anfangs große Erfolge gehabt. Damit war der Gedanke geboren, daß auch meine Schwester und ich Geige lernen. Wir haben denselben Lehrer wie mein Vater. Dann meinte mein Vater, ich solle auf die Bratsche umsteigen. Viola spiele ich nun seit dem 12. Lebensjahr (15, m, I 18).

zu 2. Das örtliche Musikleben

Die besondere Funktion von Laien- und Liebhaberorchestern in der musikalischen Breitenförderung ist allenthalben bekannt. Überraschen dürfte eher die Erkenntnis, daß sich die jungen Bläser-Talente ihre ersten Sporen nahezu ausnahmslos in örtlichen Musikvereinen und kirchlichen Posaunenchören verdienen. Diese sind die meistgenannten Geburtsstätten unserer Bläserbegabungen. Und sie sind vor allem wichtig für jene Jugendliche, die nicht den Geburtsvorteil eines gehobenen familialen Sozialmilieus und Bildungskapitals haben. In den örtlichen Vereinen finden die Jugendlichen erste Einstiegs- und Fördermöglichkeiten. Liebhaber- und Laienorchester leisten vor allem in eher ländlichen Regionen eine unseres Erachtens zu wenig beachtete Talentfindung und -förderung. Bedenkt man ferner, wie vorschnell und vorurteilslastig eine selbstbewußte Profi-Welt zu lächeln neigt, wenn Amateure (= Musikliebhaber) mit großer Anstrengung und hoher Zeitinvestition nach Feierabend stillvergnügt musizieren, dann können die Verdienste dieser Ensembles nicht schlagzeilenkräftig genug publiziert werden. Und gar nicht so nebenbei sei der Hinweis gestattet, daß sich das Niveau des Laienmusizierens mit der Qualifizierung der Orchesterleiter erheblich gesteigert hat. So manches Laienensemble braucht den Vergleich mit Blasorchestern professionellen Zuschnitts nicht zu scheuen. Wer heute Laienmusik mit „laienhaft" oder gar „dilettantisch" gleichsetzt, tut vielen Laienmusikern Unrecht.

Das Vorkommen unseres Talent-Rohstoffes hängt erwartungsgemäß mit der regionalen und/oder religiösen Charakteristik zusammen. In Bayern wird man so wenig über Nachwuchssorgen im Bläserbereich klagen wie in vorwiegend protestantischen Gegenden, wo Posaunenchöre eine alte Tradition haben.

In weltlichen und kirchlichen Musikvereinen machen die meisten Blechbläser unserer Stichprobe ihre ersten musikalischen Gehversuche. Hier finden junge Menschen zur Musik, die sich Jahre später als Bundespreisträger im Bundesjugendorchester oder im Europäischen Jugendorchester wiedersehen. Die Mitgliedschaft in diesen Vereinen hat meist familiale Tradition. Großvater, Vater, Onkel und Geschwister sind häufig schon Mitglied in diesen Vereinen. Die Kinder erleben im Umfeld dieser Vereine den täglich übenden Vater, sie sitzen bei Proben oder Festkonzerten dabei, sie gewinnen Interesse an Musik und an einem bestimmten Instrument. Sie wachsen in dieser Welt der Feierabend-, Hobby- und Freizeitmusiker auf, und ihr Wunsch verstärkt sich, eines Tages selbst dazuzugehören. Wenn diese Studie auch eine kulturpolitische Funktion hat, dann ist an dieser Stelle zu vermerken, daß eine intensivere ideelle und finanzielle Förderung von Laienensembles auf der Tagesordnung gegenwärtiger und zukünftiger Kulturpolitik stehen sollte. Wenn es Maßstab effizienter Kulturpolitik ist, zum richtigen Zeitpunkt und am richtigen Ort in vertretbaren Maßstäben zu investieren, dann sollten Laienorchester auf einer Prioritätenliste absoluten Vorrang genießen.

Am wichtigsten scheint noch ihre kompensatorische Funktion. Noch einmal: sie bieten all jenen Jugendlichen einen Ausgleich, die ihre instrumentale Karriere nicht auf einer familialen Vorgabe gründen können. Von daher sind sie für eine Breiten-Talentfindung und -förderung unentbehrlich und bedürfen der besonderen Aufmerksamkeit gezielter Kulturpolitik. Subventionen in Laienkultur sind kein unnützer Luxus einer reichen Industriegesellschaft, sondern sie sind wichtige Voraussetzung für die Regeneration von Menschen in lebenswichtigen Spiel-Räumen und damit letztlich Voraussetzungen einer menschenwürdigeren Gesellschaft. Aus den Erzählungen der Jugendlichen über Blasmusikvereine und Posaunenchöre:

> *Es war folgendermaßen: Ich habe 4 Geschwister, die haben allesamt in XXX in der Musikkapelle gewirkt. Und wie es fast familiäre Pflicht war, ist man als letzter Zögling auch dort beigetreten. Ich habe zwei Monate auf der Trompete herumprobiert und das hat überhaupt nicht geklappt. Dann wurde ich kurzerhand vom Dorfkapellmeister auf Tuba gesetzt. Die hatten noch so einen alten Blechkübel, der ist mir in die Hand gedrückt worden. Das war der Anfang mit Tuba, da war ich 10 oder 11 Jahre alt* (18, m, I 52).

> *Bei mir war das ganz einfach: Unsere ganze Familie hat musiziert. Mein Vater war früher Posaunenchorbläser. Aus dieser alten Tradition heraus sollten es die Kinder natürlich auch lernen, ohne daß es irgendwie aufgezwungen wurde. Ich habe einfach eine Trompete in die Hand bekommen und sollte mal probieren. Ich wollte schon deshalb auch im Posaunenchor mitspielen, weil meine größeren Geschwister da mitwirkten. Die ersten Stunden habe ich bei meinem Vater genommen* (18, m, I 37).

Für Streicher scheinen die Möglichkeiten regionalen Laienmusizierens ungleich begrenzter zu sein. Dies mag mit der relativ anspruchsvollen Spieltechnik des Instrumentes, der eher „elitären" Aura und den semi-professionellen Maßstäben vieler Streichergruppen zusammenhängen (wie etwa den Betriebsorchestern oder den renommierten Ärzteorchestern). Den Jugendlichen bieten sich heute erste Orchestererfahrungen in Ensembles von Kreis-, Stadt-, Jugend- Musikschulen oder in Schulorchestern. Hier finden Streicher ihre erste Ensemble-Heimat, bevor sie in ein Landes- oder Bundesjugendorchester aufsteigen. Bei Kontrabassisten, die wachstumsbedingt erst später zu diesem Instrument finden, geben Musiklehrer als Orchesterleiter häufig den Anstoß zum Spielen. Für die Jugendlichen haben diese spät gewählten Instrumente zugleich eine kompensatorische Funktion: Frustrationen, die sie im bisherigen Instrumentalspiel erlitten haben, werden nun ausgeglichen, sie begeistern sich schnell für das „neue" Instrument, mit dem sie dann auch entsprechende Erfolge haben. So manche Jugendliche haben bis zur „Entdeckung" ihres Erfolgsinstrumentes eine wahre Instrumental-Odyssee hinter sich, wie das folgende Beispiel zeigt:

> *Komisch war das schon. Ich hatte sehr viele Instrumente ausprobiert... Klavier, Bratsche, Gitarre, Orgel. Irgendwann habe ich immer aufgehört, fand das alles dumm. Meine Mutter aber meinte, ein Instrument müßte sein! Da war ich schon 12. Sie ist zu unserem Musikschulleiter gegangen und hat gefragt, was man denn mit 12 Jahren noch machen könnte. Weil ich da schon relativ groß war und weil Kontrabassisten wohl ständig Mangelware sind, kam die Idee, mich Kontrabaß lernen zu lassen. Dann kam sie auch gleich mit dem Kontrabaß nach Hause und*

der Unterricht begann sofort. Ich habe mich sehr gewehrt dagegen, weil ich eben gar nichts mehr spielen wollte. Ich hatte bis dahin keine richtig motivierenden Lehrer, denen schreibe ich das ein bißchen zu (17, m, I 32).

Zu den Instrumenten, die in Orchestern Mangelware sind (bis hin zum BJO) zählen auch tiefe Bläser wie Bariton-Horn, Tuba oder Fagott. Die Tatsache, daß sie in den Orchestern fehlen, war für einige Jugendliche der Auslöser zum Spielen derselben.

Im Schulorchester des Gymnasiums in XXX wurde ein Baritonhornbläser benötigt, und meine Eltern dachten, daß Horn doch ein schönes Instrument sei. Der Musiklehrer drückte mir ein Baritonhorn in die Hand. Anfangs habe ich mit wenig großer Begeisterung geübt, bis dann irgendwann der Wechsel zur Tuba kam, als die Tuba im Orchester benötigt wurde (21, m, I 53).

Die Musikschule in XXX war stark im Werden und die Verantwortlichen wollten Mangelinstrumente systematisch fördern. Dort wurde mir dann empfohlen, doch Fagott zu spielen, weil ich im Blockflötenensemble schon immer Baßflöte gespielt habe. Baßschlüssel konnte ich gut lesen, und da habe ich mich eben für das Fagott entschieden (21, m, I 80).

zu 3. Kontakte zu Instrumenten entstehen über vertraute Personen

Diese Erkenntnis hat sicher keinen Premierencharakter. Auch in unserer Studie bestätigte sich wiederholt der Einfluß von instrumentspielenden Eltern oder Geschwistern. Der Kreis der auswahlbestimmenden und animierenden Personen ist aber zu erweitern auf Nachbarn (wohl dem, der von einer Nachbarin wie Tabea Zimmermann inspiriert wurde), Bekannte und Verwandte, den Großonkel als Allround-Musiker, auf die Oma, die ein Klavier vererbt, den Opa, der die Querflöte über alles liebt oder bereits ein Cello besitzt, die familienbekannte Lehrerin, Freunde und Schulkameraden – sie alle haben wichtige Schlüsselfunktionen für die Wahl eines bestimmten Instrumentes. Dies will sagen, daß Vorlieben für bestimmte Instrumente im psychischen Nah zu vertrauten und sympathischen Personen ausgeprägt werden.

zu 4. Zum Einfluß von Spielzeug-Instrumenten und Schallplatten

Die in der Musikpädagogik und vom Autor selbst arg gebeutelten und gescholtenen Medien erweisen sich vor allem für jene Jugendlichen als wichtige Anreger zur Wahl eines Instrumentes, die nicht über einen förderlichen musikinteressierten und -informierten Familienbackground verfügen. So kann beispielsweise Spielzeug im Kindesalter jenen wichtigen Zündfunken in Sachen Musik und Instrument auslösen. Das geschenkte Spiel-Glockenspiel („grausige Töne auf klapprigen Plättchen") oder die Clarina lassen Eltern aufmerksam werden auf Fertigkeiten und Fähigkeiten im kindlichen Spiel eines bekannten Liedes. Der Musik-Spielzeugmarkt sollte in seiner Animationsfunktion nicht unterschätzt werden, weniger musikprivilegierte Schichten machen in diesen musikalischen „Niederungen" erste positive Beobachtungen und entschließen sich dann zum

Kauf eines „seriösen“ Instrumentes. Eltern glauben, „etwas“ an Begabung entdeckt zu haben, was sie fördern möchten.

Für andere brachte die Schallplatte das entscheidende Schlüsselerlebnis.

Zu irgendeinem Geburtstag bekam ich eine Schallplatte mit XXX-Aufnahmen. Da hat es dann gefunkt! Ich war voll begeistert und wünschte mir, auch so spielen zu können. Ich habe von dem Moment an regelmäßig geübt. Erst als diese Schallplattenaufnahme in mein Leben trat, ging alles so richtig los (21, m, I 53).

Zu den Medien gehört heute wie kein zweites das Fernsehen. Musik im Fernsehen[148] spielt heute in der musikalischen Sozialisation unserer Kinder eine entscheidende und meist eher negative Rolle. Aber in unserem Fallbeispiel ist Gegenteiliges zu berichten: Filmmusik kann auch ihre positive Wirkung haben.

Ich wollte eigentlich schon immer Trompete spielen. Mir gefiel immer sehr gut, wie die Soldaten in den Wildwestfilmen mit den Trompeten kamen. Das imponierte mir und ich wollte es nachmachen. Mit 6 Jahren habe ich bereits mit der Trompete begonnen, obwohl das sehr früh ist...

zu 5. Musikimmanente und instrumentenspezifische Gründe

Voraussetzung für diese Gruppe Jugendlicher ist ein musikinteressiertes und -informiertes Elternhaus, das zudem im öffentlichen Konzertleben zu Hause ist. Musikalisch-künstlerische und spieltechnische Argumente führen zur Auswahl des Instrumentes. Diese können sein: die Art der Klangerzeugung und -gestaltung, die Klangfarbe oder auch der spätere Einsatz im Orchesterspiel. Hinzu kommen die so wichtigen, weil tiefenwirksamen Live-Erlebnisse, die jenen Funken zünden, der die jungen Musiker auf den Weg bringt.

zu 6. Ein Motivbündel bestimmt die Entscheidung für ein Instrument

Manche Jugendliche nennen nicht nur „einen“ ausschlaggebenden Grund für die Wahl ihres Instrumentes. Sie nennen ein ganzes Motivbündel, womit sie nachträglich auch ihre Wahl rechtfertigen. Hier werden ihre Erzählungen zu ausführlichen lebensgeschichtlichen Erinnerungen. Wir greifen ein Fallbeispiel heraus:

Ich bin als Sohn eines Musikers geboren. Mein Vater ist Kirchenmusiker. Ich hatte daher sehr früh Kontakt zur Musik. Von meinem Vater hatte ich mit 5 oder 6 Jahren den ersten Klavierunterricht, ganz unregelmäßig zunächst. Mit 12 oder 13 hatte ich keine Lust mehr, allein zu spielen, und suchte ein anderes Instrument. Eigentliche wollte ich schon immer Musiker werden, das war klar, wenn der Vater schon Musiker war. Wir hatten bei uns eine ungarische XXX (Instrumentalistin) wohnen, die bei XXX studierte. Da habe ich das Instrument gehört, wenn mein Vater abends mit ihr Kammermusik spielte. Das hat mich interessiert und ich haben darauf herumprobiert. Eigentlich wollte ich immer Waldhorn spielen, aber dafür gab es bei uns keinen Lehrer. Dann kam die Überlegung meines Vaters:

Welcher Lehrer kann in XXX (Ort) welches Instrument sehr gut unterrichten. So kam ich also zur XXX (Instrument). Der Unterricht ging wahnsinnig gut, habe unheimlich schnell gelernt. Nach einem Vierteljahr habe ich im Regionalwettbewerb bereits den 2. Preis gemacht (21, m, I 70).

zu 7. Einzelstimuli

Vergessen seien abschließend nicht die vielen glücklichen Zufälle unseres Alltags, denen manche Jugendliche ihre Anregung verdanken. Da vereitelt die Warteliste einer Musikschule das Lernen eines vorbestimmten Instrumentes, und die Wahl fällt auf ein „freies" Instrument. Da wird auf das anvisierte Cello verzichtet, weil gerade eine preiswerte Klarinette zu kaufen war. Da wird von der Alltagsbegegnung mit einem Musiker berichtet, der fasziniert. Hier und da bringt eine Zeitungsannonce, die Nachwuchs für das örtliche Blasorchester anfragt, den Jugendlichen auf die Idee einer sinnvollen Freizeitgestaltung. Und wenn es gerade die jungen Musiker sind, deren Elternhaus ein Leben mit Musik nicht vorbestimmt, sind diese Alltagsumstände und Schicksalsmomente umso erfreulicher.

Von den Pädagogen im Anfangsunterricht zu den seltenen Experten. Eine Chronologie der Lehrerwechsel und ihrer Gründe

Die Frage nach den Erfahrungen mit Anfangsunterricht, ersten Lehrern und der weiteren unterrichtlichen Entwicklung führte zum umfänglichsten narrativen Material. Vor die kategoriensystematische Analyse der Erzählungen setzen wir eine relativ willkürlich ausgesuchte Narration, die aber in mehrfacher Hinsicht exemplarisch für die frühe und sich anschließende instrumentale Lernbiographie der jungen Talente ist.

Ein Oboist erzählt:

Also meine Lehrerin war halt erstmal eine Frau, war unheimlich lieb und hat mir einfach den Spaß gegeben am Spielen. Sie hat auch die deutsche Oboenschule vertreten: dumpfer Ton und einfach schön spielen. Mein nächster Lehrer war im Prinzip ein totaler Techniker, hat sehr viel Avantgarde-Musik gemacht, war mit Pierre Boulez im „studio contemporaire" und war als Typ ein bißchen wie mein jetziger Lehrer, fast noch ein bißchen idealistischer, verschossener in die ganze Technik. Sein Ziel war immer, die Oboe als Instrument weiterzubringen... Er ist ein ganz seltsamer Mensch, auch irgendwo ein kaputter Mensch, ist Alkoholiker, Kettenraucher, dem geht's ziemlich dreckig. Auf jeden Fall habe ich bei ihm viel gelernt, gerade im Blick auf den Stil, wie ich Oboe spiele, mehr in die französische Richtung, einen helleren Ton, flexibler. Dieser Lehrer hat mir eigentlich sehr viel Freiheiten gelassen. Ich habe im Unterricht z.B. nie irgendwelche Etüden gespielt oder Tonleiter. Er hat mir Fingerübungen gezeigt und gesagt: „Dann mach das mal!". Im Prinzip war es meine Sache, daß ich lerne, er hat nur kontrollierend darübergestanden. Ich muß sagen, das war für mich genau das Richtige, weil ich ein Typ bin, der das nicht brauchen kann, wenn einer ständig sagt: „Mach das oder das!" Ich weiß selbst, was mir fehlt, und ich habe sehr viel in Technik und mit Tonleiterübungen gearbeitet. Nach 3 Jahren Unterricht war es ein Verhältnis wie Vater und Sohn. Ich war eigentlich jeden Sonntagmorgen bei ihm, und wir haben uns unterhalten. Am Schluß dieser Unterrichtszeit haben wir eigentlich nur noch über Musik geredet und über die Vorstellung, wie man Musik machen soll, haben ein Glas Martini oder Cognac getrunken. Er war so ein bißchen Vaterinstanz.

Das war auch so ein unheimlicher Schlag, als ich hier nach XXX zum Studium ging. Der jetzige Lehrer, Herr XXX, unterrichtet nicht. XXX ist überhaupt nicht das, was man als Pädagogen bezeichnen kann, als Lehrer. Er ist ein Genie als Musiker, ein Genie auf der XXX, ein Genie als Komponist, ein Genie als Pianist, er ist alles, aber er ist kein Lehrer. Ich bin in die erste Stunde zu ihm – er ist natürlich auch ein bißchen ein Mensch, der es einem menschlich unheimlich schwer macht, auf einen zuzugehen –, da hat er mich nicht einmal begrüßt. Ich bin reingegangen, habe meine Oboe zusammengebaut und bin dagestanden, habe ein paar Noten hingestellt. Ich hatte erwartet, daß er fragt: „Woher kommst Du denn, was machst Du, was willst Du spielen?" Aber er war einfach ruhig und sagte nur: „Dann spiele er einmal." Es war am Anfang für mich sehr schwierig, weil ich zu ihm als Mensch Ressentiments hatte. Er war mir ein bißchen suspekt, wie er das Ganze machte. Seine Unterrichtsmethode ist halt die, daß man ein Stück im Unterricht nur einmal macht. Man lernt natürlich technisch und musikalisch unheimlich viel. Er zeigt einem genau die Grenzen, wo man steht. Nur ist er kein guter Lehrer, weil er nicht sagt, „wie" ich das besser machen könnte. Er spielt selbst viel vor und sagt auch: „Da mußt du die Töne breiter machen, hier mußt die Höhepunkte setzen," aber er zeigt einfach keine Tricks oder gibt keine Tips, daß es für die oder die technische Stelle z.B. eine gute Übung gibt. Er hat auch überhaupt keine Geduld. Also wenn man eine Stelle spielt und er erklärt das oder spielt es kurz vor und man kapiert das nicht gleich, weil man bestimmte Reflexe noch drin hat, dann ist es ihm schon egal. Wenn der Junge es nicht kapiert, was soll er dann noch? Aber mit der Zeit gewöhnt man sich daran. Man muß ihn verstehen, daß er einfach keine Lust mehr hat zu unterrichten. Er verdient so viel Geld und macht so viele Sachen... ist unglaublich viel unterwegs. Ich habe vielleicht zweimal im Monat Unterricht, sehr unregelmäßig, man muß die Zeit immer überbrücken, indem man eben selbständig arbeitet, was mir eigentlich sehr liegt. Die Stunde selbst ist mehr so ein Konzertleben, ein Streßerlebnis, man ist einfach schon nervös in der Unterrichtsstunde. Man muß unter Streßbedingungen arbeiten, aber dadurch lernt man auch sehr viel...

Diese verkürzte Lerngeschichte macht neben individuell persönlichen Erfahrungen bereits allgemeine übergreifende Strukturen und Phasen instrumentalen Lernens deutlich. Abstrahieren wir von Einzelfällen, dann lassen sich allgemeine Merkmale für die instrumentale Entwicklung der Jungtalente festhalten.

Stationen der instrumentalen Lernbiographie

Station 1: Erster Unterricht wird häufig innerhalb der Familie selbst erteilt, weil Eltern ein Instrument spielen. Bei Bläsern sind die ersten Lehrer meist die Leiter örtlicher Laienblasensembles (Blaskapellen in Bayern oder Posaunenchöre in vorwiegend protestantischen Gegenden).

Station 2: Die ersten Lehrer (privat/öffentlich) werden übereinstimmend als gute „Pädagogen" erinnert, als lieb, nett, freundschaftlich, väterlich, warmherzig, kinderlieb. Ihre instrumentalen Fähigkeiten werden jedoch als so begrenzt bewertet, daß die Jugendlichen bald (und auch relativ häufig) wechseln, um in optimale Betreuung zu kommen.

> *Ich war zwischen 8 und 12 bei einem Lehrer, der sehr auf mich eingegangen ist... Pädagoge, ja, aber am Schluß fast zu nett, daß es nicht mehr viel gebracht hat* (17, m, I 27).

Damit bestätigen sich für unsere Studie die Erkenntnisse Benjamin S. Blooms (vgl. Kap. *Der instrumentale Werdegang*), daß Talente zunächst bei einem warmherzigen aber fachlich eher bescheidenen Lehrer Unterricht haben und aufgrund ihrer schnellen Lernfortschritte schon bald nach qualifizierteren Instrumentallehren Ausschau halten, nach jenen seltenen Experten und Profis, die die Schlüssel zum Erfolg in den Händen halten und wichtige Tore öffnen helfen.

> *Mein erster Lehrer war ein Militärmusiker im Musikverein. Dann kam ich zum zweiten Lehrer, der ein guter Laie war* [:Hinweis auf die beschränkte instrumentale Qualifikation]. *Der hat mir den Geschmack an der Musik vermittelt und dann die Verbindung zu meinem Rundfunkorchesterlehrer geschaffen* (21, m, I 50).

Station 3: Zu Experten bzw. qualifizierteren Lehrern kommen manche Jugendliche schon früh, die einen über Zwischenstationen (Musikschule bzw. Privatlehrer), die anderen unmittelbar dank der Initiativen von förderungsfreudigen Lehrern oder fortschrittinteressierten Eltern.

Konkretisieren wir den instrumentalen Gang am Beispiel der Bläser (hier ist er am einheitlichsten), dann folgt dem Spiel am örtlichen Musikverein der qualifiziertere Unterricht in einer nahegelegenen Musikschule: Statt Gruppenunterricht im Verein nun Einzelunterricht bei einem Fachlehrer, statt des verbreiteten Potpourri- und Marsch-Repertoires nun eine Öffnung zum Künstlerischen hin, statt des ausschließlichen Ensemblespieles nun auch solo-instrumentale Literatur. Manche Jugendliche reagierten geradezu irritiert bei der Erfahrung, *was man doch so alles auf dem Instrument spielen kann*.

Die jungen Talente wachsen häufig schon bald über das instrumentale Können ihrer Instrumentallehrer in den Musikschulen hinaus, was zur neuerlichen Ausschau nach einem noch qualifizierteren Lehrer veranlaßt. Für manche wird die Suche zu einer instrumentalen Odyssee. Die neuen Lehrer finden sie gewöhnlich unter den Solisten der regional nahen Radio-Sinfonie-Orchester oder der Staats- und Stadtorchester. Wer in einer entsprechend großen Stadt oder in der Nähe wohnt, hat hier als Suchender sicherlich Vorteile. Aber auch die weiter entfernt wohnenden finden neue Lehrer, und ihre Eltern scheuen weder Zeit noch Geld für weite Anfahrten (quer über den „Kontinent") und kostspieligeren Unterricht.

Diese neuen Lehrer (bei manchen auch schon Hochschullehrer) haben eine wichtige Animationsfunktion: Sie beeinflussen wie niemand zuvor die Entscheidung der Jugendlichen, Berufsmusiker zu werden.

Es gibt allerdings eine weitere Variante, wie junge Talente zu einem neuen Lehrer finden: über den Wettbewerb Jugend musiziert. Wie? Nichts leichter als das. Die Landes- und Bundesebene dieses Wettbewerbs ist für viele Instrumentallehrer, die dort als Juroren fungieren, ein sicher nicht unwillkommener Talentmarkt, der nach eigenem Nachwuchs Ausschau halten läßt. Juroren kommen mit den Jugendlichen ins Gespräch, geben beratende Hinweise und hier und da auch das Signal, daß sie ein Talent als Schüler aufzunehmen bereit sind (dann und wann sicher zum Leidwesen des vorausgehenden Lehrer-Kollegen). Ob Abwerbung oder nicht, den Jugendlichen dürfte angesichts der unbestrittenen Qualität der Instrumental-Juroren der Lehrerwechsel zugute kommen. Hin und wieder werden Juroren auch von Jugendlichen oder ihren Eltern angesprochen. So gesehen hat der Wettbewerb Jugend musiziert die wichtige Funktion der Begabungsförderung; manch talentierter Nachwuchsmusiker (vor allem der sozial weniger Privilegierte) kommt nun in pädagogische Hände, von denen er nicht einmal zu träumen gewagt hätte. Schon aus dieser Sicht ist der Wettbewerb zu legitimieren.

Station 4: Sind die Experten zugleich Hochschullehrer, dann führen diese ihre jungen Talente baldmöglichst als Vorstudenten (in den Bundesländern gibt es eine unterschiedliche Terminologie: auch Vorschüler, Jung- oder Gaststudenten) in die Musikhochschulen ein. Parallel dazu sind die Jugendlichen weiterhin in der allgemeinbildenden Schule, für einige eine ziemliche Doppelbelastung. Weniger häufig fällt die Entscheidung zum Besuch eines Konservatoriums; dies eher bei jenen, die mit Schule so gar nichts mehr im Sinn haben und diese eher heute als morgen verlassen möchten. Das Konservatorium bietet sich an, wenn die Jugendlichen für ein Vollstudium an der Musikhochschule noch zu jung sind oder als Vorstudenten noch nicht angenommen werden.
Das Studium wird als willkommene weil gezielte Vorbereitung für ein Hochschulstudium bewertet. Aber wie gesagt: Jugendliche, die kein Abitur machen, sind in unserer Stichprobe die absolute Ausnahme (vgl. Kap. *Schulabschluß, ein unantastbarer Elternanspruch*).

Station 5: Nach dem Abitur folgt die Aufnahme in eine Hochschule zum Studium des entsprechenden Instrumentalfaches. Vollstudenten waren bereits 30% meiner jungen Gesprächspartner, so daß wir auch über den Wechsel an den Hochschulort und die Probleme der ersten Semester angemessen sprechen konnten (vgl. Kap. *Krisen, ihre Ursachen und Überwindung*). Die Wahl des Hochschulortes richtet sich bei jenen, die noch nicht als Vorstudenten immatrikuliert sind, auch nach Ruf und Renommée des Hochschullehrers. Mitunter spielt eine Hören-Sagen-Kompetenz aus den Informationsbörsen

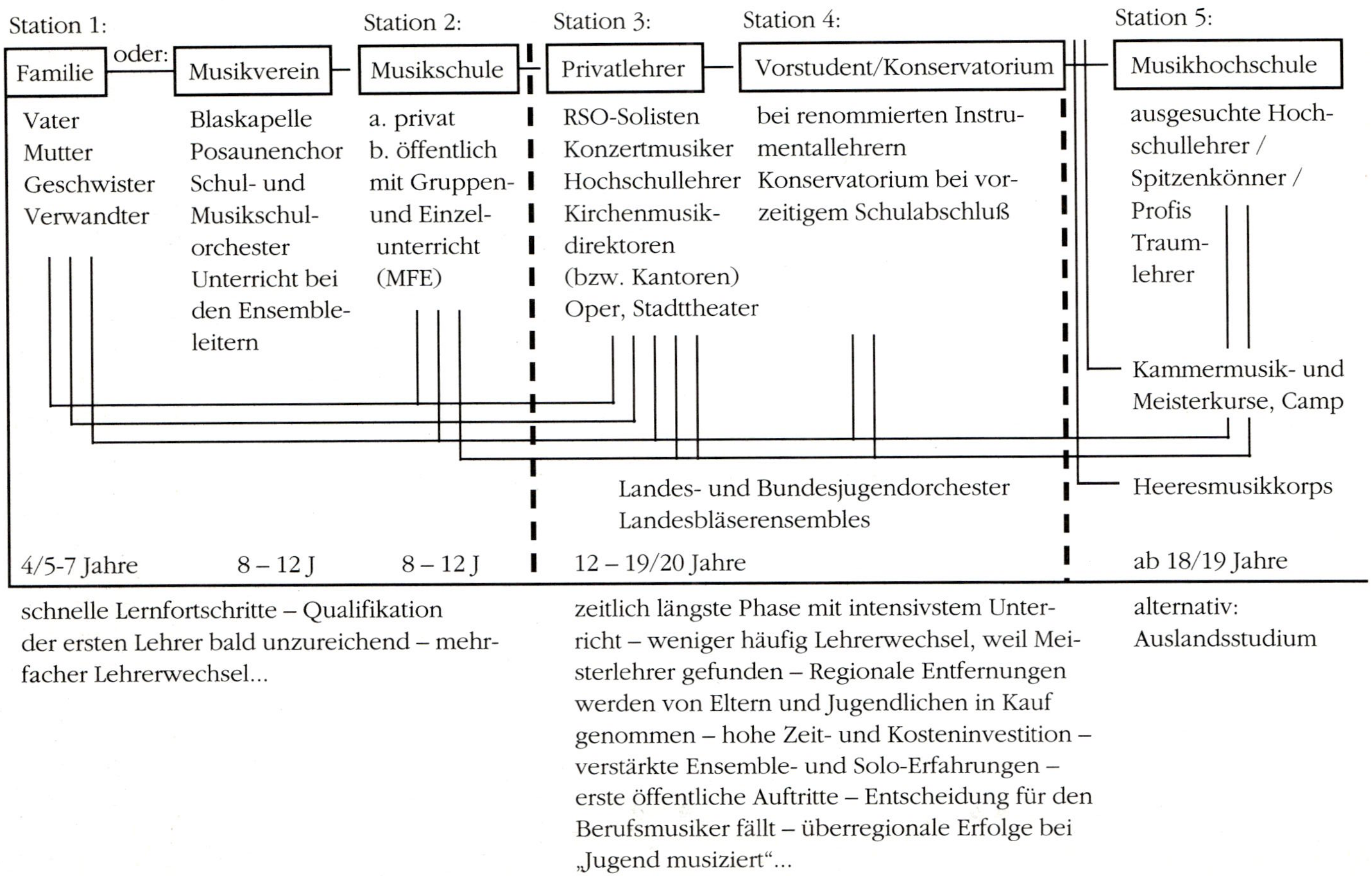

Grafik: Stationen des Unterrichtes in der instrumentalen Lernbiographie junger Talente

Von den Pädagogen im Anfangsunterricht zu den seltenen Experten.
Eine Chronologie der Lehrerwechsel und ihrer Gründe

„Landes- oder Bundesjugendorchester" eine Rolle in der Entscheidung für einen Hochschulort. Sollte der Meisterlehrer im Ausland arbeiten, werden keine Mühen gescheut, auch dort zu studieren (in unserer Stichprobe in der Schweiz oder den USA). Der Lehrer zum Zeitpunkt des Gesprächs ist für viele der vorläufige Traumlehrer, vorläufig deshalb, weil dem Wissens-, Lern- und Vervollkommnungsdrang der jungen Musiker keine Grenzen gesetzt sind. Da sind schließlich noch die Berliner Karajan-Akademie, die unterrichtenden Berliner Philharmoniker oder die reputierten Solisten wie Frans Brüggen, Hans Martin Linde, Heinz Holliger, Igor Ozim, Thomas Brandis, Tibor Varga, um nur einige aus den Erfolgsetagen zu nennen. Ein Unterricht bei diesen Kapazitäten – warum nicht damit liebäugeln? Es wäre ein Anreiz zu weiterer Anstrengung auf dem Weg nach oben.

Wichtige Orchestererfahrungen sammeln die Jugendlichen (je nach Instrument) zwischen 12 und 19 Jahren in den Landesjugendorchestern, im Bundesjugendorchester, im Europäischen Jugendorchester und eben in den vielen regionalen und überregionalen Ensembles, denen sie angehören. Begegnungen mit renommierten Orchesterleitern (darunter Karajan, Bernstein, Stokowski, Giulini, Abbado, Dannon, Wangenheim, Halffter, Bamert, Bertini u.a.) werden zu wegweisenden Erlebnissen und Bestätigungen für die Entscheidung zum Berufsmusiker.

Neben diesen mehr formalen Abfolgen und Stationen interessiert vielmehr die Qualität des erlebten Unterrichtes in den einzelnen Lehrer-Phasen, d. h. wie wird Instrumentalpädagogik in der Retrospektive bewertet, wo gibt es Notstände, wo Bilanzen mit Glanz, was ist verändernswert, was beizubehalten, welche Gründe führten zu einem Lehrerwechsel?

Wir können ein wechselvolles und spannungsreiches Kapitel erwarten, das wir besonders den Instrumentallehrern ans Herz legen. Vielleicht werden Erfahrungen vom Unterricht ihres Schülers beim „vorausgehenden" Kollegen bestätigt (der, wenn nicht alles, so doch manches falsch gemacht und verdorben hat?). Hoffnungsvoll wäre es freilich, könnten die Kritiken der jungen Instrumentalisten hier und da zu einer Selbsterforschung, zu einer eigenen instrumentaldidaktischen Bilanz beitragen. Der nächste Schüler wird es womöglich dankbar registrieren und einen Lehrerwechsel so bald nicht ins Auge fassen.

Wir wollen auf jene Phasen eingehen, in denen Lehrer am häufigsten gewechselt werden: in den Stationen 2 und 3. Den ersten Instrumentalunterricht in der eigenen Familie klammern wir aus (weil nur selten systematisch und professionell betrieben) und konzentrieren uns auf die ersten Unterrichtserfahrungen bei einem Fachlehrer.

zu Station 2: Anfangslehrer

Sie werden als die feinfühlenden Pädagogen-Lehrer erinnert, die über die ersten Klippen des Instrumentalspiels (oft die entscheidenden Phasen) mit viel Geschick, Ausdauer und Toleranz hinweghelfen. Daß der Anfangsunterricht so entscheidend für die weitere instrumentale Entwicklung ist, wissen alle, die sich einmal auf einem Instrument versuchten. Die Abbruchquote dürfte noch über der der Scheidungsrate in der Bundesrepublik liegen; nicht wenige also, die hoffnungsvoll begannen und enttäuscht aufhörten. Interessant wären Statistiken über Abbruchquoten und die Erforschung von Gründen. Wertvolle Aufschlüsse über die Instrumentalpädagogik des Anfangsunterrichtes wären zu erwarten. Unsere Jugendlichen hatten sicher die „richtigen" Lehrer, die lernwilligen und interessierten Kindern den Spaß am Instrument nicht genommen haben.

Die großen Könner, Macher, Experten, Solisten, Spitzenkräfte wären hier sicher weniger am Platze, weil ihr Unterricht und ihre Erwartungen (mit Fug und Recht) auf einer anderen Anspruchsebene ansetzen. Blutjunge Anfänger brauchen weder den totalen Techniker noch den Avantgarde-Spezialisten, noch den Fanatiker und Verschworenen, noch das Genie und den lebensfremden Künstler, die womöglich einen Instrumental-Novizen seine Unvollkommenheit spüren ließen. Auch der penible Typ, der endlose Etüden-Stunden verabreicht, scheint den Erzählungen zufolge ebensowenig geeignet, eher schon der begeistert-emotionale, dramaturgische Typ, der „sich reinkniet, brüllt, gestikuliert und dirigiert", der das Spiel seines Schülers in Mimik, Gestik und Akustik unter Einsatz aller verfügbaren Emotionen umsetzt. Aus den Erinnerungen der jungen Instrumentalisten ließe sich ebenso problemlos wie unterhaltend eine empirisch gesicherte Instrumentallehrer-Typologie ableiten.

Positiv gefragt: Was war den Jugendlichen im Anfangsunterricht wichtig? Es sind der menschliche Kontakt, die Lehrer als „Vater (Mutter) in Sachen Musik", das sichere Gefühl des Aufgehobenseins und Verstandenwerdens und des inneren Engagements. Schüler sind bekanntermaßen sehr sensibel für Lehrer, die ihren Unterricht cool und job-like abspulen (gültig für jeden Erzieherberuf von der Kindergärtnerin bis zum Hochschullehrer). Sie haben eine untrügliche Antenne, einen unbeirrbaren Instinkt für Lässigkeit im Job auf der einen oder Berufsethos auf der anderen Seite.

Das Vater-Sohn-Verhältnis von Lehrern und Schülern endet im allgemeinen dann, wenn die instrumentalpädagogischen Grenzen des Lehrers erreicht sind und der Lernhunger des Schülers auf Dauer ungestillt bleibt, wenn also die Ausbildung selbst Schaden nimmt. „Mensch sein", „Pädagoge sein" wird in der erste Phase dankbar honoriert, ab einem gewissen Entwicklungsstand jedoch nicht mehr. Sie erwarten dann spieltechnische Tricks und professionelle Hilfen, um diese oder jene Hürde im Notenblatt zu meistern, sie fordern das saubere Vorspiel des Lehrers, sie wollen ihr Literatur- und Etüdenspiel erweitern. Im günstigeren Fall erkennt ein Lehrer selbst seinen Grenzen und empfiehlt einen Lehrerwechsel. Im Falle, daß der Lehrer an seinem Schüler klebt und sich selbst in seiner Qualifikation überschätzt, kann es zu vorübergehenden Konflikten kommen. Die Einsicht, eine instrumentale Begabung weiterzugeben und eigene Lehrerinteressen zurückzustellen, fällt sicher nicht immer leicht. Zugegeben: menschlich verständlich, wer verzichtet schon gerne auf seinen Musterschüler, auf das Erlebnis und die Beobachtung einer enormen Begabungsreifung. Wer gibt eine sichere Erfolgsrepräsentanz für seinen Unterricht und damit für seine Lehrer-Qualität gerne und ohne weiteres ab? Viel Einfühlungsvermögen und Verantwortungsbewußtsein gehören dazu.

Es ist doch oft der Fall, gerade wenn ein begabter Schüler den Lehrer wechselt und der an seinem Schüler hängt, daß der Lehrer dann sauer und beleidigt reagiert, das Ganze nicht einsehen will und meint, er könne alles genau so gut wie der neue Lehrer (18, m, I 47).

Wir vermuten aufgrund unserer Gespräche, daß die Mehrheit der Lehrer ihre begabtesten Schüler verantwortungsbewußt zum richtigen Zeitpunkt weitergibt, ja sogar Lehrerempfehlungen ausspricht. Dies wird in den von ihren Schülern erinnerten Lehreräußerungen deutlich:

Ich kann dir jetzt nicht mehr viel beibringen... Du kannst technisch nicht mehr viel lernen bei mir... Du solltest nun andere Literatur kennenlernen... Ich kann Dir nun nichts mehr vormachen... Du darfst nicht nur auf mich als Lehrer fixiert sein...

Hin und wieder lassen sich unsere Jugendlichen parallel unterrichten, vom „alten" und „neuen" Lehrer, sie fahren doppelschienig nach dem Motto: „Vier Ohren hören mehr als zwei" (bzw. „Anregungen von zwei Seiten"). Dies kann aber nur dann gutgehen, wenn der vorhergehende Lehrer seine Ratschläge und Anweisungen hinter die des neuen, im allgemeinen qualifizierteren Lehrers zurückstellt.

Ob ein Lehrerwechsel nun mit oder ohne Konflikt erfolgt, Tatsache bleibt, daß ein als unzureichend eingeschätzter Unterricht Eltern (und Kinder) „unruhig" macht, bis sie qualifiziertere Lehrkräfte gefunden zu haben glauben. Denn die sorgenvollste aller Fragen lautet: Ist mein Kind in den besten Händen?

zu Station 3: Die Experten und Profis

Die jetzt ausgesuchten Lehrer setzen neue Akzente. In den meisten Fällen wird eine vernachlässigte Spieltechnik aufgearbeitet, auf der aufbauend dann das künstlerische Spiel, die Interpretation, die musikalische Ausdruckskraft intensiviert wird Der neue Lehrer ist meist in der Lage, gezielter auf die spieltechnischen Probleme des jeweiligen Schülers einzugehen und sie auch zu lösen. Es häufen sich nun öffentliche Auftritte, bei denen die Jugendlichen wichtige Podiumserfahrungen sammeln.
Ein Beispiel für die Streicher:

Der zweite Lehrer hat mehr fundiert und war progressiv, während mein erster Lehrer mehr ins Cello-Spiel „einführte". Er hatte kaum Erfahrungen mit Cellisten, die weitergekommen waren, obwohl er für den Anfangsunterricht ganz hervorragend ist. Der neue Lehrer hatte einfach mehr Erfahrung, breitere Literatukenntnis, mehr Etüdenangebote. Er hat gezielt meine Probleme behoben. Technisch wurde ich umgestellt, der Bogen wurde nicht gekantet aufgesetzt, sondern die ganze Haarfläche wurde genutzt, auch das Gewicht der Arme eingesetzt, die linke Hand technisch verbessert, der Daumen kam ganz gezielt dazu. Vorher habe ich nur Vivaldi-Sonaten und Bach-Suiten gespielt, jetzt kamen die großen Werke dazu: Saint-Saëns, Boccherini, Haydn-Konzerte, auch Brahms und Valentini, ziemlich anspruchsvolle Stücke. Ich habe dann auch sehr viele Vortragsabende

> *und Konzerte gespielt. Am Schluß hatte ich dann auch zu diesem Lehrer ein zu kollegiales Verhältnis. Ich brauchte keine Bedenken zu haben, wenn ich mal nicht geübt hatte. Das war dann zu locker, zu eingefahren, und mein Lehrer wollte mich dann von selbst abgeben. Jetzt bin ich Vollstudent an einem Konservatorium in XXX, weil ich es als Gaststudent noch nicht geschafft hätte. Ich habe die Schule aufgegeben, weil ich nicht genug Zeit zu üben hatte und mich nicht voll auf die Musik konzentrieren konnte* (17, m, I 26).

Die letztgenannte Entscheidung des Jugendlichen ist nicht typisch für unsere Jugendlichen, um Sorgen von Eltern zu zerstreuen, die an der Frage „Schule oder nicht Schule?“ verzweifelt grübeln. Typisch ist aber, wie sich der Schüler von seinem Lehrer löst, wenn es zu kollegial, zu eingefahren, zu ritualisiert im Unterricht zugeht. In dem Moment steht ein lehrerempfohlener (wie in unserem Beispiel) oder ein selbst-(bzw. eltern-) gewünschter Lehrerwechsel bevor.

Warum sie ihre Lehrer wechseln

Für Instrumentallehrer, für Eltern und junge Instrumentalisten von heute und morgen ist wichtig, daß wir die Gründe für einen Lehrerwechsel näher konkretisieren.

Neben dem Argument der instrumentalen Qualifikation tritt eine Fülle von differenzierten Einzelgründen in den Lernbiographien der Jugendlichen auf. Es treten Schwächen zutage, die der Instrumentalpädagogik bekannt sind oder bekannt sein sollten, Schwächen, denen der eine oder andere Nachwuchsmusiker morgen begegnen wird. Ihre Dokumentation ist ein Blick in den Alltagsunterricht aus der Sicht der Schüler, ein Blick, den Betroffene meist nur selbst haben. Wir veröffentlichen Kritiken zum Zwecke einer Praxisdiskussion, hier und da auch zum Zwecke einer Praxisinnovation. In diesem Punkt könnte unsere Studie erneut eine Ratgeberfunktion haben. Instrumentallehrer können unsere Check-Liste von „Kündigungsgründen“ womöglich mit einer generösen „Bei-mir-nicht“-Distanz lesen. Sie können sich aber auch aus diesem Bündel von Einzelerfahrungen zur Selbstreflexion des eigenen Unterrichts anregen lassen. Wir meinen ohnehin, daß Lehrer, die diese Studie lesen und sich mit ihren Fragen auseinandersetzen, zur zweiten Lehrer-Gruppe gehören. Alle, die im täglichen Pädagogik-Geschäft stehen, wissen um die Schwierigkeit, nicht der Routine und dem Ritual zu verfallen. Von Stunde zu Stunde neu motivieren, animieren, faszinieren – wer kann schon zu jeder Zeit ein entsprechendes Gelingen von sich behaupten? Die Jugendlichen unserer Stichprobe stellen hohe Ansprüche an sich selbst, demgemäß auch an Lehrer und Unterricht. Wo sie nicht erfüllt werden, ist der nächste Lehrerwechsel bereits programmiert.

Wir stellen eine Vielzahl von Gründen vor, die einzeln oder zu mehreren so geäußert wurden. Schüler unserer Stichprobe wechselten ihren Lehrer (Reihenfolge nach der Häufigkeit der Nennung),

- wenn die musikalische und die technische Kompetenz des Lehrers erschöpft scheint, Schüler keine Fortschritte mehr spüren und in Folge ihr Üben vernachlässigen, wenn keine neuen Akzente gesetzt werden, wenn musikalische und repertoire-erweiternde

Anregungen fehlen, wenn der Unterricht zur Routine erstarrt. Dies trifft in nahezu allen Fallbeispielen für die Endphase des Unterrichts beim Erstlehrer zu.

In der folgenden ausführlicheren Erzählung zeichnen sich instrumentale Entwicklungen und damit einhergehend gehobene Ansprüche der Schüler symptomatisch ab; deutlich wird auch, welchen Wert das Landesjugendorchester als Informationsbörse für junge Orchestermusiker hat:

Bei meinem ersten Lehrer, einem Theaterorchestermusiker, war das so eine gesunde, normale Ausbildung: Geigenschule, Saiten streichen lernen, solide Technik, gerader Bogen, fester Strich, sauberes Spielen, alles handfest, alles mußte stimmen. Als ich dann 6 Jahre alt war, hat mir das nicht mehr gereicht. Musikalische Anregungen haben gefehlt, der Unterricht bekam eine unheimliche Routine. Ich habe immer dieselben Sachen zu hören bekommen. Das hat mich mehr und mehr aufgeregt, weil ich nach neuen Anregungen suchte. Er hat immer betont, wie begabt ich sei, aber es hat sich nie gezeigt, daß er mal etwas mehr gemacht oder mehr Effet dahinter gesetzt hätte. Ich war im LJO und habe dort viele junge Leute kennengelernt. Meine Freundin hatte zu dieser Zeit gerade den Lehrer gewechselt, sie erzählte von ihrem Unterricht, sie war begeistert, wie sich die Lehrerin engagiert und um alles kümmert. Die hat mich dann beim Landes- und Bundeswettbewerb gehört, ist auf meine Mutter zugegangen und hat bei ihr angefragt, ob ich nicht ihre Jungstudentin werden wollte. Das kam uns sehr entgegen, weil die Unzufriedenheit mit dem alten Lehrer immer größer wurde. Wir hatten beim Bundeswettbewerb gesehen, was andere Lehrer für ihre Schüler leisten und welche Erfolge ihr Unterricht hat. Die neue Lehrerin hat mich dann gleich voll gefordert, mit einem Stück, an dem man technisch sehr viel lernen kann. In diesen 10 Variationen kam alles vor: Springbogen, Doppelgriffe, Oktavsachen, Läufe... Plötzlich konnte ich einen ganzen Sprung höher spielen. Und musikalisch konnte man sehr viel machen. Das Programm wurde vielfältiger... Nun bin ich älter geworden, und der Unterricht hat sich gewandelt. Ich habe mit 13 Jahren bei ihr angefangen und bin nun 7 Jahre bei ihr. Jetzt kann man wieder an einen Wechsel denken und ich spiele ganz fest mit dem Gedanken zu Herrn XXX nach Berlin zu gehen, der war bei den Berliner Philharmonikern, hat seit 3 Jahren aufgehört und ist jetzt nur noch Professor. Am Anfang war ich von meinem jetzigen Unterricht ganz begeistert, aber jetzt ist er nicht mehr so effektiv. Ich habe nicht mehr das Gefühl, daß meine Lehrerin als tolle Professorin über mir steht, die ich bewundere, daß ich so spielen möchte wie sie. Wenn ich sie höre, bin ich furchtbar kritisch geworden. Herr XXX in Berlin verkörpert für mich heute stärker eine Fachautorität und ich frage mich, warum bin ich nicht bei ihm [inzwischen hat sie den Lehrer gewechselt, d. Verf.] (21, w, I 16).

– wenn die Bewunderung für den Lehrer als Voraussetzung anstrengenden Übens und überdurchschnittlicher Leistungsbereitschaft nachläßt, wenn dieser Autorität verliert. Das „Spannungs“-verhältnis von Lehrer und Schüler unterliegt sehr subtilen Verhaltensmechanismen, und Autoritätsverlust nach so vielen Jahren hautnaher Zusammenarbeit kann ein völlig normaler Abnutzungsprozeß sein.

Der Lehrer ist für alle Jugendlichen der Motivationsfaktor schlechthin. Das ist in der Grundschule nicht anders als in der Hochschule, in der sich das Maß der Selbstbestimmung allenfalls erhöht. Aber auch hier muß ein Lehrer begeistern können. Der Instrumentallehrer hat nicht nur einen Einfluß auf die Schüler, sondern er ist Motivation und Antrieb, vor allem aber in Krisenzeiten. Solange ein Lehrer als Meister- oder gar Traumlehrer dasteht, gehen die Schüler für ihn *durch die Hölle*: sie üben und engagieren sich unbegrenzt. Ob sich dieser pädagogischen Binsenweisheit Lehrer in ihrer Alltagsarbeit immer so bewußt sind? Wir bezweifeln es und erinnern daran: Die Liebe zum Lehrer, die unausgesprochene Begeisterung, die stille Verehrung, die latente Faszination in der psychischen Nähe lassen ein Übermaß an Bereitwilligkeit und Anstrengung problemlos kompensieren. Allein die Tatsache, von einem Experten, einem seltenen Profi und Star, einem personifizierten Begriff der (inter-) nationalen Musikwelt, von einer (auch ehemals) erfolgreichen Künstlerin unterrichtet zu werden, legt ungeahnte Motivationsreserven frei.

Ein Mißton ist jedoch zu nennen: An renommierten Lehrern wird wiederholt beklagt, daß sie aufgrund eigener Konzertverpflichtungen zu eingespannt sind, was sich negativ auf die Unterrichtskontinuität auswirkt. Die Stars unter den Lehrern sind häufig unterwegs, und ihre Schüler müssen Unterrichtsausfall in Kauf nehmen. Kontinuierliche Betreuung scheint in der Ausbildung Hochbegabter zumindest hier und da aufgrund der Belastung der Lehrer zu fehlen. Dies steht in offensichtlichem Widerspruch etwa zu Forderungen, wie sie Dietrich Fischer-Dieskau zurecht erhebt, die Forderung nach mindestens 2 oder 3 Stunden Unterricht pro Woche für begabte Nachwuchsmusiker[153]. In anderen Ländern ist die zeitintensive Förderung von Spitzenbegabungen längst eingerichtet. Bei uns scheinen zu viele unserer Talente zu selten den Weg zu ihrem Meisterlehrer zu finden. Dem einen Schüler tut dies gut, es stört ihn nicht, weil er selbständig arbeiten möchte, der andere leidet darunter und fühlt sich unzureichend gefördert. Wer von offizieller Seite aus die Stundenzahl der (Hoch-)Begabten erhöhen möchte (was grundsätzlich zu begrüßen ist), der sollte zunächst einmal darauf achten, daß wenigstens die Pflichtstunden regelmäßiger eingerichtet sind. Ein Jugendlicher schließt nach wahren Lobeshymnen auf seinen Lehrer (Professor an einer Musikhochschule):

> *Das einzige, was man aussetzen könnte, ist, daß er ziemlich wenig Unterricht gibt; nicht absichtlich, aber er hat ziemlich viele Konzerte, dann ist der in Bayreuth, im Sommer zwei bis drei Monate weg. Das belastet natürlich schon. Er sieht das auch ein und sagt immer: „Jetzt müssen wir endlich wieder mal was tun“* (16, m, I 36).

– wenn keine „Methoden zum richtigen Üben“ gelehrt werden (vgl. Kap. *„Richtiges Üben ist gar nicht so einfach“ oder Vom Sinn und Un-Sinn des Übens*).

[153] in: Conrad Hansen, a.a.O., S. 15

- wenn der Lehrer nicht das Instrument des Jugendlichen spielt, wenn er ein nur vergleichbares Blechblasinstrument unterrichtet. Ein Trompetenlehrer verliert sehr bald die Kompetenz für die Posaune oder die Tuba und umgekehrt.

Abschließend kasuistische Gründe für Lehrerwechsel:
- wenn die Jugendlichen aus der provinziellen Umgebung ihres Zuhause und ihrer Musikschule ausbrechen wollen
- wenn sie ein ganzes Jahr dasselbe Stück spielen und keine Fortschritte sehen
- wenn sie gezwungen werden, über eine ganze Stunde hin die Geige unterm Kinn zu halten (Eine Mutter: *Sportlichen Wettkampf hatte sich unsere Tochter nicht vorgestellt.*)
- wenn Etüden zum Selbstzweck werden und sie über Stunden, Tage, Wochen und Monate nur aus dem Etüdenbuch des Lehrers(!) spielen müssen
- wenn eine spezielle Methode nicht mehr weiterhilft und Fortschritte ausbleiben:

Der Lehrer hat hauptsächlich Suzuki-Methode gemacht. Er war ein Zigeuner, und ich unterstelle ihm heute, daß er überhaupt keine Methode hatte, bzw. eigentlich nur die Methode, daß die Kinder ihm alles nachmachen. Ältere Schüler, also die mit 10, 11, 12 Jahren, kamen einfach nicht mehr vorwärts, weil man dann anfängt zu denken, warum man etwas macht. Als Kind übernimmt man einfach und betrachtet das Ganze mehr als Spiel. Mit der Suzuki-Methode werden kleinen Kindern im Gruppenunterricht möglichst schwere Stücke beigebracht. In der Gruppe wird man unheimlich mitgezogen. Der Nachteil ist, daß man sich selbst nicht so kontrolliert. Ich war nicht im Gruppenunterricht und das war ein Vorteil, weil ich als Schüler allein vor dem Lehrer stand und nachmachen konnte: die Geigen- und Bogenhaltung, da geht alles ohne Erklärung.

Wer nach Gründen fragt, die zum Lehrerwechsel führen, wird zwangsläufig auch Antworten erhalten, warum sie bei einem Lehrer bleiben. Die Argumentationsliste ist die gleiche, nur mit umgekehrten Vorzeichen. Sie gibt die Positivkriterien wieder bzw. Vorstellungen vom „idealen“ Lehrer.

Schüler heben in besonderer Weise zunächst das persönlich menschliche Miteinander hervor: Das Verhältnis zwischen Lehrer und Schüler muß ein positiv aufgeladenes Spannnungsverhältnis sein, in dem der Schüler vergißt, Schüler zu sein. Der Jugendliche, der sich als Musiker, als Künstler, als vollverantwortlicher Mensch, quasi als Erwachsener angenommen fühlt, empfindet Wohlbefindlichkeit. „Symmetrische Kommunikation“ zwischen Lehrer und Schüler wäre das moderne Pädagogik-Schlagwort, was die gewünschte und teils verwirklichte Interaktion treffend charakterisierte.

Schüler honorieren besonders, wenn sich Lehrer über ihr übliches Soll für eine Sache einsetzen, etwa über den Unterricht hinaus, in Kontakten auf privater Ebene, wenn Lehrer auch sonntags unterrichten oder ins Ferienhaus einladen. Solche Erlebnisse prägen, binden, bringen Zuneigung und hinterlassen Dankbarkeit.

Mein Vater hat ein unheimliches Einfühlungsvermögen, er geht nicht nur auf die Musik ein, sondern auf das, was mich menschlich beschäftigt. Er ist nicht nur

> *mein Lehrer für Musik. Ich habe mich immer wieder darauf gefreut: „Nächste Woche habe ich wieder Unterricht“ . Er ist eine Bezugsperson, nicht so kumpelhaft oder so. Ich habe einen riesigen Respekt vor seinem Können, sein Instrument fasziniert mich einfach und der Unterricht ist durch seine Persönlichkeit bestimmt* (20, m, I 71).

Besondere Anerkennung finden jene Lehrer, die neben ihrem offiziellen Stundendeputat das Ensemblemusizieren pflegen oder die Jugendlichen in qualifizierte Ensembles vermitteln, um ihnen zusätzliche Spiel- und die für den Beruf unverzichtbare Orchesterpraxis zu ermöglichen. Ein Lehrer mit (ehemaligen) Berufserfahrungen in (hoch-) qualifizierten Orchestern wird bevorzugt, kann er doch die jungen Nachwuchsmusiker entsprechend intensiver auf das Orchesterspiel vorbereiten. Die Fachkompetenz dieser Lehrer steht erst gar nicht zur Diskussion.

Lehrer – Institutionen – Unterrichtsdauer in der Statistik

Nach der qualitativen Inhaltsanalyse von Unterrichts- und Lehrererfahrungen nun einige quantitative Daten, die wir aus den Antworten im Begleitfragebogen gewinnen. Unsere Fragen: Bei wem hast Du Unterricht? Damit zusammenhängend: In welcher Ausbildungsinstitution?

Die Frage nach dem Instrumentallehrer ergibt zum Zeitpunkt der Befragung eine hochsignifikante Dominanz von Hochschullehren (67%), obwohl nur 30% der Jugendlichen Vollstudenten an einer Musikhochschule sind (s. Grafik). Dies besagt, daß 37% bereits in der instrumentalpädagogischen Betreuung von Hochschullehrern stehen, demnach als Vor- oder Jungstudenten oder auch als Privatschüler in Händen von Experten sind, während sie noch zur Schule gehen.

Es folgen an zweiter Stelle (zu 39%) kaum weniger qualifizierte Instrumentallehrer; es sind Orchestermusiker (meist Musiker renommierter Radio-Sinfonie-Orchester), jene Experten und Profis, von denen im vorausgehenden Kapitel die Rede war.

Unsere Bundespreisträger „Jugend musiziert “sind nur noch zu einem geringen Prozentsatz (17%) Schüler von öffentlichen oder privaten Musikschulen, wenngleich viele diese Institution durchlaufen haben. Nur sind sie ihr aufgrund ihres Fortschritts und Könnens häufig schon bald entwachsen und suchen nach qualifizierter Betreuung. Spitzen- oder Hochbegabungsförderung ist wohl auch weniger das Bildungsziel von Musikschulen, eher schon eine intensive und qualifizierte Breitenförderung.

Kaum Unterricht (insgesamt zu 8%) haben sie bei selbständigen Musikerziehern oder Schulmusikerziehern, zumal im allgemeinen bei letzteren instrumentalistische Fähigkeiten nur bis zu einem bestimmten Anspruchsniveau genügen dürften. Daß Kirchenmusiker in unserer Stichprobe nicht zur Geltung kommen, liegt eindeutig daran, das sie nur für den Orgelunterricht in Frage kommen, ihr niedriger Prozentsatz also stichprobenbedingt ist. Sie sind sicher die zuständigen Lehrer für alle jungen Organisten, bevor diese eine Musikhochschule oder eine entsprechende kirchliche Ausbildungsstätte besuchen.

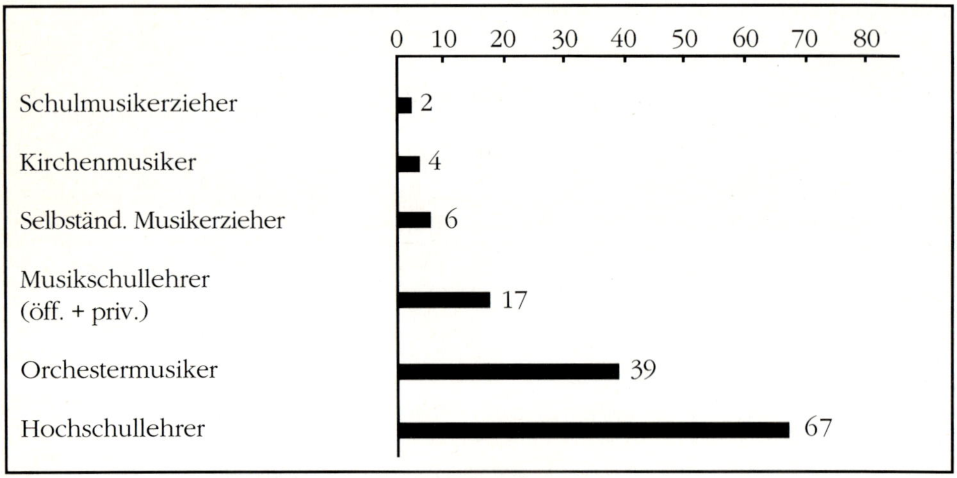

Grafik: Die Instrumentallehrer unserer Stichprobe

Entsprechend zu den Lehrpersonen ergibt sich eine Überrepräsentanz der Musikhochschulen (52%) als zuständige Ausbildungsinstitution unserer instrumentalen Begabungen. Mit anderen Worten: Wer große Ziele hat, sich für begabt hält (dies wohl auch ist), studiert bereits in frühem Alter an einer Musikhochschule. Wir sagen dies hier mit aller Deutlichkeit, weil viele Eltern im inoffiziellen Gespräch (nach dem Interview) die sorgenvolle Frage stellten, ob sie möglicherweise einen Fehler machten, weil sie „ihr" Kind noch nicht an einer Musikhochschule bzw. bei einem Professoren untergebracht haben. Dieser Erfahrungswert gibt jedoch keinerlei Anlaß, Qualifikationen von Lehrern außerhalb der Musikhochschulen in Zweifel zu ziehen. Aber die Statistik macht eine klare Aussage: Junge (Hoch-)Begabungen sind sehr früh in qualifiziertesten Händen; dies als Hinweis für alle zweifelnden und noch unentschlossenen Eltern.

Mit 22% folgen private „Institutionen", wobei der Begriff Institution verfänglich und mißverständlich ist. Dahinter verbirgt sich der „private" Unterricht bei Orchestermusikern.

13% unserer Musiker besuchen Konservatorien. Diese Studienzeit betrachten einige als sinnvolle Vorbereitung auf ein Hochschulstudium, vor allem wenn sie die Mühen einer allgemeinbildenden Schule hinter sich lassen wollen. Bestätigt wird über die Institutionenfrage die relativ geringe Bedeutung von privaten und öffentlichen Musikschulen in der Ausbildung und Förderung instrumentaler (Hoch-)Begabungen. Wir weisen allerdings darauf hin, daß diese Statistik angesichts einer sehr begrenzten Stichprobe einstweilen nur Tendenzen anzeigen kann und wir jede Generalisierung vermeiden. Repräsentative Daten sind von der 2. Forschungsphase zu erwarten.

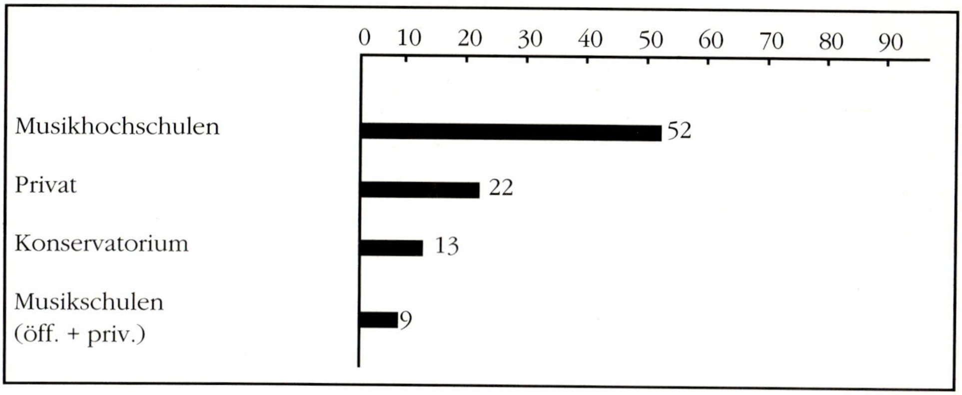

Grafik: Ausbildungsinstitutionen der jungen Instrumentalisten

In diesem Zusammenhang ist von Interesse, seit wann (wie lange) sie bereits Unterricht in ihrem Haupt-(Erfolgs-)Instrument haben. Die Antwort auf diese Frage ist sicher abhängig vom Instrument (s. Grafik).

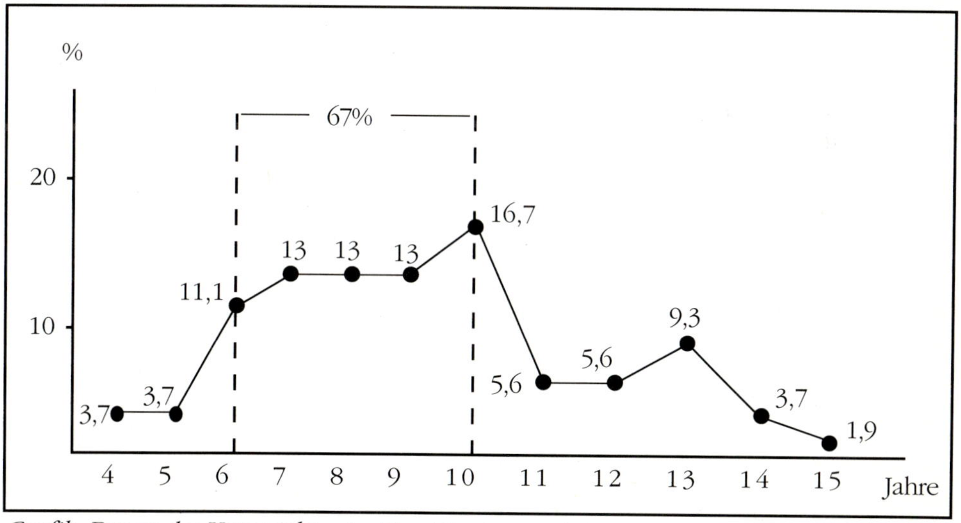

Grafik: Dauer des Unterrichtes im Hauptinstrument

Die Mehrheit der jungen Instrumentalisten (67%) hat zum Zeitpunkt der Befragung 6 bis 10 Jahre Unterricht, drei Spitzenwerte (erwartungsgemäß bei den Streichern) liegen bei 14 und 15 Jahren. Etwa ein Drittel der Jugendlichen (31%) hat Unterricht zwischen 4 und 7 Jahren. Daß sie dennoch Erfolge auf der Bundesebene von „Jugend musiziert" haben, werten wir als Beleg für ihre instrumentale Begabung und damit als Argument für die Hypothese, daß auch ein relativ spät einsetzender Instrumentalunterricht zu höchst erstaunlicher Karriere führen kann (vorausgesetzt, die Lernbedingungen sind so optimal wie die unserer Stichprobe). Daß begabte junge Instrumentalisten sehr kurzfristig erstaunliche Fortschritte machen können, gilt in erster Linie für die Blechbläser, die oft erst im Alter von 11 oder 12 Jahren zu ihrem Instrument finden. Helga de la Motte-Habers These, daß ein Kind, das nach dem 7. Lebensjahr zum Instrumental-Unterricht geschickt wird, das Instrumentalspiel wieder abbricht, kann aus den Ergebnissen dieser Stichprobe absolut nicht bestätigt werden[154]. Für die begabten Jungmusiker sind auch in einem späteren Alter alle Erfolgschancen gegeben. Voraussetzungen sind allerdings Talent, Persönlichkeitsmerkmale wie Ehrgeiz, hoher Selbstanspruch und hohe Leistungsmotivation, ein stimulierender familialer Hintergrund, qualifizierte Lehrer. Wo diese Bedingungen zusammenkommen, kann es sogar zu jenen eklatanten und die Märchen von „Wunderkindern" nährenden Erfolgsergebnissen kommen, daß Jugendliche bereits nach einem dreiviertel Jahr Unterricht Preisträger von „Jugend musiziert" auf Landesebene sind (Notenkenntnisse und das Spielen eines anderen Instrumentes vorausgesetzt).

Die Dauer des Unterrichtes in Abhängigkeit vom Instrument zu berechnen, ist vorerst wenig sinnvoll, zum einen wegen der kleinen Stichprobe, zum anderen wegen der mitzukalkulierenden Altersstruktur. Ein 13jähriger wird aufgrund seines Alters weniger Geigenunterricht haben als ein 22jähriger womöglich Trompetenunterricht, obwohl wir wissen, daß Streicher in einem sehr viel früheren Alter mit dem Unterricht beginnen. Und auch innerhalb ihrer Gruppe wäre zu differenzieren zwischen Violine, Bratsche, Cello oder Baß, denn letztere sind wachstumsbedingt erst in einem späteren Alter spielbar. Da wir aber eine annähernd gleichverteilte Altersstruktur in unserer Stichprobe haben (d. h. etwa gleiche Anzahl von Instrumentalisten pro Altersphase), dürften einige instrumentencharakteristische Ausbildungszeiten zu registrieren sein.

Was uns die Statistik im Blick auf die Erfolge der Jugendlichen bei „Jugend musiziert" (Bundesteilnahme und -preise) verrät, ist zunächst die untere Grenze der Unterrichtsdauer. Unter 7 Jahre Klavier- bzw. unter 6 Jahre Unterricht in einem Streichinstrument stellen sich kaum Erfolge auf der Bundesebene der Wettbewerbe ein. Was hier nicht möglich scheint, ist bei den Blechbläsern durchaus denkbar, denn immerhin sind bereits 13% der Bläser mit nur 4 Jahren Unterricht in der Nachwuchsspitze dabei. Bei entsprechender Motivation und Anstrengung, bei entsprechender Förderung gelingt ihnen in kürzester Zeit eine Art „Blitzkarriere". Was auch deutlich wird: Streicher und Pianisten bzw. Organisten spielen ihr Instrument relativ am längsten. Auf 12 und mehr Jahre bringt es die Hälfte aller Streicher und knapp ein Drittel der Tastenkünstler.

154 Helga de la Motte-Haber: *Die Bedeutung der Motivation*, 1984, S. 25ff.

	Klavier/Orgel	Streicher	Holz	Blech
4 Jahre	–	–	–	13
5 Jahre	–	–	6	–
6 Jahre	–	8	24	7
7 Jahre	29	17	12	7
8 Jahre	14	8	18	13
9 Jahre	–	8	6	20
10 Jahre	29	–	18	27
11 Jahre	–	–	6	13
12 Jahre	14	8	6	–
13 Jahre	14	33	–	–
14 Jahre	–	8	–	–
15 Jahre	–	8	–	–

Tabelle: Instrumente und Unterrichtsdauer (Angaben in %)

Entwicklungsschübe und ihre Auslöser

Von da an ging's bergauf! (21, m).

In allen instrumentalen Werdegängen gibt es Höhen und Tiefen, Schübe und Krisen, Entwicklung und Stagnation. Wir wenden uns zunächst Phasen auffälliger, übermäßiger Fortschritte zu und spüren ihren höchstförderlichen Ursachen nach. Junge Instrumentalisten und solche, die es noch werden wollen, können nachfolgende Check-Liste von Entwicklungsschüben in der instrumentalen Biographie begabter Musiker als Empfehlungen für Lernfortschritte lesen. Wenn rezeptartige Verkürzungen einmal erlaubt sind, dann lassen sich folgende Ratschläge erteilen:

– Wechseln Sie öfter (vor allem nach der Anfangsphase des Instrumentalspiels) den Lehrer, und Sie erleben vielleicht den *absoluten Wahnsinnsschub* (18, w).
  Diese Erkenntnis läßt sich schon aus dem Kapitel über „Lehrer und Unterricht" überzufällig ableiten. Aber im Zusammenhang unserer Frage nach „Entwicklungsschüben" wird die Bedeutung eines qualifizierten Unterrichts als „neue Inspiration" nochmals eigens und am häufigsten betont. Mit einem neuen Lehrer kann die so wichtige professionellere Einstellung zum Musizieren entstehen; Krisen in der Endphase des Anfangsunterrichtes werden überwunden. Hinzu kommt häufig die Bestätigung durch einen Fachmann (*Das hat Zweck, Du bist begabt, mach das!*), die neue Geister weckt und alle Motivationsreserven mobilisiert.

  Der absolute Wahnsinnsschub war mein Lehrerwechsel nach XXX und meine Entscheidung, Musik professionell zu machen. Es kam diese technische Perfektion hinzu, der absolute Drang, sein Instrument zu beherrschen. Das alles hilft sehr schnell weiter. Den Sprung, den ich mit 16 Jahren machte, war so, als wäre ich 10 Jahre weiter (18, w, I 15).

Lernfortschritte entstehen einfach in Unterrichtsstunden, die besonders gut sind, vielleicht ausgelöst von einem bestimmten Werk, das man ausgiebig erarbeitet und übt. Schübe habe ich beim Wechsel von drei Lehrern erlebt; man lernt zu vergleichen, zu kombinieren, und das war für meine Entwicklung besonders fördernd (18, m, I 37).

Lehrerwechsel sind unheimliche Motivationen. Bei einem eingefahrenen Unterricht fehlen mir Begeisterung und Elan (18, w, I 04).

– Nehmen Sie so bald wie möglich an den Wettbewerben „Jugend musiziert" teil! [155] Ein Vergleich mit anderen jungen Musikern ist „der" Motivationsschub schlechthin, der Ihnen vielleicht noch fehlte! „Jugend musiziert" als Entwicklungsschub wird etwa gleich häufig genannt wie ein Lehrerwechsel. Der Wettbewerb sorgt dafür, daß *man sich zusammenreißt,* sich *was vornimmt, um nicht von der musikalischen Bühne abzusausen,* sich *nicht zu blamieren.* Von Wettbewerb zu Wettbewerb spüren sie enorme Entwicklungen. Dazu trägt die intensive Auseinandersetzung mit den Wettbewerbsstücken über eine relativ lange Vorbereitungszeit bei (von manchen aber auch als Einschränkung empfunden). Bei vielen schärft sich das Bewußtsein für Perfektion, für individuelle Grenzen des technisch und künstlerisch Machbaren. Erstmals werden Stücke auswendig vor Publikum vorgetragen, was als stimulierende Herausforderung empfunden wird. Außerdem ist da noch die wichtige Vergleichsfunktion von „Jugend musiziert": *Man sieht, wo man steht!* Dieser jedem Wettbewerb qua Struktur eigene Leistungsvergleich gibt den Erfolgreichen neuen Tatendrang und den Enttäuschten (Frustrierten) nach kurzen „Durchhängern" neue Energien im Sinne eines trotzigen *Jetzt erst recht* oder *Frustriert, aber motiviert* (ob gegen Juroren, Lehrer, Eltern, Konkurrenten, gegen Verantwortliche von Landesjugendorchestern, die nicht mehr zu Arbeitsphasen einladen oder auch gegen sich selbst).

Besonders fördernd war die Phase der Vorbereitung auf den Wettbewerb Jugend musiziert... Die Stücke, die man für den Wettbewerb erarbeitet, an denen man sehr konzentriert arbeitet, bringen einen unheimlich weiter... Die Wettbewerbe waren für mich immer ein Ziel, ich brauche solche Ziele, auf die ich hinarbeiten kann... Jugend musiziert hat mich entscheidend weitergebracht...

– Besuchen Sie Meisterkurse!

Stärkere Phasen hatte ich nach den Meisterkursen mit Prof. XXX, von denen ich immer sehr gezehrt habe. Ich war in den ganzen Folgejahren immer mit dabei. Auch die Nachbereitungen zu diesen Kursen waren für mich immer sehr ergiebig. Mir wurden erstmals ganz neue stilistische Bereiche eröffnet (18, m, I 59).

[155] Hans Günther Bastian: *Jugend musiziert,* 1987

- Spielen Sie umgehend in einem qualifizierten Ensemble mit! Der Vergleich mit den Partnern am Nebenpult, ihre Mitverantwortung in der Gemeinschaft werden ihre Anstrengungsbereitschaft erhöhen und in Quintessenz letztlich ihrem instrumentalen Fortschritt zugute kommen.

  Mit dem Eintritt ins Landesjugendorchester kam sehr viel dazu. Zum ersten Mal eine Sinfonie spielen war ein neues Erlebnis, das viel nach sich gezogen hat; es war der absolute Wahnsinnsschub! (18, w).

Lehrerwechsel, Wettbewerbe und Instrumentalkurse bilden das meistgenannte Motivbündel für „Schübe" in der instrumentalen Entwicklung. Daneben werden folgende Einzelerfahrungen genannt:

- Lassen Sie sich von einem bestimmten Musikwerk herausfordern!
  Die Bewältigung von spieltechnischen und interpretatorischen Schwierigkeiten kann das Werk zu einem Schlüsselwerk für die weitere Entwicklung machen. Dies gilt bei vielen Jugendlichen bereits für die Einstudierung der Wettbewerbsstücke von Jugend musiziert. Ein Flötist erzählt von Vivaldis Konzert in a-Moll, das ihn technisch und tonlich *ein Riesenstück* weiterbrachte, mehr als stundenlanges Etüdenspiel.
- Besuchen Sie hochkarätige Konzerte!
  Jugendliche erzählen von Erlebnissen, die neue Maßstäbe setzen und anspornen.

  Wenn ich in einem Konzert jemanden gehört habe, der besser ist als ich, toll spielt, dann spornt mich das an, dann will ich genau so spielen können (18, m, I 48).

- Die endgültige Entscheidung für einen Beruf mit Musik setzt neue Akzente; Selbstanspruch und Selbstverantwortlichkeit wachsen und werden Ihrem Spiel zugute kommen.
- Suchen Sie die Begegnung mit „besonderen" Menschen, denen Musik ebenfalls sehr viel bedeutet. Sie beleben ihre Liebe zur Musik und Ihre Bereitschaft zum Musizieren neu. Die psychische Nähe von Menschen, die Ihnen etwas bedeuten, wird Sie inspirieren. Achten Sie auf Ihr persönliches Wollen, Ihre subjektive Verfassung, Ihre Psyche, Ihren Selbstanspruch. Sie sind entscheidende Einflußfaktoren! Es muß nicht immer ein außengelenkter Impuls da sein, wichtig ist Ihre Eigeninitiative, die selbstverantwortliche Intensivierung des Übens, die Herausforderung, die Sie an sich selbst stellen (vgl. Kap. *Selbstanspruch und Selbstkritik*).

Wir schließen mit einem Entwicklungsschub, dessen Ursachen wir als Erlebnis allen musizierenden Jugendlichen (vor allem den Wettbewerbsgefestigten) wünschen möchten:

Wichtige Schübe gab es immer, wenn ich mich auf Wettbewerbe vorbereitet habe. Zum einen Jugend musiziert, dann der Markt-Neukirchen-Wettbewerb in Ostdeutschland, der Internationale Blechbläserwettbewerb in Bloomington/Indiana. Große Schübe waren auch die beiden Sommeraufenthalte 1982 und 1983 im

National-Music-Camp-Interlaken/Michigan. Da wurde praktisch den ganzen Tag musiziert, von morgens 9 Uhr bis abends 20 Uhr, zwei Monate lang. Das dann in zwei Sommern, das ging einfach unheimlich bergauf in dieser Zeit, vor allem, weil ich auch die Möglichkeit hatte, an Solo-Wettbewerben teilzunehmen. Ich gewann dann den 1. Preis, und das war dieses Solo-Konzert mit dem Welt-Jugend-Sinfonie-Orchester, was dort stationär untergebracht ist (21, m, I 53).

Die Korrespondenzfrage zu „Entwicklungsschüben" ist die nach Krisen und Tiefs in der instrumentalen Entwicklung der Jugendlichen. Diese verdienen in besonderer Weise unsere Aufmerksamkeit, weil wir in der Pädagogik alles tun sollten, um sie zu vermeiden.

Krisen, ihre Ursachen und Überwindung oder Die Sorge um Lernquantität und Zielqualität

Jeden Tag üben... und am Ende wäre es umsonst gewesen? (21, m)

Narrationen zur Frage nach Zeiten starker Krisen, deren Ursachen und Überwindung, wurden nahezu stereotyp begonnen:

Nein, aufhören wollte ich eigentlich nie!... Ja, so große Krisen, daß ich mal wirklich und ehrlich ans Aufhören gedacht hätte, das gab es eigentlich nicht... Nein, so alles hinschmeißen, das Gefühl habe ich nie gehabt...

Der Begriff „Krise" ist in seinem Sprachgebrauch und Verständnis zu differenzieren: Da ist eher schon die Rede von Durststrecken, kleinen Tiefs, negativen Punkten, Phasen des Zweifels und der Skepsis, vorübergehender Lustlosigkeit, von Kurzschlußreaktionen... aber „starke Krisen" (die Frage des Interviewers) scheinen in der Biographie der Talente weniger charakteristisch. Die sogenannten Zwischenphasen gehen offenkundig nicht so tief, daß die Jugendlichen ihr Instrument zur Seite legen. Wo Motive für ein Abbrechen liegen, wird Fragestellung der abschließenden Forschungsphase sein, wenn die Stichprobe auf Landesteilnehmer von Jugend musiziert erweitert wird. Vermutlich sind hier sehr viel eher die „drop-outs" zu finden, jene, die aus welchen Gründen auch immer nicht weitermachen wollen. Nur in einem einzigen Fall (!) unserer Stichprobe gibt es den totalen Abbruch. Einer 21jährigen Flötistin wird trotz mehrfacher Prädikate auf Landes- und Bundeswettbewerben JM, trotz Unterricht bei renommierten Orchestermusikern, trotz Meisterkursen, nach einem Jahr Unterricht bei Prof. XXX in der Schweiz mitgeteilt, daß ihr Rhythmusempfinden und Intonationsvermögen für den Beruf des Orchestermusikers nicht ausreichten. Seither ruht zum Leidwesen der nicht nur finanziell arg gebeutelten Eltern die Flöte in der Schublade. Der Traum eines Lebens mit Musik wurde zum Trauma. Wir haben allerdings zu bedenken, daß so manche tatsächliche Krise sich der Erinnerung entzieht oder aus der Perspektive des erfolgreichen Heute anders bewertet und rationalisiert wird, wie es eine 19jährige formuliert:

Ich habe es überlebt und so schlimm war es wohl nicht.

Gerade bei den früh Erfolgreichen muß man davon ausgehen, daß Außenerwartungen durch Lehrer und Eltern sehr hoch sein können, was sich auch im Selbstanspruch der Jugendlichen sedimentiert (vgl. Kap. *Selbstanspruch und Selbstkritik*).
Die Internalisierung von außenbestimmten Normen wird im „Unbehagen" eines Jugendlichen (und nicht nur bei ihm) deutlich:

> *Ich habe da auch schon immer Krisen, was aber hauptsächlich an den Ansprüchen liegt, die ich mir selber stelle. Mit den Ansprüchen, die andere an mich stellen, werde ich eigentlich ganz gut fertig, aber manchmal leide ich schon sehr darunter, was ich von mir verlange. Daß ich nicht mal sagen kann „Jetzt laß doch mal", den Beruf später lockerer nehmen, sondern daß ich immer was von mir verlange, daß ich etwas hervorbringe, etwas Kreatives. Ich verlange von mir, daß ich später was komponiere, daß ich eine Schallplatte aufnehme. Ich könnte es mir nicht verzeihen, daß ich mein ganzes Leben lang im Gottesdienst spiele und im Konzert oder so, daß hinterher nichts Greifbares da ist. Ich denke auch oft, daß ich was niederschreiben müßte...* (19, m, I 09).

Wer Erfolg hat, von dem erwartet unsere Leistungsgesellschaft im allgemeinen auch Beständigkeit und Steigerung.

> *Ich hatte eben immer unheimlich viel Klavier und Cello, dann noch die Schule. Dabei hatte ich immer das Gefühl, alles nur halb zu machen, nicht allem gerecht zu werden. Das hat mich unheimlich frustriert* (18, w, I 04).

Überforderungssyndrome bis hin zu existentiellen Krisen lassen sich gerade in Biographien begabter Menschen immer wieder nachweisen, wenn internalisierte soziale Zwänge nicht mehr auszuhalten sind. In der Sprache Freuds: Man muß davon ausgehen, daß im Über-Ich der Talente Wertvorstellungen der Eltern, der Lehrer, der Gesellschaft auf hohem Niveau normiert sind, auch wenn sie den Jugendlichen selbst nicht mehr bewußt sind. „Wer begabt ist, ist dieser Begabung verpflichtet"... so oder ähnlich werden die Ansprüche formuliert. Moralische Haltungen und subtiler Erwartungsdruck (bedingt durch die Anschaffung kostbarer Instrumente und durch kostenintensiven Unterricht) sind individuelle Belastungsmomente, die jedes Talent in eigener Weise zu kompensieren hat. Dieses Über-Ich beinhaltet zugleich auch ein Ich-Ideal, das die Jugendlichen von sich selbst haben, entwickelt aus den Wunschvorstellungen anderer über die Form und Richtung ihrer Persönlichkeitsentwicklung (vgl. Kap. *Zur Persönlichkeit).*

> *Man ist nie zufrieden mit sich selbst, aber ab und zu hat man doch ein gewisses Gefühl im Bauch, daß das jetzt doch gar nicht so übel war* (21, m).

> *Dilettantismus kann mich tödlich nerven* (17, w).

Die meisten Talente sprechen in abgeschwächter Form von „kleinen Krisen" im Sinne von durchaus überwindbaren Zwischentiefs. Nur wenige meinen sogar, überhaupt nie Krisen erlebt zu haben.

Gemessen an der Häufigkeit der Nennungen ergeben sich „Krisen" zuallererst aus Zweifel und Skepsis in der Selbsteinschätzung, für den Beruf des Orchestermusikers ausreichend begabt und qualifiziert zu sein. Es kommt in ihrer Entwicklung unweigerlich der Tag, an dem sie fragen, ob sich das Übermaß an Anstrengung, Kräfte- und Zeitinvestition auch gelohnt hat, letztlich also, ob Lernquantität in vertretbarer Relation zur Zielqualität steht. Diese Frage wurde auch an die Eltern gestellt, die ihre Erziehung unter diesem Aspekt zu vertreten haben. Der Zweifel „Lohnt sich das Ganze" kann verunsichern und zur quasi-neurotischen Frage werden. Zweifel und Skepsis kommen vor allem vor Streß-Situationen auf, etwa vor wichtigen Konzerten, vor Prüfungen oder vor den Bundeswettbewerben JM. Und dazu gehört auch die Beobachtung, daß Gleichaltrige in ihrer Freizeit Freuden und Vergnügen nachgehen, die unsere Jugendlichen nicht missen möchten, aber aus Sachzwängen bisweilen entbehren.

Die Sorge, auf dem richtigen Weg zu sein, Einsatz und Erfolg in ein rechtes Lot zu bringen, Verzichte und Mühen nicht umsonst auf sich geladen zu haben, wird zur dominanten Frage: Lohnt sich das alles?

> *Krisen gab es in Bezug auf meine Entwicklung, daß ich eben diese Probleme mit dem Lehrer hatte und mein Werdegang nach diesem Wechsel nicht einfach war. Immer wieder habe ich gedacht, kommt das jetzt auch hin, haut das hin, kann ich das eigentlich machen, ist das für mich das Richtige, Musik zu machen. Aber ich war auch immer überzeugt davon, Musik machen zu müssen. Heute glaube ich, daß es gut ist, daß ich das durchgehalten habe, weil ich jetzt irgendwie darüber hinweg bin. Es gibt im Moment keinen Punkt mehr, wo ich sagen müßte, das ist noch nicht entschieden* (21, w, I 23).

> *Krisen gibt es sicher bei jedem. Aufgehört hätte ich nie! Sicher fragt man sich zwischendurch immer wieder: Lohnt sich das denn auch? Aber so, daß ich gesagt hätte, ich will die Flöte nie mehr sehen, das gab es nicht. Meine Krisen habe ich überwunden, dadurch, daß meine Eltern sehr mitgeholfen haben. Sie überblicken das schon, ob es mir was bringt, wenn ich jetzt weiter durchhalte. Natürlich habe ich mit meinen 16 Jahren schon gelernt, daß dieser Beruf nicht nur aus Lob und Anerkennung besteht* (16, w, I 61).

Und so sehr der Wettbewerb „Jugend musiziert" auch beflügeln und anspornen kann, so sehr kann er (wenn auch eher kurzfristige und vorübergehende) Krisen auslösen:

> *Durststrecken wurden einfach durchgehalten. Ich bin nicht der Typ, der so einfach aufgibt. Ich sage eher: „Das muß doch zu machen sein!" Zweifel, ob ich auch gut genug bin, gab es immer wieder, vor allem wenn ein Konzert oder eine Prüfung bevorsteht. Ich bekomme dann mein „clemens delirium" – so heißt das bei uns, wenn ich meine, ich kann überhaupt nichts mehr und alles sei viel zu schlecht. Meine Eltern stellen sich dann schon immer darauf ein. In diesen Zeiten übe ich auch wie eine Wilde und meine, jede Minute sei verloren, in der ich nicht spiele. So ist das zum Beispiel vor Wettbewerben, denn da trifft man die ganzen*

Leute wieder, man kennt sie vom LJO und BJO, man hat sie 2 Jahre nicht Solo gehört, und dann malt man sich aus, was die für Fortschritte gemacht haben und zieht dann unwillkürlich die Bilanz der eigenen 2 Jahre. Es ist vielleicht besser, sich selbst Angst zu machen als zu sagen, ich kann das schon (19, w, I 17).

Ja, nach dem Landeswettbewerb 1981 in Baden-Württemberg war eigentlich die Luft raus. Ich hatte nur Leistungsstufe 2 gemacht. Aber nach einer Zeit rappelt man sich doch wieder auf, verdrängt es und übt wieder auf ein wichtiges Ereignis hin, z. B. die Kurse. Ich stehe immer so auf der Kippe zwischen Erwartungen und Bammel. 1983 dann habe ich alles auf eine Karte gesetzt, ein extrem schweres Programm genommen, habe mich vorbereitet wie noch nie, einfach aus dem Streß heraus: „Also jetzt ziehe ich das große Los oder gehe in die nächste Krise“ (19, m, I 74).

Daneben kann die Angst, etwas anderes zu versäumen, Krisenstimmungen auslösen (vgl. Kap. *Das Märchen von der verlorenen Kindheit und Jugend*).

Das war die Zeit, in der meine Klassenkameraden ständig ausgegangen sind, samstags abends. Ich habe hier gesessen und geübt und sogar gedacht, ich würde total um meine Jugend rumkommen. Die andern hätten nur ihr Vergnügen, ich müßte hier sitzen und arbeiten. Am liebsten hätte ich dann alles hingeschmissen und wäre auch weggegangen. Eigentlich alles Quatsch, ich kann beides machen (18, w, I 04).

Erwartungsgemäß und etwa gleich häufig entstehen Krisen im Umfeld von Lehrer und Unterricht, wie sie sich bereits in den vorangegangenen Kommentaren abzeichnen. Die Jugendlichen geraten in Schwierigkeiten, wenn der Unterricht nichts mehr bringt und sie kein Weiterkommen spüren, wenn Erfolge ausbleiben oder Unterricht, d. h. ein geeigneter Lehrer fehlt. Andererseits können Krisen entstehen, wenn ein Lehrer maßlos überfordert frei nach der Maxime: „Wer mit 16 nicht ein Brahms-Klavierkonzert spielen kann, der kann es nie spielen!“

Aufgehört kann ich nicht sagen, aber es gab während des Lehrerwechsels schon Zeiten mit Leerlauf. Ich bin nicht in dem Alter von Studenten, die sich ein halbes Jahr mit sich selbst beschäftigen können und auch Gewinn erzielen. Ich brauche einfach jede Woche meinen Lehrer, der mir sagt, was falsch ist. In dieser Zeit des Wechsels hatte ich das deprimierende Gefühl, erkennen zu müssen, daß sich nach einem halben Jahr ohne Unterricht Fehler einschlichen, über die ich einfach nicht mehr Herr wurde (19, m, I 30).

Nach dem Bundeswettbewerb 1981, wo mein Lehrer mir nichts mehr zeigen konnte, hatte ich keine Lust mehr. Ich wollte natürlich Trompete spielen, aber mir fehlte die Motivation, weil ich nichts mehr gelernt habe. Als ich wechseln wollte, gab es natürlich Clinch. Meine Eltern haben das geregelt. Mit dem neuen Lehrer gab es dann einen unheimlichen Stoß nach vorn (16, m, I 36).

Alle weiteren Krisenerfahrungen können zusammenfassend resümiert werden. Sie treten vereinzelt auf und werden an einer größeren Stichprobe überprüft.

Eine 17jährige befindet sich nach ihrer Selbstbewertung in einer permanenten Krise, vor allem wenn sie merkt, daß andere besser sind: *Das frustriert mich schon, wie gesagt, der Ehrgeiz.* Ein weiterer Auslöser sind spieltechnische Probleme: zu schwere Rohre, ein falscher Ansatz, eine unpraktische Bogenhaltung, ein mangelhaftes Spiccato, deren Behebung bzw. Umstellung Zeit braucht, die sich die Jugendlichen aus Gründen ihrer Zielstrebigkeit kaum gönnen. Ganz allgemein entstehen Probleme, wenn eine musikalische Ausdrucksweise nicht gelingt, ein spezielles Stück nicht „geschafft“ wird. Kritische Phasen werden auch ausgelöst durch die Doppelbelastung von Schule und Instrument (vgl. Kap. *Schule – Musiklehrer – Musikunterricht*). Da laufen mitunter die Wettbewerbe JM und das Abitur parallel nebeneinander. Wenn sie dann auch noch etwas nebenher verdienen wollen, wird Zeit knapp und werden Nerven strapaziert.

> *Ich war den Anforderungen von Unterricht im Instrument und Schule nicht mehr gewachsen und ich wollte schon alles hinschmeißen. Da habe ich gedacht, es hat keinen Sinn, wenn du jetzt aufhörst, du hast so viel Geld investiert, hast ein neues Horn bekommen. Du machst einfach weiter, und heute bin ich froh, daß ich immer weitergemacht habe. Aber es gab immer Zeiten, wenn es nicht so klappte, daß ich das Horn am liebsten an die Wand geworfen hätte* (15, w, I 40).

Kleine Krisen können auch zu Beginn eines Studiums an der Hochschule entstehen. Nicht jeder kommt mit der gewonnenen Freiheit sogleich zurecht, kann sich auf den Hochschulbetrieb einstellen. Es kommen neue Selbstzweifel durch Vergleich mit den Mitstudenten der Meisterklassen und vor allem aus der Aussichtslosigkeit einer qualifizierten beruflichen Chance.

> *Was ich an mir persönlich und auch an Mitstudenten festgestellt habe, ist, daß nach 3 Semestern im Musikbereich eine große Krise kommt, die Frage nämlich, ob man dazu fähig ist, Musik angemessen zu vertreten. Ich spreche von den Musikern, die Meisterklasse oder Hochschulklasse machen... Die Instrumentalistik leidet darunter, man hat keine Lust zu üben. Man weiß einfach nicht, ob man das schafft, weil die Anforderungen so hoch sind und dann kommen diese Zweifel... Man ist sich auch sehr bewußt, wie wenig Plätze es für einen Orchestermusiker gibt, wie aussichtslos eigentlich die Situation ist. Und tatsächlich ist sie ja auch aussichtslos, und 90% derjenigen, die an der Hochschule studieren, Meisterklassen eingeschlossen, schaffen nicht das, was sie sich zu Anfang vorstellen* (21, m, I 76).

Wieder andere Krisen entstehen aus der Konfrontation mit den Erziehern, den Eltern, die zu viel erwarten und zu streng sind (vgl. Kap. *Frühe Kindheit und Familie*). Die Befindlichkeit der Jugendlichen wird zu einem „Spiegel für das Verhältnis zu den Erziehern“. Wenn die Kommunikation mit den Eltern gestört ist, dann übertragen sich diese Störungen auch auf das Musizieren. Nicht üben kann dann bedeuten, dem strengen

Vater „eins auswischen" zu wollen. Von solchen Spannungen ist vor allem aus den Anfangszeiten des Instrumentalspiels die Rede oder wenn das Nebeninstrument (meist Klavier) nicht jene Gegenliebe findet, die Eltern für angemessen halten:

> *Ich habe schon mit 5 Jahren mit meinem Vater vierhändig gespielt. Das war eher unangenehm, der Sessel war zu klein und der Vater zu autoritär. Ich weiß noch, wie er gesagt hat: „Jetzt kriegst du erst Taschengeld, wenn du das und das Stück kannst!" Das waren eigentlich immer eher negative Erfahrungen von der Elternseite her. Ich mußte üben, auch wenn ich nicht wollte, und wir haben manchmal mit der Stoppuhr geübt, damit wir ja keine Minute zu lang spielten. Ja, es war schon Druck da, gerade weil ich lieber Sport machte... Später, als ich dann zur Blockflöte wechselte, war eigentlich kein Druck mehr vorhanden, da mußten sie mich eher bremsen* (19, w, I 60).

Wiederholt werden Krisen aus den Anfangszeiten des ersten Unterrichts erinnert, dann nämlich, wenn der Sinn für stundenlanges Üben noch nicht entwickelt ist und die Eltern sehr viel druckvoller dahinterstehen. Erst wenn sich das Üben habitualisiert, wächst die Einsicht in die Notwendigkeit eines täglichen Übepensums, das auf anderes freiwillig verzichten läßt. Bisweilen können auch Instrumentenwechsel Probleme bereiten, z. B. von der Geige auf die Bratsche oder von der Baßtuba auf die Kontrabaßtuba. Deprimierende Gefühle machen sich dann breit, einfach nicht weiterzukommen, kein „Land zu sehen.

10 von 60 Jugendlichen geben an, Krisen „eigentlich" nie erlebt zu haben. Dies mag zum einen an der Definition des Begriffs liegen, der manchem dramatischer im Ohr klingt, als er subjektiv gesehen für schwierige Phasen zutrifft. Die Rede ist stattdessen ausschließlich von Phasen der Lustlosigkeit, von Kurzschlußreaktionen, von abgeflachten und weniger effektiven Zeiten, von Spaß und weniger Spaß. Unsere kritische Frage: Können sich die Jugendlichen Krisen noch leisten, wenn sie selbst feststellen:

> *...die vielen Stunden harter Arbeit, das wäre ja dann umsonst gewesen, das teure Instrument hätte sich dann ja nicht gelohnt* (16, m).

Möglicherweise finden Krisen bei einigen Jugendlichen nicht statt, weil sie nicht stattfinden dürfen, weil sie eine unliebsame Störung im Programm sind. Investitionen und der Wunschtraum „Orchestermusiker" verpflichten, sie lassen keine Tiefs zu.

Und dann eben unsere abschließende Frage, wie Krisen verarbeitet und überwunden wurden, wer oder was geholfen hat, aus einem Tief herauszufinden.

Da ist zuallererst und erwartungsgemäß das interessierte und unterstützende Elternhaus zu nennen. Hier finden die Jugendlichen die Basis, von der sie ausgehen können. Da die Eltern nicht selten selbst Musiker sind, können sie angemessen mitreden, ihr Wort zählt und beeindruckt die Kinder. Krisen werden so leichter gemeistert.

Überwindung gelingt den Jugendlichen aber auch selbst, ihr Anspruch, ihr Ehrgeiz, ihr Ziel sind Garanten für Weitermachen, Durchstehen, Jetzt-erst-recht-Haltungen.
Aber da ist eben auch der subtile Druck bisher geleisteter Investitionen in Instrument und Unterricht. Die moralische Verpflichtung ist da: *Jetzt aufgeben – nach all den*

Mühen und Anstrengungen? Nein, du machst einfach weiter (15, w). Und da steht der Traumberuf „Orchestermusiker" vor Augen oder gar der Traumberuf eines Solisten. Allein diese Zukunftsperspektive hilft, sich neu zu motivieren, nicht durchzuhängen, sich durchzubeißen mit welcher Energie auch immer. Hin und wieder nennen die Jugendlichen einfühlsame, verständnisvolle, problemsensible Lehrer, die spüren, wenn den Schüler auch Menschliches belastet. Sie suchen das Gespräch, bauen auf, indem sie nicht selten aus ihrem eigenen Berufsleben mit allen Höhen und Tiefs erzählen. Und der Rettungsring für den jungen Nachwuchsmusiker: Was der Lehrer geschafft hat, müßte dir doch auch möglich sein! Die nächste Krise kann kommen, und auf Dauer werden sie krisen- und sattelfester; in der Selbstbeurteilung klingt dies dann so:

> *Ich bin nicht der Typ, der etwas aufgegeben hätte, wenn es nicht geklappt hat. Ich war schon immer so, daß ich das,was mir Schwierigkeiten bereitete, erst recht wollte* (21, m, I 80).

Im Umfeld von Krisen und Störungen schien uns auch die Frage an Eltern wichtig, ob und wann sie am Verhältnis von Lernquantität und Zielqualität in der Ausbildung ihrer Kinder sowie an ihren eigenen psychischen, materiellen und zeitlichen Investitionen zweifelten; ob sie von der Sorge geplagt waren, daß Anstrengung und mögliche Ernte in einem argen Mißverhältnis stehen könnten. Unsere Frage: Hatten Sie zu irgendeiner Phase die Sorge, ob Ihr Kind auch ausreichend begabt sei, ob sich die enormen Anstrengungen auch lohnen und auszahlen würden?

Ohne Zweifel hatten wir einen empfindlichen Nerv getroffen, aber doch anders, als wir dachten. Viele Eltern haben sich mit dieser Frage unter anderen Vorzeichen beschäftigt. Nicht daß sie eine blendende Solisten-Karriere oder einen höchstqualifizierten Orchestermusiker vor Augen haben, es ist ihnen vielmehr an einer allgemeinen Lebenszufriedenheit gelegen.

Der entscheidende Tranquilizer, der innere Unruhe erst gar nicht aufkommen ließ, war und ist die Gewißheit von Fleiß, Ehrgeiz, Strenge gegen sich selbst und Energie der Kinder neben ihrer eigenen ständigen sorgenvollen Beobachtung.

Nichtmusikalische Persönlichkeitsmerkmale sind die Garantie schlechthin für eine gewisse Gelassenheit, mit der Eltern in die Zukunft ihrer Kinder schauen. Mehrheitlich verneinen sie Zweifel an einer ausreichenden Begabung. Das schien nicht ihr Problem. Denn neben den allgemeinen Arbeitstugenden vertrauen sie auch auf das technische und musikalische Können, verweisen auf die vielen positiven Erfahrungen und Rückmeldungen von Konzerten, Vorspielen, Jugend musiziert-Erfolgen und Lehrerurteilen. Der Erfolgsquotient aus geleisteter Arbeit und erfahrenem Erfolg ist bei den Jugendlichen ausgesprochen hoch. Das macht ihre Eltern offenbar sehr zuversichtlich.

> *Ohne Fleiß kein Preis, auf den Lorbeeren wird er sich nicht ausruhen können. Ich kann mir vorstellen, daß er im Musikerberuf ganz schön ackern muß, obwohl ich noch nie hinter die Kulissen eines Orchester gesehen habe. Aber den Fleiß und den Ehrgeiz hat er einfach* (M, I 40).

Zweifel haben sie allenfalls, ob es zu einer Solisten-Karriere reichen wird, aber diese Frage scheint ihnen zweitrangig. Auch der Beruf als Musiker in einem qualifizierten Orchester kann Lebenserfüllung bedeuten und mehr kann man sich (ihrem Urteil nach) für Kinder nicht wünschen.

Weniger als das Sozialprestige ist es der Dauerstreß des Musikberufes, der Zweifel aufkommen läßt, ob Kinder es schaffen werden. *Ständig in Hochform sein zu müssen, kann man diese Dauerbelastung seinen Kindern wünschen?* Ist die Skepsis einer Mutter. Es ist die verständliche Sorge, ob die psychische Disposition, das Nervenkostüm und das Durchstehvermögen ausreichen.

Hier und da beruhigte die Gewißheit, daß es immer dann klappte, wenn es darauf ankam. Der Vater eines besonders erfolgreichen 17jährigen Solisten erzählt vom Streß im Alltag:

> *Ich habe es schon erlebt, daß wir hier morgens saßen, zum Konzert oder Wettbewerb fahren wollten und er partout an einer Stelle hing. Es klappte nicht, er kam nicht zurecht, wurde wütend, nichts ging mehr und wir mußten weg. Dann kam es schon hier zu Hause zum Streit. Das war natürlich schlecht, solche Spannungen vor einem Auftritt. Aber ich habe es noch nie erlebt, daß er dann später auf der Bühne danebengehauen hätte, daß er unsicher gewesen wäre. Alle Nervosität war auf der Bühne weg. Ich habe manchmal das Gefühl, daß er das Publikum braucht, daß ihn das stimuliert, ihn provoziert* (V, I 03).

Das bestätigt der Sohn des Vaters, der sich hier geäußert hat, in seinen Gedanken zum Glücklichsein:

> *Was mich in der Musik glücklich macht, ist nicht so sehr der Erfolg als das Vortragende, der Moment, wo ich einem Publikum vorspiele, und ich spüre, daß sich Leute freuen, wenn ich spiele* (17, m, I 03).

Manche Eltern möchten unsere nach Meßbarkeit klingende Investitions- und Nutzenfrage nicht so kalkulierend verstehen, weil die Beschäftigung mit Musik für sie allemal eine stark persönlichkeitsprägende Wirkung habe.

> *Dieses Eingehen in die musikalische Sprache an sich, ist doch ein solcher Zugewinn, ist eine neue Dimension von Lebensqualität* (V, I 62).

> *Man kann nicht immer danach sehen, was kommt dabei heraus. Die Musik ist einfach für die Entwicklung des Kindes sehr wichtig. Sie haben die Möglichkeit, sich selbst zu entfalten. Ob es immer günstig ausgeht, ist eine ganz andere Frage* (M, I 01).

> *Zweifel, ob das Kind ausreichend begabt ist, kann es nicht geben, denn dann wäre die Frage „ausreichend begabt wozu?" Das würde bedeuten, wir hätten schon vorher das Ziel festgelegt, Berufsmusiker zu werden. Wir sind anders vorgegangen. Unser Kind hat zweifellos eine gewisse Begabung für Musik, also haben*

wir diese Begabung optimal gefördert. Die Frage des späteren Berufes ist vorläufig nicht relevant, deswegen auch nicht die Frage, ob ausreichend begabt. Die Balance von Anstrengung und Erfolg würde ich sofort bejahen. Die Investition von Übe-Energie, von finanziellem und zeitlichem Aufwand, von Erziehungsenergie war immer adäquat zu dem, was musikalisch herausgekommen ist. Unsere Kinder haben sehr früh in einem Schulorchester mitgespielt und diese steigende Energie schlug sich dann sofort in höheren Einsatzmöglichkeiten musikalischer Art um, sie kamen ins Kammerorchester, ins Landesjugendorchester, ins Bundesjugendorchester, ins Europäische Jugendorchester. Das Verhältnis war immer in Balance (V, I 30).

Auch der Bundeswettbewerb „Jugend musiziert" hat eine nicht zu unterschätzende Klärungsfunktion. Erfolge beim Wettbewerb durch Vergleich mit anderen Gleichaltrigen machen die Eltern sicherer, nehmen ihnen etwaige Zweifel und spornen sie zu weiteren Anstrengungen und Investitionen an. Freilich ist es auch Aufgabe von Lehrern und Juroren der Wettbewerbe „Jugend musiziert" Eltern zu beraten, ihre Zweifel zu bestätigen oder zu entkräften. Einige Eltern legten stets Wert auf eine entsprechende Beratung durch Lehrer, mit wenigen Ausnahmen haben sie diese auch erhalten.

Ich habe immer lange Gespräche geführt mit dem Prof. XXX, wir haben uns immer auf sein Urteil verlassen. Er hat uns dann auch klar vor Augen geführt, welche Möglichkeiten er später als Orchestermusiker hat. Auf irgendwas muß man sich verlassen können, wenn man es selbst nicht so beurteilen kann (M, I 71).

Es fehlt auch nicht an einigen pessimistischen Zukunftsblicken angesichts einer eklatanten Diskrepanz von Stellenmarkt und gleichzeitig rigider Spar- und Einstellungspolitik. Manche Eltern reklamieren das wichtige Vitamin B(eziehung) im späteren Umfeld, das die förderlichen Rahmenbedingungen bietet.

Das ist nicht nur eine Sache des Könnens, sondern auch des Umfeldes, der Beziehungen und der Förderungen, daß er Vorspiele und Konzerte bekommt. Da spielt sicher vieles mit hinein. Zweifel hatten wir nicht, eben nur Bedenken, daß es ein sehr harter Weg ist (V, 01).

Von täglichen Übe-Zeiten oder Welcher Erwachsener hält dem Leistungsvergleich stand?

Talent ist kein Geschenk, es ist eine Verpflichtung (17, w, I 69).

Die Frage nach Übezeiten dürfte die Frage sein, die in Interviews am häufigsten an junge Musiker gestellt wird. Dabei ist sie schwer zu beantworten. Die Übe-Bereitschaft und Übe-Fähigkeit und damit die Übe-Dauer sind von einer Vielzahl von Faktoren abhängig: vom Instrument selbst, wegen der unterschiedlichen Anstrengung des Spiels, von der Belastung im Schulalltag, von der Lust oder Unlust zu üben (*Ich bin nicht der Typ, der beim Üben auf die Uhr schaut... Ich übe halt so lange, wie es geht*), von momentanen spieltechnischen Problemen und den durch sie ausgelösten inneren Krisen, von Vorspielterminen wie Konzerten oder Wettbewerben, von der Ensemblezugehörigkeit und nicht zuletzt vermutlich auch von den Erwartungen der Eltern und/oder Lehrer. Und die Dauer des Übens sagt im Grunde noch nichts über dessen Effektivität. Wenn sie sich *nicht in Form fühlen*, sich nicht konzentrieren und intensiv arbeiten können, üben sie weniger: *Mit Gewalt geht nichts.*

> *Die Intensität des Übens hängt von meiner Motivation ab, wie gut die Stücke gerade sind, die ich spiele. Oder ich ziehe einen Tag nur die Technik durch. Das ist sehr unterschiedlich* (15, m, I 01).

> *Die Frage ist doch, was dabei herauskommt, wenn ich mich hinsetze und sage, ich muß jetzt eine Stunde üben. Wichtiger ist, zu sagen, mal sehen was heute dabei herauskommt. Wenn gar nichts läuft, habe ich auch keine Gewissensbisse, wenn ich mal einfach nicht übe. Diese Freiheit nehme ich mir neuerdings* (17, w, I 69).

Es fällt ihnen schwer, eine Durchschnittszeit anzugeben:

> *Diese Frage wird auch von anderen Leuten immer wieder gestellt. Es ist schwer, einen Schnitt zu machen. Manchmal über ich gar nicht und manchmal den ganzen Tag, je nachdem wie ich gestimmt bin oder wie der Alltag aussieht. Normalerweise sind es 2 Stunden, es kann aber vorkommen, daß ich 7 Stunden Musik machen. Das macht mir dann auch Spaß, nur geht das eben nicht immer* (19, m, I 09).

> *Man kann eigentlich kein Rezept aufstellen, wielange man üben sollte. Ich übe immer so viel, daß ich mich auf dem Instrument wohlfühle. Wenn es gerade Spaß macht, übe ich auch länger* (18, m, I 47).

Wir haben uns dennoch entschlossen, die trivial klingende Frage zu stellen, um einen Orientierungswert herauszufinden. Uns ist keine systematisch-empirische Untersuchung zur täglichen Übe-Leistung junger Instrumentalisten bekannt. Daher dürfte unsere Statistik für Eltern, Jugendliche und Lehrer von einigem Interesse sein. Wir hoffen allerdings, daß unsere Ergebnisse zu Übe-Zeiten nicht als moralischer Zeigefinger in den Familien mißbraucht werden, denn mit den Jugendlichen unserer Stichprobe, die sich für einen Musikerberuf entschieden haben, ist der Normal- bzw. Hobby-Instrumentalist kaum zu vergleichen.

Aus mehr oder weniger privaten Erfahrungen, aus Eltern- und Lehrergesprächen wissen wir, wie schwer es Erziehern oft fällt, übe-unlustige Kinder zum Üben zu motivieren. Es ist sicher nicht übertrieben, wenn wir argwöhnen, daß in manchen Familien die Anmahnung zum täglichen Üben der Kinder ein chronischer Erziehungskonflikt ist, der das Klima auf Dauer belastet. Der Autor ist im Blick auf seine eigenen Kinder keine Ausnahme: „Hast Du heute schon geübt?“ dürfte als Frage so sicher sein wie der familiale Gute-Nacht-Gruß.

Mit dem Üben ist es in unserer Stichprobe so eine Sache, spontan antworten sie auf unsere Frage: „Eigentlich übe ich viel zu wenig!" Soll damit angesichts frappierender Leistungen und Erfolge die Besonderheit des Talents herausgestellt werden, und wird hier nicht untertrieben? Gedrängt nach Fakten und Zeiten sprechen sie von 2 Übestunden im normalen Alltag, die aber eher über- als unterschritten werden. Dieser Zeitwert wird über die Ergebnisse unseres gesprächsbegleitenden Fragebogens eindeutig bestätigt (vgl. Grafik: Übe-Zeiten S. 155)

Der Gipfel der Zeiten liegt mit 44% aller Angaben bei 2 Stunden Übe-Zeit am Tag. 3 bis 4 Stunden üben immerhin etwa ein Drittel unserer Jungmusiker (32%). Weniger als ein Fünftel scheint mit einer Stunde auszukommen, und dazu zählen nicht die Pianisten bzw. Organisten. Vier Jugendliche gaben an, 5 bis 9 Stunden pro Tag zu üben, sie sind aber eher die Ausnahme. Für uns war von Interesse, wie dieses Übe-Diagramm sich in Abhängigkeit vom Instrument ändert. Daß es Unterschiede gibt ist schon vom Spielanspruch des Instrumentes her zu erwarten, bedenkt man etwa die physische Beanspruchung der Blechbläser (Ansatz/Lippen).

Die linke Seite der Grafik zeigt instrumentenspezifische Differenzen. Es bestätigt sich zunächst der Gipfel von 2 Stunden pro Tag für alle Instrumentalfächer. Mit dieser Angabe scheinen wir einen absoluten Durchschnittswert zu erfassen, der vor allem für die Tasteninstrumente zutrifft (zu 71%). Kein einziger Pianist/Organist übt nur eine Stunde, nicht ganz ein Drittel (28%) bringt es auf 3 bis 4 Stunden pro Tag. Am wenigsten noch gilt die Angabe von 2 Stunden für die Streicher (nur zu einem Drittel).

Genau die Hälfte aller Streicher (50%) gibt an, 3 bis 6 Stunden zu üben, was angesichts von Schulaufgaben oder sonstigen Verpflichtungen eine ganz erhebliche Zeitinvestition darstellt. Diese rein zeitlich enorme Anstrengung ist sicher nicht auf einen größeren Ehrgeiz unter den Streichern zurückzuführen (oder sollten sie doch schon intensiver über Pultplätze grübeln?), sondern durch spieltechnische Probleme der Instrumente bedingt. Wer immer sich auf einer Geige versuchte, weiß davon ein Lied zu singen. Am ehesten (wenn ebenfalls in Minderheit) geben sich Bläser (Holz 18%, Blech 20%) mit einer Stunde täglicher Übe-Zeit zufrieden, was möglicherweise altersbedingt ist und mit der körperlichen Belastung zu tun hat.

Wenn ich mehr als 3 bis 4 Stunden übe, bekomme ich Probleme mit den Lippen...
nach 2 Stunden ist man mit dem Ansatz sowieso fertig...

Eine Differenzierung innerhalb der Bläsergruppe zeigt sich insofern, als Holzbläser fleißiger üben als ihre Kollegen vom Blech, 41% Holzbläser mit einer Übe-Dauer von 3 bis 4 Stunden stehen 27% Blechbläsern mit gleicher Übe-Leistung gegenüber.

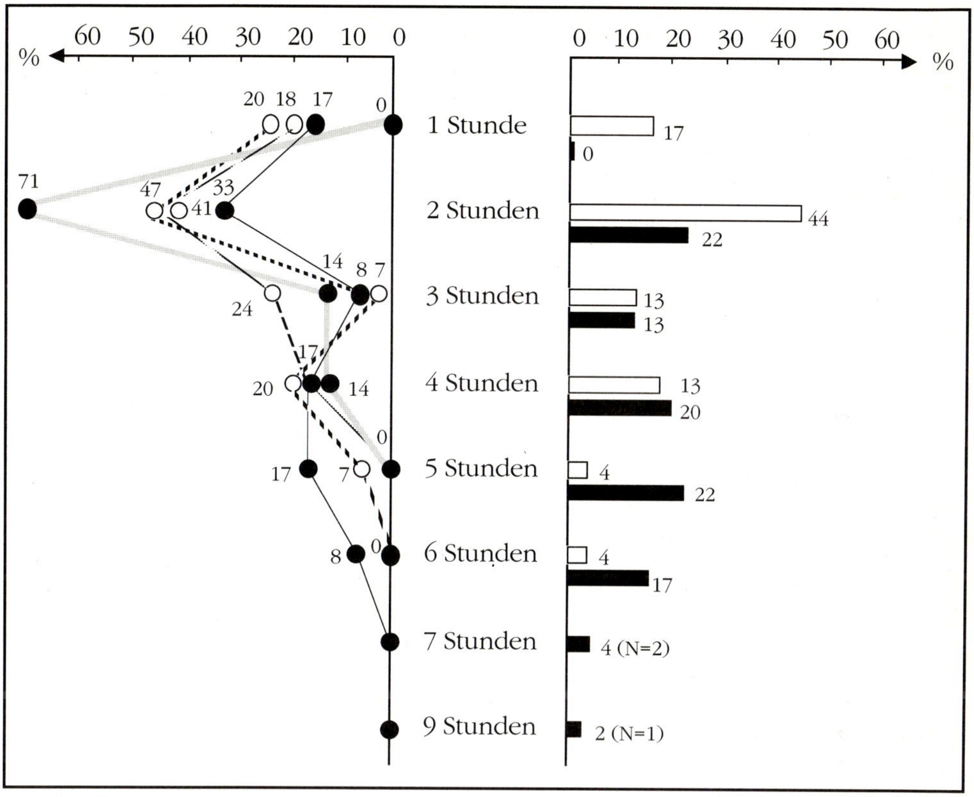

Grafik: Übe-Zeiten der Jugendlichen

rechte Seite: im Schnitt pro Tag
vor Konzerten/Wettbewerben pro Tag

linke Seite: differenziert nach Instrumenten
Pianisten/Organisten
Streicher
Holzbläser
Blechbläser

Üben in Zeiten besonderer Belastung:

Erwartungsgemäß ändert sich die Situation, fragt man die jungen Musiker nach Übe-Zeiten vor wichtigen Terminen wie Konzerten, Vorspielen, Wettbewerben usw. Die Stundenzahl schraubt sich insgesamt erheblich in die Höhe. Aber das, so wird der Interviewer sogleich belehrt, muß nicht nur seinen Grund in Wettbewerben oder Konzerten haben, nein, wenn diese jungen Leute *die Lust packt* und sie *Zeit haben*, dann können auch *5 Stunden Üben herauskommen*.

	P/Org.		Str.		Holz		Blech	
	n	k	n	k	n	k	n	k
1 Stunde	0	0	17	0	18	0	20	0
2 Stunden	71	14	33	8	41	24	47	33
3 Stunden	14	14	8	8	24	24	7	7
4 Stunden	14	14	17	17	18	12	20	27
5 Stunden	0	29	17	25	0	24	7	20
6 Stunden	0	29	8	25	0	12	0	13
7 Stunden	0	0	0	8	0	6	0	0
9 Stunden	0	0	0	8	0	0	0	0

Tabelle: Übe-Zeiten der einzelnen Instrumentalfächer/Vergleich von normalen (n) Zeiten und vor Konzerten/Wettbewerben (k) – Angaben in %

Mit nur einer Stunde kommt kein Jugendlicher aus, wenn wichtige Termine nahen. Auch die Zahl derer, denen 2 Stunden ausreichen, verringert sich um die Hälfte. Bleibt der Anteil von 13% mit 3 Stunden noch konstant, so steigt er mit 58% aller Jugendlichen, die 4 bis 6 Stunden üben, ganz erheblich. Diese Übe-Zeit scheint ein charakteristischer Wert zu sein, der zwischen den Instrumenten jedoch nochmals differiert, wie nachfolgende Rangfolge zeigt:

4 bis 6 Stunden Übe-Zeit vor wichtigen Vorspielterminen:

1. Pianisten/Organisten	72%
2. Streicher	67% plus 16% mit 7–9 Stunden(!)
3. Blechbläser	60%
4. Holzbläser	48%

Am zeitintensivsten üben also die Streicher; die Bläser haben in den spieltechnischen Schwierigkeiten und den damit verbundenen Belastungen eine natürliche Übgrenze nach oben. Der Anteil derer, die über 2 bis 3 Stunden nicht hinausgehen (können), liegt beim Blech bei 41%, beim Holz bei 48%.

Was sagen nun diese Zeiten aus?

Die Nachmittage und Abende der Jugendlichen dürften nicht nur vor wichtigen Terminen voll ausgebucht sein, einige Jugendliche (die Streicher) bringen es auf Spitzenzeiten zwischen 7 und 9 Stunden, Nachtarbeit ist angesagt!

Im Extremfall kann es schon einmal ein ganzer Tag werden, solange man das eben durchhält. Ich sehe dann halt die Aufgabe, die bewältigt werden muß und es ist ja eine selbstgestellte Aufgabe. Wenn ich sehe, es ist nötig 8 Stunden am Tag zu üben, dann mache ich das und dann macht mir das nicht so viel aus (19, w, I 06).

3 Stunden Klavier, 1 bis 2 Stunden Cello, dann noch Hausaufgaben für die Schule, wo jetzt in der 13. Klasse unheimlich viel los ist (18, w, I 04).

Und nicht vergessen: Da sind die Ensembles, in denen sie zeitintensiv proben und musizieren.

Ich habe manchmal 10 Stunden gespielt, wenn die Proben in verschiedenen Ensembles noch dazukommen, aber 4 Stunden konzentriertes Alleinüben ist so das Maß, was man machen sollte (21, m, I 76).

Die jungen Instrumentalisten nehmen sich die Zeit zum Üben, die viele Altersgenossen offensichtlich nicht haben. In einer Befragung von 400 Dreizehn- bis Sechzehnjährigen antworteten die Nicht-Instrumentalisten auf die Frage, warum sie kein Instrument spielen, mehrheitlich (60%): *Mir fehlt die Zeit dazu!* [156]

Wir sollten bei diesem äußerlichen Zahlenspiel nicht die Hauptsache vergessen: die „Anstrengungsbereitschaft" dieser jungen Instrumentalisten, für „ihre" Musik so viel Zeit und darin eingebunden Energie, Konzentration, Nervenanspannung zu investieren. Wir sollten uns dies konkret vor Augen halten: über die Hälfte der jungen Instrumentalisten ist bereit, ganze Nachmittage bis in die Abendstunden, unabhängig von sonstigen Terminen und Verpflichtungen mit dem Instrument zu arbeiten!

In ihren Narrationen bestätigen sie diese hohen Musizier-Zeiten. Befragt nach einem „Tag voller Musik" beschreibt eine 18jährige einen möglichen Tagesablauf: 6–7 Uhr Üben Blockflöte, 7.30–13.30 Uhr Schule, 14.30–15.30 Uhr Einzelunterricht Blockflöte, 15.30–17.00 Orchesterprobe, 17.30–19.00 Uhr Üben Klavier, 20.00–22.00 Uhr Üben Hauptfach Violine, 22.00–23.00 Uhr Blockflöte quasi zur Entspannung und zum Tagesausklang. Ein Tag mit Musik rund um die Uhr, der signalisiert, zu welcher Anstrengung diese Jugendlichen bereit sind. Eine 17jährige erklärt diese Energieleistung:

Talent ist kein Geschenk. Es ist eine Verpflichtung (17, w, I 69).

Es scheint einfach zu stimmen, was Christobal Halffter anläßlich einer Arbeitsphase mit dem Bundesjugendorchester einmal resümiert: *Diese Leute werden niemals müde*[157]. Es ist eigentlich bewundernswert, was sich diese Jugend in frühem Alter an Disziplin, Leistung, ja auch an Entbehrung abverlangt. Wie fatal wirken dagegen die in unserer Gesellschaft so vorschnell gebrauchten Jugendetikette. Wir setzen ganz bewußt an diese Stelle jene unter Erwachsenen verbreiteten Typisierungen heutiger Jugendgeneration, um zu zeigen, wie falsch und unsinnig es ist, von „der" heutigen Jugend[158] zu sprechen

156 Hans Günther Bastian: *Schüler und Musikunterricht. Neue Daten zu alten Fragen an 13 bis 16Jährige*, in: *Musik und Bildung* 1/1985, S. 34 ff

157 Titel der gleichnamigen Fernsehsendung zum Bundesjugendorchester ZDF, © 1985

158 vgl. Erwin K. Scheuch: *Die Jugend gibt es nicht. Zur Differenziertheit der Jugend in heutigen Industriegesellschaften*, in: Hentig/Lübbe/Scheuch (Hg.): *Jugend in der Gesellschaft*, München 1975, S. 54-78

(vgl. Kap. *Klassik musizierende Jugend*). In der wohl gegenwärtig jüngsten Jugendstudie *Jugendliche und Erwachsene '85*[159] listet Jürgen Zinnecker die meistgebrauchten Schlagworte auf, die die Besonderheiten der Jugendgeneration bezeichnen: *Die Akzente, die Jugendliche und Erwachsene setzen, lauten – etwas überpointiert –: Jugendliche sehen sich als eine verunsicherte Generation ohne Zukunft. Erwachsene sehen in den heutigen Jugendlichen eine verwöhnte Protestgeneration.* Sowohl das Selbstportrait der Jugendlichen wie die Fremdbewertung durch Erwachsene treffen auf unsere Jugendstichprobe auch nicht ansatzweise zu. Weder fühlen sich diese Jugendlichen angesichts ihres Zukunftsoptimismus und ihrer klaren Ziele verunsichert, noch passen sie in das Bild verwöhnter und protestlustiger Jugend. Ebensowenig treffen die von Erwachsenen weiter genannten Typisierungen wie Fernsehgeneration, Aussteiger, Jugend in der Krise, Chaoten, No-Future-Generation oder abgeschlaffte Generation zu (die „Schlaffis", die die Illustrierte *STERN* kreiert hatte). Vor allem der Anteil der über 50jährigen, die der Jugend negative Eigenschaften nachsagen, ist ausgesprochen hoch[160]. Auch andere Studien bestätigen wiederholt ein negatives Jugend-Image unter Erwachsenen[161].

„Richtig Üben ist gar nicht so einfach" oder Vom Sinn und Un-Sinn des Übens

> *Üben ist für mich eine Suche, die mich fasziniert* (15, m, I 01).
>
> *Meine Mutter sagte immer „Du mußt üben", aber ich wußte nicht „wie"* (21, w, I 23).
>
> *Es geht nicht um die „Übung der Technik", sondern um die „Technik des Übens".* (Franz Liszt zugesprochen)

Die Erkenntnis, daß die Qualität des Übens die Effizienz bedingt und daß sie entscheidend von der inneren Disposition des Übenden abhängt, hat keineswegs Premierencharakter. „Wie übe ich richtig", werden tagein tagaus Instrumentalschüler sich fragen, erst recht jene, die dies über Stunden hinweg tun und dennoch oft „unerfüllt" bleiben. Viele Schüler scheinen keine befriedigende Antwort auf diese Frage zu bekommen, wie wir aus den Gesprächen mit unseren Instrumentalisten argwöhnen. Ist die Vermittlung der Methode des „richtigen" Übens und das heißt des „sinnvollen" Übens ein Stiefkind der Instrumentalpädagogik, geht wichtige Zeit durch unsinniges Üben verloren, vielleicht sogar die Lust am Üben? Wir möchten aus der Erfahrung unserer Gespräche vorab dem Klavierpädagogen Alexander Rößler zustimmen, wenn er kritisch anmerkt: *Alles Klavierüben* [Und das gilt sicher auch für andere Instrumente, d. Verf.] *zusammen-*

159 Jürgen Zinnecker: *Beziehungen zwischen jüngerer und älterer Generation im Urteil von Jugendlichen und Erwachsenen*, in: Jugendwerk der Deutschen Shell: *Jugend + Erwachsene ´81*, Opladen 1985, S. 81 ff.

160 vgl. ebda., S. 83

161 vgl. EMNID-Umfrage im November 1980: „Welche Eigenschaften sind Ihrer Meinung nach für die heutige Jugend typisch?"

gerechnet, das je zu irgendeiner Zeit irgendwo getätigt wurde, käme bei einer Gegenüberstellung von Quantität und Qualität sicherlich zu einem Ergebnis von Millionen nutzlos oder gar reduktiv zerübter Stunden. Und tagtäglich werden dieser erdrückenden Menge zahllose weiter vergeudete Stunden hinzugefügt[162]. Üben ist nicht gleich üben, diese Erfahrung hat wohl schon jeder gemacht, der ein Instrument spielt(e), und wer mit dem Kopf durch die Wand möchte, der sollte gar besser spazierengehen. Empfehlungen von Lehrern ergehen sich in der vielgehörten Mahnung: „Ihr Kind müßte mehr üben". Aber ist sinnvolles Üben eine Frage der Quantität?

Mit gewisser Regelmäßigkeit greifen Instrumentalpädagog(inn)en die Frage des sinnvollen Übens auf, um darüber öffentlich nachzudenken.[163] In einem lesenswerten Beitrag hat Alexander Rößler auf die Bedeutung der inneren Disposition beim Üben hingewiesen und den subtilen Balancezustand einer bestimmten inneren Disposition als Voraussetzung richtigen Übens hervorgehoben. Als hauptsächliche Komponenten dieser mentalen Grundlage nennt er ein geschärftes Bewußtsein für die Eigenart der zu erarbeitenden Musik, ein genaues Voraushören des intendierten Klanges und das entsprechende Vorausfühlen der erforderlichen Spielbewegungen. Wichtige psychologische Faktoren sind Selbstbewußtsein, Mut und Spontaneität[164]. Siegfried Fuchs sieht im *Üben mit geteilter Aufmerksamkeit* ein wichtiges Ausbildungsprinzip:

Darunter ist das bewußte Lenken der Konzentration, vor allem das Ansetzen einer schwerpunktmäßigen Kontrolle beim Üben zu verstehen:

- *die visuelle Kontrolle der Bewegungsvorgänge,*
- *die zuhörende Kontrolle ohne visuelle Beobachtung (mit geschlossenen Augen),*
- *das Lenken der Aufmerksamkeit bald auf die linke, bald auf die rechte Hand,*
- *die bewußte Kontrolle der Gedächtnisleistung bei langsamem Spiel,*
- *das Ausschalten des Ausdruckswillens, das Produzieren „ohne Vortrag", wie Heinrich Neuhaus jene Methode nennt...*

Lenkende Aufmerksamkeit führt zu einer höheren Qualität des Übens und läßt den Schüler auch besser mit jenen Gegebenheiten und Zufällen fertig werden, wie sie ihm in heiklen Situationen des Wettbewerbs begegnen[165].

Wilfried Ribke sieht die angemessene Vermittlung von Lernstrategien als ein „Schlüsselproblem" gegenwärtigen Instrumentalunterrichts und ist um einschlägige empirische Forschungsarbeiten bemüht[166].

162 Alexander Rößler: *Zur inneren Disposition beim Üben. Versuch eines geistigen und körperlichen Zustandsbeschreibung, in: Üben & Musizieren* 3/1985, S. 148–154

163 vgl. *Üben & Musizieren* 2,3,6/1984; oder *nmz* 5/1981

164 vgl. Alexander Rößler: a. a. O., S. 148 ff.

165 Siegfried Fuchs: *Vorbereitungen für eine Spannungsphase*, in: *nmz* 5/1981, S. 24

166 Wilfried Ribke: *Zur Psychologie des Übens – Dimensionen der musikalischen Interpretation*, in: Wolfgang Schmidt-Brunner (Hg.): *Methoden des Musikunterrichts*, Mainz 1982, S. 296-307; ders: *Üben aus kognitionspsychologischer und handlungstheoretischer Sicht*, in: Günter Kleinen (Hg.): *Außerschulische Musikerziehung, Musikpädagogische Forschung* Band 8, Laaber 1987, S. 107-122

In ihren anthropologisch und pädagogisch engagierten Arbeiten zur Instrumentalausbildung fordert Frauke Grimmer die Integration der gesamten lebensgeschichtlichen Situation eines Schülers. Üben am Instrument kann für sie in Anlehnung an Bollnow[167] nur zur sinnerfüllten Praxis werden, wenn zum Üben folgende Prozesse und Handlungen gehören: das Erringen von mehr Selbstdisziplin und Ausdauer; das Erfinden, Beobachten, Kontrollieren von Bewegungsabläufen sowie von Momenten der An- und Entspannung; das Steigern von Konzentrationsfähigkeit, Gedächtnisleistung, innerer Vorstellung und Autosuggestion; das Erweitern der Frustrationstoleranz sich selbst und anderen gegenüber sowie das Vertiefen musikalischer Erlebnis- und Ausdrucksfähigkeit[168].

Wir haben hier nicht den Raum, Überlegungen und Empfehlungen von Instrumentalpädagogen in extenso zu diskutieren oder gar neue übtechnische Erkenntnisse auszubreiten. Uns liegt vielmehr an der empirischen Prüfung der Frage, ob jungen Instrumentalisten, die meist in Händen qualifiziertester Pädagogen sind, neben dem „Üben der Technik" auch die „Technik des Übens" gelehrt wurde.

Dieses Kapitel wird zu einem Report aus der Welt hinter den Kulissen des Privatunterrichts (Frauke Grimmer: *Üben – eine „heimliche Kultur"?*). Welchen Geheimnissen des Übens kamen wir auf die Spur, welchen Methoden, die manche Instrumentallehrer sorgfältig wahren, weil sie ihr Erfolgsrezept mitbedingen? Konnten wir aus dem Nähkästchen der Methodik plaudern, von wichtigen und wirksamen Übe-Methoden erzählen? Oder war unsere Nachfrage von eklatanten Defiziten begleitet, war und ist das „Lehren des Lernens" in der Verantwortung der Pädagogen eine vernachlässigte Disziplin?

Die Frage des sinnvollen Übens (d. h. nach dem Sinn des Übens) ist auch unseren Jugendlichen eine wichtige Sinn-Frage, auf die sie mitunter keine oder nur sehr spät eine Antwort bekommen bzw. selbst gefunden haben, nach manch vermeidbaren Leidenserfahrungen und psychischen Tiefs. Zunächst ist allen Jugendlichen die Erfahrung gemeinsam, daß es nicht darauf ankommt, d a ß man übt (was stillschweigend vorausgesetzt wird), sondern w i e man übt. Im weiteren scheint es sinnvoll, auf instrumentspezifische Erfahrungen beim Üben einzugehen.

Die Pianisten oder Doch mehr ein „Üben der Technik"?

Die Pianisten deuten unsere Frage nach richtigem Üben interessanterweise sehr eng als Frage nach der Technik des Klavierspiels. Sie zählen ihre Klavierschulen auf, die die Technik des Klavierspiels fördern helfen, etwa die *Schule der Geläufigkeit*, Brahms' *51 Übungen*, Kuhlaus *Schule der Oktaven*, Chopins Etüden, Czernys *160 Übungen*, die ein Jugendlicher als *Manifest der Technik* bewertet. Sie sprechen von Läufen und Arpeggien, Dehnungen und Sonderübungen an bestimmten Stellen eines Stückes, Finger-

167 O. F. Bollnow: *Vom Geist des Übens. Eine Rückbesinnung auf elementare didaktische Erfahrungen*, München 1978

168 Frauke Grimmer: *Vom Sinn und Un-Sinn des Übens. Anthropologische und pädagogische Aspekte der Instrumentalausbildung*, in: *Zeitschrift für Musikpädagogik* 33/1986, S. 48-51

sätzen, vom Langsam-Üben, vom Einzeln-Üben usw. Auf unsere Frage: Haben Sie gelernt richtig zu üben? antwortet ein bereits Fortgeschrittener

> *Nein! Übe-Methoden, wie man das Üben sinnvoll aufbaut, haben wir nie besprochen. Nur einzelne Dinge am Üben, so Sonderübungen...* (21, m, I 05).

Unsere Frage, in der es eben nicht um das Üben der Technik, sondern umfassender um die Frage der Technik des Übens geht, wird auf die Ausbildung technischer Fertigkeiten reduziert. „Technik" scheint im Zusammenhang des Übens das A und O. Einige sprechen davon, daß sie ihre Technik am Stück selbst ausfeilen, an bestimmten schwierigen Stellen. Auch von Noten-Leseübungen und Trockenübungen zur Training der Gedächtnisleistung ist die Rede:

> *Ich mache viel mit Noten und Trockenübungen, reine Fingerübungen ohne Klavier. Ich sehe mir die Noten an und überlege, wie ich das spielen will. Um da nicht lange rumzuprobieren, überlege ich das im Kopf. Das ist sehr anstrengend und dabei verliere ich schnell meine Konzentration. Nach einer Stunde geht meist nichts mehr. Ausschlaggebend für diese Übungen war, daß ich im Auswendigspielen immer schlecht war. Einmal bin ich mitten im Konzert ausgestiegen, ein Schock nicht, aber etwas darunter. Ich muß was machen, um auswendig sicherer zu sein. Ich bemühe mich nun, die Musik zu verstehen, dann kann man sie sich auch merken* (21, m, I 05).

Von Übe-Methoden und Übe-Phasen in einem umfassenden Sinn ist nur in zwei Gesprächen die Rede. Wir meinen eine Systematik, wie sie etwa Alexander Rößler vorschlägt[169], wenn er von einer Orientierungsphase (Lesen, orientierendes Durchspielen, Analyse), von einer Vorbereitungsphase (Übe-Methodik mit Fingersatz, Bereitstellung des technischen Rüstzeugs) und von einer Ausführungsphase (Realisation des musikalischen Gehalts, Gestaltungs- und Ausdruckswillen) spricht.

> *Ich glaube schon, daß ich intensiv übe. Ich spiele nicht einfach durch, arbeite taktweise; nach 2 Stunden bin ich ziemlich fertig, ich kann nicht länger als 2 Stunden hintereinander total konzentriert sein. Wenn ich nicht richtig dabei bin, spiele ich auch manchmal nur durch, um die Finger irgendwie in Bewegung zu halten, aber das ist sehr selten* (18, w, I 04).

Am verheißungsvollsten klingt der Übe-Bericht des jüngsten Pianisten, der sein Üben gezielt nach Aufbauphasen gestaltet:

> *Ich beginne mit technischen Grundübungen zur Kräftigung der einzelnen Finger, bedenke auch die Rolle des Armes beim Klavierspielen, betrachte ihn als Ganzheit, achte darauf, daß der Arm locker, frei, in der Schwebe liegt und nicht am Körper so angeklatscht ist. Verschiedene einzeltechnische Probleme gehe ich dann mit Zentrieren und Dezentrieren an. Das habe ich mit meinem Lehrer besprochen und das muß man erst mal in der Theorie beherrschen, bevor man es in der*

169 zit. n. Alexander Rößler: a. a. O., S. 148

Praxis anwenden kann. Dann kommen Tonleiter und Dreiklänge mit richtigen Vorübungen, daß das auch Sinn hat, daß der Übersetzer richtig ist, daß die Armhaltung richtig ist usw. Man muß sich eine breite Basis von Grundtechniken erarbeiten, aus der man dann schöpfen kann. Dann mache ich immer etwas aus Brahms' „51 Übungen" oder aus den Chopin-Etüden. Da macht einem auch die Technik Spaß, weil das sehr schöne Musikstücke sind. Und dann stürze ich mich halt in meine Aufgabenstücke, an denen ich gerade arbeite. Wenn ich damit beginne, dann spiele ich die meistens langsam durch, um einen Eindruck vom Stück zu bekommen, lerne es dabei langsam auswendig. Gott-sei-Dank lerne ich schnell auswendig. Üben ist für mich eine Suche, die mich fasziniert. Ich glaube, es ist schon ein Vorteil, wenn ich auswendig spiele, auch für die Interpretation. Ich konzentriere mich dann mehr auf das Stück als auf die Noten. Persönlich bin ich noch manchmal verunsichert, weil ich Angst vor Gedächtnislücken habe... (15, m, I 01).

Die Streicher

Ich glaube, es gibt viele verschiedene Methoden, wie man übt, aber ich glaube auch, daß quantitatives Üben zu gar nichts führt (17, m, I 26).

Üben heißt bei mir nicht, eine Stelle 5000 mal durchspielen, sondern ich bemühe mich zu ergründen, warum diese oder jene Stelle nicht funktioniert... Üben heißt nicht, immer wiederholen, sondern wissen, was an dieser oder jener Stelle passiert... Man muß aus sich heraustreten und sich selber beobachten (17, m, I 32).

Auch für die Streicher bestätigt sich zumindest für die Zeit des Anfangsunterrichts eine gewisse Ratlosigkeit im sinnvollen Üben. Auch hier ist die Bilanz einer Anleitung zum sinnvollen Üben (ein Cellist spricht von „intelligentem Üben" als einem Üben in „zerlegten Kategorien") eher düster. Mehrheitlich bedauern die jungen Streicher, daß eine Methode des sinnvollen Übens eigentlich niemals Unterrichtsinhalt war. Die Kritiken der Jugendlichen in Stichworten:

Ich habe das von niemandem direkt gelehrt bekommen, gelernt habe ich das Üben so offiziell eigentlich nie... Zur Erarbeitung von Stücken habe ich eigentlich nie eine richtige Anleitung bekommen... Sehr viel später, sehr viel später erst... Methodisches Üben, konsequente Arbeit habe ich vorher nicht gekannt...

Erst Jahre später, etwa nach einem Lehrerwechsel oder im Studium, hier und da auf Anleitung eines qualifizierten Vaters, auch aus Eigeninitiative setzen sie sich mit Methoden des Übens auseinander.

Ich habe lange Jahre überhaupt nicht gewußt, was Üben überhaupt ist. Eine richtige Übemethode hat mir erst vor einigen Jahren meine Lehrerin in XXX beigebracht. Ich glaube, es ist gar nicht so einfach, daß ein Kind auch lernt, was Üben eigentlich ist, überhaupt den Sinn des Übens zu erkennen. Ich sehe das auch an meinem Schüler, der spielt immer nur durch. Mir selbst fällt es heute noch schwer, ein System in mein Üben zu bringen. Das ist auch so unterschiedlich von Stimmungen und Launen getragen. Wenn es gut läuft, wenn man ein gutes Spielgefühl hat, dann will man auch nicht so hart arbeiten (21, w, I 16).

Zur Erarbeitung von Stücken oder Etüden habe ich eigentlich nie eine richtige Anleitung bekommen. Ich habe mir das erst in meiner späteren XXX-Zeit (Studienort) *erarbeitet, wie man überhaupt richtig übt. Ich habe vieles bewußter gemacht, habe konzentrierter gearbeitet und nicht nur so runtergespielt. Heute will ich am Ende einer Übe-Stunde sagen können: „So, jetzt hast Du wirklich was geschafft“* (22, m, I 22).

Eine 18jährige konkretisiert das erst spät erfahrene sinnvolle Üben, das den von Alexander Rößler beschriebenen Übe-Phasen sehr nahe kommt:

Mit Tonleitern fange ich an. Ich achte auf Ton, vibrato-Geschwindigkeit, überhaupt auf die Art des Vibratos, auf die Intonation natürlich, auf Fingerfall, Lockerheit, runde Bewegungen. Danach kommen Etüden mit Lagenwechsel, Dreiklänge und verschiedene Tempi, dann Terzen, Sexten, Oktaven, dann Chromatik, eben alles, was in dem Flesh noch kommt... Danach arbeite ich an meinem Stück, spiele am Anfang einfach mal durch, damit ich weiß, an welche Stellen ich besonders gehen muß. Dann mache ich es nicht mehr wie früher, einfach mich hinzusetzen und zu knautzen, bis es stimmt, sondern überlege mir Fingersätze, übe weggehen und gleich wieder treffen. Der Ablauf muß ganz sicher sein, damit ich mich später nicht mehr darauf konzentrieren muß. Nach dem rein Technischen kommt dann das Musikalische dazu (18, w, I 21).

Daß es kein Patentrezept zum Üben geben mag, hebt ein junger Cellist hervor, der auf die Individualität jedes Spielers verweist. Gerade in der Berücksichtigung der jeweiligen Eigenart des Musikers und der körperlichen Unterschiede, liegt eine besondere Herausforderung des Instrumentallehrers.

Die Konstruktion des Knochenbaus kann sehr verschieden sein. Deswegen sind manche Lagenwechsel für jeden individuell verschieden gut oder verschieden schlecht. Das kann der Lehrer schlecht überwachen, das muß man mit seiner eigenen Intelligenz herausfinden. Dazu ist auch eine gewisse Erfahrung nötig. Der Lehrer kann hier nur Anregungen geben (17, m, I 26).

Ebenfalls autodidaktisch hat ein junger Kontrabassist „seine“ Methode gefunden. Er äußert die Sorge, daß er durch zu vieles Durchspielen falsche Reflexe einübt.

Üben heißt bei mir nicht, eine Stelle 5000 mal durchspielen, sondern ich bemühe mich zu ergründen, warum diese oder jene Stelle nicht funktioniert; also wirklich am Spiegel stehen und reingucken, warum das nicht funktioniert, warum ein Lagenwechsel z. B. nicht geht. Ich beobachte meine Gesamthaltung und irgendwie komme ich immer zu einem Ergebnis, so daß die Stelle dann doch klappt. Üben heißt nicht, immer wiederholen, sondern wissen, was an dieser oder jener Stelle passiert. Man muß einen Ablauf im Kopf haben und nicht einen Reflex. Man muß aus sich heraustreten und sich selber beobachten. Das ist das Wichtigste. Manchmal, wenn ich zu einer Entscheidung gekommen bin, halte ich meine Taktik für sinnvoller als die des Lehrers und bleibe dann auch dabei (17, m, I 32).

Die Bläser

Dieses mechanische Abspulen halte ich für ganz falsch, und es bringt auch nichts. Wenn man merkt, man kann sich nicht mehr konzentrieren, sollte man lieber aufhören (16, w, I 61).

Vorbereitende Übe-Phasen scheinen unter Bläsern noch am ehesten notwendig, weil sie ohne sie einfach nicht auskommen. Ohne Einblasen, Lippen- und Zungentraining, Stoßübungen, Töne aushalten, Tonleiter üben, Töne „verschwinden" lassen, Staccato-Übungen, Dreiklänge in Dur und Moll, Grifftechnik, Bindeübungen oder für die Posaune spezielle Obertonreihen leidet zwangsläufig ihr Spiel und sie tun sich schwerer. Sie haben neben den blas- und grifftechnischen Schwierigkeiten auch mit körperlichen Problemen zu tun, denn ein schlechter Ansatz kann zur Quälerei werden und beeinträchtigt das Musizieren. Gezielte Pausen zur Entspannung der Muskulatur sind erforderlich. Dennoch registrieren wir auch unter den Bläsern eher Kritik an der unzureichenden Vermittlung des „Lernen des Lernens". Wie anders wollte man (stellvertretend für andere) die Erfahrung eines erfolgreichen Tubisten deuten, wenn er meint:

Richtiges Üben? Da habe ich keine besondere Hilfen bekommen. Das Üben lernen habe ich selber lernen müssen, eigentlich fast ohne Hilfe von außen. Was mir beim Üben-Lernen am meisten geholfen hat, ist schwer zu sagen. Auf der einen Seite die vielen Schallplatten, die ich gehört habe, die mir eine eindeutige Klangvorstellung von dem gegeben haben, wie ich selber klingen wollte, und auf der andere Seite mein eigenes feedback, mich selber hören war mir beim Üben immer sehr wichtig (21, m, I 53).

Die körperliche Belastung setzt den Bläsern Grenzen in der Übe-Zeit. Sie haben ein natürliches Maximum in der Belastungsmöglichkeit, die freilich individuell noch schwanken kann. An dieser Leistungsgrenze geht die „Konzentration flöten", und sie sind vom Ansatz her physiologisch überfordert.

Also 4 Stunden hintereinander üben, das kann ich nicht. Ich konzentriere mich sehr intensiv, danach ist es dann zu anstrengend. 4 Stunden konzentrierten Übens entsprechen sicher der Anstrengung einer 4 stündigen Klausur. Ich spiele maximal 2 Stunden hintereinander und bin dann erschöpft. Danach brauche ich wieder 2 Stunden, um körperlich und geistig zu entspannen (21, m, I 76).

Provokatives Fazit:
Hat Instrumentaldidaktik nicht viel dazugelernt?

Instrumentalschüler, die von Anbeginn ihrer Ausbildung in die „Geheimnisse" des sinnvollen Übens eingeführt wurden, sind selbst in unserer Begabtenstichprobe selten, wieviel seltener werden sie im normalen Alltagsbetrieb der Ausbildung sein?

Bereits vor einem Vierteljahrhundert schreibt Maaß zum konzentrierten Üben: *Es kann nicht früh genug gelernt werden, richtig zu üben. Vielerlei Umwege, ja, sogar Mißerfolge ließen sich vermeiden, wenn von Anfang an die notwendigen Anweisungen gegeben würden, wie man erfolgreich übt*[170]. Die Erfahrungen unserer Instrumentalschüler lassen den Schluß zu, daß sich Instrumentalpädagogik noch immer schwer tut in der Anleitung zum richtigen, d. h. sinnvollen Üben. Und wenn dies am grünen Holz geschieht, was dann erst am dürren? Ein trübes Kapitel der Instrumentalpädagogik(?), das forschungsmäßig und öffentlich aufzuarbeiten sich engagierte Pädagogen anschikken[171]. Aus der Praxis ihrer Unterrichtserfahrungen und ihrer empirisch-biographischen Forschungsarbeiten folgert die Klavierpädagogin Frauke Grimmer Konsequenzen für die Instrumentalausbildung, die an dieser Stelle abschließend wiedergegeben seien[172]:

Für Lehrende:
- *sich als Übende kontinuierlich mit sich selbst auseinanderzusetzen, um den Sinn von Üben als Person auch glaubwürdig repräsentieren zu können und durch Auseinandersetzung mit sich selbst die erforderliche Sensibilität und Aufmerksamkeitsrichtung für Schwierigkeiten von Studierenden zu erhalten.*
- *wach und aufgeschlossen für Veränderungen der ihnen anvertrauten, auszubildenden Instrumentalisten zu sein, ohne jedoch Veränderungen erzwingen zu wollen.*
- *übermäßige Willensanstrengungen bei Studentinnen und Studenten* [bzw. Schülern, d. Verf.] *zu erkennen und auf ihre Entstehungsbedingungen zu hinterfragen bzw. ausgleichen zu helfen.*
- *sich an Können mitfreuen und Nicht-Können tolerieren zu lernen.*

Für Studierende [und Schüler]:
- *Abschied zu nehmen von einem Üben, das einseitig ausgerichtet ist an Prinzipien wie Vergleichbarkeit und Konkurrenz.*
- *Selbstdisziplin und Selbstbeobachtung als verbindlicher Anspruch an sich selbst zu leben.*
- *Liebevolle Hingabe an das zu übende Detail aufzubringen (z.B. das Nachzeichnen einer musikalischen Linie, das Profilieren gleichzeitig erklingender Stimmen, das Durchsichtigmachen akkordischer Strukturen und vieles mehr) und dieses in größere geistige Zusammenhänge zu integrieren.*

170 Dieter Maaß: *Konzentriertes Üben*, in: *Musik im Unterricht* 54/1963, S. 221 f.
171 siehe Literaturangaben in diesem Kapitel (Ribke, Grimmer, Rößler u.a.)
172 Frauke Grimmer: *Vom Sinn und Un-Sinn des Übens,* 1986,S. 52 f.

Mein Instrument: Kosten – Ästhetik – Anspruch oder Auf der Suche nach dem schönen Ton

Wir beschäftigen uns in diesem Kapitel mit einer intimen Frage, denn wer spricht schon gerne halböffentlich über Geld, über finanzielle Investitionen und Anstrengungen. Unsere Frage nach dem Wert der Instrumente wurde daher auch hin und wieder eher zögerlich und erst nach nochmaliger Zusicherung der Anonymität beantwortet. Wir haben Verständnis, weil man Geldfragen nicht auf den Markt trägt. Uns hatte auch interessiert, wieweit die Anschaffung von teuren Instrumenten zu einem psychischen Druck, zu noch mehr Anstrengung und Leistung führen kann (vgl. Kap. *Druck zum Üben*).

Wertvolle, und das heißt teure Instrumente spielen die meisten, und diejenigen, die noch nicht im Besitz ihres Trauminstrumentes sind, hoffen darauf. Sie spielen einstweilen Instrumente in der von ihnen so bezeichneten Wertskala „untere Profi-Grenze" oder „Mittelklasse".

Erfolge auf der Bundesebene der Wettbewerbe „Jugend musiziert" animieren ihre Eltern nun eindeutiger von der Begabung ihres Kindes überzeugt – zum Kauf eines teureren und nicht selten bei einer Spezialfirma in Auftrag gegebenen Instrumentes. Eine Posaune für 7000 DM, ein Cello für 30 000 DM, eine Bratsche für 15 000 DM oder ein Flügel für 30 000 DM sind noch keine Besonderheiten, eher schon eine in Japan angefertigte Querflöte für 34 000 DM. Eltern betonen, daß die Grenzen des hier Möglichen beileibe noch nicht ausgereizt seien. Wollen sie damit ihre Anstrengungen herunterspielen? Ein Jugendlicher musiziert auf einem Leihinstrument, das ihm sein Bundesland zur Verfügung gestellt hat. Sein Vater erzählt:

> *Mein Sohn spielt ein Grancino-Cello im Wert von 150 000 DM. Es stammt aus dem Jahre 1750. Die Belastung ist grauenhaft. Wir zahlen ja im Moment 100 DM Versicherung, sonst könnten wir es überhaupt nicht zulassen. Wie lange er es behalten darf, wissen wir nicht* (XXX).

In unserem Zahlenspiel steckt bereits ein erneuter Hinweis auf den sozialen Hintergrund der jungen Musiker. Eltern finanzieren und schaffen zumindest im Bereich des materiell Machbaren die besten Voraussetzungen. In Gesprächen mit ihnen gewannen wir bereits den Eindruck, daß Eltern zu finanziellen Investitionen bereit sind, auch wenn sie „Opfer" verlangen (vgl. Kap. *Müssen Eltern Opfer bringen?*). Vom Autor auf den Slogan „Jugend musiziert – oder Jugend kämpft" angesprochen, meint der Hochschulpädagoge und Wettbewerbs-Juror Hermann Dechant: *Aber ich habe auch bemerkt, daß das Kämpfen sicher mehr im Elternhaus zu finden ist und daß es auch eine Materialschlacht darstellt. Man kann 14jährige erleben, die mit einem 80 000 DM-Cello kommen. Wenn ein anderer Teilnehmer mit einem 15 000 DM-Cello kommt, ist er so gut wie chancenlos.*[173]

Unsere Pianisten spielen einstweilen auf Yamaha (weil finanziell eher verkraftbar), aber sie träumen von Steinway und Bechstein.

173 Hans Günther Bastian: *Jugend musiziert*, S. 143

Streicher wechseln ihre Instrumente häufiger, der Kauf eines jeweils wertvolleren Instrumentes läuft parallel zu ihrer körperlichen und musikalischen Entwicklung.

Ich habe insgesamt 5 Celli, die entsprechen meiner Größe und meiner Entwicklung. Jetzt spiele ich ein Cello, das kostet 30 000 DM, ein französisches aus dem Jahr 1830. Meine Eltern haben es vor 2 Jahren gekauft. Es ist zwar eine gute Geldanlage, aber sie mußten viel Geld aufbringen und das war schon schwierig. Aber wenn man sein Gehör so weit entwickelt hat, dann hört man eben die feinen Unterschiede eines guten und eines schlechten Instrumentes. Ich meine, es ist ein Irrglaube, einem Anfänger zu sagen: „Spiele ruhig erst mal auf einem weniger guten Instrument.“ Aber das kann schnell frustrierend sein, wenn das Instrument quietscht und pfeift (XXX).

Für viele Jugendliche war (ist) die Anschaffung eines neuen Instrumentes gleichzeitig ein neuer Motivationsschub. Es ist vor allem der volle Klang, den man selbst entwickeln kann und der Spieler wie Publikum begeistert (*Ich suche den vollen Ton, der richtig ans Herz geht. Man soll fühlen, daß man voll drin ist.*). Die Erfahrung des schöneren Tons und der leichteren Technik gibt den Jugendlichen neues Selbstbewußtsein, Mut und Selbstvertrauen. Wo sich Wünsche noch nicht erfüllen, erleben Schüler Wert und Qualität eines Instrumentes womöglich im Unterricht.

Herr XXX [Lehrer] *hat eine Stradivari. Wenn er dann im Unterricht mal sagt: „Spiel das mal auf meiner Geige“, dann getraut man sich kaum hinzulangen, aus Angst, sie könnte runterfallen* (XXX).

Es war eine wunderbare Erfahrung, auf so einem Instrument zu spielen (eine Geige im Wert von 130 000 DM (d. Verf.) , *weil ich niemals so eine tolle Geige in der Hand hatte. Da hat man gesehen, wie sehr es beflügeln kann, wenn es überall toll klingt, man spielt ganz anders, viel selbstbewußter, so mit dem Bewußtsein: „Du kannst die Geige beherrschen, und Du kannst die Geige erforschen“, und nicht, daß einen die Geige beherrscht oder einengt in seinen Möglichkeiten* (XXX).

Mich hat der Kauf des Instrumentes nicht belastet im Sinne eines Drucks, noch mehr zu arbeiten, es war eher irgendwo ein neuer Ansporn, um mich jetzt noch besser auszubilden (XXX).

Einige Jugendliche spielen auf ausgeliehenen Instrumenten, als Übergang oder als Möglichkeit des Ausprobierens. Da gibt es die eine oder andere Stiftung, da ist der Kollege im Ensemble, der (als Bratschist) seine wertvolle Geige zur Verfügung stellt oder da sind Lehrer, die an ihre begabtesten Schüler Instrumente ausleihen, verkaufen oder vermitteln. Eine instrumentale „Aushilfe“ vor allem vor Wettbewerben scheint hier und da Praxis.

Ich habe auf einem ganz normalen Fabrikcello gespielt, und da konnte ich an manchen Stellen einfach nicht mehr rausholen. Jetzt spiele ich auf dem Cello meiner Lehrerin, das ist schon ein ganz schön großer Unterschied . . . Ich finde das blöd an den Wettbewerben, daß Schüler dann die Instrumente ihrer Lehrer spielen, die sie eigentlich gar nicht so gewöhnt sind und gar nicht richtig bewältigen (XXX).

Das Instrument [Bratsche], *das ich jetzt spiele, habe ich seit etwa einem Jahr von der XXX-Stiftung zur Verfügung gestellt bekommen. Es ist ein altes sächsisches Instrument, etwa 150 Jahre alt. Es besteht die Möglichkeit, daß es in meinen Besitz übergehen könnte, wenn die Stiftung sich dazu entschließt* (XXX).

Streicher scheinen mitunter lange auf der Suche nach einem Instrument, das ihren Wünschen entspricht.

Ich habe jetzt eine Bratsche für 11000 DM, ein neues Instrument, das mir sehr gut gefällt. Ich habe lange gesucht, bin in der Schweiz herumgefahren, bei verschiedenen bekannten Geigenbauern (XXX).

Ich bin im Moment kräftig auf der Suche nach einer Geige. Sie muß einen edlen Ton haben, nicht plärrend laut, aber einen großen Ton, der auch noch Charme hat. In den letzten Wochen hatte ich eine Geige, deren Ton war nur laut und groß, hatte keinen Charakter. Im Moment spiele ich eine Geige, die hat einen großen Ton, aber der hat Charme, hat Kern und Charakter. Ich habe gewechselt, weil ich einfach mehr Möglichkeiten haben wollte, wenn man die Lagen raufklettert, daß es dann eben nicht dünn oder häßlich wird. Dann hatte ich die Möglichkeit, ein halbes Jahr eine italienische Geige zu spielen, die mir ein Sammler aus XXX ausgeliehen hat. Ich habe die Versicherungssumme bezahlt, was auch ein schöner Batzen war. Sie hatte einen Wert von 130000 DM. Nach drei Monaten mußte ich sie leider wieder abgeben, weil er sich eine noch teurere kaufen wollte. Da war ich sehr enttäuscht. Das ist einfach schlimm, als Schüler oder Student kommt man nicht an die tollen Instrumente ran, obwohl man die Fähigkeiten hätte, sie zu spielen. Im Moment denke ich die zu kaufen, die ich von einem Freiburger Geigenbauer geholt habe. Ich bin da noch am Erforschen, die soll dann 45000 DM kosten (XXX).

Oder sie kommen mit Zufall auf den merkwürdigsten Umwegen an die interessantesten Instrumente. Ein junger Cellist erzählt:

Seit einem Dreivierteljahr spiele ich ein französisches Instrument von Claude Pierray aus dem Jahre 1720. Ich bin wahnsinnig froh, daß ich da rangekommen bin. Es war ein ziemlicher Zufall, eine alte Dame aus Amsterdam, die selbst Cello gespielt hat, hat es verkauft. Ich bin finanziell günstiger zurechtgekommen, weil sie gesehen hat, daß ihr Instrument auch gespielt wird. Es kostete 23000 DM, darf ich eigentlich gar nicht sagen. Es ist normalerweise viel viel mehr wert, weil es gut erhalten ist und einen wunderschönen Ton hat. Der Pierray wird in Geigenbüchern manchmal mit italienischen Instrumenten verglichen, vom Klang und der Arbeit her. Das Instrument ist nachweislich so alt. Ich habe einen Hill-Attest aus London, das ist bombensicher. Auch im Henlye-Geigenbuch steht drin, daß ein bedeutender amerikanischer Cello-Virtuose auf einem Pierray-Instrument als Konzertinstrument gespielt habe, daß es einige herausragende Instrumente von ihm gibt, mit exzellentem Holz und sehr schönem Lack . . . (XXX).

Bei den Bläsern geht es weniger kostspielig zu. Was sie mit den Streichern gemeinsam haben, ist die Suche nach dem Instrument mit dem schönsten Ton. Die Blechbläser beginnen ihre „Finanzberichte" mit: *Im Vergleich zu Streich- und Holzblasinstrumenten ist es nicht teuer gewesen . . . .* Am geringsten noch scheint der Geldbeutel der Trompeter belastet zu werden.

Das ist bei der Trompete ein unheimlicher Vorteil, sie kostet für einen Anfänger höchstens 1000 DM. Und Trompeten, die sich Profis kaufen, kosten auch nicht 5000 DM, es sei denn, man bestellt sich eine Spezialanfertigung oder wenn man eine massiv goldene haben will oder was weiß ich sonst. Nur kommt man eben mit e i n e r Trompete nicht aus. Ein Geiger braucht nur eine Geige und die kann er jahrzehntelang spielen, die steigt sogar noch im Wert. Eine Trompete kann allerhöchstens 15 Jahre halten. Dann braucht man wegen der verschiedenen Stimmungen auch verschiedene Trompeten. Mein Lehrer hat zu Hause 25 Trompeten liegen, da läppert sich was zusammen. Die Trompete, die ich gerade spiele, ist eine von den vielen meines Lehrers, die ist 25 Jahre alt und kostet etwa 4000 DM. Aber die ist längst nicht mehr so viel wert. Ich stelle keine besonderen Ansprüche, ich möchte nur ein gutes Instrument haben, vor allem für die Solo-Konzerte. Solange der Preis sich noch in Grenzen hält, bezahlt mir mein Vater die Instrumente (XXX).

Blechbläser kommen mit nur einem Instrument nicht aus. Die Trompeter haben eine B-Trompete, eine C-Trompete, eine Piccolo-Trompete, Posaunisten ein deutsches und ein amerikanisches Instrument, eine Tenor- und eine Baßposaune usw.... Bläsern scheint eine Sammlerleidenschaft mit musealen Ambitionen eigen (*In der Masse sind meine Instrumente wertvoll.*). Nach oben sind keine Grenzen gesetzt und 10 000 DM sind keine Schallmauer.

Ich habe 3 Instrumente: eine Alt-Posaune, 2-Tenor-Posaunen, eine deutsche und eine amerikanische für Jazz-Sachen. Die deutsche mehr für Orchesterliteratur, die sind eben tonlich verschieden (XXX).

Einige Bläser begannen mit Leihinstrumenten eines örtlichen Blasvereins oder einer städtischen Musikschule, bevor sie sich zum Kauf eines eigenen Instrumentes entschieden. Mit zunehmender Entwicklung, mit zunehmendem Erfolg wächst zwangsläufig auch das Interesse an einem wertvolleren Instrument, das den gewachsenen spieltechnischen und klangästhetischen Ansprüchen entspricht. Nahezu alle Bläser haben Erfahrungen mit mehreren Instrumenten und vor allem mit unterschiedlichen Systemen: amerikanisch oder deutsch, französisch oder deutsch – das ist hier die Frage! Die Tubisten müssen schon tiefer in die Tasche greifen. Ein Jugendlicher spielt auf einer handgefertigten C-Tuba, dessen Herstellung er in der Firma gemeinsam mit seinem Lehrer ständig (über-)prüfen konnte:

> *Wir haben bei XXX die Tuba bauen lassen. Es war ein gewisses Risiko, aber mein Lehrer und ich hatten stetig die Möglichkeit zu überprüfen, anzublasen, was eben sehr wichtig war. Wir haben zum Beispiel 4 Mundrollen ausprobiert* (XXX).

Für die Holzblasinstrumente wird es wieder etwas komplizierter und auch kostspieliger. Zum einen gibt es den Kampf der Systeme, bei den Klarinetten etwa deutsch gegen Böhm oder umgekehrt[174], oder BRD- gegen DDR-Wurlitzer. Ähnlich wie die Blechbläser haben die Holzbläser unterschiedliche Stimmungen wie A- und B-Klarinette, französische und deutsche Oboe (meist noch ein Englischhorn). Die Ausgaben der Jugendlichen für Oboen bzw. Klarinetten liegen im Schnitt zwischen 5000 und 7500 DM. Ein Oboist merkt kritisch an:

> *Oboen sind nie so arg teuer. Meine hat 7500 DM gekostet. Vom Preis her ist das die beste, die ich mir kaufen wollte. Es gibt auch teurere, bis 11 000 DM, aber die sind eng mensuriert. Es ist also nicht unbedingt ein Spiel mit dem Preis, sondern ein Spiel mit dem Geschmack. Was für einen Oboisten teuer wird, das sind die Nebeninstrumente (z. B. Englischhorn)* (XXX).

Doch auch bei den Klarinetten gibt es im Einzelfall keine Grenzen nach oben:

> *Meine Klarinette kostet 14 000 bis 15 000 DM. Es gibt eigentlich keine teureren, und billigere kann man sich, wenn man die Arbeit macht, die ich hier solistisch und im professionellen Orchester tue, nicht erlauben* (XXX).

Auch die Fagottisten werden stärker zur Kasse gebeten, und nicht jeder Jugendliche hat eine wohlhabende Großtante in Spanien.

> *Wenn man einigermaßen anspruchsvoll musizieren will, braucht man schon ein XXX-Fagott, und da muß man etwa 16 000 DM investieren. Das ist eine Summe, die viele einfach nicht aufbringen können. Ich habe eine Großtante in Spanien, die zeitlebens gespart hat und eigentlich nicht weiß, wofür sie ihr Geld ausgeben soll. Mein Vater ist ihr Großneffe und sie hat mir mein erstes Fagott geschenkt. Es hat 9000 DM gekostet. Dann kommt noch der Unterricht dazu* (XXX).

Auch die Querflötist(inn)en haben einen unterschiedlichen Länder- bzw. System-Geschmack. Die einen bevorzugen japanische Flöten,die andern lehnen sie wegen der Tonsubstanz ab. Das Ganze ist wohl eher Geschmacksache und für Geschmacksfragen gilt das alte „De gustibus non est disputandum“ – erst recht in Fragen der Klangkultur. Wir sind zu wenig Fachmann, um uns in diesen Streit der Systeme kompetent einmischen zu können. Ob deutsch, französisch, japanisch, amerikanisch oder sonstwas – ein jeder möge das für ihn optimale Instrument finden. Wenn wir Jugendliche dennoch anschließend zitieren, verstehen wir uns keineswegs als Werbeträger der deutschen

174 ebda., S. 65

Musikinstrumentenindustrie. Wir vermitteln lediglich ein sehr individuelles Meinungsbild.

> *Ich habe schon bald gemerkt, daß mir die deutschen Flöten besser liegen, die japanischen vertragen nicht so viel, von der Tonsubstanz her sind sie eher schmal. Ich mag halt eher einen vollen kernigen Ton. Ich mag eher eine dumpfe Klangfarbe, und die japanischen Flöten sind oft ein bißchen schrill im Ton, besonders oben* (XXX).

Wo diese junge Musikerin noch argwöhnisch kritisiert, ist eine andere voll zufrieden. Mit ihrer Meinung wollen wir der Objektivität des „audiatur et altera pars" gerecht werden:

> *Meine Flöte ist eine japanische und kostet so um die 8000 DM. Ich bin damit sehr zufrieden. Es ist nur so, daß deutsche oder amerikanische Flöten einen weicheren Ton haben. Japanische Flöten haben oft einen sehr harten Ton, und man muß daher leicht darauf spielen. Das schaffen viele nicht, und deswegen ist das nicht das Ideale. Aber ich bin damit sehr zufrieden* (XXX).

Und wir wundern uns sehr ob des Berichts einer Flötistin, denn engagierte Pädagogik scheut offensichtlich keine Mühen und Investitionen:

> *Die Flöte, die ich spiele ist schon wertvoll, aber die gehört mir nicht. Meine Eltern müssen für 4 Leute Instrumente bezahlen, da können sie nicht für jeden . . . Die Flöte gehört meiner Lehrerin, die hat sie sozusagen für mich eigens gekauft* (XXX).

Mit 34 000 DM für eine eigens in Japan gefertigte Querflöte erreichen wir einen vorläufigen Spitzenwert. Die junge Musikerin ist noch voll des Glücks und Schwärmens, auch des Dankes gegenüber ihren Eltern:

> *Ich habe eine Sankyo-Flöte, sie ist aus Gold und ein wirkliches Spitzeninstrument. Es wird wohl die letzte sein, die mir meine Eltern angeschafft haben. Es ist die 5. Flöte insgesamt. Goldflöten haben einen sehr dichten Klang. Das kommt mir sehr entgegen, weil ich von Natur aus einen Ansatz habe, der bei manchen Flöten einen sehr hohen Klang erzeugt. Für mich ist diese Flöte das Idealinstrument. Es war Liebe auf den ersten Blick. Wenn man beim Kauf reinbläst, muß man sagen können, das ist die Flöte meines Lebens* (XXX).

Unter den Blockflöten gibt es mehr als bei allen anderen Instrumenten die eifrigen Sammler, die quasi für jeden Stilbereich ein eigenes Instrument erwerben. Ein jugendlicher Flöten-„Freak" bilanziert seine Sammlung:

> *Für jeden Stilbereich wird eine vollständige Instrumentenfamilie benötigt. Dann noch mehrere Barockinstrumente, im Barock gibt es die meiste Blockflötenliteratur. Dann kommt die Frage: Spielen in hoher oder in tiefer Stimmung. Diese ganze Sammlung summiert sich beträchtlich auf bis zu einem privaten Instrumentenwert von 7000 bis 8000 DM* (XXX).

Wir schließen unseren Exkurs in die nicht uninteressante Welt der Zahlen und Kosten, der Ansprüche und der Klangästhetik instrumentaler Begabungen mit dem Hinweis auf eine Begründung für die zum Teil hohen Investitionen von Eltern und Jugendlichen selbst (Einige plündern für Neuanschaffungen ihre Sparbücher.). Sie halten den Kauf kostbarer Instrumente für eine unabdingbare Voraussetzung zum professionellen Musizieren. Und diese Entscheidung haben die meisten schon früh getroffen (vgl. Kap. *Berufswunsch: Orchestermusiker*). Sie halten es für wichtig, sich nicht nur selbst das letzte abzuverlangen, sie wollen auch das möglichst „beste Material in Händen halten". Warum sollte man auch Nachteile nur des Instrumentes wegen in Kauf nehmen, wenn's auch anders geht. Und außerdem, dies an die Adresse aller Eltern von instrumentlernenden Kindern: *Ein wertvolles Instrument ist immer auch eine Geldanlage* (Originalton eines Jugendlichen). Wir gehen einen Schritt weiter und fragen: Ist eine Investition in die Ausbildung von Kindern nicht immer und unabhängig von Musik die beste Anlage?

Zur Balance von Technik, Analyse und Interpretation in der Instrumentalausbildung

> *Wenn ich ein Stück nicht verstehe, dann kann ich das auch nicht so spielen, wie es gemeint ist* (14, w, I 55).
>
> *Ich kann die Stücke doch nicht irgendwie spielen, da muß doch auch etwas dahinter sein* (19, w, I 17).
>
> *Ich denke schon, daß es wichtig ist, die musikalische Interpretation auf Analysen zu stützen, aber der Lehrer hat es halt nie angesprochen* (20, w, I 44).
>
> *Warum untersuchen wir nicht erst einmal Thema und Kontrapunkt usw.. So sehr ich auch für das intuitive Spielen bin, so unerläßlich finde ich, daß man Musik auch vom Kopf her macht, daß man sie versteht* (21, w, I 16).

Kunstinterpretation steht unter dreifachem Anspruch: Der Künstler sollte die Sache, die er vermitteln will, zunächst einmal selbst verstehen, er hat sodann für die technischen Fertigkeiten zu sorgen, die ihm das Reproduzieren problemlos ermöglichen, und er muß nicht zuletzt die musikalische (künstlerische) Aussage gestalten können, zur Interpretation im eigentlichen Sinne qualifiziert sein. Instrumentaler Ausbildung obliegt demgemäß die technische (: Training der Physiognomie), die künstlerische (: Interpretation im Sinne der Reproduktion) und die reflexive Qualifizierung (: musikalische Analyse als Verstehensvoraussetzung und als Basis einer werkangemessenen Interpretation). Künstlerische Interpretation ist letztlich ein nie abgeschlossener Vorgang, ein beständiges Wechselspiel zwischen Konzeption und Realisation, zwischen Aktion und Reflexion, zwischen planvoller Überlegung und spontaner Intuition.

Uns interessierte, mit welchen Anteilen und Akzenten unsere jungen Instrumentalisten diese drei Qualifikationsansprüche in ihrer Ausbildung erlebt haben. Gibt es eine

Balance, gibt es Defizite, gibt es unterschiedliche und zu begründende Anteilsprioritäten in der Instrumentalausbildung? Von besonderem Interesse ist in diesem Kapitel der Stellenwert der musikalischen Analyse, die sich um „Sinn und Gehalt" (Eggebrecht) eines Werkes bemüht, quasi als Vorbedingung eines sinn- und gehaltsgemäßen Musizierens. Denn dieses kann bei aller Anerkennung von Spontaneität und Intuition vollendet erst gelingen, wenn sich der Musiker der Bedeutung und des Sinnes des zu vermittelnden Werkes vergewissert.

Das Problemensemble „Analyse-Technik-Interpretation" ist in der einschlägigen Literatur vielfach diskutiert. Niemand wird die Mahnung Furtwänglers vergessen, daß die Technik vergleichsweise leicht zu erlernen sei, während die eigentliche Aufgabe des Musikers mehr seelischer als technischer Natur sei. Wer sollte das bestreiten? So richtig diese Auffassung ist, so unverzichtbar ist eine perfektionierte Technik – eben wegen des hohen Anspruchs der künstlerischen Interpretation. Individuelle Gestaltung ohne technisches Können ist nicht möglich, sind jene gestalterischen Freiräume kaum denkbar, die die jungen Musiker so vehement für sich beanspruchen. Technik vor Kunst ist ebensowenig eine Maxime, wie Kunst ohne Technik möglich ist. Solide, ja eine perfekte Technik ist die unverzichtbare Basis eines niveaubewußten Musizierens; da helfen keine noch so ausgebreiteten Empfindungen. Denn wo sie fehlt, sind Mängel in der Tonbildung, in der Intonation, im schnellen Lauf der Finger unüberhörbar. Ohne Lockerheit und Sicherheit in der technischen Beherrschung kann keine kreative individuelle Gestaltung eines Werkes gelingen. Die spontane, augenblickliche Nuancierung der Ausdrucksmittel geht nur über eine nahezu automatisch ablaufende Technik.

Die Erfahrungen unserer Jugendlichen belegen mehrheitlich, daß sie dem wachsenden Anspruch einer künstlerischen Gestaltung eine Solidierung ihres technischen Könnens voraus- oder in vielen Fällen sogar nachschieben mußten. Diese Nachholarbeiten, diese technischen Feinarbeiten bzw. Perfektionierungen der Instrumentaltechnik sind meist mit dem Wechsel zu einem qualifizierteren Lehrer zu leisten. Viele junge Gesprächspartner chronologisieren den dreifachen Ausbildungsanspruch von Analyse-Technik-Inter-pretation nach bestimmten instrumentalen Ausbildungsphasen.

> *Man kann nicht in jedem Stadium der Ausbildung erwarten, daß alle drei Bereiche gleichermaßen abgedeckt werden. Bei Kindern im Alter von 12 Jahren kann man nicht anfangen, das Stück zu analysieren* [Erfahrungen in der Musikdidaktik schon in der Primarstufe sprechen allerdings dagegen! D. Verf.]. *In einer frühen Phase liegt der Schwerpunkt mehr auf der Perfektion, daß der Ton stimmt, die Technik stimmt. Danach folgt die musikalische Ausgestaltung. In der Phase, in der ich mich jetzt als Student befinde, kommt die Analyse noch dazu. Aber ich sehe im Moment, daß das bei mir ganz schön zu kurz gekommen ist. Wenn man das Stück erst mal verstanden hat, wird einem da vom Musikalischen her vieles einfacher gemacht. Das ist ein Punkt, der mich an meiner Lehrerin stört. Ich spiele im Moment eine Bach-Fuge und sehe, daß sie überhaupt nicht versucht zu analysieren, sondern immer nur „Hier mußt Du leise und hier laut spielen . . ." Warum untersuchen wir nicht erst einmal Thema und Kontrapunkt usw. So sehr*

ich auch für das intuitive Spielen bin, so unerläßlich finde ich, daß man Musik auch vom Kopf her macht, daß man sie versteht (21, w, I 16).

Am Anfang geht es doch hauptsächlich um den Ton, dann kommt eine Phase extremer Technik, dann geht es 2 oder 3 Jahre vor allem um das Künstlerische, Interpretatorische. Zuerst hatte ich ein Defizit in technischer Hinsicht und konnte die Stücke künstlerisch nicht bewältigen ... Aber ich glaube, daß das Sinnverstehen von Musik bei vielen Lehrern zu kurz kommt. Ich selbst habe da wenig Erfahrung und viele gehen ja zu Lehrern nur, um solche Verstehens- und Interpretationsfragen zu klären (19, m, I 74).

Wir haben aus guten Gründen und mit besonderer Aufmerksamkeit die Frage nach dem Anteil der musikalischen Analyse in der Ausbildung gestellt, wohlwissend, daß für dieses Ausbildungselement allenthalben Kritik über bisweilen eklatante Defizite anzumelden ist: *Viele Musiker haben Angst oder Abneigungen gegenüber dem Erklären, Zerreden und Reflektieren dessen, was stets nur annäherungsweise erklärt und in Worten gefaßt werden kann. Doch spielt dies nicht gegen das Bemühen und gegen die Notwendigkeit der „Interpretation" (i. S. eines Aufdeckens dessen, was die Musik mitteilt, aus welcher Situation heraus, mit welcher Intention und wie ...), sondern deutet eher darauf hin, daß sie in der falschen Weise betrieben wird – wenn nicht überhaupt jene Abneigung auf Arroganz, Stumpfheit, unausgebildeter Imaginationskraft und unterentwickelter Balance zwischen Seele, Geist und Körper beruht ... Manche Instrumentallehrer (müßten auch) ihre Technik- und Handwerkermentalität ablegen und darauf dringen, daß mit dem Musizieren immer auch Sinn und Bedeutung mitgeteilt wird.*[175] Künstlerisches Können ist am künstlerischen Verstehen zu messen. *„Eine genaue Kenntnis dieses* [musiksprachlichen, der Verf.] *Hintergrundes* [ist] *die eigentliche Voraussetzung für einen Musiker, eine Komposition zu verstehen und aus diesem Verständnis heraus sinnvoll zu interpretieren ... Die zu interpretierenden Werke sind sowohl im Kontext ihres je zeitgebundenen Selbstverständnisses, als auch im Anspruch ihrer Individualität, die sich in der Differenz zur Zeitgebundenheit auftut, zu verstehen und zu erarbeiten... Es kann nicht mehr nur darum gehen, Musikern spieltechnische Verhaltensnormen zu vermitteln, die Musik selbst fordert in ihrer Historie ihr Recht, und dieses Recht ist einzulösen.*[176]

Auf den ersten Blick wird man der von den Jugendlichen weiter oben zitierten Phasenzuordnung der Ausbildungselemente „Analyse, Technik und Interpretation" zustimmen wollen. Doch bei tiefergehender Betrachtung drängen sich gewichtige Fragezeichen auf, die auch den Musikpsychologen Klaus-Ernst Behne beschäftigten: *Warum ist es so schwer, Kinder diesen Alters* [Fünf- bis Zehnjährige, der Verf.] *zu ausdrucksvollem Spiel anzuleiten und wie könnte man diesen Schwierigkeiten begegnen? Die Schwierigkeit besteht zunächst ganz simpel darin, daß man in der Regel auf dieser Altersstufe mit dem Instrument beginnt und daß am Anfang das Vertrautmachen mit*

175 Christoph Richter: Editorial, in: *Musik und Bildung* 10/1987

176 Elmar Budde: *Aufführungspraxis und Interpretation*, hier zit. n.: *Journal der Musikhochschule Köln* 9/1986, S. 1-7

dem Instrument, die Überwindung motorischer Ungelenkigkeit, Notenkenntnis u. a. so sehr im Vordergrund steht, daß für weitere Aspekte kein Platz zu sein scheint, sowohl im Unterricht als auch in der Aufmerksamkeit des Kindes ... Trotzdem haben wohl viele „ausgewachsene" Musiker das Gefühl, daß diese Phase ihrer eigenen Ausbildung, in der es nur um Technisches, Motorisches, Fingersätziges und Musikkundliches (wenn überhaupt) ging, zu lang gewesen sei, daß sie zu spät darauf hingewiesen wurden, daß Musik gestaltet werden will.[177]

Und eine der Voraussetzungen für die Gestaltung von Musik ist ganz unzweifelhaft die handelnd-reflektierende Auseinandersetzung mit ihr, auch schon im Kindesalter. Lern- und motivationspsychologische Studien haben längst erwiesen, daß Kinder im Alter zwischen 6 und 9 Jahren (dem Alter der Primarstufe) zur Auseinandersetzung auch mit komplexer Musik in der Lage sind. Warum setzen sich diese Erkenntnisse nicht auch im Unterricht mit jenen Kindern durch, deren Motivationspotential zur Beschäftigung mit Musik ja ungleich höher ist als das von Schülern der allgemeinbildenden Schule?

Musikalische Analyse ist den Erzählungen unserer Jungtalente zufolge eher von Vermissungserlebnissen begleitet als daß sie im dreifachen Ausbildungsanspruch angemessen repräsentiert wäre. Man kann quantifizierend feststellen, daß nahezu alle befragten Jugendlichen unzufrieden sind mit der mangelnden Berücksichtigung des Verstehenlernens der Musik.

In Auszügen:

> *Ich habe bisher das Analytische eigentlich immer vermißt, nur in Kursen habe ich solche Analysen miterlebt ... In das Verstehen von Musik wurde eigentlich noch nie irgendwelche Bedeutung gelegt ... Bei fast allen Leuten, die ich kenne, ist das Defizit immer in der Analyse. Sie ist eine Sache, wo jeder sich selbst drum kümmern muß. Ich habe da sicher ein ziemliches Manko ... Analyse ist eigentlich ein bißchen schlecht, das ist mehr meine Aufgabe, da weiß mein XXX-Lehrer einfach nicht viel oder gar nichts. Das ist mehr eine Sache, die bei mir privat abläuft ... Vom analytischen Bereich merke ich nichts ... Ich hatte bei meinem Lehrer immer das Gefühl, daß er sich selbst nie Gedanken gemacht hat ... Das Sinnverstehen von Musik vermisse ich eigentlich schon, es ist ein Punkt, der im Unterricht nicht der ausgeprägteste ist. Dabei wäre das sicher wichtig, weil man dann das Stück aus einer ganz anderen Perspektive sieht ... Über die Hintergründe eines Werkes sagt der Lehrer kaum etwas ...*

Demnach steht Analyse bei vielen unter dem „Do it yourself"-Motto, weil sie einsehen, wie wichtig das Sinn-Verstehen für eine angemessene Sinn-Interpretation des Werkes ist.

> *Weniger im Unterricht, ich versuche es mir selbst beizubringen ... Mein Lehrer hatte zwar ein Gefühl für Stilistik, aber das konnte er nie verbal vermitteln. Ich selber habe mich letztendlich hingesetzt und analysiert. Analyse habe ich ansatzweise auch in der Schule gelernt. Manche Stücke, die ich gespielt habe, zum*

[177] Klaus-Ernst Behne: *Zusammenarbeit bringt bessere Vorbereitung*, in: *nmz* 1/1980, S. 14

Beispiel Alban Bergs 4 Stücke für Klavier und Klarinette, habe ich ein halbes Jahr lang vorher analysiert. Ich hatte sie zum erstenmal mit 15 Jahren in einem großen öffentlichen Konzert mehr oder weniger spielen müssen und nicht verstanden. Danach hatte ich das Bedürfnis, sie zu analysieren. Das Stück gehört jetzt zu den bestverstandenen Stücken, die ich spiele. Das beeinflußt sicher mein Spiel, dennoch versuche ich während des Spielens nur intuitiv zu spielen. Mit dem analytischen und zeitbezogenen Background zu einer Komposition sollte man sich vorher auseinandersetzen (21, m, I 76).

Früher habe ich die Sachen einfach immer nur nachgespielt, so wie sie andere interpretiert haben. Bis vor kurzem habe ich mir keine Gedanken über die Musik selbst gemacht. Aber so langsam fange ich an, mir mal die Noten anzuschauen, was steht da jetzt eigentlich drin, auch mal die Partitur heranzuholen oder den Klavierauszug. Ich habe mich mit dem Leben des Komponisten beschäftigt, unter welchen Umständen ein Stück entstanden ist, was da drinsteckt. Dann kann man das Stück auch ganz anders interpretieren, man hat einfach einen anderen Bezug dazu. Das war nicht Gegenstand vom Unterricht. Ich würde schon Wert legen auf analytische Fragen im Unterricht, aber auch nicht zu sehr (18, w, I 21).

In den Leistungskursen Musik haben wir Analysen durchgenommen, und das hat mir sehr viel geholfen. Man lernt, ein Stück zu verstehen, es einzuteilen, Phrasen zu erkennen. Ich habe das früher mehr so nach dem Instinkt gemacht. Vor Solo-Konzerten arbeite ich oft mit der Partitur, um zu sehen, was mit den anderen Stimmen passiert. Wenn es möglich ist, spiele ich bei den Proben im Orchester mit, um auch die anderen Stimmen kennenzulernen. Man weiß, was das Orchester zu spielen hat und spürt, daß der Solist jetzt gar nicht wichtig ist (19, w, I 17).

Dieses „Die-Stücke-verstehen-Lernen“ auf intellektuelle Weise habe ich nur in der Schule vermittelt bekommen und in einem angefangenen Musikwissenschaftsstudium in XXX (21, m, I 53).

Einige Jungmusiker deuten an, daß sie erst spät, viele erst bei ihrem (vorerst) letzten und bis dahin qualifiziertesten Lehrer musikalische Analyse ernster nehmen.

Den Bereich der Analyse lerne ich erst jetzt bei Herrn XXX. Das bringt er mir zur Zeit am meisten bei, und es klappt schon ganz gut. Er macht Zäsuren und erklärt mir, wie das Stück gemeint ist und wie es zu spielen ist. Ich halte das für sehr wichtig, weil wenn ich ein Stück nicht verstehe, dann kann ich das auch nicht so spielen, wie es gemeint ist (14, w, I 55).

Über die drei Bereiche habe ich erst bei meinem 3. Lehrer mir Gedanken machen müssen, bei dem Professor. Er hat eigentlich erst angefangen, das Ganze systematisch zu betrachten, überhaupt zu reflektieren. Meist war es so, daß das, was ich rein gefühlsmäßig gesagt habe, vom analytischen Standpunkt aus auch richtig war (20, m, I 71).

Es gibt auch Jugendliche, die zugeben, daß sie sich mit theoretischen Fragen schwer tun und daraus eine Abneigung zum reflektierenden Umgang mit der Musik selbst ableiten. Scheitert musikalische Analyse bisweilen auch am Unwillen einiger Schüler? Sie stehen mehr auf der gefühlsmäßigen, intuitiven Erfassung eines Werkes, die von intellektuellen Zugängen ihrer Ansicht nach gestört werden könnte. Musik soll auf sie wirken, sie wollen sie verinnerlichen und in ihrer subjektiven Wirkung wieder hervorbringen. Das Wichtigste für diesen Praktiker-Typ ist das Spielen und immer wieder das Spielen. In der Zeit, wo andere analysieren („eine ganz nette Spielerei, das mit der Zahlensymbolik"), spielen sie lieber: Emotio rangiert vor Ratio!

> *Ich schaffe das nicht mit dem Intellekt, mehr gefühlsmäßig, entwickle irgendwelche Vorstellungen, probiere mehrere Möglichkeiten, auf jeden Fall gefühlsmäßig, weil ich auch musiktheoretisch gar nicht so viel drauf habe* (20, m, I 71).

> *Ich weiß sehr viel über praktische Sachen, Phrasierungssachen, historische Eigenarten, Vorschläge, Triller usw. Dafür habe ich mich interessiert, weil sie sehr wichtig sind für mein praktisches Spiel. Aber so, daß ich sagen könnte, an dieser Stelle passiert ein harmonischer Umschwung von der Moll-Dominante zu irgendetwas, deshalb muß ich an der Stelle anders interpretieren, soweit bin ich noch nicht, und ich weiß nicht, ob ich soweit je komme. Es ist einfach auch eine Typfrage, es liegt mir ein bißchen fern, und ich tue im Prinzip immer nur das, was mir unmittelbar praktisch für das Musizieren etwas nützt* (20, m, I 70).

> *Ich habe aber auch nicht das Gefühl, daß diese Musiktheorie eine so furchtbar erbauliche Sache ist, die einen als praktischen Musiker so ungeheuer weiterbringt. Für mich ist Musik immer wieder eine wahnsinnig gefühlsbetonte Sache …* (21, m, I 53).

> *Zerlegen eines Werkes, Sinnzusammenhänge entdecken, dazu muß ich mich eigentlich ein bißchen zwingen. Die Interpretation läuft bei mir sehr oft aus dem Gefühl heraus, weil ich ein Hörmensch bin, ich habe das alles vom Hören her …* (18, w, I 15).

Diese Aussagen werden bei vielen Instrumentallehrern spontan Beifall finden. Zu Recht, wie wir meinen, denn Musik erlaubt und fordert bisweilen auch den unbegrifflichen, rein gefühlsmäßigen Zugang. Musik kann gespielt werden, ohne daß sie großartig analysiert, erkannt und verstanden ist. Dies mag ein Grund dafür sein, daß bekanntermaßen erstaunliche Leistungen im musikalischen Bereich früher möglich sind als in den meisten anderen Künsten. Hegel steht hier mit der Dialektik seiner ästhetischen Konzeption Pate! Dennoch kann ausdrucksvolle Musik auf Dauer nicht auf *Erkennen, Verstehen und Erleben* (Hans Mersmann zur Kunstinterpretation in den 20er Jahren) verzichten. Auch läßt die überwiegende Mehrheit unserer Jugendlichen keinen Zweifel an der Notwendigkeit einer angemessenen diskursiven Auseinandersetzung mit einem Werk zum Zwecke der Optimierung der Interpretation.

Ich versuche, das Stück auch strukturell zu analysieren. Nicht daß ich mich schulmäßig hinsetzte und erarbeitete, sondern ich merke, daß gewisse Sachen hier und da wieder auftauchen, daß ich frage, wie man etwas auch anders spielen kann. Wenn ich das Stück einigermaßen kenne, versuche ich die Strukturen auch wirklich formal so rauszukriegen, damit ich weiß, was ich da überhaupt tue. Aufgrund dessen versuche ich dann, die endgültige Interpretation herauszuarbeiten. Ich höre beim Musizieren einfach viel auf Strukturen und das ist mir sehr wichtig. Ich spiele eben nicht nur aus dem Gefühl heraus (22, m, I 22).

Einige Jungmusiker und hier vor allem die Blechbläser reklamieren eine instrumentenspezifische Einschränkung oder Begrenztheit in der musikalischen Analyse, die sie aus ihrer Spielfunktion im Orchester ableiten.

Den live-Berichten unserer Jugendlichen zufolge aber dürfte musikalische Analyse im Instrumentalunterricht (von der Musikschule bis zur Musikhochschule?) weitgehend vernachlässigt sein. Nur 4 von 60 Befragten analysieren mit unterschiedlicher Intensität ihre Werke. Erklärt sich dieses Defizit aus dem Widerwillen der Lehrer, über Musik zu sprechen, oder aus der Angst, sie gar zu zerreden? Oder ist es in der Praxis einfach leichter, einen Unterricht zu geben, der sich in instrumentaltechnischen Dingen erschöpft? (weitere Gründe siehe unten)

Die bekannte Kritik am Scheuklappenmusiker und Tastenakrobaten kann durch solche Defizite neue Nahrung erhalten. Gerade die musikalische Analyse könnte dafür sorgen, den „instrumentalen Horizont" der jungen Musiker durch musik-, kompositions-, stil-, kultur- und sozialgeschichtliche sowie musikästhetische Fragestellungen zu einem „musikalischen Horizont" zu erweitern. Gehören solche Erfahrungen nicht ganz wesentlich zur Künstlerpersönlichkeit? Und wo dem Unterricht die Zeit nicht bleibt, sollte die Lehrkraft zumindest Impulse setzen und zu außerunterrichtlichen Diskursen animieren, die von vielen Schülern quasi in Privatinitiative ohnehin schon erfolgen. Geradezu stereotyp sind die Antworten der Jugendlichen zu den Anteilen der Ausbildungselemente:

Über Technik und Interpretation wird intensiv gesprochen, daß eben körperlich und technisch alles stimmt, daß Interpretationsfragen ganz klar behandelt werden. Der Bereich der musikalischen Analyse kommt vielleicht nicht so oft vor im Unterricht, der wird am ehesten verschluckt … (18, m, I 37).

Und eine sehr intellektuelle, kritische Gesprächspartnerin (tägliche Lektüre: Politik- und Wirtschaftsberichte in der *F.A.Z.*) resümiert:

Technik und Interpretation habe ich erlebt, Analyse kaum. Das würde ich als Defizit beurteilen, analysieren kann ich solche Sachen in der Regel nicht (17, w, I 69).

Wie aber soll denn jener hehre Anspruch der Aufführungspraxis und Interpretation angemessen eingelöst werden, den Elmar Budde zu recht fordert: *Wenn es der Anspruch von Kompositionen ist, verstanden zu werden, dann müssen sie auch so interpretiert werden, daß sie verstanden werden können. Erst wenn der intendierte*

Anspruch der Werke erkannt ist, können wir unseren Anspruch an die Werke stellen; dieser doppelgesichtige, gleichsam janusköpfige Anspruch ist als Interpretation einzulösen.[178]

Ohne uns pauschaler Kritik schuldig zu machen: Der Instrumentalpädagogik scheinen nachhaltige „Analyse-Kurse" dringend geboten! Die Unterrichtsberichte unserer Junginstrumentalisten lassen diesen eindeutigen Schluß zu, erst recht, wenn man bedenkt, daß diese Jugendlichen doch bereits in qualifiziertesten Pädagogenhänden sind.

In einer Stellungnahme zu dem Anspruch „Musik erkennen, verstehen und erleben" schreibt Peter Schnaus: *Daß der Schüler „erkennt", was er spielt (z.B. die Tonart, eine zweiteilige Form, den Wechsel von Melodie und Begleitung), daß er „versteht", daß Töne nicht isoliert dastehen, sondern miteinander in Beziehung treten, daß er Musik „erlebt" als etwas, was er mag und das in irgendeiner Form zu ihm gehört, das sind Trivialitäten, die zwar mitunter in Vergessenheit geraten, deren Sinn zu diskutieren aber unnötig ist.*[179]

Wir zweifeln, ob es nur ein Problem des „Vergessens" ist oder eine Frage des „Sich-systematisch-dazu-Anhaltens" auf seiten des Lehrers ist. Vielmehr argwöhnen wir Defizite bereits in der Ausbildung der Instrumentallehrer in Musikhochschulen und Konservatorien. Allenthalben zu beobachten sind Unlust oder auch zeitliche Überforderung (weil üben und nochmals üben für den eigenen Unterricht und für die zahlreiche Ensembles als Tagesmaxime gilt), die die Bereitschaft für eine Auseinandersetzung mit musikwissenschaftlichen (historisch wie systematisch) Fragestellungen vermissen lassen. Der Autor selbst verfügt über einschlägige Erfahrungen, wenn in musikpsychologischen Seminaren wissenschaftliches Arbeiten mit dem Anspruch einer ausführlichen Literaturexegese gefordert war. Wie steht es von daher mit der Analyse-Bereitschaft und der Analyse-Fähigkeit angehender Instrumentallehrer selbst? Sind ihre Semesterwochenstunden bereits so verplant, daß zur diskursiven Auseinandersetzung mit der Sache „Musik" gar keine Zeit bleibt?

Klaus-Ernst Behne bestätigt aus seiner psychologischen Sicht diese Erfahrung:

Man wird zumindest für manche „Seminare-Studiengänge" der Vergangenheit nicht um den Vorwurf herumkommen, daß zu einseitig ausgebildet wurde, zu ausschließlich das künstlerische Fach im Mittelpunkt stand, zu wenig pädagogische und psychologische Aspekte berücksichtigt wurden, zu wenig an den künftigen Schüler gedacht wurde.[180] Und dabei sollte neben dem eigenen qualifizierten Musizieren nichts wichtiger sein als die optimale Förderung des künftigen Schülers.

Musikalische Analyse – Sinnverstehen von Musik: Privatsache des Schülers?

178 Elmar Budde, a.a.O., S. 7
179 Peter Schnaus: *Musik erkennen, verstehen und erleben*, in: *nmz* 1/1980, S. 14
180 Klaus-Ernst Behne: a. a. O., 1980, S. 15

Zur Alltags- und musikalischen Lebenswelt

„Musik ist für mich der Schlüssel in eine andere Welt.“ Zur musikalischen Lebenswelt junger Begabungen

In der Musik leben, heißt für mich, nicht zu sagen: „Ich bin traurig“, sondern ich fühle mich im II. Satz von Mahlers 2. Sinfonie (17, w).

Die Musik ist der Teppich oder der Grund für mein Leben, auf dem sich alles abspielt (21, w).

Musik ist für mich der Schlüssel in eine andere Welt (18, m).

Musik ist für mich eine Insel oder ein Schiff, auf dem ich an der normalen Welt vorbeifahren kann (20, m).

Wenn ich Wut habe, geh' ich hoch und schrubb' auf meiner Geige (19, w).
Eigentlich ist Musik schon eine Droge, denn ich könnte ohne mein Cello nicht weiterleben (15, w).

Das Instrument ist der Retter der eigenen Selbstverzweiflung. Wenn ich mich sprachlich nicht mitteilen kann, nicht irgendwie meine Gefühle klarmachen kann, dann kann ich das vielleicht noch mit Musik (17, m).

Musik gibt mir mehr als vielleicht gut ist. Was andere Jugendliche manchmal in der Diskothek suchen, irgendwo vollkommene Gelöstheit, ähnliches fühle ich, wenn ich im Orchester spiele, bei einem tollen Dirigenten oder einem tollen Stück (19, m).

Musik gibt mir einen winzigen Trost: daß man seine Einsamkeit wenigstens formulieren kann, auch wenn niemand das hört. Daß man nicht der Ohnmacht der eigenen Worte, der verbalen Fähigkeit gegenübersteht. Das ist der Trost. Aber das heißt nicht, daß ich aus der Einsamkeit herauskomme. Es ist wenigstens eine Befriedigung, sich das selber gegenüberstellen zu können (21, m).

Musik ist eine Kunst, und Künstler zu sein, ist ein Privileg (20, m).

Geistreichen, ja philosophierenden Charakter haben zahlreiche Aphorismen der Jugendlichen auf die Frage nach der Funktion von Musik in ihrem Leben. Daß junge Menschen, die sich derart zeit- und kräfteintensiv mit klassischer Musik beschäftigen, der Musik eine bestimmende Lebensfunktion zuweisen, steht außer Zweifel. „Musik ist mein Leben“ oder „Ohne Musik kann ich mir mein Leben nicht mehr vorstellen“ oder „Musik ist eine Alltagsnotwendigkeit geworden, auf die ich nicht verzichten kann“ sind allgemeine Grundbestimmungen, die der Differenzierung bedürfen.

Im Zuge der Demokratisierung von Musik via Medien haben kommunikativ-gesellschaftliche Funktionen im allgemeinen gegenüber den individuellen-psychischen an Bedeutung verloren. Der Mensch privatisiert heute mehr als zuvor den Umgang mit Musik, er „gebraucht" sie zu spezifischen Lebenszwecken. Von daher ist zu erwarten, daß individuelle Funktionen auch bei den jungen Instrumentalisten eine Priorität genießen. Dennoch hat Musikmachen immer auch eine kommunikative Funktion: Musizieren ist immer auch auf Publikum angelegt. Gleichzeitig müssen wir davon ausgehen, daß sich die Bestimmung von Musik nicht in einer einzigen Funktion erschöpft, sondern daß Menschen, erst recht musizierende Menschen, Musik mehrfunktional gebrauchen. Die Antworten der Jugendlichen sind tatsächlich auch ausgesprochen pluralistisch. Die meisten nennen sozial-kommunikative (Musik als Medium der Mitteilungen an andere Menschen) und individuelle Funktionen (Selbstverwirklichung, Selbsterfahrung), wobei von einer wechselseitigen Abhängigkeit und Bedingtheit der Funktionen auszugehen ist.

1. Emotional-psychische Funktionen

Stichwörter der Jugendlichen sind Wohlbefindlichkeit, Zufriedenheit, Zurückgezogenheit, Meditation, Stimulation zum Nachdenken oder Grübeln, Abreaktion, Abschalten, (Hoch-)Gefühl, Medium der Flucht und Träumerei, unmittelbares Gefühlserleben, vollkommene Gelöstheit, das Emotionale, Konfliktbewältigung...

Kaum ein Jugendlicher versäumt den Hinweis auf diesen gebrauchsmäßigen Umgang mit Musik im und für den Lebensalltag. Musik ist Gebrauchsgegenstand, Lebenshilfe, sie erfüllt bei vielen jene Funktionen, die der Musiksoziologe Adorno[181] mit negativistischem Verständnis als Umfunktionalisierung von Kunstmusik, von „auratischer Musik" (Benjamin), kritisiert hat. Die jungen Musiker bedienen sich klassischer Musik, wie andere der Disco- oder Rockmusik. Diese entspannt von aufreibenden Alltagskonflikten, hilft seelische Krisen überwinden, baut Aggressionen nach Streß-Erlebnissen ab, schafft neue Energien, d.h. Musik wird jenseits ihrer Kunstfunktion zur Lebensbewältigung instrumentalisiert. Das ist gut so, denn dieser gebrauchsmäßige Umgang mit Musik hinterläßt den Eindruck des Menschlich-Allzumenschlichen bei diesen ehrgeizigen, begabten Jugendlichen, die Gefahr laufen können, sich im „polemischen Apriori" von Kunstmusik noch weiter vom Normalhörer zu distanzieren.[182]

> *Ich kann mich in Musik so richtig einfühlen, das gefällt mir. Ich benutze sie zwar auch zum Abschalten, aber dann gehe ich meistens doch mit. Wenn ich Klavier übe, benutze ich das zum Abreagieren von anderen Sachen, die ich hinter mich bringen möchte und die nichts mit Musik zu tun haben* (17, w, I 58).

> *Wenn in der Schule mal was nicht so läuft, dann kann ich mit der Posaune schön laut spielen und meinen ganzen Frust abblasen* (18, m, I 48).

> *In Musik finde ich meinen Ausdruck für mich selbst und fühle mich unheimlich wohl. Wenn ich traurig bin und mich an die Orgel setze, mich da so richtig rein-*

[181] Theodor W. Adorno: *Einleitung in die Musiksoziologie*, Frankfurt 1962
[182] ders.: *Noten zur Literatur*, Frankfurt/M. 1965, S. 110

vertiefe, dann ist das für mich eine Form von Meditation... Andererseits kann ich nicht leugnen, daß, wenn ich gut spiele und dafür Beifall kriege, mir das auch Freude bereitet (22, m, I 10).

Musik ist das, womit ich mich vielleicht nicht von der Zeit her, aber vom Herzen her am meisten abgebe. Ich finde das eben toll: Musik (16, w, I 67).

Musik gibt mir einen winzigen Trost: Daß man seine Einsamkeit wenigstens formulieren kann, auch wenn niemand das hört. Daß man nicht der Ohnmacht der eigenen Worte, der verbalen Fähigkeit, gegenübersteht. Das ist der Trost. Aber das heißt nicht, daß ich aus der Einsamkeit herauskomme. Es ist wenigstens eine Befriedigung, sich das selber gegenüberstellen zu können (21, m, I 76).

An Musik fasziniert mich einfach das Emotionale. Daß ich mich darin ausdrücken kann, daß es eine Aufgabe ist, wenn ich einen Notentext vorgesetzt bekomme. Ich muß das bewältigen, nicht nur technisch, sondern direkt lebendig machen. Und wenn ich Musik höre, vermittle ich mir bestimmte Gefühle, um auch Aggressionen abzubauen. Es kann aber auch sein, daß mich Musik nervös macht. Wenn ich Free Jazz höre, dann bin ich hinterher richtig zittrig. Das regt mich auf, da kommt so richtig eruptiv was raus, was mich fasziniert (19, m, I 74).

Musik bedeutet mir ein gefühlsmäßiges Verständnis, es ist eine Vermischung von Erlebnissen und Strukturen. Das ist einmalig und eigenwillig, man kann es schlecht in Worte fassen. Ich gebrauche die Musik bei Gefühlsschwankungen, Musik hat ja mit Spannung zu tun (22, m, I 22).

2. Funktionen des Selbstausdrucks, der Selbstfindung und Selbstverwirklichung

Unter inhaltlichem Aspekt ist diese Kategorie freilich auch den psychischen Funktionen zuzuordnen. Doch einerseits haben wir bereits auf die Wechselbeziehungen aller individuell-psychischen Funktionen verwiesen, andererseits rechtfertigt die Tatsache, daß viele Jugendliche die Funktionen des Ausdrucks und der Selbstfindung als solchen besonders hervorheben, eine gezielte Herausstellung. Das aktive Musizieren, Musik als Tätigkeit, bietet dem Ausübenden jenen Freiraum von Individualität, der zur Identitätsfindung gerade bei jungen Menschen erheblich beitragen kann. Dies gilt für den Rockmusik-Amateur sicher ebenso wie für den Klassik-Interpreten. Musik läßt den Ausdruck von subjektiven Empfindungen und Gefühlen auch dort zu, wo Sprache schon längst versagt. Daß die Jugendlichen hier ihr ur-eigenes Medium finden, fördert ihren Identitätsprozeß zwangsläufig.

In der Interpretation eines Werkes fließen immer zwei Ströme zusammen: das Werk (Objekt), die Komposition als Aufgabe und Herausforderung auf der einen und der Interpret (Subjekt), seine Emotionen und Intentionen auf der anderen Seite. Musizieren ist immer auch ein Stück Aneignung von Lebenswelt, wodurch eben die wichtigen

Prozesse der Selbstfindung initiiert und ausgelebt werden können. Musizieren ist Re-Kreation und verlangt interpretierende Kreativität – das, was Dilthey einmal „Kongenialität" genannt hat. Diese können die Jugendlichen unserer Stichprobe schon früh unter Beweis stellen. Das Kreative ist geradezu ein Merkmal ihrer Begabung, und *Frühreife sind keineswegs in Gefahr, im späteren Erwachsenenalter weniger an Qualität und Quantität zu produzieren*[183]. Der aktive Umgang mit Musik auf der hohen Leistungsstufe unserer Talente (aber nicht nur hier) fordert und fördert Kreativität, *das* Merkmal einer Persönlichkeit und daher Sozialisationsziel schlechthin. Damit ist Musik bekannterweise Medium der Selbsterkenntnis und der Persönlichkeitsentfaltung (s. Funktion 3). Die jungen Musiker erfahren in einem frühen Alter eine Selbstbestätigung, die andere ein Leben lang nicht finden. Das prägt sie, macht sie sicher im Umgang mit sich selbst und anderen Menschen, auch wenn dem Künstler wiederholt ein erhöhtes Maß an Introversion nachgesagt wird. Das jedem Menschen eigene Motiv der Selbstverwirklichung – heute häufig zur geschwätzigen Parole verkommen –, wird von den jungen Musikern nicht nur theoretisiert, sondern im aktiven Umgang mit Musik konkretisiert.

Einige sprechen von der Lust zur *Entdeckung,* von Eigeninitiative, andere von der ständigen *Arbeit an sich selbst,* dem permanenten Versuch, sich zu bilden, zu vervollkommnen, zu erweitern, Neues zu entdecken und zu schaffen. Und Musik gibt Lebenshilfe da, wo diese Jugendlichen Trost brauchen. Welch ein Gewinn für einen jungen Menschen, der sagen kann, *Musik ist das Auffangnetz für alles Mögliche,* oder *Musik ist der Retter der eigenen Selbstverzweiflung.* Ihre Musik ist abrufbarer, verfügbarer als Menschen, als Erzieher es sind; die Jugendlichen können sich selbst investieren, ohne sich zuvor nach außen (Eltern, Partnern, Freunden u.a.) offenbaren zu müssen. Auch diese Erfahrung ist für Jugendliche in bestimmten Altersphasen ihrer Persönlichkeitsentwicklung unentbehrlich: *Musik zieht total ins Innerste rein* (16, m).

> *In der Musik kann man sich selbst erkennen. Musik ist ein Mittel, um sich zu entwickeln, aber auch einfach, um zur Ruhe kommen zu können oder umgekehrt, aus irgendeiner Ruhe wieder aufgeweckt zu werden* (21, w, I 65).
>
> *Mit Musik kann ich mich meiner Umwelt gegenüber am besten ausdrücken. Jeder Mensch braucht etwas in seinem Leben, vor allem junge Menschen, was sie ganz für sich entdecken können. Ich „entdecke" etwas, was andere vor mir schon entdeckt haben, aber ich habe es selbständig herausgefunden und es gehört zu meiner Welt. Ich finde mich selbst, so könnte man es sagen* (16, w, I 61).
>
> *Man macht selbst etwas, ist nicht nur Konsument. Man gestaltet selbst, soweit es der Komponist zuläßt und man es in einem vertretbaren Maße macht. Heute wird man das Kreativität nennen. Und das macht natürlich Freude, wenn das gelingt. Was sicher schlecht ist, wenn man mit einem zu hohen Anspruch rangeht, das beengt dann sehr* (17, w, I 69).

183 Rolf Oerter: *Die kreative Persönlichkeit,* in: G. Condreau (Hg.): *Psychologie der Kultur,* Band 2, Weinheim 1982, S. 309

Jedesmal, wenn man Musik macht, entsteht ein Hochgefühl. Dann eben auch diese Selbstbestätigung, die kann man schon bei einfachsten Etüden finden. Einfach diese Arbeit an sich selbst. Das ist nichts anderes wie wenn jemand einen Schrank herstellt. Man sieht ständig, wo die Stärken und Schwächen liegen und daran arbeitet man eben (18, m, I 37).

Ich kann mich mit Musik ausdrücken. Ich habe dann auch genug Phantasie, mich in die Musik einzufühlen oder besser gesagt, die Musik in mich hineinzuversetzen. Wenn Musik dann auch noch meine Gefühle ausdrückt, ist das optimal. Um ein Beispiel zu nennen: Als vor eineinhalb Jahren mit meiner Freundin Schluß war, habe ich mir die 1. Sinfonie von Mahler angehört. Da ist der letzte Satz überschrieben: „Der Ausdruck eines im tiefsten Herzen verletzten Menschen." Sich das dann anzuhören, zieht total ins Innerste rein, man fühlt sich in Musik geborgen. (16, m, I 36).

Ich sehe die Musik als höchste Kunst an, weil sie am freiesten ist und kompliziert für den Geist. Musik steht über der Sprache und das ist für mich ein Faktor, der sie als lebensnotwendig erscheinen läßt... Sie ist Retter der eigenen Selbstverzweiflung... Wenn man sich sprachlich nicht mitteilen kann, wenn man irgendwelche Gefühle nicht klarmachen kann, dann kann ich das vielleicht mit Musik. Insofern ist sie Befreier, kann sie nur befreiend sein (17, m, I 26).

Die Funktion der Selbstverwirklichung scheint mir qualitativ die bedeutsamste in der Motiv-Hierarchie menschlicher Tätigkeit zu sein. Maslow[184] sah in der Selbstverwirklichung eine erfolgsversprechende Möglichkeit der Persönlichkeitsentwicklung. Er unterschied zwischen „deficiency motivation" (Mangelmotivation), die auf die Wiederherstellung des physischen und psychischen Gleichgewichts gerichtet ist, und „growth motivation" (Wachstumsmotivation), die den Menschen veranlaßt, über sein bisheriges Sein und Handeln hinauszugelangen. Unsicherheit, vermehrte Spannung und selbst Schmerz werden in Kauf genommen, wenn darin eine Möglichkeit zu größerer Erfüllung gesehen wird. Diese Eigenschaft mag die begabten Jugendlichen unserer Stichprobe besonders gut kennzeichnen. Für viele Menschen bleibt dieses Ziel nur eine Hoffnung oder ein Ziel, etwas, wonach sie ein Leben lang streben. Vielleicht sind künstlerisch tätige Menschen dann, wenn sie auch noch erfolgreich sind, diesem Ziel besonders nahe. Ich möchte es für die Jugendlichen dieser Studie vermuten. Das Bedürfnis nach Selbstverwirklichung steht bei Maslow übrigens an 2. Stelle einer Bedürfnishierarchie und wird nur noch vom Bedürfnis nach Transzendenz übertroffen (= die Suche nach einer sogar jenseits des individuellen Menschseins liegenden Identität).[185]

184 A. H. Maslow: *Toward a psychology of being*, New York 1968 (2end ed.); ders: *The farther reaches of human nature*, New York 1971

185 zit. nach Philip Zimbardo: *Essentials of Psychology and Life*, Illinois (1967) 1979 10th ed.; deutsche Übersetzung: *Psychologie* (Angermeier/Brengelmann/Thiekötter), Berlin, Heidelberg, New York 1983 (4. Aufl.), S. 415

3. Persönlichkeitsprägende Funktion

Die wechselseitige Bedingtheit und Abhängigkeit der einzelnen individuellen Funktionen zeigt sich am deutlichsten in dieser Bestimmung. Persönlichkeitswerdung ist ohne emotional-psychische Entwicklung, ohne Selbstfindung und -verwirklichung nicht denkbar. Musikmachen intensiviert Lebenserfahrungen, macht sensibel auch für andere Lebensbereiche, fördert und fordert die Persönlichkeit. Leben erhält einen Sinn und damit Lebensqualität. Musik kann zur Harmonie im Menschen führen, zum inneren Ausgleich zu einer Ausstrahlung, die Persönlichkeiten eigen ist. Wiederholt wird im eigenen Umgang mit Musik auch die Chance des Kreativseins genannt, die in der Schule vereinzelt vermißt wird.

> *Natürlich genieße ich die Musik zunächst einmal, aber wenn man sie selbst macht, kommt was Entscheidendes dazu. Man kann sich ausleben und ein intensiveres Leben führen. Wenn ich musiziere, kommt meine ganze Persönlichkeit rein. Das ist ein Inhalt. Dadurch wird ein Tag ausgesprochen sinnvoll. Musik bringt meine Gedanken in eine Harmonie und das ist ein wichtiger Aspekt einer Persönlichkeit. Musik hilft mir, über Probleme nachzudenken und nach Lösungen zu suchen. Gute Musik bringt Harmonie in mein Leben. Musikmachen bringt mir auch Ideen, wenn ich über meine Zukunft nachdenke* (19, m, I 09).

> *Musik ist für mich etwas Faszinierendes, etwas, wo ich mich reindenken kann, worin ich absolut lebe. Musik ist etwas Produktives, immer etwas Neues im Grunde. Man kann jedes Stück anders interpretieren. Man kann kreativ sein, und ich kann meine ganze Persönlichkeit einbringen* (18, m, I 64).

> *Musik ist ein Nach-innen-Dringen, auf die Person oder auf die Welt insgesamt bezogen, hat sicher auch viel mit Religion zu tun. Ich finde in allen Dingen eigentlich etwas Göttliches, auch in der Musik* (19, w, I 63).

> *Musik ist eine Möglichkeit, seine Persönlichkeit zu entfalten. Sie war immer ein Gegenimpuls zur Schule, sie ist etwas, wo man selbst kreativ sein kann. Mir hat zum Beispiel „Kunst" in der Schule nie Spaß gemacht, weil man immer nur an einen vorgegebenen Thema arbeiten mußte und sich eigentlich nie aussuchen konnte, woran man selbst arbeiten wollte, wo das eigene Bedürfnis lag* (19, w, I 60).

> *Man drückt in der Musik immer auch ein Stück seiner eigenen Persönlichkeit aus. Ich meine die Art, wie man ein Stück spielt, das kann man den Leuten auch ansehen, auch vom äußeren Auftreten her, ob es nun ein Hardrock-Musiker ist oder Ludwig Güttler. Musik besorgt mir immer total „Heile-Welt" und das finde ich unheimlich toll* (15, w, I 35).

> *Das musikalische Leben kann man nicht vom übrigen Leben trennen. Musizieren, die Beschäftigung mit Musik und anderen Musikern prägt weitgehend die eigene Persönlichkeit mit. Vielleicht würde man manche Dinge ganz anders sehen,*

wenn man nicht musizieren würde. Das geht bis ins Soziale hinein. Man kommt als Musiker viel herum, man wird automatisch konfrontiert mit fremden Lebensräumen, mit konkreten sozialen Fragen. Wir haben z.B. in Istanbul beim Türkischen Festival klassische Musik gespielt. Man sieht dort diese Baracken neben den 3-Sterne-Hotels, wo wir gewohnt haben. Man sieht diesen sozialen Unterschied und das prägt einen schon, man wird sensibler und weitsichtiger, denkt darüber nach. Ich mache mir noch Gedanken über Sachen, wo andere längst sagen, daß es doch nur normal sei. Totale Kleinigkeiten, daß man sich einmal klarmacht, in welch totalem Wohlstand wir hier eigentlich leben. Man lebt sensibler und nimmt sensibler auf (17, m, I 27).

4. Kommunikativ-soziale Funktionen

Musik anderen Menschen zu vermitteln, Musik als Botschaft, als Medium der Mitteilung innerhalb einer Kultur und über diese hinaus, d .h. grenzüberschreitend und völkerübergreifend zu verstehen, ist ein häufig genanntes Motiv des eigenen Musizierens, nicht selten gekoppelt mit dem der Selbstverwirklichung. Dies bedeutet, daß Selbstfindung und -verwirklichung auch über den Mitmenschen zu realisieren sind. Oder, wie es ein Jugendlicher formuliert: *Ich schenke, um beschenkt zu werden.* Kunst ist Sprache: also im höchsten Sinn soziale Funktion, wie Gerhart Hauptmann einmal feststellt. Sich in Musik auszudrücken, ist für manche sogar einfacher als in Sprache. Die kommunikative Funktion hat zwei Bedeutungsebenen: Zum einen geht es um die Vermittlung der Musik selbst, ihres „Gehaltes und Sinnes" (Eggebrecht), mit zum Teil quasitherapeutischer Funktion. Zum anderen um Kontakte zu Menschen zu knüpfen, zu Mitmusikern, zu Freunden und darüber hinaus auch zu Außenstehenden, zu Fremden, auf die zuzugehen nicht immer leicht fällt. Musik reguliert den Kontakt und die Art und Weise des Umganges mit Menschen. *Musik gibt mir einen Ruhepunkt, von dem aus ich aktiv bin...* Musik und Musizieren sind bedeutungsvolle Kontaktspender, haben eo ipso sozialen Charakter. Dabei ist das Publikum für die jungen Künstler eine wichtige Einflußgröße. Erfolgreiche Begegnungen mit dem Publikum haben zugleich die Funktion des Motivationsschubes für weitere Anstrengungen, ja letztlich für die Entscheidung zum Berufsmusiker.

Die wertvolle Funktion von Musik ist Kommunikation auf einer sehr intensiven, sehr tiefgehenden Ebene. Die schädliche Wirkung von Musik ist für mich Unterhaltung. Ich habe eine sehr schlechte Beziehung zur Unterhaltung allgemein und zur emotionalen Abstumpfung besonders. Es gibt immer das eine Gewicht und das Gegengewicht dazu. Kunst überhaupt ist für mich Ausdrucksform, Sprache, sie ist niemals Selbstzweck, sondern immer Mittel zur Kommunikation zwischen Menschen (21, m, I 76).

Das Schöne an Musik ist für mich, daß ich anderen Menschen eine Freude bereiten kann, und wenn ich sehe, daß sie anderen Freude bereitet, bringt mir das eigentlich sehr viel. Ich schenke, um beschenkt zu werden... ist vielleicht ein bißchen egoistisch. Musik ist für mich manchmal einfacher zu verstehen als Sprache. Im europäischen Kulturkreis kann man mit Musik sehr viel ausdrücken, ohne auch nur irgendein Wort zu benutzen. Musik geht auch über die Kulturgrenzen hinaus (22, w I, 54).

Die Musik ist der Teppich oder der Grund für mein Leben, auf dem sich alles andere abspielt. Die Musik prägt meinen Umgang mit Menschen, meine Einstellung zu den Dingen und gibt mir einen Ruhepunkt, von dem aus ich aktiv bin und auf den ich mich wieder zurückziehen kann (21, w, I 23).

Mir macht es einfach Spaß, vor anderen Leuten Musik zu machen, sie damit etwas anzuregen und selbst dabei eine gewisse Befriedigung zu erfahren für die lange Zeit des Übens. Daß man eben das unter Beweis stellen kann... (16, m I, 41).

5. Ästhetische Funktion

Die Formulierung einer ausschließlich ästhetischen Funktion von sogenannter Kunstmusik ist eher selten. Die Jugendlichen, die dies tun, fühlen sich primär intellektuell herausgefordert, wollen Strukturen erfassen und durchschauen, Sinn erkennen und verstehen, analysieren und sehen stets den ästhetischen Aspekt im Vordergrund. Musik in Trost- und Ablenkungsfunktion wird abgelehnt, zumindest auf einer bewußten Ebene.

Musik hat eine bestimmte Funktion in meinem Leben, und es bereitet mir Freude, ein Werk zu durchschauen. Zunächst höre ich einmal, ob es mir gefällt, ganz nach dem oberflächlichen Prinzip. Dann kommt eben die intensive Auseinandersetzung, die mich fasziniert: wie der Komponist sein Stück sinngemäß aufgebaut hat, in jedem Abschnitt ein Sinn steckt und das Ganze doch schön und überzeugend ist. Auch ohne Partitur versuche ich im Geist immer zu analysieren, das ist eine intellektuelle Funktion (19, m, I 39).

Überhaupt, ohne Musik könnte ich nicht leben. Man ist reingewachsen und das ist eine Notwendigkeit meines Alltags geworden. Ich bin kein oberflächlicher Musikkonsument. Wenn ich Musik höre, ich höre intensiv zu. Wenn ich Musik höre, steht immer der ästhetische Aspekt im Vordergrund, ganz klar, mit einer gewissen qualitativen Beurteilung (18, m, I 59).

Für mich ist Musik lebensnotwendig, ich sehe Musik als höchste Kunst an. Die Sprache ist eine Determiniertheit, wodurch längst nicht alle Gefühle ausgedrückt werden können... Musik ist am freiesten und sehr kompliziert vom Geist her, sehr umfassend, alle Bereiche des Lebens verbindend. Musik steht für mich über der Sprache. Musik zum Trost, zur Ablenkung? Nein! Für mich gibt es das nicht. Ich habe auch noch keine schwierigen Lebenssituationen bewältigen müssen, habe keinen Krieg erlebt, nur den Tod meiner Oma, und das hat ein Mensch einfach zu verkraften, fertig, basta! Ich stelle mich immer nur der Wahrheitsidee des

Stückes gegenüber, meine Lebenssituation wäge ich ab, aber dazu brauche ich keinen Trost. Wenn man Musik versteht, kann sie einem keinen Trost geben. Allenfalls den Trost, daß die Wahrheit nicht ganz so schlimm und so dumm ist, wie sie zu sein scheint (20, m, I 26).

Die unter 1–5 genannten Funktionsbestimmungen von Musik erfassen repräsentativ die Mehrheitsmeinungen der jungen Musiker. In Einzelfällen werden weitere Funktionen genannt, die in unserer Systematik nicht enthalten sind. Da wäre eine zweckrationale Funktion, wenn zwei (!) Jugendliche ganz pragmatisch die berufsvorbereitende Funktion ihres Musizierens hervorheben. Sie wollen Berufsmusiker werden und wer sich dieses Ziel setzt, muß sich angesichts hochkarätiger Konkurrenz bemühen. Jeder hat eben seine eigene Aufgabe:

Musik hat für mich eine praktische Bedeutung dadurch, daß es mein Berufsziel ist. Da ich nicht so wahnsinnig sensibel bin und ich nicht dauernd ein Hoch und Tief brauche, bedarf es nicht eines Trösters Musik (20, w, I 44).

Musik ist halt meine Aufgabe. Es könnte auch eine andere Aufgabe sein. Es hat keine Funktion in dem Sinn, daß ich sagen müßte, ich muß Musik aus dem und dem Grund machen (20, m, I 05).

Drei Jugendliche verweisen auf die Notwendigkeit einer Trennung zwischen Musikmachen und Musikhören in der Funktionsbestimmung. Wenn sie üben, dann ist das Arbeit in Musik, wo Entspannung nicht möglich ist. *Wenn ich selbst etwas übe, dann kann ich nicht entspannen.* Musizieren heißt Konzentration: auf den Dirigenten, auf sich selbst, auf die eigene Haltung, auf die Noten, auf viele Faktoren eben, was mittlerweile in der musik-medizinischen Forschung als Streß-Phänomen bei Orchestermusikern Aufmerksamkeit erregt hat: Musizieren ist Schwerstarbeit.[186]

Und da sind jene Sonderfälle zu zitieren, die sich nicht in das Funktionspanorama einpassen lassen. Biographische Forschung macht das Individuum zum Forschungsgegenstand, sucht die „Höckerigkeit" (Herbart) des Individuums. Von daher ist das individuell Andere, nicht Generalisierbare, von gleichwertiger Bedeutung. Da gibt es den Jugendlichen, der Musik gerade nicht psychisch nutzen kann, weil *meine seelische Krisen meistens durch Musik entstehen* (16, w, I 61) oder

Ich weiß nicht, ob Musik für mich ein Mittel wäre, über irgendwelche Depressionsphasen hinwegzukommen. Da wäre schon eher die Gefahr, daß sie verstärkt werden, weil ich schon mal solche melancholische Phasen habe. Dann höre ich eher schon mal was an, was zu dieser Stimmung paßt, also was Trauriges, Düsteres (21, m, I 80).

Ein einziger (!) Jugendlicher registriert sehr nüchtern, daß Musik ihm zwar Spaß mache, auch in einer Gruppe zu musizieren, daß er sich aber auch sehr gut vorstellen könne, ohne Musik auszukommen.

[186] vgl. Marie-Luise Fuhrmeister/Eckart Wiesenhütter: *Metamusik. Psychosomatik der Ausübung zeitgenössischer Musik*, München 1972; vgl. Hugo Schmale/Heinz Schmidtke: *Der Orchestermusiker, seine Arbeit und seine Belastung*, Mainz 1985

Resümieren wir diese komplexen Funktionsbestimmungen mit einigen Antworten, in denen die „Mehrfunktionalität" von Musik charakterisiert wird, d. h. Musik wird je nach Kontext sehr unterschiedlich gebraucht und die Reduzierung auf eine einzige Funktion ist keineswegs kennzeichnend.

> *Musik ist in erster Linie eine wichtige geistige Beschäftigung, aber auch Beruhigung und Entspannung. In so einer Sinfonie stecken viele seelische Elemente des Komponisten, das ist etwas Psychologisches, das man für sich selbst nutzen kann* (21, m, I 50).

> *Musik ist zuerst eine eigene Erfüllung. Man erfüllt sich selbst, aber Musik bedeutet für mich auch, daß ich anderen Leuten eine Freude bereite. Das ist eigentlich die Hauptsache. Weniger also die Selbstbestätigung, denn oft ist man nach einem Konzert mit sich unzufrieden. Dann ist Musik auch Ausgleich. Wenn ich Wut habe, geh' ich hoch und schrubb' auf meiner Geige. Dann ist die Aggression weg, die Geige kriegt das immer alles ab, Gefühlen freien Lauf zu lassen* (19, w, I 17).

> *Musik ist Gefühlserlebnis, sie zu hören, aber vor allem, sie zu machen. Wichtig ist mir aber auch eine Emanzipation von der Geige weg zur Musik hin. Warum ich von ihr nicht mehr loskomme, hat sicher viele Gründe, die Gefühlserlebnisse, aber nicht nur ein Sich-Gehenlassen, sondern vom Verstehen her. Also das Ästhetische, die Struktur erkennen, das fasziniert mich. Ich bin mit Musik aufgewachsen und ich könnte ohne sie nicht mehr leben. Hinzu kommen die vielen Erlebnisse, die ich beim Musizieren habe, wenn ich eigene Interpretationen bringen kann. Oder auch die Wirkung, die man auf ein Publikum hat, das ist schon eine Ebene, die nicht unbedingt mehr was mit Musik zu tun hat. Ich genieße es, wenn ich merke, daß es den Leuten gefällt, laß sie zuhören und selbst genießen* (22, m, I 22).

> *„Musik ist mein Leben" ist sicher ein Schlagwort, aber Musik ist für mich doch eine gewisse Insel oder ein Schiff, auf dem ich an der normalen Welt vorbeifahren kann. Ich sage das auch gerne: „Ich bin Musiker!" Man hat eine Sache, die für die gesamte Weltgeschichte schon ziemlich unwichtig ist, daß sie plötzlich für einen selbst so wichtig wird. Das ist schon komisch und verzerrt den ganzen Blickwinkel. Gleich nach der Musik kommt für mich schon die Politik, das Wettrüsten... Mir tut es wahnsinnig weh, wenn der Wald kaputt geht, aber wenn ich nicht mehr Musik machen könnte, wäre das für mich emotional schlimmer. Es ist einfach eine Möglichkeit zu leben. Selbstverwirklichung, eine Möglichkeit, auch gewisse Ideale zu realisieren. Musik ist einfach Kunst, und Künstler zu sein ist ein Privileg. Ich bin darüber sehr glücklich, daß ich Musik machen kann. Musik ist alles. Das fängt bei der Avantgarde-Musik an, wo vieles Spielerei ist, bis zur historisierenden Musik, die nur versucht, nachzuvollziehen. Das geht von Rockmusik bis Mozart, das alles ist Musik, die einen Sinn hat, die für das Publikum einen Sinn hat, teils zur Entspannung, teils für interpretatorische Streite, für Kritiker, für Musikwissenschaftler, für die Musiktherapie, was für mich auch ein ganz wichtiges Feld ist. Ich habe da eine Ausbildung gemacht und habe selbst erfahren,*

daß sie großen Erfolg hat. Meine Mutter hat sich in Depressionen sehr viel Musik angehört und viel davon profitiert... Musik ist schon ein Universalding, was man für alles benutzen kann, ein Alleskleber (20, m, I 70).

Musik ist für mich immer wieder eine Möglichkeit, Kraft zu schöpfen und tiefer in Lebensfragen einzutauchen. Musik hat für mich was Absolutes an sich, was sie besser als eine 500 Seiten dicke Abhandlung eines Philosophen rüberbringen kann. Wenn ich „Zarathustra" von Strauss höre, bringt mir das Gedanken von Nietzsche so nahe, als wenn ich ein Buch von ihm lese. Wenn ich den 2. Satz von Beethovens 7. Sinfonie höre, wo nur diese ganz ruhigen Akkorde gespielt werden, die da so auf absolute Weise verarbeitet sind, da kriege ich jetzt schon einen Schauer auf der Kopfhaut, eben dieses Absolute. Das ist etwas, was vom Menschen so unabhängig ist und nur durch die Musik zu erleben. Das holt mich sogar aus Depressionen heraus. Ich bin manchmal etwas dazu veranlagt, sehr zu grübeln, und lasse mich mitunter von negativen Stimmungen sehr mitreißen. Ein Musikstück kann mich da wieder voll rausholen. Musik ist in schwierigen Lebenssituationen oft die einzige Hilfe gewesen. Auf die Musik kann man sich eben am besten verlassen in diesem Leben. Mit Menschen habe ich schon oft auch negative Erfahrungen gemacht, oft auch durch mich selbst beeinflußt, ohne daß die Menschen etwas dafür konnten. Manchmal hat man falsche Erwartungen an andere und dann setzt es „bums" auf den Schädel... Wenn ich mir z. B. Bach vorstelle, der hat seine Musik für Gott und die Menschen geschrieben und war inspiriert, von woher weiß ich nicht. Vielleicht ist es einfach nur seine Kreativität, die uns so fasziniert. Musik ist für mich immer auch etwas Therapeutisches (21, m, I 53).

Sklave (Sklavin) des Instrumentes – Droge Musik?

Ich will das und brauche das ... ich fiebre richtig danach. Ich muß nach Hause fahren und üben... (20, m, I 31).

Genau! Eindeutige Entzugserscheinungen! Zwei Wochen im Urlaub ohne Cello, da ist auch der schönste Sandstrand uninteressant. Dann habe ich richtige Entzugserscheinungen (17, m, I 27).

Wenn ich längere Zeit nicht spiele, dann komme ich mit vor, ...als wenn ich der Pflicht aus dem Wege gehe (15, m. I 18).

Ich muß jeden Tag üben, und wenn ich nicht übe, fehlt mir was, dann ist der Tag nicht vollkommen (16, w, I 40).

Nimmt ein „Leben für Musik", wie der Titel der Studie unsere Musikbegabungen kennzeichnen möchte, bisweilen Extremformen an, die graduell als Abhängigkeit, als Sucht, als Sklaventum einzustufen sind? Leiden unsere jungen Talente an Entzugserscheinungen, wenn sie einmal nicht musizieren können? Welche Distanz haben sie zu ihrem instrumentalen Engagement? Wie stark ist die gefühlsmäßige Bindung an ihr Instrument? Benötigen sie die Musik zum Leben wie die Pflanzen den Sauerstoff, wie Menschen das tägliche Brot („Ohne Geige könnte ich wahrscheinlich nicht leben")? Können sie noch ohne ihr Instrument sein, oder ist Musik (Musizieren) zur Droge geworden? Wer über Jahre hinweg derart intensiv und extensiv musiziert, wer auch seine Zukunft auf Musik baut, wer von sich sagt: *Musik ist mein Leben* (vgl. Kap. *Zur Alltags- und Lebenswelt*), der läuft wie in jedem anderen Engagement oder auch Beruf zwangsläufig Gefahr, fixiert zu sein, innerlich in Abhängigkeit zu geraten, gewissermaßen auch blind zu werden, nicht mehr leben zu können (zu wollen) ohne diese Möglichkeit der totalen Zuwendung und Hingabe.

> *Daß man nicht mehr aufhören kann, das ist nicht nur in Musik so, auch im Sport, überall da, wo man längere Zeit trainiert...* (18, w, I 21).

Was heute im Elektronik-Fieber des jugendlichen Computer-„Freaks" allenthalben zu beobachten ist (negativ vor allem auf dem Spielmarkt von Adventures und War-Games, wo die Höhe von Abschußquoten den Erfolg des süchtig Spielenden krönt), mag auf anderer Ebene und mit anderer Qualität auch für die Beschäftigung mit Musik Gültigkeit haben – dies um so mehr als mit Musik sehr viel stärker Gefühle, Emotionen, Empfindungen angesprochen werden, die eine psychische Bindung und Abhängigkeit nur noch intensivieren. Auch Musizieren kann zu einer Art Besessenheit, zur Ekstase führen, vielleicht muß es sogar so sein, will ein Künstler als Interpret aussagen, bewegen, mitreißen, überzeugen und appellieren. Die Frage nach der Abhängigkeit vom Instrument war aus unserer Sicht keineswegs nur negativ gemeint. Sie konnte auch in positivem Sinne als Glücksgefühl oder als Lebensvervollkommung verstanden werden: Glücklich und entzückt sein wie im Zustand der Drogentrance, aber eben nicht mit schädlichen Nebenwirkungen und bewußtseinsmäßiger Unfreiheit des Süchtigen.

> *Ja süchtig schon, aber ich sehe es nicht negativ, solange sich die Sucht positiv auswirkt. Im Urlaub zum Beispiel habe ich mich ganz kribbelig gefühlt, weil ich die Tasten unter den Fingern brauche. Eine Sucht hat ja eigentlich mit Unfreiheit zu tun, aber für mich ist es wieder eine Freiheit, wenn ich spielen und mich entfalten kann. Es gefällt mir gut, wenn ich meine Gefühle in Musik umwandeln kann* (19, m, I 09; mit Neigung und Begabung zur Improvisation).

Man sollte dort nicht von Sucht sprechen, wo Musizieren und die dazu nötige Anstrengung des Übens nicht (nur) als Belastung empfunden wird, sondern als Lebenssinn, wenn man so will: letztlich als Berufensein zur Musik.

> *Wenn ich mal eine Woche nicht mein (Instrument) spiele, fehlt es mir dann echt unheimlich. Irgendwie ist es ein Teil von mir selbst und von meinem Leben, auf das ich heute nicht mehr verzichten kann, selbst wenn ich später nicht Musik studieren sollte* (15, w, I 25).

Ein Leben ohne Instrument, ohne Musik, können sich die Jugendlichen kaum mehr vorstellen. In ihren Antworten differenzieren sie aber im Grad der Abhängigkeit. Da ist zunächst die Mehrheit (71%) derer, die unserer Frage nach „Suchtgefühl, Sklavenbewußtsein, Entzugserscheinungen“ spontan und uneingeschränkt zustimmen.

> *Das ist schon extrem, wenn man jahrelang Musik macht. Ich kann mir in meinem Leben gar nichts anderes mehr vorstellen. Musik ist für mich lebensnotwendig. In diesem Sinne bin ich schon ein Sklave meines Instrumentes. Ich will das und brauche das, ich brauche auch das Orchester. Wenn ich mal Urlaub mache und mein Instrument nicht dabei habe, dann bekomme ich wirklich so eine Lust, mein Instrument anzufassen, da fiebre ich richtig danach, dann muß ich nach Hause fahren und üben. Das ist ganz logisch!* (20, m, I 31).

Ferien, Krankheit oder Urlaub sind für diese Jugendlichen die Probe aufs Exempel. Nach oder schon während der Zwangsabstinenz *fiebern* sie ihrem Instrument entgegen, sie sind *nervös und unruhig, weil es wahnsinnig Freude macht zu musizieren* oder auch weil sie Angst haben, sie könnten nachlassen. Eine emotionale Bindung an das Instrument halten sie schlechthin für die „condito sine qua non“ eines echten Musikers.

> *Irgendwo ist jeder Musiker ein Sklave seines Instrumentes, weil es eine Leidenschaft ist, Musik zu machen. Das Instrument verlangt ständig etwas von einem, fordert etwas, insofern artet das schon in Sklaverei aus, aber nicht in negativem Sinne* (19, w, I 63).

> *Ich möchte schon sagen, daß man Entzugserscheinungen bekommt, klar, wenn man mal zusammenrechnet, wieviel Zeit man sich mit dem Instrument beschäftigt, was man dafür opfert. Ich sitze im Sommer in meinem Zimmer oben... „tut, tut, tut“..., und andere Leute gehen ins Freibad und sonnen sich. Man bekommt schon eine enge Beziehung zum Instrument, das geht jedem Musiker so. Wenn einer das nicht spürt, ist er auch kein großer Instrumentalist* (18, m, I 52).

Die Jugendlichen haben ähnliche psychische und physische Begleiterscheinungen wie Süchtige, denen ihre Drogen entzogen wurden – eben nur auf anderer Ebene:

> *Ich fühle mich eben nicht wohl, wenn ich nicht geübt habe. Ich kann dann auch nichts anderes machen. Das ist kein gutes Gefühl!* (16, w, I 67).

Der Zwang zum Spielen und Üben geht auch zusammen mit der neurotischen Sorge, eine bestimmte Leistung, ein bestimmtes Niveau halten zu wollen, aus Gründen der Berufsentscheidung auch halten zu müssen (*Ich habe eine unterschwellige Furcht, daß es schlimme Folgen haben könnte, wenn ich nicht übe*). Das sprichwörtlich schlechte Gewissen (vgl. Kap. *Druck zum Üben...*) spielt mit hinein und fördert die mentale Abhängigkeit vom Instrument (*Allein schon das schlechte Gewissen kann einen doch stark belasten*).

> *Man muß aufpassen, daß man nicht durch irgendwelche Bequemlichkeiten in eine bestimmte Form des Spielens gezwängt wird, daß man technisch was falsch macht... Wenn ich längere Zeit nicht spiele, bekomme ich ein schlechtes Gewissen,*

> *weil ich einfach ein Pensum, das ich sonst erfüllt habe, nicht mehr erfülle. Dann komme ich mir vor, als wenn ich der Pflicht aus dem Wege gehe* (15, m, I 18).

> *Ich habe nicht Entzugserscheinungen wegen des Instrumentes, ich habe sie wegen der Musik. Für mich ist es immer ein psychischer Druck, daß man technisch einfach gut sein muß, um Musik zu machen* (21, m, I 70).

> *Es ist einfach dieser intellektuelle Antrieb, wenn man ein guter Orchestermusiker werden will. Dann kann es sein, daß ich übe, auch wenn ich Lust habe, etwas anderes zu machen. Ich fühle mich dann auch als Sklave meines Instrumentes* (21, m, I 80).

> *Wenn man sich einmal für die Musik entschieden hat, dann muß man dranbleiben... Gerade für Blechbläser ist es sehr schwer, wieder einzusteigen, den richtigen Ansatz anzutrainieren... Liebe und Fluch liegen beim Instrument nahe beieinander* (21, m, I 38).

Einige Jugendliche können sich zur Frage nicht äußern, sie spüren keine Entzugserscheinungen, weil sie keinen Entzug haben, d. h. die tägliche Begegnung mit dem Instrument ist so sicher wie der allmorgendliche Sonnenaufgang.

Knapp ein Drittel der Antworten (29%) bestätigt unsere Nachfrage nicht. Sie halten es für wichtig, *das Instrument auch einmal beiseite legen zu können, mal Pause zu machen, die neue Kraft und neue Lust schaffen kann, sich selbst einmal zu überprüfen, wie es ist, wenn man nicht Musik macht,* um danach *wieder mit einer gesunden Freude zu musizieren.*

Charakterisierungen wie *gesunde Freude, neue Kraft und neue Lust* deuten daraufhin, daß diese Jungtalente ihre Anstrengungen ehrlicherweise bisweilen doch als Plackerei empfinden. Die Distanz zum Instrument in ihren Stichworten:

> *Mich drängt nicht danach, ich könnte ohne weiteres mehrere Wochen ohne Geige leben... Aussetzen macht mir nichts aus..., dafür freue ich mich um so mehr, wenn ich wieder anfangen kann zu spielen... Ich fühle keine Abhängigkeit vom Instrument... Ich würde mein Hobby zwar vermissen, aber Musik ist nicht mein ganzer Lebensinhalt...*

Indes, auch bei jenen, die sich eine Abstinenz vom Instrument noch schadenlos und belastungsfrei genehmigen können, bleibt als hoffnungsvolles Endziel, quasi als „freudige Erwartung“ das Musizieren. Und dann mit mehr Spaß, mit mehr Energie, mit mehr Kraft, mit mehr Motivation (*Habe wieder unheimlich Lust drauf*). Ausspannen und Aussetzen steht unter dem Motto: Relaxing – only for playing with more fun. Eine Jugendliche beschreibt ihre Gefühle:

> *Wenn man eine Zeitlang nicht gespielt hat, dann ist das toll, ein ganz anderes Gefühl irgendwie, als wenn man immer mittendrin steht... Dieses Tastengefühl ist dann irre, ganz toll, der Klang...* (18, w, I 04).

Wir hatten bereits von Liebe und Haß, von Haßliebe (?) zum Instrument in einem Fallbeispiel gesprochen, das sich in ähnlicher Weise in einem zweiten Kommentar wiederholt. Tiefenpsychologisch wird deutlich, wie das Instrument auch als subtile Belastung und ein gewaltsames Ende des Musizierens (etwa durch einen Unfall) wie eine Art Befreiung empfunden werden könnte.

> *Ich fühle mich nicht als Sklave meines Instrumentes. Ich habe das Buch von Casals „Licht und Schatten auf einem langen Weg" gelesen. Da erzählt er, wie ihm auf einer Bergtour ein Felsblock auf seine Hand stürzt und sie ganz zertrümmert. Sein erster Gedanke war: „Gott sei Dank, ich muß nie mehr Cello spielen." Ich kann das gut verstehen, ich könnte vielleicht auch so denken. Ich könnte mir gut vorstellen, das Musizieren auch herzugeben* (21, m, I 05).

In dieser Studie können wir wiederholt von unterschiedlichsten Fragestellungen und Perspektiven aus dieses extrem ausgeprägte Arbeits-, Leistungs- und Energiebewußtsein bestätigen. Auch die Kommentare zur Frage nach einer möglichen Suchtgefahr nährt unsere These, daß doch viele Jugendliche bereits workaholics zu sein scheinen oder auf dem besten Wege dorthin. Und das Besondere: Sie sind einstweilen glücklich dabei. Auch wenn es philiströs klingen mag, wir fragen dennoch: Was ist, wenn sich ihre Träume in und um Musik eines Tages nicht erfüllen?

Hans E. Bräuninger beschreibt die Funktion von Musik unter dem Aspekt der Identitätsfindung:

Musik ist zentraler Lebensinhalt, die „erste Priorität im Leben", steht stellvertretend für Spaß, Bestätigung, Liebe, Glück, stellt die „wichtigste Art zu kommunizieren", sich „auszudrücken" dar. Die Identifikation mit der Musik geht z. T. soweit, daß einzelne Jugendliche sich überhaupt nicht mehr vorstellen können, was sie „neben" der Musik noch interessieren sollte; mit was sich abzugeben noch lohnen könnte?.

Hochbegabte entwickeln innerhalb von 5 Jahren eine Identität, die vom jeweiligen Fachgebiet bestimmt ist (Benjamin S. Bloom); schon in jungen Jahren sieht sich das Kind in der Rolle, die zu übernehmen seine zentrale Aufgabe der nächsten Jahre und Jahrzehnte sein wird: als Physiker, Astronom, Tennisspieler oder Pianist. Wenn diese Identität mit der Begabung wohl auch unverzichtbar auf dem Weg zum Spitzenkönner zu sein scheint, so birgt sie für die allgemeine psychische Entwicklung durchaus Gefahren, die dem jugendlichen Talent erst viel später Probleme bereiten können.[187]

„Dann bin ich am glücklichsten!" – Impressionen aus der Alltagswelt

Von Anstrengung, Fleiß, Energie, Bemühung und Leistung ist in unserer Studie überzufällig oft die Rede. Zwischen den Zeilen argwöhnten wir, ob diese Jugendlichen auch entspannen und leistungsentkoppeltes Glücklichsein empfinden können. Unsere einfache, aber sicher nicht leicht zu beantwortende Intim-Frage (Der Leser stelle sich vor, an

[187] Hans E. Bräuninger, a.a.O.

ihn würde diese Frage gestellt!), zu der wir uns aufgrund des von uns so empfundenen Vertrauensverhältnisses berechtigt sahen: „Wann sind Sie am glücklichsten?"

Daß sie in der Welt der Musik, in ihrer musikalischen Lebenswelt, Glück und Befriedigung finden, zeigten die von den Jugendlichen genannten Funktionen von Musik. Wir wollten über ein „Glücklichsein in Musik" hinaus jene nichtmusikalischen Alltags- und Lebensressorts auftun, die ein Gefühl des Glückszustandes vermitteln. Wir suchten nach der Alltäglichkeit dieser nichtalltäglichen Jugendlichen und erwarteten Antworten auf Fragen gegenwärtiger und zukünftiger Lebensgestaltung. Unterscheidet sich der Lebensalltag unserer (Spitzen-)Begabungen in vielen Dingen eben nicht von denen Gleichaltriger? Oder sollte Glücklichsein doch unabdingbar und ausschließlich auf Musik fixiert sein? Uns interessierten hier weniger die Glücksgefühle nach erfolgreichen Wettbewerbsteilnahmen, nach Vorspielen und Konzerten, nach besonders gelungenen kritischen Passagen eines Vorspielstückes, weniger die Gefühlswallungen in einer Mahler- oder Brahms-Symphonie oder das intensive Gemeinschaftsgefühl, wenn die Jugendlichen im Ensemble musizieren. Uns interessierte vielmehr das Menschlich-Allzumenschliche.

Die meisten Kommentare haben mehr oder weniger mit Musik zu tun, aber eben nicht nur! Musik ist der eine und ganz wichtige Teil ihres Lebens und ihres Glückempfindens, aber daneben gibt es andere Bereiche, die ebenso starke Glücksempfindungen generieren.

Unsere Frage animiert zunächst auf einer allgemeinen Ebene zu Reflexionen über Lebensglück schlechthin, eine Frage, die bei all der Zielgerichtetheit, Termingebundenheit, Normen- und Wertorientierung dieses noch jungen Lebens schnell vergessen werden kann. Die Äußerungen werden zum Plädoyer für ihre „Normalität".

Glücklichsein empfinden sie wie viele andere ihres Alters in durchaus unterschiedlichen Lebenssituationen und keinesfalls nur in Musik.

> *Glücklich bin ich, wenn ich meine Tiere groß kriege, wenn ich sie füttern kann, auch wenn ich einen Erfolg in der Musik oder woanders hatte* (14, w, I 55).

Und glücklich sind die auf Leistung Konditionierten und auf Erfolg Programmierten, wenn sie einmal keinen „Druck" empfinden, etwa in einer Winterfreizeit, in der Sport am Tag und Musik am Abend den Alltag aus- und erfüllen, in den Ferien, in denen sie einmal „so richtig Zeit haben". Hinzu kommen in der adoleszenten Lebensphase die alterstypischen Sehnsüchte nach mehr Freiheit, nach mehr Freiraum zur Selbsterfahrung und Identitätsfindung.

Daß eine Beziehung zum Freund bzw. zur Freundin eine besondere Rolle spielt (in der Häufigkeit aller Nennungen bei der männlichen Jugend an erster Stelle), stimmt uns angesichts des resümierten Anspruchs an Mitmenschen (vgl. Kap. *Selbstanspruch und Selbstkritik*) optimistisch. Mehrfach antworten Jugendliche (einige mit der spontanen Rückfrage: *Soll ich ehrlich sein?*), daß sie besonders glücklich sind, wenn sie mit ihrer Freundin zusammen sind. Ein erfolgverwöhnter 17jähriger Solist macht aus seinen Gefühlen keinen Hehl:

Glücklich bin ich, wenn ich mit einem Mädchen zusammen bin, das ich gerne mag. Für diese Freundschaft nehme ich mir Zeit. Was mich in Musik glücklich macht, ist nicht so sehr der Erfolg als das Vortragende, der Moment, wo ich einem Publikum vorspiele und ich spüre, daß sich Leute freuen, wenn ich spiele (17, m, I 03).

Im Kontakt zu meiner Freundin empfinde ich Momente, in denen ich mich so richtig frei fühle. Ich verspüre dann einfach das Gefühl der absoluten Geborgenheit, daß man sich am glücklichsten fühlt. Das kann aber auch auftreten, wenn man durch ein Konzert eine unheimliche Bestätigung erfährt in dem, was man tut, man getan hat. Die Situationen der Geborgenheit sind für mich solche Glücksmomente (18, m, I 37).

Was hörte sich alterstypischer und alltäglicher an als die Antwort eines 21jährigen? Bis auf das Musizieren unterscheidet dieser Jugendliche sich in nichts von Tausenden seines Alters.

Wenn ich mit einer Freundin zusammen bin. Glücklich fühle ich mich, wenn ich mit guten Freunden zusammen bin, bei einer Fete oder auch nur so am Abend. Glücklich fühle ich mich am Herd, wenn ich koche. Wenn ich ein gutes Konzert gespielt habe, wenn man spontan Kammermusik macht, ohne lang zu proben, vielleicht mit Freunden, die man gerade trifft. Wenn ich viel Geld habe, bin ich auch immer glücklich, wenn mir jemand 1000 DM überwiesen hat und ich mir vorstelle, was ich alles damit machen kann. Das ist dann schon ein Hochgefühl (21, m, I 70).

Glücklich sind viele auch bei ihren nichtmusikalischen Hobbys (vgl. Kap. *Talente als Mehrfachbegabungen*), wenn sie malen, dichten, komponieren, Sport treiben, lesen... Es hätte uns schon sehr gewundert, wenn wir nicht auch auf einen Elektronik- und Computerfreak gestoßen wären, der eigene Programme entwickelt, Fernseher repariert und anderes mehr bastelt.

Diese Jugendlichen sind gar nicht so weltfern, wie man annehmen könnte. Die lapidare Antwort eines 20jährigen:

Glücklich sein hängt vom Hobby ab, das gerade primär ist. Im Moment ist es die Mechanik am Auto. Mein Traum ist, bei einem großen, schnellen Auto am Motor zu basteln. Das Beste, was es gibt! (20, m, I 71)

Glücklich sind sie auf ihren Reisen oder in ihren Jugendorchestern. Was wollte der Jugend Herz mehr an Glück begehren angesichts folgender Erinnerungen:

Nach meinem Bundessieg 1983 war ich ziemlich high, in den Sommerferien war ich in Bayreuth beim Jugendfestspieltreffen, habe mit guten Orchestern gespielt, Mahlers „Erste" und Wagners „Siegfried-Idyll". Dann habe ich noch ein nettes Mädchen kennengelernt... (19, m, I 74).

Die Antworten der Jugendlichen werden in vielerlei Hinsicht mit denen Gleichaltriger übereinstimmen. Sie sind glücklich in Situationen, *in denen jeder normale Mensch glücklich ist*: im Kontakt mit liebenswerten Menschen und Freund(inn)en, in der Geborgenheit der Gemeinschaft, nach Erfolgserlebnissen, im Freiraum von psychischer Entspannung und erhöhter Selbsterfahrung.

Neben diese Normalität menschlichen Glücklichseins treten die vielen besonderen Gelegenheiten, die das Musizieren zwangsläufig mit sich bringt. *Das Schicksal des Musikers ist, daß sein Glückszustand ziemlich mit Musik zusammenhängt,* meint eine 17jährige treffend. Mit diesen besonderen Musizieranlässen haben diese Jugendlichen vielleicht „mehr" als andere, denen entsprechende Lebens- und Musikerfahrungen fehlen. Ganz und gar nicht im Trend der Antworten liegt die Reflexion eines Jugendlichen, der als Einzelfall bereits mehrfach auf sich aufmerksam macht und hier nur für sich selbst sprechen kann. Da wir mit unserer Biographiestudie das Individuelle suchen und das Subjektive zur Forschungsmaxime erheben, sei mit dessen philosophierenden Gedanken abgeschlossen, die zum Weiterdenken animieren mögen.

> *Glück ist für mich traurig... Ich erinnere mich an Erlebnisse, wo ich mit Schönheit konfrontiert, ein Kindergesicht etwa, wo ich die Augen schließen mußte und mich vor Glück zum Weinen gefühlt habe. Glück ist für mich warme Traurigkeit, keine kalte depressive Traurigkeit. Die empfinde ich in einem Konzert, wenn etwas funktioniert oder wo jemand weint oder wo ich Schönheit empfinde. Das mögen Kunstwerke sein, das mögen Menschen sein. Manchmal stehe ich neben einem Kind und staune es an. Diese Fähigkeit ist mir nicht abhanden gekommen, diese Fähigkeit die Welt zu vergessen, staunend dazustehen. Manchmal sind es nur Zehntelsekunden, ich komme aus meiner Wohnung, draußen scheint die Sonne, dann... das sind die Augenblicke. Und immer wieder spüre ich das „Vorbei" an solchen Augenblicken, so mit Ringelnatz: „Vorbei geht, doch immer vergessen". Und leise. Ich empfinde Glück immer leise, eine ganz leise Schwingung, die in mir sehr lange weitergeht, vielleicht immer weitergeht. Ich träume manchmal bewußt und denke an die schönen Sachen, und dazu gehört auch das, was ich in der Veranlagung zum Menschen finde: Menschlichkeit. Keine Philosophie und kein Existentialismus kann mir diese Hoffnung nehmen. Das ist die Hoffnung, von der ich eigentlich lebe: der Glaube an den Menschen*
> (21, m, I 76).

Fixpunkte in Lebensentwürfen junger Begabungen

Jugendbiographien strukturieren die Autoren der Shell-Studie *Jugend '81*[188] durch drei Fixpunkte, nach denen Jugendliche ihr Leben selbstverantwortlich entwerfen:

188 Jugendwerk der Deutschen Shell: *Jugend 81. Lebensentwürfe, Alltagskulturen, Zukunftsbilder*, Opladen 1982, S. 242 ff.

- „anfangen, sich über die eigene Zukunft Gedanken zu machen“ bezeichnet den Beginn eines individuellen Lebensentwurfs,
- „zum ersten Mal Rückblick halten, was man aus seinem Leben gemacht hat“ meint den Zeitpunkt einer ersten Zwischenbilanz,
- „zum ersten Mal nicht mehr weiterleben wollen“ steht für die radikale Krise des eigenen Lebensentwurfs.

Wir wollten diese formal-biographische Konstruktion am Beispiel unserer Jugendstichprobe nicht nur anwenden, sondern darüberhinaus auch inhaltliche Dimensionen zur Diskussion stellen.

anfangen, sich über die eigene Zukunft Gedanken zu machen

> *Über die Zukunft habe ich nachgedacht, seitdem das diskutabel war* (19, w, I 60).

> *Der Wunsch, Musiker zu werden, war schon mit zehn da, aber noch nicht das Wissen, ob ich es schaffe. Langsam ist der Wille gewachsen, es zu machen. Und jetzt nach dem Wettbewerb Jugend musiziert sowieso* (19, w, I 63).

> *Ich will kein Musiker sein, der sich nachher mit irgendwelchen Tanzbuden über Wasser hält* (21, m, I 54).

> *Es war für mich von vornherein klar, daß die Musik auch irgendwie „das“ Leben ist* (18, w, I 15).

> *Man muß sich heute sehr früh damit auseinandersetzen, weil man in allen Bereichen sehr gut sein muß, wenn man eine Stelle finden will und einen schönen befriedigenden Beruf haben will. Man will sich immer weiterentwickeln. Als Kind möchte man schnell Jugendlicher werden, als Jugendlicher schnell Erwachsener. Und die Verantwortung wächst und wächst* (15, w, I 25).

Die Jugendlichen unserer Stichprobe sind mehrheitlich in einer adoleszenten Phase, in der sie alterstypisch über individuelle Lebensentwürfe und Zukunftsperspektiven nachdenken. Es ist eine Lebensphase mit besonderer Sensitivität für äußere Einflüsse bei gleichzeitig starker Introversionsneigung, die der eigenen Identitätsfindung dient. Die Identitätssuche wird zum Hauptkonflikt, innerhalb dessen Jugendliche vermehrt und kritisch über ihr vergangenes, gegenwärtiges und zukünftiges Leben nachdenken. Es ist die Zeit der Rollenkonfusion, während der der Jugendliche auf der Suche ist nach eigenen Verhaltensmustern, einem angemessenen Verhaltensstil, der sowohl mit dem Einfluß der Peers (d .h. der Gleichgesinnten) vereinbar sein als auch den Eltern akzeptabel erscheinen soll.[189] Der Jugendliche will wissen, wer er ist, aber auch, wie er von seiner Entwicklung profitiert und ihr positiv gegenübersteht. Es ist die Zeit der verstärkten Neigung, das Leben und seine Probleme „prinzipiell“ zu sehen und in Frage zu stellen.

[189] vgl. Erik H. Erikson: *Jugend und Krise*, Stuttgart 1974 (2. Aufl.)

Die Jugendlichen unserer Stichprobe sind bereits weitgehend auf den Beruf des Musikers orientiert, sie üben und studieren mit hoher Selbstverantwortlichkeit, sie suchen nach individuellem Sinn ihres bisherigen und zukünftigen Arbeitens und Lebens. Die Zukunft steht bei den meisten „wie ein festes Schema“ schon sehr früh fest. Während es in der Shell-Jugendstudie nur um die Frage der formalen Datierung dieses Lebensfixpunktes geht (ob früher oder später und für wen zutreffend bzw. nicht zutreffend), wollten wir dieses Nachdenken über die eigene Zukunft qualitativ füllen (vgl. auch Kap. *Berufswunsch: Orchestermusiker*).

Alle (!) Jugendlichen unserer Stichprobe (100%) haben den Fixpunkt des Nachdenkens über die Zukunft bereits erreicht bzw. längst überschritten. Meistgenannte konkrete Entscheidungsphase ist das Alter von 14 und 15 Jahren. Grund ist nahezu allen Fallbeispielen die Entscheidung für den Musikerberuf. Mit ihren frühen Leistungen und Erfolgen gehen frühe konkrete Studienpläne (die Mehrheit studiert bereits an Musikhochschulen) und relativ klare Berufsvorstellungen einher. Sie betonen, wie wichtig es ist, in der heutigen Zeit rechtzeitig zu wissen, was man wolle, zumal diese Gesellschaft mit ihrer hohen Arbeitslosigkeit und einem knappen Stellenmarkt kaum überreiche Chancen anbiete.

Nicht nur Lehrer, sondern auch die Wettbewerbe Jugend musiziert regen den frühen Entscheidungsprozeß an. Mehrere ehemalige Teilnehmer heben diese wichtige Funktion der Wettbewerbe hervor. Durch die Erfolge und den Vergleich mit anderen werden sie im Berufsziel „Musiker“ bestätigt und ermutigt[190].

Interessant sind der innere Konflikt und die Geburtswehen der Entscheidung eines Jugendlichen, der zwischen Musik und Informatik als potentielle Berufsziele schwankt:

> *Ich möchte entweder etwas in Richtung Informatik machen oder XXX* [Instrument] *studieren. Das war aber letztlich keine so ernste Frage, denn ich war mir früh darüber klar, daß ich mir einen Computer kaufen kann und daran Spaß haben werde. Auf der anderen Seite nur in einem Laienorchester mitspielen, dafür ist mein Leistungsanspruch zu hoch. Insofern ist mein Weg zur professionell betriebenen Musik klar, den ich auch ganz konsequent gehe* (21, m, I 80).

Die meisten haben sich auf Musik festgelegt, eine Minderheit denkt noch zweigleisig, „wenn es doch nicht so laufen sollte, wie gedacht und geplant“.

Die wenigen Unentschlossenen denken besonders „massiv“ nach: Musikstudium ja oder nein? Das ist die Frage! Es sind vor allem jene Jugendlichen, die noch keine Erfahrungen als Vor- oder Jungstudenten an den Hochschulen gesammelt haben. Sie sind unsicher, sie zögern noch und schieben die Entscheidung hinaus, die sie von ersten Studienerfahrungen abhängig machen wollen.

Ein (!) Jugendlicher (vermutlich, weil er eine schon fast sichere Stelle hat) tanzt mit seiner Antwort so ganz aus der Reihe: Nicht das Berufliche beschäftigt ihn in seinen Zukunftsgedanken, sondern der Zustand unserer Natur, die Zerstörung unserer Umwelt und andere ungelöste soziale und politische Probleme, die ihm Angst machen.

190 Hans Günther Bastian: *Jugend musiziert*, S. 30 ff.

Angst vor der Zukunft habe ich immer noch, ich sehe die Probleme der Überbevölkerung, die Gefahr von Kriegen, von Umweltzerstörung, die ich für noch aktueller halte. Ich bin fest überzeugt, daß wir auf dieser Erde nicht mehr lange leben, wenn es so weitergeht wie bisher. Wie heißt es in der Bibel so schön: „Macht Euch diese Erde untertan", ich glaube, das haben wir wahrscheinlich zu stark getan. Die ganze Abschreckungsstrategie ist für mich ein Problem, auf der einen Seite die Hochrüstung mit Milliardenbeträgen, auf der anderen Seite verhungern Millionen Menschen. Das ist doch schlimmes Unrecht (22, m, I 49).

Unsere Frage konnte und sollte auch als solche Sinnfrage verstanden werden. Welchen Sinn sehen die Jugendlichen in einem Leben im Jahre 2000?

Ich überlege mir manchmal, welchen Sinn das hat, wenn ich mich auf die Musik werfe und übe und übe und übe, um besser zu werden. In zwei Jahren bin ich vielleicht in einem guten Orchester, im Jahre 2005 vielleicht Professor. Und ich bin mir eigentlich fast sicher, daß die Welt nicht mehr solange existiert. Das ist so ein bißchen ein paranoides Verhalten, einfach diese wirklichen Zustände zu ignorieren und einfach mit seiner Musik zu leben. Die Musik ist eine Welt, in der ich alles um mich herum abschotten kann, die Sorgen über die Zukunft verdrängen kann. Ich habe immer nur Angst vor der Zukunft, wenn ich gerade nicht in der Musik bin (21, m, I 70).

Ängste beruflicher und existentieller Art werden mit zwei Ausnahmen nicht genannt. Demnach müssen die jungen Leute sich ihrer Begabung und ihrer Leistungen recht sicher sein. Sie vertrauen auf ihr Können, auf ihre optimale Förderung durch hochqualifizierte Lehrer, auf ihre bisherigen Erfolge. Ihre Entwicklung war zu kontinuierlich aufsteigend, als daß die Mehrheit von großen Ängsten geplagt sein könnte.

Ich habe nie an irgendwelchen Zukunftsängsten gelitten. Das war eine Entwicklung, die relativ gerade durchging (21, m, I 80).

All die positiven Erfahrungen mit sich selbst, der Musik und dem Instrument, machen sie relativ zuversichtlich oder gar optimistisch. Sie verweigern sich nicht der Zukunft, obwohl sie auch um hochkarätige Konkurrenz wissen. Eine weitere Bestätigung für ihr ausgeprägtes Selbstbewußtsein? In der Korkordanzprüfung kommt Hans E. Bräuninger zu folgendem Ergebnis[191]:

Der jugendliche Hochbegabte in vorliegender Studie sieht seine Investitionen für die Musik und mit dem Instrument deutlich ergebnisbezogen und zielgerichtet auf eine berufsmäßige Ausübung hin. Dabei werden Unterschiede lediglich in der Zielsetzung und -erreichung deutlich. Die einen stecken erreichbare Teilziele ab (ersteinmal in diesem Wettbewerb „dabeizusein", dann vielleicht „aufzusteigen" in die nächsthöhere „Güteklasse" eines Orchesters, den Lehrer zu wechseln, der bekannter und „besser" sein soll, etc.), die anderen sehen sich schon als Solisten der Berliner Philharmoniker. Die

191 Hans E. Bräuninger, a.a.O.

Zielsetzung fällt natürlich leichter, wenn nicht mehrere motivationale Antriebe gleichzeitig zu befriedigen sind – der Hochbegabte nicht auch noch andere Interessenschwerpunkte, als den der Musik, zur Perfektion zu bringen gedenkt. Dies kommt aber in der vorliegenden Untersuchung selten vor; zwar möchten einzelne Jugendliche alternative Interessengebiete keinesfalls aufgeben – halten diese auch für wichtig – die „erste Geige" spielt aber die Musik, so daß Zielsetzungs- und -klärungskonflikte kaum zu befürchten sind.

Wie schon erwähnt, liegt die potentielle Gefahr dieser Ziel- und Zukunftsplanung im möglichen Scheitern; an widrigen äußeren Umständen ebenso (Glück/Pech bei Berufungen, Protektion, Verbindungen, etc.), wie auch an internen Faktoren der Persönlichkeit (überhöhtes Anspruchsdenken, Selbstkritik, Selbstüberschätzung, Streßanfälligkeit, etc.).

Ob die „Lebensentwürfe" der jungen Talente umgesetzt und realisiert werden können, läßt sich aktuell nicht voraussagen. Zuviele Imponderabilien beeinflußen eine Karriere, die (leider) nicht nur von der (Hoch) Begabung abhängt. Es wird sich zeigen, ob die junge Persönlichkeit eines Hochbegabten in der Lage ist, den extremen Anforderungen im psychischen Bereich gewachsen zu sein: Mißerfolge wiegen schwerer als beim durchschnittlich Begabten; soziale Bezüge und damit auch emotionaler Ausgleich sind ungleich schwieriger zu erreichen und aufrechtzuerhalten, Streßfaktoren treten gehäufter in Erscheinung und müssen neutralisiert werden; die Verwirklichung des „Ideals", des selbst- und fremdgesetzten Standards setzt psychische Stabilität und Belastbarkeit voraus – diese muß aber häufig erst in der Zeitspanne entwickelt werden, in der auch die Höchstleistung erbracht werden soll [...].

Eine Minderheit von Jugendlichen ist in ihren Lebensplanungen weniger zuversichtlich, sie hegt Argwohn, hat Ängste und Sorgen angesichts der beruflichen und existentiellen Zukunft. Sie denkt an die Familie, für die sie einmal verantwortlich sein soll, an den Einfluß des Musikberufes auf die Persönlichkeit.

> *Ich habe mich nun entschieden und bin im Studium. Mir bleiben nur zwei Möglichkeiten: Schaffe ich es oder schaffe ich es nicht! Und dann immer diese existentiellen Ängste. „Was mache ich, wenn ich das nicht schaffe?" Ich denke heute oft darüber nach,ob ich überhaupt mal im Stande bin, eine Familie zu gründen, zu ernähren, einfach solche Ängste auf lange Sicht hinaus, Verantwortung zu tragen, im Beruf, privat, familiär* (21, m, I 38).

Zum ersten Mal Rückblick halten, was man aus seinem Leben gemacht hat.

Rückblick halten in diesem jungen Leben klingt vordergründig seltsam, assoziiert man doch eher den reifen Erwachsenen im fortgeschrittenen Alter, wenn nicht gar den Todgeweihten. Eine Jugendliche sieht dies auch so, wenn sie meint:

> *Nein! Das tut man, glaube ich, erst wenn man vor dem Sterben steht* (16, w, I 62).

Uns liegt nicht an einer abschließenden Bilanz zum Lebensbogen, sondern an einer ersten Zwischenbilanz zur bisherigen Lebensführung. Die Ergebnisse der Shell-Studie sprechen dafür, daß die meisten Jugendlichen die erste Zwischenbilanz über ihre Lebensführung schon gezogen haben oder doch in absehbarer Zeit ziehen werden[192]. In unserer Stichprobe haben 80% der Jugendlichen diesen Fixpunkt mehr oder weniger intensiv erreicht (in Shell-Studie nur 52%). Dies mag eine neuerliche Bestätigung dafür sein, daß sich die jungen Talente intensiver als andere Gleichaltrige mit ihren Lebensentwürfen beschäftigen, mit dem also, was sie hinter sich haben und was vor ihnen liegt. Die Mehrheit unserer Jugendlichen hat sich sogar intensiv mit Rückblicken beschäftigt (vgl. Grafik).

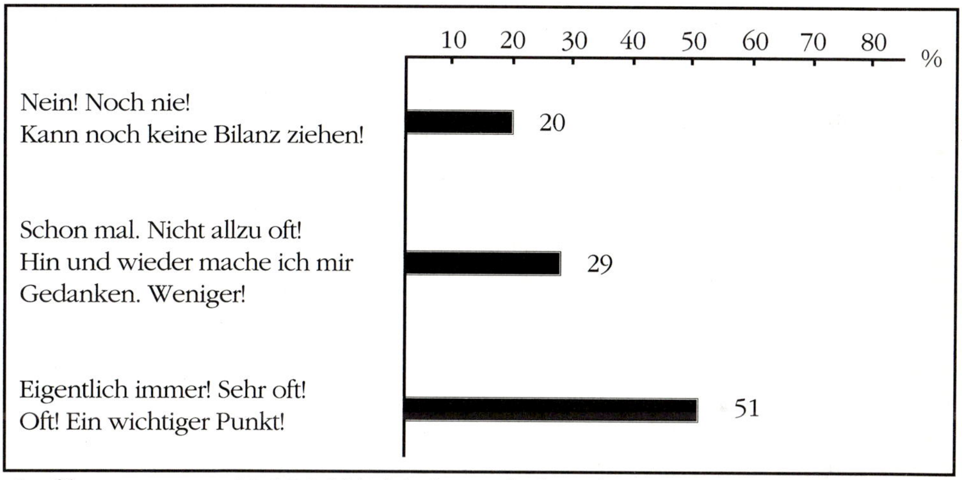

Grafik: „zum ersten Mal Rückblick halten" als datierbare Frage in unserer Stichprobe

Eine Minderheit von Jugendlichen hat sich mit rückblickenden Resümees noch nicht beschäftigt, sie finden unsere Frage zum Zeitpunkt ihres momentanen Lebensabschnittes als *unpassend und verfrüht.* Einige heben darauf ab, daß sie selbst bisher kaum eigenverantwortlich ihr Leben gestaltet haben, daß die Impulse und Einflüsse doch weitgehend von außen kamen. Demnach müßte unsere Frage nicht lauten: Was „ich" aus meinem Leben, sondern was „man" aus meinem Leben gemacht hat (vgl. Kap. *Zum Anteil der Eltern an der musikalischen Entwicklung*). Ihre knappen Antworten in Stichworten:

> *Mit 16 Jahren habe ich noch den größten Teil meines Lebens vor mir. Jetzt kann ich noch keine Bilanz ziehen... Daran habe ich noch nie gedacht. Es war auch kein Grund dazu da... Nein, weiß ich nicht. Ich habe aus meinem Leben gemacht, was ich für selbstverständlich fand... Oh je! Schon jetzt Rückblick halten?... Ich habe noch nie zurückgeblickt!... Das halte ich für etwas früh. Man müßte eher sagen, was aus meinem Leben gemacht worden ist.*

192 vgl. Shell-Jugendstudie 1981, S. 242

Oder ausführlicher:

> *Habe noch keinen Rückblick gehalten, was ich aus meinem Leben gemacht habe. Vielleicht bin ich so einer, der vor sich hinlebt? Ich habe bisher auch mein Leben noch nicht so in die eigenen Hände genommen, bisher wurde alles von äußeren Faktoren bestimmt, von Eltern, Erziehung, Umgebung, von Lehrern und Leuten, die ich kennenlernte. Es war nicht so, daß ich sagen könnte, dies oder jenes habe „ich" jetzt verändert* (17, m, I 32).

Der bisher ausgebliebene Rückblick ist nicht alterstypisch in dem Sinne, daß man sagen könnte, je jünger, desto weniger rückblickende Aktivitäten. In dieser Gruppe finden sich jüngere und ältere Jugendliche, wie nachfolgende Grafik veranschaulicht. Repräsentative Daten mit größerer Population erhalten wir von unserer 2. Forschungsphase, in der wir ca. 2000 Jugendliche befragen wollen.

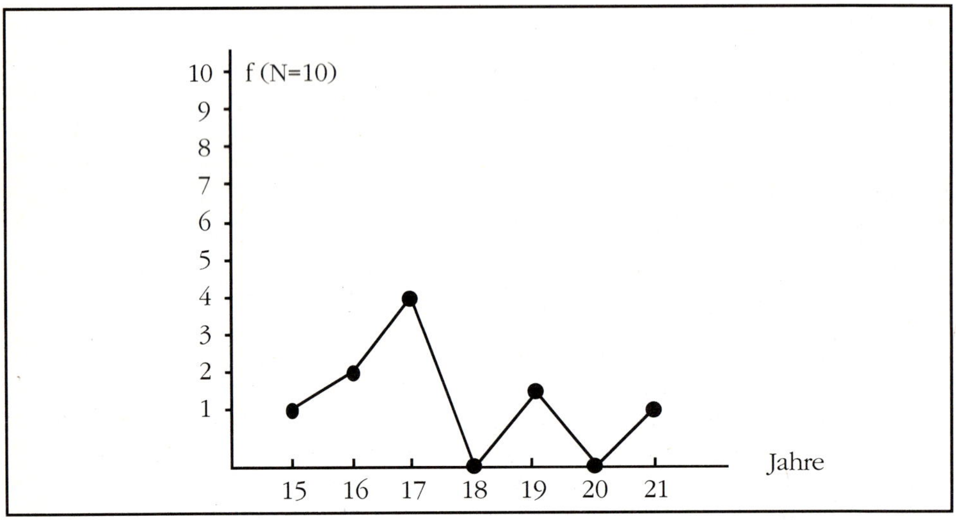

Grafik: „Noch nie Rückblick gehalten" aufgeschlüsselt nach Alter

Worin aber alle Antworten übereinstimmen, ist die Erfahrung, daß sie alles genauso machen würden, wenn nicht gar noch intensiver, daß sie zufrieden sind mit dem, was sie gemacht und erreicht haben, daß sich die vielen Mühen und Anstrengungen gelohnt haben. Geben solche Resümees nicht der Erziehung der Eltern nachträglich Recht, so streng sie auch gewesen sein mag?

Mit etwa gleicher Häufigkeit (29%) halten die Jugendlichen *hin und wieder, bisweilen, nicht allzuoft, manchmal, schon mal* Rückblick, ausgelöst durch besondere Anlässe wie Konzerterlebnisse oder Jugend musiziert-Erfahrungen. Inhaltlich resümieren sie Zufriedenheit mit ihrem bisherigen Leben, freuen auch sie sich, daß sie das Üben und erste Kratzen auf dem Instrument durchgehalten haben. Hier und da kritisieren sie zu wenig Anstrengung und Fleiß beim Üben oder auch in der Schule. Manche würden sogar noch früher mit Musik beginnen, als sie es getan haben, auch früher den Lehrer wechseln, um in qualifiziertere Hände zu kommen. Aber wie gesagt, zufrieden sind sie schon:

> *Was ich geschafft habe, ist schon eine ganze Menge: Die Musik auf einem gewissen Niveau und Abitur nebenbei, das ist schon mal was* (17, w, I 04).

Eine 17jährige erschrickt bei dem Gedanken, schon siebzehn zu sein (*Das ist eigentlich unheimlich viel*), und meint, daß sie ihr Alter und ihre Jugend doch etwas mehr auskosten müßte (zu sehr auf Musik und Instrument fixiert?).

Fazit: Auch in der Gruppe derer, die weniger intensiv über Vergangenes grübeln, macht sich das Gefühl der Zufriedenheit mit der bisherigen Lebensphase breit.

Von besonderem Interesse waren für uns die Antworten derer, die von sich sagen, daß „Rückblick" halten eine wichtige Lebenserfahrung war und ist (ein Fixpunkt also?). Qualitativ war hier das interessanteste Antwortspektrum, waren wichtige Perspektiven zu finden:

Ein 20jähriger:

> *Das ist ein wichtiger Punkt! Das war besonders im Moment, als ich von zu Hause auszog und zum Studium wegging. Einer der wichtigsten Punkte überhaupt in meinem Leben, einfach darüber nachdenken, was man verpaßt hat oder aufzulisten, was man erreicht hat oder was man kann. Fehler, die man gemacht hat, aufzuarbeiten, das bringt auch menschlich sehr viel...* (21, m, I 70).

Altersmäßig sind einige in der postadoleszenten Phase, sie fühlen, daß das Erwachsensein mit all der Selbstverantwortung auf sie zukommt.

> *In meinem Alter ist es sehr extrem, daß man nachdenkt, weil jetzt so das Erwachsenenalter anfängt, die Kindheit lange zurückliegt, man aus der Jugend herauswächst. Man fühlt sich aber innerlich noch nicht so gereift und sammelt seine ganzen Erlebnisse zusammen, bündelt alle Erfahrungen und versucht sie anzubringen. Wenn man's nicht schafft, ist das ein schweres, niederdrückendes Gefühl. Musikalisch hätte es bei mir nicht anders laufen können. Alles hat mir viel Spaß gemacht, es ist einfach so ein innerer Drang zur Musik* (18, w, I 15).

Wir können typologisch differenzieren zwischen einer Mehrheit von Pessimisten, die meinen, ausbildungsmäßig etwas versäumt zu haben, und einer Minderheit der Optimisten, den Zufriedenen, die auf ihre Erfolge verweisen. Das Bild vom Pessimisten, der ein Wasserglas halbleer, und vom Optimisten, der es halbvoll sieht, bietet sich zur Beschreibung der beiden Gruppen an. Die einen resümieren kritisch „Was hätte ich alles noch besser machen können", die anderen „Schaut her, was ich bisher geleistet habe".

Die Pessimisten (die extrem Selbstkritischen) erzählen, daß sie mit zunehmendem Alter realistischer geworden sind, ihre *Gedankenschlösser* abgebaut haben, daß sie Vorstellungen *umkrempeln* mußten. Sie meinen ihre Kindheitsträume: problemloses Studium an der Hochschule, Examen mit Glanz und dann sofort in die Solistenkarriere.

Aber die Realität ist wie so oft anders, und heute wägen sie kritisch ab: ob ausreichend Grundstock für ein Musikstudium gelegt ist, was man hätte mehr oder anders machen müssen, ob sie das bisherige Studium effektiv genug angelegt haben. Sie sind in dem kritischen und fortgeschrittenen Alter, wo sie nachträglich beurteilen, *was nicht so gelaufen ist*, vor allem mit bestimmten Lehrern, die man hätte *rechtzeitig wechseln* sollen. Sie grübeln, ob bestimmte Ausbildungsphasen *vergeudet waren oder ob sie etwas brachten, wieviel oder wie wenig sie dazugelernt haben.* Sie stellen sich selbst ständig unter diese Selbstkontrolle, sie wollen das Beste und sind frustriert, wenn sie schon rein gefühlsmäßig Befürchtungen haben. Aus der Situation des erfahrenen Heute ist man bekanntlich immer klüger als zuvor. In diesen Rückblicken wird ihr Selbstanspruch und ihre Selbstkritik (vgl. dieses Kapitel) aus anderer Sicht deutlich.

> *Man kann immer was bereuen. Man kann immer wieder fragen: „Was hast Du falsch gemacht?“ Ich könnte bereuen, daß ich nicht schon früher begonnen habe, nicht intensiv genug geübt zu haben (3 Stunden am Tag), vielleicht wäre ich dann heute der große Bassist. Aber was soll's, dafür habe ich vielleicht andere Vorteile, hatte in dieser Zeit auch viele Freunde und habe andere Dinge erlebt* (20, m, I 31).

> *Ich habe sicher schon was erreicht, aber man darf nicht locker lassen. Wenn ich in Musik was werden will, muß ich dranbleiben. Das ist schon manchmal ein unheimliche Belastung. Wenn ich zurückdenke, dann meine ich manchmal, ich hätte mehr üben sollen, oder ich hätte noch früher gefördert werden müssen. Bei vielen, die aus Musikerfamilien kommen, ist das der Fall. Ich bereue meine Kindheit nicht und ich bin heute froh, daß ich alles so freizügig genossen habe. Aber man denkt doch auch: „Hätte ich das nicht besser machen können“* (21, m, I 38).

Die Älteren spüren das immer schnellere „tempus fugit“, die Zeit scheint ihnen davonzulaufen, gerade im Blick auf ihre hochgesteckten Ziele.

Nur eine Minderheit dieser Fleißarbeiter leistet sich eine Rückschau mit Stolz, hebt hervor, was sie geleistet hat etwa im Vergleich zu Alterskameraden, weist auf ihre Mitgliedschaft im Landes- oder Bundesjugendorchester hin. Diese Jugendlichen sind glücklich und zufrieden mit dem, was sie an „Schönem und Gutem“ erlebt haben. Ihr Lebensweg wäre, könnten sie noch einmal beginnen, wieder derselbe.

> *Das ist alles sehr positiv. Ich hatte eine schöne Kindheit, lebte in einer schönen Stadt mit viel Natur, nette Geschwister, nette Eltern. Probleme gibt es überall, aber irgendwie bin ich damit fertiggeworden. Das stört mich auch nicht so, wenn was war, gab es auch immer eine Lösung* (20, w, I 44).

> *Ich bin sehr zufrieden und möchte mit niemandem tauschen. Ich möchte so leben, wie ich mir das vorstelle. Ich hätte vielleicht mehr üben können. Die Schule ist mir relativ egal, ob ich ein Spitzenschüler oder ein mittelmäßiger Schüler bin* (18, m, I 47).

Würde ich nochmal geboren, würde ich denselben Weg wiedergehen, das gleiche Instrument spielen und den gleichen Lehrer haben wollen (16, m, I 51).

zum ersten Mal nicht weiterleben wollen

Diese intime Frage kann im Leben hochbegabter Menschen eine besondere Rolle spielen, was sich in Künstler-Biographien unschwer nachlesen läßt. Ein Leben mit dem Geschenk und aber auch der Belastung einer hohen Begabung kann zu einer Gratwanderung werden zwischen überhöhten Selbstansprüchen und fehlender Fremdbeachtung bzw. -anerkennung, zwischen genialem Können und unzureichender Entfaltungsmöglichkeit, zwischen Mitteilungsbedürfnis und Unverstandenbleiben... Dieser Fixpunkt kommt aber auch generell auf Jugendliche zu, die um einen Platz in unserer Gesellschaft nachsuchen, nicht selten aber an den Rahmenbedingungen scheitern (Stichwörter: Arbeitslosigkeit, Alkohol/Drogen, Leistungsdruck, Probleme mit Ausbildung und Schule, Konflikte mit der älteren Generation usw.).[193]

Wir wollten wissen, ob es im Leben unserer jungen Talente bereits diesen Fixpunkt gegeben hat, der eine existentielle Krise bedeutet, und wie diese Krisensituation, diese Bereitschaft zur endgültigen Aufgabe eines eigenen Lebensentwurfs bewältigt wurde. Immerhin denken 25% (laut Shell-Studie, S. 245) der Jugendlichen schon einmal an Selbstmord, der leider in schulischen Versetzungszeiten immer wieder zu traurigen Schlagzeilen in unserer Tagespresse führt. So meldete die dpa 1985, daß die Zahl der Selbsttötungen von Jugendlichen ständig steigt, daß der Suizid bereits an zweiter Stelle der Todesursachen bei jungen Menschen zwischen 15 und 25 Jahren steht. Die Zahl der Selbsttötungsversuche beträgt sogar das Acht- bis Zehnfache der tatsächlich ausgeführten. In der *Frankfurter Neuen Presse* heißt es am 1. Juli 1986: *Pro Tag versuchen in der Bundesrepublik und in Berlin etwa 400 junge Menschen, sich das Leben zu nehmen. Für vier von ihnen endet dieser Versuch tödlich.* Dies sind traurige Fakten, und die Verzweiflungstaten dürften mitausgelöst werden durch Überförderungssyndrome in unserer Leistungs- und Erwartungsgesellschaft, unter denen Jugendliche besonders zu leiden haben.

In der Shell-Studie war die Ablehnungsquote („noch nicht daran gedacht") recht hoch: 55% lehnten diese Möglichkeit für sich ab (eher Jungen als Mädchen). Ihre Begründung: „Da will ich gar nicht erst hinkommen, daß ich mir Gedanken darüber mache, ob ich weiterleben will".

Auch für unsere Jugendlichen ist trotz hoher Innen- und Außenbeanspruchung dieser „Fixpunkt" mehrheitlich keine bedeutsame, d. h. keine existentielle Frage im Sinne einer Lebensbedrohung (51%). Dies entspricht etwa dem Anteil an Verneinung der Shell-Jugendstudie.

193 vgl. Shell-Jugendstudie: *Jugendliche und Erwachsene ´85*, Band 1 (*Rangfolge gegenwärtiger Jugendprobleme*), Leverkusen 1985, S. 96

Gruppe 1: (51%)

> *Ich freue mich, daß ich lebe, ich habe viele Pläne für die Zukunft, und ich weiß, daß es eine rosige Zukunft sein wird* (15, w, I 35).

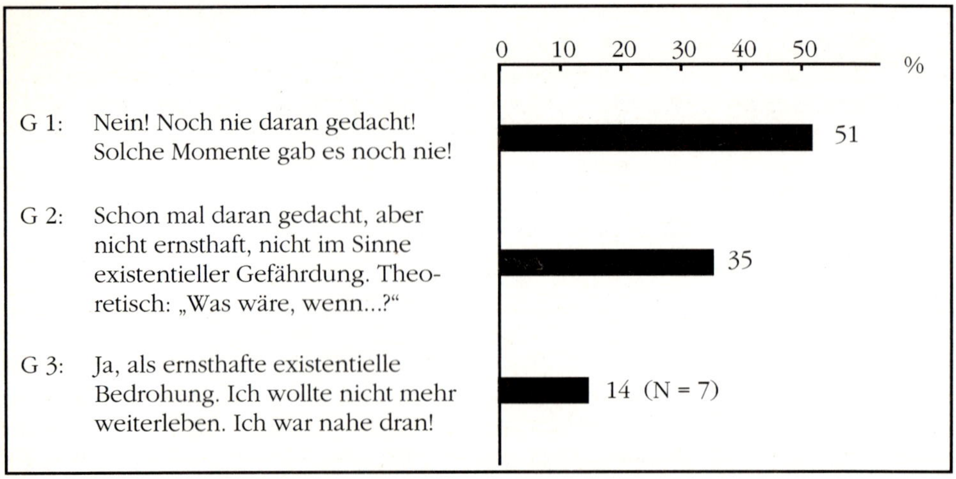

Grafik: „zum ersten Mal nicht weiterleben wollen“/Angaben in %

Die Ablehnungen der Jugendlichen („Ich habe mich noch nie gedanklich damit beschäftigt“) in Stichworten:

> *Trifft auf mich nicht zu... Diesen Punkt hat es bei mir noch nicht gegeben, daß ich jetzt wirklich sagen könnte, ich hätte mir am liebsten das Leben genommen... Mit diesem Gedanken habe ich keine Erfahrungen... Das kann ich mir gar nicht vorstellen, da müßte schon ganz schön viel kommen... Nein! So ein Gefühl hatte ich noch nie!*

Sie geben auch Gründe an für ihre Verneinung: Sie haben *noch sehr viel vor sich,* verweisen auf ihre *religiöse Bindung, das Eingebundensein in den Glauben und seine Festigkeit,* sie nehmen die Erziehung in den Familien als Argument, die in geordneten Bahnen verlaufen sei. Sie können *sich fallenlassen in das Zuhause* und haben altersbedingt Vertrauen, *doch gehalten zu sein, nicht aus mir selbst, sondern von Höherem.*

Die Begründung dieser Jugendlichen ist so einfach wie überzeugend: Sie leben *unheimlich* gerne; sie sind optimistisch für die Zukunft, sind zielstrebig und neugierig auf ihr späteres Leben. Ihre Zukunft wird zum Schlüsselwort, sie ist ihr großes Kapital, das Gedanken an ein Weiterleben oder Nicht-Weiterleben erst gar nicht aufkommen läßt.

Hinzu kommt alterstypisch das vielfach ungeklärte und problematische Verhältnis Jugendlicher zum Sterben:

Nein, also ich lebe unheimlich gerne. Ich sträube mich unheimlich gegen den Tod. Ich habe hier einen Job, bei Beerdigungen zu spielen, wenn XXX [Instrument] *verlangt wird. Ich muß da ran und da wehre ich mich immer dagegen. Irgendwie kann ich das noch nicht verkraften, auch bei Leuten nicht, die ich gar nicht kannte* (19, w, I 17).

Gruppe 2: (35%)

Das ist natürlich eine Frage, aber Selbstmord zu begehen, halte ich für keine gute Lösung. Man muß sich den Problemen stellen, um mit ihnen fertigzuwerden (22, m, I 49).

Ich finde, das Leben kann nie so mies sein, daß man es wegwerfen kann oder darf (17, m, I 27).

Dafür gibt es noch viel zu viel, was getan werden muß (21, m, I 53).

In dieser Gruppe sind Jugendliche, die sich schon einmal mit unserer Frage beschäftigt haben *(Die Überlegung hat eigentlich jeder Mensch einmal)*, als gedankliche Erwägung, als theoretische Alternative ohne ernsthafte existentielle Konsequenzen. Es handelt sich in der Pubertätsphase um „jugendliche Phantasien", wie sie selbst sagen, wie sie in Momenten der Überarbeitung, in Augenblicken des totalen Tiefs *(wo man sich in der eigenen Haut nicht wohlfühlt)*, in depressiven Phasen, die jeder Mensch irgendwann einmal durchmacht, hier und da nach Mißerfolgen bei Wettbewerben, bei zu vielen Terminen und äußerem Druck *(in der Schule geht's rund und dann noch eine Stange von Konzerten)* auftreten können. Diese Doppelbelastung durch Schule und Musik wird in den Antworten dieser Gruppe häufiger genannt. Hinzu kommt bei Musikern die Sorge um die physische Gesundheit, deren Verlust alles *auf einen Schlag zunichte machen kann*. Aber im Prinzip fühlen sie sich existentiell genauso wenig gefährdet wie die Jugendlichen aus Gruppe 1. Sie spielen den Gedanken durch: „Was wäre, wenn...?" und kommen zu anderen Lösungen als dem Suizid.

Wir zitieren zunächst ihre Überlegungen und ihre Begründungen.

Ich war schon verzweifelt über mein Leben, aber nicht so, daß ich ernsthaft an Selbstmord denken würde. Es ist keine gute Lösung, Probleme mit Selbstmord zu lösen, zu beseitigen. Man muß sich den Problemen stellen, um mit ihnen fertig zu werden (22, m, I 49).

In einer dunklen Stunde überlegt man schon mal, Menschenskinder, wenn jetzt Schluß wäre, das wäre auch mal nicht schlecht. Aber wenn man dann wieder normal denkt, fängt sich alles wieder sehr schnell (19, m, I 30).

Ich habe mich mit dem Punkt Selbstmord befaßt. Ich finde es einen Humbug, das ist nur eine Flucht und eine grenzenlose Gemeinheit den Menschen gegenüber, denen an einem was liegt. Wenn ich überlege, was ich meiner Freundin oder

Mutter damit antun würde, Bekannten oder Verwandten, das wäre eine grenzenlose Gemeinheit, weil ich den Leuten dann Schuldgefühle einpflanzen würde, daß sie was falsch gemacht und meinen Selbstmord verursacht hätten (19, m, I 53).

Sie sprechen von einer Problemkumulierung, die jene Augenblicke erzeugen kann, in denen sie sich Gedanken um das Weiterleben machen:

Es gibt natürlich besondere Tiefs im Leben, das hängt meistens von der Schule ab: schlechte Arbeiten geschrieben, wenn sich gleichzeitig schlechte Nachrichten im musikalischen Bereich häufen; wenn man von den Eltern dann noch so einen Druck bekommt, dann kann man sich schon schlecht fühlen... (15, m, I 18).

Da war eine Phase, in der mir nichts gelungen ist, in der Familie nicht und in der Schule nicht. Aber dann hatte ich mein Instrument, habe gedacht, etwas kannst du doch, und bin wieder darüber hinweggekommen (15, w, I 25).

Eine Jugendliche bezeichnet sich als zu sehr vom Verstand geprägt, als Analytikerin, die über der Situation zu stehen glaubt:

Leute, die Selbstmord begehen, habe ich immer als Analytiker verstanden. Ich setze mich sogar gerne mit solchen Problemen auseinander, weil ich gerne analysiere. Für mich ist gerade die Musik das absolute rote Fädchen, was immer dableibt (18, w, I 15).

Daß in dieser Altersphase das Verhältnis zum (zur) Freund(in) zum Krisenauslöser werden kann, ist keine besondere Auffälligkeit unserer Stichprobe.

Klar, als mit meiner ersten Freundin Schluß war, kam so ein Moment, daß ich kurz überlegt habe. Aber so richtig nicht, weil ich von meiner Grundeinstellung sehr lebensbejahend bin, froh darüber, daß ich lebe. Ich bin sicher, daß ich nie Selbstmord begehen könnte (21, m, I 70).

Was sie neben Lebensfreude und Lebensbejahung ebenso wie die Altersgenossen in Gruppe 1 letztlich vom Suizid abhält, ist die Verantwortung für das eigene Leben, das vereinzelt religiös grundiert ist.

In der im eigentlichen Sinne erst problematischen Gruppe steht die Frage des „Weiterleben-Wollens“ schon sehr viel existentieller im Raum. Ein Jugendlicher gesteht in seiner Selbstanalyse, relativ oft depressiv zu sein, glaubt aber nicht, daß er dadurch selbstmordgefährdet sei. Sein Lebenswille sei zu stark und die Phasen der depressiven Stimmungen seien nur kurz:

Ich habe oft Stimmungsschwankungen, aber selten gewinnt eine Stimmung die Oberhand. Es ist so, daß ich nie eine ausgeprägte Glücksphase habe. Depressiv veranlagt zu sein, ist für mich die Umkehrung dessen, daß man viele Glücksmomente erlebt. Mich überkommt mitunter dieses Alles-Hinschmeiß-Gefühl. Ich kann über einen gar nicht so großen Anlaß schon ziemlich verzweifelt sein, was aber nie so lange anhält. Danach stellt sich dieses Jetzt-erst-recht-Gefühl ein (21, m, I 80).

Gruppe 3: (14%)

> *Ich war nahe dran! Nicht-weiterleben-wollen war bei mir auch schon der Fall. Daß ich es nicht getan habe, liegt daran, daß vielleicht meine grundsätzliche Vorstellung gesiegt hat, daß das Leben viel zu bieten hat. Musik, die mich berührt, erzählt letztendlich auch vom Tod.*

Man sollte nicht sagen, es seien „nur" 14%, die schon einmal an ein gewaltsames Ende ihres Lebens gedacht haben. Die Quote derer, die sich in einer oder mehreren Lebenssituation(en) als suizidgefährdet bezeichnet, ist recht hoch. Vielleicht liegt es auch sozialbedingt daran, daß mehr Jugendliche aus der oberen Mittelschicht als aus der Unterschicht schon einmal an Selbstmord gedacht haben, und in unserer Stichprobe sind die Jugendlichen aus oberen Sozialschichten überrepräsentiert.

In zwei Fallbeispielen sind massive Frustrationen nach Wettbewerben „Jugend musiziert" die letzten Auslöser zu diesem Gedanken der Selbstzerstörung. Sie sind der letzte Anstoß. Grund allerdings sind ein überhöhter Selbstanspruch und eine hohe Außenerwartung in Form von Terminen und Verpflichtungen, die diese Jugendlichen belasten und sie letztlich in diese existentielle Lebenskrise bringen.

> *Es war mein Selbstanspruch, und heute weiß ich gar nicht, wie man überhaupt in eine solche Krise geraten kann. Das war die Zeit nach dem Regionalwettbewerb, wo bei mir alles abgeschaltet hat, wo ich überall Feinde gesehen habe, die neidisch auf mich sind. Und dann kommt man immer tiefer in diese Krise hinein. Man ist so total fixiert auf eine Sache. Ich war überhaupt nicht mehr aufnahmefähig, habe nichts mehr wahrgenommen. Ich war gerade 18 Jahre und stand noch vor dem Abitur... Ich bin durch die Unterstützung meiner Familie da wieder rausgekommen. Ein andermal war es vor dem mündlichen Abitur. Da habe ich viele Dinge auf mich einstürzen sehen. Da war noch ein Konzert in Aussicht, und ich hatte zu wenig geübt. Ich dachte immer nur „Ich schaffe das nicht, ich stehe von der Kraft her das Konzert nicht durch". Ich sehe dann einen riesigen Berg vor mir, den ich nicht erklimmen kann. Da steigert man sich immer tiefer rein und sieht den Selbstmord als Ausweg* (21 Jahre).

> *Nach dem diesjährigen Bundeswettbewerb hatte ich den tiefsten Tiefpunkt, den ich je erlebt habe. Ich habe es hinterher auch zu meiner Mutter gesagt, daß ich am liebsten sterben würde. Ich habe aber nicht die Welt dafür verantwortlich gemacht, sondern mich selber. Insofern war alles noch viel schlimmer* (16 Jahre).

Hier wird das Überforderungssyndrom drastisch deutlich, unter dem diese Jugendlichen angesichts ihrer Ziele und Verpflichtungen leiden können. Ihr selbstgesetzter Anspruch und die vielen Außenverbindlichkeiten werden zu „einem Berg", den sie „nicht erklimmen" können. Gefordert ist in solchen lebensgefährdeten Phasen eine besondere Sensitivität und Aufmerksamkeit der Umwelt, besonders aber der Eltern, deren Einfühlungsvermögen manches traurige Schicksal abwenden kann.

Symptomatisch für die Gruppe Jugendlicher scheint ein extremes Auseinanderdriften von Gefühlen und von Stimmungen, von exzentrischer Freude einerseits und intensiver Frustration in Tiefpunkten andererseits, gepaart mit einer Hypersensibilität und einer niedrigen Belastungsschwelle in Krisenmomenten. Es fehlt diesen Jugendlichen die Fähigkeit zur Balance und zum Ausgleich. Dafür steht auch das folgende Fallbeispiel:

> *Mit 12 und 13 Jahren gab es schon Zeiten, in denen ich nicht weiterleben wollte, in denen ich keinen Sinn gesehen habe. Ich war noch nicht so glücklich, nicht so festgefügt. Ich hatte noch nicht gefunden, was ich wollte. Die Schule hat mich nicht befriedigt, und erst langsam hat sich die Musik so herausgebildet, mit der ich wirklich auch vorwärts gekommen bin. Für mich waren das existentielle Krisen, auch wenn die Familie das nicht so bemerkt hat. Heute komme ich besser damit zurecht, weil ich Beziehungen geknüpft habe, die mir Werte bedeuten. Musik hält einen auch, ist auch eine starke Stütze, obwohl sie auch ins Gegenteil reinwirken kann. Wenn man depressiv ist und man hört entsprechende Musik geht das ins Innerste rein. Mir hilft dann auch, daß ich schreibe, an Freunde Briefe schreibe* (19 Jahre).

In einem zum Zeitpunkt unseres Gesprächs ganz aktuellen Fall ist es die gebrochene Liebe, der Verlust der Freundin, der einem Jugendlichen zur Lebensbedrohung wird. Stimmung, Sprache, Mimik im Gesprächsmoment deuteten daraufhin, daß dieser junge Mensch noch erheblich unter der Trennung litt, gefühlsmäßig noch sehr verstrickt war.

> *Diese Frage nach dem Weiterleben-wollen oder nicht , ist bei mir in letzter Zeit sehr aktuell, in der letzten Woche sogar. Ich beschäftige mich sehr damit und glaube, mich wieder etwas gefangen zu haben. Wenn mir der Gedanke kam, habe ich mir gesagt, ich warte noch einmal einen Tag ab, weil man seinem Leben eine Chance geben muß. Doch jetzt ist es mir passiert, daß mehrere Tage hintereinander das Gefühl da war, daß es wirklich ein Problem war, weiterzuleben. Daß ich es nicht getan habe, liegt daran, daß vielleicht meine grundsätzliche Vorstellung gesiegt hat, daß das Leben viel zu bieten hat. Mein Verstand und meine Erfahrung haben mich rübergerettet, vom Gefühl her kann man schlecht noch was leisten, wenn man sich so fühlt... Man muß viel mit dem Verstand arbeiten* (21 Jahre).

In den letzten Sätzen wird etwas von dem deutlich, was wir im Kapitel *Selbstanspruch und Selbstkritik* argwöhnten, daß nämlich das Zusammensein mit Lebenspartnern zu einem Problem werden kann.

Unsere Frage nach Freitod und Sterben, nach Leben und Nichtleben, nach existentieller Gefährdung beantwortet ein 21jähriger mit lebensphilosophischen Reflexionen:

> *Mit dem Gedanken an Freitod habe ich mich auf jeden Fall beschäftigt. Mein Lebensgefühl ist so, daß ich nicht unbegrenzt leben werde. Ich lebe intensiv und habe keine Angst vor dem Tod, weil mir ein geliebter Mensch vorgemacht hat, glücklich zu sterben. Ein Freund sagte mir einmal: „Immer wenn Du von Musik*

redest, redest Du vom Tod." Das stimmt. Musik, die mich berührt, erzählt letztendlich auch vom Tod. Ich habe eine unglaubliche Lebensunruhe, und die Ruhe finde ich vielleicht auch im Tod. Ich habe keinen Grund zum Selbstmitleid, ich empfinde keine Trauer darüber, das ist einfach so. Ich habe mich damit abgefunden. Manche Leute in meinem Umfeld erschreckt diese Haltung, meine Eltern, ein paar Freunde, meine Schüler (21 Jahre).

Berufswunsch: Orchestermusiker. Träume, Ziele und Ansichten begabter Nachwuchsmusiker

Über die Berufswünsche junger Instrumentalbegabungen, über ihre Ziele und Träume wissen wir relativ wenig. Noch vor wenigen Jahren wurde allenthalben Klage geführt über unzureichend qualifizierten Orchesternachwuchs, und Verantwortliche fragten sich, wo die vielen Teilnehmer von Jugend musiziert als Orchesternachwuchs bleiben (jährlich ca. 10 000 Jugendliche; auf Bundesebene ca. 600).

Die Situation hat sich grundlegend geändert, eine Fernwirkung des nachwuchsfördernden Wettbewerbs Jugend musiziert ist heute zu verzeichnen. Nach der jüngsten Übersicht über Probespielergebnisse 1985/86 durch den Vorsitzenden des Gesamtvorstandes der Deutschen Orchestervereinigung (DOV) Günther Engelmann[194] ist die Gesamtzahl der Bewerber um offene Stellen größer als vor 1982/83. Seit 1983 beträgt sie im Schnitt 35,6 Bewerber pro Stelle, wenngleich sich diese Entwicklung bei hohen Streichern weniger ausgeprägt darstellt. Den interessierten Nachwuchsmusikern geben wir die Daten der letztbekannten Probespiele bekannt (1985/86):

Ausgeschriebene Stellen:	180
% Satz der besetzten Stellen:	67
Bewerber insgesamt:	6203
Bewerber pro Stelle insgesamt:	43,5

Instrumentengruppe	Hohe Streicher	Tiefe Streicher Cello und Kb.	Bläser
Ausgeschriebene Stellen	89	21	66
Bewerber pro Stelle	24,8	44	22

Der Prozentsatz der neu verpflichteten Ausländer betrug 23%, er ist seit 1982 eindeutig rückläufig (um ein knappes Drittel).

Zu jüngsten Probespielerfahrungen schreibt Günther Engelmann: *Eine große Rolle spielen in der Nachwuchsentwicklung aber auch die veränderten Probespielbedingungen. Sie sind in allen Instrumenten wesentlich härter geworden. Zwar ist es heut-*

194 Günther Engelmann: *Übersicht über die Probespielergebnisse 1984/85 und 1985/86*, in: *Das Orchester* 2/1987, S. 151-152

zutage üblich, die zu prüfenden Orchesterstellen vorher bekanntzugeben. Dafür werde von den Kandidaten größere technische und musikalische Leistungen verlangt als früher. Dies wieder hängt zusammen mit den außerordentlich gestiegenen Anforderungen an alle Orchester im Zuge des allgemeinen Medientrends. Schließlich ermöglicht er jedem heutigen Konzertbesucher Vergleichsmöglichkeiten mit Klangkörpern aus aller Welt, die er in der Vergangenheit nicht hatte. Sie schärfen sein kritisches Urteilsvermögen und lassen ihn möglichst perfekte Orchesterleistungen erwarten, die noch vor 25 Jahren durchaus nicht überall gang und gäbe waren.[195]

Vereinzelte Statistiken und Beiträge in Fachzeitschriften zur Situation und Berufsmotivation von Nachwuchsmusikern können nicht darüber hinwegtäuschen, daß ganz offensichtlich systematisch-empirische Untersuchungen, Studien zu Einstellungen und Erwartungen, Vor-Urteilen und Abneigungen junger Musiker fehlen. Eckart Rohlfs hat bereits 1983 auf unglückliche Diskrepanzen hingewiesen, die dringend zu überwinden sind: *Zwischen Interessenlage und Begabungspotential auf der einen Seite, dem Beschäftigungssystem und Arbeitsort andererseits, ist offensichtlich ein weiteres Forschungs- und Tätigkeitsfeld, ein hohes Maß an Ungleichgewichten, denen wir durch systematische musikalische Berufsbildungsarbeit begegnen müssen.*[196] Qualitative Berufs- und Studienberatung ist aber erst möglich, wenn die Motivationsstrukturen des Musikernachwuchses genauer bekannt sind. Vorliegende Studie will einen Beitrag zur Ursachenforschung in der Frage des Nachwuchsmangels leisten. Leider ist dies nur begrenzt möglich, weil die Jugendlichen unserer Begabtenstichprobe sich nahezu ausnahmslos für den Beruf des Orchestermusikers entschieden. Wir können daher allenfalls Gründe erfahren, warum sie sich für diesen Beruf entschieden haben.

Wir kennen die Ergebnisse einer Studie der Arbeitsgemeinschaft Musikberufe im Deutschen Musikrat (in Zusammenarbeit mit der Bundesgeschäftsstelle Jugend musiziert) aus den Jahren 1981/1982, in der 1. Preisträger der regionalen Wettbewerbe Jugend musiziert nach Berufswünschen und Absichten befragt wurden.[197] Danach stimmen über zwei Drittel (69,5%) aller befragten Junginstrumentalisten (Auswertung von 750 Fragebogen) der Frage eindeutig zu, daß ihr späterer Beruf etwas mit Musik zu tun haben werde. Ein klares Nein kam von jedem Zehnten, im Zweifel war noch ein Fünftel der Befragten (20%). Wertet man auch die unentschiedene Haltung („vielleicht") positiv, so nehmen nahezu 90% aller Befragten eine positive Haltung zu einer eventuellen Berufswahl im Bereich Musik ein. Gefragt nach konkreten Berufsvorstellungen lag für den Orchestermusiker die Interessenquote bei 58%, die für den Musiklehrer bei 57%. In einer weiteren Auswertung stellt Eckart Rohlfs fest, daß bei Bläsern das Interesse an einem Instrumentalstadium besonders hoch war, acht von siebzehn Hornisten sahen ihren künftigen Beruf im Orchester. Der Beruf des Orchestermusikers und des Musikerziehers hielten sich jeweils die Waage. Zur Berufsmotivation heißt es: *Unter denen, die sich zu Musik nicht berufen fühlen, gestehen einige sich immerhin mangelnde Fähig-*

195 ebda., S. 152
196 Eckart Rohlfs: *Berufswunsch Musik?* in: Deutscher Musikrat (Hg.): *Referate und Informationen* 54/1983, S. 19
197 ebda., S. 16

keiten und zuwenig Selbstvertrauen ein. Die ablehnende Haltung wird in einigen Fällen von Nein-Sagern und Zweiflern mit Eintönigkeit, unbefriedigende Tätigkeit oder gar abschreckendes Berufsbild begründet.[198] Wir stellen diese empirischen Teilergebnisse, die privaten Meinungen und öffentlichen Stellungnahmen unserem Kapitel voran, um Vergleichsinformationen zu unserer eigenen Stichprobe zu haben. Unsere Fragen an die Jugendlichen lauteten: Welche Rolle wird Musik in Ihrem künftigen Leben spielen? Haben Sie sich für (oder gegen) einen Beruf mit Musik entschieden? Welche Motive haben sie für die jeweilige Entscheidung? Im Falle einer positiven Entscheidung stellten wir folgende Ergänzungsfragen:

Was reizt Sie am Beruf des Orchestermusikers (bzw. Solisten)? Welchen Anspruch an ein Orchester stellen Sie? An welchem Pult möchten Sie sitzen? Wissen Sie um Spannungen und Disharmonien in Orchestern? Könnten Sie sich auch ein Leben als Musikschullehrer vorstellen? Haben Sie grundsätzlich ein pädagogisches Interesse, anderen Menschen Musik zu vermitteln?

Eindeutigere Antworten als zur Frage nach dem Berufsziel gibt es in kaum einem anderen Kapitel dieses Buches. An einer Hand abzuzählen sind die noch Unentschiedenen bzw. jene, die sich eine berufliche Alternative im gegenwärtigen Status eines Schülers offenhalten.

Musik als Beruf ist „das" erklärte Ziel dieser jungen und schon früh erfolgreichen Instrumentalisten. Und ebenso eindeutig läßt sich hinzufügen: Nicht den Privatmusikerzieher, nicht den Musiklehrer haben Sie vor Augen, sondern den qualifizierten Instrumentalisten an einem vorderen Pultplatz in einem höchstqualifizierten Orchester („Ein A-Orchester sollte es mindestens schon sein!") Am häufigsten noch ist die Rede von den Radio-Sinfonie-Orchestern, und hier kristallisiert sich eine „Top-Liste" heraus: Am häufigsten werden das RSO des Bayrischen Rundfunks und des NDR genannt, danach ist aber auch jedes andere Rundfunkorchester als Berufsperspektive interessant. „Das Niveau muß schon stimmen!" ist ein vielzitierter Anspruch, und hier stimmt einfach, was Eckart Rohlfs an anderer Stelle befürchtet: *Im Gegensatz zu vielen Ausländern scheinen unsere deutschen Musiker oft nicht bereit, sich wenigstens beim Berufseinstieg um mittlere Positionen in mittleren Orchestern zu bewerben. Die meisten träumen gleich vom ersten Pult.*[199]

Für unsere Stichprobe trifft diese Berufsmotivation und -projektion fast ausnahmslos zu. Sie – die erfolgreichen Sieger von Landes- und Bundeswettbewerben Jugend musiziert, sie, die Fleißarbeiter mit den hochgesteckten Zielen erwarten mehr von einem Berufsleben: „Wer möchte schon in irgendeinem Provinzorchester verkommen?" oder in einem „anonymen Orchestergraben versinken?".

Aber – sind diese Erwartungen wirklich so überzogen? Angesichts ihrer Anstrengungen, ihrer Leistungen, ihrer frühen und beständigen Erfolge bei Bundeswettbewerben oder in Konzerten, ist ein solcher Wunsch durchaus verständlich, wenn auch

198 ebda., S. 24

199 Eckart Rohlfs/Reinhard von Gutzeit: *Der Wettbewerb Jugend musiziert. Entwicklungen und Probleme. E. Rohlfs steht Rede und Antwort*, in: *Üben&Musizieren* 4/1984, S. 221-225; vgl. auch Wolfgang Sandner: *Deutsche Musiker wollen nur Solisten werden*, in: *nmz* 4/1984, S. 1 und 8

in seiner Ausschließlichkeit nicht akzeptabel. Nur wenige erwarten oder wünschen sich gar mehr: die Laufbahn eines Solisten! Träume junger Nachwuchsmusiker? Nein, vielmehr konkrete Vorstellungen der jungen Leute, die bereit sind, hart dafür zu arbeiten. Und wie sehr sie vom Orchestermusiker als Beruf überzeugt sind (im krassen Unterschied zum Beruf des Schulmusikers zeigen die hohen Ablehnungsquoten im von uns absichtlich eher negativ formulierten Berufsbild (vgl. Items des Begleitfragebogens und nachfolgende Grafik).

Grafik: Ergebnis der Antworten zur Frage: Könntest Du Dir vorstellen, Orchestermusiker zu werden?

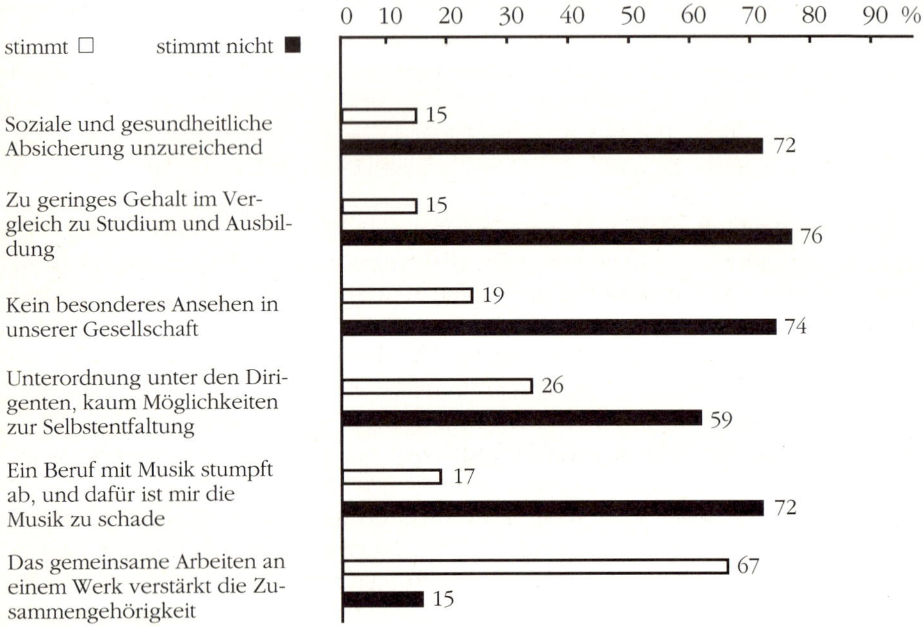

Restprozente bis 100 % sind missing data.

Mehrheitlich werden durchweg alle Negativaussagen abgelehnt! Die jungen Musiker haben ein Idealbild vom Orchestermusiker, an dem sie festhalten. Fasziniert sind sie, weil das gemeinsame Arbeiten an einem Werk das Zusammengehörigkeitsgefühl verstärken kann; soziale und besoldungsmäßige Nachteile oder Engpässe sehen sie weniger; diri-gentenabhängige Berufsarbeit stört sie so wenig (wenngleich hier der Negativgipfel liegt) wie die Möglichkeit, daß ihr Beruf nicht das ihrem Studium gemäße Ansehen in unserer Gesellschaft haben könnte. Und daß ein Beruf, der jeden Tag mit Musik zu tun hat, auf Dauer das Verhältnis zur Musik abstumpfen könnte, daran glauben sie einstweilen auch nicht. Der Orchestermusiker ist für unsere begabten Nachwuchsmusiker „das" Idealbild eines Musikberufes, und daran beißt bei diesen jungen Musik-Idealisten keine Maus den Faden ab.

Auffällig, weil konstant, ist in der Grafik der Anteil der Negativnoten. Es gibt eine Minderheit von negativ urteilenden Jungmusikern, die einstweilen kritisch und skeptisch, ja pessimistisch den Beruf des Orchestermusikers sehen. Die konstante Negativquote bei fast allen Itemvorgaben läßt darauf schließen, daß es sich hier um eine geschlossene, identische Gruppe Jugendlicher handelt. Wir werden in der 2. Forschungsphase mit der Befragung von ca. 2000 Jungmusikern diese Gruppe von Skeptikern clusteranalytisch ermitteln und auch typologisch hinsichtlich ihrer sozialen und persönlichen Merkmale bestimmen können. An dieser Stelle wollen wir zwischen den einzelnen Instrumentalgruppen differenzieren, d. h. fragen, wie sich das Idealbild „Orchestermusiker" in Abhängigkeit vom Instrument ändert (siehe Grafik S. 218).

Tatsächlich zeigen sich hochinteressante (weil hochsignifikante) Bewertungsunterschiede, die zum Teil Ergebnisse zur instrumentenabhängigen Berufszufriedenheit von Orchestermusikern bestätigen.[200] Innerhalb des mehrheitlich positiven Berufsbildes „Orchestermusiker" urteilen die Streicher im Trend negativer als Holzbläser und vor allem negativer als die Blechbläser. Die markantesten Unterschiede:

Blechbläser befürchten weit weniger häufig eine unzureichende soziale und gesundheitliche Absicherung im Orchestermusikerberuf, kein einziger (!) spricht von einem zu geringen Gehalt (Liegt es an den Sonderverträgen der Blechbläser in den Orchestern?), kein einziger (!) glaubt an eine abstumpfende Wirkung des Berufs auf das Verhältnis zur Musik (Liegt es an der häufig solistischen Funktion der Blechbläser und einer damit korrelierenden höheren Berufszufriedenheit?). Am kritischsten noch zeigen sich die Blechbläser gegenüber dem Zwang zur Unterordnung unter den Dirigenten (47%); hier liegt der Anteil der zustimmenden Urteile signifikant über dem aller übrigen Instrumentalgruppen.

Die Holzbläser unserer Stichprobe haben mehr Gemeinsamkeiten mit den Streichern als mit dem Blech. Auffällig bei ihnen ist der vergleichsweise geringe Prozentsatz derer, die eine Unterordnung unter den Dirigenten stört (nur 12%).

Wir argwöhnen, daß sich im hohen Anteil der Streicher in der Frage des „Abstumpfens durch einen Beruf mit Musik" die antizipierte Angst vor und damit einhergehend die mögliche Frustration bei einem Platz am hintersten Pult sedimentiert.

Ein *unisono*-Urteil gibt es in der Frage der gemeinsamen Arbeit an einem Werk, die das Zusammengehörigkeitsgefühl verstärken kann. Hier sind nahezu alle Nachwuchsmusiker gleichermaßen optimistisch, d. h. die kollegiale Basis und die Bereitschaft ist bei den jungen Leuten a priori gegeben.

Die quantitativen und qualitativen Ergebnisse unserer Studie haben hier nur vorläufigen Charakter, sie sind aufgrund unserer kleinen Stichprobe vorerst nicht generalisierbar. Wir vermuten aber in Anbetracht der sehr eindeutigen (statistisch hochsignifi-

200 vgl. Hugo Schmale/Heinz Schmidtke: *Der Orchestermusiker, seine Arbeit und Belastung*, Mainz 1985; vgl. M. Piperek: *Streß und Kunst*, Wien 1971

kanten) Differenzen und aus der Kenntnis vorliegender Studien zum Orchestermusikerberuf, daß unsere Ergebnisse mehr als nur tendenziellen Charakter haben. Wir halten sie für symptomatisch und werden sie mit hoher Wahrscheinlichkeit in der Repräsentativbefragung verifizieren können.

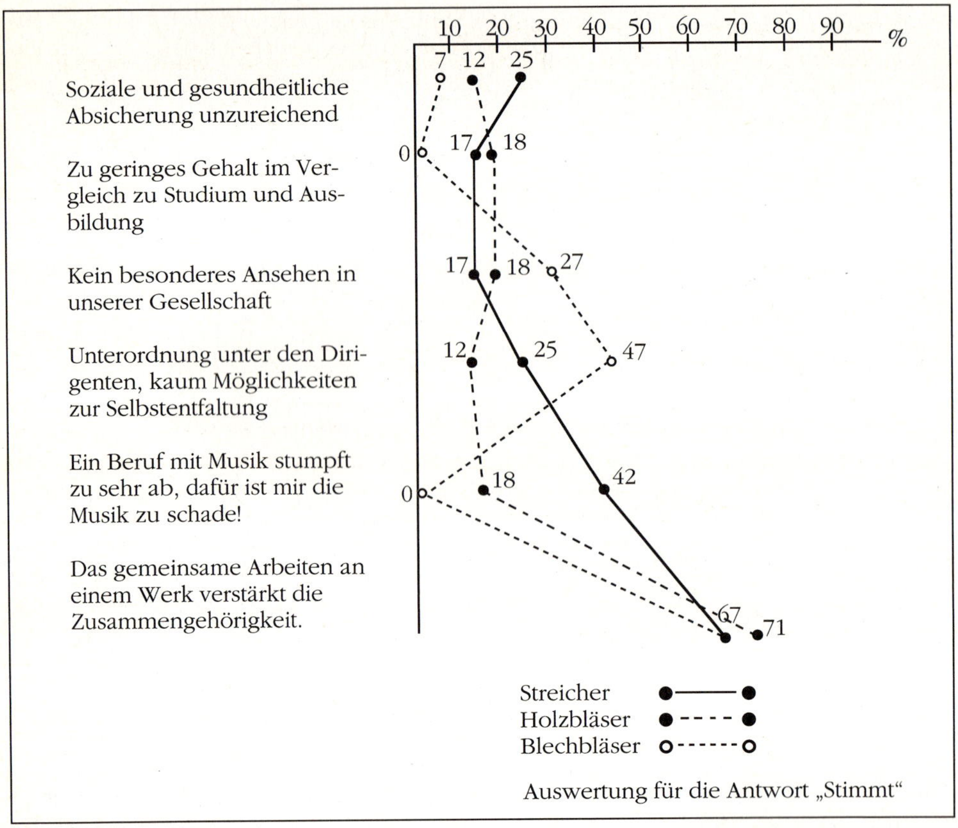

Grafik: Bewertung des Berufsbildes „Orchestermusiker“ in Abhängigkeit von der Instrumentalgruppe
(Frage: Könntest Du Dir vorstellen, Orchestermusiker zu werden? Was spricht dafür, was dagegen?)

Noch einmal: Berufsperspektiven oder Von Lust und Frust eines Orchestermusikerlebens

> *Wenn man eine künstlerische Begabung hat, ist es irgendwie auch eine Berufung, Musik zu machen* (19, m, I 09).

> *Ich spiele tierisch gerne im Orchester, denn ich habe dann das Gefühl, als sitze ich mitten in der Musik drinnen. Wenn bei Mahler so Fortissimo-Stellen kommen, da hat man das Gefühl, man geht direkt unter in der Musik, man ist ein Teil der Musik* (16, w, I 61).

In der Auswertung der qualitativen Inhaltsanalyse der Narrationen zur Frage, welche Rolle die Musik im künftigen Leben spielen wird, differenzieren wir nach den einzelnen Instrumentengruppen, weil wir fachabhängige Ergebnisse erwarten.

Die Pianisten bzw. Organisten oder Berufung zur Musik

> *Ich weiß nur, wenn ich Musik machen würde an irgendeinem kleinen Konservatorium oder in einer Musikschule in irgendeinem Kaff landen würde, dann lieber überhaupt keine Musik. Dazu wäre mir die Musik zu schade, dann lieber nur als Hobby* (18, w, I 04).

Beim Gedanken an eine Solo-Karriere als Konzertpianist oder -organist ist ihnen einstweilen nicht wohl. Sie zweifeln weniger an ihrem Ehrgeiz oder an ihrem Können, sondern sie sehen eine übermächtige Konkurrenz, die sich schon in frühen Jahren nationale und internationale Konzertbühnen erobert. Selbst beim wohl Erfolgreichsten unserer jungen Pianisten ist ein gewisser resignativer Unterton nicht zu überhören:

> *Manchmal frage ich mich doch, wenn ich gerade mal wieder erlebt habe, wie schwer es ist, nach oben zu kommen, ob ich nachher davon leben kann, wenn ich mir eine Solo-Karriere vornehme* (17, m, I 03).

Indes, sie lassen keinen Zweifel daran: Musik ist ihr Leben, und sie möchten ihr Hobby (Der Begriff ist assoziativ zu sehr auf Freizeit festgelegt, als daß er das Engagement der Jugendlichen treffen könnte.) zum Beruf machen, weil sie sich für Musik berufen fühlen, und daran ändert auch ein 1,0-Traum-Abitur nichts.

> *Ich befinde mich momentan in der glücklichen Lage, daß ich recht genau weiß, daß ich Musik machen will, weil sie mich begeistert und weil ich mir meine Zukunft nicht mehr ohne Musik vorstellen kann. Es kommen natürlich immer wieder Zweifel, wenn Leute sagen: „Sei nicht so blöd, mit dem 1,0-Abitur studierst Du besser Medizin!“ Aber ich wäre sehr unzufrieden mit mir, wenn ich von der Musik abkommen würde. Wenn man eine künstlerische Begabung hat, ist es irgendwie auch eine Berufung, Musik zu machen, manchmal vielleicht sogar ein Fluch, daß man von sich so viel verlangt. Aber ich würde es mir übelnehmen, wenn ich mich durch Geld verlocken ließe, was machen würde, was eigentlich*

nicht in meinem Interesse liegt. Wenn ich Musik zu meinem Beruf mache, weiß ich, daß ich in meinem Beruf aufgehen kann. Für mich zählt nur ein kreativer Beruf. Mein Problem ist, daß ich nicht genau weiß, was für ein Musiker ich werden will, ob Kirchenmusiker, das allein wär mir zu wenig, ob Dirigent, ob Kapellmeister oder auch Rockmusiker. Ich habe Angst, in nur einem der Berufe zu einseitig zu werden. Ich möchte mich nicht auf eine Stilrichtung so für immer festlegen, ich möchte auch Rock und Jazz machen können (21, m, I 09).

Seinen inneren Entscheidungskonflikt hat dieser Jugendliche offensichtlich ausgestanden, die Wahl ist auf einen Beruf mit Musik gefallen trotz verlockender anderer Studienmöglichkeiten. Was besonders berührt, ist seine von ihm so empfundene Berufung für einen kreativen, künstlerischen Beruf. Es ist genau der Punkt, den der Frankfurter Konzertorganist und -cembalist Edgar Krapp einmal wie folgt formulierte: *Ich glaube schon, daß man sagen kann, man ist zur Musik geboren. Man nimmt den Beruf nicht (wie oft in anderen Fällen) zum Anlaß, sich zu überlegen, mache ich das oder ist jenes vielleicht günstiger. Nein, wir müssen Musik machen, weil wir damit glücklich sind.*[201]

Unter den Pianist(inn)en scheint die Bereitschaft zu einer pädagogischen Tätigkeit noch am größten, quasi als Hintertürchen, „wenn's mit der Karriere doch nicht so läuft"? Einige unserer Gesprächspartner(innen) warten noch auf einen Studienplatz. Musik als Hobby beibehalten, das wollen sie auf jeden Fall, sie sind sich aber klar:

Wenn man Musik nicht als Hauptsache macht, dann ist das Niveau schlecht zu halten, sind Verbesserungen kaum noch zu erzielen. Und das würde mir sehr leid tun. Ich stehe im Moment vor dem Studienbeginn, warte auf einen Studienplatz. Wofür ich mich auch angemeldet habe, ist Musikerziehung, damit man eine gesunde Basis hat, daß man unterrichten kann, Musikschulen und so (19, w, I 06).

Pädagogisch besonders engagiert äußert sich der jüngste Pianist. Eine Solo-Karriere hält er für kein Honiglecken, die Trauben hängen wohl doch sehr hoch.

Für mich wäre es sehr schwer, sich da durchzusetzen, weil die Konkurrenz unglaublich stark ist. Aber ich hätte auch große Lust zum Unterrichten. Das Übermitteln der eigenen Erfahrung an andere, denen helfen weiterzukommen, eigene Interpretationen zu finden, das würde mich reizen. Ich würde schon jetzt am liebsten unterrichten, wenn ich mehr Zeit hätte (15, m, I 01).

Die Frage ist nur, wo sie zu unterrichten bereit sind: in der Hochschule oder in einer kleinen Musikschule auf dem Lande. Ihre Vorstellungen zielen eindeutig auf eine gehobenere Ebene.

201 Edgar Krapp, in: Peter Fuhrmann: *Lust, Last, und Leid der frühen Preise: Ein Gespräch mit jungen Künstlern über Probleme der Nachwuchsförderung*, in: *nmz* 1/1981, S. 1 und 8; Fortsetzung 2/1981, S. 7

Musikschule weniger, ich glaube, daß das Niveau ein bißchen zu niedrig ist. Ich möchte keine Schüler zugeteilt bekommen, die man dann über die Runden bringen muß (17, m, I 03).

Den Lehrberuf würde ich schon übernehmen (wenn andere Erwartungen unerfüllt bleiben? D. Verf.), *entweder an einer Hochschule oder einem Konservatorium, aber nicht an einer Musikschule. Wenn ich vor der Wahl stünde: Musikschule oder etwas anderes, würde ich was anderes machen. Etwas anderes studieren oder Instrumentenbauer werden, aber nicht an die Musikschule* (21, m, I 05).

Ist demnach eine „Pädagogik ganz unten" bei jenen nicht zu erwarten, die über so viele Jahre höchstqualifizierte Pädagogik erfahren haben? Geht der Gedanke vom Multiplikatoreneffekt bei Jugend musiziert (junge qualifizierte Musiker später als qualifizierte Lehrer wiederzufinden . . .) nicht auf? Es ist zu befürchten.

Andererseits: wer bei Jugend musiziert erfolgreich ist, wer eine Solo- (bzw. Orchestermusiker-) Laufbahn anvisiert, wer sich also große Hoffnungen auf eine erfolgreiche Zukunft macht, der denkt zunächst einmal nicht an eine Lehrtätigkeit in einer Provinzmusikschule. Erfolge prägen Vorstellungen vom späteren Beruf. Auf der einen Seite werden sie aufgrund ihrer Leistungen und ihres Könnens wiederholt ausgezeichnet, auf der anderen Seite muß man ihre Erwartungen drosseln – ein pädagogisch fragwürdiges Unterfangen. Wir meinen, man muß diese Einstellung („zum Höheren geboren") ihrem Erfolg und ihrem jugendlichen Elan zuguteschreiben und Verständnis dafür aufbringen. Daß es auch in ländlichen Musikschulen eine sehr qualifizierte und erfolgreiche Arbeit von berufszufriedenen Lehrern gibt, werden sie früher oder später erfahren können. Sollte allerdings eines Tages die große Karriere ausfallen und der Alltag in der Musikschule von Provinzenbach oder im Kurorchester von Bad Kneippstadt auf sie zukommen, dann wird es vermutlich einen ordentlichen psychischen Knacks geben. Wir delegieren dieses Problem hier in die Zuständigkeit der Instrumentallehrer, in die Hochschulausbildung, denn *diesen Knacks bekommt man doch nur, wenn der Lehrer dem Schüler einredet: „Du wirst einmal ein Kremer, Zukerman" usw. Derart illusioniert wird er wohl kaum einmal 2. Geiger in Pforzheim werden wollen.*[202]

Doch keine vorschnelle Verallgemeinerung! Wo der eine Jungmusiker eben noch Einseitigkeit und Unausgelastetsein argwöhnt, verspricht sich ein anderer Zufriedenheit, ist er gerade von Basisarbeit angetan:

Ich möchte in die Kirchenmusik gehen, in die Gemeinde, und als Organist und Chorleiter arbeiten, kein Konzertorganist sein oder ausschließlich als Hochschuldozent tätig werden. Ich will Kirchenmusik in Verbindung mit einer Gemeinde machen, schon wegen der vielseitigsten Nutzung des Instrumentes mit allen Formen des Orgelspiels: Improvisation, Liedbegleitung, Psalmbegleitung, Literaturspiel. Hochschule ist für mich das Allereinseitigste (17, m, I 08).

202 Bloser in: Peter Fuhrmann, a.a.O., S. 7

Halten wir fest: Die Pianisten träumen unter allen Nachwuchsmusikern am ehesten von einer Solo-Karriere (wovon auch sonst?), wissen aber um die Problematik des Weges dorthin und der ökonomischen Existenz angesichts einer übermächtigen Konkurrenz. Sie halten sich eine pädagogische Tätigkeit als Alternative offen. Jedoch: „Nicht an der Musikschule", wie sie nahezu unisono intonieren.

Die Streicher oder Von Pult-Neurosen und Alltagsfrust

> *Wenn man am letzten Pult der 2. Geigen in irgendeinem C-Orchester landet, ist man sein Leben lang unglücklich* (19, m, I 43).

> *Ich möchte in ein sehr gutes Orchester in eine sehr gute Position kommen. Es ist sicher so, daß sich die meisten am liebsten vorne sehen* (21, w, I 23).

Für die Gruppe der Streicher, innerhalb derer weiter zu differenzieren sicher sinnvoll wäre (etwa: Violinisten versus Cellisten), stellt sich für uns die Frage nach einer weitgehenden Perspektivenidentität oder -differenz. Wir hatten bereits in der Auswertung der Fragebogenitems zum Berufsbild „Orchestermusiker" im Vergleich zu den anderen Instrumentengruppen eine höhere Frustrationstendenz registriert („Beruf mit Musik kann abstumpfen ...). Damit wären wir schon beim Thema: So sehr sie sich für den Beruf des Orchestermusikers entschieden haben, so sehr äußern sie Argwohn und setzen sie sich von der Alltagsroutine im Musikberuf ab. Sie zeichnen ein Negativbild (fast möchte man angesichts der aggressiven Sprache meinen: ein Feindbild) des Orchestermusikers, mit dem sie sich selbst erschrecken und keinesfalls eines Tages identifizieren wollen:

> *Beruflich wird Musik eine große Rolle spielen. Ich möchte aber die Musik nicht „nur" als Beruf behalten, wie manche Orchestermusiker, die zum Dienst gehen, wie wenn sie ins Büro gehen, die Zeit runterspielen, seit Jahren nicht mehr üben, keine Kammermusik machen. Ich habe sehr Angst, als Berufsmusiker abzustumpfen. Die spielen ihren Part runter und denken nicht, die sind überrascht, wenn sie mal was anderes hören. Wenn man Kammermusik macht, kann man diesen Frust sicher in Grenzen halten* (17, m, I 27).

Kammermusik wird anscheinend für viele zur „Schlüsselmusik", um einem drohenden Alltagstrott zu entfliehen.

> *Ich möchte nicht irgendwo in einem mittelmäßigen Orchester ganz hinten sitzen. Das würde mich ziemlich frustrieren. Kammermusik machen ist mir sehr wichtig. Ich weiß, wie schwierig es ist, sich mit Kammermusik seine Lebensexistenz zu verdienen. Solistisch habe ich sicher Grenzen, so daß ich keine Solistenkarriere machen werde. Ich bin in einer Kammermusikgruppe auch wesentlich leistungsfähiger, dort habe ich auch das wichtige Gemeinschaftsgefühl, daß man weiß, man kann sich auf den anderen verlassen* (22, m, I 22).

Erfahrungen mit Berufsorchesterpraxis scheinen bei einigen zu einem Frusterlebnis geworden. Sie sprechen von Sextaner- oder Kindergarten-Attitüden ausgewachsener Musiker und sind erschrocken ob der offensichtlichen Pult-Neurosen unter den Streichern. Bei Streichern scheint dies eben besonders symptomatisch: Der Kampf um die Pultplätze! Die Folge: Manche planen vorerst, nicht „nur" in ein Orchester einzutreten.

Freilich kam auch, was kommen mußte, was in Studien zur menschlichen „Harmonie" in Berufsorchestern als Belastung herausgestellt wird: „Die Musik ist so schön, wenn es da nicht den Kollegen gäbe!"

> *Orchester ist interessant, aber ich würde es nie als Beruf machen wollen, weil ich schon oft Aushilfe gemacht habe, auch in Profi-Orchestern. Das Staatstheater in XXX hat zwar nicht ein so tolles Orchester, aber ich meine mehr diese menschlichen Dinge, diese Riesenprobleme, diese Intrigen. Das kann ich nicht verkraften, ohne mich aufzuregen. Ich rege mich maßlos auf, wenn Streit entsteht, wenn jemand ein Pult weiter vorne sitzt oder weil er einen Bleistift vom anderen hat. Das ist wie im Kindergarten, und ich finde das schlimm. Ich meine, Krach und Ärger gibt es in jedem Beruf, aber so extrem wie bei Musikern in einem Berufsorchester ist das schlimm. Ich musiziere gerne im Ensemble, aber dann muß man sich auch verstehen. Intrigen, um irgendjemanden auszutricksen, finde ich schlimm. Das hat mit Musik nichts zu tun. Die Musiker schreien sich noch in der Garderobe an und spielen dann zusammen. Ich möchte dann doch lieber auf mich selbst gestellt sein und eines Tages als Lehrer in der Hochschule arbeiten* (19, w, I 17).

Optimistisch sieht eine junge Bratschistin die menschlichen Schwierigkeiten in einem Orchester dann schwinden, wenn das musikalisch-künstlerische Niveau steigt. Auf eine Formel gebracht: Je qualifizierter, desto eher kommt man mit Spannungen zurecht. Ein frommer Wunsch optimistischer Jugend?

> *Die Arbeit in einem Orchester sehe ich mit gewisser Skepsis, aber das liegt ganz am Niveau eines Orchesters. Je qualifizierter, um so wichtiger wird die Musik. Die Spannungen sind vielleicht nicht weniger, aber die Musik gewinnt an Bedeutung, wenn das Niveau steigt* (18, w, I 21).

Andere sind weniger kritisch, aber doch voller Zweifel, ob denn der Beruf des Orchestermusikers lebenserfüllend sein wird. Ein Bassist meint:

> *Man landet mit Sicherheit in irgendeinem Orchester, wird vielleicht irgendwo Solo-Bassist. Man ist dann vielleicht fein raus, obwohl ich auch das wieder bezweifle, denn man kann ganz schön versanden: Abends spiele ich das, morgens spiele ich jenes, und dann schmeiß' ich das Ding in die Ecke und denke am liebsten gar nicht mehr dran … Andererseits kennt man Leute, die machen schon 30 Jahre Orchester, und das mit einer unheimlichen Energie. Die finden das noch immer toll und sind richtig begeistert, die haben noch eine innere Kraft.*

Ich bin mir eben unsicher, ob ich nach 30 Jahren noch die Kraft habe und mit Spaß in eine Probe gehe ... Andererseits ist das Orchester das einzige Medium, wo ich mich mit dem Baß wohlfühle. Man hat das Gefühl, eine sinnvolle Funktion zu haben, man trägt dazu bei, daß tolle Musik entsteht. Das ist bei der Solo-Literatur auch toll, aber da fehlt mir dieses Gemeinschaftserlebnis. Daß man das Gefühl hat, mit vielen Leuten etwas zu koordinieren, ohne gegeneinander zu arbeiten (17, m, I 32).

Andere dagegen konzentrieren sich voll und ausschließlich auf den Beruf des Orchestermusikers; glänzende Virtuosenlaufbahnen haben sie sich entweder abgeschminkt oder auch nie vorgehabt. Bescheiden und sympathisch berührt die Begründung einer sehr erfolgreichen Violinistin:

Die Entscheidung, ins Orchester zu gehen, Musik im Verband zu spielen und nicht Solist zu werden, ging vom Erlebnis großer Kirchenmusik aus. Ich habe im Limburger Domorchester mitgespielt, was einen großen Eindruck hinterlassen hat, auch die Tourneen, die wir mit diesem Orchester gemacht haben. Ich war erst 13 oder 14 Jahre und immer die Kleinste. Die Musik hat mich so wahnsinnig ergriffen, sie wurde nicht zum Profit gemacht, sondern sie kam aus dem Herzen. Das hat man beim XXX schon gemerkt, daß es ihm ein Anliegen war, zu singen. Der Chor hat das mit einer Leidenschaft getan, daß es mich nachhaltig beeindruckt und beeinflußt hat. Ich habe in einem frühen Alter die großen Werke kennengelernt, die Matthäus-Passion, das Weihnachtsoratorium, die h-Moll-Messe, verschiedene andere Messen. Und daran hängt heute mein Herz. Heute fasziniert mich im Orchester einfach die Tatsache, da man als Violine zwar oft Träger der Melodie ist, aber ansonsten ein Rad von allem, ein Stückchen in diesem Riesenapparat „Orchester". Man muß als Einzelner da sein, damit das Ganze lebt. Ich möchte schon gerne 1. Geige spielen, aber die 2. Geige ist auch schön. Das habe ich im Europäischen Jugendorchester erlebt. Was war das ein schönes Gefühl, in Beethovens Eroica 2. Geige zu spielen, im Unterbau tätig zu sein. Ganz hinten zu spielen ist nur deswegen schlimm, weil man dann vielleicht das ganze Leben dort ist. Das ist dann der Broterwerb. Wenn ich jetzt schon während meines Studiums immer vorn gesessen habe, als 1. Geige und als Konzertmeister, kann ich mir nicht vorstellen, daß ich den Rest meines Lebens hinten sitze. Im Beruf würde ich schon gerne 1. Geige spielen (21, w, I 16).

Fazit: Die Streicher möchten im Orchester spielen, aber ob als „Beruf" mit der Gefahr von Einseitigkeit, Routine, Alltagsfrust, Kollegenintrigen und Abstumpfung zu Lasten der Freude an der Musik – das bezweifeln einige einstweilen. Sie haben Sorge, daß ihnen die Puste ausgehen könnte, die Energie und die Begeisterung schwinden könnten, wenn sie tagaus tagein musizieren müssen. Ihre Berufschancen sehen sie allgemein günstiger als die Bläser, was sie rein quantitativ mit der Anzahl von Orchesterstellen begründen. Fasziniert vom Orchestermusikerberuf sind sie wegen des Erlebnisses, als Einzelner zu einem letztlich großartigen Ganzen, zur Musik als geschlossenem Werk beizutragen, ein unverzichtbares Rädchen im Getriebe grandioser Klangfülle zu sein.

> *Ich finde Orchestermusik vom Klangvolumen beeindruckend. Es rührt so, setzt was in Bewegung, wenn man sowas hört. Auch die Tatsache, daß so viele Menschen sich einigen, daß während des Spiels eine Verbindung untereinander da ist zwischen so vielen verschiedenen Menschen* (19, w, I 63).

Und die Kammermusik wird zu einer Art Kompensationsmusik, wenn es mit dem Orchesterfrust zu arg wird. Sie soll ihnen kreative Entfaltung sichern, Individualität erhalten, das Gefühl der Zusammengehörigkeit fördern, letztlich jene Berufs- und Lebensbefriedigung schenken, die in der Alltagsroutine des Orchestermusikers anscheinend so schnell verlorengehen kann.

Die Chancen zu einer solistischen Laufbahn sehen sie eher kritisch, diesen Traum haben die meisten ausgeträumt. Sie zweifeln trotz früher Erfolge einerseits an ihren Fähigkeiten, diesen harten, steinigen und auch entbehrungsreichen Weg durchzustehen, zweifeln andererseits, ob eine Solistentätigkeit existenzsicher genug ist („Solistisch kann man mit dem Kontrabaß nicht sein Brot verdienen"). Die meisten halten es mit Yehudi Menuhins Empfehlung: *Ich finde allerdings nicht, daß die Virtuosen-Karriere wichtiger oder erstrebenswerter ist als ein Kammermusikspieler oder Orchestergeiger zu werden. Man kann im Orchester heute ein recht gutes Leben führen; man kann mit der Familie zusammenbleiben, braucht nicht so viel zu reisen und auch nicht soviel Spesen auszugeben.*[203] Und Herr Menuhin sollte es eigentlich wissen.

Die Holzbläser oder Die Orchestersolisten von morgen?

> *In einer frostigen Atmosphäre könnte ich nicht musizieren. Auch nicht wenn ich merke, daß ein Orchester nur zum Geldverdienen spielt, wenn die Menschen ihr Ideal von Musik nicht erhalten und ihre Ehrfurcht vor der Musik verloren haben* (19, w, I 63).

Auch die jungen Holzbläser haben sich mehrheitlich für den Beruf des Orchestermusikers entschieden, und ebenso typisch ist der Wunsch, einmal in einem renommierten Orchester („mindestens A") mitzuspielen, denn der Gedanke an ein Berufsleben im Kleinstadtorchester flößt ihnen Frust ein: es ist „fruchtlos, seine Proben abzusitzen", „ein Leben wie in einer Fabrik" zu führen. Ihr Hang zum Perfektionismus macht die Frage des musikalischen Niveaus auch der Kollegen im Orchester zu einer berufsexistentiellen Frage. Auch eine pädagogische Arbeit in einer Musikschule liegt ihnen einstweilen sehr fern.

> *Wenn alles klappt, werde ich die nächsten 30 bis 40 Jahre in einem Orchester zubringen, in einem möglichst guten. Habe mir also zum Ziel gesetzt: Alles oder nichts! Entweder sitze ich in einem A-Orchester oder Sonderorchester, d. h. einem*

203 Yehudi Menuhin: *Musik kann die Welt verändern – aber leider nicht genug*, in: *Üben & Musizieren* 4/1985, S. 238

Radio-Sinfonie-Orchester, Berliner Philharmoniker usw., was ich jetzt eigentlich gar nicht zu sagen wage. Wenn ich allerdings in der untersten Klasse landen sollte, weil es zu mehr nicht reicht, dann wird es schwierig. Vor ein paar Jahren hätte ich noch gesagt: „Egal welches Orchester, Hauptsache Musik". Inzwischen bin ich realistischer [?] *geworden. Das reicht finanziell hinten und vorne nicht, wenn ich mich dann auch noch mit Unterricht rumschlagen muß* (19, m, I 74).

Die Holzbläser begründen ihr Interesse am Orchestermusiker auffallend häufig mit der Aussicht, in einem Orchester Solo-Partien spielen zu können. Mit dieser herausgehobenen Funktion des Solisten macht ihnen das Orchesterspiel um so mehr Spaß.

Der schönste Moment in meinem Leben war, als ich zum ersten Mal eine Brahms-Sinfonie an der 1. Oboe gespielt habe. Das war einfach ein riesiges Erlebnis, in einem großen Klangkörper eine Sinfonie zu spielen. Man hat die Chance zu zeigenas man drauf hat, sich selbst zu präsentieren, ein gewisser Hang zum Narzißmus, ganz klar, den aber jeder Musiker ein bißchen hat (XXX).

Ich finde es toll, wenn man die Flöte hört im Orchester. Meine Mutter ist schuld an dieser Vorstellung. Seitdem ich Querflöte spiele hat sie mich mit dem Märchenbild wild gemacht: „Das Orchester ist eine Königin, und wenn die Flöte eintritt, dann hat die Königin ihren schönsten Schmuck angelegt." Eine solche Vorstellung reizt mich dann besonders (XXX).

Hier bestätigt sich, was wir in der Auswertung der Fragebogenantworten zum Berufsbild Orchestermusiker bereits feststellen konnten. Der geringe Anteil der Holzbläser, die eine Unterordnung unter den Dirigenten nicht als negativ oder störend empfinden, läßt darauf schließen, daß sie eine solistische Funktion im Orchester als Chance zur individuellen Entfaltung sehen. Dementsprechend äußern sich einige zum Dirigentenbild:

Ein guter Dirigent wird nie ein absoluter Diktator sein und dem Musiker immer noch einen Freiraum lassen, auch wenn es nach außen nicht so aussieht (19, w, I 63).

So begeistert sie von Claudio Abbado, Gary Bertini, Mathias Bamert und anderen Dirigenten der Landes- und Bundesjugendorchester sprechen, so kritisch äußern sie sich gegen den Dirigenten, der das Leben eines Orchestermusikers zum Frust machen kann. Dies ist eine Erfahrung, die Orchestermusiker heute täglich machen, daß nämlich mittelmäßige Dirigenten auf ihren Orchestermusikern herumprobieren![204]

Hinsichtlich einer solistischen Laufbahn äußern sie ähnlich wie Pianisten und Streicher eher Skepsis denn Optimismus.

Von 20 Holzbläsern unserer Stichprobe strebt nur ein junger Oboist eine Solo-Karriere an, dies mit der Begründung, daß Orchestermusik zwar auch eine „unheimlich reizvolle Sache" sei, daß er aber von seinem „Charakter her Schwierigkeiten habe, die

[204] vgl. Fernsehsendung über das Radiosinfonieorchester des Hessischen Rundfunks (HR 3) mit ähnlichen Kritiken der interviewten Musiker, © 1985

2. Oboe zu spielen". Also gibt es auch unter den Bläsern das Pultplatzproblem, wenngleich weniger ausgeprägt als bei den Streichern.

> *Das Konkurrenzdenken ist ziemlich stark und macht das Leben schwer, wenn man sich nicht durchsetzen kann. Das ist auch im Theaterorchester in XXX so, daß sich gewisse 1. Bläser nicht leiden können, wie Katz und Hund sind, so daß es nicht möglich ist, mal ein Bläserquintett zu spielen, was sicher dem Orchesterspiel und der Kollegialität sehr dienlich wäre. Auch ein Problem ist, daß die Leute zum Teil 20 Jahre älter sind, eine andere Vorstellung haben, leistungsmäßig um einiges schlechter sind. Das ärgert einen schon, wenn man eine Solo-Stelle besonders schön spielen möchte und der 2. XXX* [Instrument] *dann plötzlich forte statt pianissimo spielt. Das erweckt Haßgefühle, wenn sie auf die Intonation keine Rücksicht nehmen, nicht mehr angleichen usw. . . Aber Probleme gibt es in jedem Beruf, und darum hält mich das auch nicht vom Orchestermusikerberuf zurück* (21, m, I 80).

Auch die jungen Holzbläser äußern ihre Sorge, daß Orchestermusiker ihren Idealismus, mit dem sie ihren Beruf einmal wählten, verloren haben könnten. Mehrheitlich wollen sie zunächst nicht daran glauben, daß ein Beruf mit Musik auf Dauer abstumpfen könnte. Aber sie sehen und erfahren die Realität, und wir schließen, womit wir begannen.

> *In einer frostigen Atmosphäre könnte ich nicht musizieren. Auch nicht wenn ich merke, daß ein Orchester nur zum Geldverdienen spielt, wenn die Menschen ihr Ideal von Musik nicht erhalten und ihre Ehrfurcht vor der Musik verloren haben* (19, w, I 63).

Die Blechbläser oder Die Optimisten unter den Nachwuchsmusikern?

> *Ich möchte beruflich nicht mit meinem Instrument Gassi gehen müssen* (15, w, I 35).

> *Das ist für mich das Schlimmste auf der Welt, diese Musiker mit Büromentalität* (21, m, I 53).

Auch für die jungen Blechbläser ist der Weg ins Orchester mehrheitlich vorgezeichnet („Ich habe das als festes Ziel vor Augen"). Von 18 Blechbläsern unserer Stichprobe spricht sich nur eine (!) 15jährige gegen einen Beruf mit Musik aus:

> *Ich will nicht Berufsmusiker werden, aus verschiedenen Gründen. Ich bin nicht gut genug, und da sind so viele, die XXX studieren. Beruflich möchte ich nicht von meinem Instrument abhängig werden, daß ich mit ihm Gassi gehen muß. So wie mein Lehrer, der jetzt in allen möglichen Orchestern vorspielt, weil sein Vertrag ausläuft. Der hängt zeitweise richtig durch. Das möchte ich später nicht erleben* (15, w, I 35).

Wie ihre Kollegen von anderen Instrumentalfächern schließen sie eine pädagogische Tätigkeit an einer Musikschule als Berufsalternative eher aus („Ich glaube, das befriedigt einen einfach nicht"). Insgesamt äußern sie sich weniger kritisch zu ihrem zukünftigen Beruf, sind sie zukunftsoptimistischer. Sie haben allenfalls die Sorge, daß sie möglicherweise üben und üben, um nachher im Orchester vor allem die Pausen zu zählen. Ein Posaunist:

> *Das ist von vornherein frustrierend und ich sehe es an meinem vorhergehenden Lehrer im Funk, der ist 10 Jahre im Orchester, und dem wird es langsam langweilig* (21, m, I 50).

Die Trompeter sprechen ähnlich wie unsere Holzbläser von ihren besonderen Aufgaben als künftige Solisten, von ihrer Verantwortung, die ihre Berufszufriedenheit steigern mag.

> *Den Reiz der Verantwortung finde ich interessant, Trompete im Orchester, das macht einfach Spaß. Ich glaube auch, daß man genug Freiheit hat, das aus dem Orchesterspiel zu machen, was man sich selber vorstellt* (20, m, I 39).

Auch in dieser Instrumentengruppe glaubt niemand so recht an eine Solo-Karriere („Ich habe mir nicht vorgenommen, der beste Solist in Europa zu werden"), sie zweifeln an den Fähigkeiten und sehen die riesigen Hürden vor sich, sie ziehen die finanzielle Sicherheit des Orchestermusikers der unsicheren Existenz eines Solisten vor. Eine Aufnahme ins Orchester halten sie für durchaus möglich, vorausgesetzt, man hat viel Puste: „Nach 30 Probespielen kriegt man bestimmt mal eine Chance."

Was die Qualität des Orchesters betrifft, so haben auch sie recht hochfliegende Träume (von A nach oben gibt es keine Grenzen).

> *Mein Traum ist die Erfüllung, in einem Spitzenorchester 1. Trompete zu spielen: Berliner Philharmoniker, NDR-Sinfonie-Orchester oder Amerika. Dort die 2. Mahler-Sinfonie zu spielen ist das Schönste, was ich mir vorstellen kann* (15, m, I 36).

Nur ein (!) Trompeter analysiert offensichtlich unter Einfluß seines Lehrers:

> *Ich würde schon mit einer Stelle im B-Orchester anfangen wollen, daß ich erst einmal Routine bekomme, daß ich frech werde und mir was zutraue, wie mein Lehrer sagt. Nicht daß man voller Angst in einem Super-Orchester hockt und denkt „Oh weh, jetzt kommt die Stelle, hoffentlich verkickse ich sie nicht"* (21, m, I 38).

Ein Jugendlicher hat es bereits geschafft, er ist Mitglied eines Radio-Sinfonie-Orchesters (der große Traum nahezu aller Nachwuchsmusiker) und berichtet von seinen ersten Berufserfahrungen:

> *Im Rundfunk sind die Dienstzeiten im Vergleich zur Oper sehr angenehm, dafür hat er den Nachteil, daß man in der Regel auf Tonband spielt. Man muß jede*

Minute perfekte Arbeit leisten. Wenn man einen Fehler macht, und der Tonmeister nicht so gnädig ist, ihn rauszuschneiden, dann kann man vielleicht noch nach einem Jahr seinen Fehler hören. Man muß einfach immer in Hochform sein. Man kommt dann nie in Versuchung, die Zügel locker zu lassen. Für mich gibt es nichts Schlimmeres, als das Interesse zu verlieren und die Musik nur noch als Beruf anzusehen. Es gibt so grauenhaft viele Musiker in Deutschland, die ihren Beruf nicht anders sehen als jemand, der morgens in sein Büro geht und seinen Schreibtisch aufschließt, um irgendwelche Aktenarbeit zu leisten. Das ist für mich das Schlimmste auf der Welt, diese Musiker mit Büromentalität, die morgens zum Dienst gehen, mittags um 12 das Instrument einpacken ... Was die Kollegialität betrifft ,so habe ich am Anfang als Aushilfe sehr schlucken müssen. Wenn Pause war, habe ich eine Stelle noch einmal geübt, bis sie ging. Die Kollegen haben mich zum Teil mit Blicken getötet, bis mir jemand mal sagte :„ Wenn Du Dir nicht alle Sympathien verscherzen willst, dann sei um Gottes Willen still während der Pausen". Musik außerhalb der Dienstzeit war absolut verpönt. Das ist grauenhaft. Ich hoffe nur, daß ich nicht später mal auch so werde (XXX).

Wir schließen unsere Analysen und Interpretationen zum Bild des Orchestermusikers in der Sicht junger Instrumentalbegabungen mit Gedanken eines erfolgreichen Nachwuchsmusikers (21 Jahre), die in mehrfacher Hinsicht symptomatisch sind für Einstellungen und Meinungen der gesamten Stichprobe. Diese Überlegungen seien auch den Profis, den „alten Hasen" im Berufsalltag mit Nachdruck ans Herz gelegt, zur Gewissenserforschung oder zur Bestätigung, nichts von jedem Idealismus verloren zu haben, der einmal die Entscheidung für den Beruf des Orchestermusikers trug.

Orchestermusik ist genausogroß wie Kammermusik. Das künstlerische Wirken des Einzelnen wird vergleichsweise natürlich zurückgestellt. Solange man keine Solostimme spielt, ist man mehr ein Handwerker als Künstler. Man muß funktionieren im Orchester, aber das, was herauskommt, ist Kunstwerk. Man ist zwar nicht der schaffende Mensch, wohl aber ein Teil dieser Schöpfung, und eine Interpretation ist für mich eine Schöpfung, nicht nur eine Komposition. Es geht mir nicht darum, meine Person herauszustellen. Theoretisch ist für mich das Orchesterspielen befriedigend, wenn alle Leute im Orchester die gleiche extreme Einstellung haben wie ich. Was mich im Orchester stört, ist die Diensteinstellung, die man immer so den Beamten nachsagt, man schiebt Dienst. Das habe ich bei meinen bisherigen Aushilfen in Profi-Orchestern sehr stark empfunden und habe sehr sehr darunter gelitten. Da geht es nicht mehr um die Musik, sondern um Dienst schieben, was man auch an der Musik hört. Es ist immer wieder berauschend, Jugendorchester oder Studentenorchester zu hören, die mit einem ganz anderen Engagement spielen als so manche Berufsorchester. Allerdings gibt es auch Ausnahmen: Ich habe mal im WDR die Berliner Philharmoniker gehört, für mich persönlich vom Potential her das beste professionelle Orchester der Welt, wo man gespürt hat, da fahren wirklich alle einzelnen Musiker in ihrer Einheit, aus ihrer Distanz und aus ihrer Diensteinstellung heraus ... Wo wirklich persönliche

Größe vorhanden ist, da existiert auch keine Mauer, diese Leute sind alle kritikfähig. Da fehlt diese Arroganz, die ich als Unsicherheit und Kritikunfähigkeit deute (21, m, I 76).

Unsere Recherchen zum Berufsbild des Orchestermusikers in der Sicht begabter Nachwuchsmusiker haben einstweilen kasuistischen Charakter. Aber in der Pädagogik zählt bekanntlich schon der Einzelfall, wird das Subjekt zum Forschungsgegenstand, die Individualität zur Maxime. Wo das Berufsbild der Jugendlichen schief und überzogen gezeichnet sein sollte, wäre systematische Berufs- und Studienberatung dringend angezeigt. Vielleicht brauchte man sich dann auf offizieller Orchesterverbandsseite nicht mehr zu wundern, wo die vielen jungen qualifizierten Nachwuchsmusiker etwa von Jugend musiziert eigentlich bleiben. Aufklärung unter dem Nachwuchs scheint das kulturpädagogische Gebot der Stunde, damit sich ein Trend verstärke, den die Berliner Kultursenatorin Hanna-Renata Laurien unlängst zur Situation des Orchestermusikers analysierte: V*ergleichszahlen belegen, daß der Anteil der Ausländer rückläufig ist und die Zahl der Bewerber pro freie Stelle zugenommen hat. Das Sozialprestige des Orchestermusikers ist wieder gewachsen, ideologische Vorbehalte sind abgebaut. Das Ausbildungsniveau hat sich deutlich verbessert, die Hochschulabsolventen streben wieder verstärkt ins Orchester*[205] (vgl. dazu die Daten im Kap. *Berufswunsch: Orchestermusiker*). Für uns wird von großem Interesse sein, ob diese begabten Nachwuchsmusiker ihre Wünsche, Ziele, Motivationen, Träume und Phantasien verwirklichen konnten. Wo werden sie eines Tages landen, wo mit welcher Zufriedenheit musizieren, beruflich oder nicht beruflich. Wir haben die Absicht, in einer Längsschnittstudie „10 Jahre später" zu ermitteln, was tatsächlich aus ihnen geworden ist.

Was wir auch nicht ganz unkommentiert stehen lassen wollen, ist die teils barschherbe Kritik an Berufsauffassungen älterer, erfahrener Orchestermusiker, jener also, die tagein tagaus diesem „Geschäft" („Beamtentum") nachgehen müssen. Zum einen sind die Erfahrungen der Jugendlichen sicher begrenzt auf jene Berufsorchester, mit denen sie mehr oder weniger zufällig Kontakt hatten, zum anderen gibt es in jedem Beruf einen Verschleiß an einstigen Idealen, einen Alltagsfrust, eine Gewöhnung, eine Routine. Die Emphase der Jugendlichkeit wird eines Tages überrollt von den Bedingungen eines harten Berufslebens, euphorische Begegnungen mit Dirigenten-Stars, großartige Konzertreisen in ferne und exotische Länder dürften eines Tages spärlicher und orchestrale Damaskus-Erlebnisse zur Rarität werden. Wohl dem Berufsmusiker, der sich dennoch seine stille Liebe zur Musik, ob privat, in der Kammermusik und sicher dann und wann auch im Orchestergraben bewahren kann. Wir interessierten uns für die Erfahrung eines verantwortlichen Profi-Musikers: Wie integrieren sich junge Musiker ins Orchester, wie „anstößig" werden sie mit ihren hochfliegenden Träumen in die Orchester aufgenommen? Günther Engelmann, Vorsitzender des Gesamtvorstandes der Deutschen Orchestervereinigung hat unter den Vorstandskollegen der DOV diesbezügliche Recherchen angestellt. Er schreibt: *Was das Verhalten neueingestellter Nachwuchs-*

205 Hanna-Renate Laurien: *Musikalische Begabung finden und fördern*, in: *Musik und Bildung* 11/1985, S. 761

musiker in den Orchestern betrifft, ergibt sich kein einheitliches Bild. Es wird die Meinung vertreten, daß sich die neueingestellten jüngeren Kollegen nach kurzer Zeit wie die älteren verhielten. Dies bedeute aber auch, daß sie keine Schwierigkeiten hätten, sich in die Orchestergemeinschaft zu integrieren. Insofern seien die Klagen der jungen Nachwuchsmusiker, wie sie ihnen gegenüber geäußert worden sind [gemeint ist die angeblich unzulängliche Berufsauffassung von Orchestermusikern, der Verf.], *als Ausdruck einer gewissen Unsicherheit in einer ungewohnten Arbeitsatmosphäre zu sehen, die sich naturgemäß in vielem von der eines reinen Jugendorchesters mit durchweg gleichaltrigen Mitgliedern unterscheide; eine Unsicherheit, die sich nach der Anstellung in kurzer Zeit verlieren würde . . .*[206]

Vorbild-Interpreten oder „Anregungen ja, aber nicht als Kopie"

> *Man sollte niemals wie ein anderer Musiker spielen wollen* (21, m, I 35).
>
> *Man nimmt sich von jedem, was einem am besten gefällt* (19, w, I 14).
>
> *Ich finde es komisch, wenn man sich nach diesen tollen Namen reckt. Manche spielen so perfekt, daß das nicht mehr erstrebenswert ist. Das kann ich mir nicht zum Vorbild nehmen* (21, w, I 16).

In der Sprüchekultur Jugendlicher wird das Bedürfnis nach Unabhängigkeit von gesellschaftlichen Formationen, nach Individualität in einer stark bürokratisierten Alltagswelt pointiert artikuliert: *Live ist Xerox, you are just a Copy oder Die Menschen kommen als Originale auf die Welt, und die meisten sterben als schlechte Kopie.* Der Erziehungswissenschaftler Dieter Baacke nennt als Kennzeichen von (Musik-)Welten der Jugendkulturen u. a. *starke Individualisierungstendenzen* und erklärt diese Entwicklung aus einem starken Bestreben quasi als Reflex auf den Vergesellschaftsprozeß, *sich zu unterscheiden und sein Leben möglichst nicht in bereitgehaltenen Folien einzudrücken. Auch dies kommt in den vielfach differenzierten kulturellen Vorlieben zum Ausdruck*[207].

Wer in diesem Kapitel schwärmerische Verehrungen für Künstler-Stars erwartet, den müssen wir kräftig enttäuschen. Für Vorbild-Interpreten können sich diese jungen Individualisten nicht erwärmen, erst recht lehnen sie jedes Epigonentum ab. Das Hören von und die Auseinandersetzung mit erfolgreichen Einspielungen renommierter Interpreten ihres Faches ist ihnen meist nicht mehr als ein Impuls oder bisweilen ein Korrektiv, um zu eigenen Interpretationen zu finden. Jene eingespielten „Kostbarkeiten aus der Rubrik der Jahrhundertaufnahmen", jene „Exklusiv-Titel wirklicher Meisterwerke", wie sie in profitsuchenden Schallplattenkatalogen angepriesen werden, dienen ihnen niemals als Imitationsvorlage. Während der Gespräche in den eigenen vier Wänden der Jugend-

206 Günther Engelmann in einem Brief an den Verfasser vom 3. 10. 1987

207 Dieter Baacke: *Jugend, Medienkultur und Bildungsprozeß. Zu den Musikwelten der Jugendkultur,* in: Deutscher Musikrat (Hg.): *Referate und Informationen* 65/1987, S. 7 ff.

lichen (ob im Elternhaus oder auf der Studentenbude) haben wir sie übrigens vergebens gesucht, die Poster der Klassik-Stars unserer Medienwelt, jene Madonnas, Turners, Princes oder Jacksons der Klassik als Zeichen der Idolverehrung: Kein Brendel, kein Jones, kein Horowitz, kein Rostropowitsch, kein Pollini und wie sie alle heißen, grüßte lächelnd oder versonnen von den Tapetenwänden.

Gründe sind nicht nur im jugendtypischen Trieb zur Selbstfindung und damit einhergehend im Trend zur Individualität zu suchen, sondern, wie Dieter Baacke treffend analysiert, im Bedürfnis nach *gesteigerter Selbst-Reflexivität: Der Beigeschmack massenmedialer Verwertbarkeit, die historische Trivialisierung des Genies bis hin zum Tennis-Idol machen Jugendliche sensibel gegenüber dem, was ihnen zudiktiert wird. Die Medien dienen dazu, eine Fülle von Spiegelungen anzubieten – Verfallenheit an ein Idol gibt es dabei erstaunlich selten*[208]. Darin findet sich übrigens auch eine Erklärung, warum sie keine Wunderkinder sein wollen.

Fast stereotyp sind ihre Antworten auf unsere Fragen nach Vorbild-Interpreten:

> *Nein! Es gibt natürlich welche, die ich mehr oder weniger mag, solche, mit denen man sich verwandt fühlt, aber Vorbilder sind das für mich nicht* (21, m, I 05).

Sie spüren eine musikalische Nähe zu dem einen oder anderen Künstler, sie haben ihre Lieblingsinterpreten, aber sie legen sich nicht auf einen bestimmten Profi ihres Instrumentes fest. In der Bewertung der Top-Einspielungen differenzieren sie selbstbewußt, wo der eine technisch absolut versiert ist, mangelt es ihm womöglich an musikalischem Ausdruck. Ein Künstler kann ein Vorbild sein wegen seiner Interpretation, wegen seines Klanges, wegen seiner Technik („Beim allerschnellsten 32tel Lauf kann er jeden Ton noch wie einen Diamanten perlen lassen"), derselbe Musiker ist kein Vorbild wegen „Schwachstellen im Vibrato" oder weil er, „kommerzbedacht, musikalisch auch sehr flache Sachen spielt". Ein Interpret begeistert vorbildhaft mit Ton und Interpretation im Bereich der Romantik, spielt aber Bach, „daß es bei einem aushakt, er spielt wir vor 100 Jahren". Die Jugendlichen nehmen sich „vermeintliche Stärken des einen und die Stärken des anderen zum Vorbild", um zu ihrem eigenen Stil zu finden. Auf Extravaganzen fahren sie weniger ab.

> *Ich lasse mich von beiden beeinflussen, von Linde und von Brüggen, habe aber nie versucht sie zu kopieren* ... (19, m, I 59).

Die gezielte Auswahl auf dem Markt der Interpretationen begrenzt sich keineswegs immer nur auf das eigene Instrument. Einem jungen Bratschisten gefällt beispielsweise die Bogenführung und der schöne Ton eines „Streicherkollegen", Vorbild für seine Interpretationen aber kann die musikalische Gestaltung von Pianisten sein.

> *Von der Art und Weise wie sie ihre Stücke gestalten, kann man sicher auch für die Viola einiges lernen* (15, m, I 18).

208 Dieter Baacke, ebda., S. 9

Vorbilder gibt es für mich auch in anderen Instrumenten, vor allem unter den Pianisten, z. B. die Bach-Interpretationen von Glenn Gould sind für mich ein absolutes Vorbild, dann Dinu Lipatti als faszinierende Persönlichkeit oder Celibidache als Orchesterpädagoge ... (21, m, I 70).

Entscheidendes Kriterium einer Annäherung ist die Frage, wieweit es einem Interpreten gelingt, „feeling in die Musik zu bringen", „eine ursprüngliche Aussage zu machen", „Freude an der Musik zu vermitteln".

Leute, die mir gefühlsmäßig nicht behagen, lassen mich einfach kalt, meine Vorbilder liegen eher in der Kammermusik, Harnoncourt in der Barockmusik oder das Tokyo String Quartet, das Amadeus-Quartett ... (18, w, I 15).

Und sie differenzieren stilistisch: Da gibt es den Experten für Alte und den für Neue Musik, den Hindemith- oder den Liszt-Spezialisten, sie bedienen sich des Angebotes und wählen über den Filter eigener Vorstellungen und Lernerfahrungen kritisch aus.

Es gibt nicht „das" Vorbild schlechthin. Brendel für die Beethovenkonzerte, Ashkenasy für die Brahms-Konzerte, Pollini für Mozart, Argerich eher ganz allgemein. Ich finde die jeweils in diesen Bereichen ganz toll, aber ich versuche sie nicht nachzuahmen ... (18, w, I 04).

Wichtige Einspielungen ihrer Stücke hören sie sich an und entscheiden für sich, was sie gut finden und möglicherweise vorbildhaft verwenden, oder was sie schlecht finden und ablehnen („Bei jedem Stück ist es anders, ich möchte soweit als möglich meine eigene Interpretation finden" ... „Bei dem gefällt mir das, bei dem etwas anderes" ... „Ich versuche bei jedem etwas Gutes abzuschauen" ...). So oder ähnlich begründen sie ihre interpretatorische Offenheit am häufigsten. Kopieren oder Imitieren lehnen sie kategorisch ab, auch mit der Begründung, daß selbst „Allerweltsvorbilder" ihren Stil mehrfach geändert haben, und daß es eine Gefahr sein könnte, „einen Vorbild-Interpreten anzuschaffen, um ihn dann zu kopieren".

Es gibt viele verschiedene Vorbilder, aber nicht im Sinne einer Kopiervorlage. Ich suche mir das zusammen, was mir am besten gefällt und darauf arbeite ich dann selber. Man sollte als Musiker nie genau wie jemand anderes spielen wollen, sondern sich das heraussuchen, was einem am besten gefällt, vor allem wenn die eigene Kreativität fehlt. Da mag mir ein Musikwissenschaftler noch so viel erzählen, daß diese Triller so oder so zu klingen haben, dann spiele ich ihn so, wie er mir am besten gefällt. Ich habe im Prinzip eine ganze Menge Vorbilder, das sind alles phantastische Musiker, vor allem Jacobs, der für mich auch als Mensch ein großes Vorbild ist, weil er diese ungeheure Ausstrahlung hat (21, m, I 53).

Vorbilder bedeuten für mich nicht, daß ich versuche, sie in ihrer Art nachzumachen ... (16, w, I 67).

Ich habe noch nie gehört, daß ein Hornist alles [verschiedene Epochen, d. Verf.] *gleich gut spielt. Außerdem ist das Geschmacksache* (20, w, I 44).

Sie suchen nach ihrem eigenen stilistischen Profil, was letztlich die Persönlichkeit eines Musikers ausmacht. Sie experimentieren und verwerfen, begeistern sich neu und nehmen wieder Abstand auf der Suche nach dem idealen Ton:

> *Vorbilder kann man nicht imitieren. Aber ich versuche alle möglichen Experimente. Ich habe mir ein Sortiment von Mundstücken schicken lassen, kaufe immer wieder neue Blätter und suche stets nach der idealen Kombination aus Ansatz, Mundstück und Blatt, um einen möglichst dunklen Ton zu kriegen, weil es „das" deutsche Klangideal überhaupt ist ...* (19, m, I 74).

Akzeptiert wird eher eine allgemeine Vorbildfunktion, dann nämlich wenn eine bestimmte Entwicklung, eine menschliche Haltung, eine herausragende Leistung ihren Respekt abverlangt: „was einer erreicht hat", „wie er für ein Ziel arbeitet", „was einer leistet", „wo er heute steht", „was er verkörpert"...

> *Ich hatte meine Lehrerin als Vorbild im Menschlichen, weil sie trotz ihrer schweren Krankheit diesen ungeheuren Tatendrang hatte. Sie wurde zu einer zweiten Mutter für mich ...* (19, w, I 17).

So schwärmerisch sie sich für einen Interpreten begeistern können, so hart können sie im Urteil gegen andere sein:

> *Mich begeistert an XXX die Musikalität, die Kraft, die Ausdauer, da stimmt einfach alles. Er ist schon phänomenal. Was er erreicht hat, macht ihn zum Jahrtausendkind, absolute Weltspitze ... XXX gefällt mir gar nicht, sein Ton ist ganz schlecht, wie wenn er auf einer Gießkanne bläst, auch in den Interpretationen verschnörkelt er alles ...*(21, m, I 38).

Und was überraschen mag, ist, daß nicht immer die Großen der Musikszene, die Stars der Weltbühne Bedeutung haben oder Einfluß nehmen, sondern womöglich Mitstudenten an der Hochschule, die in der einen oder anderen Weise inspirieren; Studenten, die im Deutschen Musikwettbewerb erfolgreich waren und die man live hören kann. „Warum in die Ferne schweifen, denn das Gute liegt so nah", möchte man folgern. Live-Begegnungen mit Interpreten scheinen besonders interpretatorisch Einfluß zu nehmen auf die jungen Musiker („Live ist natürlich immer ein stärkerer Eindruck als Fernsehen oder Schallplatte").

> *Ich habe Paul Tortelier, ein französischer Cellist so um die 70 Jahre alt, einmal in München live mit den Philharmonikern im Herkulessaal erlebt. Er hat das Dvořák-Konzert gespielt. Das war wirklich ein Erlebnis, das war Wahnsinn. Allein seine menschliche Ausstrahlung, die er auf sein Publikum übertragen hat, dann das Musikalische und dazukommend die Tongebung, die Phrasierung, in keiner Sekunde langweilig, absolut fesselnd. Er ist für mich ein Vorbild in der Ausstrahlung, nicht in den musikalischen Sachen, die kann man nicht imitieren* (17, m, I 27).

Die Kasuistik unserer Studie fördert auch den eher untypischen Einzelfall zutage, der sich selbstbewußt sein eigenes Vorbild nennt:

> *Bei meinem Instrument gibt es wenig Vorbildinterpreten. Da bin ich mein eigenes Vorbild. Die einzigen Platten, die ich mir anhöre, sind die Platten von XXX* [Name des Lehrers]. *Es ist sicher eine Art von Kopismus, denn XXX analysiert die Stücke, was mir fehlt. Ich versuche die Schlüsse, die er aus den Analysen zieht, einfach mitzukriegen und mir den Umweg über die Analyse zu sparen. Aber auch er spielt Musik, die mir nicht gefällt, Sachen, die ich als musikalisch-menschliche Schwächen von ihm auffasse. Ich will mir schon auch meine eigene Interpretation bewahren ...* (21, m, I 70).

Fazit: Die jungen Nachwuchsmusiker suchen ihren eigenen Stil, ihre Individualität in der Musik, was wir einleitend entwicklungspsychologisch und gesellschaftspolitisch zu erklären versuchten. Ihre gesteigerte „Selbstreflexivität" schließt Imitieren und Kopieren aus. Sie suchen sich einzelne Interpreten heraus und lassen sich in solchen stilistischen, musikalischen und technischen Möglichkeiten beeinflussen, von denen sie selbst überzeugt sind. Dabei sind musikalische Ausdruckskraft, Persönlichkeit, Überzeugungskraft, Position einnehmen, menschliche Ausstrahlung der Interpreten die entscheidenden Kriterien für eine inspirierende Annäherung oder rigide Ablehnung. Was sie so gar nicht beeindruckt und womit sie nichts anzufangen wissen, ist die hypertrophe Superlativsprache der Discographien in Schallplattenkatalogen oder einschlägigen Phono-Zeitschriften, wenn dort von musikalischen Hochgenüssen, konkurrenzlosen Neu-Einspielungen, verblüffenden Meisterwerken, exklusiven Jahrhundertaufnahmen und/ oder mustergültigen Auszeichnungen werbekräftig die Rede ist. Sie scheinen es vorerst noch mit Duke Ellington zu halten, der einmal gesagt haben soll: *Wir sind Egoisten, uns reicht es, wenn unsere Musik heute gut erscheint. Wir arbeiten nicht für die Nachwelt.*

Musikalische Präferenzen oder Die drei Schallplatten auf einsamer Insel

Zur Konstituierung der musikalischen Lebenswelt gehört auch die Frage nach Musik-Vorlieben und -Abneigungen sowie die nach der Bewertung unterschiedlicher Musikgenres, von Alter Musik bis zu Neuer Musik, von E nach U und allen Übergangsformen. Die Ermittlung der musikalischen Präferenzen versuchten wir mit der bekannten Frage auf die Spitze zu treiben: „Stellen Sie sich vor, Sie müßten auf eine einsame Insel auswandern. Welche 3 Werke würden Sie auf Schallplatte mitnehmen?" Mit dieser praktischen Eingrenzung war psychologisch ein Zwang zur absoluten Präferenznennung gewährleistet und für uns die Möglichkeit gegeben, die eindeutig bevorzugten Stile, Gattungen, Genres oder Komponisten der Jugendlichen zu erfassen.

Mehrheitlich reagierten die jungen Musiker ob der Frage und ihrer rigiden Beschränkung überrascht und baten sich Bedenkzeit aus (hier und da kommentiert mit „blöde Frage"). Dies läßt den Schluß zu, daß ihre Musikpräferenzen weiter streuen, als unsere

Begrenzungen es zuließen. Die erste und zweite Schallplatte wurden nach kurzem Nachdenken noch problemlos genannt, die Nennung der dritten und letzten wurde mit dem Kommentar „Jetzt wird's schwierig" hinausgeschoben.

Allgemeines Ergebnis ist auch, daß die Präferenzen der Jugendlichen sich keineswegs auf die Musik ihres Instrumentes beschränken, im Gepäck sind mitunter ausgesprochen heterogene Stilrichtungen (von Bach bis Beat), auch Jazz- und Rockmusikplatten gehören dazu.

Nur 4 Jugendliche (von n = 55) geben an, keine Platten mitnehmen zu wollen.[209]

1. Nennungen aus dem Bereich sogenannter U-Musik:
   Ein gutes Drittel der Jugendlichen (vor allem der männliche Teil) nimmt auch Schallplatten der U-Musik mit (männlich : weiblich = 5 : 1). 50 % dieser Jugendlichen sind Blechbläser, 33 % Holzbläser, der Rest (n = 3) fällt auf einen Pianisten und zwei Streicher. Wenn also U-Musik mit auf die Reise geht, dann vornehmlich im Gepäck der Bläser. Entsprechend fällt auch die stilistische Wahl aus. Von 27 Nennungen beziehen sich 7 auf Jazz und 7 auf Rock. Daneben handelt es sich um instrumentenbezogene Musik wie etwa Zigeunermusik, Tuba-Musik, Philip Jones. Interessant mag sein, daß zwei Jugendliche ausschließlich (!) Schallplatten der U-Musik nennen, bei 5 Jugendlichen sind es immerhin 2 Schallplatten, d. h. 14 % der „Auswanderer" halten es auf der einsamen Insel lieber mit der U-Musik, Klassik ade!
2. Nennungen aus dem Bereich sogenannter E-Musik:
   90 % der Befragten (n = 46) geben erwartungsgemäß Schallplatten der E-Musik an (bei 138 Nennungen). Wir werten nach Epochen und Komponisten aus. Dabei ergibt sich folgende Rangverteilung:

Rang 1: Romantik

	P/O[210]	Str	Holz	Blech		
36 Personen	4	8	15	9	davon:	24 männlich
66 Nennungen	8	17	27	14		12 weiblich

Komponisten:
Mahler (15) – Brahms (8) – Strauss (7) – Tschaikowsky (6) – Schubert (5) – Dvořák/Bruckner/Wagner (je 4) – Schumann (3) – Mendelssohn (2) – Chopin/Elgar/Ravel/Weber/Verdi/Debussy/Spohr/Lalo (je 1)

Rang 2: Klassik

	P/O	Str	Holz	Blech		
21 Personen	4	5	5	7	davon:	12 männlich
28 Nennungen	6	8	5	9		9 weiblich

(bei 9 Personen Klassik als 1. Nennung)

209 An der statistischen Auswertung hat Karin Sträubig (Seminar für Musik und ihre Didaktik, Universität Bonn) maßgeblich mitgearbeitet.

210 P = Piano; O = Orgel

Komponisten:
Beethoven (12) – Mozart (11) – Haydn (2) –

Rang 3: Barock

	P/O	Str.	Holz	Blech	
18 Personen	5	4	4	5	davon: 10 männlich
20 Nennungen	5	4	7	4	8 weiblich

(bei 12 Personen Barock als 1. Nennung)

Komponisten:
Bach (16) – Torelli/Vivaldi/Dowland (je 1) – Barock allgemein (1)

Rang 4: Moderne

	P/O	Str.	Holz	Blech	
10 Personen	2	5	1	2	davon: 7 männlich
14 Nennungen	2	9	1	2	3 weiblich

(bei P/O und Str. bis auf eine Nennung instrumentbezogen)

Komponisten:
Schönberg (2) – Prokofjew (2) – Hindemith/Britten/Bartók/Gershwin/Webern/Messiaen/Strawinsky/Schostakowitsch/Stockhausen/Schnittke (je 1)

Der interessierte Leser ist zur eingehenden Auswertung der Statistik eingeladen. Wir wollen uns aus Raumgründen auf wenige Auffälligkeiten konzentrieren.

Die Rangfolge der Epochen war sicher zu erwarten. In der Romantik, in der die Musik als universale Kunst gilt, sprachlos über aller Sprache stehend, Botschaft einer höheren Welt, Medium innerster Empfindung, Symbol des Kosmos, finden die Jugendlichen, was sie lieben, was ihre musikalischen und instrumentalen Bedürfnisse (Kammermusik wie Sinfonie) zu erfüllen scheint (Höchstzahl an Schallplatten-Nennungen). Mahlers große Formkomplexe, seine Sinfonien, wirken wie ein Magnet auf die Jugendlichen. Er ist nach Bach (n = 16) der meistgenannte Komponist überhaupt und liegt in der Beliebtheit vor Brahms. In dieser Epoche fühlen sich die Holzbläser besonders zu Hause, was letztlich auch instrumentenbedingt zu interpretieren ist. Der hohe Anteil der männlichen Jugend ist auffällig (2:1) und erklärt sich womöglich aus der instrumentalen Charakteristik (hohe Bläserquote unter der männlichen Jugend).

Für die Epoche der Klassik ergibt sich die ausgeglichenste Verteilung, d. h. Musik der Klassik ist bei allen Instrumentengruppen gleichermaßen beliebt. Beethoven und Mozart sind die Prototypen klassischer Musik, der Anteil weiterer Klassik-Komponisten ist nahezu Null, selbst Haydn taucht nur zweimal auf.

Daß sich die Vorliebe für eine bestimmte Epoche der Liebe zu einem bestimmten Komponisten verdankt, wird deutlich am Beispiel des Barock. Außer Bach scheint nichts gewesen (siehe vor allem den hohen Anteil derer, die Barock als Erstnennung angeben)! Ihren Schwerpunkt haben hier die Pianisten und mehr noch die Organisten.

An letzter Stelle der Epochenskala folgt eigentlich erwartungsgemäß die Moderne (Neue Musik), die im Trend eher eine männliche Domäne scheint (m:w = 2,3:1). Überzufällig häufiger fühlen sich hier die Streicher zu Hause, die in erster Linie Neue Musik für ihre Instrumente nennen. Einen besonderen Lieblingskomponisten scheint es nicht zu geben. Auffällig ist auch, daß Neue Musik nach 1950 kein Gehör und damit keine Aufführungschance findet (Liegt es mehr an den Jugendlichen, an ihren Lehrern oder an den Komponisten?), Werke der nach 1945 geborenen Komponisten sucht man in den Schallplattensammlungen vergebens.

Eine Altersverteilung zeigt, daß sich die Romantik vor allem bei den älteren Jugendlichen (18-21 Jahre) besonderer Beliebtheit erfreut (52 % der Stichprobe).

Eine Aufteilung nach Musikgattungen fördert den hohen Stellenwert der Orchestermusik unter den Musikpräferenzen zutage. 73 % aller Jugendlichen nehmen eine oder mehrere Schallplatten „Orchestermusik“ mit auf eine einsame Insel, was freilich mit der Präferenz Romantik und Sinfonie zusammenhängt. Die Ergebnisse im einzelnen (Absolutwerte):

Rang 1:	Orchestermusik					
		P/O	Str.	Holz	Blech	
	35 Personen	5	6	13	11	
	61 Nennungen	9	10	23	19	
Rang 2:	Solo-Literatur (Solo/Duo/Konzert)					
	25 Personen	6	7	7	5	hohe Korrelation zwischen
	42 Nennungen	12	12	12	6	Instrument und Nennung
Rang 3:	Gesang (Oper/Oratorium/Lied)					
	12 Personen	1	4	4	3	
	16 Nennungen	1	6	6	3	
Rang 4:	Kammermusik (ab 3 Instrumente)					
	5 Personen	2 Vla/2 Bl. fl./1 Holz				
	7 Nennungen	3	3	1		

In einem weiteren Analyseschritt setzen wir Komponisten, Gattung und Instrument in Beziehung (Absolutwerte).

Die Statistik bestätigt die vorlaufend interpretierten Ergebnisse für die ausgeprägte Gattungspräferenz „Orchestermusik“ (hier den hohen Anteil der Holz- und Blechbläser) und der Komponistenpräferenz Bach (1), Mahler (2), Beethoven (3), Mozart (4).

Zur Streuung der Präferenzen ist anzumerken, daß nur 7 Jugendliche (16 %) alle drei Schallplatten aus nur einer Epoche mitnehmen wollen (4 von ihnen ausschließlich Werke aus der Romantik). 15 Befragte (33 %, darunter 9 Bläser) geben 3 verschiedene Nennungen an, sie streuen ihre Präferenzen am stärksten, sind demnach am wenigsten festgelegt. Bei 7 dieser Jugendlichen ist eine U-Musik-Platte im Koffer. 22 Jungmusiker

Epoche	Alter (Jahre)									Gesamt
	14	15	16	17	18	19	20	21	22	(P)
Barock		1	2	1	2	7	2	2	1	18
Klassik	1	3	1	2	5	6	1	2		21
Romantik	1	3	2	3	8	10	2	7		36
Moderne	1	2	1		1	2		2	1	10
(Gesamt-stichprobe)	1	4	5	5	9	12	4	7	2	51

Komponist Gesamt	Gattung											
	Orchester				Gesang				Kammer-/Solo-Musik			
	P	St	Ho	Bl	P	St	Ho	Bl	P	St	Ho	Bl
Bach (16)	3	–	1	2	1	2	–	–	1	1	2	3
Mahler (15)	2	2	7	4	–	–	–	–	–	–	–	–
Beethoven (12)	–	1	2	2	–	–	–	–	3	1	–	–
Mozart (11)	2	–	–	2	–	1	–	–	1	1	2	2
Brahms (8)	–	1	2	1	–	–	1	1	1	1	–	–
Strauss (7)	1	1	3	1	–	–	–	–	–	–	–	–
Tschaikowsky (6)	–	2	1	2	–	–	–	–	–	–	1	–
Schubert (5)	–	1	1	–	–	–	1	–	–	2	–	–
Bruckner (4)	–	–	3	1	–	–	–	–	–	–	–	–
Dvořák (4)	–	–	2	1	–	–	–	–	–	–	1	–
Schumann (3)	1	–	–	–	–	–	–	–	1	–	–	–
Gesamt	9	8	22	16	1	3	2	1	7	6	6	5

(die Mehrheit) geben 2 verschiedene Nennungen, wobei die Präferenz Romantik gekoppelt wird mit Barock, Klassik oder Moderne.

In einem letzten Analyseschritt listen wir die meistgenannten Werke aus der „Insel"-Discothek der Jugendlichen auf, erstellen eine Art Präferenz-Hitliste der Klassik- und U-Musik junger Nachwuchsmusiker.

Die Jugendlichen nennen im allgemeinen konkrete Einspielungen, auf deren Angabe wir ebenso verzichten wie auf die Nennung der Häufigkeit der einzelnen Werke:

Bach:	*Goldberg-Variationen, Matthäus-Passion, Brandenburgische Konzerte, Kunst der Fuge, Weihnachtsoratorium,* Präludium und Fuge Es-Dur (für Orgel), *Wohltemperiertes Klavier*
Beatles:	*Abbey Road, Give my regards to Broad Street, Let it be, Hey Jude*
Beethoven:	Violinkonzert, G-Dur-Klavier-Konzert, Klavier-Geigen-Sonaten (allgemein), *Fidelio,* sämtliche Sinfonien, „Waldstein"-Sonate
Brahms:	sämtliche Sinfonien, *Deutsches Requiem,* Klavierstücke, Violinkonzert, *Haydn-Variationen*
Britten:	Cello-Suiten
Bruckner:	4. Sinfonie *Romantische*
Dauner/Mangelsdorff:	Big-Band-Jazz
Dupré:	*Kreuzweg*
Dvořák:	Sinfonie *aus der Neuen Welt,* Cello-Konzert
Genesis:	*Seconds out*
Gershwin:	*Ein Amerikaner in Paris, Porgy and Bess*
Haydn:	Cello-Konzerte
Hindemith:	*Der Schwanendreher*
Madonna:	„irgendeine Platte"
Mozart:	„Jupiter"-Sinfonie, g-Moll-Sinfonie, Streichquartette (allgemein), *Requiem,* Sinfonia concertante, ein Hornkonzert
Mahler:	1., 2., 3., 5. Sinfonie
Mendelssohn:	„Schottische" Sinfonie
Messiaen:	Thema mit Variationen
Prokofieff:	*Romeo und Julia,* zehn Stücke für Klavier, 1. und 2. Klavierkonzert
Schnittke:	Suite im alten Stil
Schönberg:	*Verklärte Nacht*
Schubert:	Streichquartette (allgemein), „Arpeggione"-Sonate, 4. und 8. („Große") Sinfonie, „Unvollendete"
Schumann:	Eichendorff-*Liederkranz,* 2. Sinfonie
Spohr:	2. Klarinettenkonzert
Strauss:	*Alpensinfonie, Metamorphosen, Till Eulenspiegel, Don Juan*
Strawinsky:	*Sacre du printemps*
Tschaikowsky:	4. und 6. Sinfonie, 2. Klavierkonzert
Verdi:	*Requiem*
Vivaldi:	*Die vier Jahreszeiten, Gloria*
Wagner:	*Meistersinger*
Weber:	*Freischütz*

Musikalische Genres im Eigenurteil und vermuteten Fremdurteil

Neben den musikalischen Präferenzen interessierten uns Einstellungen der Jugendlichen zu unterschiedlichen Musikgenres. Im gesprächsbegleitenden Fragebogen wollten wir das Ansehen einer Musikart erfassen, zum einen im direkten Urteil der jungen Musiker selbst, zum andern im vermuteten Urteil einer hypothetischen Bevölkerungsmehrheit („Wie glaubst Du, urteilt die Mehrheit der Bevölkerung über diese Musik?"). Unsere Bewertungsskala reichte von „sehr hohes Ansehen" bis zu „sehr niedriges Ansehen" (Intervallskalenniveau). Das Ergebnis in grafischer Veranschaulichung:

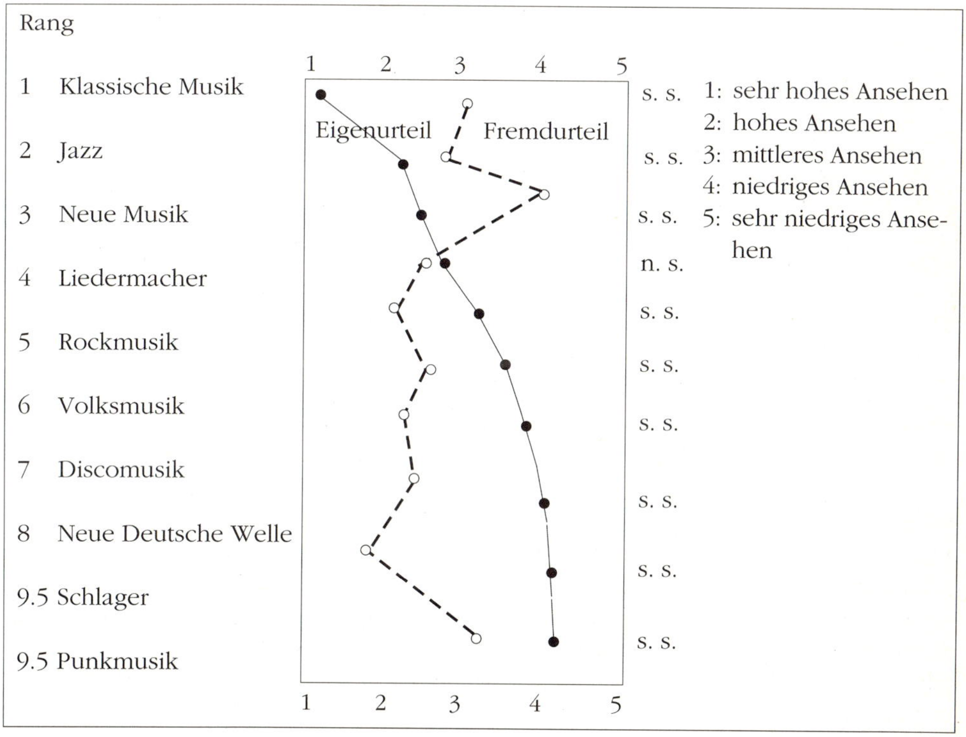

Grafik: Bewertung musikalischer Genres

Richten wir unser Augenmerk zunächst auf das Eigenurteil (vgl. Tabelle im Anhang), dann steht erwartungsgemäß die Musik der Jugendlichen, klassische Musik, an der Spitze der Rangskala (Mittelwert 1,2 bei minimaler Streuung). 83 % (bei 8 % missing data) geben klassischer Musik die Bewertung „sehr hohes Ansehen". Dieses Urteil bestätigt die hohe Wertschätzung der Musik unter den Jugendlichen.

Ebenfalls im Positivbereich der Wertung liegen die Genre Jazz und Neue Musik, wenngleich das Urteil aufgrund der Streuungswerte weniger eindeutig ausfällt. Jazz genießt bei 59 % und Neue Musik bei 48 % der Jugendlichen hohes bis sehr hohes Ansehen. Ob sich die jungen Klassik-Freunde tatsächlich mit diesen Genres musizierend oder hörend beschäftigen, ist eine andere Frage und rührt an das psychologische Problem der potentiellen Diskrepanz von Einstellung und Verhalten. Der Mensch kann eine bestimmte Einstellung äußern, er muß daraus aber kein konkretes Verhalten ableiten.

Der Mittelwert im Urteil über Liedermacher repräsentiert nicht das tatsächliche Urteilsverhalten. Die Stichprobe ist in dieser Genrebewertung geteilter Meinung, jeweils ein Drittel wertet mit „hohes Ansehen" und „mittleres Ansehen", während 22 % nur wenig von der Musik der Liedermacher halten (Rest: missing data).

Alle übrigen Genres (von der Rock- bis zur Punkmusik) bestehen die kritische Prüfung der jungen Instrumentalisten nicht. Daß auch Rockmusik (48 % mit „niedrig bis sehr niedrig") dazugehört, überrascht im Vergleich zu den Gesprächsinhalten, in denen einige Jugendliche durchaus Übergänge zur und Interesse an Rockmusik reklamieren. In der Negativwertung steigt beginnend mit der Volksmusik, über die Discomusik, die inzwischen verebbte Neue Deutsche Welle, den deutschen Schlager und die Punkmusik der Anteil der Urteile „niedriges bis sehr niedriges Ansehen" (vgl. Grafik und Werte in der Tabelle im Anhang).

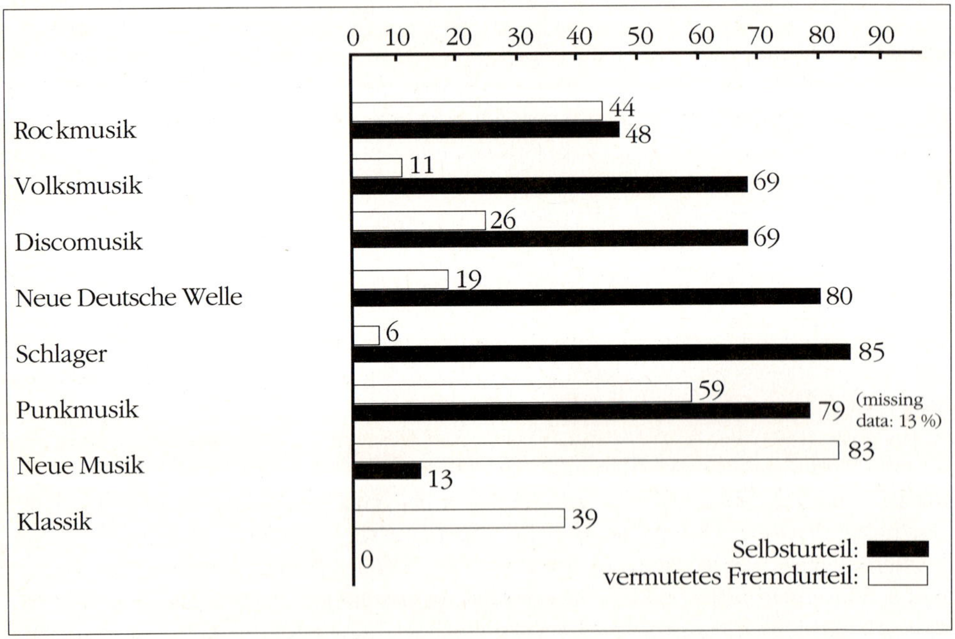

Grafik: Bewertung der Genres mit „niedriges und sehr niedriges Ansehen"

Die Neue Deutsche Welle und der Schlager haben im Urteil der Jugendlichen das absolut geringste Ansehen. Daß der Punk im Negativurteil nur gering darunterliegt, verdankt sich lediglich der hohen Verweigerungsquote (13 %). Es steht zu vermuten, daß einige Jugendliche den Punk zu wenig kennen, als daß sie ein Urteil fällen möchten. Punkmusik erhält insgesamt die schlechteste Wertung, weil kein einziger (!) Jugendlicher eine Positivnote abgibt (was in allen übrigen Genres in Einzelfällen vorkommt) und die Bewertung „mittleres Ansehen" von allen Musikarten mit 9 % die absolut geringste Quote hat. Mit Musik „ihrer" Vorstellung scheinen bei vielen Jugendlichen die Genres vom Rock bis zum Punk nur wenig bzw. nichts gemeinsam zu haben.

Als erfreulich ist mit 13 % der geringe Anteil derer zu verzeichnen, die Neuer Musik ein geringes Ansehen testieren. Über die Berechnung der Interkorrelationen zwischen den einzelnen Musikgenres läßt sich das Einstellungsbild der Jugendlichen genauer bestimmen bzw. werden ihre musikalischen Konzepte gegenüber den ausgewählten Musiksparten transparenter (Statistisch liegt die Berechnung des Spearmanschen Rangkorrelationskoeffizienten zugrunde.). Greifen wir nun die signifikanten und hochsignifikanten Korrelationen heraus (vgl. Tabelle im Anhang), dann ergibt sich folgendes Konzept:

Zwischen Rock- und Discomusik, Punk und Liedermachern, Punk- und Discomusik, Disco-Musik und Neuer Deutscher Welle ergeben sich hohe positive Korrelationen (>.30), d. h. die Zusammenhänge sind nicht zufällig, sondern auf einen systematischen Faktor rückführbar. Ein solcher Faktor, und hier spekulieren wir, kann eine gewisse Uninformiertheit der Jugendlichen unserer Stichprobe gegenüber einer Musik sein, die sicherlich außerhalb ihres Interessens- und Erfahrungsbereichs liegt. Wenn nämlich Rock- und Discomusik in einen „Topf" geworfen werden, wenn Discomusik quasi zum Schmelztiegel aller U-Musik-Sparten wird (hohe Korrelationen mit Punk, NDW, Rock), zeugt dies nicht gerade von einem ausgeprägten Differenzierungsvermögen. Ein Jugendlicher meint:

Heute wird alles zum Disco-Sound hin gemacht (17, m, I 26).

Für den hochsignifikanten Zusammenhang zwischen Punk und Liedermachern spricht allenfalls eine gemeinsame aggressive und bisweilen selbstdarstellerische Attitude der Musiker.

Hohe negative Korrelationen ergeben sich zwischen Klassischer Musik und dem Schlager (quod erat demonstrandum: der Schlager als Trivialmusik par excellence und Kontrastbild zur „anspruchsvollen" Klassik) bzw. auch zwischen Klassik und Rock. Unsere Vermutung unzureichender Genrekenntnisse erhält über die hohe negative Beziehung zwischen Rockmusik und Neuer Musik neuen Nährboden, denn vom technischen und elektronischen Inventar beider Musiken her ist diese Distanz weniger einsichtig bzw. zu erklären.

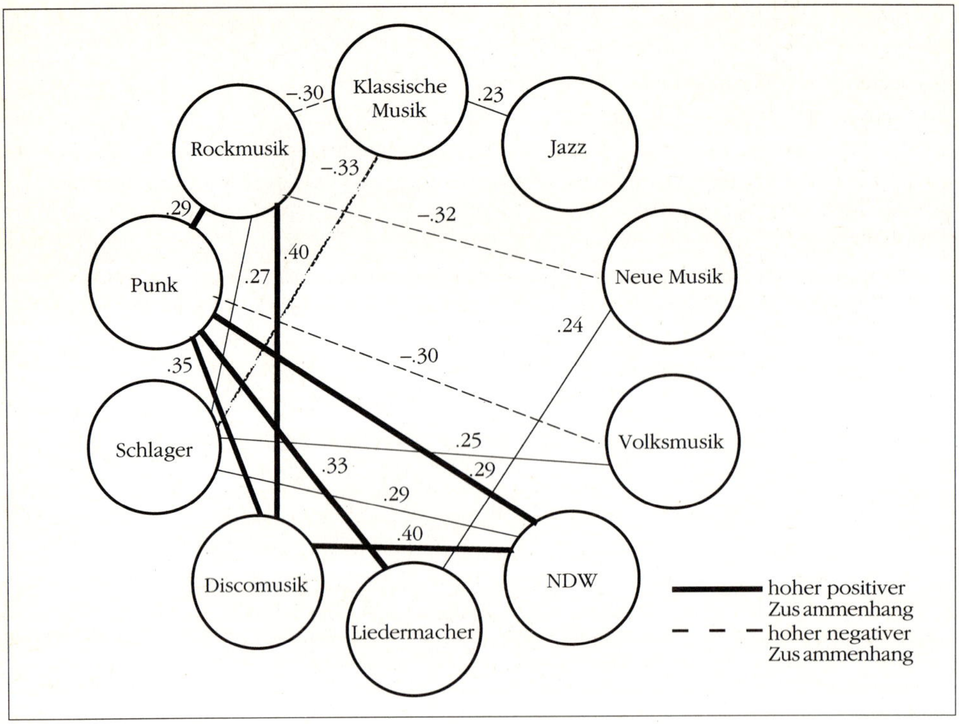

Grafik: Interkorrelationen zwischen den einzelnen Musikgenres in der Bewertung der Jugendlichen

Erwartungsgemäß groß ist die Urteilsdifferenz zwischen Punk und Volksmusik; wir meinen, die Punker hören's gerne und gelassen, denn alles Volkstümliche, -tümelnde und auch - dümmliche ist ihnen fürwahr ein Graus!

Die Vielfalt der beschriebenen Genrebeziehungen läßt sich statistisch auf eine Ebene reduzieren, die die Zusammenhänge elementarer und eindeutiger ausweist. Wir unterziehen die Daten der Korrelationsmatrix (der Bewertungen einzelner Musikgenres) einer Clusteranalyse (ein statistisches Sortierverfahren) und benutzen die Korrelation als Ähnlichkeitsmaß. Mit diesem Verfahren werden zusammengehörige Variablen (ähnlich bewertete Musiken) in gemeinsame Gruppen sortiert, unähnliche in verschiedene Gruppen (Cluster). Das Ergebnis läßt sich als Dendogramm bzw. in einer Grafik darstellen:

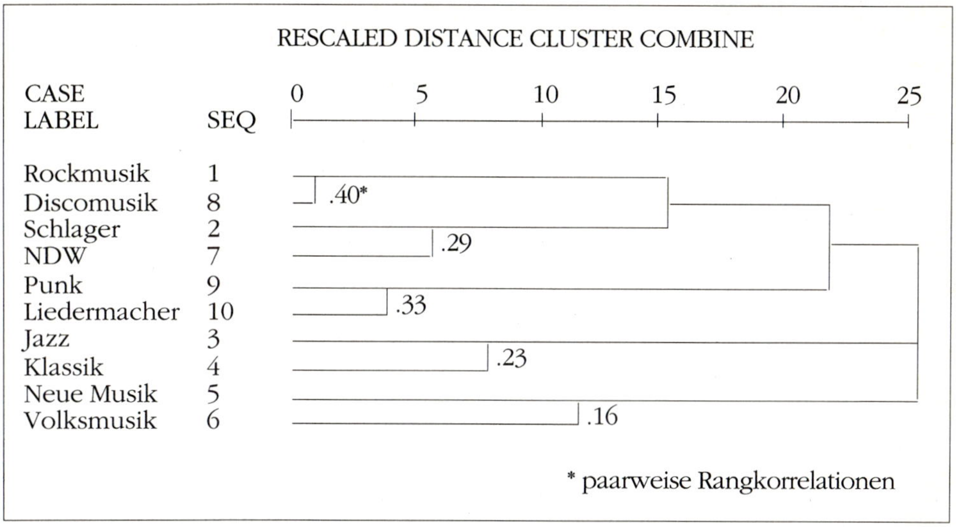

Grafik: Variablenclusteranalyse
Die Daten der Korrelationsmatrix der Bewertungen einzelner Musikgenres wurden einer Clusteranalyse unterzogen (Korrelation als Ähnlichkeitsmaß).

Dendogramm using centroid method

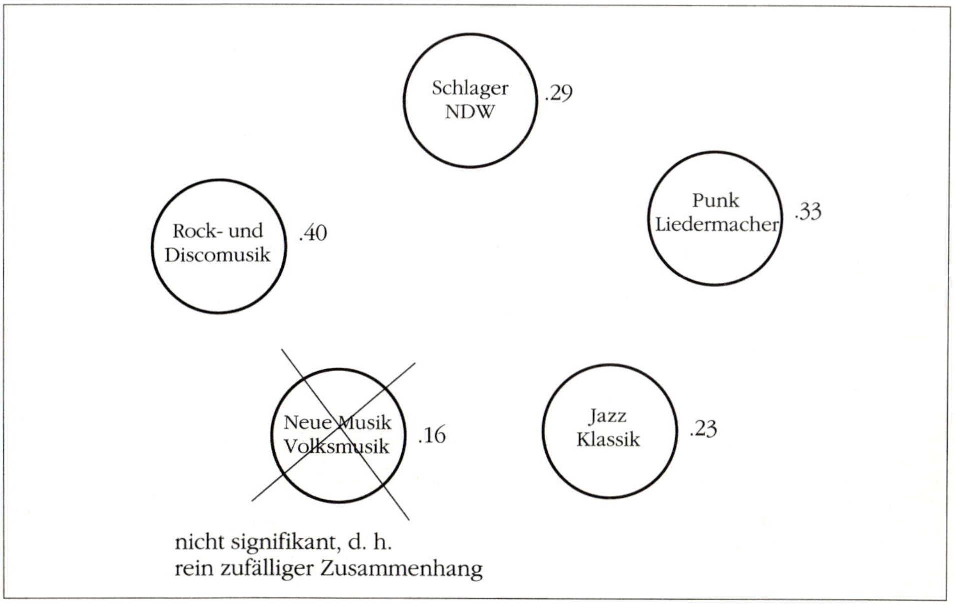

Demnach gibt es für die Jugendlichen Ähnlichkeiten zwischen den Musikarten, etwa in Struktur, Anspruch, Form, Spielweise, Interpretation und anderes mehr. Solche Gemeinsamkeiten ergeben sich, wie oben bereits beschrieben, zwischen Rock- und Discomusik, zwischen Schlager und NDW, zwischen Punk- und Liedermachern, zwischen Klassik und Jazz („Jazz ist ethisch wieder sehr hochstehend.“). Die Beziehung zwischen Neuer Musik und Volksmusik ist rein zufällig und wird hier vernachlässigt.

Die vermutete Fremdwertung musikalischer Genres wird zu einem Kontrastspiegel der Eigenwertung. Unterschiedlicher könnten die Urteile kaum sein. Nahezu alle Mittelwertsdifferenzen zwischen Eigen- und Fremdwertung sind statistisch signifikant, d. h. nicht zufällig (vgl. Wilcoxon-Test-Tabelle im Anhang). Die Meinung, daß Neue Musik und Punk in der Bevölkerung keine Resonanz und Anerkennung finden, ist sicher keine neue Erkenntnis. Beide Genres setzen je auf ihre Weise auf Distanz von, ja sogar auf bewußten Bruch mit Konventionellem, Bekanntem, Beliebtem, eben Volkstümlichem. Auch die Klassik hat in unserer Gesellschaft nicht jenes Ansehen (nur 20% mit hohes bis sehr hohes Ansehen), das sich die Klassik-Freaks wünschten. Wegen der Bedeutung dieser Musik in unserer Studie weisen wir die Urteilsverteilungen nochmals in einer eigenen Grafik aus. Sie macht die „sehr hohe“ Wertschätzung der Jugendlichen und die mittlere bis negative (vermutete) Bewertung von klassischer Musik in unserer Gesellschaft deutlich (s. Grafik rechts).

Nach Meinung der Jugendlichen genießen die Genres Schlager, Volksmusik, Neue Deutsche Welle und Discomusik ein relativ hohes Ansehen in unserer Gesellschaft. Wir wissen freilich um die relative Undifferenziertheit und Pauschalität dieser Aussagen, weil sie alters- und vor allem auch schichtspezifische Urteilsbedingtheiten völlig außer acht lassen. Dennoch meinen wir, daß Trends deutlich werden: Der Schlager (69% hohes bis sehr hohes Ansehen) ist und bleibt des Deutschen „liebstes Kind“! Er rangiert in der Wertungsskala des vermuteten Fremdurteils noch vor der Discomusik (52%) und Volksmusik (48%). Das Urteil über Liedermacher und ihr Ansehen ist wegen der hohen Streuung (hier gehen die Meinungen erheblich auseinander, sowohl in der Eigen- wie Fremdwertung) nicht sinnvoll interpretierbar.

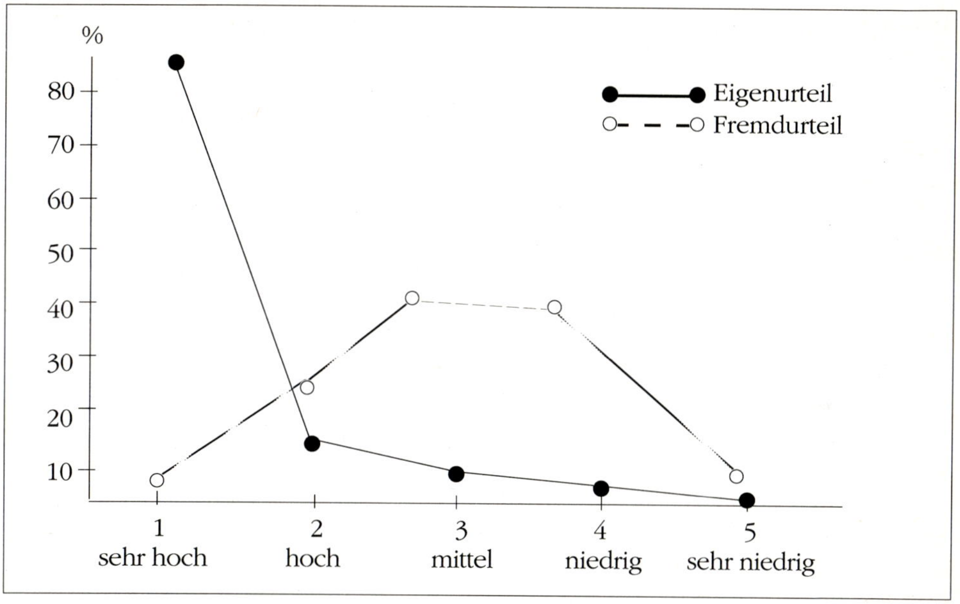

Grafik: Urteil über Ansehen sogenannter klassischer Musik

Zur Persönlichkeit der jungen Talente

Selbstbild und vermutetes Fremdbild

Die Studie nähert sich über verschiedene Verfahren der Persönlichkeit musikalischer Begabung, wobei unter Persönlichkeit die charakteristischen Merkmale eines Individuums verstanden werden. Oder formaler ausgedrückt: *Persönlichkeit ist die Summe der Verhaltensweisen, mit denen ein Individuum charakteristischerweise reagiert und mit anderen Personen und Objekten in Beziehung tritt*[211]. Neben den biographischen Narrationen, den Retrospektiven und Zukunftsperspektiven, neben dem unausgesprochenen Eindruck aus zahlreichen Gesprächen mit den Jugendlichen kann uns die in der Musikpsychologie mit sinnvollem Erkenntnisgewinn praktizierte Methode des Semantischen Differentials[212] dem Selbst- und vermuteten Fremdbild der Jugendlichen ein Stück näherbringen. Auf der Basis einer Merkmalsliste mit (annähernden) Gegensatzpaaren haben die Jugendlichen sich in ihren wesentlichen Eigenschaften selbst beurteilt (s. Anhang Fragebogen) und zwar auf einer Skala, die ein weder/noch und eine Intensitätssteigerung in die eine oder andere Gegenrichtung erlaubt (Beispiel: sehr ordentlich, etwas ordentlich, weder/noch, etwas unordentlich, sehr unordentlich). Die Adjektive erfassen psychische Dispositionen, Befindlichkeiten, innere Verfassungen, soziale Verhaltenseinschätzungen, Aktivität, Motivationen, Leistungsdispositionen, Gefühlsbereiche usw. Solche Merkmale sind freilich psychologische Konstrukts, die uns helfen sollen, die Vielfalt menschlicher Charaktere, die Komplexität des Konstruktes „Persönlichkeit" sinnvoll nach entsprechenden Merkmalskombinationen zu klassifizieren. Mit diesem Ansatz nähern wir uns der Merkmalstheorie von Allport[213], nach dessen Auffassung Traits (d. h. charakteristische Merkmale, Eigenschaften) die Bausteine der Persönlichkeit, die Wegweiser für das Handeln eines Menschen und der Ursprung seiner Einmaligkeit als Individuum sind. *Traits werden definiert als hypothetisch abgeleitete Prädispositionen, die das Verhalten eines Individuums in konsistenter und charakteristischer Weise bestimmen*[214].

Das Ergebnis der Selbstbewertung (das Selbstbild) ist in der Graphik mit gewissen Einschränkungen ablesbar. Die Punkte repräsentieren die Mittelwerte auf den Urteilsskalen für die gesamte Stichprobe. Die Formulierung „repräsentieren" setzt voraus, daß dieser Wert tatsächlich der wahre Kennwert ist, der die Verteilung der Selbsturteile angemessen wiedergibt. Dies ist aber nicht für alle Skalen gleichermaßen der Fall, nämlich dann nicht, wenn Urteile auf einer Skala zu stark streuen. Interpretationen solcher Mittelwerte sind nicht mehr sinnvoll, und man muß statistische Analyseverfahren einsetzen (etwa: Clusteranalysen), die die Varianz (Streuung) der Urteile zufrie-

211 Ferguson 1970, zit. n. Philip G. Zimbardo, a.a.O., S. 395
212 Klaus-Ernst Behne:, a.a.O., 1980
213 G. W. Allport: *Personality: A psychological interpretation*, New York (1937) 1960 (2. Aufl.)
214 Allport, zit. n. Philip G. Zimbardo: a.a.O., S. 402

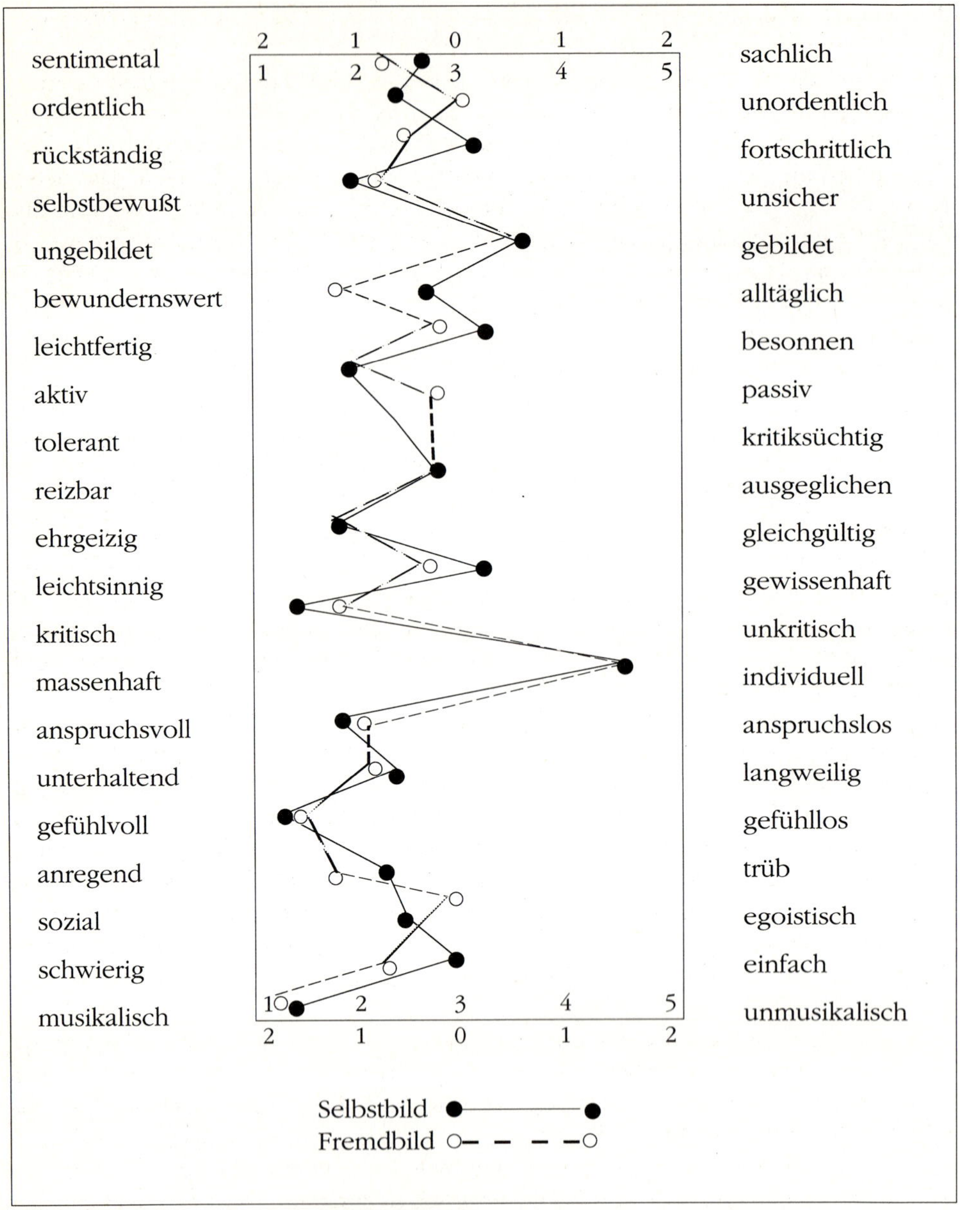

Grafik: Die Persönlichkeit junger Talente im Selbst- und vermuteten Fremdbild

denstellend aufklären. Dennoch lassen sich aus dem Mittelwertsprofil zur Selbstbewertung der jungen Talente einige markante Aussagen machen. In den Extremwerten des Profils sind die Streuungen ausgesprochen gering, so daß eine Interpretation sinnvoll ist. Dies gilt für die Merkmale: aktiv, ehrgeizig, kritisch, individuell, anspruchsvoll, gefühlvoll, musikalisch, gebildet, gewissenhaft. Die Erfahrungen des Interviewers aus den Gesprächen mit den Jugendlichen können dieses Selbstbild nur bestätigen, das auch in den authentischen Texten permanent durchschimmert. Über diese Methode wird also zunächst einmal ein biographisches Ergebnis nur bestätigt: Die Jugendlichen bewerten sich selbst als zielbewußte, aktive und musikalische Individualisten, denen „Gefühl" viel bedeutet. Die Adjektive „musikalisch, kritisch, individuell und gefühlvoll" sind in dieser Rangfolge die hervorstechendsten Merkmale des Selbstbildes. Die jungen Talente sind von ihrer Musikalität überzeugt, und wer wollte ob ihrer Erfolge daran zweifeln.

Sinnvoll interpretierbar sind auch die Merkmale, die eine deutliche Tendenz aufzeigen. Danach bezeichnen sich die Jugendlichen als eher fortschrittlich, gebildet, tolerant, unterhaltend, anregend. Auf diesen Skalen ist das Urteilsverhalten insgesamt weniger extrem ausgeprägt, d. h. die Sicherheit und Eindeutigkeit des Urteils läßt nach.

In allen übrigen Merkmalen unterscheiden sich die Jugendlichen zum Teil erheblich, was eine ausgezeichnete Basis zur Differenzierung oder Typologisierung innerhalb der Begabtenpopulation darstellt. Eine solche Typologie instrumentaler Begabung ist Gegenstand der zweiten Forschungsphase, die mit einer größeren Stichprobe und mit differenzierenden Auswertungsverfahren zu repräsentativen Ergebnissen führen wird. Dennoch soll die Interpretation von Urteilsstreuungen hier zumindest darauf verweisen, daß sich die Jugendlichen hinsichtlich der Merkmale sentimental-sachlich, ordentlich-unordentlich, selbstbewußt-unsicher, bewundernswert-alltäglich, leichtfertig-besonnen, tolerant-kritiksüchtig, reizbar-ausgeglichen, leichtsinnig-gewissenhaft, sozial-egoistisch, schwierig-einfach (viele Gleichverteilungen) erheblich unterscheiden. Daher könnten wir spekulieren, daß es Jugendliche gibt, die sich selbst als sentimental, unordentlich, unsicher, alltäglich, leichtsinnig, reizbar, egoistisch und schwierig bezeichnen, um nur eine mögliche Merkmalskombination zu konstruieren. Wir werden eine solche Typologie nicht nur empirisch bestätigen können, sondern wir werden auch sozial- und individualpsychologische Hintergründe für die unterschiedlichen Selbstkonzepte ausfindig machen.

Nun wissen wir, daß Wahrnehmungen und Erfahrungen, die unser Selbstkonzept begründen, zu einem wesentlichen Teil durch Erfahrungen und Reaktionen mit anderen Personen zustandekommen. Das dürften in erster Linie Eltern und Lehrer sein, die das Selbstkonzept beeinflussen. Insofern steckt im Selbstkonzept der jungen Musiker auch ein Hinweis auf Erziehungsqualität und -intensität ihrer Eltern und Lehrer. Ein positives Selbstkonzept begünstigt Selbstachtung und Selbstvertrauen; es ist von existentieller Bedeutung für die seelische Entwicklung, für die seelische Funktionstüchtigkeit, für das gefühlsmäßige und soziale Verhalten, insgesamt für eine konstruktive Persönlichkeitsentwicklung. Die hohe Wertschätzung, die die Kinder selbst und die ihr musikalisches Tun in den Familien erfahren, ist ein Grundfaktor des positiven Selbstkonzeptes des Jugendlichen. Neben Erziehungseinflüssen sind auch Erfahrungen aus einem erfolgreichen Musizieren förderlich für Selbstbewertung und Selbstbewußtsein. Insofern befinden sich die Jugendlichen in einem Regelkreis, der ihrer Entwicklung zugute kommt: Belobigung und Anerkennung im Elternhaus wechseln mit persönlichen Erfolgserfahrungen im musikalischen Bereich und steigern das Gefühl eines positiven Selbstkonzeptes.

Mit Fremdbild der Jugendlichen meinen wir nicht das Bild in der tatsächlichen Beurteilung durch andere (Fremde), sondern das vermutete Bild, das sich aus der Vorstellung darüber ergibt, wie andere (die Öffentlichkeit) wohl über einen denken mögen. Ein solches Fremdbild fördert Vermutungen über bestehende Vorurteile zutage, die uns in unserer täglichen Lebenspraxis mehr oder weniger beeinflussen. Wir können uns schlecht ganz frei machen gegenüber dem Gedanken, wie und was andere über und von uns denken.

Die Ergebnisse suggerieren auf den ersten Blick eine hohe Übereinstimmung von Selbst- und Fremdbild, ablesbar am fast parallelen Verlauf der Profile. Dies bedeutet auf den ersten Blick, daß die jungen Musiker sich von der Öffentlichkeit so eingeschätzt glauben, wie sie sich selbst sehen. Dieser Schluß wäre jedoch ein statistischer Artefakt, ein mathematisches Kunstprodukt, das der Wirklichkeit nicht entspricht. Wenn man sich die Verteilungen der Urteile auf den einzelnen Skalen ansieht, registriert man ausgesprochen hohe Streuungen, d. h. die Vorstellungen, darüber, wie „man" über junge Musiktalente denkt, gehen innerhalb der Begabtenpopulation deutlich auseinander. Vergleicht man übrigens die Streuung beider Profile über alle Skalen hinweg, dann stellt man fest, daß das Selbstbild (vielleicht erwartungsgemäß) insgesamt homogener, geschlossener ausfällt als das Fremdbild; statistisch gesprochen: Die mittlere Varianz des Selbstbildes ist kleiner als die des Fremdbildes

$$\left(\bar{s}_S^{\,2} = 0.88 < \bar{s}_F^{\,2} = 1.2 \right)$$

Nun steht uns mit dem Wilcoxon-Test für Rangdaten und abhängige Gruppen ein Prüfverfahren zur Verfügung, das uns die Differenz von Selbst- und Fremdbild genauer bestimmen hilft. Beispiel: Für die Dimension „sentimental-sachlich" wird jedem Probanden auf der Basis seiner Antwort für Selbst- und Fremdbild ein Rangplatz zugewiesen. Dann wird ausgezählt, wie oft die Probanden das Selbstbild hinsichtlich dieses Merkmals höher einschätzen als das Fremdbild, d. h. wie oft eher in Richtung „sachlich" (vgl. Grafik: Profile des Selbst- und Fremdbildes), wie oft das Fremdbild höher als das Selbstbild eingestuft wird und wie oft Selbst- und Fremdbild übereinstimmen, d. h. wieviele "ties" es gibt. Aus diesen Daten wird der Prüfwert z berechnet, der auf Signifikanz getestet wird (vgl. Tabelle im Anhang). Eine Signifikanz auf der Skala „ordentlich-unordentlich" kann dann wie folgt interpretiert werden: Die Jugendlichen halten sich selbst eher für ordentlich, während sie glauben, als Gruppe von anderen eher für unordentlich gehalten zu werden. Dieses Beispiel trifft für unsere Stichprobe von den Merkmalen her zu. Vielleicht steckt in dieser Vermutung, für eher unordentlich gehalten zu werden, die verbreitete Vorstellung vom Künstlertyp, vom Bohemien, der in den Tag hineinlebt und sein Leben ungern nach Ordnungsprinzipien gestaltet.

Zwei bemerkenswerte weil hochsignifikante Differenzen im Selbst- und Fremdbild sind zu registrieren: Die Jugendlichen sind der Meinung, daß sie von anderen eher als „bewundernswert" und als weniger „tolerant" bewertet werden als sie es selbst für zutreffend halten. Genialität und Intoleranz sind hier gepaart und repräsentieren verbreitete Gemeinplätze über den begabten Menschen. Was in diesem vermuteten Fremdbild durchkommt, mag jenes in unserer Gesellschaft verbreitete und in Tagesfeuilletons nachlesbare Bild von „Wunderkindern", kleine Genies und „Mozarts" sein, die ob ihrer Begabung mit anderen Menschen eher zu Ungeduld oder gar Intoleranz neigen. Andererseits ist auch interessant, daß in der Beurteilung „bewundernswert-alltäglich" die höchste Fehlquote zu verzeichnen ist (22%), d. h. die Jugendlichen möchten sich diesem Fremdurteil eher entziehen, was als Unsicherheit oder als Unbehaglichkeit ausgelegt werden kann. Das Gespräch selbst hatte bereits gezeigt, daß den Jugendlichen die Frage nach dem „Wunderkind" eher lästig war.

Das etwas negativere Fremdbild setzt sich in den Merkmalen weniger fortschrittlich (21mal eher „fortschrittlich" im Selbstbild als im Fremdbild), weniger sozial (17mal eher „egoistisch" im Fremdbild als im Selbstbild) und eher schwierig (29mal eher „schwierig" im Fremdbild als im Selbstbild) fort. Wer sich angesichts „moderner" Musik (sprich: Rock, Pop, U-Musik) heute mit „alter" Musik (sprich: Klassischer Musik) auseinandersetzt, nimmt von sich an, daß er allgemein als weniger fortschrittlich eingestuft wird. Wer dies tut, besitzt sicher auch eine gehörige Portion „Individualität" (negativ: weniger soziale Einstellungen) und ist insgesamt eher als schwierig einzuschätzen. Nun muß dieses vermutete Fremdbild keineswegs zutreffen (was man jedoch so schnell nicht annehmen wird). Tatsache bleibt, daß die Jugendlichen von der Vorstellung, wie „man" über sie denkt, durchaus beeinflußt sind. Und dieses Denken ist in wichtigen Merkmalen (noch einmal: weniger ordentlich, weniger fortschrittlich, weniger tolerant, weniger sozial, eher schwierig) negativer, als die Jugendlichen sich selbst sehen. Einzig die Aura des Wunderkindes glauben sie positiver bewertet, als sie es selbst für sich akzeptieren.

Die Ergebnisse des Testes weisen zugleich jene Merkmale aus, in denen es eine hohe Übereinstimmung im Selbst- und Fremdbild gibt. Dies bedeutet, daß es kaum einen Zweifel bzw. eine Differenz gibt hinsichtlich der Beurteilung ihrer Musikalität, Individualität, Gefühlsempfindung, Aktivität, ihres (Selbst-) Anspruchs und ihrer anregenden Art (vgl. Grafik). Bleibt die Frage, ob es ein Fremdbild oder eher ein Wunschbild ist?

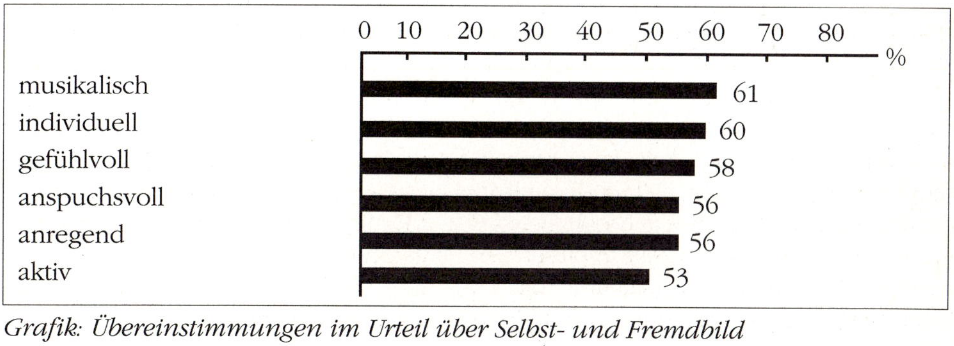

Grafik: Übereinstimmungen im Urteil über Selbst- und Fremdbild

Auf den verbleibenden Skalen streut das vermutete Fremdbild so stark, daß wir an dieser Stelle auf eine weitergehende Interpretation verzichten. Aus der Streuung der Urteile im Fremdbild wird sich mit geeignetem statistischem Zugriff in der 2. Phase Typologisches ermitteln lassen.

Was ist musikalische Begabung? – Junge Talente antworten

Musikalische Begabung heißt, ein Gefühl für Musik haben, schnell auffassen und lernen, musikalisch ausdrücken können, was in einem Stück steckt (14, w, I 55).

Begabung heißt, Musik kommt von innen heraus, es springt etwas über beim Musizieren. Das gilt vor allem für langsame Sätze, bei denen ich mich verausgabe. Hinterher bin ich ziemlich fertig, ausgelaugt. Ich lebe in dieser Musik (16, w, I 04).

Begabt sein heißt, daß musikalische Werke ins Innere reinkommen, daß man sie als schön empfindet, wie beispielsweise ein Renaissance-Bild, daß man mit der Musik fühlt. Bei einer Mahler-Sinfonie, da bin ich total erschüttert. Oder wenn man richtig frustriert ist, daß man sich eine Mahler-Sinfonie anhört und da seine ganzen Gefühle irgendwie wiederfindet, Schmerz, Leid, Liebe, einfach alles... (16, m, I 36).

Ich habe eine schnelle Auffassungsgabe, so daß Üben für mich nicht zum Endlosaufwand wird (22, m, I 22).

Kaum eine Frage dürfte in der differentiellen Musikpsychologie und in der Musikpädagogik so häufig gestellt und so kontrovers wie zerstritten beantwortet worden sein wie die nach der „musikalischen Begabung". Lassen wir einleitend den amerikanischen Begabungsforscher Edwin Gordon (Professor an der Temple University of Philadelphia) mit seiner jüngst erneut gestellten Frage *Was ist musikalische Begabung?*[215] zu Wort kommen:

Versuchen Sie sich bitte an eine Erfahrung zu erinnern, die die meisten Musiker bei einer oder mehreren Gelegenheiten gemacht haben. Nehmen wir an, Sie wären gerade in einem Vorspiel gewesen. Sie wären insbesondere an dem Spiel von zwei Schülern interessiert. Beide Schüler hätten bei demselben Lehrer die gleiche Zeit lang studiert. Beide zeigten einen ähnlichen Leistungsstand in Bezug auf ihre technischen Fertigkeiten auf demselben Instrument. Ebenso spielten sie Kompositionen von einem vergleichbaren Schwierigkeitsgrad. Es gab ähnliche technische Fehler und Gedächtnislücken in beiden Aufführungen. Und doch wären Sie der Meinung, daß einer der beiden Schüler musikalisch viel mehr profitieren könnte, wenn er den Unterricht fortsetzte, während der andere musikalisch nur sehr wenig Nutzen aus der Fortsetzung seines Unterichts zöge. Wie kommt man zu einer solchen Schlußfolgerung? Obwohl

[215] Edwin Gordon: *Was ist musikalische Begabung?* in: *Üben&Musizieren* 3/1985, S. 160-165

man wahrscheinlich nicht genau angeben kann, was Musikalität ist, gründen die Vorstellungen bewußt oder unbewußt auf dem, was man für die vergleichbare musikalische Begabung der zwei Schüler hält.

Als Sie dem Vorspiel der beiden Schüler zuhörten, waren Sie sich ferner bewußt, daß bei jedem von ihnen entweder die rhythmische oder die tonliche[216] *Begabung herausragte. Es ist nämlich ganz unwahrscheinlich, daß ein Schüler denselben Grad an tonaler wie an rhythmischer Begabung zeigt. Um dies zu prüfen, analysieren Sie bitte Ihre eigenen musikalischen Stärken und Schwächen. In den meisten Fällen wird man finden, daß man entweder die Töne oder den Rhythmus einer Komposition leichter lernt.*

Wir alle sprechen von Musikalität und musikalischer Begabung und gehen eher intuitiv denn exakt definitorisch mit diesem Merkmal um. Wir beschreiben sie, indem wir unsere Erfahrungswerte benutzen. Leider sind viele unserer Zeitgenossen von einer Begabungsdichotomie überzeugt: entweder man ist musikalisch begabt, oder man ist es nicht! Über die fatalen Auswirkungen dieser zweigipfligen Begabungszuweisung brauchen wir hier nicht lange nachzudenken, aber sie sind spürbar in der Musikerziehung inner- und außerhalb von Schule. Hinzu kommt, daß in breiten Bevölkerungsschichten das Begabtsein auf die Fähigkeit des Singens oder Nicht-singen-Könnens reduziert wird. Vielen Kindern wurde eine solche Negativqualifikation von musikunsensiblen Eltern und/oder Lehrern mit auf den Weg gegeben. Der Leser kann den Test sprichwörtlich beim „Mann auf der Straße“ machen. Auf die Frage, ob er musikalisch begabt sei, wird er mit nahezu 100%iger Wahrscheinlichkeit antworten: „Nein, ich kann nicht singen!“ Nach allgemeiner Volksmeinung ist musikalische Begabung wohl eher vererbt, weniger lernbar. Wie gesagt: Man hat sie, die Begabung, oder man hat sie nicht. Und wer sie nicht hat, braucht sich dessen nicht zu genieren. Musikalisch nicht begabt zu sein, wird allenfalls mit einem kopfschüttelnden Lächeln bestätigt. Ob man mit Intelligenzzuweisungen gleichermaßen verfahren könnte? Ist dies nicht zugleich ein Spiegel der Wertschätzung „musikalischer“ Begabung und letztlich von Musik (Kunst) in unserer Gesellschaft?

Die Konsequenz ist, daß viele potentielle Begabungen brach liegen, weil ihnen Entdeckung und Förderung fehlen. In der Hochbegabungsforschung gelten nach konventioneller Schätzung etwa 200 000 Kinder in der BRD potentiell als hochbegabt, sind jedoch längst nicht alle als solche erkannt [217].

Edwin Gordon macht in seinem Beitrag auf einen weiteren wichtigen Aspekt aufmerksam:

Was noch wichtiger ist, ist die Tatsache, daß offensichtlich musikalische Begabung und musikalische Leistung nicht dasselbe sind. Musikalische Begabung bezeichnet die

216 Im Amerikanischen bezeichnet „tonal“ in diesem Fall im Unterschied zu „rhythm“ alle Aspekte, die an den Parameter Tonhöhe gebunden sind (z. B. Tonhöhenunterscheidung, Intonation, Melodiegedächtnis, harmonisches Hören u. ä.).

217 nach Geuß/Urban: a.a.O., 1982, S. 92

Fähigkeit eines Schülers zu lernen, während musikalische Leistung das bezeichnet, was ein Schüler bereits gelernt hat. Wenn musikalische Begabung und musikalische Leistung durcheinandergebracht werden und man irrtümlich beides für dasselbe hält, dann werden Schüler mit einer hohen musikalischen Begabung, die keine Chance gehabt haben, sich musikalisch zu betätigen und als Ergebnis davon keine musikalische Leistung vorweisen können, für nicht musikalisch gehalten. Folglich sind sie auch nicht ermutigt, Musikunterricht zu nehmen. Denn daß ein Lehrer einen Schüler mit hoher musikalischer Begabung nicht dazu anhält, Musikunterricht zu nehmen, stellt eine beträchtliche Vergeudung menschlicher Fähigkeiten dar. Ferner ist, wenn man musikalische Begabung und musikalische Leistung für dasselbe hält, der pädagogische Erziehungsprozeß für alle Schüler ungeachtet ihrer Möglichkeiten weniger effektiv, als er sein könnte. Dies ist so, weil ohne spezifische Kenntnis der musikalischen Begabung ein Lehrer nicht mit Bestimmtheit und Genauigkeit auf die individuellen musikalischen Unterschiede seiner Schüler im Unterricht eingehen kann[218].

In einer Befragung aus dem Jahre 1970 konnte Adam Kormann[219] jene fünf Fähigkeiten ermitteln, die nach allgemeinem Konsens für Musikalität am wichtigsten erachtet werden (Einstufung in „sehr wichtig/wichtig"): 1. Rhythmusgefühl besitzen (88%) – 2. Feine Tonhöhenunterschiede hören (73%) – 3. Ein gutes Melodiengedächtnis besitzen (66%) – 4. Sich im Gruppenspiel anpassen können – 5. Musikstücke gut interpretieren können (62%). Die Ergebnisse variieren nach der Art der Befragtengruppen, je nachdem ob wir es mit Experten, Berufsmusikern oder Laien zu tun haben.

Wir hatten dank unserer Population die Möglichkeit, am Beispiel von Instrumentalbegabungen das Selbstkonzept „musikalisch begabt" in seinen Bedeutungsdimensionen auszuloten. Schon im Selbstbild (vgl. Kap. *Selbstbild und vermutetes Fremdbild*) war das Attribut „musikalisch begabt" als hervorstechendstes Persönlichkeitsmerkmal ausgewiesen worden, d. h. die Jugendlichen sind von ihrer musikalischen Begabung überzeugt. Wir wollten wissen, was sie darunter verstehen, welche musikalischen Fertigkeiten und Fähigkeiten ihrer Erfahrungssicht nach ausgeprägt sein müssen, um sich als (instrumental-) begabt zu bezeichnen. Damit leisten wir zunächst einen alltagspsychologisch-pragmatischen Beitrag zur Begabungsdiskussion mit dem Risiko von Fehlerquellen, die sich aus diesem Verfahren ergeben. Wir müssen freilich auch die Anspruchsweite unserer Definition eingrenzen: Wir befragten Instrumentalisten, folglich müssen wir vorwiegend Antworten zur „instrumentalen" Begabung erwarten. Würden wir Sänger, Komponisten, Tänzer, Choreographen oder andere künstlerisch Tätige befragen, wir erhielten zwangsläufig andere Schwerpunkte in den Begabungsdefinitionen.

Wir stellen der interpretierenden Kategorisierung „instrumentaler Begabung" das Ergebnis einer qualitativ-quantitativen Inhaltsanalyse voran:

218 Edwin Gordon: a.a.O., S. 161

219 Adam Kormann: *Der Zusammenhang zwischen Intelligenz und Musikalität unter entwicklungs- und kreativitätspsychologischem Aspekt*, Diss. Salzburg 1972

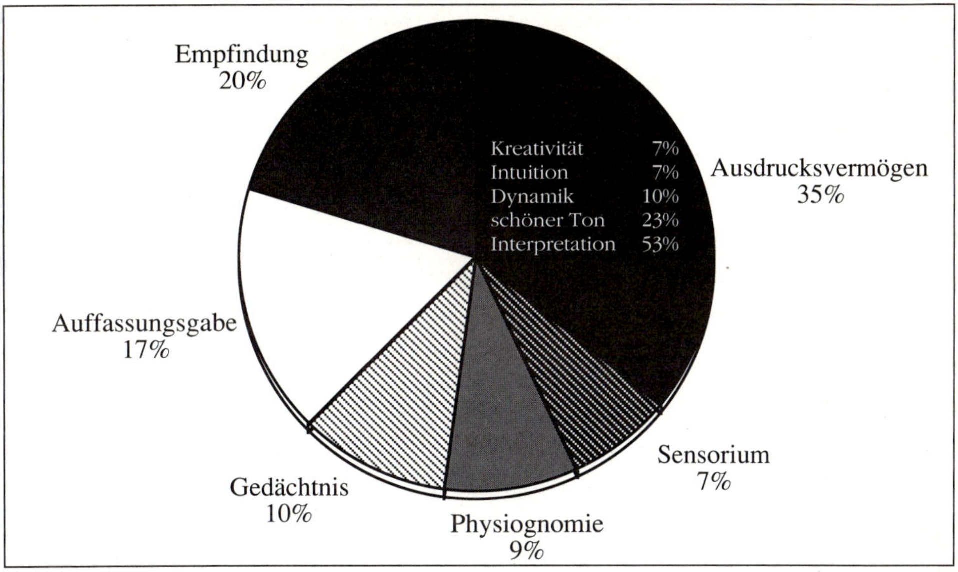

Grafik: Ergebnis der quantitativen Inhaltsanalyse
Begabungsmerkmale und ihre Häufigkeit in den Selbstkonzepten instrumentaler Talente

Demnach fühlen sich unsere Jungmusiker begabt, weil sie folgende Fähigkeiten, Anlagen und Fertigkeiten für sich in Anspruch nehmen möchten (Reihenfolge als Rangfolge):

1.	Ausdrucksvermögen „Das was ich fühle, in Musik ausdrücken zu können“	35% [220]
	In wechselseitiger Beeinflussung:	
	1.1 musikalisch-künstlerischer Ausdruck	53% [221]
	1.2 Schöne, expressive Tongestaltung	23%
	1.3 Dynamik, Intensität, Spannung ausdrücken	10%
	1.4 Empfinden für Phrasierung, musikalische Linien	7%
	1.5 Intuition	7%
2.	allgemeine und musikalische Empfindungsfähigkeit – ausgeprägtes ästhetisches Sensorium: „... daß Musik einen angreift und ins Innere geht!“	20%

220 Der Prozentsatz bezieht sich auf die Gesamtzahl aller Begabungsmerkmale.
221 Prozente innerhalb der Kategorie 1 (sich in Musik ausdrücken können)

3. schnelle Auffassung, vom Blatt spielen, wenig Aufwand mit viel Effekt — 17%
"Ich lerne sehr schnell, fasse leicht auf..."

4. Gedächtnisleistung – Fähigkeit zur Abstraktion musikalischer Syntax — 10%
„Ich lerne schnell auswendig und habe eine gute Klangvorstellung..."

5. Natur/Physis – körperliche Voraussetzungen und Anlagen — 9%
„Ich bin sozusagen mit meinem Instrument eins, wenn ich spiele, dann spielen da nicht ein Instrument und ein Spieler, sondern das ist eine Einheit..."

6. Akustisches Sensorium – Wahrnehmungsfähigkeit – Rhythmusempfinden und Tonhöhendifferenzierung — 7%

Wir haben die Merkmale in der Übersicht zwar systematisiert, jedoch sollte dies nicht zu dem Trugschluß führen, daß diese Einzelbefähigungen von den Jugendlichen isoliert und unabhängig voneinander gesehen werden, etwa im Sinne der atomistischen Talenttheorie Seashores. Im Gegenteil: Wiederholt wird auf die Komplexität des Phänomens „Begabung" verwiesen, auf die Verknüpfung verschiedener Merkmale, deren spezifische Kombination erst „Begabung" und letztlich auch Erfolg ausmacht.

> *Mein besonderes Talent liegt wohl darin, daß ich von allem etwas mitbekommen habe. Ich habe eine sehr gute Motorik, ich lerne ziemlich schnell, allein von den Fingern her, ich habe mit der Atmung nie Probleme gehabt, habe das gleich richtig gemacht, ich habe von zu Hause her ein sehr gutes Gehör mitgekriegt, und auch Rhythmusgefühl ist eine Erfahrungssache. Die Leute, mit denen ich zu tun habe, sagen, daß ich ein bißchen ein Techniker sei, aber eben nicht in der negativen Bedeutung, die Technik oft mit sich führt* (21, m, I 70).

> *Mir fällt die musikalische Ausarbeitung nicht so besonders schwer, auch fällt mir leicht, für einen gewissen Zeitabschnitt auswendig zu spielen. Wenn ich ein Stück eine gewisse Zeit übe, dann kann ich das auch auswendig, ohne extra auswendig lernen zu müssen. Das ist so eine Art „momentane Wiedergabe", ich weiß genau, wo die Noten stehen, und ich habe sie im Gehör. Ich spiele also sehr nach Gehör. Das Vom-Blatt-Spiel habe ich durch das viele Orchesterspielen und die vielen Mucken gelernt. Früher habe ich mich da sehr schwer getan. Heute kann ich vieles in den Proben vom Blatt mucken* (20, m, I 31).

> *Man bekommt sicher ein gewisses Talent mit, sonst kann man das alles nicht durchhalten. Begabt sein heißt: Auffassungsgabe, Durchhaltevermögen, Ehrgeiz und motorische Fähigkeiten zu haben, bewegliche, lockere Finger. Das hat zunächst noch gar nichts mit Musik zu tun* (21, w, I 65).

Von einigen Jugendlichen wird also Begabung zunächst gar nicht in einem engeren „musikalischen" Sinne verstanden, sondern im Horizont allgemeiner Persönlichkeitsmerkmale. Unser Motto in den Gedankensplittern zu Beginn unserer Studie stellte diese Deutung bereits voran. Begabt sein heißt zunächst sehr allgemein:

> *Begabt sein zur Persönlichkeit... Kraft und Energie besitzen... eine feste Position haben... die Fähigkeit zu intuitivem Verstehen besitzen... Energie und nochmals Energie... gnadenlos mit seinem Charakter sein...* (21, m, I 76).

Solche allgemeinen Charaktermerkmale leiten in den Erzählungen wiederholt die Gedanken zur „musikalischen" Begabung ein. Eine gewisse Besessenheit, ein unwiderstehlicher Drang, Musik machen zu müssen, sind unabdingbare Voraussetzung, eine musikalische Befähigung auch auszuleben und zu nutzen.

> *Man muß in gewisser Weise fast besessen sein. Musik muß einem so viel Spaß machen, daß man überhaupt die Geduld aufbringt, schwierigste Übezeiten auf sich zu nehmen, um solche Schlüsselerlebnisse in Konzerten zu haben, die alle Entbehrungen wieder ausgleichen. Es wird so oft von musikalischer Begabung gesprochen, daß jemand sagt: „Ich mache keine Musik, weil ich nicht musikalisch bin." Das finde ich so engstirnig, denn würden es diese Leute erstmal versuchen und sich dahinterklemmen, mit der Geduld und der richtigen Anleitung, dann könnten sie auch was leisten...* (19, m, I 30).

> *Begabung heißt für mich zunächst „fasziniert sein von Musik"* (19, m, I 09).

> *Begabung und Persönlichkeit sind sehr stark verknüpft* (20, w, I 44).

> *Zur Begabung gehört die richtige persönliche Einstellung, auch die Intelligenz in der Übetechnik, daß man sich auch immer wieder zusammenreißt und die Energie aufbringt, daß man sich immer wieder neutral betrachtet und kontrolliert* (15, m, I 15).

Die intensiven Begabungsdefinitionen der Jugendlichen machen eines überdeutlich: Ein kompetenter Musiker kann nur werden, wer eine Begabung zur musikalischen Expression, zur künstlerischen Interpretation besitzt. Diese Einsicht wird aus unterschiedlicher Fragestellung heraus mehrfach bestätigt.

Einige Jugendliche grenzen unsere Begabungsfrage von vornherein auf eine „musikalische" Dimension ein (im Sinne der Befähigung zur Interpretation; siehe einleitende Zitate) und wollen eine „technische" Begabung in Sinne einer Anlage erst gar nicht gelten lassen. Sie steht eher im Verdacht des Trainings, des Drills, der Übung und kann ihrer Ansicht nach bis zu einem gewissen Grad von jedermann erlernt werden.

> *Auf jeden Fall muß man immer trennen zwischen musikalischer Begabung und technischer Begabung für ein Instrument. Ich kenne viele Leute, die technisch begabt sind. Ein Freund von mir ist z. B. ein phantastischer Geiger, aber er kann keine Musik machen* (21, m, I 70).

> *Technisch toll spielen ist für mich noch keine Begabung* (20, w, I 44).

Die musikalische Begabung macht den Unterschied zwischen einem Handwerker und einem Künstler aus. Der Handwerker hat vielleicht von seinem Naturell her eine bessere Voraussetzung für die XXX (Instrument) *als ein Künstler, der sehr viel arbeiten muß, der aber von seiner Persönlichkeit her eine ganz andere musikalische Ausdruckskraft hat, sich mit der Musik ganz anders befaßt. Das wäre für mich eine musikalische Begabung* (18, m, I 47).

Konkretisieren wir die einzelnen Befähigungen, Talente, Qualifikationen im einzelnen.

zu 1: musikalisches Interpretationsvermögen

In der Hierarchie der Merkmale instrumentaler Begabung führt im Selbstkonzept der Jugendlichen eindeutig die Befähigung zur musikalischen Aussage, zur Interpretation von Musik. Im einzelnen nennen die jungen Musiker die Begabung zur inneren Vorstellung von Musik, zur Gestaltung von Strukturen, zur Erfassung und Wiedergabe von Intensitäten, Spannungen, Phrasen, dynamischen Richtungen und Entwicklungen, d. h. zur Aufnahme und Umsetzung energetischer Prozesse in der Musik. Und als Voraussetzungen dafür den Willen zur Interpretation, den schönen, großen, expressiven Ton, ein gewisses Schönheitsempfinden, einen Klangsinn und eine enorme Konzentrationsfähigkeit (vgl. Kap. *Der Weg zum Erfolg*; mit 70% nennen die Jugendlichen an 1. Stelle eine „hohe Konzentrationsfähigkeit“ als Voraussetzung erfolgreichen Musizierens).

Musikalisch begabt sein heißt für mich, Musik rüberbringen können, das verwirklichen, was man sich vorstellt. Dazu braucht es eine gewisse musikalische Reife, zunächst musikalische Strukturen erkennen zu können, um die dann entsprechend auszudrücken. Beide Bereiche müssen zusammenkommen. Voraus geht die Fähigkeit, sich Musik vorstellen zu können und die technische Fertigkeit zur Ausführung. Ich arbeite ständig an den Grenzen, bei meinen Interpretationen hakt es weniger an den Vorstellungen als den technischen Möglichkeiten (22, m, I 22).

Tonvorstellung, Interpretation und Schönheitsempfinden gehören dazu. Bei manchen Spielern fällt mir auf, daß sie lieblos spielen. Man muß sich aber voll in das Stück hineinversetzen und was draus machen, den Interpretationswillen haben. Das war auch bei mir längere Zeit weg, gerade als die technische Phase kam, als ich zu sehr technisch fixiert war. Inzwischen habe ich das wieder (19, m, I 74).

Ein wichtiges Kriterium ist für mich das Gefühl, das man zum Ausdruck bringt, wenn man ein Stück musiziert, ob man mitgerissen wird oder kalt bleibt. Für mich war immer ausschlaggebend, daß die Leute ein gutes Gefühl hatten. Es war irgendwo ein ganzer Ton da, die Spannung da. Darüber waren mir technische Mängel oft nicht so wichtig. Die müssen zwar auch ausgebügelt werden, aber Spannung in der Musik ist mir immer das Wichtigste (17, w, I 68).

Ich habe einen ziemlich ausgeprägten Klangsinn, auch einen Sinn für Klangschönheit. Das äußert sich zunächst im Tonlichen, bei mir besonders in der Neuen Musik, bei Orchesterkompositionen von Ligeti. Ich habe dann in Umsetzung dieses Klangsinns versucht, auch Stücke selbst zu komponieren (18, m, I 59; dieser Jugendliche wurde für seine Avantgarde-Kompositionen mehrfach ausgezeichnet).

zu 2.: allgemeine und musikalische Empfindungsfähigkeit – ausgeprägtes ästhetisches Sensorium

In der Rangfolge der Häufigkeit von Merkmalen folgt an zweiter Stelle – quasi als Voraussetzung expressiver musikalischer Gestaltung – die Fähigkeit, Musik richtig empfinden zu können, sie im Innersten zuzulassen und zu erleben. Begabt ist, wer sich von Musik angezogen fühlt, wer magnetisiert ist, wenn er Musik hört, wer „in" Musik fühlen und empfinden kann.

Begabt ist, wem die Musik was sagen kann, wenn sie einen angreift und irgendwie ins Innerste reingeht. Wenn ich mit Musik zu tun habe, dann fällt das direkt auf fruchtbaren Boden, kann ich etwas mit ihr anfangen (21, w, I 16).

Daß man in der Interpretation vieles empfindet, ohne daß es der Lehrer einem sagen oder erklären muß, wo also ein ritardando, wo eine Steigerung zu spielen ist, daß man das in sich selber spürt (15, w, I 25).

Daß musikalische Werke ins Innere reinkommen, daß man sie als schön empfindet, wie beispielsweise ein Renaissance-Bild, daß man mit der Musik fühlt. Bei klassischen Werken fällt mir das unheimlich schwer, weil die so in feste Schemen eingebunden sind, da kann ich mich nicht so richtig reinversetzen, aber... eine Mahler-Sinfonie, da bin ich dann total erschüttert. Oder wenn man richtig frustriert ist, daß man sich eine Mahler-Sinfonie anhört und da seine ganzen Gefühle irgendwie wiederfindet, Schmerz, Leid, einfach alles... (16, m, I 36).

zu 3: schnelle Auffassung, vom Blatt spielen mit wenig Aufwand aber großem Effekt

In dieser Begabungskategorie kommen Selbstbeobachtung und Selbsterfahrung besonders deutlich zum Ausdruck. Hier beschreiben sie jene Merkmale, die sich in allgemeinen Begabungsdefinitionen finden: schnelle Auffassung, leichtes Lernen, überdurchschnittliche Lernfähigkeit, überraschende Lernfortschritte... Das häufigst gebrauchte Attribut ist „schnell" bzw. der Komparativ „schneller als andere..."!

Mein Talent? Oh je! Ich lerne ziemlich schnell, brauche nicht so lange zu üben. Ich kann mir auch gut etwas merken, schnell auswendig spielen, ohne das zu wollen. Aber das hat auch mein Lehrer sehr gut aufgebaut (19, m, I 75).

Schnell erfassen, gut vom Blatt spielen, von Schallplatten schnell nachspielen können. Es ist eben irgendwie sofort meine Welt, wenn ich Musik höre (21, w, I 23).

Ich habe in kürzester Zeit sehr schnell Lernfortschritte gemacht, brauche bei Stücken nicht zu lange zu üben... (15, w, I 40).

Ich lerne sehr schnell, eigentlich ganz allgemein, auch in der Schule und vor allem in geisteswissenschaftlichen und künstlerischen Fächern. Da habe ich so eine Ader dafür. Ich kann schnell auffassen (19, m, I 74).

Und sicher ist, daß Musizieren diese Fähigkeiten in besonderer Weise fördert. Hier haben wir zum wiederholten Male den Hinweis auf Transfereffekte, die das Musizieren nach sich zieht. Schnell auffassen, schnell lernen, schnell und leicht umsetzen, sich konzentrieren können, eine hohe Merkfähigkeit ausbilden, all das sind Tugenden, die im Instrumentalunterricht in hervorragender Weise ausgebildet und gefördert werden. Musizieren mag zwar nicht unmittelbar klüger machen, wohl aber die Tugenden zum Klügerwerden ausprägen, die Basis grundieren, die Intelligenzmerkmale intensivieren hilft.

zu 4: gute Gedächtnisleistung – Fähigkeit zur Abstraktion musikalischer Syntax

Dieses Kriterium ist mit dem vorlaufenden Merkmal der schnellen Auffassungsgabe eng gekoppelt und wird bereits dort zitiert. Die Jugendlichen erleben, daß sie, oft ohne es zu wollen, längere Passagen oder ganze Stücke bald auswendig beherrschen. Sie scheinen ein ausgeprägtes photographisches Gedächtnis zu haben, das sie Notenbild und Klangvorstellung speichern läßt. Sie sind in der Lage, beide Bilder miteinander zu koppeln, ohne sich irgendwelchen aufwendigen harmonischen, rhythmischen oder melodischen Merkübungen und Analysen unterziehen zu müssen. Die Aufnahme geschieht eher intuitiv denn rational. Sie können einmal gehörte Melodien nachsingen oder nachspielen, eine Beobachtung, die ihre Eltern oft schon in früher Kindheit anstellen konnten.

Meine Begabung liegt sicher in meinem Gedächtnis zum Speichern von Noten. Manchmal habe ich Ohrwürmer, die mich Tag und Nacht verfolgen. Das ist manchmal nicht mehr schön. Ich kann mir in Sinfonien recht lange Passagen gut vorstellen (19, m, I 30).

Ich habe, Gott sei Dank, ein wahnsinnig gutes Gedächtnis. Manche Stücke spiele ich zweimal durch und kann sie auswendig (17, m, I 27).

zu 5: physische Voraussetzungen und Anlagen

Etwa gleich häufig wie mentale Fähigkeiten werden physische Begabungsmerkmale genannt. Demnach kann man begabt sein für ein Streich- oder ein Blas- oder ein Tasteninstrument usw., weil einfach die körperlichen Voraussetzungen stimmen. In Gesprächen wird immer wieder darauf verwiesen, daß der oder die Andere ein Naturtalent sei. Ein solches setze sein Instrument nur an, und schon sei der schöne Ton da, so die Jugendlichen. Da ist die Rede von den richtigen Fingern, vom Natur-Ansatz, von idealen Lippen, von muskulärer Kraft. Von sich selbst reklamieren die Jugendlichen eher das intensive fleißige An-sich-Arbeiten, das stete Bemühen um den schönen Ton, den Naturtalente als „Gottesgeschenk" offensichtlich haben.

Es gibt eine gewisse Veranlagung für ein Instrument, wo also die physischen Voraussetzungen stimmen und besonders gut sind (17, m, I 32).

Ich habe einfach die richtigen Finger für die XXX (Instrument). *Mein Vater hatte schon Schüler, die konnten üben was sie wollten, das ging einfach nicht* (19, m, I 75).

Ob man musikalisch begabt ist, das ist zunächst einmal eine körperliche Frage. Hat man Talent für ein bestimmtes Instrument? Cello ist beispielsweise nicht für jeden geeignet, weil man für gewisse Griffe eine gewisse Länge der Finger braucht, Kraft und eine gewisse Spannweite. Das sind körperliche Grundvoraussetzungen (17, m, I 27).

Neben einzelnen körperlichen Merkmalen verweisen Jugendliche auf die 1:1-Identität von Körper und Instrument, auf ihre absolute Einheit, die sie spüren (vgl. Kap. *Motive zur Wahl des Instrumentes*).

Ich bin sozusagen mit meinem Instrument eins. Wenn ich spiele, dann sind es nicht ein Instrument und ein Spieler, sondern dann sind wir eine Einheit, das Instrument ist ein gewachsener Teil meines Körpers geworden (15, w, I 19).

Nach dem Spiel haben mir immer wieder Leute gesagt, daß sie den Eindruck hatten, ich wäre verwachsen mit dem Instrument, daß wir zusammengehörten (19, w, I 63).

zu 6: Akustisches Sensorium: Gehör und Rhythmusempfinden

Das, was Musikalitätstests als „musikalische Begabung" zu messen vorgeben, nennen unsere Instrumentalbegabungen interessanterweise erst an allerletzter Stelle, noch nach den physischen Voraussetzungen. Sind Musikalitätstests doch eher geeignet zur Ausbildung von Klavierstimmern und U-Boot-Kapitänen? Es mag aber auch sein, daß ein sensibles Gehör, gutes Hören, ein Empfinden für rhythmische und melodische Ereignisse als so selbstverständlich für musikalische Begabung vorausgesetzt werden, daß sie nach Ansicht der jungen Talente keiner eigenen Erwähnung bedurften. Nur 7% der Stichprobe verweisen auf Hören und Rhythmusempfinden als Begabungsmerkmale, und sie bezeichnen diese Fähigkeit als durchaus erlernbar.

Wenn man Musik studieren will, gehört ein Taktgefühl dazu und ein gutes Gehör. Ich meine, daß man das auch lernen kann. Es gibt leider Leute, die hören einfach nicht, was sie für einen Ton haben, die auch schon beim Stimmen Schwierigkeiten haben. Wenn ich etwas einmal gehört habe, kann ich das relativ gut nachspielen (15, w, I 35).

Ich höre genau meine falschen Töne, und ich kann mich dann schnell korrigieren. Beim Klavier war das früher nicht so (21, w, I 16).

Mir fällt besonders leicht, Töne zu hören. Ich habe fast ein absolutes Gehör. Wenn ein Stück im Radio gespielt wird, kann ich genau die Tonart angeben. Was ich nicht kann, ist genau sagen, ob das ein a oder g ist. Tonarten kann ich bestimmen, nicht so die einzelnen Töne. Gehörbildung fällt mir besonders leicht, auch so auf Anhieb etwas nachspielen können (19, m, I 43).

Greifen wir den hier angesprochenen Aspekt des Nicht-so-gut-Könnens in den Begabungsdefinitionen auf, quasi ein persönlich empfundenes Defizit, dann können wir feststellen, daß zumindest einige Jugendliche eine unzureichende Gabe zur Improvisation beklagen. Man könnte ketzerisch fragen: Wer hat je einen Orchestermusiker improvisieren hören? Sind sie nicht selten wie karierte Maiglöckchen? Was wir sagen wollen, ist, daß uns die Anleitung zum improvisatorischen Umgang mit dem Instrument nach wie vor ein Stiefkind der Instrumentalausbildung zu sein scheint, daß also weniger anlagebedingte Gründe eine Rolle spielen, sondern Defizite in der Ausbildung. Besonders eklatant dürfte dieses Versäumnis bei den Streichern sein, weniger bei den Organisten oder bei den Blechbläsern, die bisweilen in Ensembles mitspielen, die von der Improvisation leben. Der Schwachpunkt in der Selbstkritik einiger Jugendlichen:

Ich habe große Schwierigkeiten, ein richtiges improvisiertes Solo zu spielen, z. B. im Jazz. Das ist mir höchst selten gelungen, einfach drauflos zu spielen, die Hemmungen abzulegen und in der richtigen Stimmung sich einfach gehen zu lassen. Sowas betrübt einen natürlich sehr, vor allem, wenn man das Gefühl hat, es kommt eventuell daher, daß ich als kleines Kind nicht so viel oder nur einseitig mit Musik zu tun gehabt habe... Was ich nicht habe, ist das Ursprüngliche, diese Kreativität. Ich brauche immer von irgendwoher Anregungen. Es gibt Menschen, die setzen sich mit einem Musikinstrument in eine Zelle und können 10 Jahre lang aus dem Gedächtnis spielen oder improvisieren, aus ihrer eigenen Kreativität heraus produktiv sein. Das ginge bei mir absolut nicht. Nach 5 Tagen schon wäre ich eine Hülle, ohne was drin (21, m, I 53).

Ich kann leider nicht improvisieren, ich bin nicht frei, wenn ich Musik mache, oder nur ganz selten. Wenn ich mich frei fühle, dann spiele ich auch anders. Vorgestern hatte ich so ein Erlebnis: Ich spielte zuerst Continuo bei einer Bachkantate und dann noch ein Orgelkonzert. Bei der Bachkantate gab es einen Choral, und da hätte ich fast mitheulen können. Dann habe ich angefangen, die Oberstimme vom Continuo selbst zu improvisieren und auszuschmücken. Da habe ich plötzlich gemerkt, daß es besser wurde (XXX).

Vererbt oder erlernt? – Zur Anlage-Umwelt-Frage in der Begabungsdiskussion

Talent ist kein Geschenk, Talent ist eine Verpflichtung (17, w, I 69).

Weniger Begabte spielen wie schlechte Schauspieler (19, w, I 14).

Die Erörterung „musikalischer Begabung" zieht eine zweite Frage unweigerlich nach sich: Ist Begabung erlernt, oder ist sie angeboren? Ergibt sie sich aus beiden Anteilen, aus genetisch und milieubedingten Einflußfaktoren? Wie sehen es Begabte selbst, und welche Anteilsprioritäten verteilen sie?

Der Trend unserer Antworten ist recht eindeutig: Sie, die „Fleißarbeiter", (vgl. Kap. *Der Weg zum Erfolg*) setzen auf den Lernfaktor, auf ihre stimulierende Umwelt („wie man von den Eltern beeinflußt wird", „welche Lehrer man hat"), auf den Ehrgeiz, etwas aus sich zu machen, auf ihre Bemühung, die sich auszahlt, auf ihre Ausbildung. Sie sprechen von

...ergänzen, ausbauen und bewußt machen... Sicher sind viele Leute musikalisch, aber sie hatten nicht die Ausbildung... Ich gehe davon aus, daß jeder Mensch musikalisch ist... Man kann Vererbung und Lernen nicht in Prozenten aufwiegen... Zum Teil ererbt, zum Teil erlernt. Ich würde mich nicht für eine Begabung halten, weil ich doch relativ viel geübt habe, zumindest mehr als andere in meinem Umkreis. Wenn musikalische Begabung nur vererbt wäre, müßte man dafür nichts arbeiten, dann wäre natürlich alles sehr leicht. Ich glaube, das gibt es fast nie! Die Leute, die wirklich herausragend sind, von denen hört man, daß sie viel arbeiten. Wo ein Talent vorhanden ist, muß es ausgebaut werden durch Üben (20, w, I 44).

Ein Jugendlicher bringt aus seinem subjektiven Erfahrungsraum die kontroverse und zerstrittene Begabungsdiskussion auf den Punkt:

Ich habe viel darüber nachgedacht, ob musikalische Begabung mit Vererbung zu tun hat oder nicht oder wieviel. Vielleicht spielt auch Vererbung eine Rolle, aber das meiste ist doch Erfahrungssache in der frühen Kindheit. Es kommt auf die Art an, wie man in früher Kindheit an Musik herangeführt wird, wie selbstverständlich oder wie fremd Musik in der Familie ist. Die Familie ist für mich das entscheidende Moment in der Begabungsausprägung, wenn man das so sagen kann... Natürlich habe ich auch gegenteilige Erfahrungen gemacht. Ich kenne viele Leute, die aus einem Elternhaus stammen, in dem nie Musik gemacht wurde, und die dennoch phantastische Musiker geworden sind. Die hatten vielleicht Schlüsselerlebnisse, haben eine spontane Liebe zur Musik entdeckt. Musikalische Begabung ist vielleicht ein Mittelding zwischen Vererbung und Erziehung. Wüßte ich es genau, dann wüßte ich auch, wie ich meine Kinder erziehen würde (21, m, I 70).

Und wir haben die Lernbiographien jener Talente, deren Eltern keineswegs die Wege zur Musik qua Geburt öffneten:

Meine Eltern sind beide nicht musikalisch veranlagt, daß man sagen könnte, ich sei das aus erblichen Gründen geworden. Mein Vater ist Arbeiter, meine Mutter Sekretärin, und die haben beide kein Interesse an klassischer Musik, überhaupt nicht. Sie gehen nicht in Konzerte, es sei denn, ich spiele selbst. Ich meine, ich habe mir mein Talent doch ein bißchen erarbeitet ab meinem 15. Lebensjahr, ich habe angefangen, intensiv zu üben (22, m, I 49).

Wie gesagt: Mehrheitlich gehen die Jugendlichen von einem dynamischen Begriff des „Begabens" im Lernprozeß aus, wenngleich sie quasi im Nebensatz auch einen genetischen Begabungsanteil reklamieren. Wenn schon vererbt, dann sind es vor allem körperliche Voraussetzungen und ein Talent zum intensiven Lernen. Diese Qualifikationen hat man, oder man hat sie ihrer Ansicht nach nicht.

Es ist bestimmt vieles lernbar. Man kann viel üben und sich verbessern. Ein bißchen mag auch von innen herauskommen. Diejenigen, die viel Ehrgeiz haben, kommen auch weit, man kann eben doch auch viel erarbeiten (19, m, I 43).

Beides, Erziehung und Vererbung, spielt eine Rolle, zu welchen Anteilen weiß ich nicht. Aber beide haben sicher entscheidenden Einfluß. Ich meine, der Umgang mit Musik, die Erziehung, ist ganz wichtig, wie einem die Musik schmackhaft gemacht wird, wie man sich mit ihr identifiziert. Vielleicht ist eine technische Geschicklichkeit eher vererbt, die man dann noch ausfeilen muß. Ohne Üben geht auch das nicht. Aber es können manche Leute viel üben, und da kommt nichts bei raus, bei anderen geht das wieder schneller (22, m, I 22).

Im Grunde sind sie überzeugt, daß alle Menschen eine gewisse Musikalität haben, daß diese aber durch falsche Beeinflussung verschüttet werden kann. Und in diesem Punkt verweisen sie auf die besondere Bedeutung qualifizierter Instrumentallehrer, auf die wichtige Tatsache, „in die richtigen Hände" zu kommen (vgl. Kap. *Von „Pädagogen" im Anfangsunterricht...*), ein guter Lehrer ist der halbe Weg zum Erfolg.

Lernen spielt eine wichtige Rolle, ich glaube, das kann jeder, aber es kommt entscheidend auf den Lehrer an (19, m, I 59).

Man muß gerade da sein, wo es den entsprechenden Lehrer gibt. Hier in XXX gibt es einen Lehrer, der hat innerhalb von zwei Jahren vier Schüler(-innen) an renommierte Hochschulen gebracht. Es ist ein Lehrer, der die musikalische Begeisterungsfähigkeit hat, der es dann schafft, aus den Talenten auch etwas zu machen (21, m, I 80).

Begabung wird vor allem durch die Umwelt geprägt. Wenn man mit Musik nicht in Berührung kommt, dann verkümmern die besten Anlagen (21, m, I 05).

Vererbung ist in den Antworten der Jugendlichen in dem Moment von Bedeutung, wenn es um musikalische Gestaltung, um künstlerische Interpretation, um die Ausdruckskraft eines Musikers geht. Die kann man ihrer Ansicht nach weniger „erlernen", man „hat" sie in erster Linie. Einige sprechen von einem „gewissen musikalischen Punkt", bis zu dem es jeder bringen kann, bis zu dem er mithalten kann, aber dann beginnt die Begabung. Eine solche Theorie hat im Begabungsforscher Seashore den großen Fürsprecher. Nach ihm basiert musikalische Begabung auf angeborenen Anlagen, die allerdings eine kognitive und physiologische Grenze haben. Er hielt die kognitive Grenze durch funktionale und intentionale Erziehung zwar grundsätzlich für veränderbar, dies aber bis zu einer physiologischen Grenze, die er erbgenetisch für gegeben hielt. Sie ist nicht veränderbar. Einige Jugendliche scheinen diese Ansicht in ihren Begründungen zu teilen, und die anlagebedingte Begabung meinen sie vor allem in der musikalischen Gestaltung empfinden zu können. Die Stunde der Wahrheit kommt mit der Aufgabe der künstlerischen Interpretation.

> *Jeder Mensch kann zu einem gewissen musikalischen Punkt gebracht werden, dann beginnt die Veranlagung, die Begabungsfähigkeit, auf der er weiter aufbauen muß. Der eine hat eine mathematische Begabung, der andere eine Begabung für Sprachen* (18, m, I 52).

> *Beim Spielen hört man schon, ob es jemandem eingepaukt oder eingeprägt wurde oder ob es von innen herauskommt. Bei manchen klingt das viel natürlicher. Das kommt so, wie es kommt. Die spielen einfach. Bei den nicht so Begabten hört man, daß es mühsam angelernt ist. Die spielen dann wie schlechte Schauspieler* (19, w, I 14).

> *Mit Üben kann man es zum guten Orchestermusiker bringen. Man hat eine gute Stellung, beherrscht seine Aufgaben noch. Um wirklich Spitze zu werden, muß mehr vorhanden sein. Mit Fleiß und einer gewissen Begabung können alle Menschen zu einem bestimmten Niveau kommen, aber um auf den Level eines wirklich großen Orchesters zu kommen, muß irgendwie mehr dasein* (20, m, I 71).

Nicht ein einziger Jugendlicher ist von seiner Erbanlage so überzeugt, daß diese auch ohne Bemühen, Ehrgeiz, Fleiß und Üben zu Leistung und Erfolg hätte führen können.

Welche weiteren begabungstheoretischen Aspekte beinhalten die Selbstbeschreibungen der jungen Musiker? Wir fassen zusammen: Die meisten Talente haben in ihren Familien eine musikalische Tradition, die von Großeltern über Eltern und ältere Geschwister auf sie übergeht und die sie geprägt hat. Ähnlich wie in der Stammbaumforschung bleibt ungeklärt, ob sie nun dadurch vorbelastet sind oder ob das Aufwachsen in dieser musikalischen Lebenswelt ihre Talente und Qualifikationen entscheidend geprägt haben. Die Jugendlichen halten weder eine Erb-Theorie noch eine Umwelt-Theorie für hinreichend und jeweils allein ausschlaggebend. Musikalische Begabung ist nach Ansicht unserer Instrumentalisten ein kompliziertes Produkt aus beidem: aus den angeborenen Fähigkeiten, aus der dispositionalen Sensibilität für Gestaltqualitäten der Musik (Melodie, Rhythmus, Harmonie, Struktur...), aus einem genetischen Entwicklungspotential und aus frühen Umwelterfahrungen in einem musikinteressierten Elternhaus. Diese haben für sie eine besondere Bedeutung zwischen 5 und 9 Jahren. Eine Förderung gerade in dieser Altersphase ist auch nach dem Begabungsforscher Edwin Gordon dringend geboten, da sich die Kinder in der „dynamischen Phase der sich entwickelnden Musikalität" befinden. Und Klaus-Ernst Behne folgert zurecht kritisch: *Kinder dieser Altersstufe,* [...] *die sich in ihrer beobachtbaren Musikalität schon erheblich unterscheiden können, mit einem musikalischen Einheitsunterricht zu überziehen, läßt sich nur ökonomisch, aber kaum (entwicklungs-) psychologisch begründen*[222].

Wir schließen unsere Begabungsdiskussion mit Gedanken einer 17jährigen, die die Auffassung von Begabung (Talent) und Lernen (Fleiß) sowie deren wechselseitiger Verknüpfung symptomatisch für eine Mehrheit unserer Jungtalente widerspiegelt. Wie wollte man im übrigen die Aufforderung zur eigenen Anstrengung trefflicher formulieren?

> *Talent ist kein Geschenk, Talent ist eine Verpflichtung! Man muß kein Talent haben, um gut zu sein. Fleiß genügt völlig, es ist nur die Frage, wieviel Leistung man damit erreichen kann. Es fehlt wahrscheinlich dann das i-Tüpfelchen, was man gemeinhin als Genie oder Genius bezeichnet. Das wird vermutlich vom Talent ausgemacht. Wer Talent hat und nicht übt, ist selber schuld, bringt es zu nichts! Wer kein Talent hat und trotzdem übt, kann es zu viel bringen* (17, w, I 69).

Selbstanspruch, Selbstvertrauen und Selbstkritik oder Ich bin mir selbst mein größter Konkurrent

> *Da ist eine Stimme in mir, die sagt: Schon wieder falsch!* (16, w, I 67).
>
> *Man hatte immer so eine Treppe vor sich, die man hochgehen wollte* (29, m, I 31).
>
> *Wenn ich schlechter spiele als ich selbst, ist das die größte Niederlage... Niemand ist für mich so gefährlich wie ich selbst* (16, w, I 61).
>
> *Der höchste Anspruch, der an mich gestellt wird, den stelle ich selber* (21, m, I 76).
>
> *„Mädchen, so geht das nicht!" Ein Gidon Kremer kann auch nicht zufrieden sein mit dem, was er bringt* (18, w, I 15).
>
> *Dilettantismus kann mich tödlich nerven* (17, w, I 69).
>
> *Diese Leute werden niemals müde* (Christobal Halffter)[223].

Im Selbstbild der jungen Musiker waren die Attribute anspruchsvoll, ehrgeizig und kritisch auffallende Persönlichkeitsmerkmale. Zieht man zur Erklärung des motivationalen

[222] Klaus-Ernst Behne: *Begabtenförderung – Forschungsförderung – Kulturförderung,* in: Deutscher Musikrat (Hg.): *Musikalische Begabung finden und fördern. Materialien und Dokumente.* Kieler-Woche-Kongreß 1985, Regensburg 1986, S. 58

[223] Christobal Halffter in der gleichnamigen ZDF-Dokumentation zur Arbeit im Bundesjugendorchester, © 1985

Handelns dieser Jugendlichen Weiners[224] Leistungsmotivationsmodell heran, so läßt sich generalisierend feststellen, daß diese jungen Bundes- und Landessieger der Wettbewerbe Jugend musiziert ihren Erfolg auf innere Faktoren wie Anstrengung und Fähigkeiten zurückführen. Glück als externer und eher zufälliger Faktor hat in dem sehr zielstrebigen Leistungskonzept der Jugendlichen keinen Platz und keinen Erklärungswert. Auch vererbte Begabung, ein gewisses Talent zählt weniger als Fleiß, Bemühen, Anstrengung und eine gehörige Portion Selbstdisziplin (vgl. Kap. *Was ist musikalische Begabung?*). Unsere Jungmusiker sind eine empirische Bestätigung für die These de la Motte-Habers[225] zur Frage von Begabung und/oder Leistung im Instrumentalspiel: *Menschliche Handlungen oder die Handhabung eines Instrumentes hängen nicht davon ab, wie begabt jemand ist. Sie sind wesentlich von motivationalen Faktoren beeinflußt, die bei gleichem Begabungsniveau große individuelle Schwankungen in der Güte der Ausführung der Tätigkeit bewirken. Fähigkeitsausstattung und Motivation stehen in einem Wechselverhältnis.* Diese wechselseitige Beziehung wird von den jungen Musikern betont. Sie halten im Grunde viele junge Menschen für musikalisch begabt, meinen aber zugleich, daß sie ihre Möglichkeiten nicht ausschöpften, sei es aus Gründen sozialer Hemmnisse oder aus zu geringem Selbstanspruch. Sie zitieren beispielhaft hier und da ihre eigenen Geschwister: „Mein(e) Schwester (Bruder) ist sicher genaus begabt, aber ihr (ihm) liegt nicht so viel an Musik, sie (er) hat keine Lust, sich so anzustrengen, wie ich es tue. Ihr (ihm) fehlt der nötige Ehrgeiz, sonst wäre sie (er) auch weitergekommen". Und ihre Eltern bestätigen diese Kritik.

Selbstanspruch und Selbstkritik der jungen Begabungen sind ein überauffälliges Merkmal. Die Gründe für ihr Entstehen sind sicher vielfältig. Einfluß haben dürfte ein relativ leistungsorientiertes und anstrengungsmotiviertes Elternhaus sein (vgl. Kap. *Zum Erziehungsklima*), dann die positiven Erfahrungen im Instrumentalspiel, die Erfolge bei Jugend musiziert, die vielen Auftritte, die privaten und öffentlichen Belobigungen, die Auszeichnungen, die Selbstbewußtsein stärken und Selbstanspruch intensivieren. Selbstbewußtsein (und das haben diese Jugendlichen) beruht bekanntlich auf der Fähigkeit, nicht nur andere, sondern in nüchterner Freundlichkeit sich selbst zu kritisieren und in Frage zu stellen. Nach Popper müssen wir alle *lernen, daß Selbstkritik die beste Kritik* und die *Kritik durch andere eine Notwendigkeit ist und fast ebenso gut wie Selbstkritik*[226]. Selbstbewußtsein, -anspruch und -kritik sind ganz entscheidend die Folgen einer langjährigen und qualifizierten Instrumentalausbildung: immer genauer, immer besser, immer höhere Ansprüche, die Leistungsschraube immer weiter drehen, keine Lässigkeiten oder gar Schlampereien dulden, immer neue und höhere Ziele mit der Konsequenz zunehmend forcierten Selbstanspruchs. Was Hans Mersmann 1963 als Vorsitzender des Deutschen Musikrates zur Begründung der Notwendigkeit von

[224] Bernhard Weiner: *Theories of motivation. From mechanism to cognition*, Chicago 1972 (dt. Übersetzung Stuttgart 1976)

[225] Helga de la Motte-Haber: *Die Bedeutung der Motivation*, 1984, S. 25 ff.

[226] Karl R. Popper: *Duldsamkeit und intellektuelle Verantwortlichkeit*, in: ders.: *Auf der Suche nach einer neuen besseren Welt*, München 1984

Jugend-Musikwettbewerben als pädagogischer Aktion anführte, dürfte bei diesen Jugendlichen Wirklichkeit geworden sein: *Neben der Entwicklung der Musizierfreude sollen Leistungen sichtbar werden, welche vielleicht einmal die Grundlage einer künftigen Lebensarbeit bilden*[227]. Wir meinen, solche Leistungsvergleiche grundieren nicht nur eine spätere „Lebensarbeit", sondern eine ganze Lebenshaltung. In *Jugend musiziert. Der Wettbewerb in der Sicht von Teilnehmern und Verantwortlichen* konnten wir bereits in der Verarbeitung von Wettbewerbsmißerfolgen das Leistungsmotiv des „Frustriert, aber motiviert" beschreiben. Selbst dann, wenn die Jugendlichen von Ergebnissen und Bewertungen enttäuscht sind, schüren diese Frustrationen den trotzigen Funken der „Jetzt-erst-recht!"-Attitüde, gegen sich selbst, gegen Lehrer, Eltern oder auch Juroren, denen sie es beim nächsten Mal „zeigen" wollen. Sie resignieren so schnell nicht, geben nicht auf, sie kämpfen um Positionen und sicher auch um Pultplätze in den vielen Jugendorchestern (vgl. in *Jugend musiziert*: Das Bundesjugendorchester). Eine solche Trotz-Reaktion ist charakteristisch für junge Menschen, deren Leistungsmotivationskonzept von der „Hoffnung auf Erfolg"[228] geprägt ist. In dieses Konzept passen auch die Rationalisierungen von Mißerfolgen (wenn man überhaupt auf Bundesebene Jugend musiziert davon sprechen darf). Externe Faktoren begründen und erklären unzureichendes Abschneiden, nicht erreichte Ziele: dicke Luft im Vorspielraum, kurzfristig eingetretene Erkältungen, mangelnde Objektivität der Juroren, die psychische Streß-Situation durch ein parallel laufendes Abitur, der Streit mit der Freundin, der Konflikt mit Lehrer und/oder Eltern, der Kiekser im ersten Takt, der aus der Bahn warf, usw... Mag sein, daß alle Gründe und Argumente stechen, entscheidend ist hier die Wirksamkeit dieser Verarbeitungsstrategie: Frustrationen sind schnell verdrängt, sie suchen im nächsten Ziel den neuen Erfolg, sie grübeln nicht allzulange, sie resignieren nicht im Selbstmitleid. Die Grenzen dieser Selbsterziehung scheinen schier nicht erreichbar. Die Selbstkritik der jungen Leute war die einzig (man möchte sagen) eher unangenehme Erfahrung in vielen Gesprächen, weil sie, überhart und überhöht, natürlichen Ehrgeiz und Selbstanspruch (was immer dies im Einzelfall heißen mag) weit hinter sich zurückläßt. In unserer Stichprobe ist zu beobachten, was Bundespräsident Richard von Weizsäcker in einer Festveranstaltung des Internationalen Musikfestes 1985 (Europäisches Jahr der Musik) in Stuttgart argwöhnte: *Der Nachwuchs für musikalische Berufe im engeren Sinn hat Schwierigkeiten. Er empfindet bei sich oft Qualitätsmängel, zum Beispiel im Vergleich zu ausländischer Konkurrenz. Im Hochschulstudium kann er nicht mehr nachholen, was von früher Jugend an geübt und erworben werden muß. Er hat den Eindruck, daß man bei uns der Verantwortung des Anfangsunterrichtes nicht ausreichend gerecht wird.* (Sic! vgl. Kap. *Von wertvollen „Pädagogen" im Anfangsunterricht...*) *Vielleicht gehen manche junge Musiker in ihren sorgenvollen Anforderungen an sich selbst zu weit. So sagte mir neulich ein Geigenstudent, wer mit sechzehn Jahren das Bruchsche Violinkonzert als Solist noch nicht beherrsche, der habe später gegen die Ausländer keine Chance auf einen Platz in einem guten deut-*

227 zit. n. Eckart Rohlfs in: Hans Günther Bastian: *Jugend musiziert*, S. XIV

228 Heinz Heckhausen: *Förderung der Lernmotivierung und der intellektuellen Tüchtigkeit*, in: Heinrich Roth (Hg.): *Begabung und Lernen*. Deutscher Bildungsrat, Band 4, Stuttgart 1968, S. 193-228

schen Orchester. Wer gar zu den Berliner Philharmonikern wolle, der müsse es schon im Alter von 12 Jahren können[229]. Wir können das Selbstbekenntnis eines unserer Pianisten als Beleg anfügen:

> *Ich habe das zwar immer hingekriegt, aber ich hatte manchmal doch Bedenken. Ich habe mir selbst zu hohe Ansprüche gestellt, mit 7 Jahren von Chopin das „Phantasie-Impromptu" zu spielen, als ich noch nicht einmal wußte, wie das mit den Kreuzen funktionierte* (17, m, I 03).

Hier ist ernsthaft die Frage nach Lebenstauglichkeit, nach Lebensqualität ins Spiel zu bringen, wenn sich dieser unbändige Ehrgeiz, dieser ausgeprägte Selbstanspruch auf die gesamte Berufs- und Lebenswelt überträgt und zum Überforderungssyndrom wird. Nicht der Applaus des Publikums und schon gar nicht die pauschalen und generösen Wohlgefallensbeweise „inkompetenter Leute" im Anschluß an Konzerte bedeuten ihnen etwas, sondern die Selbstbewertung und die Kritik vor allem eines Fachmannes, des eigenen Imstrumentallehrers. Sie wollen es genau wissen: Wo denn eine Triole verschleppt wurde, eine Klangpassage Gestaltung vermissen ließ oder die Tarantella eines Finalsatzes schärfere Markierungen vertragen hätte.

> *Ansprüche stelle ich mir selbst, wenn ich irgendwo ein Konzert spiele. Da stelle ich hohe Anforderungen an mich selbst. Nehmen wir einmal an, ich würde in einem Konzert schlecht spielen und das Publikum würde trotzdem klatschen, dann wäre ich immer noch unzufrieden, weil ich mir selber immer etwas beweisen muß* (19, m, I 74).

> *Die Ansprüche, die ich mir selber stelle, sind immer etwas höher als ich es leisten kann. Das ist wohl meine Grundeinstellung, Ziele zu haben, die man zwar nicht erreichen kann, die aber immer etwas höher liegen als ich sie im Moment erreichen kann* (22, m, I 22).

> *Es gibt kein Konzert nach dem ich gesagt hätte, das war jetzt hundertprozentig, das war schön, jetzt freue ich mich. Da sind immer ein paar Stellen, wo ich mich unheimlich ärgere, daß sie nicht funktioniert haben* (17, m, I 08).

> *Nach Konzerten bin ich nie mit mir zufrieden. Es ist schon vorgekommen, daß ich den Tränen nahe war und die Leute kamen auf mich zu und fanden das Konzert ganz toll. Die waren dann ganz schockiert* (19, w, I 63).

Musizieren und Interpretieren rangieren hier unter den persönlichen Maßstäben des „Funktionierens", unter dem Drang zur Perfektion. *Ich schenke mir nichts beim Spielen und versuche alles möglichst genau zu machen*, meint ein anderer selbstkritisch. Können sich einige Jugendliche vor lauter Selbstkritik angesichts der beständig höher gelegten Meßlatte in der Selbstbewertung eigentlich noch freuen, die Musik, die sie spielen, auch genießen? Ist der Hedonismus (Lustgewinn) des aktiven Musizierens bereits Opfer

[229] Richard von Weizsäcker: *Die Bedeutung der Musik für Kultur und Erziehung*, in: Deutscher Musikrat (Hg.): *Referate und Informationen* 60/1985, S. 3

eines Leistungsautomatismus, ohne daß es einige Jungmusiker bemerkt haben? Und aus den Vorspielerfahrungen in Wettbewerben oder Konzerten sagt eine 16jährige von sich selbst:

Wenn ich irgendwo spiele, dann bin ich mir selbst mein größter Konkurrent! Wenn ich schlechter spiele als ich selbst, ist das die größte Niederlage, die es eigentlich gibt. Niemand ist für mich so gefährlich wie ich selbst (16, w, I 61).

Das sind harte Worte gegen sich selbst, und wir sind nicht in Verlegenheit, weitere Zitate zu diesen „Mr. und Mrs. Hundertprozent" in Stichworten anzuführen:

Alles in allem stehe ich zu meinem Spiel eher negativ. Ich weiß, daß es ziemlich schlecht ist, aber ich weiß auch, daß es besser wird... „Mein Gott, spielst Du schlecht", sage ich mir... Mir gefällt selten etwas hundertprozentig, was ich abliefere, ist meistens irgendwie schlechter... Hundertprozentig zufrieden bin ich nie. Auch wenn es sehr gut gelaufen ist, gibt es immer Sachen, die ich beim nächsten Mal besser machen muß... Wenn ich meine, daß es heute mies war, was ich spielte, behalte ich auch meinen Dickkopf. Da kann reden wer will...

Nach langem Suchen entdecken wir erfreulicherweise auch die positive Stimulation, finden wir die Optimistin, die sich vom Augenblick des Konzertes beflügeln, tragen, anmachen läßt:

An diesem Sonatenabend war ich ganz zufrieden mit mir, denn es hätte viel schlimmer kommen können. Was mich oft freut und was ich mir dann auch selbst als Lob gebe (!), *ist, daß ich im Augenblick des Konzertes oft besser spiele, daß man spürt, wie man ein bißchen über sich hinauswächst, und wenn es nur eine Spur ist. Das gibt einem ein Quentchen Vorschuß und Vertrauen, wenn man spürt, das klappt jetzt irgendwie. Dann spielt man auch besser* (21, w, I 16).

Eine Diskrepanz von Fremd- und Selbstanspruch nimmt ein 20jähriger für sich in Anspruch:

Ansprüchen, die von außen an mich gestellt wurden, fühlte ich mich immer gewachsen. Ich lag mit meinen Leistungen eigentlich immer eher über den Erwartungshaltungen als darunter. An Jugendlichen werden auch nicht so hohe Anforderungen gestellt. Meinen Selbstansprüchen war ich nie gewachsen! Ich habe oft schlaflose Nächte gehabt. Wenn ich vor Konzerten kein gutes Rohr hatte, bin ich nachts aufgestanden, habe geschabt und in der Nacht noch geübt. Dann bin ich psychisch reizbar, wenn ich vom Instrument her nicht einsatzbereit bin. Das fällt bei mir schon unter „Nichtgewachsensein". Es gibt Leute, die stehen da drüber, ich muß noch lernen, ein bißchen leichter damit zu leben (21, m, I 70).

Das Maß ihres Selbstanspruchs und ihrer (nach Jahren permanenter Internalisierung von außengelenkten Normen) selbstauferlegten Arbeitsmoral macht sie für uns schon eher zu Außenseitern, denen das Leben im Menschlich-Allzumenschlichen schwerfallen mag. Dies wird Probleme im Umgang mit Gleichaltrigen, Gleichgesinnten, Freunden,

Lehrern, Eltern, Geschwistern und später mit Berufskollegen (-innen) bereiten. Wie werden sich forcierte Eigenerwartungen auf Lebenspartner und Mitmenschen auswirken, wo der Freiraum für Fehler und Nachlässigkeiten einfach lebensnotwendig und alltäglich ist? Fragt man ihre Eltern, ob ihre Kinder noch Kinder seien (bzw. waren), verweisen diese wiederholt darauf, wie umweltvergessen sie noch als 13jährige mit jüngeren Geschwistern im Sandkasten gespielt hätten. Nur lange konnte das Sand-Spielen wohl nicht dauern, denn die Pflicht (falsch! Der Wunsch) zum täglichen Instrumentalspiel rief. Kritische Töne schlug nur ein Vater an, dessen Tochter die Instrumentalausbildung aus Gründen mangelnder Qualifikation (nach Lehrer- und Vaterzeugnis) mit 21 Jahren aufgab. Er sprach von jenem fast krankhaften Ehrgeiz:

> *Ich mußte sogar manchmal sagen: „Du, denk an deine Gesundheit, denk an die Schule, das Abitur soll ja nicht allzu schlecht ausfallen. Übe weniger und geh mal ein bißchen spazieren." Also, ich mußte sie nie zum Üben anhalten, ich mußte sie eher aus dem Musikzimmer runterholen. 5, 6 Stunden Üben am Tag war ein ganz normales Programm, und zwar in fast schon stupider Art, wie ich es als Geiger, der ich auch 1 bis 1 1/2 Stunden jeden Tag übe, nie fertig brachte. Sie hat also die schwierigeren Etüden ab einem gewissen Schwierigkeitsgrad nach oben, ganz gleich ob sie alles beherrschte oder nicht, heruntergenudelt. Von vorne nach hinten, von hinten nach vorne, immer schneller und schneller und das Metronom wurde immer höher gestellt. Und dann kamen Tonleiterübungen, und am Schluß erst, nachdem sie schon lange gespielt hatte, dann kamen die Konzerte, Etüden, und das wurde jeden Tag abgespult* (V, I 66).

Und im Originalton einer Jugendlichen:

> *Manchmal ist der Anspruch ungeheuer hoch. Dann denke ich auch, jetzt mußt Du mal was anderes tun, mit dem Üben zurückschrauben, gerade wenn es an die Gesundheit geht, dann sind da für mich die Grenzen. Wenn man von Termin zu Termin hetzt, wenn das Üben körperlich überfordert. Ansonsten versuche ich immer an ein selbstgesetztes Ziel heranzukommen* (18, w, I 21).

„Ehrgeizig" ist das meistgebrauchte Attribut in den Narrationen zur Frage nach Selbstanspruch und Selbstkritik.

> *Wenn einer ehrgeizig ist, dann bin ich das selber* (16, w, I 61).

> *Mit 13 oder 14 Jahren entwickelte sich sogar ein gewisser Ehrgeiz auf dem Instrument, daß man immer mehr schaffen wollte, daß man in bessere Orchester reinwollte. Man hatte immer so eine Treppe vor sich, die man hochgehen wollte, wo man unbedingt hinwollte... Mein Freund und ich haben uns gegenseitig zum Üben angestachelt* (20, m, I 31).

Und der soeben zitierte Vater denkt über den Abbruch der Ausbildung seiner Tochter laut nach:

Ich weiß nicht, ob meine Tochter in Musik aufgegangen ist oder vom Ehrgeiz zerfressen war. Nachdem sie Musik fallen ließ, habe ich mich manchmal gefragt, ob sie wirklich nur aus Liebe zur Musik so agiert hat oder ob sie sich selber hat aushängen wollen, so als große Solistin, als bekannte Flötistin. Mich macht die Tatsache stutzig, daß sie Musik so abrupt fallenließ, nicht nur nach außen, sondern auch nach innen, im Familienkreis, uns gegenüber, sich selbst gegenüber. Ich frage mich, ob ein von Musik erfüllter Mensch wirklich die Musik so fallenlassen kann... Ich bin auch nicht ganz sicher, ob doch gewissermaßen ein Gebäude zusammengestürzt ist, in dem sie gerade wie auf einem Gipfel stand, wie auf einem Dachfirst, auf dem sie sich bescheinen lassen wollte vom Beifall der Zuhörer (V, I 66).

Es gibt Phasen, in denen ich von mir furchtbar begeistert bin, und 10 Minuten später in mir: „Mädchen, so geht das nicht!" Ein Gidon Kremer kann auch nicht zufrieden sein, was er bringt. Ich glaube, das ist das Wesen des Musikers und nicht eines Maschinisten (18, w, I 15).

Eine diplomatische Empfehlung zum Verhalten vor Publikum gibt eine erst 16jährige:

Ich bin sehr selbstkritisch (siehe oben: *Ich bin selbst mein größter Konkurrent*), *auch wenn ich es in der Öffentlichkeit nicht so zeige. Wenn das Publikum zufrieden ist, dann sollte man nicht kommen und sagen: „Ach das war doch nichts!" Das macht einen schnell unbeliebt. Aber ich glaube, ein jeder, der vorspielt, hat immer viel höhere Ansprüche an sich selbst als ein Publikum. Das muß so sein, weil man sonst nicht mithalten kann. Nur sollte man diese Selbstkritik für sich behalten* (16, w, I 61).

Ein erst 15jähriger spricht aus der „Reife" seiner Jahre, so möchte man lakonisch anmerken, aber die Tiefe seiner Erkenntnis spricht für einen frühzeitigen wie wichtigen Lern- und Erkenntnisprozeß (oder ist es die Wiedergabe elterlicher Leistungsmotivation?):

Selbstkritik ist die wichtigste Eigenschaft für jemanden, der in der Musik gut werden will. Wer nicht selbstkritisch ist, tut sich schwer mit den Hochs und Tiefs beim Lernen. Ist man selbstkritisch, dann gaukelt man sich nichts vor, dann kann man Hochs und Tiefs besser durchstehen. Man gewinnt Abstand zur Sache, hat die Möglichkeit, sich unbeeinflußt zu betrachten, man spürt, ob etwas geklappt hat oder nicht, und das Ergebnis ist dann umso intensiver zu erleben, die Empfindung für das, was man geleistet hat (15, m, I 18).

Sie hoffen von sich, selbstkritisch zu sein, weil sie sonst Gefahr laufen könnten, abzuheben, das tägliche Üben zu vernachlässigen, ein gesundes und existentiell wichtiges Realitätsempfinden zu verlieren, „großtuerisch rumzutönen".

Das mache ich höchstens hier zu Hause, einfach aus Provokation, um einfach was rauszulassen. Das habe ich früher schon so mit meiner Schwester gemacht, die bei Amnesty International engagiert war. Die habe ich aus Provokation immer hochgetrieben mit irgendwelchen Sachen wie „Wir brauchen die Atombomben in Deutschland" oder „Frauen gehören an den Herd". Genauso habe ich mit Musik rumgetönt, was für Erfolge ich habe, ich hoffe nur, daß mir das mal nicht rausrutscht, wenn ich mit Freunden zusammen bin. Oder daß man Leute, die neu ins Orchester kommen, die noch nicht so viel Erfahrung haben, daß man die dann auf so eine Art seelisch fertig macht, weil man selbst mal in das Orchester reingekommen ist (20, m, I 31).

Die Familie, die Schwester, der weniger qualifizierte Jungmusiker im Orchester als Medium eigener Abreaktion, als willkommenes Mittel zur Aggressionsentladung, als „psychischer Mülleimer"? Ganz schön egozentrisch und narzißtisch!

Eine Minderheit von Jugendlichen möchte nicht vom pejorativ besetzten „Ehrgeiz", sondern von „Fleiß" als dominantem Persönlichkeitsmerkmal sprechen:

Fleiß muß man ganz enorm reinhängen. Ehrgeiz ist ein Begriff, der eher negativ ausfällt, mit „verbissen" zu tun hat, mit Konkurrenzdenken, wie weit bin ich, wie weit die anderen, oder bin ich jetzt besser. Da steckt zuviel Konkurrenz drin (17, m, I 08).

An einer Hand abzuzählen sind jene, die von zu wenig Fleiß, von eher zu geringem Selbstanspruch reden. Wir können dabei nicht entscheiden, ob diese Selbstkritik zutrifft oder ob sie damit quasi subaltern die besondere Begabung unterstreichen wollen. Wer nämlich in den Leistungs- und Erfolgskategorien dieser Bundes- und Landessieger zu Hause ist, wird ohne Fleiß kaum einen Preis erzielen können, und wenn noch so viele genetische Begabungsanteile vorhanden sein sollten.

Anspruch und Kritik der Jungtalente richten sich aber nicht nur auf sich selbst. Sie gehen kritisch um mit dem Stellenwert von Musik als Kunst in unserer Gesellschaft, mit dem Musikunterricht in der allgemeinbildenden Schule (siehe dort), mit dem frühen Instrumentalunterricht (siehe dort). Wir sehen uns angesichts des vor allem von Medien vermittelten negativistischen Jugendbildes in unserer Gesellschaft mit aller Empathie und Deutlichkeit zur Behauptung veranlaßt: Diese Jugendlichen sind anspruchsvoller und kritischer, als es so manche erwachsene Jugend-Kritiker von heute je waren oder sein werden!

Was wir mit unseren Ergebnissen nicht bestätigen können, ist ein geschlechtsspezifisches Erfolgskonzept. Wenn amerikanische Studien zur Leistungsmotivation Mädchen und Frauen ein geringeres Anspruchsniveau bescheinigen, unabhängig davon, wie schwierig die Aufgaben oder der Sachanreiz war, dann widerlegen die Ergebnisse unserer Begabungsstudie solche Geschlechterrollen. Eine Furcht vor Mißerfolg war bei den Mädchen und jungen Frauen unserer Stichprobe nicht zu erkennen. Sie sind ebenso erfolgsmotiviert wie die männlichen Instrumentalisten, sie arbeiten gleichermaßen erfolgreich, sie spielen sogenannte Männerinstrumente (z. B. die Hornistin Nicole Konzer, die den 1. Bundespreis erhielt, und viele andere Mädchen mit Blechblasinstrumenten), sie denken zielstrebig an einen Beruf mit Musik, und sie kämpfen mit gleich harten Bandagen um ihren Platz am vorderen Pult im Bundes- oder

Landesjugendorchester. Sie stehen „ihre Frau" wie die Jungen „ihren Mann"; ihr Selbstanspruch und ihre Selbstkritik sind ebenso ausgeprägt wie bei ihren männlichen Konkurrenten.

Die Hypothesen zur Klassik musizierenden Jugendkultur lassen sich unter dem Aspekt von Selbstbild-Selbstanspruch-Selbstkritik sowohl im Positiven wie im Negativen bestätigen.

–„Null Bock"– oder „No-future"-Etikette passen zu dieser Jugendgruppe so wenig wie der Eisschrank zu den Eskimos. Von plakativen Jugendbildern, wie sie von unseren Medien allzu gerne produziert werden, ist diese Teilkultur Lichtjahre entfernt. Die ehrgeizigen jungen Leute haben mit jugendlichen Sektierern, Nihilisten und Aussteigern nichts gemeinsam. Allenfalls sind sie überzeugt, daß man einer Sache, der man sich verschrieben hat, fast bis zur Selbstaufgabe dienen muß. Nur haben Tagträumerei, Verweigerungsmentalität oder Orientierungslosigkeit als häufig reproduzierte Jugendmerkmale nichts mit dieser Jugend zu tun.

– Sie haben ein ausgeprägtes Leistungsbewußtsein, verfügen über klare Ziele und Berufsperspektiven, entwickeln Selbsterziehung und Selbstdisziplin, die man in Einzelfällen als überzogen bewerten kann. Diese Persönlichkeitsmerkmale sind von einem hohen Selbstanspruch und einer überdurchschnittlichen Selbstkritik grundiert. Für sie gilt nicht, daß je weniger einer leistet, er um so beliebter ist. Sie setzen auf Tugenden wie Fleiß und Anstrengung als Voraussetzung lebensbefriedigenden Arbeitens. Hedonistische Befriedigung und Entspannung gewinnen und genießen sie mit ihrem Erfolg, aber eben auf der Basis eines intensiven Bemühens. Genau dies unterscheidet sie von den Wunderkindern, sie quälen sich, sie „malochen", sie wollen keine Wunderkinder sein und bezeichnen sich eher als „Fleißarbeiter". Zur Lösung ihrer Probleme, Konflikte, Frustration (etwa bei Jugend musiziert) angesichts eines hohen (überhöhten?) Selbstanspruchs entwickeln sie kognitive Strategien und ihre Selbstkritik ist ein Teil ihres inneren Dialogs. Dies will sagen: Die jungen Musiker verfügen über eine ausgeprägte Fähigkeit zum „Selbstmanagement", über die Fähigkeit des Konditionierens, die ja im Instrumentalunterricht bewußt und unbewußt permanent praktiziert wird. Diese Fähigkeit übertragen sie von der rein instrumentalen auf eine lebensmäßige, lebensgestaltende Ebene. Sie sind die Hoffnung-auf-Erfolg-Prototypen im Leistungsmotivationskonzept eines Heinz Heckhausen. Ihr Erfolgskonzept oder -rezept wirkt wie ein Regelkreis: Die musikalische (instrumentale) Begabung wird entdeckt und gefördert im musiksensiblen Elternhaus, dann weiterentwickelt in einem hochqualifizierten Instrumentalunterricht. Als zwangsläufige Konsequenz haben sie frühe Erfolge, die zum Kredit für immer neue Fortschritte und Schübe werden. Hier liegt schlicht das Geheimnis ihrer frühen relativ glanzvollen Karriere, das im Grunde keines ist, weil es geradezu beispielhaft den Prozeß des operanten Konditionierens in der Verhaltenspsychologie spiegelt. Ihre ausgeprägte Fähigkeit zur Selbstregulation sorgt dafür, daß die Instanz zur Steuerung ihre Verhaltens und ihres Bemühens in ihre eigene Person verlegt wird. Skinners These, daß nicht der Mensch die Welt, sondern die Welt den Menschen beeinflusse, würden sie differenzieren, wenn nicht widersprechen. Sie wissen zwar um die Bedeutung der elterlichen Förderung, um die Wichtigkeit eines frühen und qualifizierten Unterrichts, aber – und das ist in ihrem Selbstkonzept entscheidend (!) – sie glauben an das „Jeder ist seines Glückes Schmied". Ebenso unmittelbar räumen sie jedoch auch ein, es womöglich leichter als andere gehabt zu haben. Diese Jugendlichen setzen, beraten von Eltern und Lehrern, ihre eigenen Ziele, überwachen ständig ihr Verhalten und ihre Leistung nach heute selbst- (vorher fremd-) bestimmten Normen. Ihre Selbstbeobachtung liefert ihnen eine kritische Aufzeichnung über die musikalische Arbeit und macht sie hypersensibel gegenüber sich selbst. Sie verfügen permanent über Rückmeldungen zu ihrem technisch-interpretatorischen Stand und seinen Bedingungen, unter denen er zustandekommt. Üben sie – haben sie Erfolg, üben sie nicht – bleibt der Erfolg aus! Die Konsequenz aus dieser Einsicht ist trivial: Sie üben, und wenn es sein muß, wie besessen. Andererseits sind sie aber auch in der Lage, kontrolliert (!) zu pausieren (in Selbstaussage: *wenn's an die Gesundheit geht*). Sie führen (in frühen Jahren angeleitet von ihren Eltern) quasi ein inneres Buch über ihr Übepensum, und ab einer bestimmten Alters- bzw. Erfolgsphase (etwa nach der Entscheidung, Berufsmusiker werden zu wollen) charakterisiert sie ein hohes Maß an Eigenkontrolle. Die Verhaltenskriterien, die sie kritisch für ihren Selbstanspruch aufstellen, beruhen auf dem Vergleich mit dem Leistungsniveau anderer (z. B. bei den Wettbewerben Jugend musiziert) oder mit dem Standard von früher. Fortschritt und Weiterkommen werden geradezu zur quasi-neurotischen Frage, die nach neuen kompetenteren Lehrern und nach neuer, noch schwierigerer Literatur suchen läßt. Bei entsprechendem Erfolg tritt der Mechanismus der Selbstverstärkung ein, und an Selbstbewußtsein mangelt es den Jugendlichen nicht. Dies meint den bereits genannten Prozeß des Regelkreises: Die Selbstwirksamkeit, d. h. der Glaube an eigene Fähigkeiten als wohl wichtigste Determinante des eigenen Verhaltens wird überdurchschnittlich oft bekräftigt, und diese vergrößert sich vor allem dann, wenn Fähigkeiten und Erfolge als persönliches Verdienst (etwa intensives Üben und Vorbereiten) angerechnet werden können. Leben ist für die Jugendlichen nicht einfach sozialer Determinismus oder die unbeeinflußbare Kombination von Vererbung und Umwelt, sondern eine intensive Auseinandersetzung mit diesen Einwirkungen. Integraler Bestandteil der Persönlichkeit junger Talente ist das Wissen um die eigene Begabung, zugleich aber eine hohe Einschätzung der eigenen Anstrengung, des Ehrgeizes und der Leistung. Ihr Leben und ihr Alltag bestätigen, was die Fachwelt längst weiß: Selbsterziehung zu intensiver Arbeit, zum täglichen Üben sind die Voraussetzungen für die überdurchschnittliche Leistung. Talent allein genügt nicht!

– Im Sinne unserer Hypothesen ist unsere Stichprobe jedoch auch eine empirische Bestätigung für die Gefahr, die aus überhöhter Selbstregulation, Eigenkontrolle und Selbstkritik entstehen kann. Der Lebensalltag ist gespickt mit Dilettanten, weniger anspruchsvollen oder gar anspruchslosen Mitmenschen. Kontakte zu Jedermann (-frau) können im strapaziösen Korsett des „Das Beste ist gerade gut genug" zum kommunikativ-interaktionalen Problem werden. Arbeitseifer und Selbstanspruch erinnern an Schopenhauers Aphorismus: *Das Leben ist ein Pensum zum Abarbeiten*. Nur ist da eben auch diese totale Selbsthingabe an und Selbsterfüllung in Musik. Sind einige Jugendliche in einer „splendid isolation" (freiwilliges Alleinsein), auf dem Weg, exotische Außenseiter zu werden, deren Kommunikation zu Durchschnittsmenschen gestört sein wird bzw. bereits ist? So sehr sie ihre künstlerischen Leistungen vervollkommnen sollen, so sehr wünschen wir ihnen ein bisweilen lebenswichtiges (existentiell notwendiges) Laissez-Faire. Immer „gut" oder gar „besser" als andere sein zu wollen (zu müssen?) – dieser Instrumentalanspruch wird als Lebensmaxime auf Dauer zum Überforderungssyndrom und damit potentiell zur Lebensbedrohung. Eltern können in frühen Jahren ihre Kinder überfordern, wenn diese Normen internalisieren, denen sie womöglich mit wachsendem Alter nicht mehr entsprechen können. Sie konzertieren zu viel, sie schaden ihrem Nervensystem und scheitern.

Eine persönliche, glossierende Anmerkung zum Schluß: Nach so manchen stundenlangen Gesprächen erwischte sich der Autor selbst bei der grüblerischen Nachfrage: Hast Du heute (in den letzten Tagen) genug gearbeitet? Diese innere Stimme, war sie bereits ein Effekt des Kontaktes mit diesen Jugendlichen, ein selbstkritischer Spiegel für den Interviewer, der erste Schritt zum workaholic, einem Arbeitssüchtigen?

Wir können am Beispiel unserer Stichprobe empirisch bestätigen, was wir in unserem persönlichkeitsproblematisierenden Kapitel argwöhnten. Wolfgang Graetschel ist nur zuzustimmen, wenn er von den Auswirkungen des Musizierens, des aktiven Umgehens mit Musik auf die Persönlichkeit sinngemäß sagt: Musizieren fördert Stetigkeit und Ausdauer, Ansporn und Zuverlässigkeit, befähigt zu Kontemplation und Konzentration, motiviert zu Leistung und Energie, schult die Wahrnehmungsfähigkeit und Gedächtnisspeicherung, fördert analytisches und synthetisches Denken, macht sensibel für Selbst- und Fremdkritik, verlangt Selbstausdruck und Selbstdarstellung, Toleranz und Ausgleichsbereitschaft, intensiviert sozialen Kontakt zumindest zu Gleichgesinnten. Musizieren – ein treffliches Medium zur Selbsterziehung im Sinne bildungstheoretischer bzw. Humboldtscher Ideale? Wir befinden uns mit der Frage eines Transfer-Effektes des Musikmachens, des „Nutzens" von (frühem) Musizieren in einem musikpädagogischen Forschungsfeld mit besonderer bildungspolitischer Brisanz. Welche Effekte zeitigen musikalische Aktivitäten auf nicht-musikalische Lernbereiche. Im „Council of Research in Music Education" erschienen 1978 und 1980 umfangreiche Literaturberichte (Wolff, Hanshumaker) mit dem Ergebnis, daß musikpädagogische Aktivitäten unzweifelhaft positive Auswirkungen auf andere Verhaltensweisen haben. Klaus-Ernst Behne resümiert: *Insgesamt zeichnen sich bei Untersuchungen dieser Art zwei generelle Tendenzen ab, daß nämlich ein Transfer musikalisch-nichtmusikalisches Verhalten umso wahrscheinlicher ist, je jünger die Kinder sind und je ungünstiger der anfängliche Leistungsstand war... Erstaunlich ist bereits die Breite dieses Transfers, der sich nicht nur an einer Verbesserung bei elementaren Schreib- und Lesefähigkeiten, an einer Beschleunigung der allgemeinen kognitiven Entwicklung, an einer Steigerung des kreativen Potentials, sondern auch im sozialen Verhalten und im Persönlichkeitsbereich ablesen läßt. Daß Musizieren intelligenter mache, läßt sich heute mit größerer Gewißheit behaupten als in den 60er Jahren, man ist jedoch noch weit davon entfernt, diesen Transfer zu spezifizieren oder erklären zu können*[230].

[230] Klaus-Ernst Behne: *Begabtenförderung*, 1986, S. 59

Greifen wir ein Experiment heraus, das seinerzeit in Ungarn durchgeführt wurde: An hundert Volksschulen wurde im Vergleich zu anderen mehr Stunden Musikunterricht erteilt, und jedes Kind lernte ein Instrument. Nach zwei Jahren erfolgte dann die Probe aufs Exempel: Die musikalisch geförderten Kinder waren ihren Altersgenossen ein gutes Stück voraus – nicht nur geistig, sondern auch körperlich. Die meisten von ihnen schafften mühelos die Prüfung zum Gymnasium. Dort musizierten sie freiwillig weiter, obwohl es nicht zum Pflichtpensum gehörte. Sie gründeten kleine Orchester und hatten keine Freizeitprobleme.

Am häufigsten gibt es in der psychologischen Forschung Vergleiche von Ergebnissen aus Intelligenz- und Musikalitätstests. Wurden diese Korrelationen bisher auch relativ mäßig (Korrelation von .30) nachgewiesen, so scheinen methodische Mängel einen statistischen Artefakt zu verursachen. Heute vermutet man wesentlich höhere Korrelationen (.60), *womit die Beziehungen zwischen Musikalität und Intelligenz in eine ganz neue Dimension gehoben* würden[231].

Neue Erkenntnisse wird man sicher von der zur Zeit intensivierten Gehirnforschung erwarten können und damit zur Frage, welche Effekte das Musizieren auf die unterschiedlichen Aktivitäten der beiden Hirnhälften (Hemisphären) hat. Die Lateralisationsforschung hat nachweisen können, daß kognitive Aktivitäten (bei Rechtshändern) dominant linkshemispärisch und räumliche, emotionale, auch musikalische Aktivitäten dominant rechtshemisphärisch zu lokalisieren sind. Nun lassen sich die Hemisphärenaktivitäten nicht so klinisch rein trennen, denn Musiker haben bei musikalischen Höraufgaben verstärkt die linke Hemisphäre aktiviert, d. h. sie hören deshalb vielleicht analytischer als Nichtmusiker. Je häufiger und intensiver musisch-kreative Aktivitäten erfolgen, um so stärker wird die rechte Gehirnhälfte aktiviert und ausgebildet. Heute weiß man jedoch auch, daß beide Cortexhälften miteinander korrespondieren und keine total isoliert arbeitet. Die Verknüpfungen sind so eng, daß beim Fremdsprachenlernen Vokale besser in der rechten und Konsonanten besser in der linken integriert werden, daß beim Sprechen die grammatischen Strukturen eher links, aber alles, was Intonation betrifft (also musikalische Qualitäten), mehr rechts verarbeitet wird. Musik wird heute beispielsweise auch im sogenannten „Super-Learning" genutzt, um die rechte Hemisphäre zu aktivieren und den Lerneffekt zu steigern.

Es liegt also hirnphysiologisch auf der Hand, daß Musizieren auch andere als musikalische Qualifikationen fördert. Klaus-Ernst Behne vermutet daher zu Recht, *daß – ähnlich wie beim Erwerb des absoluten Gehörs (Sergeant 1967) – frühe musikalische Lernprozesse die individuelle Lateralisation nachhaltig beeinflussen, möglicherweise in dem Sinne, daß musikalisch Vorgebildete die beiden Hirnhälften weniger einseitig und deshalb effizienter nutzen lernen und daß sich diese Umorganisation auch positiv auf eine Reihe von nichtmusikalischen Aktivitäten auswirkt. Gegen diese These spricht, daß die ontogenetische Entwicklung der Lateralisation nach bisherigem Wissensstand i. a. am Ende des dritten oder vierten Lebensjahres abgeschlossen ist, während die Transfer-*

231 vgl. ebda., S. 60

studien vor allem Kinder zwischen fünf und zehn Jahren berücksichtigen. Genau dies wäre aber in zukünftiger Forschung erst noch genauer zu ermitteln, ob bestimmte musikalische Erfahrungen zwischen fünf und zehn Jahren zwar nicht mehr grundsätzlich, aber doch noch modifizierend in die funktionelle Asymmetrie der beiden Hirnhälften eingreifen[232].

Nach der Auswertung von 20 zufällig sortierten Gesprächsprotokollen schreibt der Klinische Psychologe und Verhaltenstherapeut Hans E. Bräuninger zu Selbstanspruch und Selbstkritik[233]: *Das Anspruchsdenken der jugendlichen Hochbegabten ist in der Regel sehr hoch. Man gibt sich mit dem aktuell Erreichten nicht zufrieden, strebt nach Verbesserung, nach Perfektion. Dieses Denken ist oft Teil eines selbst perpetuierenden Prozesses, wobei das selbst oder durch andere entdeckte Talent eine Unterstützung erfährt, die – so verstärkend – eine intensivere Beschäftigung mit der Begabung nach sich zieht, was wiederum zur Verbesserung der Leistung beiträgt, die erneut „belohnt", den Anspruch nach Vollendung begründet – womit weitere Energien freigesetzt werden, usw ....*

Der Ausspruch, „besser" werden zu wollen, weil man „besser" werden kann, wird durch die Rückmeldung von außen, als auch durch den selbst zu beobachtenden Fortschritt ständig aufrechterhalten und verstärkt. Es ist für den Jugendlichen schwer – wenn nicht unmöglich – diesen Prozeß selbst zu unterbrechen, um einer überhöhten Anspruchshaltung evtl. vorzubeugen, führte dies doch zwangsläufig zu negativen Konsequenzen: Verlust der Zuwendung und Beachtung, einen Fall in die Mittelmäßigkeit, Unzufriedenheit durch fehlende Zielerreichung, Unzulänglichkeits- und Minderwertigkeitsgefühle, Fremd- und Selbstkritik.

Ich glaube, ein Höchstbegabter – gleich welchen Genres – kann ohne hohen Selbstanspruch in der Spitzengruppe nicht mehr bestehen: zu groß ist die Konkurrenz, zu kurzlebig der Erfolg. So bleibt dem jungen Talent nicht viel anderes übrig, will es nicht nur als „talentiert" angesehen werden, seinen eigenen Anspruch an sich selbst so hoch wie möglich anzusetzen – auch um den Preis des schon vielfach zitierten Scheiterns. Zweifel an der Leistungsfähigkeit – jedem normal Sterblichen ohne weiteres zugestanden – sind den Hochbegabten nicht erlaubt, da dies sofort hemmend auf die Leistungserbringung einwirkt und möglicherweise einen „Leistungsvorsprung" gegenüber dem (der) Konkurrenten aufzehrt.

Der hochbegabte Könner wird sich also schon frühzeitig entscheiden müssen: will ich an die Spitze, dann muß ich mir alles abverlangen und höchste Ansprüche an mich selbst stellen. Dabei gehe ich Risiken ein, die ich aber einzugehen für wert erachte. Oder will ich meine Begabung mir selbst zur Freude und quasi als Selbstzweck behutsam fördern, wobei ich zufrieden bin mit dem, was sich ohne größeren Aufwand erreichen läßt?

Nur: Kann sich ein 8 bis 17jähriges Kind diese Fragen als Alternativen für ein Lebenskonzept wirklich selbstbewußt und eigenverantwortlich stellen? Ich meine, die

232 ebda.
233 Hans E. Bräuninger: a.a.O.

Entscheidung wird ihm – gerade in sehr jungen Jahren – von anderen weitgehend abgenommen; dem Fremdanspruch (s. Eltern, Lehrer, etc.) folgt häufig erst der Selbstanspruch, der dann den eingangs beschriebenen Prozeß einleitet und aufrechterhält. Der hohe Anspruch nach Perfektionismus geht in der Regel Hand in Hand mit einer hohen Selbstkritik. Auch wenn die (selbst) geforderte Leistung erbracht wird, neigt der Hochbegabte zu Selbstzweifeln und Verunsicherung darüber, ob er diese Leistung auch halten oder sogar weiter steigern kann. Wird die Leistung aber nicht erbracht, kann die selbstkritische Haltung zu irrationalen Gedanken und Überzeugungen führen, womit ein noch höheres Streßpotential entsteht.

Die Jugendlichen in vorliegender Studie können überwiegend als sehr selbstkritisch bezeichnet werden. Sie wissen, was sie können —aber auch, daß es noch nicht genug ist. Sie leben im täglichen Dauerstreß (z. B. Doppelbelastung: Schule/Üben) – erleben dies aber nicht grundsätzlich negativ, sondern als notwendige Gegebenheit auf ihrem Weg zur Leistungsspitze. Damit unterdrücken sie – unbewußt – wichtige Belastungssignale und sublimieren häufig unbefriedigte Bedürfnisse durch ihre künstlerische Leistung. Hohe Anpruchshaltung gepaart mit Selbstkritik schwächt das sogenannte psychophysische Immunsystem und macht anfällig für z. B. psychosomatische Abwehrreaktionen. Vor diesem Hintergrund muß die psychische Entwicklung und Persönlichkeitsstabilisierung eines hochbegabten, leistungsorientierten Jugendlichen grundsätzlich mit Skepsis verfolgt werden. Auch wenn aus den Ausführungen der Jugendlichen kaum Anzeichen für eine akute Dramatisierung in der psychischen Entwicklung zu erkennen sind, so heißt dies nicht, daß es sie im Einzelfall nicht doch gibt. Nur werden sie von den Jugendlichen (noch) nicht wahrgenommen; die Glaubwürdigkeit in den Aussagen muß also immer am subjektiven Charakter der Eigenwahrnehmung gemessen werden. Schutzbehauptungen, im Sinne b e w u ß t falsch wiedergegebener psychischer Befindlichkeiten, vermag ich den Jugendlichen nicht zu unterstellen. Ich glaube, daß hoher Anspruch und Leistungsstreß den Blick für eine p o s i t i v e und an objektiven Gegebenheiten orientierte selbstkritische Auseinandersetzung mit dem eigenen Talent und dem angestrebten Ziel trüben. Die Identifikation mit der Musik und dem Instrument läßt Selbstkritik dann eben nur noch in Bezug auf die zu erbringende Leistung zu: Ich habe nicht genug geübt; ich hätte früher den Lehrer wechseln müssen; ich muß mich besser konzentrieren, etc.

Indessen, die Jugendlichen haben auch Erklärungen für ihren Selbstanspruch und für ihre Selbstkritik, die sich keinesfalls masochistischer Gelüste verdanken. Selbstkritik hilft ihnen, „auf dem Teppich zu bleiben“, „in guten und in schlechten Zeiten“, in euphorischen und depressiven Phasen, die nun einmal jedem Lern- und Lebensprozeß eigen sind.

> *Selbstkritik und auch Selbstironie sind im Leben sehr sehr wichtig. Ich muß durchschauen, wenn ich Fehler mache, muß begründen können, warum ich etwas tue, damit ich mir nichts vormache. Aber oft ist es auch wichtig, daß man über sich selbst grinsen kann, gerade wenn man so hochtrabende Pläne hat, daß man sich nicht so wichtig nimmt. Ich kenne Leute, die schreiben Briefe und da*

steht in jedem zweiten Satz, welchen Mist sie schreiben. Dazu habe ich wieder zuviel Selbstbewußtsein, das sich mit Selbstkritik im richtigen Maß einpendelt (19, m, I 09).

Selbstkritik, Selbstdisziplin und Selbstvertrauen gehören ihrer Ansicht nach zum Wesen des Musikers und des Erfolgs. In der Begabungsforschung ist man sich einig darin, das für das Zustandekommen produktiver und kreativer Tätigkeiten und Fähigkeiten die Weckung des Selbstvertrauens und des Glaubens an bzw. die Überzeugung von der eigenen Fähigkeit von ganz entscheidender Bedeutung ist. Selbstvertrauen aber ist keine natürliche Begleiterscheinung der (Hoch-) Begabung. Sie will vielmehr durch die fordernde Förderung im Medium kleiner Leistungserfahrungen stetig reifen: vom ersten Vorspiel in der Musikschule bis zum Konzertauftritt im Münchener Herkulessaal. Dabei ist wichtig zu beachten, daß eine sterile Lebenswelt („understimulation") blockierend auf dieses Merkmal wirken wird. Dagegen vermögen die Begegnung mit ähnlich denkenden und agierenden Menschen sowie beispielhafte Erlebnisse wie eine stets neue Erweckung dieser Kraft des Selbstvertauens wirken.

Der Weg zum Erfolg oder „Denn sie wissen, was sie tun"

Das stärkste Hemmnis für das Talent ist vielleicht der Hochmut. In welcher Art von Kunst man sich auch ausdrückt, stets muß man an seine Aufgabe mit uneingeschränktem Selbstvertrauen, aber auch mit Demut herangehen (Marcel Dupré).

Alles, was man will, ist leistungsmäßig zu schaffen. Die Schwierigkeit liegt nur darin, etwas wirklich zu wollen... Ich weiß, was ich will (21, m, I 76).

Leute, die mich kennen, sagen immer, das Auffälligste an mir sei mein Wille (21, w, I 65).

Zur weiteren Ergänzung und Differenzierung des Persönlichkeitsbildes junger Instrumentalbegabungen stellten wir stellvertretend für viele ehrgeizige Nachwuchsmusiker die journalistisch anmutende und nicht uninteressante Frage: Wie wird man Bundespreisträger? Gibt es ein besonderes Erfolgsrezept oder gar ein Patentrezept hinter dieser Bilanz mit Glanz, die unsere Stichprobe charakterisiert? Wir erhofften uns weitere Klarheit über entscheidende Persönlichkeitsmerkmale, die unsere bisherigen Erkenntnisse zur hohen Leistungsmotivation und Kausalattributierung (d. h. Ursachenzuschreibung für Erfolg) bestätigen würden, aber auch spezielle Hinweise für jene Jungmusiker, die vorerst noch von solch großen Erfolgen träumen. Zunächst können wir die Ergebnisse der Antworten im gesprächsbegleitenden Fragebogen auswerten. Unsere Frage: Welche Eigenschaften zeichnen mich als Bundesteilnehmer von Jugend musiziert aus?

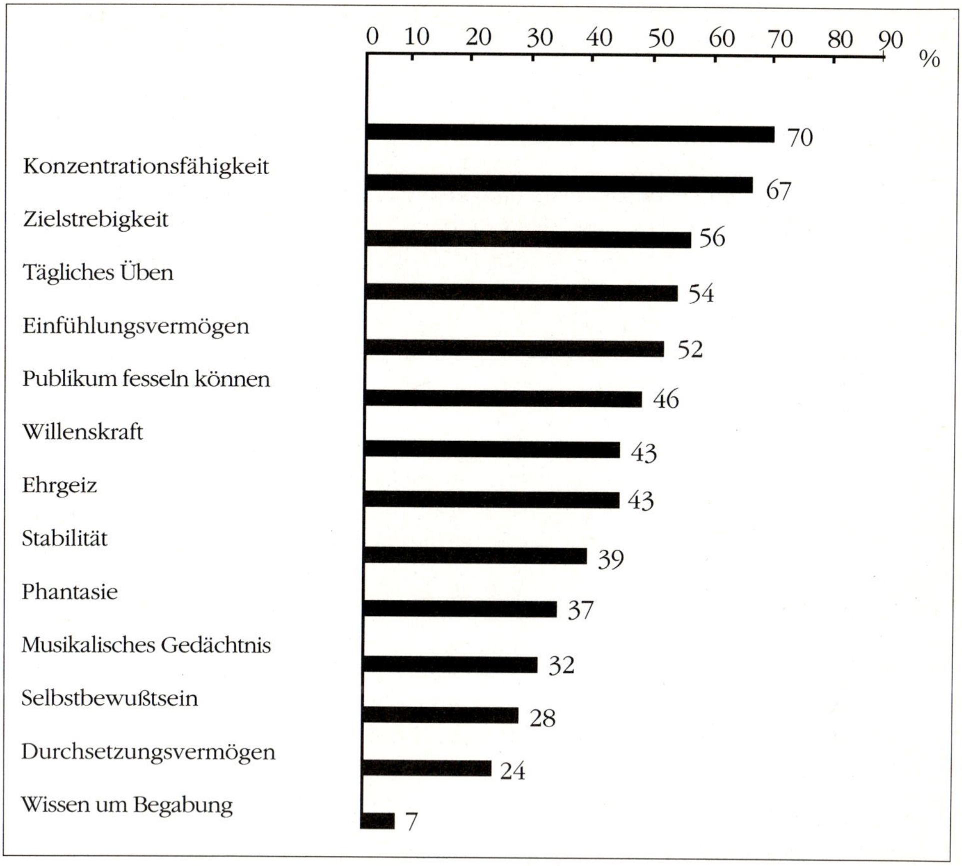

Grafik: Beurteilung des instrumentalen Erfolges nach Persönlichkeitsmerkmalen und Aktivitäten

Die Statistik bestätigt die Erkenntnisse unserer Gespräche. Nicht begabungsgenetische Bedingungen oder Vorhaben, sondern allgemeine Persönlichkeitsmerkmale, leistungsmotivationale Aspekte sind die entscheidenden Bausteine des Erfolges. Mit Abstand werden zuerst genannt: Konzentrationsfähigkeit und Zielstrebigkeit! Zu über 50%, d. h. mehrheitlich nennen die Jugendlichen die Bereitschaft zum „täglichen Üben", auf einer mehr interpretatorischen Ebene „Einfühlungsvermögen haben" und „ein Publikum fesseln können".

Unser „Erfolgsrezept" hat in der Pädagogik keineswegs Premierencharakter, wir können in dieser Frage kaum neue erziehliche Perspektiven ableiten. Die Bausteine des Erfolges sind laut Selbstbewertung: Konzentration (in der Musik und auf ein Ziel hin) – Zielstrebigkeit – tägliches Üben – Einfühlungsvermögen in die Musik und Ausdruckskraft gegenüber einem Publikum. Von Begabung ist vorerst keine Rede.

Eine mittlere Bewertung erfahren Eigenschaften wie Willenskraft, Ehrgeiz, Stabilität (in Psyche und in der Verfolgung von Zielen). Die eigene Begabung spielt laut Selbstbewertung dabei eine untergeordnete Rolle und wird nur von 24% der Stichprobe als entscheidendes Kriterium für den Erfolg genannt. Richtig daran ist sicher, daß weder die Selbsteinschätzung, genial begabt zu sein, noch die objektive Gegebenheit musikalischer Begabung etwas nutzen, wenn man nicht an ihr arbeitet. Wir meinen aber auch, daß eine Bewertung des Wissens um die Begabung einen höheren Stellenwert einnimmt, als dies hier zum Ausdruck kommt. Sie ist letztlich das Fundament für den Erfolg, sie wird quasi stillschweigend vorausgesetzt, sie ist „der Rede nicht wert" (d. h. der betonten Nennung in der Befragung). Es paßt einfach in das Bild dieser „Fleißarbeiter", angesichts ihrer täglichen Bemühungen nicht statisch-genetische Größen zu nennen, sondern in erster Linie die vom Menschen selbst beeinflußbaren und dem eigenen Verdienst zuzuschreibenden Fähigkeiten und Leistungen herauszustellen. Wir wissen, daß sich psychologische Wirklichkeit nicht in einfachen Haupteffekten entdecken oder beschreiben läßt. Menschliches Verhalten läßt sich kausaliter nicht auf eine einzige „Reiz"-Variable reduzieren. (Dafür spricht in unserem Beispiel, daß die „gar nicht"-Bewertung der einzelnen Attribute statistisch alle unter 10% liegen, d. h. von weniger als 5 Fällen gebraucht werden.) Vielmehr dürfte, so auch in unserer Stichprobe, die Kombination und Interaktion mehrerer verschiedener Merkmale und Aktivitäten den Erfolgsweg bestimmt haben. Was die jungen Musiker meinen, ist die nicht neue Facherkenntnis: Talent und Begabung sind Fundamente für den Erfolg, aber entscheidend sind letztlich die genannten leistungsmotivationalen Kriterien, Talent allein genügt nicht.

> *Sicher, das Talent ist das Wichtigste. Ohne das läuft nichts! Aber mit Talent kommt man nur bis zu einem gewissen Punkt. Das Letzte wird immer fehlen, wenn einer zu wenig Härte und zu wenig Fleiß bringt... Viel Üben, verbissen sein, selbstbewußt dastehen, an sich selber glauben, auch Mißerfolge wegstecken können. Die kommen immer wieder, jeder hat seine Krisen und Mißerfolgserlebnisse* (19, m, I 74).

In unseren Interviews sprechen die Jugendlichen vom Vorbild des Mitkonkurrenten bei Jugend musiziert, das den eigenen Ehrgeiz herausfordert. Ausdauer und Fleiß, Selbstanspruch und Selbstansporn, Energie und Nervenstärke („nach einem Klavierabend ist man total fertig"), Willenskraft, eine angemessene Animation durch die Instrumentallehrer („mein Lehrer hat mal gesagt, man brauche 20 Prozent Talent und 80 Prozent Fleiß") sind die meistgenannten Garanten des Erfolgs, die sie bis zum Bundeswettbewerb geführt haben.

In Stichworten die Antworten der Jugendlichen auf die Frage, wie man ein Bundesteilnehmer Jugend musiziert wird bzw. worauf sie ihren Erfolg zurückführen:

> *Üben, Begabung und Lehrer... Einfach akzeptieren, jeden Tag etwas zu tun. Das muß man verinnerlichen, dann eben auch Ehrgeiz mitbringen... Stilistisch und technisch gut sein und kein Lampenfieber haben... Man muß selbst gefestigt sein,*

eine innere Ruhe haben, eine gewisse Selbstsicherheit haben... Mein Wille und mein Ehrgeiz und eine sachliche Beurteilung. Lernen und Anstrengung an erster Stelle und dann auch ein bißchen Glück haben... Die Zielstrebigkeit, das Höchstmögliche erreichen zu wollen...

Und immer ist die Rede von jenem Willen, der alles erreichen läßt, sofern man nur will:

Ich habe einen sehr starken Willen. Ich habe die Überzeugung , daß alles, was man will, leistungsmäßig zu schaffen ist. Ich habe nie etwas geschafft, was ich nicht wirklich wollte. Die Schwierigkeit liegt immer nur darin, etwas wirklich zu wollen. Ich weiß, was ich will... Ich habe das Gefühl, mehr meine Straße zu kennen als viele andere Menschen (21, m, I 76).

Für uns überraschend selten kam als Argument „die Freude an der Musik". Wird sie als selbstverständlich vorausgesetzt, oder spielt sie im Leistungskonzept der jungen Erfolgsmenschen nur noch eine untergeordnete Rolle?

Die empirisch quantitative Erfassung jener Merkmale, die unsere Begabungen selbst für wichtig halten, decken sich weitgehend mit jenen, die in Definitionen zu (Hoch-) Begabungen als „sekundäre" Faktoren zitiert werden: schnelle Auffassungsgabe, hohe Konzentrationsfähigkeit, schnelle problemspezifische Informationsverarbeitung, die einander ergänzend nicht zu Wissenskumulation, sondern zu produktiven Lösungssätzen führen[234].

Und der Erfolgsweg ist psychologisch gesehen von sogenannten Flow-Erlebnissen begleitet[235], von Gefühlen der Faszination. Der Flow-Zustand stellt sich ein, wenn Anforderung und Fähigkeit ausgewogen sind und man ganz in der Beschäftigung mit einer Sache aufgeht. Dieses Flow-Gefühl tritt bei Tätigkeiten auf, die von Lernenden als befriedigend und lustvoll erlebt werden. Es ist gekennzeichnet durch eine erhöhte Konzentration auf diese Tätigkeit, durch eine Einengung des Wahrnehmungsfeldes, durch ein Kontrollgefühl, verbunden mit gehobener Stimmung, und durch einen Verlust von Selbstaufmerksamkeit, der manchmal ein Gefühl der Vereinigung mit der Tätigkeit und der Umwelt mit sich bringt. Flow-Gefühle entstehen vor allem in den Bereichen Spiel, Sport und interessengeleiteten Tätigkeiten. Ein typisches Beispiel dürfte auch das Instrumentalspiel der Jugendlichen sein, das ab einem bestimmten Leistungsniveau die Merkmale des Flow-Erlebnisses annehmen kann. Der Volksmund spricht von „Weggetreten sein" im Interesse einer faszinierenden Sache, in die man sich versenkt.

234 vgl. John F. Feldhusen, in: Kurt A. Heller/John F. Feldhusen (Ed.): *Identifying and Nurturing the Gifted.* New York/Bern/Stuttgart 1986, S. 9, oder vgl. Wilhelm Wieczerkowski (Hg.): *Hochbegabung, Gesellschaft, Schule* (im Auftrag des Bundesministeriums für Bildung und Wissenschaft), Bad Honnef 1986

235 M. Czikszentmihalyi: *The Concept of Flow,* in: B. Sutton-Smith (Ed.): *Play and Learning,* New York 1979; hier zit. n. Weidenmann/Krapp (Hg.): *Pädagogische Psychologie,* Weinheim 1986, S. 256 f.

Musikalische Talente als Mehrfachbegabungen

Niemand wird angesichts der frühen musikalischen Leistungen, der schnellen Fortschritte und des überdurchschnittlichen Niveaus an der instrumentalen Begabung unserer Jugendlichen Zweifel haben. Die Frage ist, ob sich das instrumentale Talent der Jugendlichen auf das eine Erfolgsinstrument beschränkt, und weiterführend, ob nicht auch Begabungen für andere künstlerische oder nichtkünstlerische Bereiche festzustellen sind. Solche Ergebnisse wären eine erste empirische Basis für eine Theorie der Mehrfachbegabung instrumentaler Talente.

Rudolf Frisius hat sich betont kritisch gegenüber der Gefahr der Spezialisierung auf das Spielen nur eines Instrumentes geäußert: *Ein Pianist* [...] *ist der Gefahr ausgesetzt, die Klaviermusik für zentral zu halten und andere Musik allenfalls auf dem Umweg des Klavierauszugs zur Kenntnis zu nehmen. Die Spezialisierung auf ein Einzelinstrument kann also zu einer Verengung des musikalischen Horizontes führen...*[236] In den Notizen zur musikalischen Lebenswelt ist bereits deutlich geworden, wie wenig das Portrait „Das Instrument bestimmt mein Leben" zutrifft und richtiger durch das biographische Bild „Musik ist mein Leben" ersetzt werden muß. Zunächst einmal läßt sich rein quantitativ feststellen, daß Bundesteilnehmer von Jugend musiziert instrumentale Mehrfachtalente sein können. Sie spielen Zweit- oder gar Drittinstrumente, und dies nicht nur so nebenbei. Ein Flötist gewinnt den 3. Preis auf Bundesebene und erzielt in demselben Wettbewerb mit der Oboe Leistungsstufe 2. Eine Flötistin, die Leistungsstufe 3 im Bundeswettbewerb erreicht, wird im nächsten Wettbewerb mit ihrem Hauptfach Violine antreten. Eine erfolgreiche Pianistin spielt im Landesjugendorchester das Cello. Ein 17jähriger war gleichzeitig in Flöte, Querflöte und Klavier Landesbester. Und bei vielen reicht das Niveau zur Teilnahme an Regional- und Landeswettbewerben Jugend musiziert. Die Gefahr der einseitigen Fixierung auf ein einziges Instrument ist in unserem Sample nicht zu sehen.

Befragen wir die Statistik, dann spielen 83% (!) der Stichprobe ein Zweitinstrument, d. h. die große Mehrheit findet neben dem Haupt- und Erfolgsinstrument auch noch die Zeit für ein zweites. Eine Rangskala der Häufigkeiten sieht das Klavier erwartungsgemäß und überdeutlich an der Spitze der Nebeninstrumente (mit 73% aller Nennungen). Ein Grund dürfte die Tatsache sein, daß es für ein Musikstudium eine unerläßliche Voraussetzung ist, Klavier spielen zu können. Es folgen mit je 9% Violine und Blockflöte. Darüberhinaus zeigt sich eine relative Heterogenität im Spiel eines Zweitinstrumentes. Vereinzelt werden genannt: Orgel, Cello, Querflöte, Klarinette, Fagott und Schlagzeug. Über die Hälfte der Jugendlichen (58%) spielt ihr Zweitinstrument zwischen 1 und 6 Jahren (Gipfel bei 3 Jahren), gut ein Drittel immerhin zwischen 10 und 17 Jahren, d. h. das Zweitinstrument hat sie durch ihr junges Musikleben begleitet. Und ein Drittel (32%) nennt sogar ein drittes Instrument, hier am häufigsten Klavier und Blockflöte. Diese Daten mögen eindrucksvoll belegen, daß der Blickwinkel der Jugendlichen

236 Rudolf Frisius: *Thesen zur Fragegruppe „Moderne Industriegesellschaft ...“*, in: *Musik und Bildung* 7,8/1972, S. 329

über ein einziges Instrument hinausgeht, daß ihnen als instrumentale Talente auch das Spielen eines zweiten oder dritten Instrumentes nicht unbedingt schwer fällt. Berücksichtigt man ihren Ehrgeiz, ihren Leistungstrieb und hohen Selbstanspruch auf dem Erstinstrument, dann kann man sich gut vorstellen, daß das Spielen des Nebeninstrumentes nicht als dilettantisch zu bewerten ist.

Doch worum es uns in diesem Kapital auch geht, ist die Untersuchung der Frage, ob das Talent, die spezifisch instrumentale Begabung, über eine rein musikalische hinausweist. Verfügt jemand, der auf einem Gebiet überdurchschnittliche bis herausragende Leistungen bietet, über weitere qualitativ andere Begabungen? Sind instrumentale Talente Mehrfachbegabungen?

Auch dafür gibt es in dieser Stichprobe einige handfeste Hinweise und Dokumente. Eine Bratschistin gewinnt den Vorlesewettbewerb ihres Landes, ein Klarinettist interessiert sich für Historie und wird für eine Studie über die Judenverfolgung in einem bestimmten Ort mit einem Preis ausgezeichnet.

> *Ich habe an einem Geschichtswettbewerb teilgenommen, der hieß „Alltag im Nationalsozialismus". Ich habe eine Arbeit über das Schicksal der Juden in XXX geschrieben, die Arbeit also lokalgeschichtlich abgefaßt, habe Zeitungsausschnitte gesammelt, Tagebuch geführt, die Erlebnisse gesammelt. Dann habe ich noch einen Bezug zu neonazistischen Bestrebungen hergestellt. Das wurde dann von verschiedenen Juroren gelesen und begutachtet. Ich bekam dann noch einen Reisepreis nach Amsterdam, was so ausgerichtet war: Gespräch mit Widerstandskämpfern, Besuch im Anne-Frank-Haus....* (19, m, I 74).

Eine 19jährige Pianistin spielt ihre ersten Rundfunkkonzerte ein und macht scheinbar nebenbei ihr Abitur mit der Traumnote 1,0. Solche schulischen Leistungen sind in dieser Stichprobe übrigens keine Seltenheit. Der Leistungsanspruch auf dem Instrument hat sie so geprägt, daß sie mit Leistungsansprüchen insgesamt anscheinend gut zurechtkommen. 83% der Jugendlichen geben an, trotz zeitintensiver Beschäftigung mit dem Instrument keine schulischen Probleme zu haben (Note sehr gut bis befriedigend in der schulischen Selbstbewertung). Über die Hälfte bezeichnet sich sogar als sehr gute bzw. gute Schüler.

Konkretisieren wir das Phänomen der Mehrfachbegabung an einigen weiteren Beispielen. Ein 18jähriger Posaunist erweist sich als begabter Graphiker, kopiert Dürer-Bilder täuschend ähnlich, malt kritisch-ironische Selbstportraits (s. Abb. 1, 2) oder Zeitbilder und gestaltet ohne Vorlage ganze Häuserwände mit großzügigen Naturbildern. Eine 19jährige Cellistin erzählt von ihrer frühen Neigung zum Malen und zeigt ein Selbstportrait in Öl: das große Instrument, der gewichtige Lehrer und die davor fast verschwindende Schülerin, sie selbst (s. Abb. 3).

Gedichte haben junge Menschen schon immer gerne geschrieben, um ihren Gedanken, Träumen und Sehnsüchten Ausdruck zu verleihen. Daß einige es besonders intensiv und erfolgreich betreiben, ist wieder nicht so selbstverständlich. Eine 17jährige Oboistin beteiligt sich mit ihren Gedichten an einem Landeswettbewerb und gewinnt damit erste Preise. Aus ihrer Gedichte-Sammlung seien zwei Beispiele zitiert (s. S. 290f.):

Abb. 1: Selbstportrait: Junger Posaunist

Abb. 2: Selbstportrait: Junger Posaunist

Abb. 3: Selbstportrait in Öl: Lehrer und Schülerin

PENNER

Kaum sichtbar liegt er,
Chamäleon der Stadt,
zwischen welkem Gras und Blättern
sieht erwachend über sich den Himmel

in grünen Streifen
„der Stadt gestiftet von..."

ihm gehört
keine Parkbank,
nur
der Himmel
dazwischen

und schon verbirgt er
die Flasche,
die ihn
die Farbe wechseln können
macht.

SEILTANZ

Wenn sie mir zulächeln
lache ich zurück.
Ich tanze über das Seil
und falle herunter
und staune,
daß keiner
mich auffängt.

Ein junger Fagottist rezitiert ein Gedicht, das er mit 17 Jahren für den Deutschunterricht geschrieben hat:

DIE PAUSE

Ich sitze im Hof, an einen Stein gelehnt,
um mich herum Stimmen,
Sonnenschein auf meinem Gesicht.
Ich lehne an meinem Stein

und merke nichts von dem, was mich umgibt.
Ich sehe nicht das neue Schulgebäude,
das alte Kloster hinter mir.
In Gedanken verstummt der Pausenlärm, wird zur Musik.
Die Sonne scheint mir ins Gesicht,
ich bin weit weg...
bis ich zurückgeholt werde aus meinen Träumen...
durch den Gong.
Um hineinzugehen in das Dunkel des Schulhauses,
um mich zu freuen
auf den Sonnenschein
der nächsten Pause.

Wir möchten dieser Studie keine Gedichtesammlung anschließen, aber die poetischen Begabungen der jungen Musiker sind einfach eindrucksvoll, so auch zum Schluß die Gedichte eines jungen Cellisten:

I. Zeitlos
vermeintliche Ruhe
bist du einfältig kannst nur
zählen dein erdachtes Maß
doch ziehen sie an dir vorbei und
nennen Punkte im Weiten
Vergangenes nennt sich das
verkannt ist's
die Dimension zu ändern und
zu warten auf lebendige Erinnerung
Befrei' deine Zeit aus Fängen
der Schemen
brich auf deinen festen Sitz
und beginne zu verlieren
zu formen

II. Tages – licht – schreiber
hüte deine Nächte
sei bewußt gewohnter Wege

fege alles rege
aus dem Beet

verklebe alle Thesen
mit dem Patent deiner
Unschuld

III. Im Morgenwind
ich stand und fand
es kommt viel Tand
doch blickend über lose Bilder
bog ich meine Sinne
in eine entsprechende Rinne

IV. erbremste Absicht
verkapptes Haupt

Welten verstauben
und Trauben von Schimmel
decken ab dem letzten sein Licht

Entkernte Führung
alles mehr ohne Berührung
nur noch Störung
und Unterführung ihrer Rührung

Ça n'existe pas

Auf musikalischer Ebene ist in einem Fall noch eine besondere Begabung zum Komponieren zu nennen, wenngleich kompositorische Ambitionen für unsere Stichprobe nicht charakteristisch sind. Viele haben es versucht, aber ebenso oft auch wieder sein lassen. Der weiter oben zitierte Flötist und Oboist, erfolgreich mit zwei Instrumenten auf einem Bundeswettbewerb Jugend musiziert komponiert mit einigem Erfolg, darunter ein Avantgarde-Stück für Alt-Blockflöte solo, das mit dem Sonderpreis der Wettbewerbsstadt Erlangen ausgezeichnet wurde. Neben traditioneller Notation gebraucht er eine ornamentale Graphik zur Spielanweisung und kommt über neue Techniken zu interessanten Klangeffekten und -verfremdungen. Zu den Kompositionstechniken seines Stükkes *Improvi* für Altblockflöte solo (1985) gehören das Überblasen, verschiedene Vibrato-Formen, Summton, Doppelzunge, das Abdecken des Labiums und die Integration gesprochener Sprache. Daneben hält er sich an die Maßgabe einer strengen 12-Ton-Reihen-Technik. Einen Auszug aus diesem Stück sehen Sie auf Seite 294.

Sein bisher aufwendigstes Werk ist das Orchesterwerk *Flukturation* (1984) für Orgel, Holzbläser, Streicher und 2 Hörner. Dem Orgelpart weist er die Techniken des Auf- und Abregistrierens, der diatonischen, pentatonischen und chromatischen Clusterbildung mit statischen oder fluktuierenden Klangeffekten sowie *staccato*-Tonrepetitionen zu, während der übrige Orchestersatz relativ streng notiert ist.

Zu seiner Air schreibt der junge Komponist:

Die Bezeichnung „Air" ist doppeldeutig. Air kann sowohl vom Englischen als „Luft" übersetzt werden als auch von Aria (Lied) abgeleitet werden. Beide Übersetzungsmöglichkeiten faßt die Komposition mit gewisser Ironie ins Auge. So wird in der Mitte des Werkes die berühmte Arie aus „Rigoletto", jedoch in einen Klangteppich von 12-Ton-Reihen verwoben, zitiert. Am Schluß erklingen die ersten 6 Takte aus der Air von Bach (Orchestersuite), wobei einzelne Töne mit Luftbeimischungen („dirty notes") verfremdet werden (19, m, I 59).

Der 19jährige zu seinen kompositorischen Ambitionen:

Ich habe versucht, einen Komponisten zu finden, der mir für den Bundeswettbewerb ein Stück für die Blockflöte schreibt, weil ich weiß, daß man meistens nur für Uraufführungen einen Preis bekommt. Ich habe damit schon geliebäugelt. Ich bin zuerst an Prof. XXX herangetreten. Der mußte mir absagen, weil er einige andere Kompositionsaufträge auf dem Tisch liegen hatte. Ich hatte also kein Stück, und da habe ich mich hingesetzt und selbst eins geschrieben. Das war natürlich gewagt, aber es hat geklappt. Ich habe schon ein Zutrauen gehabt, habe immer mal wieder angefangen, was zu schreiben. Ich habe es mit Solostücken versucht, mit Zwölftonreihen erstmal, dann auch eingehalten und dann versucht, die zu erweitern durch neue Spieltechniken auf der Blockflöte. Nach 30, 40 Anläufen ist es mir dann gelungen, immer wieder ein Stückchen zu schaffen. Ich habe dann auch ein Quartett für einen Komponistenwettbewerb in Calw geschrieben, das mit dem 4. Preis ausgezeichnet wurde und anschließend bei einem Konzert der Preisträger uraufgeführt wurde. Das Stück wird immer wieder

Improvi für Altblockflöte solo (1982/86) [Ausschnitt]

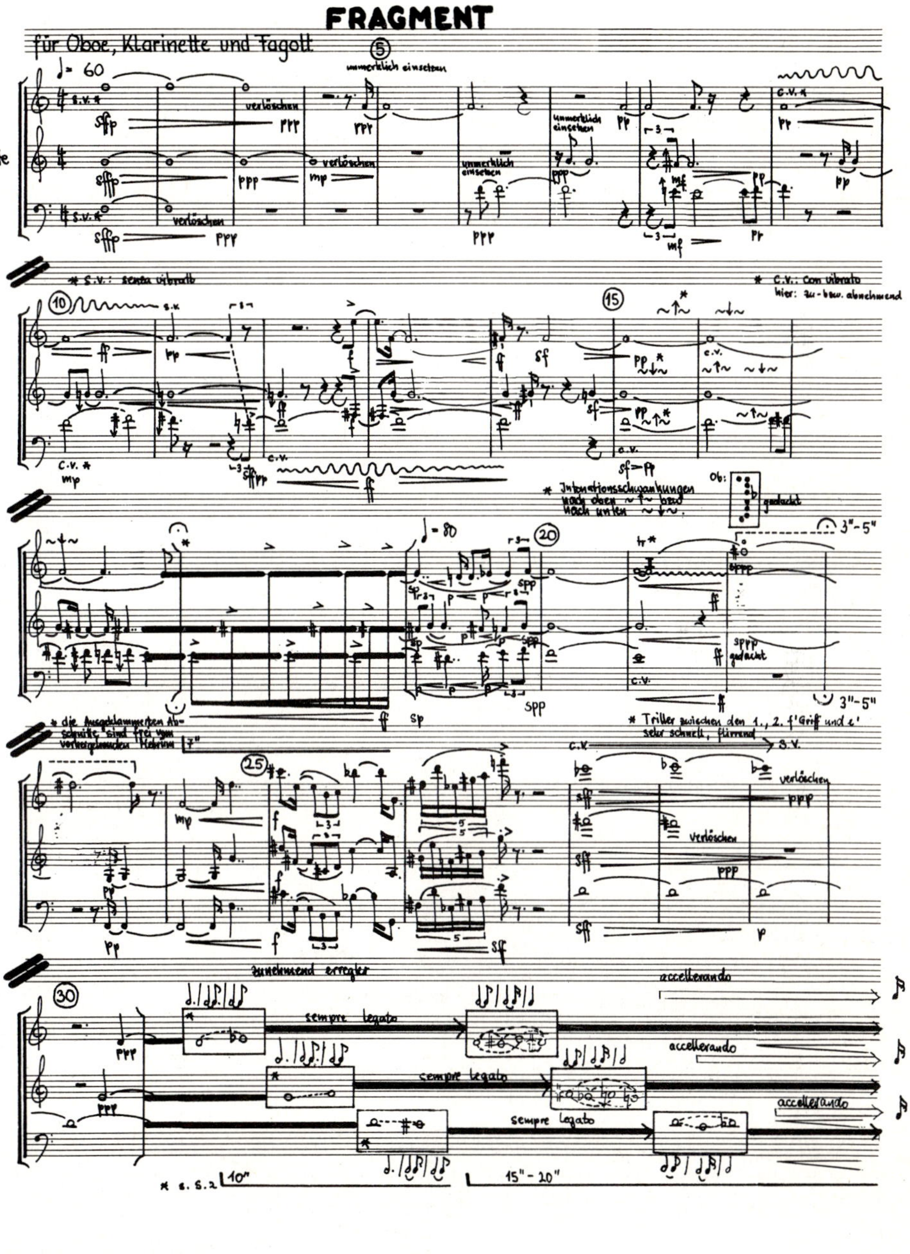

Fragment (1986) [Ausschnitt]

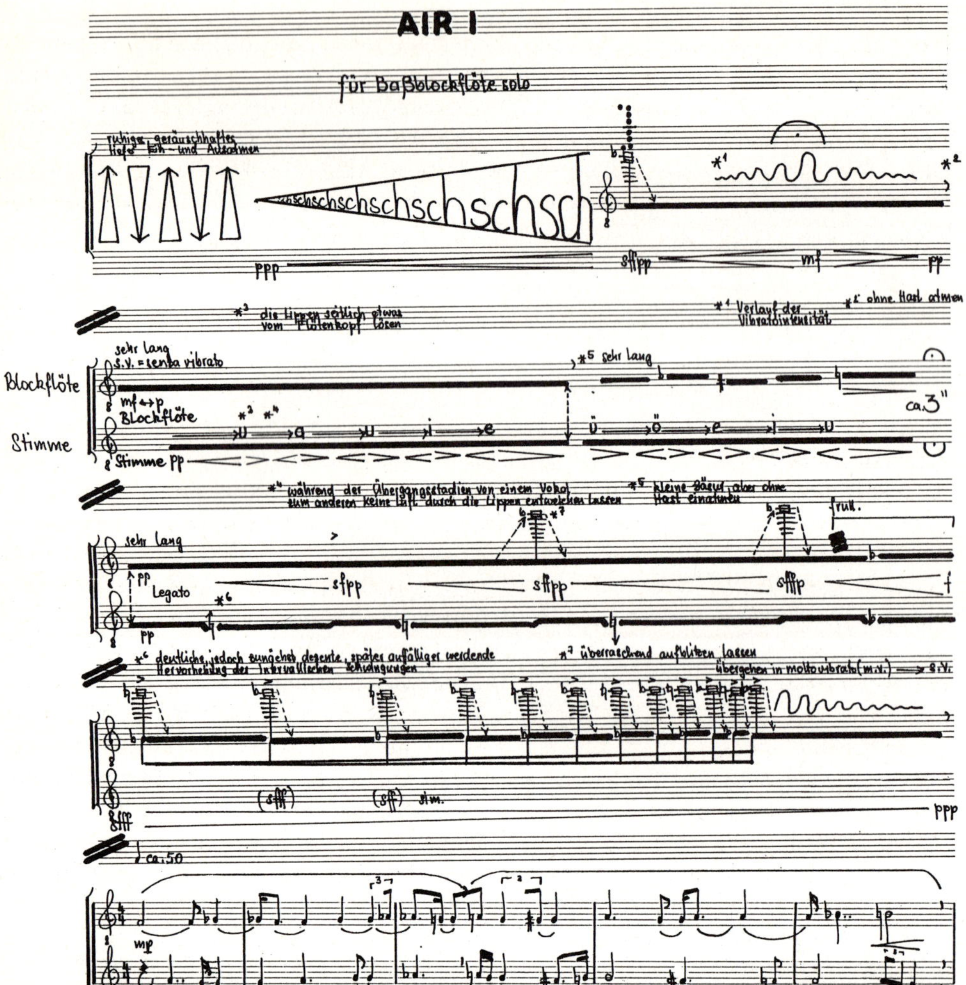

Air I für Baßblockflöte solo (1985/88) [Ausschnitt]

aufgeführt. Gott sei Dank habe ich die Möglichkeit, meine Stücke auch mit meinem eigenen Ensemble aufzuführen.

Die vorläufig jüngste Notiz zur Mehrfachbegabung unserer jungen Musiker entnehmen wir der *Frankfurter Neuen Presse* vom 20. März 1989. Dort heißt es über einen Jugendlichen unserer Begabtenstichprobe: *XXX ist eine Doppelbegabung: Vor zwei Jahren legte er sein Diplom im Fach Chemie ab, und seit 1984 studiert er mit großem Erfolg Orgel und Klavier an der Musikhochschule in XXX. Auch an der anspruchsvollen Programmauswahl in der XXX-Kirche war zu merken, daß sich der junge Organist vor keiner Aufgabe scheut (u.a. Regers Fantasie über B-A-C-H).*

Begabt wozu? Wider die Theorie der Einfachbegabung

Klaus-Ernst Behne merkt auf dem Kieler Kongreß des Deutschen Musikrates zum Thema *Musikalische Begabung entdecken und fördern* (1985) zur Definitionsproblematik an: *Es ist heute unstrittig, daß „begabt" oder „musikalisch" immer das Wörtchen „wozu" impliziert. Der erfolgreiche Sänger wird kaum glauben, er hätte – bei entsprechendem Unterricht – genauso erfolgreich Pianist werden können, und der ausgebildete Musikwissenschaftler – auch er wird auf seine Art musikalisch begabt sein müssen – wird hoffentlich nicht so vermessen sein zu glauben, er hätte genau so gut Komponist werden können. Wer es in Indien zu einem erfolgreichen Tablaspieler gebracht hat, hätte nicht zwangsläufig bei einem anderen Geburtsort durch seine Flamenco-Gitarre begeistert. „Musikalität an sich", wie es den Begründern der Musikalitätsforschung bei der Konstruktion von kulturfreien Tests vorschwebte, wird es wohl kaum geben*[237]. So richtig es sein mag, daß man immer „begabt zu etwas" ist, ein mehr oder weniger ausgeprägtes Talent für eine bestimmte Sache (ob Kunst, Technik, Sport, Wissenschaft, Wirtschaft...) hat, so sehr bezweifeln wir ob der offensichtlichen Mehrfachbegabung unserer jungen Instrumentalbegabungen, daß die außerordentliche Begabung für ein bestimmtes Instrument eine gleichermaßen talentierte Gabe für ein anderes Instrument ausschließt. Es ist also keineswegs vermessen zu glauben, daß einer unserer jungen Pianisten nicht ein ebenso qualifizierter Cellist hätte sein können, hätte er nur entsprechende förderliche Rahmenbedingungen.

Viele Jugendliche unserer Begabtenstichprobe spielen nämlich Zweit- und Drittinstrumente und nicht nur nebenbei, sondern auch im Wettbewerb auf höchster Qualifikationsstufe. Wir haben die zahlreichen Beispiele im vorlaufenden Kapitel *Talente als Mehrfachbegabungen* nicht erfunden. Sie sprechen für sich und sind beeindruckend. Bei ein und demselben Jugendlichen stellt sich die Frage „Begabt wozu?" und sie läßt mehrere Antworten zu. Viele junge Instrumentalbegabungen können „künstlerische Begabung an sich" beanspruchen, die sich dank eines entdeckenden und fördernden Elternhauses in unterschiedlich gleichzeitigen künstlerischen Talenten und Qualifika-

237 Klaus-Ernst Behne: *Begabtenförderung*, S. 55

tionen mehr oder weniger ausprägt. Wir glauben an den Cellisten, der gleichzeitig ein guter Klarinettist hätte werden können, und an den Tablaspieler, der in einem anderen Kulturkreis mit seiner Flamenco-Gitarre begeistern könnte. Die Garanten dafür sind interne und externe Faktoren; intern die Begabungsanlage und die Persönlichkeitsdispositionen, extern die früh- und rechtzeitige Entdeckung und Förderung durch ein äußerst (kunst-) musiksensibles Umfeld. Unsere Stichprobe scheint uns eine begrenzte empirische Bestätigung einer Theorie der Mehrfachbegabung instrumentaler Talente für unterschiedliche künstlerische Aktivitäten.

Die Frage der Mehrfachbegabung in künstlerischen oder auch nichtkünstlerischen Bereichen korrespondiert auch mit der Frage nach außermusikalischen Interessen der Jugendlichen. Interessen haben freilich nicht jene Intensität und Qualität wie Begabungen, aber sie stehen auch als Antwort auf die Frage nach der instrumentalen Fixiertheit dieser Jugendlichen. Im begleitenden Fragebogen konnten die jungen Musiker Interessenbereiche ankreuzen, was freilich zu einem Artefakt führen kann. Die Liste der Interessen hat hohen Aufforderungscharakter, und die Korrelation zwischen angegebenen und tatsächlich existierenden Interessen muß nicht hoch sein; Wunsch und Wirklichkeit in der Interessenbestimmung können auseinanderklaffen. Dennoch wollen wir die Ergebnisse der schriftlichen Befragung nicht unterschlagen (vgl. Grafik).

Absolut überraschen mag, daß den jungen Künstlern an Informationen zur Wirtschaftspolitik (Rang 1 der Interessenskala) gelegen ist. In manchen Gesprächen offenbarte sich diese Tendenz, wenn Jugendliche erzählten, daß sie mit ziemlicher Regelmäßigkeit die Wirtschaftsberichte ihrer Tageszeitungen (bei einigen auch *Die Zeit* und die *Frankfurter Allgemeine*) lesen. Eine Interpretation dieses Befundes einer hohen Interessenkorrelation zwischen Kunst und Wirtschaft will uns nicht so recht gelingen, wir wollen sie auch nicht krampfhaft versuchen und unkommentiert stehen lassen. Verständlicher ist da schon das ausgeprägte Interesse einer „Klassik“-Jugend für klassische Literatur und klassisches Theater, für Kulturberichte und Oper (alle Genres über 50%). Danach fällt die prozentuale Häufigkeit von Interessen rapide ab, jugend- bzw. alterstypische Vorlieben für Fußball, Rockmusik, Sport sind stichprobenatypisch, ganz zu schweigen von Discothekenbesuchen oder Volksmusikpräferenzen.

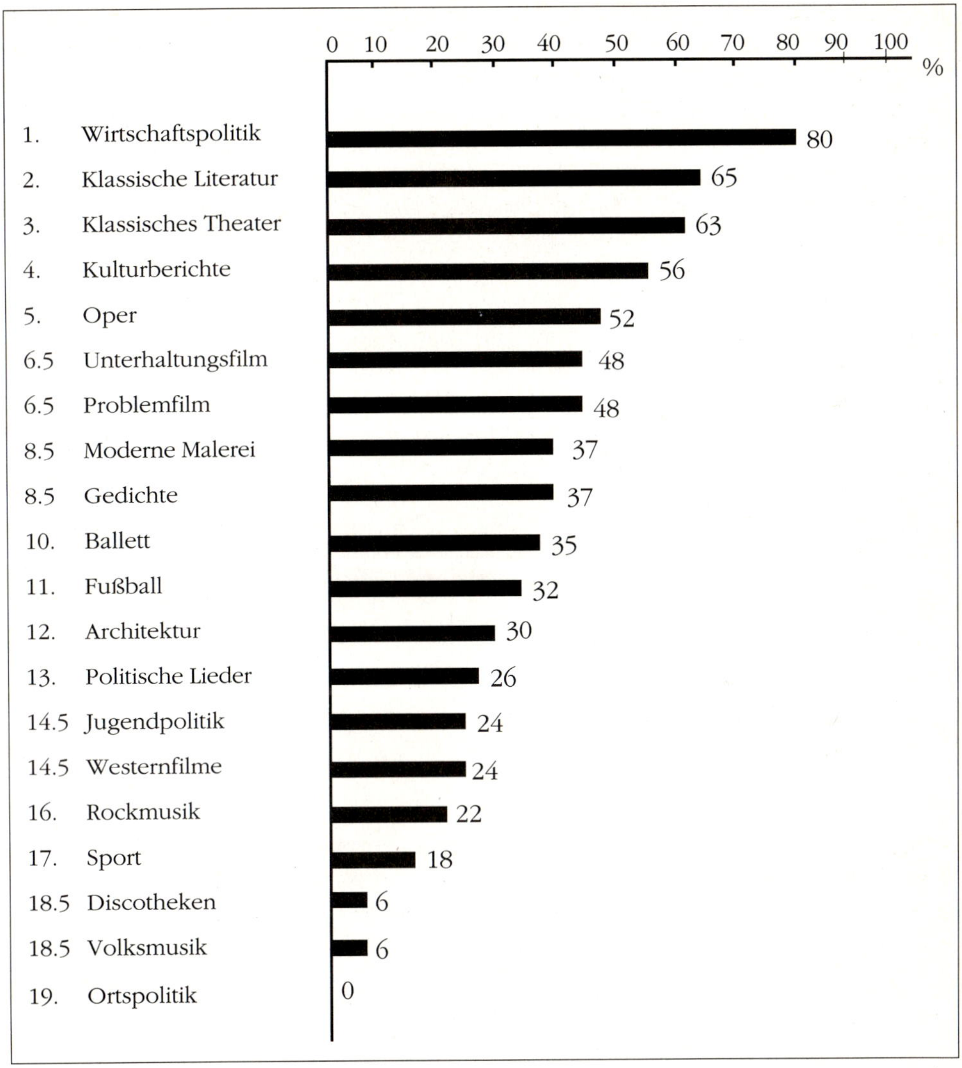

Grafik: Interessengebiete der Jugendlichen (Mehrfachantworten möglich)

Zu einigen gesellschaftspolitischen Einstellungen junger Talente

Die Interessenliste im Kapitel „Begabt wozu?“ gibt uns Anlaß, über einige gesellschaftspolitische Ansichten unserer Jugendlichen nachzudenken. Sie zeigen laut Statistik wenig Interesse für Jugendpolitik, schon gar nicht für Ortspolitik. Es scheint uns nicht übertrieben, wenn wir unsere Jugendlichen als „unpolitische“ Jugend bezeichnen. Dies meint nicht, daß sie keine konkreten Vorstellungen über Gesellschaft und deren Zukunft haben (siehe Grafiken), sondern lediglich, daß sie nicht aktiv sind und sich nicht politisch engagieren. Auch im sozialen Bereich ihrer Kommunen zeigen sie keine Ambitionen. Der mitauswertende Psychologe Hans E. Bräuninger schreibt in völliger Übereinstimmung mit uns: *Während sich die bundesdeutsche Jugend in ihrer Gesamtheit* (vorausgesetzt, daß es diese Konfiguration überhaupt gibt, der Verf.) *überwiegend desillusioniert, perspektive- und chancenlos gibt und in zahllose Gruppierungen kompensatorischer Frustrationsbewältigung zerfällt, bestenfalls geeint in der Ablehnung staat-licher Omnipotenz und der ökologischen Blindheit der älteren Generation, repräsentieren sich die musikalischen Talente als eine geschlossene Minderheit, in der Tugenden wie Fleiß, Einsatz, Disziplin und Leistung höchste Geltung zukommt. Dabei bleiben sie gesellschaftspolitisch weitgehend unbeleckt, sicherlich nicht unwissend – dafür ist der Bildungsstand zu hoch – aber unbedeutend in ihren Aussagen, An- und Einsichten in bezug auf die sozio-ökonomischen Fragen dieser Zeit. Von ihnen kann wenig Neues, Innovatives erwartet werden; das Protestpotential ist gering, Indivi-*

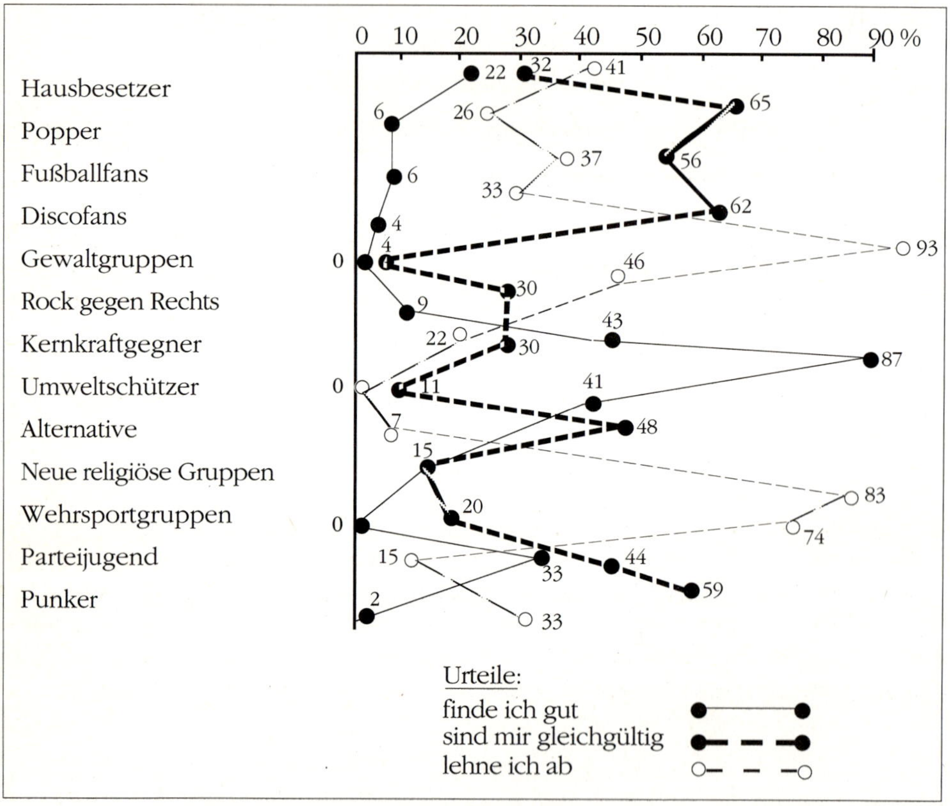

Grafik: Politische Einschätzungen, ermittelt über die Frage: „Wie denkst Du über folgende Gruppen unserer Gesellschaft?"

dualität geht vor Soziabilität, das persönliche Ziel ist wichtiger als die Zielperspektiven unserer – ihrer – Gesellschaft. Wie läßt sich diese Einstellung erklären? Die Gründe sind mehrfach genannt: Ein relativ hohes Bildungskapital, eine gute bis sehr gute intellektuelle Ausstattung und eine herausragende Begabung allein genügen eben noch nicht, um auf allen Gebieten menschlichen Denkens und Handelns eine entscheidende, bedeutsame Rolle zu spielen. Schwerpunkte zu setzen heißt immer auch anderes – vielleicht wichtiges – vernachlässigen zu müssen; nur wenigen ist es vergönnt, auf „mehreren Hochzeiten" zu tanzen und trotzdem noch eine „gute Figur" abzugeben.

Charakteristisch für Einstellungen unserer Jugendlichen ist eine gewisse „Gleichgültigkeit" gegenüber politischen Gruppen (siehe Grafik). In der Hälfte aller Bewertungen von Polit- und Jugendgruppen lädt die Einstellung „gleichgültig" am höchsten. Besonders auffällig ist die mehrheitliche Gleichgültigkeit gegenüber gleichaltrigen Teilkulturen wie den Poppern, den Disco-Fans, den Fußball-Fans und den Punkern. Nur „Gewaltgruppen" (extremster Gipfel) und neue religiöse Gruppen (etwa Hare Krishna u. a.) werden mehrheitlich entschieden abgelehnt. Sympathien („finde ich gut") empfinden die jungen Musiker mehrheitlich nur mit Umweltschützern (87%), ihnen folgen die Kernkraftgegner (unter 50%). Auch mit einer parteilich engagierten Jugend können nur ein Drittel unserer Stichprobe sich gegebenenfalls identifizieren. Die charakteristische Gleichgültigkeit der Jugendlichen erklärt sich aus ihrer relativ starken Zurückgezogenheit in und mit Musik und den sich daraus ergebenden andersartigen Interessen. Wie gesagt: Die Jugend unserer musikalischen Stichprobe dürfte eine vorwiegend unpolitische Jugend im Sinne von inaktiver bis desinteressierter Jugend sein.

Neben den Einstellungen zu aktuellen mehr oder weniger politischen Jugendgruppen unserer Gesellschaft interessierten wir uns für allgemeine (zugegeben recht pauschale) Gesellschafts- und Lebensprognosen. Wir wollten aus den Fragestellungen keine neuen Gesellschaftstheorien ableiten, sondern mehr alltagspsychologisch Stimmungen und Tendenzen erfassen, die charakteristisch für unsere Klassik-Jugend sein könnten.

In ihren Einschätzungen dürften sich die Jugendlichen kaum von denen Gleichaltriger oder unserer gegenwärtigen Bevölkerungsmehrheit unterscheiden (Gefahr eines Atomkrieges, Umweltzerstörung durch Chemie und Technik, sozialere Einstellung der Menschen, Sorgenfreiheit dieser Menschheit), jedoch mit einer Ausnahme: Sie sehen die Chancen der Jugend in dieser Gesellschaft weitaus optimistischer, als sie in Jugendstudien immer wieder prognostiziert werden. Daß sie mehrheitlich beklagen, unsere Gesellschaft zeige zu wenig Interesse an ernsthafter Musik, ist ihr gutes Recht und spiegelt ihr Engagement in ihrer Musik. Überraschen mag, daß sie sich keineswegs einer pauschalen Konsum- und Medienschelte anschließen. Wir geben die Bewertungen und Prognosen der Jugendlichen in der Grafik S. 314 wieder und laden den Leser zu einer weitergehenden Interpretation ein.

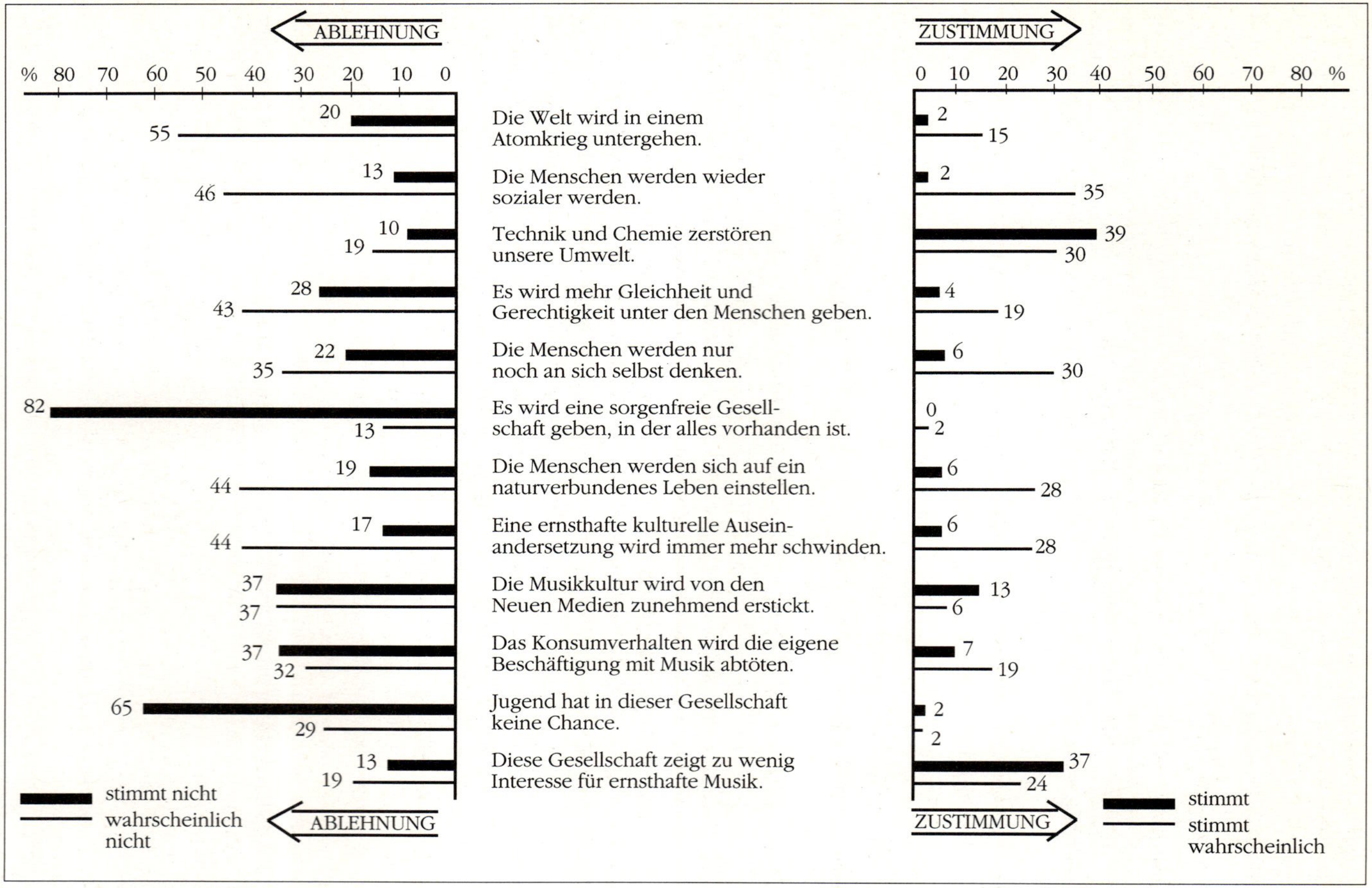

Grafik: Gesellschaftsprognosen unserer Jugendlichen

Frage: „Wie wird das Leben in unserer Gesellschaft weitergehen, wie schätzt Du die Zukunft unserer Gesellschaft ein?“

Fixiert auf's Instrument? – Musikalische Fachidioten? – Käsebleiche Scheuklappen-Musiker?

Ich kenne keinen Musiker, bei dem der Mensch zu kurz gekommen wäre (21, m).

„Eine Persönlichkeit werden" kann man nicht verordnen (20, m).

Fixierte Leute werden keine großen Musiker (17, w).

Natürlich steht... Musik im Vordergrund. Aber es ist nicht so, daß wir nur noch Musikleute sind. Wir sind auch Freunde und auch noch richtig normale Jugendliche (15, w).

Es gibt nur sehr wenige Leute, mit denen man sich über etwas anderes als über Autos, Frauen und Geld unterhalten kann (21, m).

Man sieht es ihm furchtbar an: käsebleich wie eine Leiche. Er hat noch nie Fußball spielen und Fahrrad fahren dürfen... (21, m).

Die Persönlichkeit der jungen Musiker ist ein zentrales Problem dieser Studie, dem wir uns über unterschiedliche Fragestellungen nähern. Wir greifen Vorurteile unserer Gesellschaft auf (vgl. Kap. *Das Märchen von der verlorenen Kindheit und Jugend*) oder zitieren Kritiken in der Fachpresse, mit denen wir die Jugendlichen im Gespräch konfrontierten. Zu diesen kritischen Anmerkungen gehören etwa Kurt Bauers *Gedanken über Teilnehmer* bei Jugend musiziert, die wir als Frage in den Raum stellten: *Warum begegnet man unter den „Spitzenkönnern" immer wieder jungen Menschen, mit denen man sich über nichts als ihre Technik, ihre Übezeiten und Metronomzahlen, über die Behaarung ihres Bogens oder einen Triller-Fingersatz unterhalten kann? (...) Man möchte diesen Jugendlichen den Rat geben: Vergeßt nicht, daß ihr nicht nur tolle Instrumentalisten werden sollt, sondern Persönlichkeiten. Dazu gehören geistige Vielseitigkeit und Offenheit, dazu gehören Freunde, und Freundschaften wollen gepflegt werden (Das Extrem dazu wäre der „Fachidiot"...)* [238].

Hebt man diese Kritik am Beispiel etwa der Pianisten in eine pointierende Exklusivalternative, dann ist zu fragen: Sind die jungen Talente Klaviertechniker und Tastenakrobaten mit instrumentfixierten Scheuklappen oder sind sie Klavierphilosophen und Tastendenker mit einem intensiven und extensiven ästhetischen Wissens- und Erfahrungshorizont?

Eine 21jährige kontert die Kritik Bauers mit der Trivialität und Floskelhaftigkeit der Fragestellung:

An den Antworten, die dieser Kritiker erhält, hat er sicher selbst schuld. Wenn man Bundessieger ist und irgendwelche Medienleute trifft, dann wird man immer nach so etwas gefragt: Wie lange übst Du am Tag? Wie lange spielst Du schon Dein Instrument? Lauter so dumme Fragen, dann sollen sie sich nicht wundern,

238 Kurt Bauer: *Gegen die musikalischen Fachidioten. Gedanken über Teilnehmer und Kriterien bei Jugend musiziert*, in: *nmz* 1/1981, S. 22

wenn sie lauter dumme Antworten bekommen. Man wird von vornherein schon sehr einseitig eingeordnet (21, w, I 65).

Letztlich stört auch der generalisierende Charakter in Bauer's Kritik:

Man kann das nicht so allgemein sagen. Da gibt es Unterschiede bei jedem einzelnen. Ich würde mich da nicht einordnen, denn für mich gibt es auch anderes als die Musik. Ich bin kein Fanatiker in dem Sinne, verbohrt in diese eine Sache. Ich glaube auch, daß sich dieser Fanatismus im Laufe der Zeit verliert (21, m, I 38).

Ihre Vorstellungen von einer Musiker-Persönlichkeit, die sie einmal werden möchten, widersprechen einer Fixierung aufs Instrument, wenngleich sie die Gefahr durchaus sehen. Den Fixierten prophezeien sie sogar den Abbruch einer künstlerischen Tätigkeit.

Eine Persönlichkeit werden zu wollen oder zu sein ist das entscheidende Argument gegen die Fixierungskritik. Viele haben Angst, daß sie einmal so werden könnten und sie sehen die Gefahr, aber sie halten die Kritik in ihrem persönlichen Fall für absolut unberechtigt.

Für mich akzeptiere ich das nicht. Ich möchte wirklich nicht nur Instrumentalist sein, sondern in erster Linie ein Mensch, dann eine Persönlichkeit, die das Ganze vom Künstlerischen her sieht. Dieses Fixieren bezieht sich zu sehr auf materielle Sachen, wie schnell ich trillern kann...(18, m, I 59).

Wer eine Persönlichkeit in der Musik werden möchte, darf nicht einseitig auf ein Instrument fixiert sein. Mit der Zeit müssen sich Technik und Persönlichkeit vereinbaren, das muß eins werden. Es gibt sie sicher, diese fixierten Leute, aber die werden keine großen Musiker. Nur eine Persönlichkeit kann eines Tages einen eigenen Stil entwickeln, reine Techniker schaffen das nicht (17, w, I 58).

Ich bemühe mich sehr, nicht nur vom Instrument auszugehen, sondern von der Musik, vielleicht noch mehr, von der Zeitepoche und ihrer Kultur. Ich versuche Musik von der künstlerischen und nicht von der artistischen Seite her zu erfassen (18, m, I 59).

Wieder andere betonen, daß es ganz nahe liege, daß man sich über die Themen unterhält, die einen lebens- oder berufsmäßig beschäftigen. Wir stimmen zu: Maurer bauen bekanntlich ein Haus, Sportler diskutieren die neue Rekordmarke, Lehrer ereifern sich (hoffentlich) über Schule! Wer sich also intensiv mit Musik beschäftigt, der wird unschwer abschalten können. Hinzu kommt, daß der Freundeskreis sich in aller Regel aus Musikern rekrutiert; was also liegt näher, als über Musik zu sprechen? Die Jugendlichen geben dies auch zu.

Bewertung und Deutung der Antworten der Jugendlichen sind schwierig. Die häufigste Antwort auf Kurt Bauers Kritik beginnt nahezu stereotyp: „Das würde ich für mich nicht gelten lassen. Ich mache vieles andere nebenher..." Wer gibt schon gerne zu, daß er einseitig nur auf sein Instrument abfährt, daß sein Interesse an Musik auf das rein Instrumentale begrenzt ist. Nun zeigen die vielen außermusikalischen Interessen (vgl.

Kap. *Mehrfachbegabungen*), die schulischen Leistungen und Fachneigungen (vgl. Kap. *Lust und Leid der Schule*), der hohe Selbstanspruch, die ausgeprägte Neigung zur Selbstkritik (siehe dort), die Vorstellung von einer „Persönlichkeit" in der Musik, daß wir es keineswegs mit einseitig trainierten Fachidioten zu tun haben.

Und doch war eine Beobachtung auffällig und merkwürdig. Daß es jene bedauernswerten Scheuklappenmusiker gibt, konzedieren sie hier und da mit Blick auf einen ehemaligen Konkurrenten bei Jugend musiziert. Von jenem „Anderen" war dann plötzlich wieder die Rede, der – musikalisch zwar unantastbar – im menschlichen Bereich sich isoliere und verarme, zu einem weltfremden musikalischen Fachidiotentum neige, eine gewisse Naivität in Lebensfragen zeige; kurz: daß man also bei diesem oder jenem Mitpreisträger jene reduktionistischen Symptome in der Persönlichkeitsentfaltung beobachten könne.

> *Mit dem (der) kann man sich über nichts als über Musik unterhalten... Der (Die) ist in der Schule so isoliert, ohne jeden Freundeskreis, steht voll draußen und gibt derart naive Antworten in Lebensfragen, daß man erschrecken kann... Der wird von seinen Klassenkameraden für versponnen gehalten...*

> *Wir haben im LJO mit einem Solisten gespielt, mit denen kann man sich nur über Fingersätze und Geigenspiel unterhalten. XXX spielt Geige, ist von seinem Lehrer richtig dressiert worden auf Super-Geiger, Super-Star, spielt mit uns Paganini-Violinkonzert ... Aber man hatte nicht den Eindruck, einen 17jährigen Jungen vor sich zu haben mit einer gewissen Persönlichkeit. Alles wirkte so dressiert, anderes schien schmählich im Stich gelassen zu sein. Er findet kaum Kontakt* (19, m, I 30).

Und der Verweis auf Fixiertheit nennt häufig ehrgeizige Eltern als Verursacher:

> *In meinem Bekanntenkreis ist eine Geigerin, deren Eltern sie zu einer zweiten Anne-Sophie Mutter machen wollen. Das geht nicht von ihr aus, aber die sitzen im Unterricht dabei, hauen das zu Hause nochmals rein und überall sitzen sie dabei...* (17, m, I 27).

So und ähnlich lauten ihre Kommentare zu jenen angeblich musikfixierten Jugendlichen, die einige zu kennen vorgeben. Wir glauben aufgrund der bereits genannten Gründe allerdings, daß sie uns in unserer Stichprobe kaum begegnet sind. Das Interesse ist im allgemeinen ein musikalisches und kein ausschließlich instrumentales, sie sind weniger instrumentenfixiert als musikorientiert. Diesen Eindruck gewinnen wir auch aus der Frage, ob das Interesse an Musik weiter reiche als die Musik ihres Instrumentes (vgl. Kap. *Die drei Schallplatten auf einsamer Insel*). Sie verweisen, daß sie sich intensiv mit der Orchestermusik beschäftigen, die sie gerade spielen, daß sie Partituren lesen, auch um kulturelle Hintergrundinformationen zu einem Werk bemüht sind, Chormusik lieben. Auch ihr Spiel in Kammermusikensembles öffnet sie für anspruchsvolle Trios, Quartette und Quintette. Vor allem rangiert freilich die Gattung der Sinfonie (Mahler als Favorit), die sie im Orchestertutti quasi wie im „musikalischen Vollbad" genießen. Sie haben früher im Knaben- oder Kirchenchor gesungen, sind auch bereit, Liederabende zu begleiten. Sie versuchen, Musik als Ganzes zu hören und eben nicht nur ihre einzelne Stimme. Und nicht wenige sind auch aufgeschlossen für andere als klassische Genres. Außerdem sind da die persönlichkeitsprägenden Funktionen von Musik, die einer Fixierung zuwiderlaufen (vgl. Kap. *Musik ist für mich der Schlüssel zu einer anderen Welt*).

Was die potentielle Gefahr einer Fixierung auf nur ein bestimmtes Instrument und die Chancen einer wirksamen Gegensteuerung betrifft (und diese wird von den Jungmusikern durchaus realistisch gesehen), geht beispielsweise Yehudi Menuhin in der Ausbildung seiner Schüler sogar so weit, daß er sagt: *Es geht mir sehr darum, aus meinen Schülern keine Nur-Musiker zu machen. Diejenigen, die später Berufsmusiker werden wollen, sollen intelligente Künstler sein. Sie dürfen die wissenschaftliche Bildung schon deshalb nicht vernachlässigen, weil sie auch ihrer musikalischen Ausdrucksfähigkeit zugutekommt. Und wenn bei dem einen oder anderen später nicht mehr die Musik das Hauptinteresse sein sollte, dann dürfen dem ja keine wichtigen Voraussetzungen fehlen. Sie dürfen in ihrem späteren Leben nichts vermissen, weil sie eine zeitlang intensiv Musik betrieben haben... Die Erziehung, der Unterricht eines Musikers darf nicht eng auf das Virtuosenziel gerichtet sein. Zum Glück lernen die jungen Musiker heute viel mehr und viel breitere Literatur kennen, allerdings nicht in allen Hochschulen und Konservatorien*[239]. Und von Hanns Eisler stammt bekanntlich der Ausspruch und Anspruch, daß derjenige von Musik nichts verstehe, der nur etwas von Musik verstehe. Im Originalton einer 16jährigen:

> *Niemand kann ein ausgesprochener „Spitzenmusiker" werden, der nicht rundum eine Persönlichkeit ist. Wenn einer nur ganz stur auf seine Musik abfährt und nichts anderes mehr sieht, kann er keine Musiker-Persönlichkeit werden* (16, w, I 06).

Einige Jugendliche pflichten Kurt Bauer's Kritik spontan bei, daß es „Fachidioten" wie in allen anderen Bereichen gibt. Aber sie möchten doch differenzieren und sind, was die Häufigkeit des musikalischen „Fachidioten" betrifft, keinesfalls beängstigt:

> *In diesem Maße gibt es diese Leute gar nicht. Ich halte diese Kritik für ein Vorurteil, eine falsche Einstellung. Natürlich spricht man auch über solche Dinge: Was für eine Geige hast Du? Wie alt ist die? Welche Saiten spielst Du? Aber das ist doch völlig normal und schließt andere Gesprächsthemen nicht aus. Dieser Herr Kritiker hat wohl vergessen, daß es auch einer gewissen Vertrautheit bedarf, bevor man mit Fremden über andere Dinge spricht, die vielleicht weniger äußerlich sind. Außerdem werden diese Fragen bei einem Bundeswettbewerb gestellt. Das ist doch eine ganz andere Situation, als wenn man zu Hause ist. Es liegt also an der Art und Situation der Frage, daß er solche Antworten bekommt* (17, m, I 32).

239 Yehudi Menuhin, a.a.O., S. 240/241

Wir stimmen diesem Jugendlichen zu. Interviews in spezifisch vorgeprägten Rahmenbedingungen (etwa bei Wettbewerben: hier geht es um Musik, und hier spricht man über Musik) können schnell einen Artefakt produzieren: die Jugendlichen sagen das, was sie glauben, daß es der Interviewer hören möchte. Wir jedenfalls hatten in dieser Studie eine qualitativ andere Gesprächssituation, hatten jene persönlich-private Vertrautheit, hatten auch andere Fragen und demgemäß andere Ergebnisse. So sehr es jene von Kurt Bauer so bezeichneten „Fachidioten" geben mag, wir halten sie für das Gros der begabten Nachwuchsmusiker keinesfalls für charakteristisch (der Kritiker womöglich auch nicht!). Nahezu alle unsere Recherchen zur Frage der Persönlichkeit instrumentaler Begabung widerlegen die Annahme einseitig gedrillter und dressierter Instrumentalmonster – wie gesagt: im Einzelfall nicht ausgeschlossen, wie folgende Erzählung aus dem Bekanntenkreis eines Jugendlichen drastisch zeigt:

> *Als Beispiel ist mir ein junger Mann bekannt, er spielt Orgel, er studiert jetzt Orgel, er hört nur Orgel, er nimmt alles auf, was er spielt. Er ist völlig unselbständig. In einem anderen Fall weiß ich von diesem Drang, Noten zu kaufen, nach neuen Noten zu forschen, bei Freunden sofort an den Notenschrank zu gehen, die Noten durchzuwühlen, dieses ganz spezialisierte Interesse. Diese Leute sind sicher extreme Einzelfälle, die sich dann auch einigeln...* (18, m, I 37).

Wir sollten abschließend auch erwägen, wieweit eine Fixiertheit ganz allgemein und zwangsläufig ein Problem von Hochbegabungen auf einem bestimmten Gebiet oder von hochspezialisierten Interessen ist. Die Gefahr der totalen Aufmerksamkeitskonzentrierung und der menschlichen Vereinsamung ist immer gegeben, gleich ob Menschen mit Musik, Kunst, Technik... zu tun haben. Jedes Hobby (ob Modellbau oder Kleintierzucht), jedes mehr oder weniger exotische Interesse ist mit der Gefahr der Fixierung, Isolierung, Abkapselung, Weltferne verbunden. Wer ein Exempel wünscht, der unterhalte sich nur einmal mit einem jugendlichen Computer-Freak: Diese unsere Welt scheint nur aus Software, aus Bits and Bytes, aus RAM und ROM, aus Input und Output, aus seriellen und parallelen Interfaces, aus Games und Graphics, aus Printers und Plotters, aus Modems und Networks... zu bestehen. Die Tatsache an sich hat unseres Erachtens nichts Negatives, es sei denn, daß subjektive Interessen alle objektiven blockieren, die noch außerhalb des Erfahrungsbereiches der jungen Menschen liegen und für eine Persönlichkeitsentfaltung von ebensolcher Wichtigkeit sind. Wir sind keineswegs pessimistisch und sind überzeugt von der geistigen Vielseitigkeit unserer jungen Nachwuchstalente.

Der Psychologe Hans E. Bräuninger verweist nach Analyse von 20 Gesprächsprotokollen auf die potentielle Gefahr der Vernachlässigung und Einbuße wichtiger sozialer und emotionaler Beziehungen über das eigene Fachgebiet hinaus, verweist auf die Gefahr von Frustration und Depression bei enttäuschten Erwartungen, auch auf die Gefahr einer elitären Eingleisigkeit in der Lebensgestaltung. Zu unserer Stichprobe allerdings folgert er[240]: *Es fällt bei den Interviews auf, daß die meisten Jugendlichen mi Ihrer*

240 Hans E. Bräuninger, a.a.O.

vorrangigen Präferenz für die Musik – bislang jedenfalls – keine Entbehrung, Isolierung oder Vereinsamung zu verspüren scheinen; Defizite in anderen Bereichen werden also nicht „erlebt“ – was nicht bedeutet, daß sie nicht existieren.

Es bleibt auch wohl wenig Zeit, sich mit anderen Dingen als der Musik und dem Instrument zu beschäftigen (dies wird auch häufig zugegeben); ich habe auch den Eindruck, daß diese Hingabe zur Musik zunächst einmal keine andere Wahl läßt, will man neben dem Instrument auch die Leistungsmotivation befriedigen, die daraus entspringt.

Eine Längsschnittuntersuchung über 10 oder 20 Jahre könnte Aufschluß darüber bringen, wie die jungen Talente mit ihrer Identitätsentwicklung fertig geworden sind.

Die jungen Musiker im Spiegel der Tagespresse oder *Er spielte wie ein junger Gott*

Begabte junge Menschen und insbesondere künstlerisch Tätige laufen in unserer sensationslüsternen, idol- und starsüchtigen Mediengesellschaft Gefahr, mit der Aura des Bohemien- und Geniehaften umgeben und zu Wunderkindern, zu „kleinen Mozarts“ stigmatisiert zu werden. Eine empirische Bestätigung erhielten wir wiederholt auf dem Weg zu den Wohnungen der jungen Musiker. Hier halfen uns Familiennamen oft schneller weiter als Straßennamen, und die Wegauskunft endete mit dem Aha-Erlebnis der Informanten: „Sie wollen wohl zu dem musikalischen Wunderkind XXX?“ Andererseits: So sehr man das Besondere, das Genie bewundert, so schnell kann es zum fragwürdigen Außenseiter und zum bemitleidenswerten Opfer von vermeintlichem Erziehungsdrill karrierebedachter Eltern mit der Folge einer einseitigen Persönlichkeitsentwicklung werden. Man möchte sie bewundern, tiefenpsychologisch quasi als Kompensation eigener Mangelbegabung, aber man möchte sie nicht unbedingt sein, nicht die Rolle mit ihnen tauschen: dieser Streß, diese Entbehrung, diese Fixiertheit, dieser Leistungsauswuchs – jene oft hörbaren Argumente der Distanzierung! Die Folge: Wer heute noch als Star gefeiert wird, kann morgen schon vergessen sein. Es ist ein berichtenswerter Zufall, daß am Tag, an dem dieses Kapitel entsteht, die dpa meldet: *Bundesbürger sind sauer auf Boris* (30.4.1987), woraufhin Becker gesagt haben soll: *Es ist schwer, ein guter Tennisspieler und zugleich ein guter Mensch zu sein.* Unsere Gesellschaft ist unerbittlich, wenn Erwartungen enttäuscht werden, wenn Wunderkinder patzen, wenn das Unerwartete alltäglicher ist als es den Anschein hatte.

Wir beobachten in örtlichen Tagesfeuilletons immer wieder, daß selbst Leute vom Fach, die vielen professionellen, aber auch die selbsternannten Musikkritiker sich einer Superlativ-Sprache befleißigen, die unsere jungen Instrumentalisten schon sehr früh zu Ausnahmekünstlern hochstilisiert. Die gesammelten und fein säuberlich abgehefteten Konzertkritiken der jungen Musiker sind dafür ein eindrucksvolles Dokument. Wir zitieren Schlagzeilen und Kritiken in Ausschnitten:

Wunderpianist

XXX in Frankfurt

Sogenannte „Wunderkinder" sind zwar keine spezifische Erscheinung des modernen Konzertbetriebes, dennoch wird man den Eindruck nicht los, mit den Talenten junger Musiker solle die Reizschwelle des gewöhnlichen Programm-Einerleis angehoben werden [...]. *Technisch ist XXX so perfekt, daß man Angst bekommt, er könnte seine Jugend vorwiegend mit Klavierspielen verbracht haben...*

(*Frankfurter Neue Presse* vom 8. 11. 1984)

Ein Vorurteil schlägt voll durch, auf der einen Seite die „bewunderns"-werte Leistung, auf der anderen die wie selbstverständlich gepaarte verlorene Jugend nach dem Motto: „Der Erfolg hat auch Beängstigendes"!

Und selbst der bekannt kritische Joachim Kaiser, der sich andernorts über die Wunderkind-Manie mokiert, gerät anläßlich des Münchner Debüts eines unserer Pianisten ins Schwärmen, auch wenn er gerade betont, daß es sich hier um „kein Wunderkind" mehr handele[241]:

Ein lyrisches treffsicheres Talent

[...] *was an diesem bemerkenswerten Klavierabend geschah, war aufregender als vieles fabelhaft virile Virtuosentum. Da erklang zart, rein, vollkommen, unabgenutzt, wie zum erstenmal empfunden, Klaviermusik* [...] *Denn der junge Mann erwies sich als bemerkenswert lyrisches Talent* [...] *Da ahmt nicht jemand die Spätstilphilosophie großer Pianisten nach, sondern ein 16jähriger Künstler hört jene Innigkeiten aus großer abstrakter Musik heraus, die seinem Lebensgefühl entsprechen. Ohne Pose, ohne altkluges Gebaren* [...] *Die irrsinnig schweren Sprünge traf er genauer als in ihren letzten Konzerten, Pollini und Horowitz! XXX' Debut hat in manchem an den jungen Bruno Leonardo Gelber erinnert* [...]

(*Süddeutsche Zeitung,* 15. 1. 1985)

Im Unterschied zu vielen seiner Kollegen setzt Joachim Kaiser kritische Akzente etwa in der Agogik, in der Auswahl des Repertoires, im Interpretatorischen, die wir hier unterschlagen. Interessant ist, das in vielen Kritiken (so auch oben) gefeierte „Wunderkind" selbst zu hören (1985, 17 Jahre alt).

Ein Wunderkind ist für mich ein technischer Akrobat, der in frühem Alter Besonderes leistet. Meine Kritiken liefen bis vor kurzem auch noch darauf hinaus: „Er erklomm den Klavierstuhl und spielte..." oder so ähnlich. Es war immer dieser Wunderkind-Beigeschmack dabei. Die Menschen heute suchen so etwas Bewundernswertes (17, m, I 03).

241 Joachim Kaiser: *Wunderkind gesucht,* in: *nmz* 2/1982, S. 6

Tendenziell wird in Musikkritiken unserer Jugendlichen die Aura des Genies aufgebaut. Mag sogar sein, daß sie in Einzelfällen berechtigt ist. Was wir aber kritisieren, ist eine leichtfertige und unangebrachte Überhöhung künstlerischer Aktivitäten junger Menschen im Sprachnarzißmus von Kritikern. Ein Beispiel dafür:

> *Mit einer nachdrücklichen Leistung stellte sich die neunzehnjährige XXX ein weiteres Mal als Solistin mit beachtlichen Qualitäten vor* [...] *Die technischen Fertigkeiten, in Saint-Saens' g-moll Konzert geradezu herausgefordert, sind bis ins diffizilste Detail hochentwickelt* [...] *Ausgeprägt ist ein schier untrügliches Gespür für bewegliche musikalische Gestik oder für Stimmungsgehalte einzelner Passagen* [...] *Selbst den brillantesten Passagen des Konzertes versagte sie die Äußerlichkeiten eines überpointierten Anschlags, dem Passagenwerk die Brillanz gläsernharter Klarheit. Stattdessen entwarf sie genaue musikalische Bilder: Von den ausgekosteten Farbvaleurs der ersten Takte zur ironischen Eleganz des Allegro scherzando, das der Pianistin gar gelöster, unaufwendiger geriet, als dem Orchester* [...] *und doch mehr als nur beiläufige Spielfreude war* [...]
>
> (*Darmstädter Echo*, 10. 7. 1986)

Und ein weiteres Beispiel: In einer Konzertkritik der *Ruhrnachrichten* heißt es unter der Schlagzeile *Gepflegter Langeweile mit Brillanz entgangen*:

> *Mit dem Konzert für Flöte und Orchester Nr. 2 war für die Jung-Flötistin XXX die große Stunde gekommen. In atemberaubender Virtuosität, gepaart mit handwerklicher Kultur, ging sie ihren Part an. Soviel Ausdrucksfülle und spielerische Unbefangenheit hat man lange schon nicht mehr in der Konzertaula erlebt. – Ein Mozart nach Maß. Das Publikum war hin- und hergerissen.*

Indes, man täte dem Musikjournalismus Unrecht, würde man nur diese eine (wenn auch ungleich häufigere) Seite zitieren und ihn über einen Kamm scheren. Denn es gibt auch jene Konzertkritiker, die mit biographischen und alltagsweltlichen Zwischentexten auf die „Normalität" der Jugendlichen verweisen und Wunderkind-Etikette gerade abbauen möchten. Sie äußern Argwohn gegen den bekannten Effekt, daß mit abnehmender Alterszahl Rührung und Anteilnahme beim Publikum wachsen.

> *Sie ist dreizehn Jahre alt, verschlingt zur Zeit Karl May und geht gern schwimmen, Jungs findet sie doof und ihren Vater toll: XXX* [...] *Was sie werden will? „Das weiß ich noch nicht" lacht XXX. Sie weiß indes genau, was sie nicht sein will: ein Wunderkind!*
>
> (*Waiblinger Stadtnachrichten*, 17. 2. 1983)

> *Wunderkinder gibt es heutzutage natürlich nicht mehr, diese sind einer durch Bücher längst verklärten Zeit vorbehalten. Aber: Immer wieder tauchen Instrumentalisten auf, die schon in jungen Jahren hohe Meisterschaft demonstrieren. Zu diesen Sonderfällen, denen die Gunst des Talentes und die Mühe des Fleißes das Besondere zukommen lassen, gehört ganz ohne Zweifel die 14jährige Quer-*

flötistin XXX [...] *Das Mädchen hat ausgereifte Technik (was kann sie nicht?), Stilgefühl und einen schönen Ton zu bieten, der sicher in den oberen Lagen noch entwicklungsfähig sein wird. Aber diese Einschränkung nimmt hohe Maßstäbe als Grundlage. XXX zeigte sich auf der Höhe des Zeitgenössischen, egal ob raffinierte Überblastechniken oder Doppeltöne, Zwischenintervalle oder kurze Glissandi vorzuführen waren* [...]

(*Rhein-Neckar-Zeitung*, 12. 1. 1984)

Von Nietzsche stammt der Aphorismus: *Was Du von einem Menschen denkst, entzündest Du in ihm.* Aber: Hat ein übertriebenes Hochloben nicht schon immer eher geschadet als genutzt? Laufen die jungen ohnehin strebsamen jungen Leute nicht Gefahr, vom Boden der Realität abzuheben, halten sie sich womöglich angesichts solch immer wiederkehrender Lobeshymnen selbst für Wunderkinder und Genies? Es mag zum Alltagscharakter unserer Studie gehören, daß wir zunächst mit einer Alltagsbegebenheit antworten. Bei einem jungen Gesprächspartner zu Besuch, kam die Morgenzeitung ins Haus. Junge Ensemblemitglieder und Freunde meines Interviewpartners, aus Gründen einer wichtigen Probe ebenfalls anwesend, erwarteten bereits eine Konzertkritik. XXX überflog die Rezension, um dann laut zu verlesen:

Der junge Mann, in XXX geboren, ist ein Cello-Talent. Er spielte wie ein junger Gott.

(*Mindelheimer Zeitung*, 23. 10. 1985)

Die spontane Reaktion aller anwesenden jungen Musiker war lautes, erheitertes Lachen angesichts dieser überzogenen Sprache. Man nahm die euphorische Bewertung nicht ernst, fühlte sich allenfalls amüsiert und blieb kopfschüttelnd auf dem Boden der Tatsachen. Das konzentrierte Üben ging weiter, die Erhöhung in „göttliche" Sphären war vergessen. Wir meinen: Ein sympathischer Umgang mit Fremdkritik, der im Grunde erst die Persönlichkeit der jungen Musiker ausmacht. Nicht das Anheften von zudem fragwürdigen Lorbeeren war interessant, sondern die Weiterarbeit auf ein nächstes Ziel hin. Und der so gelobte Jugendliche kommentierte die Kritik mit den Worten:

Darüber kann ich nur lachen, weil ich das für so maßlos übertrieben halte. Ich kann nüchtern sagen, daß die ersten drei Sätze der Sonate wirklich super waren, damit war ich vollauf zufrieden, beim letzten Satz kamen einige Probleme dazu, weil ich klamme Finger bekam. Die schnellen Läufe, Wechsel, Dehnungen sind von der technischen Seite her nicht so überzeugend gelungen, aber selbst dann, wenn ich voll zufrieden bin, finde ich diese Kritik schamlos übertrieben. So ein Ausdruck „wie ein junger Gott" paßt einfach nicht. Ich kann mir nicht viel auf mein Talent einbilden, ich habe das bei sehr guten Lehrern gelernt, es ist zum größten Teil auch das Verdienst meiner Eltern. Daß es mir auch noch Freude macht, dafür kann ich auch nichts. Wofür ich was kann, was auf mein Konto geht, ist mein persönlicher Ehrgeiz, meine Disziplin im Üben (17, m, I 27).

Wir wollen keine Wunderkinder sein oder An erster Stelle steht der Fleiß!

Entgegen vielfach anzutreffender und sich gut verkaufender journalistischer Wunderkind-Euphorie können wir eines deutlich sagen: die jungen erfolgreichen Musiker unserer Begabtenstichprobe wollen keine Wunderkinder sein! Superlativsprache in Konzertkritiken, Wunderkind-Schubladen in der öffentlichen Meinung (oder auch nur von „alten Tanten"?) oder minutenlange „standing ovations" des Publikums scheinen sie nicht zu irritieren, sie heben nicht ab in eine Aura, die ihnen eigentlich immer nur von außen diktiert wird.

Wir haben diese Frage, mit der sie in der Öffentlichkeit so häufig konfrontiert werden und mit der sie auch in unserem Gespräch offensichtlich gerechnet hatten, gestellt: Sind oder waren Sie ein Wunderkind? So unmittelbar wie wir fragten, so spontan war ihre ablehnende Gestik: Stirnrunzeln, argwöhnischer Blick, Kopfschütteln oder zur Abwehr gehobene Hände, um dann von einem „fatalen Irrtum" zu sprechen, der hauptsächlich von den Medien erzeugt und aufgebaut werde. Das Etikett „Wunderkind" hat für sie zunächst einmal einen eher „negativen Beigeschmack", weckt Assoziationen wie einseitige Fixiertheit auf ein Instrument, wie anstrengungslose Leistung, Begabung und Talent ohne Fleiß und Mühen. Es steckt viel zu viel Arbeit dahinter, als daß sie sich als Wunderkinder bezeichnen würden. Wunderkinder haben ihrer Ansicht nach eine andere menschliche Entwicklung, ihnen fehlten die Höhen und Tiefen, die einfach alle Leute durchmachen müßten.

> *Die Frau auf der Straße würde vielleicht vom Wunderkind sprechen. Ich freue mich nicht darüber, denn Wunderkind, das klingt so nach zufallen, leichtfallen. Ich möchte ein Arbeiter sein, was leisten, wo ich mich anstrengen muß, auch vielleicht ein bißchen malochen. Mozart war sicher ein Wunderkind. Aber als er später in seinem Elend so großartige Sachen komponiert hat, das fasziniert mich. Mit dem Wunderkind kann ich nichts anfangen, wohl aber mit dem Mozart, der in all seinem Elend eine Jupiter-Sinfonie geschrieben hat* (19, m, I 09).

> *Ich wollte nie ein Wunderkind sein, sondern immer als voller, Erwachsener und ab einem gewissen Punkt als reifer Künstler angesehen werden. Wunderkind, das ist: „Ja, es ist gut, aber eben noch ein Kind", und das wollte ich in der Musik eigentlich nicht sein* (16, w, I 61; auf diese Jugendliche bezieht sich obige Kritik der *Rhein-Neckar-Zeitung*).

Alles „Wunderkindhafte" ist ihnen zu verklärt, gehört nicht in die entsagungsvollen Strapazen des Übens im nüchternen Lebensalltag. Sie sind vielzusehr Realisten, die von Anstrengung und Konkurrenz sprechen, als daß sie sich in die Nischen von Wunderkindern zurückziehen würden. Und sie wollen leben wie viele andere ihres Alters auch.

Dann nennen sie die harten Fakten, die sie täglich spüren: ihr unfertiges technisches Spiel, ihre unausgereifte musikalische Aussage, ihre interpretatorischen Schwächen, ihre Krisen und persönlichen Tiefs, was alles nicht so recht ins „Wunderkind" Bild paßt.

Wunderkinder glänzen, ohne viel zu üben, sie sind perfekt ohne Anstrengung, und genau das können unsere Jugendlichen nicht von sich behaupten.

> *Wunderkind nicht! Wunderkinder sind Leute, denen das von Anfang an zufließt, die gleich Erfolg haben, ohne sich bemühen zu müssen. Das war bei mir absolut nicht so. Daß ich den Bundeswettbewerb gewonnen habe, war mir wirklich schleierhaft, ich bin kein Wunderkind* (21, w, I 65).

> *Als Wunderkind werde ich Gott-sei-Dank nicht behandelt, das wäre auch furchtbar. Die Zeitungen streiten sich zwar hin und wieder darüber. Aber ich bin kein Wunderkind: Ich gucke Fernsehen, treibe Sport (Tennis), schaue mir Boris Becker und Fußball an, höre auch Popmusik und bin akzeptiert wie jeder andere auch. Ich bin nichts Besonderes und es wäre blöd, wenn ich mich so fühlte, weil ich dann nicht mehr das richtige Verhältnis zu meinem Publikum hätte. Man muß mit ihm eins sein, darf nicht darüber schweben, wie es bei einem Wunderkind eher der Fall ist* (15, m, I 01).

Wunderkind-Etikettierungen lehnen sie ab mit den Argumenten von Arbeit und Fleiß, was für Wunderkinder wohl eher untypisch sei. Und sie wollen sich geradezu anstrengen, wollen arbeiten, wollen üben, wollen gar „malochen" - worauf sonst könnten sie stolz sein; was könnte sie zufrieden machen, wenn ihnen alles mühelos zufalle. Erfolg und Zufriedenheit sind Lohn für ihre „Arbeit".

> *Ein Wunderkind hat eine phänomenale Vorstellungsgabe, ihm fliegen die Sachen, auch die technischen, nur so zu, aber ich muß mir das alles erarbeiten* (22, m,I 22).

> *Ich wehre mich gegen Leute, die sagen, ach was eine tolle Begabung oder gar, was ein Wunderkind. Das liegt zum großen Teil an der Presse, in der das oft ganz blöd dargestellt wird. An erster Stelle steht noch der Fleiß. Das ist das Allerwichtigste und das andere ist die Gabe, die einem dazugegeben ist und die man entwickeln muß. Es ist ja nicht so, daß einem ein Instrument in die Hand gedrückt wird und man dann ganz toll spielen kann. Erstmal zählt der Fleiß!* (18, w, I 58)

> *Ich wüßte gar nicht, ob das alles so schön wäre, wenn man alles kann. Das ist ja dann eher langweilig, Üben und Anstrengung gehört schon dazu* (19, m, I 75).

Ähnlich dem Freizeit-Jogger am Abend, der erst nach echter Herausforderung und Anstrengung, nach Überwindung der inneren Bequemlichkeit entsprechende Befriedigung und Entspannung empfinden kann, so geht es den jungen Musikern: Nach dem Fleiß der Preis!

Es mag sympathisch berühren, daß ein Jugendlicher, der sich in seinem Können und seiner Begabung zurücknimmt, von einem anderen Tubisten geradezu ins Wunderkindhafte erhoben wird:

> *XXX ist ein Super-Tubist, das steht außer Diskussion. Musikalisch ist er indiskutabel, der Mann ist Spitze, da gibt's nichts. Der Tubist der Canadian Brass, zur*

Zeit das beste Quintett der Welt, soll gesagt haben, daß er Unterricht bei ihm nehmen müsse anstatt umgekehrt. Er hat bei derart kompetenten Leuten vorgeblasen, was wieder ein Beweis ist, wie echt fit der Mann ist (18, m, I 52).

Und sie sprechen von der Alltäglichkeit ihres Tuns, vergleichbar mit anderen Tätigkeiten: der eine gehe in die Fabrik, der andere musiziere, wieder andere schrieben Bücher oder arbeiteten in einer Bank. Jeder Mensch versuche, an seinem Arbeitsplatz das Bestmögliche zu erreichen und möglichst glücklich mit seiner Arbeit zu werden.

Was die jungen Gesprächspartner für sich akzeptieren, ist die Bewertung „musikalisch begabt"; diese halten sie aufgrund ihrer Erfahrungen und Erfolge für durchaus berechtigt und damit leben sie auch.

Ich fühle mich nicht als Wunderkind, ich weiß nur, daß ich musikalisch begabt bin, mehr kann ich dazu nicht sagen, aber auf keinen Fall ein Wunderkind (20, m, I 71).

Diese Begabung (vgl. Kap. *Was ist musikalische Begabung?*) relativieren sie schnell mit Verweisen auf fördernde Eltern, auf qualifizierte Lehrer, denen sie vieles, wenn nicht alles, zu verdanken hätten (vgl. Kap. *Anteil der Eltern an der musikalischen Entwicklung*) sowie auf ihre eigene Anstrengung und persönliche Übe-Disziplin.

Was ich gemacht habe, ist überhaupt nichts Besonderes. Jedes einigermaßen musikalisch begabte Kind kann das erreichen, wenn es entsprechend von Eltern und Lehrern gefördert wird. Was allerdings eine wichtige Rolle spielt, ist das Durchhaltevermögen, daß ich immer üben mußte. Begabung allein tut's nicht. Da sieht man bei mir: Ich bin begabt, aber wenn ich nicht übe, dann kann ich den ganzen Kram halt nicht, ist ja klar! (21, w, I 16)

Und jene, die sich mit der Wunderkind-Frage offensichtlich nicht beschäftigt haben, antworten lapidar:

Nee, auf keinen Fall! Dazu bin ich nicht gut genug (20, m, I 39).

Ich spiele wie ich spiele, da ist nicht viel Wunder dran (17, w, I 68).

„Wunderkinder" sind im Trend der Aussagen weniger zu beneiden, vor allem nicht ob ihrer Negativseiten. Doch einige Jugendliche nennen auch Positivmerkmale. Danach haben Wunderkinder eine beneidenswerte Auffassungsgabe, ein photographisches Gedächtnis, es kommen Technik und Musikalität optimal zusammen, das Vorspielen belastet sie wenig, sie erfassen vieles intuitiv, sie haben eine überdurchschnittliche motorische Begabung, aber wie gesagt: vorausgesetzt, es handelt sich nicht um leere, antrainierte Technik wie bei „dressierten Affen", die zu keiner musikalischen Aussage fähig sind.

Fazit: Unsere Jugendlichen wehren sich gegen Klischeebilder, die unsere Gesellschaft für sie bereithält, sie lehnen jede vorgegebene Definitionsmacht ab, entziehen sich bereitgehaltener Folien (vgl. Kap. *Zur Persönlichkeit musikalischer Begabung*). Wenn musikalisch Hochbegabte keine Wunderkinder sein wollen, so erklärt der Erziehungswissenschaftler und Jugendkulturforscher Dieter Baacke dieses Phänomen mit der Fähigkeit zur „gesteigerten Selbst-Reflexivität“: *Der Beigeschmack massenmedialer Verwertbarkeit, die historische Trivialisierung des Genies bis zum Tennis-Idol machen Jugendliche sensibel gegenüber dem, was ihnen zudiktiert wird. Die Medien dienen dazu, eine Fülle von Spiegelungen anzubieten – Verfallenheit an ein Idol gibt es dabei erstaunlich selten*[242].

Auf diesem jugendsoziologischen Hintergrund wirken Wunderkind-Klischees, wollte man sie auf unsere Stichprobe übertragen, geradezu grotesk. Greifen wir ein Beispiel heraus, das uns die dpa am 12. 5. 1987 vorstellt:

> *Elfjähriges Mädchen spielt Bach ohne Noten*
> *Auf der Bühne steht ein schwarzer Flügel. Das Licht geht an, und es erscheint ein kleines Mädchen in weißem Kleid. Es setzt sich ans Klavier, schließt die Augen, atmet einmal tief durch und spielt ohne Blick auf die Noten Präludium und Fuge d-Moll aus dem „Wohltemperierten Klavier“ von Johann Sebastian Bach. Dabei fliegen die kleinen Hände mit einer unglaublichen Fingerfertigkeit über die Tasten. XXX heißt das „Wunderkind“. Sie war erst drei Jahre alt, als sie schon rein aus dem Gedächtnis und Gehör auf dem Klavier Sonatinen nachspielen konnte. Heute ist XXX elf und ein Star.*

Wir mutmaßen, daß sich nicht ein einziger Jugendlicher unserer Stichprobe in diese Wunderkind-Folie pressen ließe. Unsere Medienwelt gebiert sie, diese Wunderkinder, der Sensation wegen! Eine erfreuliche Ausnahme war der Fernsehfilm *Wunderkinder* (Redaktion: Behrens/Valentin) des NDR, in dem auch kritische und sorgenvolle Töne angeschlagen wurden und der deutlich machen konnte, wieviel mehr dazu gehört, wenn aus einem Wunderkind eine reife Künstler-Persönlichkeit werden soll.

Das Märchen von der verlorenen Kindheit und Jugend

> *Die Musik, die ich spiele, zahlt mich für alle Entbehrungen reichlich aus* (15, m, I 01).
>
> *Ich hatte durch die Musik eigentlich mehr als andere* (22, m, I 50).
>
> *Bis jetzt hatte ich nur das Gefühl, um irgendetwas bereichert worden zu sein und habe Gleichaltrige eher als ärmer empfunden* (17, m, I 26).
>
> *In dem Augenblick, wo man selbst seine Musikalität im musikalischen Ausdruck empfindet, sind alle Angriffe unberechtigt* (15, m, I 18).
>
> *In unserer heutigen Zeit ist es wichtig, daß man etwas Ganzes macht und nicht alles und gar nichts* (17, m, I 26).

242 Dieter Baacke: *Jugend, Medienkultur und Bildungsprozeß*, a.a.O., S. 9

Jemand, der mit 10 Jahren lernt, verantwortungsbewußt ein Instrument zu behandeln, der wird auch in seinem weiteren Leben verantwortungsbewußt handeln. Für andere Kinder ist es vielleicht ein Haustier, das Verantwortungsbewußtsein ausbildet. Für den einen ist es ein Meerschweinchen, für den anderen ein Instrument (21, m, I 70).

Man hat einfach eine Begeisterung mehr (15, w, I 19).

Die Beharrlichkeit, mit der sich Gemeinplätze in unserer Gesellschaft halten und unkritisch verbreitet werden, ist sicher kein Argument für ihre Berechtigung. Gemeinplätze und Schlagworte, die um des Augenblicks wegen geredet werden, wirken bekanntlich so selbstverständlich, daß sie oft nicht mehr hinterfragt werden. Zu den immer wieder reproduzierten Vorurteilen gehört die fadenscheinige Sorge um eine verlorene Kindheit und Jugend von Hochbegabungen. Hört man jedoch genauer hin, stellt man schnell fest, daß man solche Kenntnisse über elternbestimmte und einseitig fixierte, personal und sozial verarmte Kinder nur vom Hörensagen kennt, dem besten Nährboden der Mythologie. Und bekanntlich machen wir desto mehr Worte, je weniger wir etwas begreifen. Auch auf Hochbegabungen reagiert unsere Gesellschaft vorschnell mit beredter Ratlosigkeit. Für uns war der Gemeinplatz von der Deprivation begabter junger Menschen ein Auslöser zur vorliegenden Studie (siehe Vorwort). Ein erst 15jähriger sinniert über dieses Vorurteil:

Ich glaube, die Menschen denken, daß wir nur lernen und gezwungen werden, technisch etwas zu bewältigen. Extremes Beispiel ist vielleicht die Suzuki-Methode, wo man Kinder mit dem Tonband auf dem Rücken im Sandkasten spielen läßt. Nun glauben die Leute, wir alle würden gedrillt bis zum Gehtnichtmehr, wie dieser Boris Becker im Sport. Den Kritikern kann man entgegenhalten, daß es kaum solche Eltern gibt, die ihre Kinder zwingen, jeden Tag Höchstleistungen zu bieten. Sie werden vielmehr darauf achten, daß der Spaß an der Musik erhalten bleibt, daß sich Kinder mit Musik auch entspannen können... In dem Augenblick, wo man selbst seine Musikalität im musikalischen Ausdruck empfindet, sind all diese Angriffe unberechtigt (15, m, I 18).

Wir stellten also an alle Jugendlichen unverblümt die Frage: In der Öffentlichkeit ist die Meinung verbreitet, daß junge Menschen, die so viel Zeit am Instrument verbringen, sich so intensiv mit Musizieren beschäftigen, irgendetwas anderes in ihrer Kindheit und Jugend versäumen, entbehren, verlieren müssen. Was könnten Sie versäumt haben? Was haben Sie zurückstellen müssen? Was haben andere womöglich mehr als Sie?

Im Gespräch schütteln sie spontan den Kopf (das Vorurteil scheint ihnen nicht unbekannt), und in ihrem Lebensrückblick (vgl. Kap. *Fixpunkte in Lebensentwürfen*) registrieren sie ein „Mehr“ im Vergleich zu anderen Kindern und Jugendlichen, meinen sie, etwas „gewonnen“ zu haben, „bereichert zu sein“. Sie stören sich am Begriff „verlieren“, denn was sollte man verlieren, wenn man etwas gerne tut (*Musik hat mir immer sehr viel Spaß gemacht*), seine Zeit für wertvolle Dinge nutzt.

Ich habe den großen Vorteil, daß ich über Musik weit herumkomme, daß ich in viele Länder fahre, meine Ferien wirklich gut verbringen kann. Man entzieht sich sicher schon einmal der einen oder anderen Sache und sagt: „Nee, da übst Du jetzt lieber mal." Aber im Sinne von Verzicht habe ich das nie empfunden, als wäre es ein Opfer gewesen (20, m, I 31).

Ausreichende Kontakte scheinen sie zu haben, auch wenn es sich im allgemeinen um Musikerfreundschaften handelt; sie erinnern sich an großartige Reisen in ferne Länder wie China, Japan, Brasilien, Kenia. Von diesen Konzerttourneen bringen sie tiefgehende Erlebnisse aus anderen Kulturen mit, die sie auch lebensmäßig prägen; sie lernen, über mehrere Wochen hinweg im Landes- oder Bundesjugendorchester mit einer Vielzahl unterschiedlicher Charaktere zusammenzuleben und auszukommen. Wir konnten bereits in Jugend musiziert[243] zu den menschlichen Erfahrungen im BJO resümieren: *Mit so vielen verschiedenen jungen Menschen über eine derart lange Zeit so intensiv zusammenzusein, ist sicher eine Herausforderung für jeden einzelnen, eine charakterliche Bewährungsprobe.* Fixierte und egozentrische Jugendliche mit einer verlorenen Kindheit dürften kaum in der Lage sein, übernormal beanspruchte Toleranz und Offenheit, aber auch das notwendige Sozialverhalten im Bereich von Anpassung und Unterordnung während Konzertreisen oder Arbeitsphasen zu zeigen. Sicher wird es auch jene Jugendlichen geben, deren Egoismus das Sozialbewußtsein lähmt und die Gemeinschaft belastet. Wir vermuten sie jedoch in unserer Stichprobe in einer Minderheit.

Sie berichten auch von ihren Begegnungen mit großartigen Solisten und Dirigenten, darunter Leonard Bernstein oder Claudio Abbado. Welcher Jugendliche ihres Alters habe schon solche Lebens- und Welterfahrungen vorzuweisen, fragen sie kritisch zurück.

Hans E. Bräuninger schreibt zu den Freundeskontakten und Freundschaften der Jugendlichen unserer Stichprobe: *Sie sind nicht einsam - es mangelt ihnen nicht an Kontakt- und Kommunikationsmöglichkeiten, auch wenn sich diese überwiegend auf den Bereich der Musik beschränken: Mitschüler, Mitstreiter bei Wettbewerben, Kommilitonen an der Musikhochschule, Kollegen im Orchester, etc.*

Darüber hinaus werden die sozialen Bezüge seltener, gehen selten über die eigene Familie hinaus; gelegentlich wird ein „fester" Freund oder sogar (selten) eine Freundin (macht sie auch Musik?) bei den männlichen Jugendlichen genannt. Ein vielschichtiges „Netz von Beziehungen", wie es für das sogenannte „soziale Lernen" entwicklungspsychologisch als notwendig und förderlich angesehen wird, scheint nicht zu existieren. Wird es von den Hochbegabten überhaupt gewünscht? Ich glaube aus den Interviews herausgelesen zu haben, daß dies wohl so ist; ein grundsätzliches Bedauern darüber, daß die Arbeit und Beschäftigung mit dem Instrument wenig Raum zum Aufbau und zur Aufrechterhaltung „fachfremder" Kontakte läßt, schimmert in den Aussagen durch.

Hochbegabte unterscheiden sich von den übrigen durchschnittlich begabten Jugendlichen weniger in dem Bedürfnis nach vielen, verschiedenen Beziehungen (auch sie

243 Hans Günther Bastian: *Jugend musiziert*, S. 109 ff.

sind Gemeinschaftswesen und suchen gerade im Übergang von Pubertät zur Adoleszenz nach gruppenspezifischer Integrierung, Anerkennung und Zugehörigkeit) – als vielmehr in ihrer Fähigkeit, dieses Bedürfnis anderen motivationalen Antrieben unterzuordnen. Das Üben am Instrument, das Weiterkommen auf dem Weg zur Perfektion im Spiel, steht in der Hierarchie der Bedürfnisse ungleich höher; so rangiert auch in Maslow's (1954)[244] *Rangskala der menschlichen Bedürfnisse das der „Selbstverwirklichung" über dem der „Zugehörigkeit". Dies erklärt vielleicht z. T. die soziale Armut von Spitzenkönnern, wie sie nicht nur bei musizierenden Talenten, sondern auch in anderen Bereichen immer wieder anzutreffen ist: bei Bildenden Künstlern, Schachspielern, Sportlern, etc*[245].

Andererseits ist von einem positiven Habitualisierungseffekt zu sprechen: Tugenden des Musizierens übertragen sich auf allgemeinmenschliche Denk- und Verhaltensweisen, sie prägen den Habitus des jungen Menschen. Und solche Persönlichkeitsmerkmale gewinnt man aus der intensiven Beschäftigung mit einer Sache, sei es in Musik, in Kunst, in Sport oder irgendeinem anderen Interessenschwerpunkt.

Im übrigen wachsen die Jugendlichen unserer Studie so selbstverständlich mit Musik auf, daß sie die tägliche Begegnung mit ihr, die tägliche Übe-Verpflichtung nicht so sehr als Zeitverlust oder gar einseitige Vernachlässigung anderer Anregungspotentiale empfinden:

> *Musik war von Anfang an ein Teil meines Lebens. Ich habe so früh begonnen zu spielen, daß ich gar nichts dabei denke, wenn ich jeden Tag übe und spiele. Die Leute haben damals zu meinen Eltern gesagt, sie seien ja verrückt, mich so früh anfangen zu lassen und sie würden mich einschränken in meiner Freiheit. Aber ich muß sagen, meine eigenen Kinder kämen genauso in die Mangel wie ich. Man raubt einem Kind keine Freiheit, wenn es anfangs jeden Tag eine Viertelstunde übt, wenn es sich nicht dagegen sträubt. Man kann natürlich auch viel kaputt machen, aber wer es richtig anfängt, gibt seinem Kind nur eine Bereicherung. In unserer heutigen Zeit ist es irgendwie notwendig, daß man etwas Ganzes macht und nicht alles und gar nichts* (17, m, I 26).

Das Stichwort Habituation spielt uns an dieser Stelle erneut Bourdieus Theorie vom kulturellen Kapital zu. Von Kindheit an mit kulturellen Werten und Normen konfrontiert zu sein, wird letztlich nicht als Nachteil empfunden, auch wenn für den Jugendlichen Gefahren in einem überzogenen Bildungsanspruch bestehen (etwa: *Ich hätte zu jeder Ur-Aufführung nach Berlin fahren können, aber für eine Fete noch keine 10 DM bekommen.*). Wiederholt reklamieren die Jugendlichen, daß dieser Anspruch sich selbst gegenüber, etwas Sinnvolles zu tun, eine elterliche Erwartung war (*Ich mußte immer etwas zu tun haben. Das ging auch von meinen Eltern aus.*).

[244] A. H. Maslow: *Motivation and personality*, New York 1954

[245] Hans E. Bräuninger, a.a.O.

An diesem Vorurteil der Öffentlichkeit ist sicher auch was richtig. Aber das hängt jetzt nicht nur mit Musik zusammen, sondern liegt eben an den Elternhäusern, in denen Klassische Musik gepflegt wird. Die prägen auch in politischer Hinsicht, in gesellschaftlicher Haltung, im kulturellen Bewußtsein, im christlichen Denken und allem... Es sind Elternhäuser, die gegenüber manchen Freizeitdingen einfach Tabus aussprechen und auf andere Dinge großen Wert legen, auf Leistungsstreben und Arbeitsbewußtsein. Und das hat auch Vorteile (20, m, I 70).

Neben unsere Gewöhnungs- und Bildungsthese tritt ein ökonomisches Argument: Wer viel zu tun hat, weiß konzentriert, gewissenhaft und gezielt mit Zeit umzugehen.

Nur drei Jugendliche räumen ein, daß sie sich in ihrer Kindheit tatsächlich eingesperrt fühlten, daß sie vieles zurückstellen mußten, daß Freundeskontakte von Eltern bewußt verhindert wurden. Sie konzedieren, daß andere mehr Freizeit mit Freunden verbringen konnten, was sie mit wehmütigem Blick erinnern, aus heutiger Sicht aber auch als Vorteil ansehen. Als Kompensation hilft dann die Bewertung: *Mein Instrument ist ja in dem Sinn auch schon ein Freund.*

Aus dem Erfolg des Heute können diese Jugendlichen ihre Entbehrungen, Versäumnisse, Enttäuschungen und unterdrückten Wünsche rationalisieren. Wieweit sie ihrer Persönlichkeitsentwicklung tatsächlich geschadet haben, können wir ohne tiefergehenden psychoanalytischen Zugriff nicht ermessen und beurteilen. Und spekulieren wollen wir schon gar nicht!

Darüber hinaus finden sich auch in diesem Problemensemble jene Beobachtungen, die von dem „Anderen" reden lassen, an dem sich der Gemeinplatz einer „verlorenen" Kindheit unschwer bestätigen ließe. Um nur ein Beispiel zu zitieren:

Die Gefahr, etwas zu versäumen, besteht bestimmt bei dem Kind, von dem ich eben erzählt habe. Ich bin ganz sicher, daß dieses Mädchen etwas verloren hat. Ich weiß auch nicht, wie das mal sein wird, wenn die später ihre Konzertkarriere hat, jemanden kennenlernt, sich verliebt und dann damit fertig wird (19, m).

Für uns sind solche Hören-Sagen-Geschichten forschungsethisch jedoch keine solide Interpretationsbasis.

Fazit: Nicht nur die Antworten in diesem Kapitel machen eines überdeutlich: Die talentierten Jungmusiker unserer Stichprobe scheinen weit entfernt von jenen angeblich (eltern-) unterdrückten Kindern, weit entfernt von De-Personalisation und Deprivation (vgl. auch die übrigen Kapitel *Zur Persönlichkeit musikalischer (Hoch-)Begabung*), von Drill und Druck (siehe dort bzw. Kap. *Druck zum Üben*), von lebensuntauglichen Außenseitern in sozialer Isolation („splendid isolation"). Im Gegenteil: Sie glauben, „mehr" als altersgleiche Kinder (Jugendliche) erlebt zu haben, sie finden in Musik ihre Identität, sie sind weniger orientierungslos, über ihre musikalischen Interessen entfalten sie ihre Gesamtpersönlichkeit, deren Kontur sich aus einer Kombination von Leistungsmotiven, Interessen, Ausdauer, Fleiß, Zielstrebigkeit ergibt. Sie haben, und das bestätigen nicht zuletzt auch die sprachstilistisch wie inhaltlich anspruchsvollen Gespräche, nichts gemeinsam mit jener Leitfigur eines hochgezüchteten und trainierten Spezialisten, eines einseitigen und lebenstumben Genies und begnadeten Sondertalentes, das alle Merkmale eines ausgeformten Menschen verloren hat. (vgl. Kap. *Talente als Mehrfachbegabungen*). Wer dergleichen für unsere Stichprobe behauptete, machte sich gedankenloser Oberflächlichkeit oder ideologischer Verbrämung schuldig. Es wäre nur zu wünschen, wenn die Ergebnisse dieser Studie in unserer Gesellschaft und besonders in der Fachwelt der Pädagogen dazu beitragen könnten, was Ute Jung-Kaiser in einer ersten Reaktion auf unser Projekt treffend empfunden hat und auf den Punkt bringt: *Man sieht plötzlich Begabung mit anderen Augen, denkt nicht mehr an Wunderkinder, bekommt den Menschen in den Blick und erfährt eine neue Qualifizierung der Allgewalt Musik, der persönlichkeitsstabilisierenden Kräfte, die aus dem Umgang mit ihr erwachsen, und man hat sogar wieder Mut, den vielgeschundenen und diffamierten Leistungsbegriff in den Mund zu nehmen.*[246]

Und das Wichtigste im Regelkreis von Anstrengung und Erfolg, im Zirkel von Lernquantität und Zielqualität ist der Hedonismus (der Lustgewinn), den sie auf der Bühne erleben und genießen. Ihr Selbstportrait „Musik ist mein Leben“ besagt letztlich, daß die Musik selbst sie für vermeintliche Entbehrungen reichlich entlohnt.

Versäumnisse und Entbehrungen aus Sicht der Eltern oder Sind (Waren) Ihre Kinder noch Kinder?

Schwerpunkterziehung in einem Gebiet ist ja nichts weiter als ein Geländer, ein roter Faden. Und da hat Musik eben den großen Vorteil, daß sich darin die ganze Welt spiegelt (V, I 30).

Eine Gefahr besteht sicher, wenn man sich so auf eine Sache konzentriert. Wir haben uns das oft überlegt, aber ich habe keine Nachteile feststellen können (M,I 69).

Ja, ich finde schon, die Jugend ist an ihr vorbeigegangen. Da hat sie viel versäumt. Während andere in die Tanzstunden gingen und ihre ersten Jugendfreundschaften pflegten, ist das an ihr vorbeigegangen (M, I 04).

Jeder Mensch hat eine Vorstellung vom Leben und von der Lebensgestaltung. Wenn Musik sein Leben bedeutet und ihn erfüllt, was soll er dann anderes machen, oder was sollte er dann noch vermissen? (V, I 59).

Es lag nahe, auch Eltern im anschließenden Gespräch mit dem Gemeinplatz der „verlorenen Kindheit“ zu konfrontieren, sie ebenfalls zu fragen, was ihre Kinder versäumt, was sie entbehrt haben könnten. Freilich kann man diesem Verfahren erheblichen Argwohn entgegenbringen, denn sollten Eltern ihre Kinder dressiert haben, werden sie dies kaum vor der Öffentlichkeit des Forschers zugeben; sie werden womöglich versuchen, Konflikte zu glätten, Krisen (siehe dort) zu rationalisieren.

[246] Ute Jung-Kaiser: Rezension zu *Musikpädagogische Forschung*, Band 7 (hrsg. von Hermann J. Kaiser), Laaber 1986, in: *Zeitschrift für Musikpädagogik* 39/1987, S. 15

Wir stellten dennoch die Frage, zum einen weil man als Interviewer nach einigen Gesprächen auch intuitiv spürt, ob Eltern im Nachhinein schönen und verharmlosen. Man lernt, die Glaubwürdigkeit von Argumenten, die Art und Weise der Argumentation und die latenten Vorstellungen zu erfassen und zu interpretieren. Zum anderen konnte es durchaus sein, daß sich Eltern zu einst überzogenen Erwartungen bekennen, ja sogar manche Erziehungsansprüche und -praktiken revidieren, so sehr sie einmal von ihrer Richtigkeit überzeugt waren.

Unser Eindruck nach einer Vielzahl von Gesprächen: Das Wissen um die Gefahren einer frühzeitigen Fixierung aufs Instrument oder auf Musik macht diese Eltern besonders sensibel für Erziehungsfragen, läßt sie die Entwicklung der Kinder sorgenvoller beobachten, als dies in manch anderen Familien der Fall sein mag. Sie spüren ihre besondere Verantwortung für eine frühe Begabung, die sie zum Teil auch als Belastung und Herausforderung empfinden. Sie reagieren aufgrund ihres eigenen Bildungs- und Kulturbewußtseins quasi seismographisch mit besonderer Sensibilität auf „Ausschläge", auf „Erschütterungen" ihrer Kinder. Eine Mutter:

> *Sie lernte im Orchester neue Leute kennen, was mich ein bißchen ängstlich stimmte. Sie war mit Älteren zusammen, und sie hinkte in ihrer Entwicklung immer etwas hinterher. Sie ist nicht wie eine normale 16jährige, sie ist eher noch kindlich, und sie hat das Recht, ihre Entwicklungsphasen auszuleben. Ich hatte manchmal Sorgen, ob das Zusammensein mit den Erwachsenen ihr schaden könnte. Aber ich habe dann gemerkt, daß sie dort bemuttert wurde, daß man sie nicht überforderte. Heute glaube ich, es hat ihr sogar weitergeholfen* (M, I 67).

> *Man muß als Eltern natürlich aufpassen und etwas mitsteuern, daß das Kind nicht in eine Abseitsgefahr gerät. Aber ich glaube nicht, daß bei den Kindern etwas zu kurz kommt. Was andere Jugendliche in Discos oder Sportvereinen finden, haben diese Jugendlichen im Ensemblespiel, Pianisten sind vielleicht auszuklammern, die können tatsächlich zu kurz kommen* (M, I 32).

Ein Hauptargument gegen den Vorwurf einseitiger Fixierung und der dadurch bedingten Nachteile und Versäumnisse in anderen persönlichkeitsprägenden Bereichen ist der Verweis auf mehrere Hobbys und Interessengebiete (vgl. Kap. *Talente als Mehrfachbegabungen;* vgl. Kap. *Fachneigungen und -abneigungen).*

Ein Vater (selbst ein Lehrer) sinniert kritisch über das Lernen in Institutionen und verweigert sich allzufrüher Zuweisung von Kindern in staatlich verordnete oder angebotene Lernorte:

> *Wir sind Gegner des Kindergartens. Das ist gerade für den Umgang mit Musik arg wichtig. Meine Frau hat in Frankreich im 2. Weltkrieg ganz schlechte Erfahrungen gemacht. Nun sind die Kindergärten heute sicher besser als damals, aber wir glauben, daß die Kreativität der Kinder völlig kaputt gemacht wird. Die Kinder müssen sich schon so früh in einer Gemeinschaft behaupten, wo sie noch keine Wertvorstellungen haben, keine eigenen Schönheitsvorstellungen. Es geht zu viel um sie herum vor, so daß sie selbst ganz erdrückt werden... Als unsere Kinder*

in die Schule kamen, hat unsere Rechnung gestimmt. Die Kinder waren kräftiger und haben sich mühelos hineingefunden, freuten sich auf die Pause und hatten all die Ängste nicht, die ich in meiner Kindheit trotz vielem Jungvolk und Hitlerjugend vor Gleichaltrigen hatte... Auch die Grundschule ist ein notwendiges Übel. Wir wären ganz gegen eine Grundschule als Ganztagsschule. Die Ganztagsschule in Frankreich ist der Hauptgrund, warum wir nicht dorthin gehen. Die Kreativität unserer Kinder geht kaputt, sie werden nur noch zu Empfängern von Informationen, die sie oft gar nicht verarbeiten können. Wir haben jeden Drill abgelehnt, der XXX hat nie Angst vor dem Instrument gehabt. Dann kam z. B. im 11. Lebensjahr das große Schreckerlebnis in einem Kurs in Frankreich, bei Pädagogen vom XXX-Institut. Das endete mit Tränen, und mit einem Schlag war die Angst vor dem Instrument da (V, I 67).

Daß in der einseitig scharfen Kritik schulischen Lernens ein erhebliches Stück eigener unbewältigter Vergangenheit mitschwingt, liegt auf der Hand. Dennoch steht die Sorge um die Vernachlässigung des Subjektes „Schüler" im institutionalisierten und damit oft lebensfernen Lernen nicht ganz unberechtigt da. (In der Fachdiskussion als „didaktische Differenz" von Lernen inner- und außerhalb von Schule bekannt.)

Kollisionen von Musik und Sport in der Kindheit und Jugend unserer Talente werden überzufällig oft berichtet. Demnach sind Musiker keineswegs so unsportlich oder gar sportuninteressiert, wie man allgemein von einem Künstlertyp annehmen möchte. Das Problem der Jugendlichen war die Kumulation von Sport- und Musikaktivitäten an den Wochenenden, die in ihrem zusätzlichen Freizeitangebot gerade auch fürs Üben sinnvoll genutzt werden konnten. Was also tun: Sport oder Musik? Die meisten Jugendlichen haben sich entschieden.

XXX hat mal Handball gespielt, und dann war er nicht mehr gefragt, weil er ab und zu nicht kommen konnte. Dann saß er nur auf der Ersatzbank, was ihm keinen Spaß gemacht hat. Er hat dann aufgehört. Das hat mir sehr leidgetan, weil es ein Ausgleich für ihn war. Im Sport sind sie leider genauso extrem. Ich habe eine Bekannte, die spielt Geige und ist im Schwimmen sehr gut. Sie wollte das auch als Ausgleichssport machen, war im Schwimmclub, und dann mußte sie jeden Tag schwimmen gehen. Die haben sie so in die Krallen genommen, und das geht einfach nicht (M, I 47).

Mit bestimmten Sportarten riskiert man auch Verletzungsgefahren, die auf Dauer nicht in Kauf zu nehmen waren. Sie behinderten kontinuierliches Üben und Musizieren. Hier liegt ein Grund, warum sich einige Jugendliche vom Sport abkehren und sich ganz dem Musizieren zuwenden.

Von Eltern ist ebenso das Argument zu hören, daß ihre Kinder eigentlich „mehr" als Gleichaltrige haben, daß sie sehr früh lernen, sich konzentriert einer Sache zu widmen, soziales Verhalten im gemeinsamen Musizieren auszuprägen, neben einer möglicherweise nichtmusikalischen Erwerbsarbeit noch einen anderen Lebensinhalt zu finden und die Chance einer frühen Selbstfindung und Orientierung zu haben. Einige Eltern stoßen sich bereits an der Frageformulierung „einseitige Beschäftigung mit Musik", die sie so nicht für ihre Kinder akzeptieren wollen. Einseitigkeit kann nichts Wünschenswertes sein und sie fühlen sich keinesfalls als Eislaufmütter oder Tennisväter. Wiederholt heben sie hervor, daß sie um die Ausbildung körperlicher, geistiger, visueller und emotionaler Bereiche bemüht waren. Auf unsere Frage, ob ihre Kinder noch Kinder waren, reagieren sie mit einer Negation: Sie waren „nicht unkindlich". Aber diese Antwort will sagen, daß sie eigentlich mehr waren als „nur" kindlich. Was nun konkret, dokumentieren Qualifikationsmerkmale, die sie ihren Kindern schon sehr früh im Vergleich zum Altersjahrgang zusprechen. Am häufigsten fällt das Attribut „frühreif", gekoppelt mit folgenden Merkmalen:

> *In anderen Bereichen geistig reif ... Eine Verantwortlichkeit, der man immer vertrauen konnte... Um einiges höher im Vergleich zu Kindern, die keine Musik machten... Sie ist sehr sehr selbständig, sie kann sich überall in jeder Stadt bewegen, orientieren. Sie ist früh hineingewachsen, weil ich sie ins Wasser geworfen habe. Das heißt nicht, daß sie schon erwachsen ist, sie ist noch ein Kind... Ein Mozart ist er nicht gewesen. Etwas anderes war eine gewisse Ernsthaftigkeit, Zielstrebigkeit und ein Bewußtsein, „Ich muß das oder das jetzt tun!' Das fehlt bei vielen Kindern seines Alters. Kinder, die eine Sache so ernsthaft betreiben, haben das früh begriffen... Man kann intellektuell reifer sein als andere, aber man muß deswegen nicht in einem Kuckucksheim sein oder erwachsener sein...*
>
> *Ich meinte, er hatte etwas für sich selbst und lief nicht mit einer gähnenden Leere herum. Das Musisch-Künstlerische war auch durch die Waldorf-Schule sehr stark angeregt worden, und ich sah hier einen Anker, einzuhaken und etwas für die Kinder zu tun. Es ging nicht unbedingt um das Ziel, einen strahlenden Musiker aus ihm zu machen, diesen Weg muß er ohnehin selber gehen* (M, I 71).

Diese Merkmale und Haltungen der Kinder sind sicher nicht nur ein Effekt des frühen Musizierens, sondern mitbedingt von einem generellen Erziehungsanspruch der Eltern. Hier spiegelt sich deren Bildungs- und Kulturbewußtsein (Bourdieu; vgl. Kap. *Sozialmilieu und Bildungskapital*). Eltern verweisen auch auf die Vielzahl sozialer Kontakte, die durch Musizieren in Ensembles unterschiedlichster Formationen bis hin zum Jugendorchester gepflegt werden. Last not least bringen Eltern auch das Argument der Jugendlichen: „Lieber eine Sache ganz und richtig tun als vieles ein bißchen."

Schließen wir mit jenen Fallbeispielen, wo die Sorge um eine „verlorene Kindheit und Jugend" eine gewisse Berechtigung zu haben scheint. In nur zwei Beispielen unserer Stichprobe geben Eltern zu, mit unserer Frage in Verlegenheit zu geraten. Sie meinen, daß die Frage sehr schwierig zu beantworten sei und konzedieren Entbehrungen ihrer Kinder, ohne sich graduell und quantitativ im „Wieviel" festlegen zu können.

Ein Vater, dessen Tochter die Instrumentalkarriere mit 21 Jahren aus musikalischen Gründen abgebrochen hat, spricht von jener einseitigen Belastung, der fanatischen und ausschließlichen Konzentration auf Musik. Ihre übbedingte Introversion führte zur Vernachlässigung von Kontakten zu Gleichaltrigen, zur Verengung in alterstypischen Interessen und Wünschen.

Sie hatte sicher Defizite und Entbehrungen, aber wir sind zu spät draufgekommen. Sie war durch die starke, sich selbst geschaffene Belastung mit Schule, Unterricht, Üben ein bißchen introvertiert, aber bewußt, nicht so sehr von Natur aus. Ich sehe heute, daß sie es nicht ist, sondern sie wurde zwangsläufig so, weil sie keine Zeit hatte, so daß eine normale Entwicklung eines jungen Mädchens, einen Freund zu haben, tanzen zu gehen, nicht zum Durchbruch kam. Sie hatte Bekannte, aber musikalische Bekannte. Sie hat es immer abgelehnt, einen Tanzkursus zu besuchen, mangels Zeit, wie sie sagte. Heute weiß ich warum. Das muß instinktiv gewesen sein. Als sie nach XXX ging, haben wir gesagt: „Du bist nun 21 Jahre, jetzt wird es aber Zeit, daß Du einen Tanzkursus besuchst, Du mußt doch tanzen können." Sie tat es widerwilligst, nur um uns zufriedenzustellen. Wir hatten ihr das Studium ermöglicht, nun machte sie auch den Tanzkurs. Und dabei wurde uns die Sache mit dem mangelnden Rhythmusgefühl als Kritik ihres Instrumentallehrers bestätigt. Sie war absolut unfähig zu tanzen, und sie ist es auch heute noch. Also wenn man böse will, dann ist sie nicht in der Lage, einen Radetzky-Marsch von einem Wiener Walzer zu unterscheiden. Ihr Körper fällt nicht in die Musik, wiegt sich nicht im Rhythmus, sie stakst. Sie hat also tatsächlich kein richtig entwickeltes Rhythmusempfinden. Daß sie auch relativ komplexe Musik spielen konnte, lag nur an ihrem eisernen Training. Ich glaube einfach, daß die Persönlichkeitsentwicklung zwangsläufig darunter leiden muß, z. B. die Spontaneität im Versuch, Kontakte zu Mitmenschen zu knüpfen. Zu starkes Sich-Einigeln führt dazu, daß man nicht mehr in der Lage ist, sich auch mit anderen Menschen zu beschäftigen. Heute (nachdem XXX ihr Instrumentalstudium aufgegeben hat, der Verf.) *ist sie wieder in der Lage, auf jemanden zuzugehen und zu diskutieren. Aber das hat sie eine Zeitlang nicht gekonnt* (V, I 66).

Die pointierte Kritik des Vaters mag in vielen Fällen jugendlicher Instrumentalfixiertheit zutreffen. Introversion und Isolierung sind eine stete Gefahr für diese jungen Menschen, die mit Leib und Seele sich der Musik verschrieben haben, besessen von Fortschritt und Erfolg, vom Bühnenglanz und Publikumsapplaus. Eine Vielzahl von Künstlerbiographien mag ein eindrucksvolles Dokument für die Isolationsgefahr von begabten Menschen sein. Für unsere zugegeben begrenzte Stichprobe scheint sie nicht symptomatisch. Im Falle unseres Gesprächs kam eine unüberhörbare Enttäuschung, eine Verbitterung über den abrupten Studienabbruch der Tochter hinzu, deren Instrument seitdem unberührt in der Schublade ruhte, wie gesagt, zum Leidwesen der psychisch und materiell arg gebeutelten Eltern. Von daher erklärt sich die Schärfe der Kritik, deren grundsätzliche Berechtigung wir nicht anzweifeln. Überzogene Leistungsansprüche von Eltern und/oder Lehrern können eine frühe Begabung gefährden und gehen obendrein zu Lasten einer kindgemäßen und jugendnormalen Entwicklung (siehe Kritik von Gerd Albrecht in den Mottos dieser Studie). Auch die Gefahr des „Einzelgängertums" des Kindes wird hier und da bestätigt. Dieses Alleinsein ist nach Ansicht der Eltern zum Teil auch anlagebedingt. Demnach waren ihre Kinder (eine Minderheit in unserer Stichprobe) ohnehin mehr zu Hause als mit Freunden unterwegs. Die intensive Beschäftigung mit Musik wurde laut Bewertung der Eltern zu einer sinnvollen Ausfüllung von Freizeit. Oder vielleicht doch zu einem Freundesersatz?

> *Er war sehr isoliert, ein kleiner, ruhiger und bequemer Kerl. Er hat nie danach verlangt, daß jemand um ihn herum ist. Wir wollten dem einen Ausgleich mit der Musik schaffen, und er hat sich bei einer Blaskapelle im Nachbarort angemeldet* (M, I 41).

> *Er war immer ein Außenseiter, von jeher, eher ein Einzelgänger, der gut für sich konnte, der sich gut mit sich selbst beschäftigen konnte* (M, I 74).

Diese Beschreibung kann für unsere Begabtenstichprobe jedoch nicht als überzufälliges Merkmal dastehen. Im Gegenteil: im sozialen Kontakt (auch wenn vorwiegend zu Musikern) scheinen die begabten Jungmusiker nicht gestört. Fragen wir abschließend, wie der Psychologe und Verhaltenstherapeut Hans E. Bräuninger „Persönlichkeit" des jungen Musikers nach Lektüre einer Zufallsauswahl von Protokollen bewertet. Er resümiert:
Typologische Determinationen sind der modernen psychologischen Forschung und Theorienbildung äußerst selten – und zudem fragwürdig und umstritten. Wenn man Persönlichkeit nach Allport (Persönlichkeit, ^{2}1960) als dynamische Ordnung derjenigen psycho-physischen Systeme im Individuum, die seine einzigartige Anpassung an die Umwelt bestimmen, definiert, dann müßte hier untersucht werden, inwieweit der instrumental hochbegabte Jugendliche „Persönlichkeit" im o. a. Sinne darstellt, d. h. welche psychophysischen Systeme, also Eigenschaften, Einstellungen und Gewohnheiten stehen für eine kreative, flexible und situationsspezifische Anpassung und Auseinandersetzung mit seiner Umwelt zur Verfügung.

Der hochbegabte „Musiker" ist dabei – im Unterschied zu allgemein oder/und durchschnittlich begabten Individuen – gleichzusetzen mit jeder Hochbegabung in anderen Bereichen, denn ihnen ist eines gemeinsam: übernormative, herausragende Eigenschaften und Fähigkeiten in einem Bereich (seltener in mehreren) umweltbezogener Anpassung.

Dies bedeutet, daß die Anpassungs- und Auseinandersetzungsmöglichkeiten für alle anderen Bereiche der Umwelt nicht größer oder vollkommener ausfallen, als bei Nicht-Begabten. Eher schlechter, wenn man unterstellt, daß die intensive Beschäftigung mit dem Talent Erfahrungen und Lernen auf anderen Gebieten hemmen oder verhindern kann.

Die Einseitigkeit in der Lebensausrichtung stellt daher für mich auch das größte Problem in der Persönlichkeitsentwicklung Hochbegabter dar.

In der vorliegenden Studie wird dieses Problem von den Jugendlichen aber kaum artikuliert; wie schon gesagt: die Identifikation mit dem Beschäftigungsgebiet, der Leistung und dem Ziel verhindert offensichtlich eine objektive Wahrnehmung. Viele Interviewte strotzen geradezu vor Selbstbewußtsein, Selbstbehauptung und Eloquenz; man ist schulisch gut vorgebildet, gibt sich interessiert an Literatur und Wissenschaft und fühlt sich gerade nicht einseitig orientiert. Die Jugendlichen leiden nicht unter ihrer Begabung und dem damit verbundenen Lebensstil – dies läßt sich in der Bewer-

tung ihrer Aussagen schlußfolgern; gemessen an einer psychologischerseits wünschenswerten Persönlichkeitsentwicklung müssen jedoch Defizite festgestellt werden, die durchaus ein späteres Leiden begünstigen können. Um die wichigsten defizitären Entwicklungen nur zu nennen: soziale Bezüge, emotionale Bildung, Streßverarbeitung, Frustrationstoleranz, Partnerfähigkeit, sexuelle Erlebnisfähigkeit, soziale, ökonomische und politische Sensibilität, Altruismus, Kompromißfähigkeit.

Zu den meisten dieser exemplarisch aufgeführten Persönlichkeitsmerkmalen und ihren Erscheinungsbildern geben die Interviews nur wenig bis oberflächliche Statements wieder. Warum? Weil diese Bereiche nicht zu einer allgemeinen Persönlichkeitsentwicklung gehören – oder zumindest nicht zu der eines Hochbegabten?
Nein – eher weil die Jugendlichen dazu nichts zu sagen wußten! (Ich will aber berücksichtigen, daß der Interviewleitfaden bestimmte psychische Entwicklungsbereiche nicht berücksichtigt, da Ziel und Aufgabenstellung der Studie andere Schwerpunkte setzte, und Fragen, die den klinischen Psychologen interessiert hätten, nicht explizit gestellt wurden.)

Auch wenn der hochbegabte, jugendliche Pianist oder Violinist jeden Vergleich mit der gleichaltrigen Hochbegabung im sportlichen Bereich, Boris Becker, entrüstet zurückweisen würde, so sei hier doch der Hinweis auf Parallelen erlaubt: hier wie dort exzessive Ausrichtung auf das angestrebte Ziel, extremer psycho-physischer Einsatz, Vernachlässigung sozialer Beziehungen außerhalb des Fachgebietes und damit emotionale Vereinsamung, unvollkommene Ausbildung alternativer Lebensgestaltungsmöglichkeiten – trotz (zumindest bei den jugendlichen Musikern) hoher intellektueller Allgemeinbildung.

Boris Becker hat den Leistungsabbruch, der genau zu dem Zeitpunkt zu verzeichnen war, als sich sein väterlicher Freund und Trainer Bosch von ihm trennte, bis heute spielerisch und psychisch nicht überwunden. Vielleicht hat Bosch jene Bedürfnisse gesehen und befriedigen helfen, die das junge Talent Becker – nun auf sich selbst gestellt – an sich selbst verzweifeln lassen?

Für die jugendlichen Hochbegabten in der Musik mag – bei aller Unterschiedlichkeit zu Tennisprofis – ähnliches gelten: die aktuelle Lebenssituation wird überwiegend problemfrei erlebt, Belastungen werden nicht geleugnet, aber auch nicht verdammt, soziale und geistige Interessen werden geäußert, partiell auch gelebt und im übrigen auf „später" verschoben.

Sportliche, wie auch musikalische und andere Höchstleistungen werden weniger durch Übung und Technik bestimmt, denn durch die Psychologie. Dies darf mittlerweile als Gemeinplatz gelten. Übersetzt heißt dies aber, daß Spitzenleistungen dauerhaft nur durch ein erschütterungsfreies, belastungsfreies Gesamtsystem psychophysischer Einzelabläufe im Verhalten und Erleben zu erbringen sind, mithin eine breit angelegte Persönlichkeitsstruktur im Allport'schen Sinne wünschenswert wäre.

Da diese umfassende, sich auf viele Bereiche erstreckende Persönlichkeitsbildung bei Höchstbegabten – aus erwähnten Gründen – schwerer zu erreichen ist, muß mit Störungen und Auffälligkeiten im psychischen Bereich eher gerechnet werden. So weiß die internationale Literatur von ungewöhnlich kreativen und überdurchschnittlich intelligenten Schülern und Jugendlichen zu berichten, die gehäufter als andere zu Selbstmordversuchen neigen. Depressive Verstimmungen werden bei hochbegabten Kindern als wahrscheinlicher angenommen, sie neigen zu Inferioritätsgefühlen und führen viele negative Selbstgespräche. Talente, Spitzenkönner und „Genies" erfreuen uns, die wir oft neidvoll und bewundernd aus den Niederungen unserer Mittelmäßigkeit zu ihnen aufschauen, mit ihrem Können und ihrer Leistung. Sie bieten uns Abwechslung und Zerstreuung von unserem Alltag und Anlaß für nationale Identifikation und Chauvinismus (er spielt für Deutschland); wir heben sie hoch und lassen sie fallen, ob sie nun 17 Jahre jung oder 47 Jahre alt sind; wir fordern alles und wundern uns, wenn sie nicht alles bringen; wir loben sie in den Himmel und demütigen sie mit Verrissen (Musikkritik) – wir lassen sie nur nicht gelten als das, was sie sind: junge, unfertige Persönlichkeiten mit begnadeten Anlagen. Nicht weniger – aber auch nicht mehr! [247]

[247] Hans E. Bräuninger, a.a.O.

Schule – Musiklehrer – Musikunterricht

Satiram non scribere difficile est

Wie junge musikinteressierte und musikbegabte Menschen als Schüler das Umfeld von Schule und Musikunterricht erleben, kann für Musikerziehung an allgemeinbildenden Schulen nicht ohne Belang sein. Empirische Forschung in der Musikpädagogik hat wiederholt Einstellungen von Schülern zum Musikunterricht untersucht, um Inhalts- und Methodenwünsche der Schüler einerseits und tatsächliches Angebot andererseits zu erkunden[248].

Bisherige Forschungsergebnisse registrieren aus Schülersicht enorme Diskrepanzen zwischen Wunsch und Wirklichkeit, zwischen Bedürfnis und Bedürfnisbefriedigung, darüberhinaus sehr disparate, diffuse und widersprüchliche Unterrichtsinteressen der Schüler, was eine schülerorientierte Musikdidaktik nicht gerade erleichtert. Eine ganz andere Frage ist, ob ein Musikunterricht, der von den Interessen der Schüler ausgeht, auch im Interesse des Schülers ist, ob es nicht subjektive und objektive Interessen gibt, denen Musiklernen gleichermaßen gerecht zu werden hat.

Einstellungen und Erfahrungen unserer Jugendlichen scheinen uns deswegen relevant, weil sie sich aktiv mit Musik auseinandersetzen, quasi semiprofessionell mit sogenannter Klassischer Musik umgehen, Wissensvoraussetzungen besitzen, die andere (wenn überhaupt) erst über Musikunterricht erwerben. Außerdem sollten diese Schüler an einem qualifizierten Musikunterricht interessiert sein, der ihre außerschulischen Musikaktivitäten und -erfahrungen ergänzt und erweitert. Wir können auch Vorstellungen darüber erwarten, was der Musikunterricht leisten sollte, warum er hier und da versagt, wo die besonderen Konfliktsituationen liegen und welche Gründe zu ihnen führen. Zu bedenken ist freilich auch, daß die intensiven Klassik-Präferenzen zu einer sehr einseitig zugeschnittenen Erwartungshaltung führen können, zur Erwartung „Klassik total" auch in der Schule. Ob die Jugendlichen ganz und gar auf „ihre" Musik abfahren, wird kritisch zu prüfen sein.

Um die Bilanzen unserer Schüler vorwegzunehmen: In der Tendenz wird Musikunterricht an Grundschulen als noch befriedigend, der Unterricht an Sekundarstufen I als eher katastrophal und deprimierend bewertet. Dieses düstere Bild lichtet sich erst mit den Musikleistungskursen in der Sekundarstufe II. Hier erinnern sich die Jugendlichen an sinnvolles Lernen, hier finden sie wertvolle Anregungen durch Mitschüler (Gleichgesinnte) und Musiklehrer, die ihren musikästhetischen Horizont erweitern. Musikleistungskurse scheinen das erfreuliche Kontrastbild zum Musikunterricht der Sekundarstufe I.

[248] vgl. u. a. Hans Günther Bastian: *Schüler und Musikunterricht. Neue Daten zu alten Fragen*, in: *Musik und Bildung* 1/1985, S. 34 ff.; vgl. Peter Brömse: *Interessengebiete Jugendlicher im Musikunterricht*, in: E. Kraus (Hg.): *Forschung in der Musikerziehung*, Mainz 1977, S. 108-133; vgl. Eckardt/ Lück: *Jugend und Musik*, Duisburg 1976; vgl. Marie-Luise Schulten: *Schülerwünsche zu Unterrichtsmethoden im Musikunterricht*, in: K. E. Behne (Hg.): *Musikpädagogische Forschung* Band 1, Laaber 1980, S. 96-111

Musikunterricht in der Grundschule – Erinnerungen

Das klang immer so richtig falsch, richtig schlimm, aber es hat Spaß gemacht!
(Eine 19jährige zum Musizieren in der Grundschule)

Eine gute und eine schlechte Nachricht zu Beginn. Die gute: Musikunterricht stand bei fast allen Jugendlichen auf dem Stundenplan der Grundschulzeit. Erfreulich bleibt diese Botschaft aber nur so lange, wie der Unterricht in positiver Erinnerung steht. Daher die schlechte Nachricht: Das Lernfeld Musik scheint sich in der Grundschule auf Singen und Blockflöten- (Orff-Instrumenten-) Spiel zu beschränken. Unsere Frage: Sind neuere Fachentwicklungen ein Tabu für viele Praktiker?

Der zeitliche Abstand zur Grundschulzeit (bis zu 14 Jahren) hat zur Folge, daß Erinnerungen verblaßt sind oder nur noch ein globaler Eindruck erhalten ist. In dieser eingeschränkten Perspektive fällt die Bewertung des Musikunterrichtes nicht so schlecht aus, zumindest ist sie nicht vergleichbar mit dem negativen Urteil über Musikunterricht in der Sekundarstufe I. Die Natürlichkeit von Lernprozessen scheint in der Grundschule gebührend Raum zu haben: nicht an allgemeine Musiklehre, nicht an Kreideakrobatik des Lehrers erinnern sich die Jugendlichen, sondern Musizieren in Klasse und Gruppe. Das elementare Bedürfnis von Kindern nach Musikmachen scheint auf den ersten Blick befriedigt: durch häufiges und „lautes“ Singen, durch die Aufführungen von Singspielen (als Heinzelmännchen in der Weihnachtszeit, in Altersheimen usw.), durch eine vorspielende Lehrerin (für einen Jugendlichen ein musikalisches „Schlüsselerlebnis“), durch das Blockflötenspiel im Klassenverband, durch Musizieren im Orff-Spielkreis. Mehrere Schüler wurden über das Musizieren in der Grundschule zum Blockflötenspiel animiert.

Solange unsere Gesprächspartner vom Musikmachen sprechen, zeigen sie sich trotz des großen Zeitintervalls begeistert. Im ersten Beispiel liegt die Grundschulzeit immerhin 12 Jahre zurück.

> *Wir haben viel gesungen, Blockflöte gespielt und auch ein Klassenorchester zusammengesetzt, wie das mit den Instrumenten eben gerade so paßte. Das war schön, so mit Leuten, die man sehr gut kennt, mit denen man lange zusammen ist, gemeinsam zu musizieren. Das war schon ein bleibendes Erlebnis* (22, m, I 22).

> *Ja, ganz lustige Erinnerungen. Wir hatten eine Lehrerin, die alle Blockflötenspieler und alles, was es sonst noch gab, zusammengefaßt hat und Volkslieder spielen ließ. Ich war die einzige Geige und dann die vielen Blockflöten. Das war immer so richtig falsch, richtig schlimm, aber es hat Spaß gemacht. Ich durfte schon mit 9 Jahren im Schulorchester des Gymnasiums mitspielen, und da bin ich immer ganz stolz hin, es war eine neue Welt, die sich mir da öffnete* (19, w, I 17).

> *Negative Erlebnisse gab es keine. Die Lehrerin hat das sehr schön gemacht, sie hat sehr viel mit uns musiziert, sie hatte einen Orff-Kreis, Blockflöten und einen Grundschulchor. Die Kinder konnten aktiv Musik machen. Ich habe mich da sehr wohl gefühlt* (19, w, I 06).

Solcherart schulische Musikerfahrungen sitzen fest gespeichert im Bewußtsein, zumal wenn ein entsprechendes Lehrerportrait haften bleibt:

> *Außer an den Flötenkreis habe ich keine Erinnerungen an den Musikunterricht in der Grundschule. Den leitete ein ganz junger, goldiger, kraftvoller Lehrer, der das lustig, witzig und engagiert gemacht hat* (21, w, I 16).

Wir meinen, daß diese gedächtnismäßige Langzeitwirkung des praktischen Umgangs mit Musik eine Erfolgsbestätigung für diesen Musikunterricht ist. Sinnvolles Lernen bleibt über Jahre in der Erinnerung.

All diese Erfahrungen sind sicher erfreulich, wäre da nicht ein bedauerliches Vermissungserlebnis zu beklagen. Lapidar gefragt: War das alles? Ist Musikunterricht in der heutigen Grundschule etwa nichts anderes als eine zeitgemäße Variante des alten Gesangsunterrichtes? Die dominanten Inhalte von Musikunterricht scheinen „Volkslieder singen" und „Blockflöte spielen". Unsere Jugendlichen erinnern sich kaum an andere und weiterführende Unterrichtsinhalte – Gedächtnislücke oder Unterrichtsversäumnis?

„Singen" als unmittelbarste menschliche Musiziermöglichkeit (vor allem mit Kindern) hat erwartungsgemäß „den" zentralen Stellenwert in der Grundschule.

> *Außer Singen haben wir nicht viel gemacht... Soweit ich mich erinnern kann, haben wir nur gesungen... Hauptsächlich singen und Takt klatschen... Höchstens mal gesungen, und die Lehrerin hat mit einer Melodika dazu gespielt... Wir hatten so den allgemeinen Singunterricht... Bloß ein bißchen gesungen, sonst gar nichts...*

An „Singen" können sich fast alle Jugendlichen erinnern, wenn auch nicht alle mit Begeisterung. Es ist bekanntlich nicht damit getan, daß man singt, sondern „was" und vor allem „wie" man singt. Die Didaktik des Liedes und Singens entscheidet letztlich über die Qualität der Erinnerung. Kommentare wie die folgenden haben Seltenheitswert:

> *Da haben wir gesungen, und das war unheimlich locker, das hat Spaß gemacht* (21, w, I 16).

> *In der Grundschule hat mir Musikunterricht Spaß gemacht, obwohl meine Lehrerin gar nicht mal so „beleckt" war. Sie hat mit uns Lieder gesungen, die mir Spaß gemacht haben. War halt nichts weiter als singen, aber es war ganz schön* (19, m, I 30).

Mehrheitlich zeigten die Erfahrungen jedoch, wie man im Musikunterricht nicht mit Lied und Singen verfahren sollte:

> *Wir haben Volkslieder gesungen, die Texte der Lieder mußten wir zu Hause auswendig lernen, und in der nächsten Stunde wurden sie abgefragt. Dann haben wir gemeinsam gesungen. Das war eigentlich nicht sehr schön, weil die Lehrerin darauf geachtet hat, wer gut singen konnte. Wer es nicht so konnte, der wurde aussortiert. Ich brauchte da nicht viel zu tun, weil ich auch mit der Flöte gut dastand, aber gefallen hat es mir wegen der anderen Schüler nicht* (17, w, I 68).

Was das „Aussortieren" anbelangt, können wir ein weiteres Fallbeispiel nachreichen:

> *Im Singunterricht mußte ich immer aussetzen, weil ich als absolut amusikalischer Typ gehandhabt wurde. Ich glaube, ich hatte einen verfrühten Stimmbruch und habe beim Singen immer so reingebrummelt. Das hat dem Lehrer nicht gepaßt* (18, m, I 52).

Andere weniger erfreuliche Sing-Erinnerungen:

> *Wenn unser Lehrer mitsang, das klang wie „Hund und Katz"* (19, m, I 74).

> *Wir haben Liedersingen üben müssen. Wir haben so ein paar Lieder aus dem Liederbuch gelernt. Für die Zeugnisnoten mußte dann jeder ein bestimmtes Lied vorsingen* (22, m, I 10).

Apropos Zeugnisnote: Sie scheint (leider) noch immer abhängig vom „richtigen" Vorsingen vor Klasse und Lehrer (mit dem Notenbuch in der Hand?).

> *Am Ende des Schuljahres mußte man immer einen Kanon singen. Und wenn man das durchhielt, ohne in des Teufels Küche zu landen, dann bekam man eine „1"* (XXX).

Wie so oft aus der Unterrichtspraxis zu vernehmen: Mit den Liedern des Lehrers erschöpft sich der Liedkatalog. Und für staatliche Administration ist die folgende Erinnerung sicher nicht gedacht:

> *Nur Lieder aus der Mundorgel, immer wieder das Eskimo-Lied und „Bolle reiste jüngst zu Pfingsten". Wir hatten immer denselben Musiklehrer, und das waren „seine" Lieblingslieder. Vorher hat er mit seiner Stimmgabel immer lange den Ton gesucht, dann kam er auch immer sehr spät zum Unterricht, so daß die Stunden schnell vorbeigingen* (15, w, I 40).

> *Ich glaube, wir mußten singen und Lieder auswendig lernen. Das war ein alter Lehrer, der hat noch den Krieg mitgemacht. Und da kam immer dieses „Wildgänse rauschen durch die Nacht". Aber das hat mir noch ganz gut gefallen, ich habe gerne auswendig gelernt* (Diese Jugendliche schreibt in ihrer Freizeit Gedichte, d. Verf.; 17, w, I 69).

Interessant wären sicher empirische Erhebungen zum Liedgut in der Grundschule heute. Hat die Vielzahl neuerer Kinderlieder überhaupt Eingang gefunden in die Singpraxis des Musikunterrichtes? Kennen Musiklehrer der Grundschule neuere Lehr- und Liederbücher? Wir haben einstweilen Skepsis und Zweifel (siehe unten), vor allem angesichts der nachfolgenden Kritik:

> *Wir haben fürchterlich viel gesungen. Wir hatten bei einem uralten Lehrer Unterricht und mußten die allerletzten Lieder singen: „O Tannenbaum" und so ganz kindische Lieder, auch noch in der 4. Klasse* (15, w, I 35).

Musiker-Herz, was begehrst Du mehr? möchte man angesichts der nachfolgenden Erzählung ausrufen. Pestalozzis Wohnstubenidylle im 20. Jahrhundert, es mag sie vereinzelt noch geben, diese Oasen und Nischen, in denen das psychische Nah von Lehrern und Schülern möglich scheint.

Unsere Musikstunde fand immer unter dem Dach statt. Mit dem Rektor habe ich Duos gespielt, er Geige und ich Cello. Das war so richtig, wie ich mir es aus Jugendzeit-Büchern aus dem vorigen Jahrhundert vorstelle. Da war ein alter Holzsaal mit alten Schulbänken, wir hatten so richtig Ordnung und Disziplin drin. Ich kam in die Klasse und hatte mein Cello dabei. Der Lehrer war so richtig mit Monokel einer, so ein ganz alter Herrscher. Ich packte mein Cello aus... er hat ja schlecht Geige gespielt. Ich wußte das auch, aber ich habe immer schön meinen Mund gehalten. Wichtig war, daß es Spaß gemacht hat. Wir haben dann in der Musikstunde Duos gespielt und auch viel gesungen. Wenn wir sangen, hat er sich immer auf der Geige begleitet. Das konnte er auch (20, m, I 26).

Instrumentspielende Lehrer bleiben in positiver Erinnerung.

Außerdem scheint der „Instrumental"-Lehrer auf möglichst frühen Instrumenten-Kontakt Wert zu legen, und am häufigsten lernen Schüler die Blockflöte. Einige Jugendliche erhielten über den Musikunterricht der Grundschule den ersten Impuls zum Instrumentalspiel (vgl. Kap. *Motive zur Wahl des Instrumentes*). Wir meinen, daß Musikunterricht diese Animationsfunktion bei weitem ernster nehmen sollte, als er sie unserer Einschätzung nach tatsächlich leistet. Dazu gehören auch die wichtigen Erfahrungen des Musizierens in der Gruppe (Ensemble-Spiel: „Wir spielen gemeinsam") und der ersten öffentlichen Auftritte:

Unsere Lehrerin spielte ganz gut Akkordeon. Bei ihr mußten alle Schüler das Blockflötenspiel lernen. Das war dann mein erstes Instrument, das habe ich in der Schule gelernt und es hat mir viel Spaß gemacht. Daß man in einer Gruppe Kontakt zur Musik bekommen kann, die Erfahrung habe ich auch zum erstenmal in der Schule gemacht; ich hatte mein erstes öffentliches Auftreten in der Schule (20, m, I 70).

Werkbegegnung und Werkerfahrung, wie sie in neueren musikdidaktischen Konzeptionen als zentrales Anliegen vorgegeben werden, registrieren wir in nur zwei (!) Fällen:

Die Lehrerin hat schon einmal einen Ansatz zu einer Hintergrunddeutung eines Musikstückes gemacht. Es war die Orchesterfassung von „Bilder einer Ausstellung", das Bild, in dem ein Wagen auf der Straße fährt, immer näher kommt und dann wieder in der Ferne verschwindet. Wir haben dabei gelernt, daß Musik lauter und leiser werden kann (15, m, I 18).

Ich kann mich noch erinnern, wie die Lehrerin in der 3. und 4. Klasse eine Stundenreihe über Mozart gemacht hat. Sie hat uns viel vorgelesen. Wir haben ein Heft über Mozart angelegt, und alle haben sich schon gut ausgekannt (16, w, I 76).

Extrem negative Erfahrungen haben nur 8 Jugendliche im Musikunterricht ihrer Grundschule gemacht (= 13% der Stichprobe). Unterricht bekommt die Attribute „furchtbar“ und „skandalös“. Beklagt wird in erster Linie die mangelnde Fachkompetenz der ehemaligen Lehrer(innen). Wir vermuten, daß es sich in diesen Beispielen um keine Fachlehrer handelt, die ein entsprechendes Musikstudium nachweisen können, oder um Lehrer aus Ausbildungsphasen, in denen Musik als sogenanntes „musisches Fach“ oder als Methodik-Fach neben vielen anderen studiert wurde.

> *Mein Lehrer hatte von Musik nicht viel Ahnung und hat mich immer zu Rate gezogen. Ich mußte Lieder mit der Gruppe einstudieren und vorsingen. Ich durfte mein Instrument vorstellen, weil der Lehrer ziemlich falsche Vorstellungen hatte. Ich fand das zum Teil sehr belustigend* (17, w, I 58).

> *Die Lehrerin hatte so gut wie keine Ahnung von Musik. Ich habe mich manchmal mit ihr angelegt, weil ich wußte, das ist jetzt falsch, was sie macht oder sagt* (19, w, I 60).

Und Konflikte stellen sich ein, wenn sich Kinder über- oder unterfordert fühlen. In unserem Fall dürften die Erfahrungen mit Musik im Unterricht weit unter dem Leistungsvermögen der jungen Instrumentalisten gelegen haben. Oder ist es ein elitärer Dünkel des „Das weiß ich alles (besser)“, der Lehrern das Unterrichten bei Begabten erschwert?

> *Ganz furchtbare Erinnerungen. Es sah so aus, daß jedes Jahr wieder die Noten gelernt wurden* (21, m, I 50).

Dieses „jedes Jahr von neuem“ ist ein Kritikpunkt, der sich auch in der Beurteilung des Musikunterrichtes in der Sekundarstufe auffällig oft wiederholt. Wir wissen, Musik ist ein Fach ohne jede Kontinuität, zum einen aus Gründen des (halb-) jahrgangsweisen Unterrichtsausfalls, zum anderen aus der Tatsache, daß es sich in der allgemeinen Musiklehre um einen Lernstoff handelt, der von vielen Schülern schnell vergessen wird, weil er ohne jede praktische Umsetzung bleibt. (Halb-) Jährliche Neuauflagen sind fällig, ohne daß der Sinn dieses Tuns zu rechtfertigen wäre. Kein Wunder also, wenn sich jene, die täglich mit Tonleitern und Noten zu tun haben, über so viel sinnlose Wiederholungspenetranz erregen.

Schließen wir mit dem Kommentar eines Jugendlichen, der kritisch Rückblick hält und eine bedenkenswerte Perspektive entwickelt. Wir geben sie weiter, zur Nachahmung empfohlen:

> *Was in der Grundschule gelaufen ist, finde ich im Nachhinein skandalös. Eigentlich wurde kaum etwas gemacht. Der Unterricht fiel öfters aus, und darüber freuen sich die Schüler natürlich, wenn sie eine Stunde früher nach Hause gehen können. Ich finde es unglaublich, weil Musik so was Schönes sein kann. Man sollte doch diese große Chance nutzen, junge Menschen für Musik zu begeistern. Wenn ich Schulmusiker wäre, wäre das mein großes Ziel. Man kann sich als Schulmusiker nicht mehr musikalisch so arg entfalten (und deswegen mache ich es nicht), aber es ist doch ihre erste Aufgabe, Leute zu begeistern. Und das ist doch gerade in der Grundschule nicht so schwer* (19, m, I 09).

Die Bewertung der jugendlichen Kritiken und die Fragen nach Konsequenzen aus diesen kasuistischen Befunden scheinen uns so wichtig, daß wir in einem eigenen Kapitel darauf eingehen wollen (vgl. *Musikunterricht vor dem Kollaps?*).

Musikunterricht in der Sekundarstufe I oder Ein programmierter Konflikt?

In keinem Fachraum sind die Tische so bekritzelt wie im Musikraum (16, w)[249].

Schülern Klassik beizubringen ist genauso, als wenn man von mir verlangte, mich ins Labor zu setzen und den ganzen Tag einen Popmusiksender anzuhören (22, m).

Musiklehrer sollen Schülern etwas beibringen, wovon diese nichts wissen wollen (18, w).

Gruppenimprovisation mit Joghurtbechern hat mich noch nie beeindruckt (18, m)

Das folgende Kapitel legen wir verantwortlichen Bildungspolitikern in Ministerien, Regierungspräsidien und Schulaufsichtsbereichen, aber auch der Musiklehrerausbildung in Hochschulen und Studienseminaren sowie Lehrerfortbildung mit besonderem Nachdruck ans Herz. Es ist weitgehend ein Kapitel der Enttäuschungen über vergebene Möglichkeiten der Musikerziehung im Alter zwischen 11 und 15 Jahren, im Schulalter der Sekundarstufe I. Erfahrungen der Jugendlichen stellen sich uns als (keineswegs böswillige) Abrechnung mit Musiklehrern und ihrem Unterricht dar. Enttäuschungen lassen ihre Sprache zur scharfen Klinge werden. Wie sollten sie, die Musik-Interessierten, auch anders reagieren, wenn Musikunterricht als geeignetes Fach zum Blödsinnmachen, zum Ausruhen (=Erholungsfach), zum Strichmännchen-Malen, zum Schiffe-Bauen, zum Kritzeln, zum Nachholen fehlender Hausaufgaben, zur Fertigung von Papierflugzeugen und auf jeden Fall immer gut genug für eine lustig-heitere Gaudi mit Lehrern scheint.

Wir differenzieren die Erinnerungen der Jugendlichen nach den Kriterien: Musiklehrer, Unterrichtsinhalte (-methoden) und organisatorisch-institutionelle Aspekte.

a. Erfahrungen mit Musiklehrern oder Das hängt immer sehr vom Lehrer ab

Daß ausgerechnet das Kapitel über „Musiklehrer" zum ausführlichsten gerät, kommt sicher nicht von ungefähr, denn Kritik am Unterricht ist immer auch (oder in erster Linie) Kritik am Lehrer.

Zunächst halten unsere instrumentalen Talente ihrerseits ein „Talent für Pädagogik" für „die" conditio sine qua non des Lehrberufs. „Faszination", das „gewisse Etwas", wird als wichtiges Erziehermerkmal für einen (Musik-)Lehrer gewünscht; leicht gesagt, schwer verwirklicht!

[249] Die Kritik der 16Jährigen ist ein treffliches Exempel für die heute favorisierte *nicht-reaktive* Erforschung von Motivationsproblemen (hier: im Musikunterricht).

Ein guter Musikerzieher muß die Leute faszinieren können (16, w, I56).

Ich erinnere mich an eine Frau, die war ganz phantastisch, einfach super. Sie hat Musik nicht so theoretisch angepackt, hat uns Stücke hören lassen. Diese Frau hatte das gewisse Etwas, was ein Lehrer eben haben muß, um Schüler in den Bann zu ziehen. Bei der wurde aufgepaßt, da kam niemand auf die Idee, irgend etwas anderes zu machen, ein tolles Verhältnis zwischen Lehrerin und Klasse (21, m, I 53)

Quod erat demonstrandum: Am (Musik-) Lehrer liegt, wenn nicht alles, so doch vieles. Und es fällt nicht schwer, diese in der Praxis sich täglich bestätigende Hypothese an Negativbeispielen zu belegen:

In der Mittelstufe gab es einen absoluten Bruch. Bis dahin wurde aktiv musiziert mit Flöten und Gitarren, es wurde gesungen, es machte allen Spaß. Der Musiklehrer war ganz enorm, wie er alle Schüler zur Musik brachte. Ab der 7. Klasse gab es dann neue Musiklehrer, und mit ihnen kam die Theorie, nur Theorie! Was soll man da machen, wenn es vier Fünftel der Schüler absolut nicht interessiert ... Der Lehrer kam mit der Klasse nicht zurecht, es gab Tumulte im Unterricht, der im Prinzip absolut wertlos war (19, w, I 06).

Da ist die Rede von fehlendem Respekt vor dem Musiklehrer, der sich aus der Neben- und Randfachfunktion von Musikunterricht erklärt. Hier und da wird ein Autoritätsverlust mit mangelnder Fachkompetenz des Musiklehrers begründet.

In weiteren kritischen Stichwörtern:

Kein Konzept... keine pädagogische Ader, die musikalischen Sachverhalte an weniger interessierte Schüler hätte vermitteln können...

Musikunterricht in Lob und Tadel ist immer auch eine Bewertung des Lehrers. Nun gilt dies für alle Fächer, denn die Beliebtheit eines Faches korreliert bekanntlich mit der Beliebtheit und Wertschätzung des Fachlehrers. Der Musiklehrer sieht in der Erinnerung der Jugendlichen immer dann gut aus, wenn er nicht vergessen hat, daß Musik mit Musizieren zu tun hat, daß er eben M u s i k-Unterricht erteilt, in dem Schüler selbst aktiv sein wollen.

Wir hatten bei einer Lehrerin sogenannten verstärkten Musikunterricht. Das waren 4 Stunden Musizieren in der Woche. Sie hat so eine Art Musikzug aufgebaut. An Nachmittagen haben wir öfters für ältere Menschen gespielt. Wir haben auch Kammermusik gemacht und viel gesungen. Die Lehrerin war gleichzeitig Gesangslehrerin, und sie konnte uns das Singen sehr gut beibringen. Wir konnten mit ihr auch Stücke besprechen und Werkanalysen machen (16, w, I 67).

Wir begegnen auch dem sogenannten Liebhaber-Lehrer, den Hans Christian Schmidt in der ihm eigenen Art gezeichnet hat:

Er ist der Steckenpferdreiter, sei's aus Gründen einer unbezähmbaren Leidenschaft, sei's aus schlichter Einfalt. Seine Schüler haben das Glück oder das Pech, über Jahre hinweg nur einen Meister kennenzulernen. Er ist der Bach-, Beethoven- oder Wagner-Verehrer. Im Unterricht wird dieser eine Lebensweg mit allen Kurven nachgezeichnet. Kein Lied, das der Schubert-Liebhaber, kein Baryton-Trio, das der Haydn-Fan ausließe. Mit Cosimas Briefen wachsen dem Wagnerianer zahllos neue Inhalte zu... Der Mund fließt über, wovon das Herz voll ist. Schüler dieses Typs zeichnen sich in der Regel durch gelassene Toleranz aus, wissend, was morgen zu erwarten ist, und gnädig mit dem begeistert Monologisierenden, erlaubt er doch immerhin denen, die nicht wollen, in seinem Unterricht das Abschreiben von Physikaufgaben – wenn sie man nur nicht stören.[250]

Zunächst Praxisberichte, die wir vorsichtig als eine Art Glücksfall deuten wollen:

> *In der 7. und 8. Klasse hatten wir keinen Musikunterricht. Und in der 9. waren dann die Opern dran: „Der fliegende Holländer", „Die Meistersinger", weil unser Lehrer ein Wagner-Fan war. Na ja, und dann war das Schuljahr auch schon rum* (17, w, I 69).

> *Sein Chor war sein Hobby. Jeder mußte ab der 5. Klasse vorsingen und, wenn es einigermaßen klappte, in seinen Schulchor kommen* (21, m, I 80).

Andere scheinen mit ihrem Liebhaber-Lehrer vom Pech verfolgt:

> *Wir haben eigentlich fast nur Kirchenlieder gesungen, haben sonst nichts aus dem Lehrplan gemacht, immer nur Kirchenlieder, chaotisch laut war das, keiner hat den Musiklehrer ernstgenommen...* (15, w, I 24).

Da sich der Musica-sacra-Liebhaber in unserer Stichprobe mehrfach wiederholt, argwöhnen wir einstweilen, daß Kirchenmusik-Verehrer besonders penetrant auf „ihren" Themen beharren können – wofür der Autor als ehemaliger Kirchenmusiker im Nebenamt kein Verständnis zeigt. Extra ecclesia nulla musica?

Wir alle kennen sie (ob als Schüler oder Kollege): die Pessimisten und die Optimisten, die Engagierten und die Gleichgültigen... Und dazwischen die breite Varianz der Von-allem-etwas-Lehrer.

Wir sollten nicht vergessen, daß es Musiklehrer in ihrer Theorie-Praxis-Verstrickung nicht leicht haben. Adorno hatte wohl Recht, wenn er argwöhnte: *Der Musikerzieher muß sich fragen, wozu eigentlich er erzieht, und gerät damit in die Situation des Tausendfüßlers, der nicht mehr gehen kann, sobald er darüber nachdenkt, welchen seiner tausend Füße er bewegen soll*.[251]

Wieviel unterschiedlichen didaktischen Zielrichtungen wurden Lehrerstudenten im Laufe der Fachgeschichte ausgesetzt: lernziel-, lehrziel-, sach-, wissenschafts-, leistungs-, prozeß-, stufen-, gesellschafts-, handlungs- und schülerorientiert sollten sie unterrichten. Wen kann es also wundern, wenn sie vor lauter Orientierungen in eine Orientie-

[250] Hans Christian Schmidt: *Der Lehrer im Musikunterricht*, in: H. G. Bastian/D. Klöckner (Hg.): *Musikpädagogik. Historische, systematische und didaktische Perspektiven*, Düsseldorf 1982, S. 163 ff.

[251] Theodor W. Adorno: *Zur Musikpädagogik*, in: *Dissonanzen. Musik in der verwalteten Welt*, 5. Aufl. 1972, S. 107

rungskrise geraten sind. Den kritischen Berichten unserer Jungmusiker zufolge tun sich Musiklehrer schwer (auf Gründe wollen wir später eingehen). Aber wie anders soll man folgende Stimmungsberichte interpretieren?

> *In unserem Musikunterricht wird immer nur Blödsinn gemacht. Die Mitschüler interessieren sich kein bißchen für Musik* (die im Unterricht angebotene? d. Verf.). *Da wird mit Kreide rumgeschmissen, keiner hört zu, Arbeiten werden ignoriert. Musik ist bei uns ein Fach zum Ausruhen, es wird nicht ernstgenommen. Der Lehrer macht es sich auch sehr einfach. Der legt eine Platte auf, und wir sollen dann zuhören. Bei Popmusik hören vielleicht mal einige zu, bei Klassischer Musik heißt es „Ach schon wieder Klassik, nee, dazu haben wir keine Lust“* (16, m, I 41).

Oder sollten wir besser von Chaos, Freistunde und Erholungsfach reden?

> *Singen wollte keiner, klassische Musik hören auch nicht. Da wurde nur Mist gebaut im Unterricht. Wenn wir singen sollten, dann wurde rumgekrächzt, absichtlich falsch gesungen. Wer nicht mitmachten wollte, hat Flieger gebaut. Musik zählt gar nicht als richtiges Fach. Egal, was man macht, da gibt's auch keine 5er im Zeugnis. Da kriegen die Leute ihre 2 oder 3, ohne etwas zu tun. Alles ziemlich anspruchslos* (18, w, I 04).

Das Stichwort von den jungen, anfangs engagierten Musiklehrern, die sich verzehren und die im Laufe der Zeit an den Bedingungen von Schule scheitern, die resignieren oder gar existentiell bedroht sind, bleibt auch in unserer Stichprobe bedauerlicherweise kein Einzelfall:

> *Wir hatten eine sehr engagierte Musiklehrerin, die sehr impulsiv war; sie kam rein, hat alle Finger begutachtet: „Du hast Flötenfinger, Du Geigenfinger, Du Cellofinger...!“* (In diesem überzogenen Engagement liegt möglicherweise bereits eine Ursache ihres Versagens, d. Verf.) *Die mußten alle anfangen, das entsprechende Instrument zu lernen und haben natürlich ziemlich bald auch wieder aufgehört. Sie hat viel gesungen mit uns, weil sie begeistern konnte. Sie war eine große Ausnahme im Schulbetrieb. Die hat sich umgebracht, sie ist eigentlich an der Schule zugrundegegangen. Sie hat es letztlich nicht geschafft, daß ihr alle Leute zuhörten, und das hat sie verletzt. Sie hat Geige gespielt, das Schulorchester geleitet, hatte die musikalischen Sachen total in der Hand. Sie hat ihr Leben reingehängt und ist nicht zurecht gekommen. Die Schüler wollten ihren Spaß im Musikunterricht, und das ging auf Kosten der Lehrerin. Sie hatte Pläne, wollte mit uns was machen und hat nicht die Bereitschaft gefunden. Daran ist sie eigentlich verzweifelt, denn in den oberen Klassen wurde es nur noch schlimmer. Die Schüler machten sich lustig über sie, Probleme mit der Schulleitung kamen dazu, sie konnte sich nicht mehr durchsetzen...* (19, w, I 63).

Angesichts dieser Frusterlebnisse rufen einige Schüler emphatisch nach einer „starken Lehrerpersönlichkeit“, nach einer „Instanz, die Bescheid weiß“ und die Schüler „im Griff“ hat:

> *Eine starke Lehrerpersönlichkeit kann gar nicht schaden da vorne. Ich halte nichts von Lehrern, die sich auf dem Kopf 'rumtanzen lassen und das mit „selbstverwaltetem Unterricht" bemänteln. Ich möchte jemanden haben, der ruhig autoritär sein kann, ist mir egal, solange er erträglich ist und man bei ihm einfach was lernen kann* (22, m, I 10).

Wir sind aufgrund der Berichte unserer Schüler frustriert und haben Schwierigkeiten mit der Interpretation unserer Fallbeispiele. Sollten wir mit dem Hinweis auf die Kasuistik der Studie Konflikte herunterspielen, beschönigen, glattbügeln? „Es handelt sich doch nur um Einzelfälle!" könnten wir sagen, um dann flugs zur Tagesordnung überzugehen. Sind wir dem Zufall geballter Einzelschicksale aufgesessen, oder laufen Musiklehrer mehr als andere Fachlehrer Gefahr, zu tragischen Figuren im pädagogischen Alltag zu werden? Sind es verhinderte Künstler, die an der harten und nüchternen Schulwirklichkeit scheitern? Aus eigenen Schülertagen (aber das waren die späten 50er Jahre) ließe sich diese Vermutung unschwer bestätigen. Hat es denn keine Reformen, neue Studienverordnungen, neue Institutionen in der Musiklehrerausbildung gegeben, die für pädagogisch und fachlich qualifiziertere Musiklehrer sorgen sollten? Hat sich an Schicksal und Position des Musiklehrers nichts geändert? Als Lehrer-Kollege an mehreren Schulen, als Praktikumsbetreuer an weitverstreuten Praktikumsorten in Hessen und Nordrhein-Westfalen, in unzähligen studienbegleitenden Unterrichtsstunden ist dem Autor das hier beschriebene Lehrerbild nie mit solch belastender Intensität begegnet. Ob es daran liegt, daß Hochschulen nur mit den interessiertesten und engagiertesten Kontaktlehrern zusammenarbeiten? Ist die Decke qualifizierter Mitarbeiter aus der Praxis derart dünn? Liegt unmittelbar darunter die hier berichtete beklemmende und teils chaotische Realität? Vielleicht löst dieses Kapitel einen impulsiven Aufschrei in Fachkreisen aus, ein emphatisches Dementi, ein empörtes „So nicht!" – wir würden uns freuen, weil wir angesichts der Berichte unserer Jugendlichen zum Musikunterricht in der Sekundarstufe selbst Gefahr laufen, mutlos zu werden. Dies um so mehr, weil wir wissen, wie entscheidend die Rolle des Lehrers beim Lernen ist. Hartmut von Hentig sagt mit Recht: *Das wichtigste Curriculum des Lehrers ist das seiner Person.* Kinder vermögen nicht neutral zu sein. Vorlieben für Musik entwickeln sich auch im Leben immer über Menschen, sie werden im psychischen Nah ausgeprägt. Wir spekulieren: Die 17jährige, die hoffnungslos in den jungen Organisten verliebt ist, wird auch Bach lieben lernen. Schulisches Lernen sollte nicht allzu abseits von unserem alltäglichen Miteinander liegen, auch Schüler lernen aus Begeisterung und Sympathie für einen bestimmten Lehrer, der in einer zentralen Position immer auch Interpret des Sinnes von Schule und demgemäß von Musikunterricht ist.

b. Inhalte und Methoden

Fragen wir weiter, wie themenvariant und methodenflexibel jene Musiklehrer beurteilt werden, denen unsere Schüler begegneten.

Wir stellen glossenhaft fest: Die Wolfsschlucht-Szene aus dem *Freischütz*, ob gehört, besprochen oder selbst gespielt, scheint in der Musikdidaktik „die" Topszene der

Opernwelt zu sein. Danach folgt in der Hitparade der „Schul"-Opern Mozarts *Die Entführung aus dem Serail.* Und um einmal einen handlungsorientierten Umgang mit dem bei Schülern wohl eher vorurteilsbelasteten und daher ungeliebten Thema Oper zu verdeutlichen, seien die Erfahrungen einer Schülerin zitiert:

> *Wir haben „Die Entführung aus dem Serail" in gekürzter Form gespielt und gesungen, eine Video-Aufnahme gemacht. Manche Sachen haben wir auch im Play-Back produziert, Dialoge haben wir gesprochen. Wir hatten Kostüme. Unheimlich viel Spaß hat das gemacht. Als es dann auf die Aufnahme zuging, haben wir uns andere Stunden geklaut, auch einmal einen ganzen Vormittag geprobt. Bei der Aufführung war das so ein bißchen... eine feierliche Stimmung, helle Lampen, Kamera, die eigene Video-Orgel, selbst Filme drehen, das war schon ganz toll...* (15, w, I 19).

Kritisch gehen die Jugendlichen mit jenen Lehrern um, die sich einseitig und ausschließlich (!) auf Rock- und Pop-Interessen ihrer Schüler eingelassen haben.

> *Manche Musiklehrer lassen sich total korrumpieren. Sie bringen Pop-Rockmusik und Schlagerplatten mit in den Unterricht, teilweise, um die Schüler zu unterhalten, teilweise wollen sie auch analysieren. Aber da machen die Schüler schon keine Zugeständnisse, weil sie sich dagegen wehren. Die Analysen interessieren nicht, weil das Ganze demaskiert würde, die Herstellungstechnik wurde besprochen, auch daß da mit Maschen gearbeitet wird, denen viele Hörer auf den Leim gehen* (19, m, I 74).

> *Ich bin eigentlich sehr verärgert über den Musiklehrer. Wenn die Schüler nur Popmusik wollen und sich der Lehrer dann anpaßt, finde ich das nicht richtig. Das lief dann so, daß in der ersten Viertelstunde irgendein Schüler eine Popmusikplatte abspielen ließ und die Musik vorstellte. Ich hatte den Eindruck, der Lehrer hatte sich nie richtig vorbereitet und dann mehr oder weniger die ganze Stunde dahergeredet. Wir schrieben dann Arbeiten, die nur abfragten, wann und wo welche Popgruppe berühmt wurde. Ich meine schon, daß auch diese Musik in den Unterricht gehört, aber klassische Musik darf nicht ausgeschlossen sein* (17, w, I 59).

Recht hat sie, und die meisten Musiklehrer wissen dies wohl und handeln danach. Von besonderem Interesse ist in dieser Stichprobe, welche Erfahrungen die jungen Klassik-Interpreten mit „Klassik im Musikunterricht" machten. Erwartungsgemäß ist spontan die Rede von den Barrieren zwischen Jugend und Klassik:

> *Da sitzen 30 Leute, die sich überhaupt nicht für Klassische Musik interessieren. Da muß ein Lehrer schon akrobatische Kunststücke vollbringen...* (19, m, I 30).

> *Viele Schüler sollen sich im Musikunterricht eine Musik anhören, die überhaupt nicht an sie rankommt. Das wäre genau so, als wenn man von mir verlangte, mich ins Labor zu setzen und den ganzen Tag einen Popmusiksender anzuhören. Dagegen wehrt man sich doch, und dann entsteht diese bedrückende Unterrichtsatmosphäre* (22, m, I 10).

Der Musiklehrer hat immer krampfhaft versucht, uns für klassische Musik zu interessieren. Da war halt immer das Problem, daß sich von 30 nur 5 für diese Musik interessierten. Der Rest betrachtete diese Stunden als Freistunden. Dann lief es wieder darauf hinaus, daß wir Werbespots machten, so'n Zeug, das war dann Musikunterricht. In Deutsch haben wir dann auch noch Werbesprache gemacht. Interessant ist das schon, aber vielleicht gibt es doch auch Wichtigeres (19, m, I 39).

Die Kritik dieses Schülers erinnert an Peter Faltins Unverständnis für weitverbreitete Musikerziehungspraxis: *So hat man* (als Schüler, der Verf.) *zwar erfahren, wie perfide Werbung und wie stupide Schlager sind, man fand sie dennoch gut und schön, weil man vor lauter Aufklärung über Profitsteigerung durch Werbung und über Marktstrategien der Schlagerindustrie keine Zeit mehr hatte, auch etwas anderes – etwa ein Kunstobjekt oder einen Sonnenuntergang – schön zu finden. Rationale Argumente treffen die ästhetische Dimension des Menschen nicht. Der Mensch honoriert anerkennend den Klassencharakter der elitären Musik und bleibt den heruntergekommenen ästhetischen Formen des Alltags hoffnungslos ausgeliefert, weil er ihnen gegenüber ästhetisch machtlos ist*[252].

Und wie halten es Schüler mit der Musiktheorie?

Unsere Jugendlichen sprechen von krampfhaften und vergeblichen Versuchen, uninteressierte Schüler in die Geheimnisse von Tonleitern, Akkorden, Quintenzirkel und sonstigen „chinesischen Vokabeln" einzuführen.

Quintenzirkel kam in Klasse 8 dran, und kaum einer hat's kapiert (15, m, I 01).

Was soll ein Schüler mit Sonatenhauptsatzform mit Harmonievorgängen, mit Dreiklangauflösungen anfangen, der nichts weiter mit Musik zu tun hat? (17, m, I 27).

Ich habe Tonleitern kennenlernen sollen, das hab' ich dann ungefähr zwei Jahre (!) *lang betrieben, da konnte ich dann die Dur-Tonleiter. Ich bezweifle sehr den Sinn des Ganzen für die Schüler, die kein Instrument spielen. Dreiklänge aus wendig lernen für den nächsten Test, und danach: alles wieder vergessen...* (17, w, I 69).

Der Autor selbst erinnert sich an Musikunterricht einer Schülerin aus dem Bekanntenkreis (Tatzeit: 1986; Tatort: Klasse 6 Gymnasium): Quintenzirkel in Dur und Moll, rechts herum, links herum, Tonleiter, rein, harmonisch und melodisch, rauf und runter; damit's schön schwer wird, möglichst in den Tonarten (in denen Schüler musizieren?) Fis-Dur und dis-Moll. Und dann der nächste Test, der Klarheit bringen sollte über die Musikleistungen der Kinder (oder vielleicht eher über das Versagen des Unterrichts?). Schließlich braucht man fürs Zeugnis ja eine Note, und der Musiklehrer hat eben seine liebe Not mit den

252 Peter Faltin: *Über Gegenstand und Sinn einer philosophischen Ästhetik*, in: *International Review of Aesthetics and Sociology of Music* 11/1980, S. 177

Noten für die Noten. Aber was soll diese Kritik im übrigen? Ist doch alles curricular abgesegnet, ministeriell verordnet! Ein fauler Friede, wie mir scheint: Die Liebe des Kindes zur Musik steht auf dem Spiel, sie geht kaputt, Musikunterricht wird zur Tortur oder zur Zirkusnummer, je nach Erzieher-Typ.

Hören sich Erinnerungen Erwachsener an ihren Musikunterricht nicht in diesen „Tonarten" an? Haben wir nichts dazugelernt? Vielen Eltern (aber leider immer nur den Privilegierten) bleibt ein Trost: „Ihre" Kinder überleben den Musikunterricht und spielen Beethoven oder Schubert. Aber eben nur zu Hause und ganz privat! Der Musiklehrer weiß häufig von solchen Interessen nichts, wie sollte er auch? Was uns bedrückt: Wie ergeht es jenen Kindern, denen vom Elternhaus jegliche Unterstützung fehlt und die über Musikunterricht den letzten Zugang zu einer ihnen sozialbedingt fremden Musik finden könnten, sollten, müßten!

Um Mißverständnissen vorzubeugen: Der Autor glaubt an viele begeisterte junge und ältere Musiklehrer, die ihr Fach lieben, die nicht mit dem 2. Staatsexamen geistig pensioniert sind, die mit Schul-Chor und -Orchester musizieren, die im Musikunterricht mit den Schülern (noch immer oder wieder) singen, die Freude an der Musik vermitteln können, die ihre eigene Leidenschaft und Liebe zur Musik auf die Kinder übertragen können, die ansteckend wirken, die sich für das außerschulische Musikleben der Schüler interessieren. Und der Autor weiß auch von Mühen und nervenaufreibenden Belastungen eines Schulalltags, in dem er selbst über zehn Jahre gestanden hat, von der 1. Grundschul- bis zur 9. Hauptschulklasse.

Andererseits: Wo elementare musiktheoretische Kenntnisse fehlen, sind wieder andere Probleme programmiert. Musikerziehung steht nun einmal im Dilemma eines extremen Bildungsgefälles, dem daraus sich ergebenden didaktischen Teufelskreis des Zuviel und Zuwenig, der Unter- und Überforderung. Patentrezepte haben wir nicht anzubieten, wir wissen nur eines mit Sicherheit: Das Recht aller auf kunsterfüllte Muße in der Freizeit bleibt *eine peinliche Phrase, eine sozialpädagogische Illusion* (Antholz), wenn Musikdidaktik vor den Anstrengungen der Vermittlung differenzierter Musik kapituliert. Wir werden weiter unten versuchen, mit den Möglichkeiten eines „handlungsorientierten" Musikunterrichtes einige hoffnungsvolle Perspektiven für die Praxis anzudeuten.

Kommentare der Jugendlichen zu Bildungsgefälle und der daraus resultierenden Vermittlungsproblematik im Musikunterricht:

> *Die Leute, die es konnten, denen ging es auf den Wecker, weil es nicht klappte im Unterricht. Die Leute, die es nicht konnten, saßen da und haben gezittert und ihre "6" bekommen. Oder sie haben gestört* (19, m, I 30).

> *Da wurden Partituren ausgeteilt an Leute, die noch keine Note lesen konnten. Wir hörten die Musik und sollten gleichzeitig mitlesen. Da fehlte die ganze Basis, die Leute haben sich gelangweilt, die Lehrerin war unbeliebt, beide Seiten, Lehrer und Schüler, haben sich auseinandergelebt statt aufeinander zuzugehen. Die Lehrerin war verbiestert, und wir hatten so eine Anti-Stellung, wenn sie nur in die Klasse reinkam. Es war sicher sehr frustrierend für sie, denn sie hat sich immer vorbereitet. Im Leistungskurs war das plötzlich anders: 7 Leute, die sich wahnsinnig für*

> *Musik interessierten. Da stellte sich plötzlich heraus, was für ein lieber Mensch sie war. Die ist richtig aufgeblüht, so hat sie kein Schüler vorher gekannt. Es war rührend, wie sie uns auf das Abitur vorbereitete* (19, m, I 09).

Warum muß es in der Schule immer wieder so viele Mißverständnisse und Fehleinschätzungen von Lehrern über Schüler, von Schülern über Lehrer geben. Ist es die Angst des Lehrers vor dem Schüler und umgekehrt? Ist es das Feigenblatt, mit dem sich ein jeder eilig bedeckt? Oder gehören leidvolle Erfahrungen als menschlicher Erkenntnisprozeß einfach dazu, um aufeinander zu- statt aufeinander loszugehen? Warum nur macht es sich die Schule immer schwerer, als es sein müßte? Sind die Barrieren wirklich so unüberwindbar? Warum dieses gegenseitige Mißtrauen, das Sich-nicht-öffnen-Wollen? Als Kompensation innerer Konflikte folgen dann Störaktionen und Disziplinprobleme, die unterschiedlich gelöst werden, entweder mit Druck und schulmeisterlicher Rigidität oder mit einem Laissez-Faire, das schnell ins Chaos umkippen kann. Für den ersten Fall ein beklemmender Schülerbericht:

> *Unser Lehrer war Rumäne, eher ein sozialer Fall. Daß der überhaupt Musikunterricht gab... der war völlig unqualifiziert. Er hat ständig aus Lehrbüchern vorgelesen und uns ins Heft diktiert. Dann wurde das in der nächsten Arbeit abgefragt. Das war eine völlige Katastrophe. Kein Schüler hatte Lust, es war meist chaotisch. Wir haben uns irgendwie anders beschäftigt, weil es langweilig war. Manchmal kam er und sagte in seinem gebrochenen Deutsch: „So Kinder, diese Stunde nur Hören!" Er legte dann eine Schallplatte auf, und wir machten unsere Hausaufgaben oder strickten. Einige aus unserer Klasse konnten überhaupt nicht singen, und er machte ständig Solmisation. Wenn die dran kamen, dann hieß es immer: „Müller, aufstehen, die nächste Zeile!" Nach seinem ersten Ton wurde er unterbrochen „Setzen, 6! Nicht lacht ihn aus ihr Kinder! Er kann nichts dafür, daß er so dumm ist". Dann hatte er auch so seine Spezialitäten: Haarwurzel- und Ohrwurzeltraining. Wenn ein Schüler mal aufgemuckt hat, dann nahm er den bei den Ohren und zog ihn hoch. Das gab hin und wieder Krach mit den Eltern. Nach einem Unterrichtsbesuch vom Oberschulamt wurde ihm der Unterricht in der Oberstufe gestrichen. Als Mädchen hatte man es ziemlich gut bei ihm. Er nahm einen und tätschelte so die Backe, und zu mir sagte er: „Eine schöne Gruß an den Herrn Professor" und so. Für mich war das eher amüsant* (19, w, I 60).

Die Szenen kommentieren sich selbst. Wir meinen, daß dies nicht die Regel von Musikunterricht sein kann, sein darf. Wir meinen aber auch, daß solche Fälle noch allzu oft vorkommen, daß pädagogisch-didaktische Zielsetzungen, fachwissenschaftliche und künstlerische Ansprüche an zu vielen „Kollegen" spurlos vorübergegangen sind und noch immer vorübergehen. Wir lassen uns auch nicht mit dem Hinweis trösten, daß in allen Betrieben „Schwarze Schafe" verkraftet werden müssen, ist das System nur groß genug. Wir meinen entschieden „Nein", denn zu viele qualifizierte und ambitionierte Musiklehrer stehen auf der Straße. Und für den je einzelnen Fall des „betroffenen" Schülers stimmen uns vorlaufend zitierte Erinnerungen maßlos traurig!

Andererseits können wir das scheinbar verbreitete Versagen von Musikunterricht nicht dem Musiklehrer alleine anlasten, zu einfach um wahr zu sein! Zu den Ursachen gehört zweifelsfrei das institutionalisierte Lernen in der Schule, das weitgehend fremdgesteuerte, zu wenig handlungs- und schülerorientierte Lernen. Bedenken wir einmal, was ein Schüler an einem Unterrichtsvormittag hinter sich bringt: 1. Stunde: Romanische Steigerung des Adverbs – 2. Stunde: Erzählen von Sensations- und Lügengeschichten – 3. Stunde: Dritte Potenzen von Binomen – 4. Stunde: Partielle Mondfinsternis – 5. Stunde: Die Wirkung von Streß (des Schülers?) auf das Hormonsystem - 6. Stunde (weil Rand- und Erholungsfach?): die Moll-Tonleiter.

Extrem kurzfristige Lernphasen (45'-Einheiten), abrupter Themenwechsel, unzureichende Berücksichtigung natürlicher Ermüdungs- und demgemäß Regenerationsphasen, laut empirischen Ergebnissen ein weitgehend lehrerzentrierter Frontalunterricht, kaum Freiräume für selbstgesteuerte Lernprozesse und Handlungssituationen im Unterricht, Überfrachtung mit einer extrem heterogenen Stoffülle an einem einzigen Vormittag usw. usw. Solcherart Lernen in der Schule widerspricht einfach wichtigen Erkenntnissen lernpsychologischer Forschung. Und Hand aufs Herz: Wer von uns würde im Alltag in dieser Weise „lernen“ wollen?

Ob den Erziehern, die „nur“ im begrenzten Ressort ihrer Lehrfächer zu Hause sind, die Tatsache der heterogenen Fülle von Lehrstoffen immer so bewußt ist? Wir wollen auf diesen organisatorisch-institutionellen Aspekt der Begegnung mit Musik im Unterricht näher eingehen.

c. Organisatorisch-institutionelle Kritik oder Zwei Musiklehrer für 1200 Schüler

Die Jugendlichen kritisieren deutlich, was offizielle Musikerziehung seit Jahren mehr oder weniger vergeblich anklagt: die mangelnde Kontinuität des Musiklernens in der allgemeinbildenden Schule. Musikunterricht fällt jahrgangsweise aus, wird als Blockfach nur halbjährlich im Wechsel mit Kunst angeboten, Musiklehrer werden nicht eingestellt. Wen wundert's, wenn ein Schüler resigniert feststellt:

> *Dieses Abwechslungssystem ist das Schlimmste, was ich mir vorstellen kann. Das bringt einfach nichts. Die ganze Musikerziehung krankt daran, daß wir jedesmal ein halbes Jahr Pause haben. Die meisten wissen nach so einer Zeitspanne eben nicht mehr, wo das c liegt, und dann geht das ziemlich niveaulos immer von vorne los* (17, m, I 32).

> *Es gibt zu oft keinen Musikunterricht, weil Musiklehrer fehlen oder nicht eingestellt werden. Dabei steckt Musik in jedem Kind, und man müßte sie fördern. Kinder wollen gerne Musik machen. Musik müßte für die Allgemeinbildung den gleichen Stellenwert haben wie der Mathematikunterricht* (20, m, I 49).

„Variatio delectat“ – möchte man meinen, wenn man die vielen organisatorischen Rettungsversuche für das Fach Musik in der Schule liest. Welche Lernprozesse darf man bei einer Schüler-Lehrer-Relation von 70 : 1 erwarten?

Unsere Klasse hatte zwei Stunden Musik in der Woche, die erste Stunde allein mit unserem Musiklehrer, die zweite mit einer anderen Klasse zusammen. Da saßen wir dann mit 70 Schülern und einem Musiklehrer. Der Lehrer hatte mit Sicherheit einiges drauf, aber der wurde immer frustrierter. Der hat dann versucht, uns Blockflöte beizubringen. Ich weiß nicht, ob Sie sich das vorstellen können: 70 Leute sollen auf einmal Blockflöte spielen, und die Hälfte davon weiß nicht, was Noten sind und wie man das Ding in der Hand hält. Das war furchtbar... (19, m, I 30).

Wir haben einen Musiklehrer für unheimlich viele Klassen. Nach der 7. Klasse gibt es keinen Musikunterricht mehr, dann ist „Sense". Nichts mehr, erst wieder in der 12. und 13. Ich finde es unmöglich, daß wir keinen 2. Musiklehrer an unsere Schule kriegen (15, w, I 35).

Nicht nur, weil schon Karl Kraus danach fragte: Wo bleibt das Positive? Wir schließen mit den wenigen erfreulichen Erinnerungen an Musikunterricht der Sekundarstufe I. Nicht alle Erzählungen beginnen mit: „Minus, minus, minus...". Das, was eigentlich Normalfall von Musikunterricht sein sollte, wird von einem Schüler bereits als Glücksfall apostrophiert:

Ich bin da ein ausgesprochenes Glückskind. An meiner Schule hat man sich immer um guten und regelmäßigen Musikunterricht bemüht. Die Schüler sind mit Interesse in den Unterricht gegangen. Für den Lehrer war es vielleicht auch einfacher als anderswo, weil viele von zu Hause her ein Instrument spielten (21, w, I 16).

Ich bin seit der 10. Klasse auf einer musikorientierten Schule mit erweitertem Musikunterricht. Wir haben 5 Stunden in der Woche Musikunterricht. Da ging's dann so richtig los, mit Theorie und so. Letztes Jahr hatten wir ziemlich blöden Unterricht, er war wirklich nur auf Harmonielehre beschränkt, vierstimmige Sätze schreiben, Unterricht wie in Mathematik. Jetzt haben wir wieder einen anderen Lehrer, der macht musikalische Analysen mit uns, Untersuchungen von Klaviersonaten, Hauptsatzform usw. Wir können die Noten mitlesen, alles ist jetzt viel musikalischer... (16, m, I 36).

Daß die jungen Musiker Musikunterricht nicht einseitig ihren ganz persönlichen Interessen unterordnen, ist erfreulich. Mehrheitlich fordern und wünschen sie die gesamte Breite musikalischer Formen und Gattungen im Musikunterricht. Doch eine einzige (!) Ausnahme soll nicht verschwiegen bleiben, in der eine bedenkliche Fixiertheit, um nicht zu sagen, musikalische Borniertheit und Arroganz zum Ausdruck kommt:

Da war ein katastrophales Jahr in Musik. Wir haben Negermusik und so was gemacht, über ein dreiviertel Jahr hin. Soziale Hintergründe wurden aufgezeigt und so ein blödsinniges Zeug besprochen. Das war Geschichte, Negerunterdrükkung und Versklavung in Amerika. Das ist ein Thema für Politik. Jetzt wird das auch noch in Musik breitgewalzt, und das hat mich genervt in diesem Jahr. Da bin ich auch auf keine "1" gekommen (XXX).

Musikleistungskurse in der Sekundarstufe II

Es gibt 2 Phasen von Musikunterricht, von Klasse 5 bis 10 und dann von 11 bis 13. Das waren verschiedene Welten (19, w).

Da begann es... Schlagartig wurde alles anders... Musikunterricht, wie ich ihn mir vorstelle... Es hat sehr viel gebracht... Das Interesse ist da, das Milieu stimmt... Super, der Lehrer hatte total Ahnung... Musik in der Oberstufe ist was ganz anderes... Ein ganz anderes Arbeitsverhältnis mit 8 bis 12 Leuten, alle kollegial und musikinteressiert, viel systematischer, ein anderes Leistungsniveau...

Das Blatt wendet sich, einige Schüler geraten ins Schwärmen, die düsteren Wolken über dem Musikunterricht der Sekundarstufe I werden von eitel Sonnenschein abgelöst, Zufriedenheit macht sich breit, Musikleistungskurse der letzten Schulstufe werden zum versöhnlichen Kontrast-Programm für viele negativen Erfahrungen mit Musikunterricht und Musiklehrern. Dies liegt zum einen daran, daß Leistungskurse vorwiegend Klassische Musik favorisieren, was dem Interesse der Jugendlichen entgegenkommt, zum andern in der Erfahrung, daß hier unter Gleichgesinnten und -interessierten mit einem kompetenten Musiklehrer gearbeitet werden kann.

Leistungskurse (LK) tragen zur ästhetischen Horizonterweiterung bei. Sie ergänzen die instrumentalen Erfahrungen mit Klassischer Musik auf einer analysierenden und reflektierenden Ebene, die im Instrumentalunterricht im allgemeinen zu kurz kommt. Musiktheoretische Kenntnisse werden grundgelegt und vertieft, Musiktheorie erweitert kompositionsgeschichtliches, zeit-, werk-, und personalstilistisches Wissen, Detailanalysen einzelner Werke fördern das Sinnverstehen von Musik. Bei einigen wird das Interesse an „Musik" über das Instrument hinaus geweckt. Die Jugendlichen sehen in diesen Leistungskursen eine erste fundamentale Vorbereitung auf ein Musikstudium. Diejenigen, die noch mit der Studienwahl schwanken, entscheiden sich für Musik.

Da fing es an. Da wurde zum ersten Mal systematisch gearbeitet. Harmonielehre, Satzanalyse... Und das über drei Jahre hinweg bis zur Modernen Musik. Wir lernten die Epochen anhand von Werkbeispielen kennen, was man schon in der Mittelstufe hätte beginnen sollen. Wir befaßten uns mit der Entstehungsgeschichte von Werken, auch mit sozialen Hintergründen und Lebensbedingungen von Komponisten. Ich glaube, daß dadurch auf Dauer wenigstens bei einigen Interesse an der Musik geweckt werden könnte... (19, m, I 39).

Meine Erfahrung in den Musikleistungskursen war ein wesentlicher Faktor, warum ich mich für ein Musikstudium entschieden habe. Wir machten harmonische Analysen, nicht nur wegen der Funktionen, sondern mit der Frage, warum es in der Musik einen Sinn gibt. Dann war der LK mit Orchester gekoppelt. Wir haben Stücke besprochen, die wir im Orchester spielten. Das war natürlich sehr sehr effektiv. Wir haben Werke kennengelernt und durch das Spielen miterleben können. Dadurch ist mir erst aufgegangen, wie Musik aus so vielen winzigen

> *Einzelteilen zusammengesetzt ist, aus Motiven, aus Klängen, die zum Zentralpunkt eines Werkes werden können. Ein Vorteil war auch die sehr kleine Gruppe, in der man arbeiten konnte, kein Vergleich mit den Riesenklassen vorher* (20, w, I 65).

Einige Jugendliche sehen im praktischen Musizieren und im Selbsthandeln Vorteile für Unterrichtsgestaltung und Lerneffektivität:

> *Wir haben im LK sehr viel musiziert, in jeder Stunde hat ein anderer Schüler vorgespielt, wir haben diese Stücke gehört und besprochen. Wir gründeten unterschiedliche Musiziergruppen, es wurden Schulkonzerte veranstaltet. Das hat den Schülern eigentlich immer Spaß gemacht. Wir hatten also ein recht reges Musikleben in der Schule* (20, m, I 26).

Vom Sozialetikett „Musik" ist hier unverblümt die Rede. Musizieren ist trotz weitgehender Sozialisierung durch Musikschulen und Laienmusikgruppen im Bewußtsein breiter Bevölkerungsschichten und vor allem der gehobenen Klasse selbst noch immer ein gesellschaftliches Privileg. Wie gehabt:

> *Der LK war fast nur von höheren gesellschaftlichen Schichten besucht... viele Akademikersöhne und -töchter. Die schickten ihre Kinder auch von vornherein auf diese Schule, von daher war das allgemeine Bildungsniveau einfach höher. Chorleitung und Chorsingen, Schlagtechnik, Gestaltung, Werkanalyse, Interpretationsfragen, dann auch theoretische Kurse: Barockmusik, Fugen auseinandergenommen...* (22, m, I 10).

Schließen wir die Erinnerungen mit einer ausführlicheren Narration, die Merkmale von Leistungskursen in Anspruch und Praxis symptomatisch resümiert:

> *Das war Musikunterricht, von dem ich heute noch profitiere. Anfangs war ich geschockt: Setzt sich die Frau ans Klavier, spielt Wagner Tristan-Vorspiel und meint, wir sollten das mal aufschreiben, als Hördiktat. Das war nicht mein Fall, ich hatte nie Gehörbildung gemacht. Wir machten jede Woche eine Stunde Gehörbildung und Theorie, in denen wir uns einfach trainierten: Intervallhören, Intervallspannung, Akkorde... Wir schrieben vierstimmige Sätze nach bestimmten Vorgaben, z. B. mit 4taktiger Periodik. Dann verfolgten wir die Entwicklung der Mehrstimmigkeit, vom Choral bis zur modernen Vielstimmigkeit. Wir haben Referate gehalten über Messen, haben Bergs Violinkonzert analysiert, aus allen Epochen und Stilen haben wir Beispiele kennengelernt. Vom Pädagogischen her war die Lehrerin meines Erachtens nicht so gut, denn die Leute, die nicht so mitkamen, hatten es sehr schwer bei ihr. Aber vom Fachwissen her war sie ganz phantastisch* (20, m, I 31).

Uns fällt auf, daß Musikleistungskurse sehr stark auf traditionelle Inhalte, auf sogenannte Kunstmusik ausgerichtet sind, auf Musiktheorie, Gehörbildung, Musikgeschichte, Werkanalysen. Daneben spielt das Musizieren (Singen und Instrumentalspiel) eine wichtige Rolle. Nicht ein einziger (!) Jugendlicher spricht von musiksoziologischen und -psychologischen Themen wie Musik in unserer Gesellschaft, Musik in den Medien, Musik und Technik, Rock- und Jazzmusik, Musik als Ver-Führungsmacht usw. Diese Beobachtung erklärt sich wohl aus der relativen Interessengleichheit der Kurs-Teilnehmer, die sich mehr oder weniger entschlossen auf ein Musikstudium vorbereiten wollen. Was ebenso auffällt: Die Lehrkraft ist als Fachautorität anerkannt. Sie ist kompetent in der Sache und künstlerisch ausgewiesen, oder wie Hans Aebli gesagt hat: *Ein guter Musikerzieher sollte seine Kunst beherrschen, sonst hat er nichts zu zeigen*[253]. Oder mit Bernhard Shaws bissigem Spott: *Who can, does! Who cannot, teaches!* Was die Arbeit in den Kursen ebenfalls erleichtert, ist die Lehrer-Schüler-Relation. Hatten wir für die Mittelstufe in einem Fallbeispiel eine 70 : 1 Relation registriert, so dürfte sie sich bei Musikleistungskursen im Schüleranteil um ein Vielfaches senken (Beispiele aus unserer Stichprobe: 10 : 1, 7 : 1). Optimale äußere Lernbedingungen, von denen ein Musiklehrer der Sekundarstufe I einstweilen und wohl auch zukünftig nur träumen kann.

Musikunterricht vor dem Kollaps?

Bewertung – Konsequenzen – Therapie

Nun ist es unsere Aufgabe, die teils harten Kritiken der Jugendlichen zu interpretieren, zu bewerten, zu relativieren, auch zu bestätigen und nach Gründen für die offensichtliche Misere vor allem im Musikunterricht der Grundschule und Sekundarstufe I zu suchen.

Können wir uns trotz enormer Zeitdistanz zur Grundschule auf die Erinnerungen der Jugendlichen verlassen, dann waren Singen und Blockflötenspiel die einzig erinnernswerten Lerninhalte und Aktivitäten im Musikunterricht der untersten Schulstufe. Wir fragen kritisch: Wo bleiben in der Praxis musikdidaktische Innovationen jüngster Fachgeschichte, wie sie uns beispielsweise in allen neueren Lehrbüchern für den Musikunterricht begegnen (z. B.: *MUSIKUNTERRICHT Grundschule*)? Waren Richtlinien, waren Reformen nur ein Gefummel im Oberbau, wobei sich im Unterbau nichts ändert, wie Bert Brecht einmal kritisierte. Wo, wann, wie werden die Lernfelder Reflexion, Produktion, Transformation, Rezeption realisiert? Beschränkt sich Reproduktion nur auf die Wiedergabe (volks-) kindertümelnder Musik und Lieder? Haben Musiklehrer grundlegende und richtungsweisende Didaktiken von Michael Alt (*Didaktik der Musik*, 1968, 5. Auflage 1980), Dankmar Venus (*Unterweisung im Musikhören*, 1969, Neuausgabe 1984), Heinz Antholz (*Unterricht in Musik*, 1970, 3. Auflage 1976) nicht gelesen, geschweige denn neuere Konzeptionen von Rauhe/Reinecke/Ribke (*Hören und Verste-*

253 Hans Aebli: *Theorie und Praxis in der pädagogischen Ausbildung des Musiklehrers*, in: K. H. Ehrenforth (Hg.): *Medieninvasion. Die kulturpolitische Verantwortung der Musikerziehung*, Mainz 1985, S. 212

hen, 1975), Christoph Richter (*Theorie und Praxis der didaktischen Interpretation von Musik*, 1976), Wilfried Fischer u. a. (Lehrerhandbuch zu *Musikunterricht Grundschule*, 1977), Rudolf Nykrin (*Erfahrungserschließende Musikerziehung*, 1978)? Ist die Curriculum-Euphorie wirkungslos verpufft? Wer bringt neue inhaltliche, kommunikative, soziale, aktionale, semiotische, formale, funktionale Aspekte in die Praxis ein? Werden sozial-, rezeptions-, lern- und entwicklungspsychologische Erkenntnisse empirischer Forschung angemessen umgesetzt?

Wie kann der Musiklehrer dem doppelten Verweisungszusammenhang von Musik und Erziehung auch nur ansatzweise gerecht werden, wenn er sich neueren Fachentwicklungen verschließt? Sind Versagenskonflikte und Disziplinprobleme nicht zwangsläufig programmiert? Halten (Musik-) Lehrer an einmal während des Studium erworbenen Konzepten und Rezepten ein ganzes Berufsleben lang fest?

Wir bewerten die Kritiken der Jugendlichen als keinesfalls unrealistisch, weil sie sich mit eigenen empirischen Forschungsarbeiten weitgehend decken. In einer Befragung von 100 hessischen Musiklehrern (Erhebungsjahr 1977) war die fachliche Aufgeschlossenheit von Musiklehrern (gemessen am Kenntnisstand von neueren Lehrbüchern) ausgesprochen deprimierend[254]. Nur 13% nennen das Lehrbuch *Resonanzen*, nur 12% *Sequenzen*, nur 5% *Musik aktuell*, nur 3% *Lehrbuch für Musik*, nicht ein einziges Unterrichtswerk für die Grundschule (bei einer Anteiligkeit von 67% Musiklehrern in dieser Schulstufe!). Wir sind sprichwörtlich von den Socken. Nur ein einziger Musiklehrer (!) war regelmäßiger Leser der Zeitschrift *Musik und Bildung* (*musica*: 1, *nmz*: 0, Sonstige: 4). Haben Theoriekonzepte und Praxisberichte, wie sie in Fachzeitschriften diskutiert werden, überhaupt eine Chance, in der Unterrichtspraxis evaluativ rückgekoppelt zu werden? Sind heute noch immer zu wenige voll ausgebildete Musiklehrer (Musik als Haupt- und Wahlfach) in der Schule? Wird der Unterrichtsalltag in Musik noch zu sehr von altausgebildeten Lehrern (Musik als „musisches Fach" bzw. Methodik-Fach) bestimmt, die neueren Konzepten gegenüber wenig aufgeschlossen sind? Kann die Saat der Studienreformen in den 70er Jahren gar nicht erst aufgehen, weil sie in den Schulen keinen Nährboden fand?

Unsere Befürchtungen, unsere Skepsis und Kritik machen eines überdeutlich: Lehrerfortbildung im Fach Musik ist die dringlichste Bildungsaufgabe des nächsten Jahrzehnts!

Wir würden es bejubeln, wenn geschriebenes Wort Emotionen hörbar machte, und wir möchten allzu gerne ein flammendes Plädoyer halten. In einer Zeit enormer musiksozialer, -ästhetischer, -technologischer, -medialer und davon bestimmt musikdidaktischer Entwicklungen muß Lehrerfortbildung weitaus ernster ins Auge gefaßt werden, als dies der Fall scheint, und sei es mit staatlicher Reglementierung. Allein über Lehrerfortbildung und eine veränderte Lehrer-Einstellungspraxis, die voll ausgebildeten Musiklehrern eine Chance gibt, ist ein Ende der eklatanten Misere des gegenwärtigen Musikunterrichtes zu erwarten. Lehrerfortbildung muß dazu beitragen, daß Lehrer auf-

254 Hans Günther Bastian: *Der Musikunterricht in Wunsch und Wirklichkeit. Interpretation von Teilergebnissen einer Befragung hessischer Musiklehrer*, in: *Musik und Bildung* 3/1981, S. 162-165

grund der starken Individualisierungs- und Isolierungsprozesse (und -gefahren) in der Institution Schule, im sicher mühsamen und belastenden Geschäft des Schulalltags nicht mit vorzeitiger geistiger Pensionierung reagieren, mit Resignation und Depression. Was in Wirtschaft und Industrie eine Selbstverständlichkeit ist, nämlich die fortlaufende Schulung des Personals, ist im pädagogischen Bereich der Willkür, den Interessen, der Willenskraft, ja der Lust oder Unlust des einzelnen Lehrers überlassen. Wir meinen: Dies ist ein indiskutabler Zustand!

In einem Rundschreiben klagte beispielsweise der Vorsitzende des VDS-Landesverbandes Hessen: *Die Einschätzung des Faches Musik in der Schule wird erkennbar beeinflußt von dem Engagement der Musiklehrer... Während Lehrer anderer Fächer das Fortbildungsangebot voll ausschöpfen, mußten in den letzten Jahren einige Lehrgänge im Fach Musik mangels Beteiligung ausfallen*[255]. Warum so wenig über die Notwendigkeit von Lehrerfortbildung geschrieben wird, warum Fachverbände sich nicht beherzter engagieren und ihre Argumente in die politische Diskussion bringen, warum die Regelungen in den einzelnen Bundesländern so unterschiedlich sind (auch was die Zuschuß- und Fördermaßnahmen betrifft), ist uns einstweilen ein Rätsel und ein schnellstens zu behebender Mangelzustand. Wir sprechen die vielfach deprimierende Unterrichtspraxis hier an, in der Hoffnung auf Besserung für den Schüler, und damit auch für den Musiklehrer selbst. Ein Lehrer, dem das Unterrichten Freude macht, ist immer auch ein zufriedener Lehrer. In dieser Situationsanalyse sollte erwähnt sein, daß in den Ausbildungsinstitutionen bei gegenwärtig rücklaufenden Studentenzahlen entsprechende materiale und personale Ressourcen zur Verfügung stehen könnten. Vereinzelt scheinen Landtagsfraktionen die Zeichen der Zeit erkannt zu haben. Wir können diese Initiativen aus fachlich-empirischer Sicht nur unterstützen und fordern zuständige Kultus- und Wissenschaftsministerien zu intensiveren Maßnahmen in der Lehrerfortbildung im allgemeinen und im Fach Musik im besonderen auf. Es ist in unseren Tagen so viel die Rede von Musiktherapie, neue Studiengänge werden hier und da eröffnet. Nichts spricht dagegen, aber wir meinen, der Musikunterricht selbst (bei aller Unschärfe dieser Pauschale) gehört in die Therapie. Und Lehrerfortbildung wäre eine erste Maßnahme, dem kollapsgefährdeten Patienten zu helfen. Eine hochschul- und ausbildungsinterne Therapie wäre die Verordnung von „mehr" Praxis als Vorgabe vor der Theorie des Studiums. Probleme, die wir als Theorie-Fragen an Studenten herantragen, müßten deren Fragen sein. Und dafür kann nur eine frühzeitige Begegnung mit Unterrichtspraxis sorgen. Wilfried Fischers engagierte Thesen zur Musiklehrerausbildung machen die Notwendigkeit deutlich, daß theoretische Hochschullehre wo immer möglich schulpraktische und personale Sinnbezüge gewinnt[256].

255 Rundschreiben des Vorsitzenden des VDS-Landesverbandes Hessen, in: *Musik in hessischen Schulen*, 1979

256 Wilfried Fischer: *Thesen zur Musiklehrerausbildung an Wissenschaftlichen Hochschulen*, in: ders. (Hg.): *Musikpädagogik und Hochschuldidaktik*, Band 1 der Schriftenreihe der Bundesfachgruppe Musikpädagogik, Essen 1986, S. 193

Sind unsere Studenten und angehenden Musiklehrer überfrachtet, so daß sie sich in der Pragmatik des Schulalltages überfordert fühlen, in einem Musikunterricht, der immer auch hic-et-nunc-Entscheidungen abverlangt und unter der täglichen Bewährung steht?

Die Bewertung der Kritiken muß freilich einen Aspekt in besonderer Weise berücksichtigen: Wir haben es mit Jugendlichen zu tun, deren auffällige Persönlichkeitsmerkmale (vgl. Kap. *Zur Persönlichkeit*) ein hoher Selbstanspruch und eine fast überzogene Selbstkritik sind. Wer von sich sagt: „Dilettantismus kann mich tödlich nerven", der wird auch einen hohen Anspruch an Musikunterricht, an Musiklehrer und Mitschüler haben. Besonders exponiert kommt diese Erwartungshaltung in nachfolgender Bewertung zum Ausdruck:

> *Musikunterricht in der Schule war für mich immer traurig, schlicht und ergreifend traurig. Das mag wohl an den Lehrkräften gelegen haben, deren Interesse dem meinen so erheblich nachstand, daß es mich oft verletzt hat. Ich habe nie verlangt, daß man auf meine Ebene eingeht. Ich habe es so empfunden, daß ich dem Lehrer im theoretischen Bereich überlegen war. Gestört hat mich, wie der Weg für diejenigen, die noch nicht so weit waren, dadurch zerstört wurde, daß zu schwere Sachen verlangt wurden, z. B. wenn Alban Bergs Violinkonzert analysiert werden sollte. Das in einer Klausur von Leuten zu verlangen, die gerade gelernt haben, Noten zu lesen. Es gab überhaupt keinen Bezug zum Wissen, Können und Interesse der Schüler. Die Analyse von Bergs Violinkonzert war für diese Leute eine Aufgabe, wie wenn mir einer in einer Freistunde 30.000 Streichhölzer auf den Tisch kippt und sagt: „Bau mir mal den Kölner Dom daraus." Genervt hat mich zusätzlich, wenn so getan wurde, als sei diese Aufgabe lösbar. Es wurden sogar Zensuren wie 1 und 2 gegeben für nichts. Ich meine, es war einfach lächerlich* (21, m, I 76).

Auf der altersbedingten Suche nach Identität gehen junge Menschen besonders kritisch um mit allem, was ihnen begegnet, vor allem mit dem, was ihnen viel bedeutet. Und da steht bei unseren Jugendlichen die Musik an vorderster Stelle. In ihrem Alltagsleben spielt jene Musik eine Hauptrolle, die sich im Musikunterricht im allgemeinen kaum behaupten kann. Sie lieben „ihre" Musik zu sehr, als daß sie stillschweigend zusehen könnten, wie diese in der Schule so „stiefmütterlich" behandelt wird oder gar „vor die Hunde geht". Eine Jugendliche bringt dies unmißverständlich zum Ausdruck:

> *Ich liebe Musik, und ich kann nicht verlangen, daß jeder das tut. Ich gehe von meinen Gefühlen aus, von meinem Respekt vor der Musik. Ich kann kein Verständnis aufbringen für Leute, die diese Liebe nicht empfinden* (16, w, I 61).

Wir kennen als Schulmusiker die Barrieren von Jugend und Klassik, die milieu- und erziehungsbedingten Vor-Urteile gegenüber sogenannter „Kunstmusik", die mit der Aura des „Elitären" und des Bildungsbürgertums behaftet ist. Wir kennen die Konflikte, die sich damit zusammenhängend für schulischen Musikunterricht (besonders der

Sekundarstufe I) auftun, für den Musiklehrer, der in den Schuljahren 7 bis 10 mitunter vor schier unlösbaren Problemen und programmierten Dauerkonflikten steht.

Für uns ist es von Interesse, wie die Jugendlichen selbst die Konfliktsituation in und um „Musikunterricht heute" erklären.

Im Kapitel *Musiklehrer* war bereits wiederholt pädagogische und fachliche Kompetenz angezweifelt worden. Sie sprechen von Lehrern, die ihren Hobbys nachgehen und „diese auch im Musikunterricht machen wollen". Ein Schüler stellt resigniert fest:

> *Unser Musiklehrer steht irgendwie in seiner Welt. Er kennt die Welt seiner Schüler nicht oder will sie nicht kennen. Er versucht, seine Welt anderen zu vermitteln. Aber da muß irgendwie was Gegenseitiges sein. Außerdem darf er sich nicht nur auf Klassische Musik beschränken, er sollte die Schüler von ihrer Musik her erfassen, was sie kennen, darauf das Unbekannte aufbauen, und nicht mit dem Unbekannten losstürmen* (18, w, I 21).

Auf der anderen Seite wird eben auch jener Pop-Lehrer kritisiert, der kaum mehr als die neuesten Schallplatten-Hits in Discjockey-Funktion anzubieten weiß. Klassik wollen Schüler nicht, singen in einem bestimmten Alter (Mutationsphase) auch nicht, erst recht nicht die Lieder des Lehrers, Theorie ohne praktische Umsetzung kommt schon gar nicht in Frage, und Werbespots langweilen die Schüler bereits im Deutschunterricht. Was soll der Lehrer angesichts der disparaten Funktion von Musik in der Lebenswelt Jugendlicher im Unterricht auch anbieten? Dem instrumentalen Talent ist Musik geistige und künstlerische Herausforderung, Befreier gehemmter Gefühlswelten, dem Disco-Philen schenkt Musik jene Trance, die ihn die Übel des Alltags wenigstens für Stunden vergessen läßt: Wie hinter'm Preßlufthammer - nur unheimlich schöner! Mit beiden hat Musikerziehung womöglich in derselben Klasse zu tun. Kein leichtes Geschäft scheint es, denn es gibt weder „die" Schüler noch „die" Musik. Und selbst der Rock-Pop-Bereich ist derart zersplittert, daß es zu Glaubenskämpfen kommen kann. *Der Lehrer wird in die Rolle des Schiedsrichters gedrängt, auf dessen Pfeife niemand hört*[257].

Wie kann Musikerziehung aus diesem Teufelskreis von Interessen und Motiven, Frustrationen und Aversionen herausfinden?

Wir meinen zunächst, daß die Frage „Was soll ich im Musikunterricht nur anbieten?" falsch gestellt ist, zumindest nicht entscheidend für ein Überleben (bzw. mehr als nur das) im Unterricht. Musikerziehung hat nicht primär ein Sachproblem, sondern ein Methodenproblem: Wie kann dem Schüler einsichtiges und damit bedeutungsvolles wie sinnvolles Lernen ermöglicht werden, wie können sowohl subjektive wie objektive Interessen im Musikunterricht berücksichtigt werden?

Wir sehen eine große, wenn nicht die einzige Chance im sogenannten „handlungsorientierten" Musikunterricht[258]. Es sollte für Musikdidaktik keine Sachen „an sich" geben, sondern primär Handlungssituationen, in die ich eine „Sache" für einen

[257] Heinz Meyer: *Schülerorientierter Musikunterricht – Ein Traumziel?* in: *Musik und Bildung* 7, 8/ 1981, S. 429

[258] Ein Beitrag zur theoretischen Grundlegung dieser Konzeption findet sich in: Rauhe/Reinecke/Ribke: *Hören und Verstehen. Theorie und Praxis des handlungsorientierten Musikunterrichts*, München 1975

„bestimmten" Schüler (eine „bestimmte" Klasse) stelle. Unterricht sollte also nicht bei Sachinteressen, sondern bei Handlungsinteressen der Schüler ansetzen. Es geht um konkrete Handlungsvollzüge, die das lernpsychologisch wichtige Prinzip der Selbst- und Fremderfahrung (Subjekt-Objekt-Dialektik) zulassen. Der Lehrer sollte versuchen, seine Handlungsspielräume und Hypothesen über Alltagsbewußtsein und Interessen der Schüler in Konvergenz zu bringen[259]. Die alte Formel von Kopf-Herz-Hand im Menschenbild Pestalozzis hat an didaktischer Aktualität nichts verloren. Wirksame Zugänge zu gleich welcher Musik sind nur da zu erwarten, wo Wahrnehmung und Handeln im Gleichgewicht stehen, d. h. wo die ganze Person denkend, handelnd, fühlend beteiligt ist, sie in ausreichendem Maß den Fortschritt ihres eigenen Tuns selbst bestimmt[260]. Konkrete Beispiele für „handlungsorientierten" Musikunterricht finden sich heute in zahlreichen neueren Schulbüchern und in der fachdidaktischen Literatur[261].

Die positiven Praxisberichte unserer Schüler bestätigen die Wichtigkeit eines „handlungsorientierten" Musikunterrichtes. Immer dann, wenn Schüler im Unterricht „unterwegs" sind, wenn sie aktiv sein dürfen, spielend, singend, tanzend, inszenierend, moderierend, vorführend..., kommt Freude am Unterricht auf. Und diesen zu vermitteln, ist wohl noch immer erste Lehrerpflicht.

Solche Berichte weisen unseres Erachtens den einzig richtigen Weg, aus dem nicht nur in unserer Studie beklagten Dilemma von Musikunterricht in der Sekundarstufe I herauszufinden, Musikunterricht für viele Lehrer und Schüler erträglicher und letztlich auch effizienter zu gestalten. Wir sollten gemeinsam daran arbeiten, wovon Hans Werner Henze im Vorwort seines 3. Bandes der Reihe *Neue Aspekte der musikalischen Ästhetik: Lehrgänge. Erziehung in Musik* spricht: *Jeder Mensch sollte die Möglichkeit haben, mit Musik vertraut zu werden wie mit sich selbst und mit seiner Sprache. Jeder Mensch sollte in der Lage sein, die Musik zu einem wesentlichen Bestandteil seines psychischen Haushaltes zu begreifen, als Maßstab, als Forderung, als Anhalts- und Bezugspunkt. In den Elementarschulen sollte Musik Hauptfach sein und von besonders gut geeigneten und geschulten Lehrern vermittelt werden. Und es müßte gute und mit überdurchschnittlicher Leidenschaft versehene Lehrer für diese Lehrer geben* [262].

259 Hilbert Meyer: *Leitfaden zur Unterrichtsvorbereitung*, Königstein 1980

260 vgl. Wilfried Fischer: *Das „musikdidaktische Wunderland" und die schulpraktische Realität*, in: *Musik und Bildung* 10/1982, S. 621

261 vgl. beispielsweise die Praxisberichte in: Günther/Ott/Ritzel: *Musikunterricht* 1-6, Weinheim und Basel 1982; vgl. dies.: *Musikunterricht* 5-11, Weinheim und Basel 1983

262 Hans Werner Henze (Hg.): *Lehrgänge. Erziehung in Musik. Neue Aspekte der musikalischen Ästhetik* III, Frankfurt 1986 (Vorwort)

Lust und Last der Schule – Fachneigungen und -abneigungen

Wie kommen junge Menschen, die täglich soviel Zeit und Kraft in quasi-professionelles Üben und Musizieren stecken, mit der Schule zurecht? Ist die Schule für sie eine Belastung, ein notwendiges Übel auf Zeit, oder tun sich diese ehrgeizigen Jugendlichen auch in der Schule leicht? Sind sie gute, durchschnittliche oder schwache Schüler? Prägen Streben und Erfolg auf dem Instrument auch ihr schulisches Lernen? Welche Fachvorlieben und welche Fachabneigungen haben sie? Antworten auf diese Fragen könnten uns zugleich eine empirische Bestätigung sein für immer wieder vermutete und behauptete Korrelationen zwischen musikalischer Begabung und mathematischer, sprachlicher, naturwissenschaftlicher, künstlerischer, sportlicher oder anderer Begabung. Wir konnten bereits im Kapitel *Mehrfachbegabungen* ausgeprägte Neigungen und Talente in mehreren Einzelfällen resümieren, ebenso die Tatsache, daß nicht wenige die Schule so nebenbei absolvieren und zu „Orchideen" mit der Abitur-Traumnote 1,0 avancieren („Die Zeit und die Konzentration für die Musik waren mir wichtiger".). Viele leisten nur das Notwendige, konzentrieren sich im übrigen aber stärker aufs Musizieren. Schule scheint für viele die schönste Nebensache der Welt. Sinken in Folge ihres musikalischen Engagements vorübergehend die schulischen Leistungen unter ein selbst- und vor allem elternerwartetes Niveau, dann werden kurze Zwischenspurts eingelegt, um Versäumtes aufzuarbeiten. In Gesprächen ist von einer außerordentlichen „schulischen Begabung" die Rede:

> *Schule läuft problemlos. Ich mache nur soviel wie nötig ist, um nicht abzusacken, das geht ganz gut bis jetzt... Von Anfang bis Ende der Beste in allen Fächern... Zu den oberen 5%, also ich gehöre zu den Besten... Ich kann nicht behaupten, daß mir Schule irgendwann mal schwergefallen ist, für mich war sie immer nur Nebensache... Wenn ich vom Geige-Üben zu müde war, habe ich halt keine Schulaufgaben gemacht, sondern morgens vor der Schule abgeschrieben... Ich habe mich irgendwie immer sehr geschickt durchgeschlängelt, ich habe etwa ein Drittel von den Abi-Jahren gefehlt wegen Musik und habe dann im Abi eine 2,0 gemacht... Ich hatte in der Schule immer einen Schnitt von 1,1 und 1,2. 50 bis 60% der Schulzeit habe ich mich mit Konzerten entschuldigt...*

Es bereitet schon Kopfschütteln und Irritation: Viele Jugendliche scheinen Schule nebenbei zu erledigen, sind über längere Zeitspannen sogar abwesend, gehören aber zu den leistungsstarken Schülern, kaum eine(r), (der) die (sein) ihr Abitur schlechter als 2,0 absolviert...!?

Schüler, die „mit Ach und Krach" ihr Abitur machten oder gar einmal „die Notbremse zogen", lassen sich in unserer Stichprobe an einer Hand abzählen. Wollte man schulstreßgeplagten Eltern aus dieser Erfahrung einen Rat weitergeben, kann dieser nur lauten: Lassen Sie Ihr Kind ein Instrument lernen, die Positiveffekte auch für das schulische Lernen werden Ihre Nerven schonen!

Ernsthafte Versetzungsprobleme scheint es bei kaum einem Jugendlichen gegeben zu haben, d. h. sie kommen mit der Art des schulischen Lernens gut zurecht, weil es ihrem instrumentalen Lernen weitgehend entspricht. In einigen Kommentaren wird diese Lernäquivalenz deutlich:

> *Die Übe-Arbeit und Übe-Kenntnis überträgt sich auch auf den Schulunterricht, wie man an eine Sache rangeht, wie man übt. Das alles lernt man am Instrument, und irgendwann stellt sich auch in der Schule der Erfolg ein* (15, m, I 18).

> *Meine Art zu denken und zu lernen hat sehr gut übereingestimmt mit dem, was von mir in der Schule verlangt wurde. Ich habe eigentlich nie was für die Schule getan. Ich habe das Abitur mit 1,4 gemacht, das mit minimaler Arbeit. Die Note spricht nicht dafür, daß ich ein guter Schüler oder intelligenter Mensch bin, sondern bloß dafür, daß diese Art des Schulsystems auf mich gut paßt* (21, m, I 53).

Andererseits verschweigen sie nicht, daß es phasenweise Probleme geben kann, wenn schulische Anforderungen und musikalische Belastungen kumulierten.

> *Ab der 11. Klasse wurde es schwierig. Immerhin war das Abitur nicht mehr so weit, und gerade da fing meine Musik an, intensiv zu werden, mit Konzerten, Quartett, Reisen, und da kam eben alles zusammen. Das wurde manchmal schon schwierig* (21, w, I 23).

> *Es gibt Konflikte. Wenn man sehr viel für die Schule lernen mußte, d. h. jeden Mittag etwas für die Schule zu tun, dann kommt man schon in Zeitnot. Die Schule ging mir aber ganz gut von der Hand. Ich habe nie übermäßig viel dafür getan und konnte dadurch eben zwei Instrumente nebenher üben* (19, m, I 39).

Priorität hat für fast alle Jugendlichen die Musik, für die Eltern allerdings die Schule. In einigen Fällen reduzierten Eltern gar das Musizieren, wenn schulische „Talsohlen" registriert wurden.

Die statistische Auswertung des Fragebogens bestätigt zunächst, daß sich 63% (!) aller Musik-Talente unserer Stichprobe als „gute" und „sehr gute Schüler" bezeichnen. Dagegen verschwindet die geringe Zahl der Selbstbewertung „ausreichend" und „schwach" (9%) (s. Grafik S. 356).

Auf eine breit angelegte (Aus-)Bildung möchte keiner der jugendlichen Gesprächspartner verzichten, und entgegen allen offiziellen Verlautbarungen sehen sie nicht die Notwendigkeit einer schulischen Stundenentlastung als Ausgleich zu ihrem intensiven Musizieren. Das Gros der Jugendlichen lehnt Stundenvergünstigungen ab, weil sie aus sozialen Gründen innerhalb ihrer Altersgruppe keine Sonderstellung beanspruchen möchten (wer sollte sie erhalten und wer nicht, was neue Begabungsdiskussionen oder gar Tests auslösen könnte), weil sie eine Breitenbildung für absolut notwendig und das Angebot der Schule niveaumäßig ohnehin für eher schmal und dürftig halten. Sie äußern Bedenken, daß eine einseitige Beschränkung auf Musik dadurch verstärkt werden könne, sie sehen den Risikofaktor eines unvorhergesehenen Ereignisses (z. B. Unfall, Verletzung), wenn man sich zu früh nur auf Musik konzentriert. Sie weigern sich, Musik auf diese Art wieder einmal zu „vermarkten". Um nur wenige Beispiele zu zitieren:

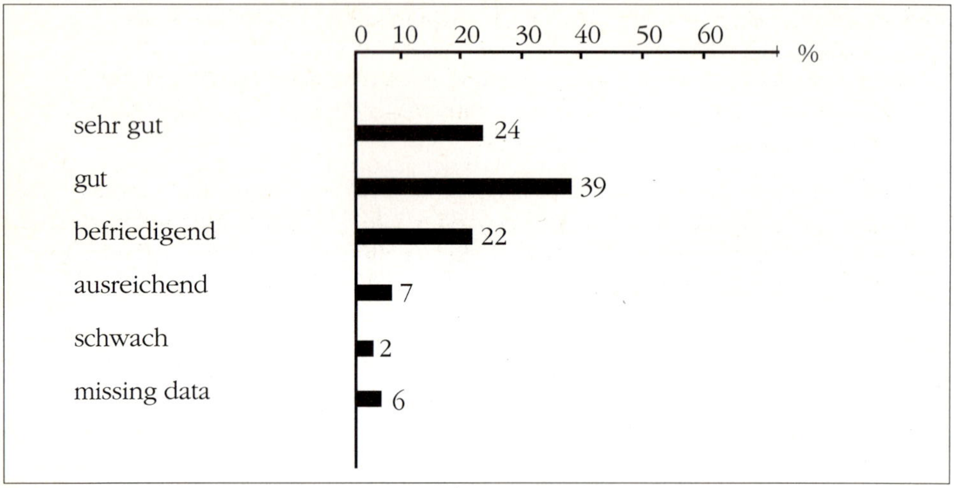

Grafik: Selbsteinschätzung der schulischen Leistungen (Frage: Wie schätzt Du Deine schulischen Leistungen ein?)

Man sollte keine schulische Entlastung bekommen, um genug üben zu können. Vielleicht habe ich das auch erst jetzt aus meinen Studium erfahren. Ich finde es ganz schrecklich, wenn es nur so völlig einseitige Musiker gibt, die nur ihr Instrument kennen und wirklich ihren ganzen Lebensinhalt auf das Instrument und auf das Üben und auf das Ackern setzen und an Allgemeinbildung überhaupt nichts mehr mitkriegen. Ich finde, die Allgemeinbildung in der Schule ist ohnehin verdammt begrenzt. Das, was angeboten ist, sollte man doch versuchen zu nutzen. Man kann das alles nachher auf das Instrument übertragen. Wenn man nicht allgemein ausgebildet wird, wie soll man dann seine Persönlichkeit weit entfalten?... Wenn man nur Musik kennengelernt hat und überhaupt nicht weiß, wie eine Photosynthese von sich geht, wie meinetwegen Don Carlos ausgeht oder welche Inhalte die französische Revolution hatte, wie soll man dann z. B. Musik begreifen, die aus der Epoche der Französischen Revolution stammt? (20, w, I 65).

Würde ich nicht, denn für eine gute schulische Ausbildung sollte man keine Entschuldigung bringen können. Die Musik sollte da auch nicht im Wege stehen. Ich habe jetzt wieder von einem Fall gehört, daß jemand die Schule abgebrochen hat, um nur noch Musik zu machen. Die Eltern sind damit auch einverstanden. Ich finde das aber ganz blöd und halte es nicht für gut. Da solche Leute dann wirklich scheuklappenähnlich nur auf das Fach versteift sind, um nicht zu sagen, Fachidioten sind und eben überhaupt keinen weiteren Horizont haben, was Allgemeinbildung betrifft. Da gibt es gerade in den Leistungskursen der Oberstufe gute Möglichkeiten, die ja themenübergreifend angelegt sind (18, m, I 59).

Ich kann mir das nicht vorstellen, weil Schule doch auch Allgemeinbildung vermitteln soll. Dann glaube ich, daß man unter den Mitschülern eher als Außenseiter betrachtet wird. Wenn man nicht alles mitmacht, dann werden wieder Vor- und Nachteile aufgerechnet und dann kommen die Sportler und wollen auch. Wo fängt das an, und wo hört das auf? (17, w, I 58)

Verzichten möchten sie allzu gerne auf einen Unterricht, der ihnen aus Gründen unzureichender Lehrerqualifikation (ob fachlich oder pädagogisch begründet) überhaupt nichts bringt. Nichts ärgert sie, die Fleißarbeiter, mehr als vertane Zeit. Oder sie wünschen sich mehr Schüler-Differenzierung:

Ich finde es nicht gut, was man in Rußland macht, daß man die Talente schon früh aus den Familien rausholt, in ein Konservatorium steckt, daß sie dann noch mehr üben können. Es muß auch eine breite Bildung geben, wenn auch Erleichterungen sein müssen. In Mathematik z. B. schreibe ich seit eineinhalb Jahren nur Einsen und muß trotzdem immer die gleichen Übungen machen wie andere, Schwächere. Statt 20 Übungen würden mir schon 10 reichen, da könnte man ganz schön Zeit gewinnen (15, m, I 01).

Wenn man solche Kommentare liest, berührt es schon peinlich, wie unberechtigt jene Gemeinplätze sind, die jungen Begabungen einseitige Instrumentenfixierung und das Tragen von Scheuklappen unterschieben. Unsere Jugendlichen, und diesen Eindruck können wir aus den vielen Einzelgesprächen bestätigen, erweisen sich als wiß- und lernbegierig in den unterschiedlichsten Lebensbereichen, als interessiert an einer möglichst umfassenden (humanistischen) Persönlichkeitsbildung. Diese ist ihrer Ansicht nach die einzig sinnvolle Basis für den reifen, ausdrucksfähigen Künstler. Nur 3 von 60 Jugendlichen haben nach der 10. Klasse die Schule verlassen, um sich ganz aufs Musizieren konzentrieren zu können. Allen anderen liegt der Schulabschluß, in den meisten Fällen das Abitur, am Herzen, nicht nur den Jugendlichen, mehr noch den Eltern (vgl. Kap. *Schulabschluß - ein unantastbarer Elternanspruch*).

Auch in Beratungsgesprächen anläßlich der Wettbewerbe „Jugend musiziert" wird den Jugendlichen wiederholt empfohlen, ihre schulische Ausbildung abzuschließen und sich nicht zu früh ausschließlich auf Musik zu konzentrieren[263]. Im Fallbeispiel eines Schulabgangs wollen wir Begründungen dafür zitieren:

Ein Punkt, die Schule zu verlassen, war eigentlich, daß mir jemand gesagt hat: „Du mußt, wenn Du Musiker werden willst, ein Musiker nach Deinem Anspruch, dann mußt Du 5 Jahre 6 Stunden am Tag üben". Und da habe ich mir gedacht: „Leck mich die ganze Welt..., das mache ich!" Ich will nicht nur 6 Stunden am Tag üben, ich will auch die ganze Musiktheorie lernen, ich will komponieren lernen, ich will Klavier spielen lernen. Und das muß ich alles an einem Tag unterbringen. Und ich will auch noch Zeit haben für mich, zum Nachdenken und Lesen, ja, und eine

263 Eckart Rohlfs/Reinhard von Gutzeit: *Der Wettbewerb Jugend musiziert*, 1984, S. 225

> *Freundin habe ich auch noch. Dann kommt es mit der Zeit mit der Schule nicht mehr hin. Und zum anderen habe ich mir gedacht: „Je früher Du studierst, um so besser". Wenn ich jetzt anfange zu studieren, dann bin ich mit 21 Jahren fertig und kann vielleicht immer noch etwas anderes machen, was mich interessiert, oder ich fange an, konzertfähig zu werden. Ich habe die Schule verlassen, um üben zu können, und habe mir dadurch das Leben leichter gemacht. Ich stehe morgens genau wie zur Schulzeit um 7.00 Uhr auf und fange um 8.00 Uhr an zu üben. Das ist natürlich viel angenehmer als Schule, aber ich merke eigentlich erst jetzt, was das für eine Zufriedenheit bringt. Und die ist viel größer, als wenn man in der Schule passiv rumsitzt. In der Schule war ich meistens mehr oder weniger sprachlos, weil mich alles erschüttert hat. Wie beschränkt auch manche Lehrer sind, durch ganz banale Äußerungen, wenn sie mit den Schülern auch noch in der Oberstufe darüber reden, welche Comics gut sind und auch eben WDR 3, das hört doch sowieso nur eine alte Oma. Oder auch wie menschlich unfähig manchmal Lehrer sind, sich gehen lassen, einfach keine Persönlichkeiten sind. Man braucht doch gewisse Vorbilder. Ich habe noch nie irgendwelchen Respekt vor solchen Lehrern gehabt, habe mich dann mit ihnen angelegt, Grundsatzdiskussionen geführt, na gut, ich verfalle gern in solche philosophischen grundsatzelementaren Probleme, das ist wohl eine Schwäche von mir, aber es ging nicht anders, und das ist dann immer auch ausgeartet. Ich habe mal in einer Deutscharbeit zu einem Text Gegenfragen entwickelt. Da hat mich mein Lehrer gefragt: „Was soll das mit Deinen blöden Gegenfragen?" Aber ich fand die einfach notwendig, um den Text zu verstehen. Aber man darf nicht pauschalieren, es gibt auch Lehrer, die können auf sowas eingehen, aber manchmal scheinen die wie programmiert... Na gut, ich weiß, die können auch aus ihren Schuhen nicht raus. Aber wie verdutzt die dann sind, wenn man ihnen ganz andere Fragen stellt, die von ganz anderen Problemen ausgehen* (20, m, I 26).

Demnach scheint sich die Hypothese zu bestätigen, daß Kinder und Jugendliche, die außerschulisch feste Ziele haben, intensiv an einer Sache arbeiten (und das muß nicht Musik sein), sich bemühen, auch innerschulisch entsprechende positive Lerneinstellungen zeigen, mit Eifer und Motivation dabei sind. Wollte man daraus eine pädagogische Konsequenz ziehen, so könnte man mit Felix von Cube/Dietger Alshuth sagen: *Fordern statt Verwöhnen*[264]! (vgl. auch Einzelkapitel in *Zur Persönlichkeit musikalischer (Hoch-) Begabung*). Nach Ansicht der Autoren zeigen Erkenntnisse der Verhaltensbiologie einen eigenen Weg: Aktivität statt Apathie, Abenteuer statt Langeweile, lustvoller Einsatz statt Schonen, Abschlaffen, Bewegungslosigkeit. Erziehung müsse zur Selbstforderung befähigen, Führung dies für gemeinsames Handeln nutzen. Wir werden auf diese Erziehungsfrage unter bildungstheoretischen und -politischen Aspekten (vgl. Kap. *Elterliche Bilanzen zur Erziehung*) zurückkommen.

[264] Felix von Cube/Dietger Alshut: *Fordern statt Verwöhnen. Die Erkenntnisse der Verhaltensbiologie in Erziehung und Führung*, München 1986

Ähnlich ablehnend stehen die jungen Talente der Frage gegenüber, ob die guten Musikleistungen quasi als Ausgleich für ein schwaches schulisches Fach herangezogen werden sollten.

> *Das könnte wieder zu mißgünstigen Situationen führen, und das wäre mir unangenehm. Ich finde auch nicht gut, wenn man jetzt sein Hobby schon wieder benotet bekommt, ich meine, für mich ist das Freude an der Musik, und die soll nicht wieder benotet werden* (17, w, I 58).

> *Nein, warum auch, Musik und Schule sind für mich zwei völlig getrennte Sachen. Ich finde, man darf es keinesfalls auf die Note draufschlagen. Jeder hat die Freiheit, das in seiner Freizeit zu betreiben, und da soll es auch bleiben* (17, w, I 69).

> *Nein, also wenn man mit einem Landeswettbewerbssieg schlechte Zensuren in Mathematik ausgleichen könnte, hätte ich ein schlechtes Gewissen. Was ich jedoch als gut fände, wäre, wenn man im Abitur vorspielen könnte und das als Teil der Note aufgenommen würde. Das war bei uns unmöglich. Die Lehrer haben das versucht, aber von oben, von der Schulleitung wahrscheinlich, wurde das blockiert. Es war sowieso schon ein Kampf unserers Musiklehrers, den Chor als Zusatzunterricht ins Zeugnis einzubeziehen und auch zu benoten. Wir mußten vorsingen, alleine, ein Haydn-Te-Deum, oder was gerade dran war* (21, m, I 50).

> *Das Talent müßte dann schon wieder meßbar sein. Was ist mit den vielen guten Trompetern, die ich kenne, die nie an einem Wettbewerb Jugend musiziert teilgenommen haben?* (19, m, I 39).

Wenn man aus diesen Reaktionen der eigentlich Betroffenen einen bildungspolitischen Schluß zieht, dann sollte man von offizieller Seite Abstand nehmen von allen Versuchen, musikalische Talente in der Schule stundenmäßig zu entlasten oder eine Wettbewerbsqualifikation als Ausgleichsnote für ein anderes Fach ins Feld zu führen. Die Begründung ist einfach: Die Jugendlichen selbst wollen es nicht! Sie haben zu Recht Sorge um die Intensivierung ihrer Außenseiterrolle und um eine sich dann weiter verengende Allgemeinbildung, die im Blick auf die Gesamtpersönlichkeit unantastbar bleiben soll. Deutscher Musikrat, Arbeitsgemeinschaft Musikerziehung und Musikpflege oder auch der Verband Deutscher Musikschulen wären gut beraten, Vergünstigungen solcher Art nicht zum Gegenstand bildungspolitischer Gespräche oder gar Reformen zu machen. Die Jugendlichen unserer Stichprobe wollen nicht „weniger" Unterricht, sondern „qualifizierte(re)n" Unterricht.

Mit der Frage nach besonderen Leistungen, Neigungen und Stärken in bestimmten Schulfächern wollten wir versuchen, einen empirischen Beitrag zur Frage der Korrespondenz von musikalischer Begabung und spezifisch anderen Begabungen zu leisten. Entsprechende Thesen sind in der musikpsychologischen Forschung immer wieder aufgestellt und untersucht worden, so etwa Korrelationen zwischen Intelligenz und Musikalität, zwischen mathematischer (oder räumlicher) und musikalischer Begabung, zwischen einer Sprach- und Musiktalentiertheit.

Die Ergebnisse unseres Begleitfragebogens (s. Grafik) zeigen die Vorrangstellung des Faches Musik, in dem sich die jungen Talente als „gut“ bezeichnen. An zweiter Stelle (jedoch schon unter 50%) folgt Mathematik, dann mit etwa einem Drittel aller Angaben Neusprachen und Deutsch, mit 28% die Naturwissenschaften. Es dominieren sozusagen mathematisch-naturwissenschaftliche Begabungskorrespondenzen, will man schulische Leistungen einmal (wenn vielleicht auch fragwürdig) als Begabungsbarometer anerkennen. Für alle anderen Fächer kann ein Korrelationsbezug wohl vernachlässigt werden, weil hier „gute“ Leistungen die 20%-Marke nicht überschreiten. Anders gesagt: Die Musikbegabungen unserer Stichprobe bezeichnen sich selbst weder als begabte Altsprachler, noch als Sportler oder als Koryphäen in der Bildenden Kunst. Und sie zeigen in den Fächern Erdkunde, Geschichte und Religion offensichtlich wenig Ambitionen („Irgendwelche Geschichts- oder Erdkundezahlen haben mich schon immer gelangweilt...“). Es ist zu vermuten, daß dieses Votum durch die Art des Unterrichtes in der Schule bedingt ist, zumal sich das negative Urteil mit einer relativen Unbeliebtheit dieser Fächer deckt.

Und doch wäre jede Verallgemeinerung voreilige Interpretation. So haben einige Jugendliche beispielsweise parallel oder vor der Entscheidung für Musik Leistungssport betrieben. Das Medium hat sich geändert, an die Stelle von Sport ist nun endgültig die Musik getreten, aber Energie, Ehrgeiz, Leistungsbewußtsein, auch Begeisterung oder gar Fanatismus (als herausragende Merkmale des Leistungssportlers) sind unverändert geblieben.

Das Urteilskriterium „beliebt“ deckt sich annähernd mit dem Kriterium „bin ich gut“. Eine pädagogische Binsenweisheit: In den Fächern, die die Schüler lieben, arbeiten sie bereitwilliger und bringen entsprechend gute Leistungen. Was als einzigem Fach dem Sport schon immer zufällt, ist die Tatsache, „beliebt“ zu sein, ohne daß Schüler auch immer mit „gut“ benotete Leistungen bringen (hier ein Plus von 10%).

Was Musikerzieher allerdings nachdenklich stimmen sollte, ist die Tatsache, daß die Diskrepanz von „gut“ und „beliebt“ ausgerechnet im Fach Musik am größten ist (mit 18%). Dies muß überraschen und auch ein wenig enttäuschen. Gründe für diese Urteilsdifferenz finden sich zahlreich in den Kapiteln über Erfahrungen unserer Jugendlichen mit Musikunterricht und Musiklehrern.

Fach-Motivationen und -Neigungen konkret:

Mein Zeugnis sieht so aus, daß ich in allen Fächern Einsen habe, außer in Sport. Echte Interessen habe ich im Naturwissenschaftlichen, in Mathematik und Physik. Wenn ich so richtig diffiziles Zeug kriege, setzte ich mich zu Hause hin und löse das auch, nicht in dem Stil, um nach Punkten zu geifern, sondern weil es mich interessiert, als Erfolgserlebnis, wenn am Schluß eine Lösung herauskommt (17, m, I 32).

Physik, Mathematik und Chemie haben mich immer sehr interessiert, Mathematik wollte ich ursprünglich auch studieren. Dann habe ich aber doch einen Studienplatz für Medizin bekommen... (22, m, I 22).

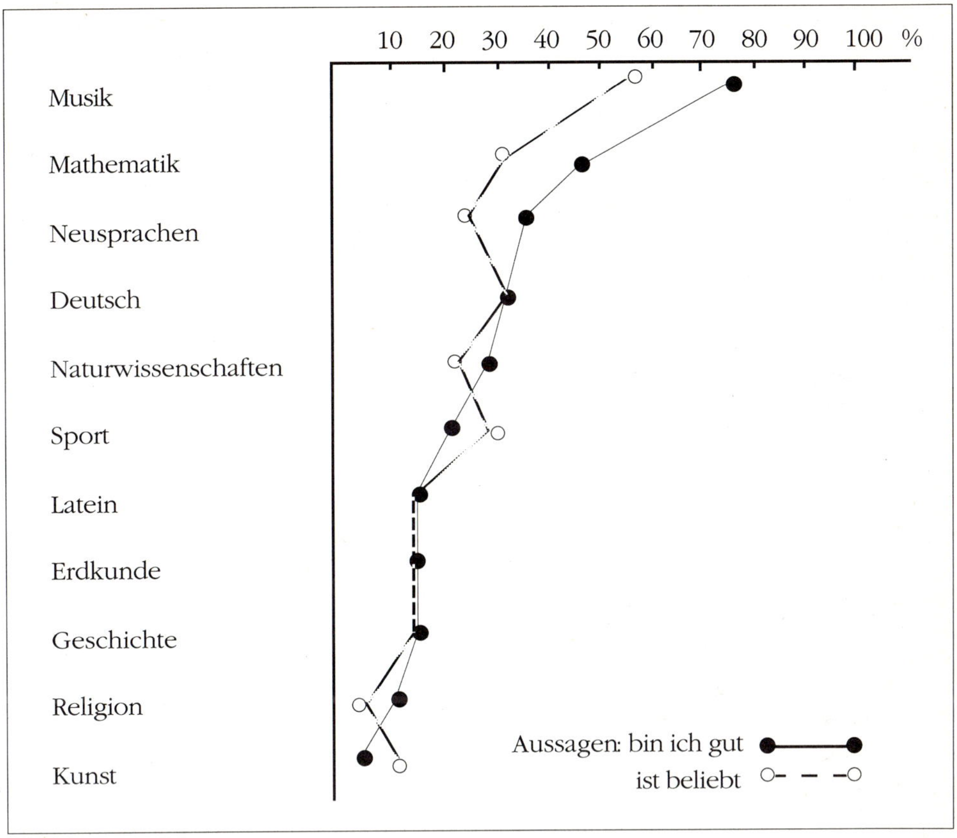

Grafik: Leistungen in einzelnen Fächern in der Selbstbewertung und Vergleich mit der Beliebtheit des Faches

Neben der ausgeprägten Neigung im Mathematisch-Naturwissenschaftlichen gibt es keine weitere signifikante Tendenz in unserer zahlenmäßig begrenzten Stichprobe. Wir erhoffen uns von der 2. Forschungsphase mit der Befragung von etwa 2000 jungen Musikbegabungen differenziertere und vor allem repräsentative Ergebnisse. Verallgemeinernd läßt sich jedoch festhalten, daß unsere Jugendlichen relativ „gute" Schüler sind, nicht zuletzt deswegen, weil das Lernen in der Schule dem Lernen eines Instrumentes und den damit verbundenen Qualifikationen sehr entgegenkommt (Konzentrationsvermögen, Ehrgeiz, Übe-Bereitschaft, Ausdauer, Wille...)

Eine weitere allgemeine Tendenz spiegelt sich in der Erkenntnis, daß Interessen und Neigungen der jungen Begabungen zum Teil breit streuen; so resümiert eine 17jährige nicht untypisch für viele andere:

Interesse an Schule habe ich vor allem durch die Leistungskurse in Deutsch entwickelt, habe da erst unheimlich Spaß an Schule bekommen. Den naturwissen-

schaftlichen Bereich habe ich teilweise auch sehr gerne gemacht, das lag auch an den Lehrern. Altsprachen mache ich sehr gerne, ich bin auf einem humanistischen Gymnasium und habe Latein und Griechisch. Nur mit den neuen Sprachen stehe ich immer so ein bißchen auf dem Kriegsfuß. Englisch habe ich abgewählt, Französisch mache ich jetzt sehr gerne (17, w, I 68).

Schulabschluß, ein unantastbarer Elternanspruch

Da könnte der Karajan oder irgendjemand kommen und könnte sagen „Du kannst bei mir anfangen!". Da würde ich sagen: „Erst machst Du die Schule fertig!" (V, I 59).

Das Abitur ist ein notwendiges Übel (M, I 21).

Reiß Dich zusammen, mach ein akzeptables Abitur, Du weißt nie, ob Du wirklich eine Musikerin wirst! (V, I 66).

Viele Erzieher wird interessieren, wie Eltern instrumental begabter Kinder über die Notwendigkeit eines schulischen Abschlusses denken, wie sie die frühe Festlegung auf den Musikerberuf bewerten, wie sie die Doppelbelastung von Schule und Musizieren erlebt und mitgetragen haben, ob das Instrument Priorität vor der Schule hat (woran die Jugendlichen selbst keine Zweifel ließen).

Wir hatten bereits an anderer Stelle festgestellt, daß die eindeutige Mehrheit aller Eltern an einem Schulabschluß (in den meisten Fällen das Abitur) keinen Zweifel läßt. Sie äußern ihre Sorgen, daß man letztlich keine Garantie habe, den erwünschten Beruf des Orchestermusikers zu erreichen. Probespiele, kaum noch Nachwuchsmangel in den meisten Instrumenten, unberechenbare Unwegsamkeiten, Erkrankungen oder Unfälle sind Hindernisse, die den Traum vom Berufsmusiker jäh beenden könnten.

Ein guter Schulabschluß ist nach Ansicht der Eltern schon die „halbe Miete" für berufliche Alternativen, die man sich ihrer Meinung nach grundsätzlich offenhalten muß. Stimmungen und Stimmen:

Ich weiß ja gar nicht, ob mein Kind ein Leben lang gesund ist, um Musik spielen zu können... weil ich bessere Möglichkeiten habe, wenn ich einen besseren Schulabschluß habe...

Es stand eigentlich nie außer Zweifel, daß Schule eine primäre Verantwortung im Vergleich zur musikalischen Ausbildung für sie war. Sie hätte mit 16 Jahren die Schule gar nicht verlassen können, weil ihre Allgemeinbildung nicht so fortgeschritten war, um auch etwas anderes als Musik machen zu können. Der Stand der Dinge läßt keine Solistenkarriere erwarten, der Druck und die Konkurrenz sind so groß, daß ich mir keine Hoffnungen mache. Ich habe sie auch gewarnt und habe Enttäuschungen vorbeugen wollen (V, I 58).

Bei einigen Eltern wird die Frage nach dem Schulabschluß mit aller Entschiedenheit beantwortet:

> *Ohne Abitur? Das ist gar keine Diskussion, sie macht das Abitur! Das ist Voraussetzung, auch beim Musikstudium* (M, I 68).

> *Am Abitur gab es nie einen Zweifel, Abitur war sicher, daran ging kein Weg vorbei* (V, I 43).

> *Gleichgültig, was er einmal werden wird, unter den beruflichen Verhältnissen von heute ist es so: Ohne gutes Abitur ist einfach die berufliche Zukunft vernagelt* (V, I 52).

Hier und da ergeben sich in der Entscheidung „Abitur, ja oder nein?" erhebliche Konflikte zwischen Eltern und Instrumentallehrern, weil sich Schulinteressen der Eltern nicht mit den Ausbildungsinteressen der Lehrer decken. Im Ernstfall setzen sich die Eltern durch.

> *Als sie 16 Jahre war, hat ihr ihre Lehrerin geraten, die Mittlere Reife zu machen und dann sofort zum Studium zu gehen. Die Lehrerin hat es mir seinerzeit sehr krumm genommen, als ich sagte: „Ich will überhaupt nichts davon wissen." Allein der Gedanke, daß ich sie mit 16 nach XXX (Studienort) geben soll, daß ich ihre Erziehung überhaupt nicht mehr verfolgen kann, war mir zuwider. Ich hing zu sehr an ihr, und mir war eine umfassende Persönlichkeitsbildung zu wichtig. Musik, alles schön und gut, die hat sie sowieso gemacht; ob 3 Jahre früher oder später, das ist vollkommen unwichtig, aber Abitur sollte sie machen. Und die letzten 3 Jahre in der Schule haben ihr so viel gebracht. Die waren für ihre Entwicklung kolossal wichtig. Ich war nur froh, daß meine Tochter selbst für die Schule war, sonst hätte ich sie vielleicht überreden müssen* (M, I 16).

Und wo Kinder in Versuchung kommen, die Schule frühzeitig zu verlassen, um sich rein aufs Musizieren zu konzentrieren, da reden es ihre Eltern ihnen „kräftig aus":

> *Wir haben ihm gesagt: "Mache das Abitur, Du hältst Dir die Möglichkeiten offen, wenn Du nur an das Lehramt denkst, gerade heute in dieser schwierigen Zeit". Er hat es wohl schließlich eingesehen, wenn auch nicht offen zugegeben* (V, I 31).
> *..Ich sagte ihm: „Wenn Du kurz davor stehst und dann davor wegläufst, dann bereust Du es vielleicht später..."* (M, I 31).

Manche Instrumentallehrer selbst scheinen ein lebendes Beispiel dafür, Schule nicht zu früh aufzugeben. So berichtet eine Mutter von einem Lehrer, der Oboe studierte, keine Anstellung bekam, und dann „auf Musikschullehrer ausgewichen ist". Er habe, so die Mutter, darunter gelitten, keinen Schulabschluß zu haben.

Außerdem verweisen Eltern darauf, daß das Lernen ihren Kindern im allgemeinen sehr leicht falle. Warum also kein Abitur machen, ist die logische Quintessenz.

Daß sich in die Bewertungen des Abschlusses auch kritische Noten zur Schulreform mischen, war zu erwarten:

Was ich schlimm finde, ist dieses Abiturdenken mit Einskommasoundsoviel, so ein „numerus clausus“. Wir achten bei unseren Kindern sehr darauf, daß sie nicht darauf hinarbeiten. In den Oberstufen wird nur noch mit Schmalspur gearbeitet, keiner kümmert sich um den anderen, jeder will für sich das Beste rausholen. Der Schulabschluß sollte im Rahmen der Möglichkeiten des Kindes liegen, ich erwarte nicht einen sehr guten Abschluß. Und würde die Begabung meines Kindes für ein Gymnasium nicht ausreichen, hätte ich es nicht dort hingeschickt (M, I 25).

Daneben gibt es eine Gruppe von Eltern, die ihren eigenen Anspruch relativiert und von den Bedürfnissen bzw. Einschätzungen der Kinder abhängig macht. Gleichwohl sind auch sie von der lebensmäßigen Wichtigkeit eines Schulabschlusses überzeugt. Für manche Eltern ist das Abitur geradezu ein Sozialetikett, auf das heute niemand verzichten kann.

Wir sind vielleicht solche Bildungssnobs, daß wir sagen „Abitur mußt Du machen“, aber wenn ich es real ermesse, vergehen wir uns vielleicht an seiner Entwicklung (V, I 36).

Diese Eltern sind zum Teil auch unsicher, wenn sie bedenken, daß die letzten Jahre in der Schule zum intensiveren Üben und zur noch qualifizierteren Vorbereitung auf den Beruf genutzt werden könnten.

Für mich bedeutet Abitur so viel, wie es für meine Tochter bedeutet. Und für sie kommt die Musik zuerst. Das Abitur ist ein notwendiges Übel, aber man macht es. Hausaufgaben stehen am Rande, und sei es, daß sie sie noch im Auto macht. Ihre Hauptkraft verlegt sie in die Übe-Zeit (M, I 21).

Eine Mutter wünschte sich eine bildungspolitische Flexibilität, die auf besondere Begabungen in puncto Studienreglements angemessener reagieren ließe.

Wir möchten schon gerne, daß sie Abitur macht. Auf der anderen Seite könnte sie in den verbleibenden vier Jahren als Vollstudentin an der Hochschule immatrikuliert sein. Die vier Jahre wären dann für die Musikausbildung nicht so verloren. Sie könnte von ihrer Begabung her Gymnasium und Vollstudium gleichzeitig leisten, aber das geht leider von den Regeln her nicht. Ich weiß auch, daß man daraus keine Praxis machen kann, aber wenn jemand dazu fähig ist, das zu machen, warum nicht? (M, I 61).

Als Ideal stellen sich die Eltern freilich Schulabschluß und Musikstudium vor. Beides sollte möglich sein, und das Gymnasium sollte in seinem Musikangebot noch stärker auf ein Studium hinarbeiten. Übrigens klagen Eltern nicht selten eine größere Toleranz von Schule und Lehrern gegenüber dem außerschulischen Engagement der Kinder ein: keine Klassenarbeiten bei Vorspielgelegenheiten und Konzerten der Kinder, kein zu schwieriger neuer Stoff im Unterricht, wenn Kinder musizierbedingt abwesend sind. Eine Mutter meint:

Einfach ein bißchen mehr Rücksicht nehmen, was wäre unsere Gesellschaft ohne diese hochmusikalischen Kinder?

Hatte sie Karl Marx gelesen, der da feststellt: *Hochbegabung ist ein Geschenk der Natur an die Gesellschaft?* Daß das Lernen eines Instrumentes auch dem Lernen in der Schule aus Gründen weitgehender Lernäquivalenz zugute kommt, hatten wir bereits aus den Kommentaren der Jugendlichen interpretieren können. Die Erzählung einer Mutter bestätigt diese Erkenntnis:

> *Ich habe die Erfahrung gemacht, daß die schulischen Leistungen gesunken sind, als sie wegen meiner Erkrankung nicht richtig musizieren und üben konnte. Aber in Zeiten, wo sie gestreßt und angespannt war, da kamen auch die schulischen Leistungen wie von alleine. Es ist so: Wenn ich meine Kinder gammeln lasse, dann sinken auch die schulischen Leistungen. Ein gesunder Streß, Zeiteinteilung, Anspannung, dann geht alles leichter, nicht von alleine, aber leichter!* (M, I 21).

Die wenigen Eltern, die unsicher sind ob „Abitur - ja oder nein?", lassen sich beraten, suchen nach Informationen und Erfahrungen bei jenen, die bereits im Beruf stehen.

> *Wir waren eine gewisse Zeit unsicher, er hätte sein A-Examen auch mit Mittlerer Reife machen können, und wir meinten, daß er in der Schule sich in viele Dinge investiert, die ihn später nicht mehr so jucken. Dann ist es uns aber von mehreren Seiten, von Insidern, die in diesem Metier tätig sind und auch alle ihr Abitur haben, klargemacht worden, daß er sein Abitur machen soll. Es wäre ein schlechter Entschluß von uns gewesen; jetzt soll er also Abitur machen, sonst wären gewisse Türen, wie z. B. im Hochschulbereich, automatisch geschlossen* (17, m, I 08).

Ein Vater gesteht ein, daß er sich in einer schweren Entscheidungsphase befindet, ohne eine Lösung zu wissen. Er sieht die tägliche Belastung durch die Schule, dazu die Hausaufgaben und anderes mehr. Von bildungspolitischem Interesse mögen seine schulorganisatorischen Gedanken sein, auf die wir in unserem Schlußkapitel eingehen wollen. Ohne Nachtschichten scheint das Arbeitspensum seines Sohnes kaum leistbar.

> *Es sind seine besten Jahre für die musikalische Ausbildung, und ich weiß nicht, ob ich richtig handele, wenn ich ihm zumute: Jeden Tag 6 Stunden in der Schule, 1 Stunde mindestens Hausaufgaben, macht 42 Stunden in der Woche, wenn wir nur die Schule nehmen, manchmal noch mehr. 2 Stunden in der Woche für 2 Instrumente, das bedeutet je 6 Stunden Vorbereitung in der Woche, das sind schon wieder 12 Stunden; rein netto, wenn ich die vielen Hin- und Rückfahrten noch rechne, habe ich schon 56 Stunden. Dann kommen die Mucken, die Konzerte, die Vorbereitungen dafür, die Fahrten. Dann spielt er in drei Orchestern, hat sein Quartett, fährt bis nach XXX, was 1 bis 2 Tage kostet, das BJO, das Kammerorchester in der Hochschule... Da läppert sich einiges zusammen... Sein XXX-Lehrer* (Zweitinstrument) *sagt, er habe eine phantastische Begabung, er solle intensiv üben und die Schule links liegen lassen. Es sei kolossal, was er bringen kann. Aber er kann es zeitlich nicht... Was er in der Schule mitbekommt, nannte man früher mal klassische Bildung. Aber ich kann die Frage nicht beantworten, und ich bin unsicher, was unsere Entscheidung angeht. Ich weiß nicht, was*

> *richtig ist, und ich lasse die Dinge vorläufig schleifen. Mit größter Überzeugung bin ich nicht bei dem Abitur, aber vielleicht ist dieses Papier, dieses Dokument später einmal so wichtig. Hier sieht man die organisatorischen Mängel des Schulwesens. Es müßte Musikschulen geben, in denen parallel zur Schule auch Fächer unterrichtet werden, die den Adepten zum Abitur führen, mit 20 oder 21 Jahren, es muß ja nicht geeilt werden. Das wäre für mich die Lösung meines Problems, aber wir haben in der Bundesrepublik keine solche Schule, das ist ein großer Mangel der Mittelstufenausbildung* (V, I 36).

Man spürt die Erzieherverantwortung dieses Vaters, der sich zwischen Berufsqualifikation und Allgemeinbildung seines Sohnes nicht zu entscheiden vermag. Keine leichte Bürde, bedenkt man, daß „ohne" Schule wertvolles Begabungspotential unzureichend gefördert und „mit" Schule eine ganzheitlichere Persönlichkeitsentfaltung beeinträchtigt werden könnte. Ob eine organisatorische Lösung wie vorgeschlagen der Stein des Weisen sein könnte, sei in die bildungspolitische Diskussion verantwortlicher Politik mit allem Nachdruck weitergegeben. In anderen Ländern freilich existieren solche Schulen bzw. Colleges für (Hoch-) Begabungen, die versuchen, die musikalische und persönliche Entwicklung der Jugendlichen gleichermaßen optimal zu fördern. Sind wir unter diesem Aspekt in der Bundesrepublik einstweilen noch Entwicklungsland?

Ein Vater, mit ähnlichen Erziehungsproblemen belastet, wollte seine Kinder in der Menuhin-Schule in London unterbringen, was letztlich aus finanziellen Gründen gescheitert ist:

> *Unsere drei Kinder sollten immer in die Menuhin-Schule kommen, haben dort auch vorgespielt. Aber es sollte pro Kind 2500 DM im Monat kosten. Soviel verdiene ich nicht. Wir haben das Land nach Zuschüssen gefragt, aber das Land war damals finanziell schlecht dran, und es lehnte ab. Wir waren mal 2 Tage mit den Lehrern und Schülern der Menuhin-Schule in London zusammen. Wir sagten uns, wenn schon ein Internat, dann nur dahin. Lehrer und Schüler haben einen hervorragenden Eindruck gemacht. Wir waren wirklich im Konflikt, ob wir aus Egoismus die Kinder behüten wollten (und ihnen dann nicht was verbauen) oder ob wir ihnen mit dem Internat mehr geben konnten. Wir brauchten den Konflikt nicht zu Ende zu denken, weil einfach die Mittel nicht da waren. Das Kultusministerium unseres Landes hat uns anders geholfen. Wir nahmen ihn mit 14 Jahren aus der Schule und er machte das Abitur extern über Privatunterricht* (V, I 67; Anmerkung: Der Jugendliche hat Instrumentalunterricht bei einem renommierten Lehrer in der Schweiz, zu dem ihn sein Vater regelmäßig hinfährt.).

Der Vorschlag dieses Vaters veranlaßt uns, auf Gedanken Menuhins[265] über Hintergründe, Ideen und Ansprüche seiner nach ihm benannten Internatsschule hinzuweisen, weil sie für interessierte Eltern und bildungspolitische Konsequenzen sicher von Bedeutung sind.

[265] Yehudi Menuhin, a.a.O., S. 238-241

(Hoch-) Begabungsfindung und -förderung

Zu politischen und pädagogischen Konsequenzen der Studie

Klassik musizierende Jugend ist eine von zahlreichen musikalischen Teilkulturen in unserer Gesellschaft. In welchen Merkmalen sie sich von anderen Jugendkulturen unterscheidet, welche Werthaltungen und Zielsetzungen sie charakterisiert, sollte aus den Erzählungen zu „musikalischen Lebenswelten" hervorgehen. Darüberhinaus drängen sich in einer Studie über junge instrumentale Talente situationsanalytische Fragen einer angemessenen Nachwuchs- und Begabungsförderung in unserem Lande geradezu auf. Wie denken jene, die selbst förderungswürdig sind bzw. um Begabungsförderung nachsuchen, über bereits erfahrene oder auch ausgebliebene Unterstützung, was kritisieren bzw. wünschen sich ihre Erzieher? Welche Erwartungen hegen sie, welche Defizite in der Nachwuchsförderung haben sie erfahren, wie rechtfertigen sie Sonderansprüche an Staat, Gesellschaft, Schule und an das Fach Instrumental- bzw. Musikpädagogik? Wir erhalten quasi Informationen aus erster Hand, weil wir Betroffene selbst befragen und nicht Politiker oder Fachräte. Die Meinungen der Jugendlichen und ihrer Eltern könnten für konkrete Politik neue Maßstäbe und Perspektiven setzen.

Wir wollen die Frage einer „musikalischen" (Hoch-) Begabungsförderung im besonderen mit Überlegungen zur politisch kontroversen Diskussion einer Hochbegabungsförderung im allgemeinen einleiten. Erst vor diesem Hintergrund ist eine facheigene Spitzenförderung angemessen zu bewerten.

Hochbegabungsförderung - noch immer eine hochgeputschte politische Reizvokabel!

Es steht außer Frage, daß wir mit dieser Studie zu musikalischen (Hoch-) Begabungen ein bildungs- und gesellschaftspolitisch heißes Eisen anfassen. Jede Begabungsstudie gerät heute leider noch immer in die unsinnige Kontroverse einer angemessenen Breiten- oder Spitzenförderung begabter Menschen. Es steht außer Zweifel, daß der breite Aufgabenkreis einer Findung und Förderung von (Hoch-) Begabungen in der Bundesrepublik aus einem falschen demokratischen Selbstverständnis lange vernachlässigt wurde; erst seit etwa 1983 ist zum Beispiel das Bundesministerium für Bildung und Wissenschaft (als Förderer auch des vorliegenden Forschungsprojektes) verstärkt um entsprechende Begabtenstudien und Förderprogramme bemüht. Das politische und fachliche Interesse richtet sich heute verstärkt auf die Frage einer adäquaten Förderung von Sonderbegabungen.

In sicheren Zeitabständen und aus gegebenen Anlässen wird das Thema von Politikern, Gewerkschaften, Fachideologen immer wieder hochgespielt. Kaum eine Tages- oder Wochenzeitung versäumt dann die Gelegenheit einer geistreichen Kommentierung oder journalistischen Glossierung. Nehmen wir beispielhaft einen nur knappen Zeitraum im Sommer 1985, in den der 6. Weltkongreß über hochbegabte und talentierte Kinder fiel[266]. Die Schlagzeilen der Presse: *„Wir sind nicht auf den Hund gekommen". Hinter dem Geschwätz von einer neuen Elite verbirgt sich viel Ratlosigkeit* (G. Hoffmann in *Die Zeit*, Nr. 34, 1985) - *Auch hochbegabte Kinder brauchen Hilfe* (R. Nitschke in *Die Welt*, Nr. 183, 1985) - *„Deutschland, deine Wunderkinder". Noch tun sich Schule und Gesellschaft schwer mit Hochbegabten* (W. Nagel in *Rheinischer Merkur*, Nr. 33, 1985). Wissenschaftler und Gewerkschaftler spannen sich ins ideologische Geschirr und ziehen gegebenfalls gegen den „Mythos" der Hochbegabten zu Felde. Schon in diesen wenigen Schlagzeilen sind Positionen markiert, die im wesentlichen ideologisch motiviert sind. Die scheinbar un-überbrückbare, aber deswegen kaum weniger unsinnige Diskrepanz in der Bewertung von Spitzenförderung läßt sich an zwei Aussagen zweier zuständiger Minister unterschiedlicher Parteienprovenienz drastisch dokumentieren. Im Rahmen des Hamburger Weltkongresses über Hochbegabungsförderung sprach die ehemalige Bundesministerin für Bildung und Wissenschaft, Dorothee Wilms, davon, daß es sich kein Staat leisten könne, einen Großteil der intellektuellen und schöpferischen Fähigkeiten junger Menschen unentdeckt und ungefördert zu lassen[267]. Der Hamburger Schulsenator Jochen Grolle erklärte dagegen den Kongreß schlicht als überflüssig, sprach von einem *Gewäsch über Eliten* und warf den Veranstaltern vor, eine längst geführte Debatte ideologisch nachzubereiten (vgl. Berichte in *Die Zeit* Nr. 34, 1985). Er warnt - wie anders könnte es sein - vor *Drill und Leistungswahn* und möchte die Kinder im *Garten des Menschlichen bewahrt sehen.* Seine Grundfrage *In welchem Umfang hat eine Gesellschaft das Recht, ihre Erfolgsbedürfnisse bereits ihren Kindern aufzudrücken?* flankierte er mit dem schweren aber unpassenden Geschütz der Pädagogik der Aufklärung, die zum Schutze der Minderjährigen das *Eigenrecht des Kindes* postulierte. Dabei ist das Argument ebenso umkehrbar, denn das Eigenrecht eines jeden Kindes besteht in seiner optimalen Förderung und Entfaltung, erst darin zeigt sich die im Grundgesetz festgelegte Chancengleichheit aller Menschen. Wie ideologisch Grolle argumentiert, offenbart seine neomusische und mit sektiererischem Predigerton erho-

266 Der Kongreß ist dokumentiert in dem von Wilhelm Wieczerkowski herausgegebenen Band: *Hochbegabung, Gesellschaft, Schule*, Bad Honnef 1986 (im Auftrag des Bundesministers für Bildung und Wissenschaft).

267 Nahezu gleichlautend Margot Honecker (Ministerin für Kultur in der DDR): *Die sozialistische Gesellschaft braucht alle schöpferischen Begabungen der Menschen. Sie wird selbst um so reicher, je reicher sich die Individualität ihrer Mitglieder entfaltet. Und sie schafft dafür mit ihrem Fortschreiten immer günstigere Bedingungen*, zit. n. H.-G. Mehlhorn: *Künstlerische Begabung entwickeln, erkennen und fördern. Eine Dokumentation der Arbeitsgruppe Pädagogik/Psychologie an der Musikhochschule Leipzig*, 1987, S. 1

bene Forderung: *Wir sollten die Gaben unserer Kinder nicht dem Moloch der instrumentellen Vernunft ausliefern, sondern sie im „Garten des Menschlichen" pflegen*[268].

Wissenschaftler sprachen im Rahmen des Hamburger Kongresses von pädagogischen Tricks anstatt von wissenschaftlicher Redlichkeit, mit der die Notwendigkeit einer besonderen Förderung begründet werde[269]. Als wenn alles so einfach wäre! Was bedauerlich ist und bleibt, ist die erschreckende Exklusivalternative: Breitenförderung oder Spitzenförderung! Als würde die eine die andere ausschließen! Wer heute Hochbegabungsförderung einklagt, wird reaktionärer Bildungspolitik angeklagt und elitärer Ideologie beschimpft. Und wer die bildungspolitischen Forderungen der 70er Jahre nach Chancengleichheit für alle aktualisiert, wird ebensoschnell der Gleichmacherei verdächtigt. Ein Ausweg scheint einstweilen noch immer nicht in Sicht. Was in aller Welt widerspricht einer Spitzenförderung, wenn Breiten- und Basisförderung, wenn sozial- und sonderpädagogische Hilfen nicht versäumt und vernachlässigt werden? Hochbegabungs- und Breitenförderung sind letztlich aufeinander verwiesen, denn ohne angemessene Nachwuchsförderung in der Breite bleibt eine Förderung in der Spitze von selbst aus. Beide Fördermaßnahmen sollten aus der Tabuzone ideologischer Verdächtigung befreit werden. Einsichtige Politiker, die über den ideologischen Drahtverhau einengender Gesellschaftspolitik blicken, scheinen einstweilen selten.

Zu den Ausnahmen gehört die Berliner Bildungssenatorin Hanna-Renate Laurien, die jede passende Gelegenheit nutzt, um auf die Verantwortung der Politik für Spitzen- und Breitenförderung zu verweisen. Ihr Plädoyer im Rahmen des Kieler Kongresses „Musikalische Begabung finden und fördern" (1985): *Spitzenförderung, dieses Wort ruft in unserer gesellschaftspolitischen Landschaft sofort das Reizwort Elite hervor, das zu Emotionen bei den einen, zu Attacken, Verdächtigungen und zu Begeisterung bei den anderen führt. Da wird nicht selten die falsche Alternative eingebracht, daß Förderung von Spitzenbegabungen auf Kosten der Schwächeren geschehe, da wird in fast biologistischem Materialismus davon gesprochen, daß sich Begabte ja sowieso durchsetzen, und dann wird Förderung von Fähigen mißinterpretiert zum Königsweg der Privilegien, zum Tor der Macht. Lassen Sie uns mit diesem Bündel von Torheiten aufräumen!... Die Ansprüche des Hochbegabten sind ebenso berechtigt wie die des Benachteiligten, das „sowohl als auch" und nicht das „entweder oder" muß pädagogisch gelten.*[270] Mehr und mehr erkennen verantwortliche Politiker(innen) die Verantwortung für den (hoch-) begabten jungen Menschen. Richard Jacoby, Präsident des Deutschen Musikrates, schreibt in seinem Vorwort zum Dokumentationsband des Kieler Kongres-

268 Joist Grolle: *Im Garten des Menschlichen* in: DIE ZEIT, Nr. 34, 16. August 1985, S. 27, vgl. als Antwort den Beitrag von Gerd Bucerius: *Die Scheuklappen des Senators. Hamburgs Schul-Chef Joist Grolle wettert mit fadenscheinigen Gründen gegen die Begabtenförderung*, in: DIE ZEIT, Nr. 35, 23. August 1985, S. 7

269 vgl. DIE ZEIT, Nr. 31, 1985

270 Hanna-Renate Laurien: *Ist Begabung obszön? Über die Diffamierung von Begabung*, in: *Musikalische Begabung finden und fördern*, Deutscher Musikrat (Hg.): a.a.O., S. 17

ses 1985: *Das wachsende Interesse, das der bislang vernachlässigten Hochbegabtenfrage in der Bundesrepublik Deutschland beigemessen wird, zeigt sich in der Antwort des Bundesministers für Bildung und Wissenschaft auf eine kleine Anfrage zur Förderung hochbegabter Kinder und Jugendlicher. Namens der Bundesregierung hob er hervor, daß die Gesellschaft außer auf ein hohes Qualifikations- und Leistungsniveau der Bevölkerung auch auf herausragende Leistungen einzelner angewiesen ist. Förderung Hochbegabter ist eine konsequente Ausformung des Grundsatzes der Chancengerechtigkeit, die jedem jungen Menschen ohne Rücksicht auf Herkunft oder wirtschaftliche Lage das Recht auf eine seiner Begabung und seinen Fähigkeiten entsprechende Erziehung und Ausbildung zuerkennt. Es gilt Benachteiligte zu fördern und Begabte herauszufordern.*[271]

Wir können die 10 Thesen, die Weinert & Wagner zur Förderung Hochbegabter in der Bundesrepublik Deutschland aufgestellt haben, für den Sonderfall unserer musikalischen Hochbegabungen nur bestätigen und unterstützen:

1. Hochbegabtenförderung ist eine wichtige Aufgabe und eine notwendige Funktion des Bildungssystems.

2. Hochbegabtenförderung steht nicht im Widerspruch zur Breitenbildung, sondern setzt diese voraus und baut darauf auf.

3. Ein geschlossenes System der Definition und Diagnose von intellektuell Hochbegabten sowie eine darauf aufbauende, abgehobene und gezielte Förderung hat weder eine ausreichende wissenschaftliche noch eine erkennbare gesellschaftliche Basis.

4. Im Mittelpunkt der Hochbegabtenförderung sollten anspruchsvolle (zusätzliche) Lernangebote und attraktive Anreize stehen.

5. Neben dem verbindlichen Curriculum sollte es in allen Schulen sowohl Programme des zielerreichenden Lernens (gezielte Nachhilfe für Schüler mit Leistungsschwierigkeiten) als auch differenzierte Angebote für hochbegabte und leistungstüchtige Schüler geben.

6. Um solche Angebote nutzbar zu machen, ist die Beratung von Eltern hochbegabter Kinder und der hochbegabten Jugendlichen selbst systematisch zu verbessern.

7. Eine weitere Vorbedingung für die Hochbegabtenförderung ist die Aufnahme dieser pädagogischen Thematik in die Lehreraus- und Lehrerfortbildung.

8. Hochbegabtenförderung sollte nicht nur im Gymnasium, sondern auch in den übrigen allgemeinbildenden und besonders in berufsbildenden Schulen realisiert werden.

9. Hochschulen und Fachhochschulen sind besonders wichtige Orte der Hochbegabtenförderung.

10. Die Wünsche nach formalen Trainingsprogrammen sollten durch Entwicklung geeigneter Materialien zur Verbesserung individueller Kompetenzen des Lernens und

271 Richard Jacoby: Vorwort, in: *Musikalische Begabung finden und fördern*, a.a.O., S. 11

des Problemlösens für Jugendliche verschiedenen Alters und unterschiedlicher Begabung befriedigt werden.[272]

Musikalische (Hoch-) Begabungsförderung oder Musikgenies reifen nicht von selbst!

In dieser allgemeinen Hochbegabungsdiskussion fehlt es nicht an Hinweisen auf künstlerische oder sportliche Hochbegabungen, die zwar als ungemein wichtiges gesellschaftliches Potential anerkannt werden, aber offensichtlich unter dem Motto der „Selbsthilfe aus eigener Kraft" sich überlassen bleiben. Hermann Röhrs schreibt in der Rezension des genannten Dokumentationsbandes des 6. Weltkongresses über Hochbegabungen zu Recht: *Hochbegabung ist nicht weniger gefährdet als die Minderbegabung, wenn auch in grundsätzlich anderer Weise. Soweit sie nicht des herausfordernden Verstehens sicher sein kann, treibt sie in soziale exzeptionelle Situationen – sei es die Isolierung mit vielen möglichen Symptomen oder sei es zur Schaustellung in der Rolle des geistvollen Störenfrieds oder des Dilettierenden im Hundertfältigen.*[273] Auch in der Stichprobe unserer Studie finden sich solche Fallbeispiele, wenn auch glücklicherweise nur vereinzelt.

Vom Paradewunderkind Mozart ist schnell die Rede oder, aktueller vielleicht, vom „Mozart des Sports", sprich: Boris Becker. Mit journalistischer Chuzpe werden Probleme der musikalischen Begabungsförderung als sekundär oder als nicht gegeben apostrophiert. Wolfgang Nagel meint im *Rheinischen Merkur. Ein Junge, der brillant musiziert, bekommt gezielten Unterricht und kann in ein Schulorchester eintreten – vielleicht komponiert er einst mal große Opern oder verstärkt die weltberühmten Berliner Philharmoniker*[274]. Na bitte, so sieht also die Karriere der „musikalischen" Hochbegabungen aus! Worüber sich die Fachleute da noch Gedanken machen? Und in der *Zeit* heißt es: *Nur im Sport, in der Musik und Mathematik nämlich ist eine „Identifizierung" früh und "mit ziemlicher Sicherheit" möglich – noch eh das Kleinkind in die Tasten des Fortepianos gegriffen hat...*[275] Das schwierige Problem der Früherkennung eines musikalischen Talents wird hier gedankenlos-platt verharmlost, was aber zur Auffassung paßt, daß die Diskussion um Hochbegabungsförderung lediglich als Streit im Bonner Sommerloch 1985 zu werten sei.

272 F. E. Weinert & H. Wagner (Hg.): *Die Förderung Hochbegabter in der Bundesrepublik Deutschland: Probleme, Positionen, Perspektiven*, Bad Honnef 1987, S. 152

273 Hermann Röhrs: in: *Pädagogische Rundschau* 41. Jg., Mai/Juni 1987, S. 354

274 Wolfgang Nagel: *Deutschland, deine Wunderkinder*, in: *Rheinischer Merkur*, Nr. 33, 10. August 1985, S. 3

275 Dorothea Hilgenberg: *Streit im Sommerloch* (Kommentar zum Internationalen Kongreß in Hamburg), in: DIE ZEIT, Nr. 34, 16. August 1985, S. 27

Akzeptiert man die bildungstheoretische und bildungspolitische Prämisse, daß es nichts Ungleicheres gibt, als Ungleiche gleich zu behandeln, dann kann sich niemand an einer Spitzenförderung vorbeimogeln. Richard Jacoby verweist wiederholt und engagiert auf die Notwendigkeit einer angemessenen Hochbegabtenförderung und gibt dieses Problem als Dringlichkeitsfrage erster Ordnung in die fachliche und politische Verantwortung weiter: *Wir tun uns schwer zwischen den beiden Polen, auf der einen Seite wollen wir eine breite Musikalisierung der Studenten, auf der anderen Seite geht dies vielleicht auf Kosten einer absoluten Spitzenausbildung. Wir müssen es noch schaffen, daß wir für diese Spitzenbegabungen unkonventionelle Lösungen finden, die nicht gehemmt werden durch Reizworte wie Chancengleichheit. Wir müssen sehen, daß Chancengleichheit zum Zuge kommt, daß wir aber entgegen einer Gleichmacherei und Nivellierung die wenigen Spitzenbegabungen, die nur da sein können, noch mehr fördern als bisher* (in: *Aspekte*, ZDF, 12. Juli 1985).

Nun geht es in unserer Studie, die einen Beitrag zur bisher vernachlässigten (Hoch-) Begabtenforschung leisten möchte, nicht ausschließlich um die Frage der Hochbegabungsförderung, sondern viel allgemeiner und breitenwirksamer um die Frage einer angemessenen Nachwuchsförderung, die Breiten- und Spitzenförderung einschließt. Es wäre vermessen anzunehmen, hinter den Bundespreisträgern und -teilnehmern von Jugend musiziert würden sich ausschließlich Hochbegabungen verbergen. Aber es ist auch nicht auszuschließen, daß ein gewisser Prozentsatz als Spitzenbegabung einzuschätzen ist. Vielleicht können die Erfahrungen der talentierten Nachwuchsmusiker unserer Stichprobe und die ihrer Eltern zur Versachlichung der Diskussion beitragen und einige neue Förderungsaspekte eruieren.

Ganz sicher aber möchten wir mit diesem empirischen Beitrag gegen jene „Mythen" argumentieren, die gegen eine Hochbegabungsförderung mit ziemlicher Ignoranz gebraucht werden, von einer Seite, die gerne vom„Mythos der Hochbegabung" spricht und sich selbst fleißig des Hörensagens bedient. Wollte man nach institutionellen Konsequenzen fragen, dann wäre beispielsweise an die Einrichtung einer Beratungsstelle mit Forschungsaufträgen von praktischer und wissenschaftlicher Bedeutung zu denken, vergleichbar etwa der von Wilhelm Wieczerkowski an der Universität Hamburg eingerichteten Beratungsstelle. Wir denken an eine Musikpädagogische Akademie oder an eine Anlaufstelle im Verband Deutscher Musikschulen, an eine Bundesakademie für Musik, an einen Lehrstuhl für facheigene Begabtenforschung an einer Universität oder einer Musikhochschule. Zu alledem sind einstweilen nur vereinzelte Ansätze zu registrieren (z. B. das ebenfalls vom BMBW geförderte Heller-Projekt an der Universität München zum Thema: Formen der Hochbegabung bei Kindern und Jugendlichen. Identifikation, Entwicklungs- und Leistungsanalyse; ab 1984).

Neben die Einrichtung von Forschungs- und Beratungsstellen müßte die schulische Institutionalisierung weitergedacht werden. In anderen europäischen Ländern und in den USA gibt es bereits Spezialschulen und Colleges, die dem Anspruch von besonderen Begabungen eher gerecht werden können (Juilliard School in New York, Liszt Akademie in Budapest, Tschaikowski-Konservatorium in Moskau, Musikspezialschulen der Deutschen Demokratischen Republik, die Menuhin-Konservatorien in Stoke D'Abernon,

England, oder in Gstaad, Schweiz...). Hermann Rauhe analysiert und diagnostiziert gewichtige Gründe für *die manchen so quälend erscheinenden Niveauunterschiede zwischen ausländischen und deutschen Musikern,* und er sieht sie *im generellen Erziehungssystem der Bundesrepublik, das der Bildung von Eliten nicht gerade dienlich ist. Das dezentralistische System besitzt seine eminenten Vorteile für eine Bildung auf breiter Basis, aber es erschwert es den Guten, zu Besten zu werden. Zum Vergleich: an der Juilliard School of Music in New York, einer Eliteschule, wie sie Deutschland nicht besitzt, studieren bisweilen dreißig bis vierzig hervorragende Geiger. Am Curtis Institute in Philadelphia, an der Eastman School in Rochester, an der Music School der Indiana University in Bloomington oder am New England Conservatory in Boston ist die Situation nicht viel anders. In Deutschland aber kann ein großes musikalisches Talent, das in Freiburg Bratsche oder Oboe, in Köln Geige, in Hamburg Flöte, in Frankfurt vielleicht Violoncello und in Hannover Klavier studiert, schon sehr einsam sein.* Hermann Rauhe als Präsident der Hamburger Hochschule für Musik und Darstellende Kunst sollte es wissen, die Szene kennen, und wir geben gerne die konkreten Erfahrungen seiner US-Reisen wieder: *Vermutlich ist es gar nicht so übertrieben, wenn Gideon Waldrup von der Juilliard School behauptet, „das deutsche Gymnasium wird niemals einen einzigen Musiker hervorbringen". An amerikanischen Schulen - Elementary School und Highschool gleichermaßen – kann man im Wahlfach Musik kostenlos Instrumental- und Gesangsunterricht erhalten, jede Schule besitzt zudem ihr Orchester und meist auch noch eine Reihe weiterer Bands. In Deutschland ist dagegen in den letzten zehn bis zwanzig Jahren – von Ausnahmen natürlich abgesehen – sowohl an der Grundschule wie der höheren Schule fast schon so etwas wie eine Demontage des Musikunterrichts betrieben worden. Wer sich praktisch musikalisch betätigen will, der muß in den meisten Fällen hierzulande beträchtliche Eigeninitiative entwickeln, mit allen Risiken und Zufälligkeiten, die solche Anstrengungen immer einschließen* (Hier liegt ein wesentlicher Kritikpunkt auch der Eltern der Jugendlichen unserer Stichprobe, der Verf.). *So mag verständlich sein, daß Hochschullehrer in Deutschland von einem blinden Fleck in der musikalischen Erziehung sprechen und ihr Institut auch nicht mehr als Ausbildungsstätte sehen, sondern als musikalische Reparaturwerkstatt*[276]. Im zitierten Beitrag nennt Hermann Rauhe weitere Gründe für die Niveaudifferenzen von deutschen und ausländischen Nachwuchsmusikern.

Mit Interesse lesen wir, was Karlheinz Kämmerling auf dem Kieler Kongreß 1985 unter der Fragestellung „Müssen wir etwas ändern? Begabtenfindung vor dem Studium"[277] aus den USA an Erfahrungen mitbringt: *Wie alle berühmten Geigenlehrer (Sevcik, Auer, Flesch) unterrichten Dorothy DeLay und ihre Assistenten bis zur Hälfte ihrer ca. 50 Wochenstunden (!) Kinder im Alter zwischen 8 und 16 Jahren. Samstags findet man in den Gängen dieser Schulen selten einen Collegestudenten. Sie sind dann fast ausschließlich von Kindern bevölkert, die außer ihrem Hauptfach auch Gehörbildung,*

[276] Hermann Rauhe: *Zwei Dutzend Kanäle – und wer übt Klavier?* in: *nmz* 4/1984, S. 1, 8, 9

[277] Karlheinz Kämmerling, in: *Musikalische Begabung finden und fördern*, Deutscher Musikrat (Hg.), a.a.O., S. 73-75

Theorie, Kammermusik- und Orchesterausbildung erhalten. Die Zahlenverhältnisse zeigen deutlich, wie wichtig diese Nachwuchsförderung von den Schulen erachtet wird. Die Juilliard School hat 300 Schüler im Pre-college; in Cincinnati ist das Verhältnis College zu Pre-college 1200 zu 1400. Der entscheidende Punkt ist, daß sich die besten Hochschullehrer dieser Arbeit widmen und sie als den wichtigsten Teil ihrer Aufgabe betrachten. Im Gespräch mit Kollegen der Juilliard School wurde betont, daß man ohne das Pre-college Juilliard nie den Namen hätte, den das Institut heute trägt. Auch Kurt Saßmannshaus[278] sieht den Grund für die Talent- und Spitzenbegabungsflut anderer Länder im System des „Pre-college" und in der Überzeugung, daß die wichtigste Arbeit mit talentierten Kindern vor dem Collegealter geschehen muß.

Was hieße nun, diese Erfahrung auf unser dezentralistisches Fördersystem zu übertragen? Da wäre zunächst ein flammender Appell: Ihr Palms, Ozims, Brandis', Holligers, Breuers, Kämmerlings, Vargas und wie Ihr Kompetenzen und Kapazitäten in den deutschen Musikhochschulen alle auch heißen möget, kümmert Euch um die Förderung des hochtalentierten Nachwuchses. Aber was, so würden sie zu Recht zurückfragen, geschieht dann mit den Studenten, die sie bereits unterrichten? Wäre etwa eine Begrenzung der eigenen Konzerttätigkeit eine Möglichkeit? Aber auch diese Lösung könnte nicht sinnvoll sein, da die „Klasse" des Instrumentallehrers sich nicht zuletzt auf internationalen Konzertbühnen bewährt. Ein Faß ohne Boden, eine Kette ohne Ende! Wir müssen über andere Wege der Nachwuchsförderung nachdenken. Eckart Rohlfs hat in seinem Beitrag *Musikerziehung in und außerhalb allgemeinbildender Schulen als Basis für Begabtenfindung und Begabtenförderung*[279] eine Situationsanalyse zum Förderungssystem in der Bundesrepublik Deutschland geleistet. Ganz sicher ist auch der Wettbewerb Jugend musiziert eine unverzichtbar wichtige Institution zur Findung und Förderung instrumentalbegabter junger Menschen, schätzungsweise 280 000 Kinder und Jugendliche haben ihn durchlaufen (Stand 1988)[280]. Hinzu kommen die vielen talentierten Jungmusiker, die sich den Bedingungen eines Wettbewerbs aus durchaus vertretbaren Gründen nicht stellen wollen und die in Provinzen und Orten mit vierstelligen Postleitzahlen wohnen. Wie werden sie erfaßt, geschweige denn gefördert bis in eine Spitze hinein?

Hanna-Renate Laurien berichtet von ersten schulorganisatorischen Ansätzen: *Das Kultusministerium Schleswig-Holstein richtet im Schuljahr 1986/87 ein Musikinternat im Schloß Plön für hochbegabte Instrumentalisten ein. Ich habe für Berlin das Thema einer Musikoberschule ins Gespräch gebracht. Das bestehende Schulsystem ist trotz aller Möglichkeiten zur Schwerpunktbildung im Fach Musik wohl nicht in der Lage, musikalische Hochbegabungen angemessen zu fördern und ihnen auch ohne Verzicht auf den qualifizierten Bildungsabschluß zu ermöglichen, ihre musikalische Begabung zu fördern... Eine Musikoberschule könnte zur Entkrampfung der Themen „Leistungsterror" und „Elite als Herrschaftsgruppe" beitragen...*[281]

278 Kurt Saßmannhaus: *Vielversprechende Modelle und Ansätze*, in: *nmz* 4/1982, S. 15
279 Eckart Rohlfs, in: Deutscher Musikrat (Hg.): a.a.O., 1986, S. 115 ff.
280 vgl. Hans Günther Bastian: *Jugend musiziert*
281 Hanna-Renate Laurien: in: Deutscher Musikrat (Hg.): a.a.O., 1986, S. 20

Wen kann es also wundern, wenn der Deutsche Musikrat emphathisch die Einrichtung von Musikgymnasien im Rahmen des Kieler Kongresses 1985 forderte: Musikalisch hochbegabte Jugendliche sollen auf den allgemeinbildenden Schulen der Bundesrepublik Förderungsmöglichkeiten zur Vorbereitung auf den Eintritt in Musikhochschulen erhalten. Dabei müsse auch das Üben am Instrument Bestandteil des Unterrichts sein. Da spezielle Musikschulen als eine Sonderform der musikalischen Begabtenförderung im Zusammenwirken mit den allgemeinbildenden Schulen fehlten, schlug der Kongreß die Einrichtung von Musikgymnasien oder Musikinternaten vor. Der Problematik angemessener Förderung ist man sich in bestimmten politischen Kreisen offensichtlich bewußt. So nennt beispielsweise der ehemalige Parlamentarische Staatssekretär im Bundesministerium für Bildung und Wissenschaft, Anton Pfeifer, einen Eckpunkt künftiger kultureller Konzentration: *Der künstlerische Nachwuchs, insbesondere an der Nahtstelle zwischen Hochschulausbildung und Übergang in die freie künstlerische Praxis ist noch stärker zu fördern*[282]. Zu diesem Zeitpunkt jedoch kommt (Hoch-) Begabungsförderung mit Sicherheit zu spät!

Es gibt an unseren Musikhochschulen und Konservatorien die vorberufliche Fachausbildung von besonders begabten Schülern, sogenannte Vor- oder Jungstudenten, aber diese ist sprichwörtlich nicht mehr als der bekannte Tropfen auf den heißen Stein. Es fehlt an Studienzentren mit hervorragenden Lehrkräften, es fehlt an begleitenden Forschungszentren, es fehlt bei vielen noch immer die bildungspolitische Einsicht, daß auch Hochbegabte der besonderen pädagogischen Förderung bedürfen. Im letzten liegt vermutlich die Wurzel der gesamten Misere[283]. Der Musikpsychologe Klaus-Ernst Behne[284] konstatiert in seinem Kieler Beitrag *Begabtenförderung – Forschungsförderung – Kulturförderung*, daß es an musikalischer Begabtenforschung in der Bundesrepublik fehlt, daß es in Zukunft vermehrt darauf ankommt, ein möglichst breitgefächertes Angebot für die elementare Beschäftigung mit Musik bereitzustellen. Was sich daraus dann als begabt, spitzenbegabt oder genial herauskristallisiert, hängt weitgehend von der persönlichen, fachlichen, aber auch menschlich-seelischen Betreuung ab.

Und es fehlt an Geld, was Heinz Josef Herbort in seiner Kommentierung des Kieler Kongresses zur kritischen Pointe veranlaßt: *Die Botschaft* (von der Begabtenfindung und -förderung, der Verf.) *hören wir alle wohl, doch den einen fehlt der Glaube, den anderen der Mut, und allen bislang das Geld. Solange der Rotstift in den Hochschuletats wütet* (und heute mehr denn je! der Verf.) *und die Lehrbeauftragten eliminiert oder mit Sozialhilfesätzen honoriert werden; solange das Einkommensteuergesetz die frei- oder nebenberufliche Tätigkeit zu einer Wohltätigkeitsveranstaltung werden läßt; solange Orchestermusiker es (verständlicherweise) vorziehen, lieber lukrative Aushilfen-*

282 Anton Pfeifer: *Zehn Thesen zu Bildung und Kultur*, in: Deutscher Musikrat (Hg.): *Referate und Informationen* Nr. 62, 1986, S. 41

283 Eckart Rohlfs, in: Deutscher Musikrat (Hg.), a.a.O., 1986. Dem interessierten Leser seien die Berichte zu Förderprogrammen in den Ländern Dänemark, DDR, Finnland, Norwegen, Polen, Schweden und Sowjetunion aufmerksamer Lektüre empfohlen.

284 Klaus-Ernst Behne, a.a.O., 1986, S. 53 ff.

oder Plattenverträge als Lehrverpflichtungen anzunehmen; solange umgekehrt musikalisch Hochbegabte kaum eine Chance haben, ihre Kenntnisse und Fähigkeiten kompensativ zu erweitern, indem sie von der einen oder anderen Verpflichtung an der allgemeinen Schule entlastet werden - so lange müssen wir hierzulande dem Minimalismus frönen und uns mit dem Alibi gelegentlicher Bundessieger krönen[285].

(Hoch-) Begabungsförderung hätte in speziellen Förderungsprojekten für Familien mit musizierenden Kindern (auch steuerliche Entlastungen!), in den Vorschulprogrammen der Musikschule, im ersten Instrumentalunterricht und im Musikunterricht der Grundschule zu beginnen. Doch da sieht es trotz aller Bemühungen und auch Erfolge noch immer recht bescheiden aus. Wir behaupten: Wo die fördernde Hand der Eltern fehlt, wird in unserem heutigen Schul- und Bildungssystem keine Begabung, geschweige denn eine Hochbegabung entwickelt. Die Folge: zahllose talentierte Jugendliche, die nicht über die förderlichen familialen Rahmenbedingungen verfügen, bleiben vor der Türe stehen. No chance!

Begabungsfindung und -förderung in der Bundesrepublik – Ansichten und Einsichten talentierter Instrumentalisten oder Vom leidvollen Leben in der kulturarmen Provinz

> *In der allgemeinbildenden Schule sollte ein Fach neu eingerichtet werden: „Instrumentales Einzelspiel", neben dem Musikunterricht, in dem auch benotet wird und wo ein gewisser Druck da ist. In der Grundschule sollte es Pflicht sein, daß alle Schüler Blockflöte spielen oder Klavier. Auch wenn man es haßt, letztlich profitiert doch jeder davon* (21, m, I 70).

> *Es sollte mehr Kultur auf dem Lande geben... Daß ich an meinen Instrumentallehrer kam, war reiner Zufall. Wie geht es den begabten Jugendlichen, die diesen Zufall nicht haben?...* (15, w, I 39).

> *Befreiung der Genies von der Schule ist für das Talent sicher gut, für das Menschliche eher schlecht* (20, m, I 39).

> *Wenn ich sehe, daß Talente ganz früh weggeschnappt werden und in Sonderschulen untergebracht werden, dann bin ich gegen diese Art Begabtenförderung* (19, m, I 09).

> *Spitzenförderung heißt für mich, mehr Unterricht, qualifizierteren Unterricht, konzentrierten Unterricht. Und nicht, daß man von hier bis Hannover fahren muß, um einen guten Instrumentallehrer zu finden* (17, w, I 69, eine Gesprächspartnerin aus Hessen).

285 Heinz Josef Herbort: *Auf der Suche nach Talenten. Regatten, Wettbewerbe und ein Kongreß*, in: *DIE ZEIT*, Nr. 28, 5. Juli 1985

Es mag uns, die wir in einem Wirtschafts- und Industriestaat tagtäglich mit Kapital und Finanzen argumentieren, verwundern, daß die Jugendlichen unserer Stichprobe, befragt nach Möglichkeiten einer „anderen", „qualifizierteren", „intensiveren" Begabungsfindung und -förderung kein neuerliches emphatisches Subventionslied intonieren. Dies liegt zum einen daran, daß sie nicht aus finanzschwachen Familien kommen, zum anderen an der Tatsache, daß sie Wege der Nachwuchsfindung und -förderung nennen, die nicht mit Banknoten zu pflastern sind. Um eine der Kernaussagen vorwegzunehmen:

> *Viel wichtiger als Geld ist der Kontakt zu qualifizierten Professoren und zu qualifizierten Orchestern! Das Hauptproblem für junge Talente ist: Wie komme ich an gute Lehrer. Auch die ideelle Unterstützung ist sehr wichtig* (20, w, I 44).

So manche denken erst im Moment des Gesprächs über angemessene Begabungsförderung nach, weil bei ihnen – dank eines musikinteressierten, stets planenden und initiativen Elternhauses – die instrumentale Entwicklung ziemlich glatt gelaufen ist. Sie begannen relativ früh mit dem Instrumentalspiel, waren sehr bald in qualifiziert(est)en Händen von Instrumentalpädagogen. Nicht wenige musizieren im Landes- oder Bundesjugendorchester mit, seltener schon nehmen sie an Förderkursen für Ensemblespiel teil. Alle haben Erfahrungen mit dem nachwuchsfördernden Wettbewerb Jugend musiziert. Die Jugendlichen dieser Studie partizipieren demnach an begabungsfördernden Einrichtungen des Deutschen Musikrates (und damit des Staates) und sie sind dankbar für diese Art Fördermöglichkeiten.

Überraschen mag dennoch, daß die jungen Talente an erster Stelle (knapp zwei Drittel der Interviewten) „häufiges Vorspielen" als wichtigste Säule einer grundlegenden und aufbauenden Nachwuchsförderung bewerten. Sie sprechen von „mehr Möglichkeiten zu Konzerten für jugendliche Musiker", von „mehr Konzertpraxis". Der Künstler bewährt sich erst auf der Bühne, hier muß sich zeigen, wie weit ein Talent gereift ist, sie suchen den Kontakt mit dem Publikum und die Auseinandersetzung mit kompetenten Kritikern, die ihnen sagen, was noch zu verbessern sei. In diesem Punkt schlagen sie sogleich kritische Töne an: Es reicht ihnen nicht, wenn man vor, zwischen und nach dem Wettbewerb Jugend musiziert gehäufte Vorspielgelegenheiten hat. Dazu eine Mutter: *Wenn Jugend musiziert vorbei ist, ist alles vorbei.* Trotz aller Bemühungen von offiziell verantwortlicher Seite scheinen immer noch zu wenige in den Genuß der vierten Phase der Wettbewerbe (der Anschlußmaßnahmen) zu kommen, was jedoch nicht einseitig den Verantwortlichen angelastet werden kann. Offensichtlich herrscht ein eklatantes Informationsdefizit unter Eltern, Lehrern und Jugendlichen selbst, und man hätte darüber nachzudenken, wie die bereits bestehenden Fördermaßnahmen transparenter, öffentlicher und damit noch zugänglicher gemacht werden könnten; etwa über Musikschulen, über allgemeinbildende Schulen, über Medien, über Mitteilungen der Kommunen, auch solchen mit vierstelligen Postleitzahlen. Die jungen Musiker appellieren an Kurverwaltungen, an Musikschulen, an private Förderer, an allgemeinbildende Schulen, an Banken und Sparkassen, an alle Institutionen, denen die Möglichkeiten zur Einrichtung von Konzerten und Vorspielen aus welchen Anlässen auch immer gegeben ist.

Ihr lautester und emphatischster Ruf ist der nach der Organisation von Konzerten („von Jugendlichen für Jugendliche"), und wir geben diesen Appell weiter an alle Musikpädagogen unterschiedlichster Arbeitsbereiche, an alle verantwortlichen Kulturpolitiker: Laßt junge begabte Instrumentalisten musizieren, wo immer Sie eine Gelegenheit sehen, vermitteln Sie ihnen Öffentlichkeit (etwa als feste Einrichtung in den Städten: Podium junger Künstler), damit sie Konzertpraxis sammeln können!

Einige Jugendliche geben sich schon zufrieden, daß ihnen von der Schule „keine Steine in den Weg gelegt werden", wenn sie zum Bundesjugendorchester oder zu einem Kammermusikkurs eingeladen sind. Offensichtlich tun sich Schulleitungen und Lehrer noch immer schwer, Schüler für außerschulische Fördermaßnahmen vom Unterricht zu befreien. Wir fragen argwöhnisch: Aus Prinzipien eines (für uns falsch verstandenen) Gleichheitsgrundsatzes? Im Falle von Begabungsförderung, gleich welcher Neigung, sollte sich die Schule prinzipiell generöser verhalten, sich nicht der Kritik einer Gleichmacherei aussetzen, nicht verkniffen nach schulischen Maßgaben fragen. Hinzu kommt, daß Schule und Unterricht kaum in der Lage sind, besonders Begabten eine auch nur annähernd angemessene Förderung zukommen zu lassen. Nicht wenige haben von eher leidvollen Erfahrungen zu berichten:

> *In der Schule wird ja bereits so ein Aggressionspotential gegen Begabte gefördert, das zum Teil total kontakthemmend ist, auch zu den Mitschülern. Es wird Neid erzeugt, auch von den Lehrern her, die in der Begabtenförderung etwas Schlechtes sehen. Man muß sich in der Schule wirklich in Acht nehmen, wenn man eine raschere Auffassungsgabe und ein besseres Lernvermögen hat* (21, m, I 80).

Apropos Schule: Die Mehrheit der Jugendlichen erwartet keine schulischen Entlastungen etwa in der Form, daß der Fächerkanon reduziert wird und damit die Gefahr besteht, die Bildung der Gesamtpersönlichkeit zu vernachlässigen. Schulische Erleichterungen fordern die Jugendlichen nur dann, wenn der Unterricht hinter ihren Erwartungen zurückbleibt, wenn er unqualifiziert erteilt und wichtige Zeit (zum Üben) sinnlos vertan wird.

Die jungen Musiker fragen auch nach, warum eigentlich von den Juroren der Bundeswettbewerbe Jugend musiziert, die über entsprechende Konzertkontakte verfügen, so gar keine Einladungen kommen. Ihnen dürfte doch eine Vermittlung dann und wann und ohne großen Aufwand möglich sein, sie haben doch jenen Einfluß, der wichtige Türen öffnen hilft.

Die jungen Musiker fühlen sich übrigens sich im Vergleich zum Sport eindeutig unterprivilegiert. Während man talentierten Sportlern Räume, Trainingsmöglichkeiten, Leistungskurse, Trainer und alles Mögliche anbietet, sehen sich die jungen Musiker eher im Schatten des Sports stehen. Dies reicht bei Sportlern bis hin zu Vergünstigungen in der Berechnung des Numerus clausus („Leute, die auf Landesebene Sport machen, können sich in ihrem N. C. nachher bis zu zwei Zehntel draufschlagen") oder bis hin zu Privilegien in der Ausbildungszeit bei der Bundeswehr. Was dem Sport anscheinend wie selbstverständlich zufällt, muß sich die Musik weitgehend noch erkämpfen.

Ist die Lobby unseres Faches einfach zu schwach, setzen die teils zersplitterten und teils konkurrierenden Fachverbände noch zu wenige bildungs- und kulturpolitische Akzente, ergehen sie sich zu sehr in unterschiedlichsten Fragen, so daß sie das Gemeinsame aus den Augen verlieren, eine grundlegende und allen Schülern gleichermaßen zukommende qualifizierte musikalische (Aus-) Bildung? Was tut unser Fach eigentlich, um sozialbedingt unterschiedliche instrumentale Startchancen und Ausbildungsmöglichkeiten auszugleichen? Vielleicht ist es Aufgabe einer künftig noch zu gründenden Arbeitsgemeinschaft aller musikpädagogischen Fachverbände, politisch eindeutiger zu agieren, öffentlicher zu arbeiten als bisher! Ein Jugendlicher meint lapidar und resigniert: *Warum läßt man der Musik nicht mehr Anerkennung zukommen?*

An zweiter Stelle eines jugendlichen Förderkatalogs steht (wie könnte es anders sein) die Frage des qualifizierten Unterrichts, der betreuenden Hand des Fachmanns, des guten Lehrers, des Experten und Profis. Nach Meinung eines Jugendlichen: *Die besten Lehrer für die besten Schüler!*

Und der Wettbewerb Jugend musiziert wird als Talentmarkt für qualifizierte Lehrer erinnert. So manche Kontakte zu Experten und Profis ihres Faches kommen über die Bundeswettbewerbsebene zustande (vgl. Kap. *Zur Chronologie der Lehrerwechsel*).

Dabei heben sie, eigene Erfahrungen bilanzierend, die Früherkennung des Talentes als ganz entscheidend hervor, sprechen sie von einem größeren Netz kompetenter Musikausbildung in Musikschulen und Schulen. Sie sprechen auch von jenen Talenten, die irgendwo in der Provinz in drittklassigen Laien-Musikvereinen verkümmern und keine entsprechende Förderung erfahren, weil ihnen der familiale Background fehlt. Sie müssen es wissen, sie haben die fördernde Kraft ihres Elternhauses erfahren. Ohne musikalische Keimzelle „Familie" („Das elementarste Musikerlebnis hat man im Elternhaus") geht in unserem Lande noch wenig, und eine Begabung, die nicht erkannt und gefördert wird, ist für die Gesellschaft verloren (Ausnahmen unter den Bläsern; vgl. Kap. *Der instrumentale Werdegang*). Zum Lehrerproblem aus kritischer Sicht eines Jugendlichen:

> *Wirklich qualifizierte Instrumentallehrer gehen meist an die Hochschulen, wo schon relativ weit ausgebildete Instrumentalisten studieren. In der Breitenarbeit, in Kleinstädten, in Dörfern fehlen halt qualifizierte Leute, da wird viel kaputt gemacht, das kann ich aus nächster Erfahrung behaupten. Der Lehrer verkorkst das Kind total, die Eltern sind nicht bereit, einen qualifizierteren und teureren Lehrer zu finanzieren. Auf diese Weise dürften viele Talente nie rauskommen und irgendwo versanden* (19, m, I 30).

Wie einleitend als Motto hervorgehoben, ist Breiten- und Spitzenförderung eng an die Qualifikation des Instrumentallehrers gebunden („Von den Pädagogen als Anfangslehrern bis zu den seltenen Profis"). Von den Besten gibt es nach Ansicht der Jugendlichen zu wenige, und die Wenigen sind hoffnungslos überlastet oder das *Unterrichten ist ihnen zu mühselig*, wie eine 17jährige argwöhnt[286]:

[286] vgl. den problemidentischen Beitrag von Heinz Josef Herbort, in: DIE ZEIT, a.a.O., 1985

Meiner Meinung nach haben die qualifizierten Lehrer eine Verantwortung gegenüber den jungen Leuten, die was lernen wollen. Wenn jemand kommt und sagt „Unterrichten ist mir zu doof. Ich unterrichte nicht, ich kriege nichts dafür", dann ist das nicht in Ordnung (17, w, I 69).

In seiner Ausbildung kann man leider nicht mehr individuell genug arbeiten. Der Bezug zwischen Lehrern und Studenten müßte individueller sein, der geht irgendwo unter: ein Lehrer, der 30 Schüler hat, kann sich nicht mehr individuell mit dem einzelnen beschäftigen, da er zudem ja auch selber noch Musiker ist, meistens noch im Übermaß (21, m, I 76).

Die berechtigten Klagen seitens des Verbandes Deutscher Musikschulen (VDM) oder der Gewerkschaft der Musikerzieher und konzertierenden Künstler (GDMK) über die unzureichende Honorierung des Unterrichtes von examinierten Lehrkräften sind bekannt. Bewegungen in der Dienstleistungszone sind nicht zu beobachten, Instrumentallehrer leben vergleichsweise mit Niedrigstlöhnen – und das in einem Land, das von Nachwuchsförderung zu sprechen, sich keinen Moment scheut! *Sonntagsreden* eben, wie ein Jugendlicher kritisiert. Wie soll Unterrichten unter Orchestermusikern und Instrumentallehrern attraktiv werden, wenn schon die Honorierung bisweilen unter dem Stundenlohn eines ungelernten Arbeiters liegt? Wer spricht da von Talentförderung, wenn die minimalste Voraussetzung, die angemessene Honorierung einer qualifizierten Arbeitsleistung nicht erfüllt wird. Die Schlagzeilen der Fachzeitschriften rücken die Probleme keineswegs überpointiert in die Berufsöffentlichkeit: *Musikschullehrer – Arbeiten für ein Almosen*[287] oder *Kann ich zaubern?*, eine kritische Bestandsaufnahme zur Instrumentalausbildung an den Universitäten von Ingolf Henning[288].

In der Rangfolge der Häufigkeit nennen die Jugendlichen an dritter Stelle ihres Förderkataloges Erfahrungen mit dem Wettbewerb Jugend musiziert. Dies liegt nahe, zumal sie alle und zum Teil mehrfach daran teilgenommen haben. Wir wollen hier nicht die breiten- und spitzenfördernde Funktion von Jugend musiziert bilanzieren[289]. Wir resümieren lediglich die Kernaussagen der Jugendlichen, die den Wettbewerb als nachwuchsfördernde Institution legitimieren:

- JM (Jugend musiziert) dient dem Vergleich künstlerischer Leistungen,
- JM hat eine leistungsfördernde Funktion,
- JM bereichert die musikalisch-künstlerischen Erfahrungen der jungen Musiker,
- JM ist ein kleiner, aber wichtiger Baustein in der instrumentalen Entwicklung,
- JM kann die Kommunikation altersgleicher Musiker und Begabungen fördern.

287 in: *Kontrapunkt*, Zeitschrift der GDMK 3/1987; siehe den Beitrag von Claus-Walter König: *Modell für die Arbeit der Zukunft*, S. 5 ff.

288 Ingolf Henning: *Kontrapunkt* 4/1987, S. 18: *Die künftigen Lehrer sind nicht besser dran als die heutigen Schüler: Der Mangel an Personal, Ausstattung und Geld ist in den Schulmusikstudiengängen der Universitäten oft noch größer als an Musikschulen.*

289 Hans Günther Bastian: *Jugend musiziert*

In der zitierten Studie resümieren wir im Fazit der Positivbilanz: *JM bietet als eine Institution (der Nachwuchsförderung) die Chance des Vergleichs, des Ansporns, der Motivierung, der Leistungsstimulation, der künstlerischen Horizonterweiterung, der prinzipiellen Möglichkeit der Kontaktaufnahme unter Gleichgesinnten, der zahlreichen Vorspielgelegenheiten im Umfeld des Wettbewerbs, der intensiven Vorbereitung und der wichtigen Anschlußmaßnahmen. JM ist unentbehrlich für die Begabtenförderung junger Menschen*[290].

> *Jugend musiziert fördert sicher das Leistungsdenken, bei manchen Leuten bis zu einem pathologischen Maß. Die sehen dann den Wettbewerb und sonst nichts mehr, alle zwei Jahre. Ich kann mir aber auch vorstellen, daß das nur einem kleinen Teil Jugendlicher zugute kommt, daß da eben so eine Elite heranwächst. Das klingt so negativ, ich beurteile das aber nicht so negativ. Im Musikerberuf muß man einfach leistungsorientiert sein, bis zu einem gewissen gesunden Grad, nicht so, daß man dadurch Lebensfreude einbüßt* (22, m, I 22).

Andererseits heben die Jugendlichen hervor, was an Kritik zu Jugend musiziert bekannt ist, daß man nämlich erst einmal gewinnen müsse, um gefördert zu werden. Im Jargon der Jugendlichen: *1., 2., 3. Bundespreisträger, und dann nichts mehr.* Wo also bleibt im Sinne der Nachwuchsförderung die Animation der vielen Teilnehmer, die ohne Preis ausgehen bzw. die sogar auf Landes- oder Regionalebene ausscheiden? Auch unter ihnen finden sich sicherlich Talente, die womöglich nur den Wettbewerbsbedingungen nicht gewachsen waren. Für sie und die vielen, die erst gar nicht (und aus vertretbaren Gründen) am Wettbewerb teilnehmen, müßte es Anlaufstationen geben, Vorspielmöglichkeiten, bei denen sie ihr Talent auch ohne Wettbewerbsstreß unter Beweis stellen können. Eine solche Chance reklamieren denn auch viele Jugendliche im Gespräch über Möglichkeiten einer optimalen Nachwuchsförderung („Man muß ein Talent auch anders feststellen können als über einen Wettbewerb"). Wir mußten in den Gesprächen immer wieder eine gewisse Uninformiertheit auf seiten der Eltern, der Lehrer und der Jugendlichen über mögliche Anschlußmaßnahmen nach dem Wettbewerb registrieren, die dann zu einer gewissen Unzufriedenheit unter Betroffenen führt. Wenn Kammermusikkurse bei Jugend musiziert mit Studenten und Ehemaligen aus Gründen der Spielfähigkeit nachbesetzt werden müssen, entspricht dies keineswegs dem Förderprinzip dieser Einrichtung. Aufklärungsarbeit in der Breite tut scheinbar not. Einstweilen scheint es der Privatinitiative von Eltern, Kindern und Lehrern überlassen, ob sie sich für Jugend musiziert und seine Anschlußmaßnahmen interessieren. Unsere Jungmusiker haben nicht Unrecht mit ihrer einschränkenden Kritik:

> *Der Wettbewerb Jugend musiziert dient zwar der Förderung von Begabten, aber seine Teilnehmer sind ja bereits geförderte Jugendliche. Wie geht es denn einem armen Talentchen aus der Provinz, das keinen guten Unterricht hat. Es kann bei Jugend musiziert doch gar nicht bestehen. Und all die Bundespreisträger sind*

[290] ebda., S. 160

doch bereits in Vorklassen von Musikhochschulen, oder sie haben alle sehr gute Privatlehrer. Es ist auch ein großer Unterschied, ob man in einer Stadt mit einer Musikhochschule lebt oder auf dem Lande (19, w, I 60).

Fast alle Jugendlichen möchten verständlicherweise nur allzugerne in einem Landes- oder gar Bundesjugendorchester („Zu viele kleben zu lange an zu wenigen Stühlen") mitspielen und wichtige Orchestererfahrungen sammeln. Doch die Möglichkeiten sind zur Zeit noch begrenzt. Wir fragen (indem wir die Wünsche der Jugendlichen weitergeben) verantwortliche Stellen im Deutschen Musikrat und in den Ministerien der Länder und des Bundes, ob nicht die Einrichtung von B-Orchestern auf Landes- und Bundesebene überlegt werden kann, um weitaus mehr talentierten Jugendlichen sehr früh hochqualifizierte Orchesterarbeit zu ermöglichen. Dies wäre Nachwuchsförderung in der Breite und in der Spitze, die die entsprechenden Kulturetats nicht überstrapazieren dürfte (ohne auch nur den Vergleich mit Rüstungsinvestitionen andeuten zu wollen).

Man muß unbedingt mehr jungen Menschen die Chance geben, in qualifizierten Orchestern zu spielen, mehr Jugendorchester gründen, von den Gemeinden bis in die Städte, die Länder und den Bund (22, m, I 49).

Vor allem die Jugendlichen, die nicht in Städten zu Hause sind, beklagen den Mangel an Vorspielgelegenheiten. Und hier kommen wir zu dem häufig wiederholten Kritikpunkt einer Unterprivilegiertheit der Provinz im Vergleich zum städtischen Ambiente.

Wenn man sich hier in XXX musikalisch betätigen will, muß man in eine Blaskapelle gehen, andere Möglichkeiten fehlen vollkommen (19, m, I 75).

Jugendliche, die auf dem Lande leben, haben überhaupt keine Chance, in einem qualifizierten Ensemble mitzuspielen. Wenn ich höre, daß die Leute in Hannover von einer Mucke in die andere stolpern und in qualifiziertesten Orchestern mitspielen! Hier in unserem Kreisorchester, da spielen so 60jährige mit, die nach Feier-abend ein bißchen spielen wollen und daran auch Spaß haben. Aber das Ganze ist doch absolut niveaulos, ich muß mich nicht anstrengen, werde nicht gefordert, es macht einfach keinen Spaß. Es sollte mehr Kultur auf dem Lande geben. Da haben es die Jugendlichen in der Stadt eben sehr viel besser. Ich hatte wahnsinnige Schwierigkeiten, einen anständigen Musiklehrer zu kriegen. In Hamburg laufen dauernd irgendwelche Trompeter herum, die man ansprechen könnte. Ich kam nicht in die Vorklasse der Hochschule, weil ich zu jung war. Außerdem kam ich aus einem anderen Bundesland, meine Hochschule sei Lübeck, hieß es. Und daß wir an den jetzigen Trompetenlehrer rangekommen sind, war reiner Zufall. Wie geht es aber den Jugendlichen, die diesen Zufall nicht haben? Da muß wirklich was getan werden, daß qualifizierte Lehrer in den Musikschulen auf dem Lande sind und daß die auch für jeden zu erreichen sind, auch für Jugendliche, wo die Verhältnisse zu Hause nicht gerade riesig gut sind. Wir sind vier Kinder und da ist es schon ein Luxus, daß 3 Kinder Unterricht haben. Da sollte es vom Staat mehr Unterstützung geben (15, w, I 35).

Viele Jugendliche (und darin besteht eine gewisse Exponiertheit unserer Stichprobe) sind bereits Vorstudenten (also Jungstudenten bzw. Vorschüler) an Musikhochschulen. Neben ihre Freude tritt eine gewisse Reserviertheit:

> *Dieses Jungstudententum ist eine ganz tolle Einrichtung. Ich verstehe deswegen nicht, warum es so schwierig ist, da überhaupt reinzukommen. Hier in XXX wurde das wieder gestrichen, weil angeblich die Mittel dazu fehlen. Damit wird wieder eine unheimlich große Chance der Begabtenförderung vertan* (17, w, I 68).

In diesem Zusammenhang beklagen Jugendliche aus Baden-Württemberg, daß für Jungstudenten ein Semestergeld in Höhe von 650 DM im Halbjahr eingeführt worden ist[291].

> *Es gibt an allen Hochschulen in der Bundesrepublik die Förderung von begabten Jugendlichen, die noch zur Schule gehen und aus Altersgründen noch kein Studium beginnen können. Man bekommt Unterricht von einem Professor wie alle anderen Vollstudenten. Das Ganze war bis vor einem Jahr unentgeltlich, jetzt wurden für ein Semester 650 DM Gebühren festgesetzt. Vielleicht will man die Leute, die die Prüfung versuchen wollen, damit abschrecken. Es sind sowieso zu wenig Studienplätze vorhanden. Und jeder Jungstudent nimmt einem anderen Studenten den Studienplatz weg. Die Praxis sieht oft anders aus. Mein Lehrer ist 1. Solo-XXX* (Instrument) *bei einem RSO, ist auf Tourneen und fährt weg. Der Unterricht fällt dann wieder aus, und trotzdem soll ich 650 DM Gebühren zahlen... Ich halte diese Gebühren für Zynismus. Da halten sie Sonntagsreden über die Begabtenförderung, klopfen sich auf die Schultern, geben mal irgendwo einen Scheck her, und dann plötzlich sowas. Eigentlich stehen mir mit dieser Begabtenförderung als Jungstudent auch theoretische Fächer zu, also Gehörbildung, Formenlehre. Mir ist das jahrelang nicht erteilt worden, weil eben zu wenig Plätze vorhanden sind, weil die Lehrer überlastet sind. Auf der andern Seite wieder so ein Nonsens: Ich habe versucht, eine Bescheinigung zu bekommen, daß ich bereits seit 14 Semester Vorschüler an der Hochschule war. Warum spricht man aus Kostengründen nicht eine Anerkennung von einer bestimmten Semesterzahl für das Hauptfachstudium als Vollstudent aus. Da könnte man doch Gelder und Plätze einsparen, die wieder für andere Vorschüler freiwerden. Die Ausbildung könnte in solchen Fällen doch gekürzt werden* (19, m, I 74).

Ein anderer Jugendlicher würde voraussetzen, daß eine qualifiziertere Förderung von Begabten nicht mit noch mehr Drill verbunden sein und die Persönlichkeit des jungen Musikers keinen Schaden nehmen dürfe.

291 Nach Auskunft des Wissenschaftsministers von Baden-Württemberg wurde mit Wirkung vom 14. 3. 1984 die Pflicht der Musikhochschulen zur Erhebung dieser Studiengebühren festgelegt. Nach zahlreichen Protesten wurde der Beschluß auf Wegfall der Studiengebühren im Gesetzblatt des Landes BW (Jahrgang 1986, S. 174) veröffentlicht und trat am 18. 4. 1985 in Kraft. Auch in BW bezahlen nun begabte Jungstudenten keine Studiengebühren. Der Autor dankt MDL K. Th. Uhrig für diese Informationen.

Befreiung für Genies von der Schule ist für das Talent sicher gut, für das Menschliche eher schlecht. Meist sind die Leute dann von früher Kindheit total fixiert (20, m, I 39).

Wenn ich sehe, wie in Japan die Leute, von denen sie merken, daß sie Talent haben, schon ganz früh weggeschnappt und in Sonderschulen untergebracht werden, dann bin ich gegen diese Art Begabtenförderung. Eine intensive Förderung sollte altersmäßig nicht zu früh beginnen (19, m, I 09).

Von Geld reden die Jugendlichen nur selten. Der (Die) eine verweist auf die Kosten für sein (ihr) Instrument, die er (sie) zum Teil hat selbst aufbringen müssen. Nur wenige sind im Vorteil von Stipendien (etwa Jürgen-Ponto-Stiftung, Stiftung Deutsches Musikleben...), die Instrument und Unterricht mitfinanzieren.

Ich habe für mein Instrument 4000 DM Zuschuß bekommen, die restlichen 11000 DM mußte ich selber erarbeiten, und das ist wirklich kein Klacks. Mir ist ganz wohl dabei, vielleicht lebt man deswegen auch bewußter, als wenn einem ein Scheck von 50 000 DM in die Hand gedrückt wird. Man bekommt einen besseren Bezug zu seiner eigenen Arbeit, wenn man mit Geld haushalten muß. Auch die Teilnahme am Wettbewerb hatte für mich erfreuliche Folgen in der Förderung. Ich konnte 1982 zu einem Musikcamp nach den USA, was mich 5000 DM gekostet hätte. Dafür bin ich voll dankbar, und ich weiß, wie viel mir das gebracht hat. Ich möchte diese Erfahrungen und Erlebnisse in den USA nicht missen, diese Förderung ist absolut lobenswert und segensreich (21, m, I 53).

Vereinzelt äußern die Jugendlichen Vorschläge, wie sie auf offizieller Ebene diskutiert werden, beispielsweise mit dem Vorschlag der Einrichtung von Musikgymnasien[292] und dem Ausbau des Musikschulnetzes. Wir geben die bedenkenswerten und umfassenden Empfehlungen eines 20jährigen wieder:

In den allgemeinbildenden Schulen müßte „klassische Musik" einen anderen Stellenwert haben, man sollte das Musikschulnetz besser ausbauen. Ein Kind, das gerne Baßposaune spielen möchte, dürfte nicht auf Geige angesetzt werden, nur weil kein Posaunenlehrer zu finden ist. In der allgemeinbildenden Schule sollte ein Fach neu eingerichtet werden: „Instrumentales Einzelspiel", neben dem Musikunterricht, in dem auch benotet wird und wo ein gewisser Druck da ist. In der Grundschule sollte es Pflicht sein, daß alle Schüler Blockflöte spielen lernen oder Klavier - auch wenn man es haßt. Letztlich profitiert doch jeder davon. Freilich müßte man auch die Programme der Rundfunkanstalten überdenken, gute Jazz-Musik fehlt, leichtere klassische Musik, nicht immer und unbedingt Mozart-Sinfonien! Tschaikowsky-Sinfonien, das geht den Leuten rein! Und für talentierte und besonders begabte Musiker müßte dringend der Wehrdienst abgeschafft wer-

292 vgl. *Frankfurter Allgemeine: Musik-Gymnasien. Vorschlag des Deutschen Musikrates*, 27. 6. 1985

den. Das ist ein totaler Rückschritt, ein Bruch, nach dem man wieder unten anfangen muß. Es geht so viel kaputt dabei. In Österreich z. B. habe ich einen guten Freund, der ist vom Wehrdienst auf Lebenszeit zurückgestellt worden, weil er ein toller Geiger ist. Das ist Staatsinteresse, daß er Konzerte spielt. Warum gibt es das bei uns nicht? (21, m, I 70).

Wir heben erstmals im Protokolltext eine Äußerung hervor, weil sie uns aus musikpädagogischer Sicht besonders erwähnenswert und wichtig ist. Der Jugendliche fordert neben dem Musikunterricht ein „Instrumentalfach" in den allgemeinbildenden Schulen, wie es in anderen europäischen Ländern, den USA oder der Sowjetunion längst verwirklicht ist. Wir sehen auf Dauer in der Einrichtung dieses Faches, dessen Förderung den Nichteingeweihten und Nichtfachpolitiker auf den ersten Blick überraschen mag, die einzige Chance, Musik in ihrer ganzen sinnvollen Funktionsbreite und in allen Erscheinungsformen in das Leben von Kindern und Jugendlichen wirkungsvoll einzubinden. Wir argwöhnen gar, daß ein Instrumentalfach in der Schule und neben den Musikschulen die einzig wirksame Form ist, das langsame Sterben des Musikunterrichts (vgl. Kap. *Schule – Musiklehrer – Musikunterricht*) in den allgemeinbildenden Schulen, den sich ankündigenden Kollaps des Faches aufzuhalten. Ohne die Einrichtung eines „Instrumentalfaches" wird die schulische Musikerziehung wohl kaum eine Zukunft haben. Lehrer und Hochschulkollegen, die in der täglichen Schulpraxis stehen, wissen, wie mühselig das Geschäft der Musikerziehung geworden ist. Und viele Lehrer flüchten in ihr Zweitfach, um die Strapazen der Musikerziehung zu meiden. Wer kann es ihnen verdenken?

Wieviel leichter ginge den Lehrern der Musikunterricht von der Hand, wenn alle Schüler ein Instrument spielten, wieviel leichter fiele den Schülern die Begegnung mit Musik, mit ihrer Theorie, mit ihrer Geschichte, mit ihrer Analyse usw., wenn sie (und seien es auch nur elementare) instrumentale Voraussetzungen besäßen[293]. Solange es uns nicht gelingt, allen Kindern das Lernen eines Instrumentes zu ermöglichen, bleibt die Rede vom elitären Recht aller auf Begabungsfindung und -förderung eine peinliche Phrase, eine sozialpädagogische Illusion. Kein Wunder also, wenn ein Gewerkschaftler wie Dieter Wunder (Vorsitzender der Gewerkschaft Erziehung und Wissenschaft) im Unterschied zu den Fachkollegen deutlich machte, was diese vor lauter verzagter Zurückhaltung und falscher Bescheidenheit nicht einmal zu formulieren wagen: *Aufgabe der Schule ist es, die Kultur, die unsere Vorfahren geschaffen haben, in ihrer ganzen Breite für junge Menschen zum lebendigen Erbe zu machen, nicht, indem enzyklopädisch und chronologisch Ballast der Vergangenheit vermittelt wird, sondern indem ein lebendiges Verhältnis des einzelnen Schülers zur Kultur und ein kritischer Umgang mit ihr verwirklicht wird. Aufgabe der Schule kann es nicht sein, die Alltagswelt der Medien, in der die Schüler leben, zu kopieren* [...]. *Daher fordere ich für die Schule die Behebung des Analphabetismus in den Künsten. Kein Schüler sollte die Schule verlas-*

293 Auch Schüler stellen sich vor, im Rahmen des schulischen Musikunterrichts ein Instrument zu erlernen; vgl. empirische Erhebungen von H. G. Bastian: *Neue Daten zu alten Fragen*, S. 34 ff.

sen, ohne über grundlegende eigene Fähigkeiten in den wichtigen künstlerischen Bereichen zu verfügen; beispielsweise könnte ich mir vorstellen - aber dies müssen Fachleute genauer bestimmen -, daß jeder Schüler am Ende seiner Schulzeit ein Musikinstrument auf entsprechendem Niveau sollte spielen können. Solche Erziehung scheint mir das notwendige Gegengewicht gegen die Allgegenwart der neuen Medien darzustellen [...]. *Die Anschaffung von Musikinstrumenten in den Schulen muß Priorität haben, so daß jeder Schüler ein Musikinstrument erlernen kann. Die Künste sind Allotria. Ihr Nutzen ist, selbst im Zeitalter der neuen Medien, sehr beschränkt. Sie brauchen daher eine starke Lobby. Wenn die Lehrerorganisationen sich dazu verstehen könnten, auch auf Kosten anderer Fächer, hätten wir einen wichtigen Schritt nach vorn getan*[294]. Ein Nichtfachmann gibt der Musikpädagogik eine Empfehlung, die sie schon längst hätte ins Auge fassen sollen. Historisch gesehen ist die schulische Etablierung eines Instrumentalfaches in der Schule nie über vereinzelte Ansätze hinausgekommen. Die Realisierung hat stets Schwierigkeiten bereitet, aus finanziellen und organisatorischen Gründen. *Nach historischen Vorläufern in den Musischen Gymnasien Ende der dreißiger Jahre ist heute schulischer Instrumentalunterricht selbst in Modellklassen mit verstärktem Musikunterricht, die wöchentlich drei bis vier Stunden Musikunterricht erhalten, nicht durch die Behörde zu finanzieren und bleibt der Hilfe der Eltern überantwortet*[295]. Willi Gundlach berichtet von einem wissenschaftlich begleiteten Schulversuch in Dortmund, der eindeutig positive Ergebnisse einer Motivationsphase für Instrumentalunterricht durch eigenes Experimentieren, durch Information und Demonstration feststellt[296]. Nach Vorstellung des Deutschen Musikrates (1971) sollte durch Koordination von Schule und Musikschule an Ganztagsschulen den Schülern ein wahlfreier Instrumentalunterricht angeboten werden. All diese Ansätze und Vorschläge haben bis heute kaum gefruchtet. Erfreuliche Perspektiven gibt es hingegen aus der Berliner Bildungs- und Schulpolitik für unser Fach zu berichten. Hier wird z. B. versucht, das Konzept eines „Drei-Schulen-Kombinats" umzusetzen. Dieter Ebert schreibt auf Anfrage an den Autor: *Es gibt in Berlin inzwischen 7 Grundschulen mit „musikbetonten Zügen". Diese haben in allen Klassen drei Wochenstunden Musik, sofern Eltern zustimmen. Es kann in der Praxis auch so sein, daß nur zwei Klassen „musikbetont" und ein Jahrgang „normal" geführt werden. Aber die Praxis zeigt, daß es nicht allzu großer Überzeugungskraft bedarf, um alle Schüler in die Musikschiene zu bringen. Eine dieser Schulen liegt in unmittelbarer Nachbarschaft einer Musikschule und meiner eigenen Schule, einem Gymnasium mit Wahlpflichtfach Musik (ab Klasse 9: 5 Wochenstunden Musik), in jedem Jahrgang auch Profilkurs und danach Leistungskurs Musik, pro Jahrgang zwischen 10 und 20 Interes-*

294 Dieter Wunder: *Statement zum Thema: „Computer und Künste – Bildungspolitische Kontrahenten?"*, in: K. H. Ehrenforth (Hg.): *Arbeit-Freizeit-Schule. Brauchen wir eine andere Schule?* Mainz 1986, S. 21-23

295 Sigrid Abel-Struth: *Grundriß der Musikpädagogik*, Mainz 1986, S. 464

296 Willi Gundlach (Hg.): *Instrumentalunterricht an Gesamtschulen.* Zwischenbericht: Projekt der Forschungsgruppe zur wissenschaftlichen Begleitung des Gesamtschulversuchs NRW der pädagogischen Hochschule Dortmund, Sektion Musik, Dortmund 1974 (vervielfältigtes Manuskript)

senten. Die Idee des Schulkombinats entstand aus der Misere, daß in Berlin wegen der 6jährigen Grundschule unsere gymnasiale Förderung des Orchesterspiels erst mit Klasse 7 beginnen kann. Also viel zu spät. Grundschul-Sinfonie-Orchester gibt es aber bis jetzt nur in einem einzigen Fall, dessen Bedingungen aber nicht übertragbar sind (Randgebiet, personelles Engagement, mittelbürgerliche Einwohnerschaft).

Für die musisch betonten Grundschulen sind aber 7 Wochenstunden Instrumentalunterricht vorgesehen. Meine benachbarte Grundschule ist nun bereit, diesen Instrumentalunterricht gezielt auf Orchesterinstrumente hin anzulegen (nachdem sie zunächst mit Blockflöte und Keyboard gearbeitet haben). Der Unterricht wird von Instrumentallehrern der Musikschule übernommen. Sobald einzelne Schüler weit genug sind, daß sie im Orchester mitspielen können, dürfen sie sich dem Vororchester oder Orchester des benachbarten Gymnasiums anschließen. Proben finden jeweils zu 50% in der einen oder anderen Schule statt. So ist jedes Kind/jeder Jugendliche in beiden Schulen „zu Hause". Beim Übergang in die weiterführende Schule steht den Schülern, die weiter „musikbetont" unterrichtet werden wollen und deren Leistungen insgesamt den Übergang auf ein Gymnasium rechtfertigen, das Gymnasium offen. Ziele dieses „Drei-Schulen-Kombinates" sind:

- *Verspäteter Beginn des Instrumentalunterrichtes und damit unnötigen Zeitverlust vermeiden helfen*
- *kontinuierliche und frühe Orchestererfahrungen ermöglichen*
- *Organisationsformen der Integration von Einzelinstrumentalunterricht in den Unterricht der Allgemeinbildenden Schulen unter Mitwirkung der Musikschule erproben*
- *Modell(e) der Kooperation unter Schulen verschiedener Aufgaben, aber gleichen Zielrichtung vorzeigen, damit „Vorgänge" schaffen, die das Ungewöhnliche als normal machbar erkennbar machen*[297].

Dieses Konzept des „Schulen-Kombinats" entspricht weitgehend unseren oben beschriebenen schulpolitischen und fachpraktischen Vorstellungen. Es setzt freilich ein erhebliches Maß an Kooperationsbereitschaft unter den Verantwortlichen der verschiedenen Schulen voraus, dies bisweilen unter Hintanstellung eigener Schulinteressen. Gerade zwischen Musikschul- und Schulorchestern sind nicht selten bereits unsinnige Konkurrenzkämpfe ausgebrochen, die der Sache Musik und dem musizierenden Jugendlichen nicht dienen. In den Chefetagen des Verbandes Deutscher Musikschulen und des Verbandes Deutscher Schulmusikerzieher gibt es sicher keinen Dissenz hinsichtlich der Notwendigkeit einer gezielten Kooperation zwischen Musikschulen und Allgemeinbildenden Schulen. Die regionale Praxis jedoch kann bedauerlicherweise ganz anders aussehen, wenn Eitelkeiten einzelner Verantwortlicher die (Miß-) Geschikke bestimmen. Ausländische Modelle des Instrumentalspiels in allgemeinbildenden Schulen gehen bisweilen sehr viel weiter. So haben sich etwa in der amerikanischen Schulmusik Staat, Schulbehörde und Eltern auf gemeinsam finanzierte Ausbildungs-

297 Dieter Ebert, Vorsitzender des VDS-Landesverbandes Berlin, Schreiben vom 16. 4. 1988 an den Autor

modelle einigen können. Auch in australischen und japanischen Schulen ist bei loser Organisation des instrumentalen Unterrichts in der Schule eine erstaunliche Effektivität beispielsweise schulischer Ensembles zu beobachten. In unserem Lande sind bis heute die Gedanken einer instrumentalen Schulmusik nicht zu Ende gedacht und erste praktische Modelle im Versuchsstadium steckengeblieben. Es ist dringend an der Zeit, diese Fragen neu aufzugreifen und sie im Rahmen systematischer Begleitforschung und in größer angelegten Modellversuchen zu erproben.

Und unseren Kultur- und Bildungspolitikern wäre primär und vorab klarzumachen, daß ein „Instrumentalfach" in der Schule in seinen Wirkungen keinesfalls auf musikimmanente (Aus-) Bildungsaspekte beschränkt bleibt. Die Jugendlichen unserer Stichprobe sind geradezu ein Paradebeispiel dafür, welche positiven „Nebenwirkungen" für die Persönlichkeitsbildung zu erwarten sind. Letztlich würden alle Lehrer und Schulen schlechthin vom „Instrumentalfach" profitieren, freilich nicht zuletzt der Schüler selbst. Wir denken an allgemeine Persönlichkeitsmerkmale, an Verhaltensdispositionen, die wir heute in der Schule bisweilen schmerzlich vermissen. Alle motivationalen Dispositionen könnten wirksam gefördert werden: Wille, Ausdauer, Leistungsbereitschaft, Streben, Neigung/Interessen, Hoffnung auf Erfolg, Intensität von Verhalten. Es ist bekannt: Instrumentalspiel fordert und trainiert Stetigkeit und Ausdauer, das Ensemblespiel impliziert zutiefst soziale Momente im Miteinander und im Aufeinanderangewiesensein. Ansporn und Zuverlässigkeit des mitmusizierenden Partners sind gefragt und Voraussetzung soliden Musizierens. Die Konzentrationsfähigkeit unserer Schüler, die sich bisweilen nur auf die Länge eines *Sesamstraßen*-Spots oder einer Single-Platte begrenzt, würde geschult. Die Gedächtnisspeicher unserer Kinder könnten durch Auswendigspielen neu ausgebaut und neu strukturiert werden. Die Fähigkeit zu analytischem, differenziertem und strukturierendem Denken würde in der reflektierenden Auseinandersetzung mit komplexer Musik ausgebildet, Konsequenz wäre eine Wahrnehmungsfähigkeit, die allen anderen geistigen Engagements zugute käme. Die allgemeine Intelligenz würde gefördert, denn Musikerleben und Musikmachen verlangen eine Gedächtnisfähigkeit und eine Wahrnehmungsvorgabe, die eben nicht nur musikalischen Zwecken dienlich wäre. Denken wir aber auch an alle psychomotorischen Fähigkeiten, wenn Musiker Noten als Informationen aufnehmen, Nervenimpulse und Muskelreaktionen auslösen. Der positive Transfer läge im schnellen Erfassen von komplexen Gebilden und Gegenständen, ja auch von Alltags- und Lebenssituationen, denen junge Menschen eher gewachsen wären. Hinzu träte eine kritische Distanz zum eigenen Tun, die ständige Kontrolle des Musizierten führt zu mehr Selbstkontrolle, zu mehr Selbstkritik, die so manchen Jugendlichen heute abgeht (vgl. auch Kap. *Zur Persönlichkeit instrumentaler Talente*).

Solche positiven Korrelationen zwischen vertiefter Beschäftigung mit Musik und herausragenden Persönlichkeitsmerkmalen bzw. Fähigkeiten wurden allenthalben empirisch nachgewiesen. Gabor Friss beschreibt die Effekte des Unterrichts in sogenannten Musikgrundschulen Ungarns, in denen Schüler erweiterten Musikunterricht erhalten (wöchentlich sechs Gesangstunden, auf der Oberstufe zwei obligatorische Chorgesangstunden, außerdem fakultativer Instrumentalunterricht):

Schüler mit erweitertem Musikunterricht

– lernen rascher schreiben	weil sie auch Noten schreiben
– lernen schneller lesen	sie haben gelernt, Motive optisch zu erfassen
– haben eine erhöhte Rechenfertigkeit	
– sind gewandter im Formulieren	weil sie an Volksliedtexten geschult sind
– haben eine höhere Sprachfertigkeit (Muttersprache und Fremdsprache)	weil ihr Gehör geschult ist
– haben ein besseres Gedächtnis	vom Musikdiktat her
– zeichnen besser	weil der Form- und Farbensinn auch im Musikunterricht geübt wird und weil das Instrumentalspiel sie geschickter macht
– sind konzentrationsfähiger	von der rhythmischen Schulung und vom polyphonen Singen her
– haben ein reicheres Gefühlsleben	von der gefühlsmäßigen Wirkung der Musik her
– denken besser	weil die musikalische Analyse das logische Denken stärkt.[298]

Bereits 1969 resümierte Egon Kraus: *Es ist nicht verwunderlich, daß nach diesen Ergebnissen auch das ungarische Institut für Pädagogische Wissenschaften die Überzeugung gewann, daß die gedankliche Aktivität der Kinder in den Schulen mit betontem Musikunterricht besser entwickelt ist als die anderer Kinder*[299].

Ernst Muri stellt in seiner Studie weitere empirische Ergebnisse zu Versuchen mit erweitertem bzw. betontem Musikunterricht zusammen und resümiert zu folgenden Modellen bzw. Versuchen entsprechende Ergebnisse:

- Schulversuch in Salzburg 1970:
  Einfluß regelmäßigen Umgangs mit Orff-Instrumenten auf die Entwicklung von Kreativität und Intelligenz
  Ergebnis: Durch elementare Musik- und Bewegungserziehung werden Intelligenz- und Kreativitätsentwicklung gefördert, der Neurotizismus geht zurück, die Kinder werden affektstabiler.
- Versuche in München und Berlin 1970:
  Musik-Modellklassen (Schwerpunkt Orff-Musizieren) im Vergleich mit Schulen ohne Orff-Unterricht; gefragt war nach dem Einfluß von Musik- und Bewegungserziehung auf die Phantasieentwicklung
  Ergebnis: Elementare Musik- und Bewegungserziehung fördert die Entfaltung der Phantasie und übt auf die Psyche der Kinder eine stabilisierende Wirkung aus. Die musikalische Betätigung fördert auch die Intelligenz im Hinblick auf die geistige Reife.

298 hier zusammengefaßt nach Ernst Weber: *Bessere Bildung mit mehr Musik? Bericht über Versuche mit erweitertem Musikunterricht in der Schule*, Muri 1981, in: MPZ Spezialdokumentation 30/1988

299 Egon Kraus: *Die Bedeutung des Hörens im optischen Zeitalter*, in: *Musik und Bildung* 4/1969, S. 176-178

- Musikmodellklassen in Bayern 1967/68:
  Vergleich von Klassen mit erweitertem Musikunterricht mit ‚normal geführten' Klassen
  Ergebnis: M-Schüler (Modellklassen) zeigten sich kreativer, hatten ein besseres räumliches Vorstellungsvermögen und einen geringeren Neurotizismuswert, sie verfügten über besseren sprachlichen Ausdruck.
- Modell „Züge" in Baden-Württemberg 1971-1976:
  In 12 Grundschulen in BW „Modellzüge mit betontem Fach Musik" (wöchentlich 3 Stunden Musik, 1 Stunde Rhythmik, 1 Stunde Blockflötenunterricht in Vierergruppen)
  Ergebnis: Neben einem breiteren musikalischen Können und Wissen zeigten sich eine allgemeine Aufgeschlossenheit und positive Lernhaltung der Schüler, die sich auch auf andere Fächer auswirkte.
- Multiplikatorenmodell Musik- und Bewegungserziehung in Bayern 1976/77:
  Einrichtung des Faches Musik- und Bewegungserziehung (1 Wochenstunde), Ziele: Sinnesschulung, rhythmische Erziehung, Bewegungsbildung...
  Ergebnis: Verhaltensverbesserungen mit positivem Einfluß auf das gesamte Schulleben, höhere Konzentrationsfähigkeit, in Deutsch erzählten die Schüler selbstbewußter, einfallsreicher und sie artikulierten besser.
- Schulversuche mit Singklassen in Muri bei Bern ab 1972:
  5. Klasse Sekundarschule mit wöchentlich 5 Singstunden auf Kosten der drei Hauptfächer Deutsch, Französisch und Mathematik, die je eine Stunde abgeben mußten.
  Frage: Einfluß des Singens auf Konzentrationsvermögen, allgemeine Disziplin, Auswirkungen auf andere Fächer
  Ergebnis: Positive Beeinflussung des „Klassengeistes", Senkung der Stressempfindlichkeit, Erhöhung der Konzentrationsbereitschaft und -fähigkeit (höhere prozentuale Übergänge an höhere Mittelschulen)[300].

Als Fazit der Kurz-Synopse erfolgreicher Versuche und unserer eigenen Untersuchungen plädieren wir für ein groß angelegtes Forschungsobjekt mit Versuchsschulen und Kontrollschulen, in dem über entsprechende empirische Begleitforschung Beweise für unsere pragmatische Theorie vom neuen „Instrumentalfach" und seinen Konsequenzen in den und für die allgemeinbildenden Schulen zu erbringen wären. Emphatischer gesagt: Lehrer könnten in ihrem Schulalltag wieder berufszufriedener sein und Politiker, die diese Innovation mittragen, gelassener ihren Wahlterminen entgegensehen.

Auf den ersten Blick könnte man den Eindruck haben, als wollten wir mit der Institutionalisierung eines Instrumentalfaches in der allgemeinbildenden Schule die Musikschulen zu Grabe tragen. Das Gegenteil ist der Fall! Der Zustrom von Schülern, die ihr Instrumentalspiel vertiefen oder gar ein Zweitinstrument lernen möchten, dürfte momentane Schülerzahlen der Musikschulen bei weitem überflügeln. Und ganz wichtig: Es wären eben nicht mehr vorwiegend Kinder aus sozial privilegierten Elternhäusern darunter!

[300] Ernst Weber, a.a.O., S. 16 f.

Wollten wir einen Maßnahmenkatalog zur „Begabungsfindung und -förderung" aus der Sicht junger Talente zusammenstellen, dann müßten wir im Interesse der Jugendlichen fordern:
- qualifizierte Lehrer für alle musikinteressierten und begabten Schüler
- Ausbau des Musikschulnetzes mit Erweiterung des Instrumentenangebotes vor allem in ländlichen Regionen
- angemessene Honorierung des Instrumentalunterrichts, gleich auf welcher Ebene
- Beibehaltung des Wettbewerbs Jugend musiziert und die Intensivierung seiner Anschlußmaßnahmen (mehr qualifizierte Jugendorchester in unserem Lande)
- mehr Vorspielgelegenheiten in allen nur denkbaren Öffentlichkeitsszenen
- stärkere Einbindung qualifizierter Hochschullehrer in die Instrumentalausbildung begabter Nachwuchsmusiker
- Einführung des Unterrichtsfaches „Instrumentalspiel" im Angebot der allgemeinbildenden Schulen gemäß der Devise, daß jeder Schüler während seiner Schulzeit die Chance haben sollte, ein Instrument zu lernen.

Ansonsten bleiben zu viele Begabte für immer chancenlos und zu viele Talente unentdeckt. Vorliegende Studie, will sie mehr als bloßer Selbstzweck sein, verlangt nach praktischen Konsequenzen! Organisatorisch stellt sich einzig das Problem, daß jeder Schüler genau das Instrument spielen kann, das er von sich aus gerne lernen möchte, jede Vorschrift wäre motivational fehl am Platze. Wir sind überzeugt, daß alle Kinder eine Neigung zum Instrumentalspiel von Natur aus haben, daß diese Neigung allenfalls durch Störfaktoren in der familialen Sozialisation verschüttet sein kann. Der außerschulisch hohe Stellenwert von Musik im Alltag der Kinder gibt uns das Recht, so eindeutig zu argumentieren. Aufgabe der Schule wäre in Fällen mangelnder Bereitschaft, Motivationsimpulse zu setzen. Welche(r) Schüler(in) setzt sich nicht gerne und spontan hinter ein Schlagzeug oder greift zur Gitarre, um nur zwei Instrumente zu nennen, die aus der Perspektive sogenannter U-Musik (U für Umwelt und Unterhaltung) der Kinder zu favorisieren sind. Auch das Üben dürfte sich nicht als Hemmnis erweisen, werden junge Instrumentalisten pädagogisch einfühlsam betreut und mit den Methoden des richtigen Übens vertraut gemacht.

Über eine weitere Nebenwirkung haben wir noch nicht gesprochen, denn ein neuer Arbeitsmarkt für die vielen arbeitslosen Musiklehrer könnte erschlossen werden. Bedenkt man das Machbare und vergleicht die Realität, fragt man sich unwillkürlich, wieweit heutige Politik die Tradition abendländischer und europäischer Kultur weiterzutragen gewillt ist. Bei allen Ressentiments und allem Argwohn glauben wir einfach nicht daran, daß Finanzminister die Bildungs- und Kulturminister von heute sind, und schon gar nicht, daß es ihnen gelegen sein könnte, ihr Land, in dem sie selbst leben und dessen Leben sie doch verantwortlich mitgestalten, in eine Kulturwüste zu verwandeln. Wir können uns keinen Finanzpolitiker vorstellen, der nicht lieber ein „Instrumentalfach" in allgemeinbildenden Schulen als eine Pershing-Rakete finanzieren würde. Wichtiger ist und dies als Maßgabe für unsere Fachpolitiker: Finanzminister wollen sachargumentativ überzeugt werden. Und dieses Recht haben sie in Zeiten knapper Finanzreserven allemal!

Eltern bewerten die Nachwuchsförderung in der Bundesrepublik

Ich habe mein Privatvergnügen daran, anstelle des Wortes „Sport" das Wort „Musik" zu setzen und dann von der „Deutschen Musikhilfe" bis hin zu Sondermarken und Sondergroschen für die Musik zu sprechen... (V, I 32).

Wer heute in den Schulen etwas Besonderes ist, muß mit Neid, ja mit Ablehnung rechnen (V, I 03).

Eltern kommen häufig und spontan auf den Sport und seine fast konkurrenzlose Stellung im Vergleich zur Musik zu sprechen. Wo im Sport Hochleistungszentren ganz selbstverständlich gebaut und finanziert werden, da fehlen der musikalischen Hochbegabtenförderung (von den wenigen Bundesakademien einmal abgesehen, die zudem auch anderweitig besetzt sind mit Fortbildung, Laienmusik, Kongressen usw.) schon die Räumlichkeiten zum Üben. Der Autor erinnert sich an die Schlangen von Student(inn)en, die sich täglich beispielsweise in der Kölner Musikhochschule anstellen müssen (und anderswo ist es sicher nicht anders!), nur um einen Überaum zu ergattern. Wie deprimierend und zeitraubend ist dieses Verfahren für unsere jungen Musiker.

Mit dem Verweis auf Boris Becker meinen Eltern in diesen Tagen ein stechendes Argument dafür zu haben, daß Spitzenförderung auch Breitenförderung darstellt.

Der Tennisboom in Deutschland kommt doch daher, daß sie jetzt mit Boris Becker eine Spitzenfigur haben. Auf den blicken alle, und dann betreiben viele Jugendliche selbst diesen Sport. Ohne Spitze gibt es keine Breite. Die Pyramide wird unten breiter, je höher die Höhe ist. Das ist eine Erfahrung aus dem Sport, und ich bin fast überzeugt, daß man das auch auf die Musik übertragen kann (V, I 01).

Wir haben Zweifel an einem solchen Kausalzusammenhang. Er dürfte für den sportlichen Bereich zutreffen, für den musikalischen ist er aus mehreren Gründen nicht haltbar. Eine Anne-Sophie Mutter, eine Tabea Zimmermann, eine Ulrike-Anima Mathé haben keinen Streicherboom in unserem Lande ausgelöst (Wer von den Jugendlichen kennt sie schon?). Dazu ist der Stellenwert von Musik und Sport in der öffentlichen Wertschätzung und vor allem in unseren Medien zu unterschiedlich. Der Star im Sport ist allenfalls vergleichbar mit dem Star in der rockmusikalischen Jugendkultur. Und ob sich Jugendliche massenhaft (wie im Tennisboom die Tennisschläger) E-Gitarre und Schlagzeug kaufen oder sich ein Mikro umhängen, ist eine ganz andere Frage und nicht zuletzt eine solche der Qualifikation. Das Spiel auf der Gitarre, und seien es nur drei Akkorde wie im Punk, ist nicht vergleichbar mit dem miß- oder gelungenen Schlag des Tennisballs über ein Netz. Was man hier stets neu und mit Ehrgeiz versuchen kann, führt dort schnell zu Verzweiflung und Verzicht. Dennoch: Der Vergleich mit dem Sport reizt viele Eltern, Ungerechtigkeiten, Unausgewogenheiten, Mißverhältnisse, ungleiche Balancen anzuprangern. Eine Mutter errinnert sich:

Was mich persönlich immer ein wenig traurig macht, ist die Erfahrung, daß musikalische Kinder nicht in dem Maße gefördert werden wie sportliche Kinder.

> *Nur ein kleines Beispiel: Als eine 12jährige in unserer Stadt Jugendmeisterin in Squash wurde, bekam sie einen Empfang von der Stadt, ein großes Interview und weitere Unterstützung. Als mein Sohn Bundessieger bei Jugend musiziert wurde, bekam er einen ganz merkwürdigen, winzigen Brief von einem Beigeordneten mit einem ganz päd-agogischen Text. Es geht mir mit dieser Kritik um dieses Nichtauswiegen oder diese Überbetonung des Sportes gegenüber der musikalischen Jugend* (M, I 32).

Der Vater kritisiert im gleichen Gespräch dieses Mißverhältnis mit gewissem Zynismus. Seiner These von der musikalischen Erwachsenenbildung als Chance zur breiten musikalischen Jugendbildung stimmen wir jedoch uneingeschränkt zu. Eine Popularisierung des Instrumentalspiels und damit eine breitere Begabtenfindung und -förderung ist sicher über Erwachsene, über Eltern und Erzieher möglich. Wir geben seine Anregungen ungekürzt wieder:

> *In unserer Gesellschaft, die ja den schönen Namen „kapitalistische Gesellschaft" trägt, kann man ja mit Geld alles machen. Ich sage das ohne jede Ironie. Ich habe mein Privatvergnügen daran, anstelle des Wortes „Sport" das Wort „Musik" zu setzen und dann statt von der „Deutschen Sporthilfe", von Sondermarken und von der Olympiade bis zu lokalen Sportereignissen von der „Deutschen Musikhilfe" bis hin zu Sondermarken für die Musik zu sprechen. Hätte die Musik die Riesenbeträge, die dem Sport zur Verfügung stehen, könnte man eine ganze Menge verbessern, vor allem auch die musikalische Breitenarbeit. Beispiel, immer parallel zum Sport, und das ist mein Denkhobby: Durch staatliche Förderung gibt es wie bei den Sportvereinen eine riesige Liebhaberorchesterkultur, und zwar überregional. Es sollte sowas geben wie ein Bundesliebhaberorchester ähnlich wie es ein Bundesjugendorchester gibt. Auf der Ebene der Erwachsenen sollte sich eine Organisation aufbauen: Da sind alle Papas und Mamas, die zum Teil recht ordentlich ihr Instrument spielen, daß die mal die Möglichkeit hätten, sich mit Gleichaltrigen und Gleichguten auf Bundesebene zu treffen und eine Tschaikowsky-Sinfonie zu spielen. Das gäbe bei den Erwachsenen eine ungeheure Motivation, die sich wieder auf die Kinder übertragen würde. Es hätte zur Folge, daß die musikalische Bildung der Kinder auf eine breitere Basis gestellt würde. Die musikalische Förderung der Erwachsenen brächte mit Sicherheit eine breitere musikalische Förderung der Kinder und Jugendlichen...* (V, I 32).

Wo die Kinder selbst kaum von Geld sprachen, tun es schon eher die Eltern. Sie verweisen darauf, wie peinlich Landesakademien für Musik „vor sich hinkrebsen", wie sie die Kosten für teure Instrumentalkurse tragen müssen, wie sie die Fahrtkosten zu Jugend musiziert aufbringen, ganz zu schweigen von den Instrumenten- und Unterrichtskosten. Die fehlende Möglichkeit, ihre hohen Kosten für die Ausbildung (Unterricht, Instrument, Noten, Wartung usw.) steuerlich geltend machen zu können, beklagen sie unseres Erachtens zu Recht.

> *Ich habe mich schon erkundigt, aber da heißt es, Sie bekommen doch 50 DM Kindergeld. Obwohl wir jedes Jahr ein paar Tausend Mark ausgeben, konnten wir nie einen Betrag beim Finanzamt abschreiben. Der Staat sollte diese Auslagen einfach anerkennen* (M, I 74).

Eine Möglichkeit effizienter Nachwuchs- und Talentförderung sehen Eltern in der Einrichtung von Instrumentalkursen und der Beibehaltung der Wettbewerbe Jugend musiziert. Die Förderung dürfte mit dem Wettbewerb keinesfalls enden und vor allem sollte sie nicht ungleich verteilt sein. Während eine Mutter ihre uneingeschränkte Zufriedenheit über die Anschlußförderung zum Ausdruck bringt, macht sich bei einer anderen Mutter Unzufriedenheit über ungleiche Praktiken breit, gemäß der Kritik, daß man bei Jugend musiziert erst einmal gewinnen muß, um gefördert zu werden.

> *Von dem Moment, wo sie einen Sieg hatte, ist sie unheimlich gefördert worden* (M, I 69).

Die Kasuistik unserer Studie läßt sich an zwei auseinanderliegenden Kommentaren belegen und wir verweisen auf unsere repräsentative Datenerhebung zu diesem Fragenkomplex in der zweiten Forschungsphase. Eine zufriedene Mutter:

> *Bessere Förderung? Nein, ich bin froh, daß die Wettbewerbe Familien wie der unseren, die von nichts eine Ahnung haben* (Vater: Maurer, Mutter: Hausfrau, der Verf.)*, eine Chance zur Begabungsentdeckung geben. Unsere Tochter ist gefördert worden, zweimal beim Oberbürgermeister gewesen, hat Auszeichnungen und Förderpreise vom Kultusminister erhalten, sie hat allerhand Geschenke gekriegt, Stipendien und so... Ich finde schon, daß das Auszeichnung genug ist. Hätte sie die Wettbewerbe nicht mitgemacht, wäre sie sicher untergegangen und hätte nicht das erreicht, wo sie heute steht* (M, I 16).

Eine unzufriedene Mutter, deren Kind ebenfalls die Bundesebene erreicht hat:

> *Alle Kinder sollten gleich behandelt werden. Es ist unmöglich, daß ein Junge dreimal bei Konzerten von Jugend musiziert vorspielt und andere deswegen nicht zum Zuge kommen. Ich finde es unmöglich, daß die Preisträger Geld bekommen, die anderen Eltern aber nicht, obwohl die genauso viel Geld reingesteckt haben, sie sind genauso oft hin und her gefahren. Oder ich finde es unmöglich, da gibt es den 1., 2. und 3. Preis, die beiden ersten Preisträger wurden namentlich genannt, und die, die den 3. Preis hatten, wurden nicht genannt. Die sind einfach so weggelaufen. Das frustriert uns Eltern sehr* (M, I 55).

Ein Wort zu Förder- und/oder Meisterkursen. Auch hier stellen manche Eltern die enormen finanziellen Belastungen heraus. Zum einen fordern sie „mehr Angebote zur Weiterqualifizierung", erwarten mehr Anregung von außen, anstatt alles der ohnehin arg strapazierten Elterninitiative zu überlassen.

> *Was machen wir mit unserem Kind in dieser Provinz sitzend? Irgendein Anreiz oder eine Förderung von außen kommt nicht* (M, I 08).

Ein krasses Beispiel dürfte die Erfahrung einer Mutter sein, deren Sohn aus einem Kurs wieder ausgeladen wurde, weil „sich Höherqualifizierte gemeldet" hätten. Und die Eltern sprechen auch hier von den finanziellen Belastungen durch Fortbildungskurse.

> *Es gibt schon verschiedene Stellen, die finanziell beitragen. Meine Tochter war jetzt zu einem Kurs in XXX, wir mußten fast 2000 DM zuschießen, und das für nur eine Woche. Und dann können Sie sich vorstellen, was es für Dimensionen bei 2 Kindern annimmt. Eine Woche da, eine Woche dort, das summiert sich so. Bei uns fließt alles in die Ausbildung der Kinder. Wir waren nie, nie, nie in Urlaub! Auch unser Haus verschlingt viel Geld, wir sehen schon auf Kleidung und Essen, wir holen durch Nebentätigkeiten was rein, damit wir den beiden Kindern in der Ausbildung nichts streichen müssen. ... bis sie selber da sind, wo sie gerne sein wollen* (M, I 21).

> *Kurse sind sehr wichtig, weil sie ein mögliches Korrektiv sind für die Ausbildung, um eventuell einen Schritt weiter zu tun. Das Problem sind die hohen Kosten. Wir zahlen die Honorare voll und können nicht auf Ermäßigung hoffen. Kursgebühren pro Person 700 DM, hinzu kommen Unterkunft, Fahrt und Verpflegung, da kommen in 2 bis 3 Wochen schnell 1800 DM pro Kind zusammen. Wir machen selbst keinen Urlaub, sondern begleiten unsere Kinder zu diesen Kursaufenthalten* (M, I 18).

Ein weiteres Stich- oder auch Reizwort ist die „Musikschule". Trotz des heute weitgestreuten Musikschulnetzes in der Bundesrepublik gibt es wohl in gewissen Regionen noch immer zu wenig Angebote für bestimmte Instrumente („Sie hat drei Jahre darum gekämpft, Bratsche spielen zu können"). Wo ein qualifizierter Lehrer nicht vorhanden ist, kann auch ein entsprechendes Instrument nicht angeboten werden. Hier scheinen noch immer erhebliche Lücken zu klaffen. Auch die Frage nach zusätzlichen Überäumen in den Musikschulen wird gestellt, vor allem dann, wenn das Instrumentalspiel zu nachbarlichen Streitereien führt (bei Trompete oder Schlagzeug werden natürlich besonders problematische Fälle berichtet).

Grundsätzlich werden die Leistungen der Musikschulen in der musikalischen Breitenförderung (und diese Funktion verfolgen sie primär auch von ihrem Selbstverständnis her) gewürdigt, wenn es aber um höherqualifizierende Aktionen und Angebote geht, schlagen Eltern kritischere Töne an. Sie bemängeln die Lässigkeit mancher Lehrer, ihre Distanz zu Jugend musiziert und damit ihre Bereitschaft, ihr eigenes pädagogisches Wirken in den Vergleich mit anderen zu bringen ("daß sich die Lehrer nicht selber prüfen lassen wollen").

> *Das Niveau an Musikschulen ist nicht auf Einzelbegabungen gerichtet, jedenfalls nicht bei uns. Es wird da nicht einmal einer überdurchschnittlich gefördert, es sei denn, ein einzelner Lehrer nimmt sich die Freiheit, über den Unterricht hinaus, privat und auf eigene Kosten und Initiative etwas zu machen. Einzelne werden nicht eigens gefördert, das läuft alles so in einem Schema ab, ob man nun mehr begabt ist oder nicht. Wir haben die Tochter aus der Musikschule weggenommen*

und zu einem Privatlehrer gebracht, aber damals haben wir das alles nicht so überblickt. Natürlich kommt es letztlich immer auf den einzelnen Lehrer an. Es gibt ein paar phantastische Lehrer, aber so die Masse, die verläuft einfach in ihren Regeln ab... (M, I 68).

In unseren Musikschulen und Konservatorien sitzen durchaus befähigte Lehrer, aber viele machen es als Nebenbroterwerb und entsprechend werden auch die Kinder behandelt. Die machen ihre Tätigkeit mit der entsprechenden Lässigkeit. Eltern, die das nicht so absehen, können das auch nicht kontrollieren (M, I 25).

Eine Möglichkeit der Talentförderung wäre die Qualifizierung des unterrichtenden Personals, bessere Kriterien der Anstellung, bessere Überwachung ihrer Tätigkeit, vielleicht auch eine bessere finanzielle Honorierung der Arbeit. Bei uns steht es zum Beispiel mit den Ausbildungsbedingungen für Streichinstrumente nicht gerade zum besten. Die Preisträger von Jugend musiziert kommen hier alle von Privatlehrern (V, I 18).

Solche Kritiken lassen sich keinesfalls verallgemeinern. Der Autor selbst kennt Lehrer der Musikschule seiner eigenen Kinder, die sich in unterschiedlichsten Ensembles zusätzlich und ohne Sonderhonorar engagieren, und solche, die zur Vorbereitung ihrer Schüler(innen) auf Jugend musiziert keine zusätzlichen Mühen und Proben scheuen.

Ein leidiges Problem ist freilich die Tatsache, daß ein musikbegabtes Kind, das wöchentlich mit zwei oder gar drei Stunden gefördert werden müßte, diese Zusatzförderung in unserem regulierten und nivellierten Schulsystem wohl kaum erfahren kann. Es ist ein erster Fortschritt, wenn unsere Musikhochschulstudenten im Instrumentalfach heute zwei Stunden Unterricht pro Woche erhalten. Auf der unteren Ebene der Musikschulen scheint dies einstweilen völlig ausgeschlossen. Nachwuchs- und Begabtenförderung verlangen nach einer intensiveren und das heißt auch häufigeren Betreuung des jungen Musikers durch ihre Instrumentallehrer, die meist schon rein zeitlich überfordert sind.

Es fängt schon im Konservatorium an. Ich erinnere mich, daß der Lehrer von XXX gerne mehr Stunden in der Woche gemacht hätte, weil sie sehr begabt war. Mindestens zwei Stunden, aber es gibt eben nur eine Dreiviertelstunde. Er hat diesbezüglich mit dem Schulleiter gesprochen, aber es wurde strikt abgelehnt. Man möchte keine Elite fördern, sondern das Konservatorium ist für die breite Masse da. Der Lehrer hat ihr dann trotzdem zwei und drei Stunden erteilt, ohne dafür einen Pfennig zu verlangen. Ich meine, das müßte besser und effektiver gesteuert werden (M, I 04).

Auch die allgemeinbildende Schule wird in grundsätzliche Förderüberlegungen einbezogen. Neben dem verständlichen Wunsch, der Musik in den Schulen mehr und angemesseneren Platz einzuräumen, wird auch von den Eltern die Vorstellung von der Institutionalisierung eines Instrumentalfaches im Fächerkanon der Schule geäußert.

Man sollte sich überlegen, ob man in der Schule nicht für alle Schüler ein Pflichtinstrument freier Wahl einführt. Jeder Schüler sollte die Möglichkeit haben, ein Instrument spielen zu können (M, I 67).

Eltern halten die wenigen Musiklehrer, die sich noch in der Musikerziehung der allgemeinbildenden Schulen engagieren, für völlig überlastet. Sie sehen, daß in vielen Gymnasien Leistungskurse in Musik trotz Nachfrage nicht zustande kommen, was sie sehr bedauern. Der Einrichtung von Musikgymnasien oder Spezialschulen wie etwa in der DDR stehen einige Eltern eher skeptisch gegenüber, weil sie die Gefahren einer zu einseitigen Persönlichkeitsbildung sehen.

Wenn man eigene Schulen für Hochbegabte fordert, muß man sich fragen, ob das sinnvoll ist, kriegt man da nicht lauter Fachidioten raus oder völlig einseitig Orientierte? Insofern ist es nicht schlecht, wenn gemischte Gruppen miteinander lernen, wo jeder mit anderen Interessen zwangsläufig konfrontiert wird. Das macht ja wohl letztlich eine Persönlichkeit aus, vielseitige Interessen zu haben. Nur sollte die Schule stärker auf die Neigungen ihrer Schüler eingehen, müßte es selbstverständlicher genommen werden, wenn da eine besondere Begabung sich entwickelt, ohne daß man also Wände einrennen muß. Wer heute in der Schule was Besonderes ist, muß mit Neid und sogar mit Ablehnung rechnen. Defizite habe ich eindeutig in der Schule erlebt. Ich bin der Meinung, daß die Schule ihn in dem Moment eindeutig im Stich gelassen hat, aber ganz eindeutig, wo er sie gebraucht hätte, wo er sie als Schule, als Institution und als Pädagogen und als Menschen gebraucht hätte. Wo die Probleme, die er hatte, herkamen, aus dem Familiären, aus seiner Situation, das sei dahingestellt, aber die Schule als Institution und auch die Lehrer haben eigentlich nichts anderes gekannt, als ihm zu sagen: „Du bildest Dir was ein. Du glaubst Dir aufgrund Deiner Erfolge Gott weiß was erlauben zu können", das war der Grundtenor. Und es gab nur hier und da mal einen Lehrer, der mal einen Ansatz oder Versuch gemacht hat, überhaupt mal ihm entgegenzukommen und auf ihn einzugehen und mal zu überlegen, was er für Probleme haben könnte und sich mal in seine Situation hineinzuversetzen und bestimmte Reaktionen auch mal zu erklären. Es wurde immer das Argument vorgebracht, daß man an die Allgemeinheit denken müsse, an die Klasse, und nicht an den einzelnen. Mal davon abgesehen, daß der Lehrer, der da noch den letzten Anstoß gab, ziemlich links gerichtet war und von seiner ganzen Ideologie her das nicht anders konnte, ist dieser Gedanke, daß es keine Eliten geben sollte, doch stark ausgeprägt gewesen, bei dem ganzen Vorgang (V, I 03).

Dieser Vater hat mit der Institution Schule eher negative Erfahrungen gemacht, wenn es um Freistellung/Beurlaubung für Vorspiele oder Konzerte seines Sohnes ging. Wir wissen, daß Hochbegabte Schule im Sinne von pädagogischer Agentur für Anregung und Wegweisung eher als bittere Enttäuschung erfahren: es fehlt an der differenzierenden Anregung, die auch Hochbegabten ihre Aufgaben vermittelt. Vielmehr sehen sich die Hochbegabten einem erhöhten Konformitätsdruck ausgesetzt, der das Ausscheren aus der bequem hantierbaren Unterrichtsnorm als Störung oder gar als Provokation auslegt. Neben diese pädagogische Enttäuschung im schulischen Lernbetrieb tritt häufig der unerbittliche Reglementierungsmechanismus der Schule und ihrer Lehrer, der kaum Spielraum für Eigenwege und -lösungen zuläßt. Mehr Nachsicht, mehr Rücksicht seitens der Schulbürokratie ist eine wiederholte Bitte von Eltern in den Antworten zur Frage der Talentförderung. Wieweit freilich diese Rücksicht in den Terminen von Klassenarbeiten oder in der Einführung neuen Stoffes geht, ist eine ganz andere und primär unterrichtsorganisatorische Frage. Irgendwo müssen Grenzen gesetzt sein, denn heute sind es die Musiker, morgen die Sportler und übermorgen die jungen Forscher, die Unterrichtsbefreiung beantragen.

Was die Eltern ebenso berechtigt kritisieren, ist die Erfahrung, daß von der Musikerziehung der allgemeinbildenden Schule eine zu geringe Animation zum Instrumentalspiel, zum Erlernen eines Instrumentes ausgeht. Wir können diese Kritik aus eigenen Untersuchungen bestätigen: Der Musikunterricht müßte stärker Einfluß nehmen auf das außerschulische Musikleben, auf die Aktivitäten von Kindern und Jugendlichen. Dazu gehört auch, Kinder und ihre Eltern zum Lernen eines Instrumentes anzuregen, in Sprechstunden, in Elternabenden, nach Konzerten, Schulfesten usw.. Musiklehrer, die Begabungen im Rahmen ihres Unterrichtes entdecken, haben die Verantwortung, ihre Beobachtungen und Erfahrungen zum Musikmachen der Kinder an diese selbst und vor allem an ihre Eltern weiterzugeben, um zum Lernen eines Instrumentes anzuregen. Wir haben Zweifel, ob dies im normalen Schulalltag ausreichend geschieht. Wir möchten diesen Appell mit Nachdruck an alle Schulmusiker weitergeben. Die Animation zum Instrumentalspiel sollte zu den verantwortlichen Aufgaben jedes Musikerziehers gehören.

> *Denn es gibt vermutlich eine Fülle von brachliegenden Talenten, die ganz einfach nicht entdeckt werden, wenn Eltern von sich aus nicht musikinteressiert sind. Wenn Kinder im 1. oder 2. Schuljahr sind, und ein Lehrer merkt, die sind musikalisch, dann müßte der Lehrer von sich aus den Eltern Bescheid geben, weil Eltern das vielleicht nicht merken. Er müßte dann auch die Kontakte zu einem entsprechenden Instrumentallehrer herbeiführen. Ich denke, hier liegt noch vieles im argen, Talentfindung versagt schon in der Schule* (V, I 75).

Eltern sprechen davon, daß schon die Musikalische Früherziehung Begabtenfindung zu leisten hätte, daß frühes Singen und Musizieren in den Schulen und in den Familien eine elementare Voraussetzung für eine breite Talentförderung seien und aus dieser Einsicht heraus mehr als bisher getan werden müsse.

> *Es geht letztlich um die Förderung des gemeinsamen Musizierens, die Förderung der Gemeinschaft, nicht, daß man Kinder einsperrt und sie zu Höchstleistungen treibt. Zuviel Leistung macht Kinder traurig. Wir kennen eine Freundin von XXX, die weiß Gott wieviel Stunden am Klavier sitzen mußte. Sie ist schon früh richtig abgehärmt. Sie konnte selten lachen, sie konnte nicht zu Kindergeburtstagen gehen, weil sie üben mußte. Das hätte ich nie fertig gebracht* (V, I 31).

Auch von den Eltern wird übrigens die Notwendigkeit von möglichst vielen Vorspielgelegenheiten für ihre Kinder reklamiert. Nicht selten bleiben ihre Wünsche weit hinter den Realitäten zurück. Bundespreisträger sind wohl für kommunale Institutionen immer nur interessant, solange sie frischgebacken sind, ein Jahr später ist der ganze Glanz offensichtlich schon verblaßt.

Elterliche Bilanzen zur Erziehung begabter Kinder oder „Fordern statt Verwöhnen“

> *Zeit ist Geld, das Beste aber, was Eltern für ihre Kinder aufbringen können, ist nicht Geld, sondern Zeit* (Volksmund).

> *Ich würde heute die Dinge doch lockerer angehen, die Ohren weiter aufmachen, weniger Donnerwetter, aber dafür die Lehrer öfter wechseln! Nichts vorschnell dem Kind zur Last legen, sondern auch dem Lehrer eine Mitschuld geben. Mehr Geduld haben in den pädagogischen Dingen, daß sich etwas entwickelt. Ich kann ja auch von einer Tomatenpflanze nicht gleich reife Früchte verlangen. So geht es mit Kindern auch, aber ich wollte immer gleich Früchte sehen* (V, I 54).

> *„Um Gottes Willen, die Zeit läuft und andere werden besser!“ Diesen stachelnden Ehrgeiz finde ich entsetzlich für die menschliche Entwicklung* (M, I 04).

> *Höre auf das Kind selber, sei anspruchsvoll im Willen, ihm zu helfen, in dem Willen, den richtigen Lehrer zu finden, der sowohl musikalisch Ansprüche stellt, aber auch menschlich mit ihm auskommt. Dräng Dein Kind nicht, sei nicht zu ehrgeizig, was äußeren Ruhm betrifft, gib ihm Gelegenheit, möglichst oft Musik zu machen* (V, I 67).

Mit diesen Auswahlzitaten könnte man das Fazit der Elterngespräche vorwegnehmen, die um die Frage kreisten, welche Erfahrungen Eltern begabter Kinder an andere Erzieher in ähnlicher Situation und weitergehend an eine interessierte Öffentlichkeit weitergeben möchten. Eines ist unübersehbar: daß Begabungen sensible Größen sind, die, soweit nicht ein optimal förderndes Umfeld gesichert ist, empfindliche Krisen und Brüche in ihrer Entwicklung erleiden können, deren Folgen wie in jeder Erziehung immer auch die Bezugspersonen berühren. (Hoch-) Begabung ist vom sozialen Umfeld auf vielfältige Weise abhängig, in erster Linie aber vom Erziehungsambiente in der Familie, von der primären musikalischen Sozialisation. Ein soziokulturell aufgeschlossenes Elternhaus kann inspirierend auf die Entfaltung des Kindes einwirken. Ein Elternhaus, das kein begründetes Verhältnis zur geistig-kulturellen Welt (Bourdieus Stichwort: Bildungskapital) hat und ihr mit vielen Vorbehalten und Vorurteilen gegenübersteht, kann eine Konfliktsituation verursachen, deren Folgenschwere darin besteht, daß die Begabung als solche nicht einmal erkannt wird. Das pädagogische Gebot dieser Studie fordert Antworten auf Erziehungs- und Bildungsfragen bei (hoch-)begabten Jugendlichen. In erster Instanz lassen wir die Erzieher selbst zu Wort kommen.

Bevor wir uns dezidierten Erziehungsratschlägen bzw. -empfehlungen der Eltern zuwenden, bilanzieren wir zusammenfassend die Erkenntnisse aus den Analysen zu Erziehungsfragen im Kapitel *Frühe Kindheit und Familie*. Wir konnten dort als förderliche familiale Rahmenbedingungen für die Entwicklung des Kindes bereits feststellen (in den Erinnerungen der Jugendlichen wie in den Ausführungen der Eltern):

- Eine starke ideelle Unterstützung der kindlichen (musikalischen) Interessen, flankiert
  von einer erheblichen finanziellen Investitionsbereitschaft, wenn sich eine Begabung als förderungswürdig erwiesen hat (etwa durch Erfolge bei Jugend musiziert).
- Intensive emotionale Zuwendung vor allem durch die Mutter, die von vielen Jugendlichen als ausschlaggebende Bezugsperson herausgestellt wird: Eltern teilen mit den Kindern deren Wechselbäder der Gefühle, gehen mit durch Höhen und Tiefen in der instrumentalen Entwicklung, wodurch die Kinder eine auffangende Geborgenheit empfinden, ein emotionales Aufgehobensein spüren, was ihnen Sicherheit und Selbstbewußtsein gibt („Alles, was ich gemacht habe, hatte in meiner Familie einen hohen Stellenwert.").
- Erziehung zum Üben wird in der wertenden Retrospektive als „sanfter" Druck empfunden, rückblickend als wertvoll registriert, für den die Jugendlichen aus der Sicht des erfolgreichen Heute dankbar sind („Im Nachhinein akzeptiere ich eigentlich alles, weil der Erfolg den Eltern Recht gibt."). Ohne die richtungsweisende Führungshand von Eltern sind die frühen und hohen Ziele im Instrumentalen nicht erreichbar!
- Jugendliche erkennen per se die Autorität von Eltern als ihre Erzieher an; Erziehung heißt Autorität besitzen und vor allem Verantwortung tragen für die Kinder. Zur Autorität kommt eine Vorbildfunktion der Eltern, wenn nicht (wie bei vielen) im Musikalischen, so doch in der Leistungsorientiertheit. Eltern setzen auf frühe Selbstdisziplin und Begeisterung. Frühe Leistungsansprüche der Eltern werden nachträglich rationalisiert und relativiert.
- Eltern haben Zeit für ihre Kinder (s. unser Kapitel-Motto); stundenlanges Dabeisitzen beim Üben oder auch die Begleitung in den Unterricht sind überdurchschnittlich oft anzutreffen („Wichtig ist, daß meine Mutter einfach nur da ist."). Der elementare Erziehungsgrundsatz „Für Kinder da sein" bedarf aus dieser Perspektive in unserer Leistungsgesellschaft mit beiderseits voll berufstätigen Eltern eine neue Bewertung.
- Eltern bringen teils erhebliche zeitliche, psychische, finanzielle „Opfer" für ihre Kinder, ohne sie als solche herauszustellen. Charakteristikum dieses Erziehungsmilieus ist, daß Eltern ihr Engagement ihren Kindern nicht ständig vorrechnen und Dankbarkeit erwarten.
- Charakteristisch ist eine Eins-zu-Eins-Identität von Eltern und Kindern, ablesbar etwa an der Aussage einer Mutter: *Musik ist das Leben meiner Tochter. Meine Tochter ist mein Kind, also ist das Ganze auch mein Leben.*

- Beide Elternteile, Vater und Mutter sind an den (musikalischen) Interessen und an deren Entfaltung interessiert, Erziehung ist nicht allein Sache der Mutter (und Hausfrau).
- Geschwister spielen in der familialen Begegnung eine wichtige Rolle. Die Jugendlichen sind nur in Ausnahme Einzelkinder, die Regel sind Mehrkindfamilien, in denen meist alle Geschwister musizieren; Ältere sind häufig Vorbild für Jüngere, animieren und spornen an. Der Einfluß der Eltern erfolgt so mittelbar über die Geschwister.

Eine Gratwanderung wird die Erziehung (deren Folgen zu beurteilen für Außenstehende schwierig ist), wenn Umsorgung zur Gängelung wird, wenn eine rechtzeitige Abnabelung vom Elternhaus (vorwiegend von der Mutter) zu einem Problem wird. Jugendliche sprechen dann von „lästiger Begleitung", wenn außermusikalische Altersinteressen zu kurz kamen und Freundeskontakte und andere Freizeitinteressen bewußt beschnitten wurden. In einem für unsere Stichprobe typischen Ausnahmebeispiel bilanziert ein Jugendlicher: *Ich hätte zu jeder Ur-Aufführung nach Berlin fahren können, für eine Fete aber noch keine 10 DM bekommen.*

In der Minderheit registrierten wir eine relativ rigide Erziehungspraxis bzw. eine Form hoher Erziehungsintensität. Erziehung erweist sich in diesen Fällen als Konditionierung, als Moralisierung, als autoritäre Fremdbestimmung, wenn etwa folgende Ansprüche die Erziehung von Kindern geprägt haben:

- Wir arbeiten ja auch den ganzen Tag!
- Jede Sache hat ein Gesetz in sich selbst, und sie müssen lernen, sich dem Gesetz der Sache unterzuordnen!
- Nicht wie in Summerhill!
- Wir erziehen christlich geprägt: Das darfst Du und das darfst Du nicht!

Auf unsere neuerliche Frage, was sie als Erzieher einer breiten Öffentlichkeit weitergeben möchten, sind zwei Empfehlungen repräsentativ:

1. Eltern lehnen für begabte Kinder und Jugendliche jede mit Druck verbundene Außenerwartung ab (53% nennen spontan diese Erziehungseinsicht).
2. Eltern heben die Notwendigkeit von positiver Verstärkung, von lobender Aner kennung, von Zeit-Haben und Interesse-Zeigen für die Aktivitäten der Kinder hervor (18% aller Nennungen).

Alle anderen Erziehungsaspekte bleiben unter der 5%-Marke, sie sind demnach ausgesprochen kasuistisch.

zu 1.

Eltern sprechen davon, wie wichtig es für die menschliche und musikalische Entwicklung des Kindes sei, Kinder kommen zu lassen, Druck von außen zu vermeiden, Kinder nicht abheben zu lassen, Erwartungshaltungen abzubauen, frühe Öffentlichkeit zu vermeiden, Überforderungen auszuschließen oder positiv gewendet, Entfaltungen mit viel Geduld zuzulassen, offen zu sein auch für andere Begabungen im Kind, Verständnis für Krisen zu zeigen, Vorsicht walten zu lassen bei Anforderungen. Es darf allerdings nicht übersehen werden, daß hinter all diesen wohlgefälligen Erziehungsprinzipien letztlich leistungsorientierte Maximen stehen, wie wir sie weiter oben beschrieben haben. Über Erziehungsgrundsätze in einem anonymen Gespräch philosophieren und Erziehung im Alltag praktizieren, sind zweierlei Dinge. Dazwischen können Welten klaffen bzw. sich gehörige Diskrepanzen auftun. Aus der Persönlichkeitsforschung wissen wir, daß Erzieher, die hohe Erziehungsideale anerkennen oder aufstellen, in ihrer Praxis häufig im Widerspruch hierzu handeln. Es besteht kaum ein Zusammenhang zwischen der Anerkennung hoher Erziehungsideale und dem praktischen Handeln von Personen[301]. Die Bewertung dieser potentiellen Differenz von Theorie und Praxis ist für uns ausgesprochen schwierig, wiewohl wir von der Ehrlichkeit der Äußerungen überzeugt sind (zumal wenn sie mit einer gewissen Selbstkritik verbunden wurden).

Die Kritik an zu hohen Außenerwartungen, am mehr oder weniger latenten Erfolgsdruck, die Angst vor der Überforderung der Kinder, die Warnung vor maßlos überzogenen Ansprüchen, vor zu früher Öffentlichkeit, vor der Vermarktung der Kinder dokumentieren wir in authentischen Erzählungen der Eltern:

> *Es ist normal und natürlich, daß man seine Kinder begleitet. Worunter meine Tochter und ich so leiden, ist diese Erwartungshaltung derjenigen, die einem die Möglichkeit geben, ein bißchen vorwärtszukommen, auch die einem finanziell etwas helfen. Man hat so das Gefühl, wir müssen es ständig abzahlen, man erwartet von so einem jungen Mädchen ständig Topleistungen. Man muß sich einfach freimachen und sich sagen, es ist noch ein Kind, das in der Entwicklung steckt, es kann nicht ein Tag wie der andere sein, es braucht Zeit zum Üben. Ich habe immer so das Gefühl, wir stehen unter Druck. Wir haben es jetzt anders versucht und haben gleich gehört: „Dann seid ihr weg vom Fenster und habt keine Chance mehr." Wir Eltern müssen uns vom Druck der verschiedenen Institutionen freimachen. Das ist das Schlimmste, und das habe ich auch von anderen Eltern gehört. Wer sagt eigentlich „Wir müssen"? Warum „müssen" wir eigentlich? (M, I 67).*

Daß sich Eltern keinesfalls immer sicher sind, ob die Wege, die sie mit ihren Kindern gehen bzw. gegangen sind, auch die richtigen sind (waren), offenbart nachfolgende Erinnerung freimütig:

> *Natürlich hatte ich am Anfang immer die Angst, daß das Kind überfordert wird. Das habe ich auch immer von diesen Wettbewerben befürchtet. Ich habe mich immer vorher erkundigt, ob man das mit normaler Übezeit erreichen kann oder ob man seine Kinder so richtig darauf trimmen muß. Das wollte ich nicht! Als sie zum erstenmal mit ihrem Bruder ein Duo öffentlich spielte, war sie fünf Jahre alt. Als sie da auf der Bühne stand und zu dem Klavier ging, da fand ich, hatte sie Angst im Gesicht, sie war so befangen und ängstlich. Ich habe Mitleid mit ihr*

301 Doro Bierhoff-Alfermann/B. Höcke: *Kindererziehung aus der Sicht von Eltern zweier antiautoritärer und evangelischer Kindergärten: Eine Erkundungsstudie*, in: *Zeitschrift für Entwicklungspsychologie und Pädagogische Psychologie* 6/1974, S. 139-145

bekommen, das Gefühl, daß sie mir leidtut, und das habe ich jahrelang nicht losgekriegt. Ich habe nie zu ihr gesagt: „Mach den nächsten Wettbewerb wieder mit". Das kam von ihr selbst, ich hätte sie am liebsten zurückgepfiffen, weil ich selbst diese Angst hatte. Ich war ewig im Zweifel. Ich habe mir geschworen, wenn sie das erste Mal von der Bühne kommt und weint, oder wenn sie vor Enttäuschung weint, wenn sie keinen Preis bekommt, dann darf sie nicht mehr mitmachen. Aber sie hat alles verkraftet, es ist nie passiert. Diese nervlichen Belastungen haben mir mehr zugesetzt als ihr selbst (M, I 16).

Ein Kind soll immer im Rahmen seiner Fähigkeiten lernen. Klar ist, daß man eine Begabung nutzen muß, auch Fleiß aufwenden muß. Der Fleiß muß aber immer im Rahmen der Begabungsmöglichkeiten stehen. Ich würde Durststrecken nie durch einen verstärkten Drill wettmachen wollen. Ich weiß aus eigener Erfahrung, wie schwierig das Feld Musik und ein Musikstudium ist, welche hohe Erwartungen eine berufsmäßige Ausbildung und erst recht nachher der Musikerberuf stellt (V, I 58).

Ich kann nur jedem raten, nie Druck auf die Kinder auszuüben! In keiner Phase und schon gar nicht im Künstlerischen. Ich bin manchmal erstaunt, was Eltern ihren Kindern aufoktroieren. Aber ich sehe es hier (Behindertenschule, der Verf.), *was für Ergebnisse an psychischen Defekten herauskommen. Ich habe ein Beispiel der kompletten Verweigerung, das dann in die Psychiatrie führte* (M, I 71).

Manche Eltern resümieren Erziehungskonzepte oder besser -rezepte, wie sie kürzer nicht zu formulieren sind:

Die Kinder einfach kommen lassen, das Instrument spielen lassen, das sie spielen möchten, und nicht das, was die Eltern vorschreiben. Dann Lehrer suchen, die ihnen die Freude an der Musik vermitteln und keine Paukerei betreiben (M, I 31).

Nichts forcieren, der Entwicklung freien Raum geben, materiell stützen. Nichts mit Gewalt! (V, I 39).

Ist alles so einfach? Rahmenbedingungen setzen und die Freiräume auskosten, die sich von selbst auftun? Wir zweifeln, auch angesichts der Übelust und -unlust der eigenen Kinder! Nur wenige Eltern sehen Anlaß zur Selbstkritik:

Im nachhinein bin ich zwar sehr zufrieden. Ich würde aber gerne an mir etwas ändern, daß ich seelisch besser in mir selbst fundamentiert gewesen wäre, den Kindern eine kontinuierliche Ausbildung zu ermöglichen. Anderen Eltern würde ich sagen wollen: „Schiebt nicht zu sehr!" Am Anfang steht doch meistens der Ehrgeiz der Eltern (M, I 21).

Ich würde heute die Dinge doch lockerer angehen, die Ohren weiter aufmachen, weniger Donnerwetter, aber dafür die Lehrer öfter wechseln! Nichts vorschnell dem Kind zur Last legen, sondern auch dem Lehrer eine Mitschuld geben. Mehr Geduld haben in den pädagogischen Dingen, daß sich etwas entwickelt. Ich kann ja auch von einer Tomatenpflanze nicht gleich reife Früchte verlangen. So geht es mit Kindern auch, aber ich wollte immer gleich die Früchte sehen (V, I 54).

Mein Ehrgeiz mit dem Kind war stellenweise hinderlich für seine Persönlichkeitsentwicklung (M, XXX).

Hinter diesen (zu?) späten Selbstbekenntnissen mancher Eltern steckt doch ein hohes Maß an Erziehungsintensität, wenn nicht sogar Erziehungsrigidität. Offenbaren sich hier und da nicht doch nachträglich so manche Eislaufmütter oder Tennisväter, die sich aus der Sicht des erfahreneren Heute ihres überstrengen oder konfliktreichen Erziehungsweges bewußt sind?

zu 2.

Die zweithäufigsten Erziehungsempfehlungen (18% aller Nennungen) laufen unter dem Tenor „Anerkennung und Bestärkung geben, Interesse zeigen, Lob aussprechen, Dabeisein, Zeit haben, Kinder ermutigen, 120%ig dahinter stehen". Wir können hier von früher positiver Konditionierung der Kinder sprechen, Eltern richten ihre Aufmerksamkeit sehr stark auf die Entwicklung ihrer Kinder, sie sind ausgesprochen erziehungsbewußt. Leistungen werden anerkannt und als solche bewußt herausgestellt. Belobigungen stehen vor Strafen, sie werden für Kinder zu einem positiven Reiz, der (zunächst extrinsisch angesetzt) intrinsische Motivation zur Folge haben kann, wenn sich die Lust an Spiel und Leistung verselbständigt und keine Außenanstöße über Erzieher notwendig sind. Diese Phase scheint bei den Kindern unserer Stichprobe relativ früh erreicht. Viele Mütter (bzw. Väter) verzichten dabei nicht einmal auf die Ausübung ihres Berufes (doppelte Berufstätigkeit ist zu 45% anzutreffen). Die wichtigste Empfehlung, die wir von Eltern für Eltern in vergleichbarer Situation weitergeben können, deckt sich mit dem einleitenden Motto des Kapitels: „Haben Sie Zeit für Ihre Kinder!"

In Einzelbeiträgen legen Erzieher Wert auf die Feststellung, daß man sensibel sein müsse für andere als die musikalische Begabung, daß man andere Interessen wecken und entwickeln müsse:

Vorsichtig sein, daß die Musik nicht alles verschüttet... viele Anregungen geben auf vielen Gebieten... den größten Nachdruck legen auf die frühkindliche Entwicklung... Das Beispiel der Eltern ist für die Erziehung und Persönlichkeitsbildung der Kinder sehr stark maßgebend...

Auch die sprichwörtliche „Harmonie in der Ehe" wird zitiert, das Umfeld müsse stimmen, jeder familiale Konflikt könne dem Kind schaden (was wohl für jede Kindererziehung zutrifft). Charakteristisch für alle Familien ist eine hohe Erziehungssensibilität, wenngleich wir meinen, daß das Üben in den Anfangszeiten sicher nicht ohne Konflikte abgegangen ist (vgl. Kap. *Druck zum Üben: Ein chronischer Erziehungskonflikt?*), auch wenn diese in der nachfolgenden Empfehlung zur Problemlosigkeit geglättet sind:

Was ich empfehlen würde, ist wahrscheinlich: „Höre auf das Kind selber, sei anspruchsvoll im Willen, ihm zu helfen, in dem Willen, für es den richtigen Lehrer zu finden, der sowohl musikalisch Ansprüche stellt, aber auch menschlich mit ihm auskommt. Dräng Dein Kind nicht, sei nicht zu ehrgeizig, was äußeren Ruhm betrifft, gib ihm Gelegenheit, möglichst oft Musik zu machen" (V, I 67).

Man kann sagen, daß in ausnahmslos allen Familien ein ziel- und leistungsorientiertes Erziehungsklima charakteristisch ist. Elterliche Erwartungen und Normen übertragen sich in einem relativ frühen Alter auf die Kinder. Fordern steht dabei vor Verwöhnen, um die verhaltensbiologische These Felix von Cubes und Dietger Alshuths für Erziehung und Führung heranzuziehen[302]. Beide Autoren gehen davon aus, daß verhaltensbiologisch gesehen Verwöhnung (d. h. rasche und leichte Triebbefriedigung) zu Anspruchshaltung und Aggression führen muß, was sich in unserer gegenwärtigen Gesellschaft relativ problemlos exemplifizieren ließe. Nach Cube/Alshuth zieht rasche und leichte Triebbefriedigung (ob in der Nahrung oder in der Neugier usw.) immer höhere Reizintensität nach sich: *Nach dem Gesetz der doppelten Quantifizierung kommt nämlich eine Triebhandlung nur dann zustande, wenn entweder die Triebstärke oder die Reizintensität (oder beide) genügend hoch sind. Das bedeutet: Zur Triebbefriedigung bei niedriger Triebstärke bedarf es eines entsprechend hohen Reizes und in der Folge, da sich der Reiz „abschleift", immer stärkerer Reize.*[303]

Wir meinen, daß diese These im motivationalen Bereich des schulischen Lernens seine negativen Auswirkungen heute besonders zeitigt. Kinder genießen in weichen Polstern vor dem Fernseher in schwindelerregendem Tempo Abenteuer zuhauf. Sie sind in Sekundenschnelle am Tatort und erleben die unkonventionellsten Lösungen von Problemen. Wie wenig attraktiv muß ihnen angesichts dieser Neugierbefriedigung die so karge „Ein-Mann-Show" des Lehrers im Alltagsgrau der Schule vorkommen, so sehr dieser sich auch mit Motivationstheorien und praktischen Tricks bemüht. Der Lehrer wird den technisch raffinierten Vermittlungsformen des Fernsehens niemals gewachsen sein. Die einzige Chance: Er muß seine Persönlichkeit in die Waagschale werfen, er muß seine Schüler begeistern und faszinieren (was auch immer darunter zu verstehen ist). Ein Lehrer muß sich vor fernseh-, abenteuer- und informationsübersättigten wie reizüberfluteten Kindern vorkommen wie ein Koch bei den Römern, die sich mit der Frage beschäftigten: „Was essen wir, wenn wir satt sind?" Die Römer hatten ausreichend Antworten parat, Lehrer in der Schule und Erzieher zu Hause haben es da schon schwerer.

Von Cube/Alshuth argwöhnen zu Recht: *Tatsächlich läßt sich ein erheblicher Teil des abweichenden Verhaltens Jugendlicher* (ob negativ oder positiv, ob in Fußballstadien oder in der Friedensbewegung, d. Verf.)*, über das heute so vielfältig geklagt wird, auf Verwöhnung und Unterforderung zurückführen und nicht auf Streß und Überforderung*[304].

Wir haben aus Raumgründen auf eine Auswertung der Gesprächseinheit „Fernsehen-Medien-Freunde" verzichtet und werden dies in Beiträgen für Fachzeitschriften nachholen. Zum Thema „Fernsehen" sei lediglich so viel gesagt, daß die Konsumzeiten der

302 Felix von Cube/Dietger Alshuth, a.a.O.
303 ebda., S. 11/12
304 ebda.

Jugendlichen unserer Stichprobe weit unter denen liegen, die heute für junge Fernsehzuschauer registriert werden[305].

Wir zitieren die Empfehlung eines Vaters:

> *Jetzt kommt mein persönliches Steckenpferd: „Schafft Euch kein Fernsehen an! Fernsehen tötet sämtliche Eigeninitiativen." Auch wenn es heißt: „Man kann es ja ausschalten." Ich sehe als Lehrer, was es bedeutet, wenn Kinder 2,3 Stunden vor dem Kasten hocken und neuerdings auch vor dem Computer, es geht wichtige Zeit für anderes verloren, es geht die innere Einstellung verloren. Kinder berichten in der Schule oft unbefangen, was es für Krach gibt um dieses Monstrum. Neulich meinte ein Schüler: „Einen Video-Recorder haben wir noch nicht. Meine Mutter hat gesagt, wenn der auch noch ins Haus kommt, dann gehe ich!" Daraus können sie ganze Familientragödien ablesen bzw. was sich an Konflikten in den Familien abspielt. In einem solchen Klima kann man sich nicht auf Musik konzentrieren. Dieses Ding wirkt lähmend auf das ganze Familienleben und das Leben der Kinder* (V, I 43).

Eltern unserer Stichprobe praktizieren mehrheitlich eine Erziehung, die mit verhaltensökologischen Thesen und Erkenntnissen von Cubes/Alshuths[306] in Einklang stehen: Sie fördern „natürliche Aktivitäten", indem sie Verwöhnung im Sinne von Konsum, großzügigen Zugeständnissen und spontanen Wunscherfüllungen (nicht selten von Eltern aus Gründen des „Ruhe-haben-Wollens" akzeptiert) vermeiden. Dies bedeutet, daß Eltern sich Zeit nehmen für die Erziehung ihrer Kinder.

Sie praktizieren gleichermaßen ein „Fördern durch naturanaloge Zwänge": *Kinder und Jugendliche wachsen bei uns in einer Wohlstandsgesellschaft auf, die anstrengendes Appetenzverhalten und anstrengende Triebhandlungen weitgehend überflüssig macht; sie haben aber noch nicht die Einsicht in die Notwendigkeit eines kulturellen Abbaus der überschüssigen Aktions- und Triebpotentiale, sind also der Gefahr der aggressiven Langeweile mit allen Konsequenzen verfallen!* Die Erzieher unserer Stichprobe setzen in dieser Phase Forderungen (besser: Angebote), etwa mit dem Instrumentalspiel.

Forderungen können dabei vor oder auch nach der Triebbefriedigung stehen („Erst die Arbeit, dann das Vergnügen" oder „Nach der Geburtstagsfeier deines Freundes mußt du noch..."). Inwieweit der Bogen von einzelnen Eltern dabei sogar in Richtung „Über-Forderung" überspannt wird, bleibe als potentielle Gefahr nicht unerwähnt.

Von Cube/Alshuth betonen die Wichtigkeit, daß die zunächst erzwungenen Anstrengungen (in der Sprache unserer Eltern „sanfter" Druck) letztlich doch als lustvoll und damit erstrebenswert erlebt werden. Daß sich diese Theorie nicht problem- und bisweilen

305 vgl. u. a. Hans Günther Bastian *Musik im Fernsehen. Funktion und Wirkung bei Kindern und Jugendlichen*, Wilhelmshaven 1986; vgl. *Forum E*, Zeitschrift des Verbandes Bildung und Erziehung 7, 8/ 1987. Über die Hälfte der Befragten acht- bis elfjährigen Grundschüler hockt mehr als zwei Stunden täglich vor dem Fernsehgerät. Für jedes achte Kind sind vier Stunden TV-Berieselung täglich keine Seltenheit. Jedes dritte Kind von acht bis elf Jahren besitzt bereits ein eigenes Fernsehgerät. Andererseits: Jedes vierte Kindergarten-Kind leidet bereits unter Schlafstörungen wie Stottern und Sprachverdrehungen (so Teilergebnisse des Dortmunder Institutes für Schulentwicklungsforschung, IFS).

306 von Cube/Alshuth: a.a.O., S. 119-225

leidlos in die Praxis umsetzen läßt, belegen Erinnerungen Erwachsener, die sich in Kindheitstagen einmal am Klavier versuchen mußten. Den leidvollen Erinnerungen stehen aber ebensolche gegenüber, die heute bedauern, daß sie von Eltern nicht „bei der Stange“ gehalten wurden. Ob mit zuviel oder zuwenig Druck, ein „Blick zurück im Zorn“ bleibt bei vielen Erwachsenen mit Instrumentalerfahrungen allemal. Auch von Cube/Alshuth schränken ein: *Gewiß ist die Frage oft schwierig zu beantworten, ob erzwungenes Können dann auch tatsächlich in angemessener Zeit mit Lust belohnt wird. So mancher ist schon zum Klavierspielen „geprügelt“ worden und dann ein Meister geworden, andere haben in ihrem ganzen Leben keine Lust daraus geschöpft.*[307]

Wichtig ist auch, daß das Fordern der Eltern in ein Selbstfordern der Kinder übergeht, daß sich eine erste Fremd-(Eltern-) Bestimmung in eine Selbstbestimmung entwickelt. Bei den Jugendlichen unsere Stichprobe wird diese Phase relativ schnell erreicht, nicht zuletzt wegen der außerordentlichen Erfolge auf dem Instrument, die Anstrengung mit Lust verbürgen. Das perfekte Spiel führt zu einer Funktionslust: Musizieren und Üben machen ab einem bestimmten Niveau Spaß, auch wenn dies hier und da mit Widerwillen erworben wurde. Funktionslust kann sich nur dann einstellen, wenn die Fertigkeiten nachher „leichter von der Hand gehen“, wenn also ein ausreichendes Talent zugrunde liegt. Unsere jungen Musiker kommen in einen positiven Regelkreis: Anstrengungen bescheren Erfolg – Erfolg seinerseits begünstigt neue Anstrengungsbereitschaft, neue Motivationen. Die zirkulären Verstärkungsprozesse zwischen instrumentalem Fortschritt und Erfolg einerseits und der erziehlichen Beeinflussung durch Eltern lassen sich in einem theoretischen Erziehungsmodell wie folgt darstellen:

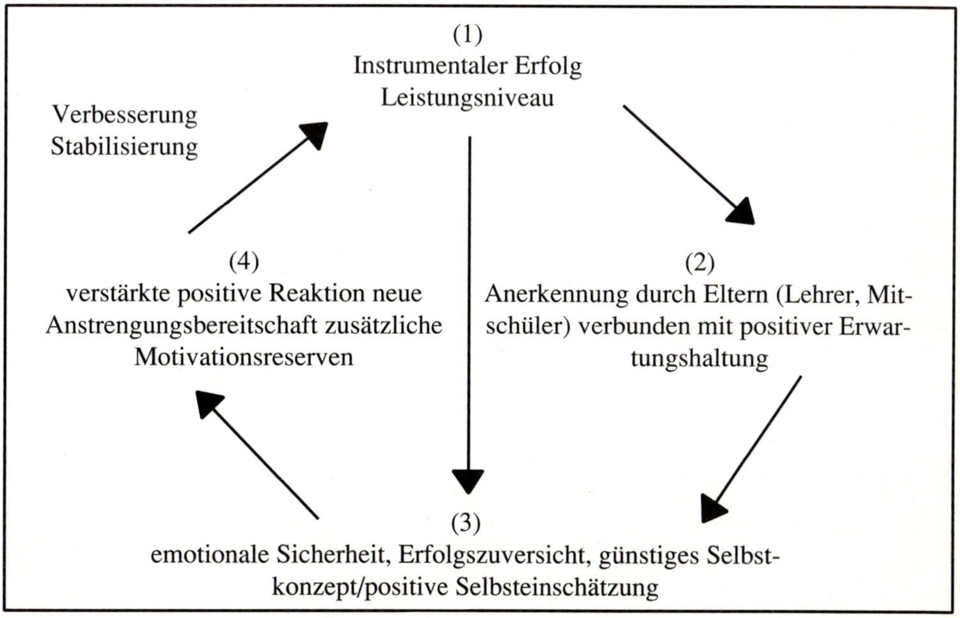

307 ebda., S. 202

Von ganz entscheidender Bedeutung dürfte in diesem Zirkel das Zustandekommen einer produktiven Synthese von Weckung des Selbstvertrauens und der Überzeugung von den eigenen Fähigkeiten sein. Selbstvertrauen ist keine natürliche Begleiterscheinung einer (Hoch-) Begabung, *sie will mehr durch die fordernde Förderung im Medium kleiner Leistungserfahrungen reifen. Eine in dieser Hinsicht sterile Lebenswelt (understimulation) wirkt blockierend auf die Begabungsentfaltung* [308].

Zu dem *Fordern durch naturanaloge Zwänge* (von Cube/Alshuth) gehört auch die Bereitschaft der Eltern, „konkurrierendes Verhalten" zu initiieren oder zuzulassen, etwa Kinder beim Wettbewerb Jugend musiziert teilnehmen zu lassen. Konkurrierendes Verhalten von Kindern ist naturanalog (*Als aggressionsspezifische Handlung ist Konkurrenz ein Bestandteil unseres phylogenetischen Programms.*), es ist ein natürliches Bedürfnis des Kindes, sich mit anderen zu vergleichen, zu messen, zu rivalisieren (im Abenteuer, im Wettspiel, im Sport, bei Jugend forscht usw.).

Auch exploratives Verhalten wird über das Instrumentalspiel erheblich gefördert: Lust und Interesse am neuen Stück, an anderer Musik, an einer neuen Technik, an einem schwer spielbaren Werk (als Herausforderung); daneben Neugier und Freude an einem bisher nicht gespielten Komponisten, an einer ersten Aufführung, einem bestimmten Konzert, am neuen Lehrer, am musikalischen Partner im Ensemblespiel, an der Reaktion des Publikums, an der jüngsten Konzertkritik. Wer musiziert, braucht über zu wenig Reize, Motivation und Exploration nicht zu klagen. Das Neue provoziert epistemische Neugier, lockt als stete Herausforderung und leitet exploratives Verhalten ein.

Fordern wird in unseren Familien (in Anlehnung an von Cube/Alshuth) gefördert durch gemeinsames Handeln, bedingt durch das gemeinsame Interesse „Musik", ob hörend (zu Hause oder im Konzert), ob spielend im keineswegs seltenen Familienensemble. Das gemeinsame Handeln in einer Sozietät (ob Familie oder Ensemble) wird *zum Einsatz der Aktions- und Triebpotentiale* (von Cube/Alshuth) genutzt. Dieses gemeinsame Handeln ist konstitutiv für die Sozietät. Es zeigt sich auch in der starken Bindung an die Familie, die wir als Interviewer latent spürten („Ich verdanke meinen Eltern fast alles".). Und wer in einem Ensemble musiziert, wird früh zur Kooperation gezwungen, wenn die Musik gelingen soll. Spätere Negativauswüchse, wie sie in Untersuchungen zu soziologischen Strukturen in Berufsorchestern zutage treten, haben andere Ursachen. Gemeinsames Handeln hat auch einen motivationalen Aspekt, den wir bereits weiter oben beschrieben haben: Es ist Motivation zum individuellen Lernen, denn Kooperation im gemeinsamen Handeln ist immer nur über das eigene Können möglich.

Fordern im Sinne von Cubes/Alshuths erfolgt auch über Individualisierung, d. h. Menschen entwickeln mit zunehmender Reife und Sozialisation eine charakteristische Intelligenzstruktur, ein Interessen- und Leistungsprofil. Nach den Autoren dürfte die bleibende Struktur in der Regel bereits im 15. Lebensjahr erreicht sein. (Die Generalisierung bezweifeln wir allerdings angesichts vieler Spätentwickler.) Für die Entwicklung

308 Hermann Röhrs: Rezension von W. Wieczerkowsi (Hg.): a.a.O., S. 355

unserer jungen Musikbegabungen dürfte diese Altersbestimmung jedoch zutreffen. Individualisierung ist den jungen Talenten möglich über die beschriebenen Kriterien Funktionslust, Exploration, Konkurrenz und Kooperation (siehe Grafik S. 407).

Die Erzieher unserer Studie leiten mit dem Instrumentalspiel ihrer Kinder schon sehr früh deren Individualisierung in die Wege. Sie setzen auf Selbstverwirklichung durch Selbstforderung. *Letztlich soll ja der junge Mensch befähigt werden, sich selbst zu fordern, sein Aktionspotential in eigener Verantwortung einzusetzen. Dies scheint uns nur dann chancenreich zu sein, wenn er als Kind und Jugendlicher erfahren hat, daß dieser Einsatz auch lustvoll sein kann, daß Anstrengung sich lohnt.*[309]

Vom „Fordern zum Selbstfordern" ist quasi als Quintessenz die abschließende verhaltensökologische These der Autoren. Menschen sollen sich selbstreflektiert steuern, sich selbst fordern. In welch hohem Maß dies die Jugendlichen unserer Studie tun, ist in den Kapiteln über Selbstbewußtsein-Selbstvertrauen-Selbstkritik nachzulesen. Eigenverant-wortliche Selbstforderung als Persönlichkeitsmerkmal trifft für die jungen Talente schon sehr früh zu, gekoppelt mit der Voraussetzung, daß sie sich selbst und ihre Fähigkeiten richtig und eher kritisch einschätzen. Erziehung zu Selbstforderung derung und Selbstverantwortlichkeit in der Sprache der Eltern:

> *Ich würde an meiner Erziehung nichts ändern und wieder auf Selbstverständlichkeit hin erziehen, auf die eigene Lust am Spielen, die Lust auch am Üben, würde keinen zur Musik zwingen. Das Talent zeigt sich dann schon irgendwo. Wenn es sich zeigt, muß man es natürlich fördern... Ich würde Eltern immer empfehlen, das auf Freiheit und Selbstverantwortung zu machen, und nie mit Zwang. Wir haben Kinder erlebt, die unheimlich gedrillt wurden, von den Eltern und Lehrern her, und wenn sie mit 18, 19 zum Studium wollten, haben die es vom Musikalischen her nicht geschafft. Musik kann keine antrainierte Sache sein, es muß aus einem selber kommen. Wichtig ist, daß man den Kindern die Lust am Spielen erhält, ihnen Möglichkeiten zum Vorspielen bietet, nur eben nicht als Vorzeigekind oder als Wunderkind, sondern mit anderen zusammen ...* (M, I 68).

Und ganz im Sinne des Forderns statt Verwöhnens teilt eine Mutter ihre Erfahrungen als Lehrerin mit:

> *Unsere Kinder, ob begabt oder nicht begabt, sollten sich wieder mehr aufs Arbeiten konzentrieren. Es ist entsetzlich, was unsere jetzige Elterngeneration an ihren Kindern unterläßt. Sie verlangen überhaupt nichts mehr, lassen sie gammeln und wundern sich, wenn sie in eine entsprechende Entwicklung kommen. Wenn manche Kinder heute eine Stunde an irgendetwas arbeiten, empfinden Eltern schon einen fürchterlichen Streß. Kinder wollen auch gefordert werden, wollen, daß man ihnen etwas abverlangt. Das Verhältnis Leistung: Konsum stimmt nicht. Der große Bruch in der Pädagogik* (in den 60er Jahren?

309 von Cube/Alshuth, a.a.O., S. 215

> Der Verf.) *war sicher nötig, das war eine richtige Revolution, aber er darf sich nicht ins Gegenteil entwickeln, wir müssen wieder aufwachen und uns wieder einpendeln. Mit übertriebener Liberalität können Kinder nichts anfangen, bis zu einem gewissen Punkt wollen sie auch gelenkt werden. Heute werden Kinder sich viel zu früh selbst überlassen* (M., 123).

Wir möchten dieser Erziehungsdiagnose in der Tendenz schon zustimmen, wenngleich es unzulässig ist, von „der" heutigen Elterngeneration zu sprechen, sie ist eine unzulässige Generalisierung und damit eine soziale Fiktion. Die zitierte Mutter würde sich selbst nicht in die von ihr beschriebenen Laissez-faire-Generation einordnen, obwohl sie zeitgeschichtlich zu dieser Erziehergeneration gehört. Erziehung war und ist immer abhängig von sozialen Milieus, die ihrerseits in dialektischem Verhältnis zum Bildungskapital stehen. Nicht das ökonomische Material entscheidet über Zugänge in unserer Gesellschaft, sondern weitgehend das über Schulzugehörigkeit erworbene Bildungskapital. Und die Erziehungsvorstellungen von Eltern dürften sich auch heute erheblich voneinander unterscheiden. Sie sind nach wie vor von sozialen Variablen bedingt. Da uns die Erkenntnis so wichtig ist, schließen wir, womit wir begannen: „Zeit ist Geld, das Beste aber, was Eltern für Kinder aufbringen können, ist nicht Geld, sondern Zeit" (und Geld; so möchten wir angesichts der teils erheblichen finanziellen Investitionen der Eltern anschließen).

Die in allen Kapiteln zur Erziehung und Persönlichkeit der jungen Musiker durchschimmernde hohe Selbstverwirklichungstendenz gibt dem mitauswertenden Psychologen Hans E. Bräuninger Anlaß zu kritischen Anmerkungen, die zu bedenken sind:

Das hochbegabte Kind erreicht diese Stufe höchsten menschlichen Bedürfnisstrebens (Selbstverwirklichung) offensichtlich eher als altersgleiche, durchschnittlich Begabte; es erkennt seine Möglichkeiten, Fähigkeiten, Stärken und Talente früher und ist bestrebt, diese zu entfalten und zu verwirklichen. Dabei werden Zwischenstufen in der motivationalen Entwicklung (z. B. Bedürfnis nach Sicherheit, nach Zugehörigkeit, nach Liebe) entweder übersprungen oder nur unvollkommen durchlaufen.

Das psychologische Risiko dieses frühzeitigen einsetzenden Selbstverwirklichungsstrebens liegt auf der Hand: wird dieses Bedürfnis nicht im gewünschten Maße befriedigt, treten die anderen – unbefriedigten und übergangenen – Bedürfnisse stark in den Vordergrund und bringen – da keine Erfahrungen, Methoden und Techniken zu ihrer Befriedigung zur Verfügung stehen, das ganze System zum Einsturz. Zurück bleibt dann eine hochbegabte, aber hilflose, junge, unreife Persönlichkeit, die mit ihren speziellen Fähigkeiten alleine nicht im allgemeinen Lebenswettkampf bestehen kann.

Prominente Beispiele psychisch gescheiterter Höchstbegabungen, bis hin zu psychopathologischen Lebensdokumenten finden sich in der Historie genug. Einer solchen – möglichen, nicht zwangsläufigen – Entwicklung könnte m. E. wirksam vorgebeugt werden, wenn jedem hochbegabten Kind oder Jugendlichen mindestens eine feste Bezugsperson zur Seite stünde, die mit psychologischem Wissen und Gespür ausgestattet, dafür sorgt, daß ihr Schützling neben seiner fachlichen Perfektionierung die Beschäftigung in leistungsfreien, repressionslosen Bereichen nicht vernachlässigt, soziale Bindungen außerhalb seines Spezialgebietes eingeht und emotionale Befriedigung auch in der Durchschnittlichkeit erleben lernt – selbst wenn dadurch der Weg zur absoluten Leistungsspitze ein wenig länger dauert.[310]

[310] Hans E. Bräuninger, a.a.O.

Schlußwort in eigener Sache: Biographie und Kritik als Interpretationsproblem

Der Autor ist glücklich, die letzten Zeilen dieses Buches zu schreiben.Drei Jahre sind seit der Projektidee vergangen, ein Forschungssemester und ein auslaufender Studiengang an der Universität in Bonn gaben die nötige Zeit, um die Gespräche mit den jungen Musikern aufzunehmen, die umfangreichen Textprotokolle zu analysieren, zu kommentieren und zu interpretieren. Intensive Auseinandersetzung mit den Texten, mit ihrer Individualität und ihrer Generalität, waren Voraussetzung unseres hermeneutisch-interpretierenden Forschungsansatzes.

Ich habe dabei in vier sich gegenseitig ergänzenden und durchdringenden Ansätzen versucht, biographische Forschung umzusetzen: im referierenden Ansatz Ereignisse und Begebenheiten zu erzählen oder zu berichten; im pragmatischen Ansatz Ereignisse durch Motivierungen und Bedingungen zu verknüpfen, Ursachenforschung zu betreiben und zugleich Nutzanwendungen bzw. Konsequenzen für (Fach-) Pädagogik, Bildungs- und Kulturpolitik zu folgern; im genetischen Ansatz Geschehnisse, Krisen und Höhepunkte in Alltags- und Lebenswelten als einen organisatorischen Verlauf und Zusammenhang darzustellen; im vergleichenden Ansatz über die Individualität der je einzelnen Instrumentalbegabung zu interindividuellen Prozeßstrukturen und allgemeingültigen Erkenntnissen zu finden, die ihrerseits Konsequenzen und Orientierungen legitimieren. Wie gesagt, diese Trennung ist unscharf, weil die Betrachtungsarten und Textzugriffsweisen ineinander übergehen. Die referierende in die verknüpfende, die genetische in die vergleichende und so weiter.

Gruppierung und Auswahl der Fakten, Kategorisierung der Texte, Interpretation der Befunde und ihrer Hintergründe sowie ihre Konsequenzen haben unvermeidlich den Charakter doppelter Subjektivität: die der jugendlichen Erzähler und die des deutenden Forschers. Die erzählten Erfahrungen sind in Bezug auf Wahrnehmung, Auswahl und Zusammenstellung, aber auch in Bezug auf ihre Deutung subjektiv. Den Anspruch absoluter Ergründung von Ursachen und Wirkung im Leben eines Menschen einzulösen, kann keine Biographieforschung leisten. Historische und biographische Kausalität ist unentwirrbar, zumal sie sich methodisch nicht mehr direkt beobachten läßt und nur nachvollziehbar, rekonstruierbar ist. Aber all unser Denken ist letztlich subjektiv, selektiv, und versucht, die der komplexen Wirklichkeit entnommenen Ausschnitte wieder einander zuzuordnen und in logisch nachvollziehbare Zusammenhänge zu bringen. Ziel jeder Analyse ist letztlich die Synthese.

Der Biographieforscher, der Lebensgeschichten, -bilder und -spuren rekonstruieren und deuten will, muß zwangsläufig in vielen Einzelheiten abstrahieren. Es geht ihm wie einem Geographen, der einerseits nicht allen Maulwurfshügeln und Ackerfurchen nachgehen kann, will er sich nicht im Chaos verlieren, der andererseits gerade die Höckerigkeit des Geländes suchen muß, um die Besonderheit seiner Struktur und damit seine

Differenz zu anderen Landschaften zu erkunden. Es ist dem biographischen Spürsinn des Biographikers, der von einer Vielzahl lebendiger Interviews geprägt ist, überlassen, welche Details er auslassen, welche er andeuten, welche er breit ausmalen soll. Um die (von Jaspers) so betonten wissenschaftlichen Tugenden der Sachlichkeit, des besonnenen Abwägens, des Aufsuchens der entgegengesetzten Möglichkeiten, der Selbstkritik, der Vorsicht im endgültigen Behaupten, im Prüfen der Grenzen und der Art der Geltungen seiner Behauptungen, im Hören auf Gründe, im Verstehen und Mitdenken auf dem Standpunkt des anderen war der Verfasser stets bemüht. Wo ihm dies nicht gelungen sein soll, bittet er um Nachsicht und um Korrektur. Er konzediert grundsätzlich die Gefahr des Irrtums, seiner subjektiven Täuschung, die methodisch durch die Beteiligung von Forscherkollegen reduziert werden sollte. Zur Prüfung der interindividuellen Konkordanz, der intersubjektiven Nachvollziehbarkeit und Validierung der Interpretationen wurden zwei Experten herangezogen.

Forschungsmethodisch läßt sich vorschnellen Kritiken entgegnen, daß jede Forschung unter dem Gesetz einer ökonomischen Machbarkeit steht, begonnen mit der Begrenzung der Stichprobe und Fragestellungen bis hin zur Begrenztheit von Forschungsmethoden in der Erkenntnisgewinnung.

Anthropologisch muß man einschränken, daß der Mensch zu allen Zeiten ein höchst komplexes, polychromes und widerspruchsvolles Geschöpf ist, das sein letztes Geheimnis nicht preisgibt, erst recht nicht in so wertenden, moralischen, künstlerischen, pädagogischen, ethischen und intimen Fragen, die sich unser Projekt zur Aufgabe machte.

Forschungsethisch stellt sich das Problem der Berechtigung von Anklagen, Beschuldigungen, Vorhaltungen und Kritiken an Mitmenschen, etwa von Eltern an Lehrern, von Kindern an Eltern, von Eltern an Eltern usw.. Kritik ist forschungsethisch ein zentrales Interpretationsproblem dieser Studie. Neben die Belastung einer gehörigen Portion „Subjek-tivität" tritt also die Tatsache, daß manche Kritiken und Anschuldigungen Einzelerfahrungen bzw. -erlebnisse waren, die zu keinerlei Verallgemeinerung veranlassen dürften. Die eine oder andere Kritik mag zwar eine menschlich verständliche Konsequenz aus erlebter Frustration sein, ob sie aber berechtigt ist, entzieht sich unserer Bewertung. Nicht immer kann das der Objektivierung von Daten dienende „audiatur et altera pars" (Seneca) realisiert werden, weder von der Praktikabilität noch vom Forschungsaufwand her. Ich verfolgte vorzugsweise die Perspektive der jugendlichen Kritiker und konfrontierte sie mit dem persönlichen Filter der Deutung und Wertung.

Mit Biographieforschung im besonderen verhält es sich nicht anders wie mit der Geschichtsschreibung im allgemeinen, eine objektive Biographie ist so unmöglich wie ein objektives Geschichtswerk. Ich habe Partei ergriffen, wo andere auf Distanz gehen, und ich habe scharf kritisiert, womit sich andere womöglich identifizieren. Interpretationen sind in einer qualitativen Studie mit der hier zitierten Brisanz mitunter Gratwanderungen: Wo die einen von unberechtigter Übertreibung sprechen mögen, argwöhnen andere vielleicht bewußte Verharmlosung. Der Leser wird verstehen, daß der Verfasser nicht vor lauter Vorsicht ins Stammeln geraten oder jeder Kritik eine eigene Fußnote nachschieben kann. Nur berichten über junge Nachwuchstalente in der

Musik wollte und konnte ich nicht; dieser Anspruch erscheint bescheiden, ist aber in Wahrheit sehr kühn und kann nicht gelingen. Was Egon Friedell in seiner Kulturgeschichte der Neuzeit für den historischen Forschungsansatz beschreibt, trifft auch für meinen biographischen Ansatz zu: *Ein großer Teil der historischen Wirkung verläuft unterirdisch und tritt oft erst sehr spät, bisweilen gar nicht ans Tageslicht. Wir kennen die wahren Gründe nicht, die unsere Entwicklung geheimnisvoll vorwärtstreiben.* [...] *Sollte aber einmal ein Sterblicher die Kraft finden, etwas so Unparteiisches zu schreiben* (ein objektives Geschichtswerk, der Verf.)*, so würde die Konstatierung dieser Tatsache noch immer große Schwierigkeiten bereiten: denn dazu gehörte ein zweiter Sterblicher, der die Kraft fände, etwas so Langweiliges zu lesen.*[311]

Langweilen wollte der Autor seine Leser nicht. Für ihn selbst war es extrem spannend, den biographischen Spuren junger Menschen zu folgen, sich mit ihnen zu identifizieren oder gegebenenfalls von ihren Aussagen zu distanzieren. Diese Balance ist einerseits Voraussetzung für das so wichtige Engagement des Forschers in seiner Studie, andererseits ist sie Bedingung für eine sachangemessene, kritische Wertung von Befunden.

Selbstbewußten, kritischen und zielstrebigen jungen Menschen über Stunden hinweg zuzuhören, wenn sie aus ihrem Leben erzählen, ist aber nicht nur spannend, sondern auch lehrreich. Aus den Lebensgeschichten der Jugendlichen wurde eine Lebensstudie für den Autor, die ihm sicherlich mehr Perspektiven zufließen ließ als die Lektüre manch schwergewichtiger wissenschaftlicher Handbücher. Denn die besten Geschichten schreibt bekanntlich das Leben selbst! Was am Ende dieser Studie als Zündfunke wissenschaftlicher Forschung im Autor zurückbleibt, ist in einigen Jahren die brennende Frage: Was ist aus unseren Jugendlichen, aus ihren Lebensperspektiven und Träumen geworden? Die nächste Studie ist programmiert: „Leben für Musik – 10 Jahre später!"

[311] Egon Friedell: *Kulturgeschichte der Neuzeit*, München 1927, 1928, 1932

Über den Autor

Hans Günther Bastian, geb. 1944, 1963-66 Lehramtstudium an der Abteilung für Erziehung der Universität Frankfurt, 1969 Zweites Staatsexamen für das Lehramt an Grund-, Haupt- und Realschulen, 1972 Lehramt für Realschulen, nach 10jähriger Unterrichtspraxis Pädagogischer Mitarbeiter im Institut für Musikwissenschaft und Musikpädagogik der Universität Gießen (bis 1980), neben Lehrtätigkeit Studium und Promotion zum Dr. phil. in Systematischer Musikwissenschaft, Psychologie und Erziehungswissenschaft; 1981-1987 Professor für Musikpädagogik an der Universität in Bonn; zur Zeit lehrt er als ordentlicher Universitätsprofessor für Musik und ihre Didaktik mit Schwerpunkt empirische Musikpädagogik und musikpädagogische Psychologie im Seminar für Musik und ihre Didaktik der Universität-Gesamthochschule-Paderborn.

Funktionen

Geschäftsführer und Vorsitzender des Arbeitskreises Musikpädagogische Forschung (AMPF: 1980-1986); Vorsitzender der Bundesfachgruppe Musikpädagogik (1985-1987), 1987-1989 stellvertretender Vorsitzender; ab 1988 in der Leitung der Arbeitsgemeinschaft Musikerziehung und Musikpflege im Deutschen Musikrat; ständiger Mitarbeiter der Zeitschrift *Musik und Bildung*; Vorträge auf nationalen und internationalen Kongressen

Arbeitsbereiche

Musikpädagogische Grundlagenforschung (Rezeptionspsychologie, Biographieforschung, Unterrichtsforschung), Beiträge zu Forschungsmethoden in Musikpsychologie und Musikpädagogik, Medienforschung (Kinder- und Fernsehmusik), musiksoziologische Studien (Jugendliche Kultur-Konzepte, Jugend-Musikkulturen, Laienmusik und Musiklehrer), Unterrichtsmodelle für die Praxis des Musikunterrichtes (Schwerpunkt Neue Musik), Fragen der Musiklehrerausbildung im Tertiärbereich,Lehrerfortbildung

Buchveröffentlichungen

Neue Musik im Schülerurteil. Eine empirische Untersuchung zum Einfluß von Musikunterricht, Schott: Mainz 1980; *Musikpädagogik. Historische, systematische und didaktische Perspektiven* (hrsg. mit D. Klöckner), Schwann: Düsseldorf 1982; *Umgang mit Musik* (hrsg. im Auftrag des Arbeitskreis Musikpädagogische Forschung), Laaber: Laaber 1985; *Musik im Fernsehen. Funktion und Wirkung bei Kindern und Jugendlichen*, Heinrichshofen/Noetzel: Wilhelmshaven 1986; *Jugend musiziert. Der Wettbewerb in der Sicht von Teilnehmern und Verantwortlichen*, Schott: Mainz 1987; *Schulmusiklehrer und Laienmusik. Musiklehrerausbildung vor neuen Aufgaben?* (hrsg im Auftrag der Bundesfachgruppe Musikpädagogik), die blaue eule: Essen 1988

Zahlreiche Einzelbeiträge in Fachzeitschriften; kulturkritische Rundfunksendungen beim Hessischen Rundfunk, Frankfurt

Literatur

Sigrid Abel-Struth: *Methodik der Musikpädagogik. Versuch zur methodologischen Situation musikpädagogischer Forschung*, in: H. G. Bastian/D. Klöckner (Hg.): *Musikpädagogik. Historische, systematische und didaktische Perspektiven*, Düsseldorf 1982, S. 39-56

dies.: *Grundriß der Musikpädagogik*, Mainz 1985

Theodor W. Adorno : *Einleitung in die Musiksoziologie*, Frankfurt 1962

ders.: *Noten zur Literatur* III, Frankfurt 1965

ders.: *Dissonanzen. Musik in der verwalteten Welt*, Göttingen (1956), 5. Auflage 1972

Hans Aebli: *Theorie und Praxis in der pädagogischen Ausbildung des Musiklehrers*, in: K. H. Ehrenforth (Hg.): *Medieninvasion. Die kulturpolitische Verantwortung der Musikerziehung*, Mainz 1985, S. 212 f

Allensbach-Institut für Demoskopie: *Die Deutschen und die Musik*, 2 Teile in *STERN* 50/1980, S. 102-115

G. W. Allport: *Personality: A psychological interpretation*, New York (1937), 2. Auflage 1960

Claudio Arrau: *Leben mit der Musik*, Bern 1984

Klaus R. Allerbeck/Wendy J. Hoag: *Jugend ohne Zukunft? Einstellungen, Umwelt, Lebensperspektiven*, München 1985

Dieter Baacke: *Lebensweltanalyse von Fernstudenten. Zum Problem „Lebenswelt verstehen"*, Fernuniversität Hagen 1978

ders.: *Biographie: Soziale Handlung, Textstruktur und Geschichten über Identität*, in: Baacke/Schulz (Hg.), a. a. O., 1985, S. 3-28

ders.: *Jugend, Medienkultur und Bildungsprozeß. Zu den Musikwelten der Jugendlichen*, in: Deutscher Musikrat (Hg.): *Referate und Informationen* 65/1987, S. 4-13

ders./Theodor Schulze (Hg.): *Aus Geschichten lernen*, München (1979), 2. Auflage 1984

dies. (Hg.): *Pädagogische Biographieforschung. Orientierungen, Probleme, Beispiele*, Weinheim und Basel 1985

D. Baacke/A. Frank/I. Frese/F. Nonne (Hg.): *Am Ende -Postmodern? Next Wave in der Pädagogik*, Weinheim und München 1985

Dieter Baacke/Wilhelm Heitmeyer (Hg.): *Neue Widersprüche. Jugendliche in den achtziger Jahren*, Weinheim und München 1985

M. Baethge/H. Schomburg/U. Voskamp (Hg.): *Jugend und Krise - Krise aktueller Jugendforschung*, Frankfurt/New York 1983

Hans Günther Bastian: *Neue Musik im Schülerurteil. Eine empirische Untersuchung zum Einfluß von Musikunterricht*, Mainz 1980

ders.: *Unterrichtsforschung in der Musikpädagogik. Erkenntniskritische Aspekte und forschungspraktische Perspektiven*, in: Kleinen, G. (Hg.): *Kind und Musik, Musikpädagogische Forschung*, Band 5, Laaber 1984, S. 339-359

ders.: *Schüler und Musikunterricht. Neue Daten zu alten Fragen an 13 bis 16jährige*, in: *Musik und Bildung* 1/1985, S. 34...46

ders.: *Zeitgenössische Musik*, in: Bruhn/Oerter/Rösing (Hg.): *Musikpsychologie. Ein Handbuch in Schlüsselbegriffen*, München 1986, S. 406-413

ders: *Musik im Fernsehen. Funktion und Wirkung bei Kindern und Jugendlichen*, Heinrichshofen 1986

ders.: *Zeitgenössische Musik und Orchestermusiker - Probleme und Perspektiven*, in: *Das Orchester* 12/1986 (I), 1/1987 (II)

ders.: *Jugend musiziert. Der Wettbewerb in der Sicht von Teilnehmern und Verantwortlichen*, Mainz 1987

Kurt Bauer: *Gegen die musikalischen Fachidioten. Gedanken über Teilnehmer und Kriterien bei „Jugend musiziert"*, in: *nmz* 1/1981, S. 22

ders.: *Der Klavierpädagoge W. von Horbowski* (Interview), in: *Üben & Musizieren* 2/1985, S. 90-92

Ulrich Beck: *Auf der Suche nach der verlorenen Wirklichkeit*, in: *Soziologische Revue* 1/1984, S. 1-5

Klaus-Ernst Behne: *Daten und Mutmaßungen über den jugendlichen Pop- und Schlagerhörer*, in: R. Brinkmann (Hg.): *Musik im Alltag*, Mainz 1980, S. 56-72

ders.: *Zusammenarbeit bringt bessere Vorbereitung*, in: *nmz* 1/1980, S. 14

ders.: *Lern- und motivationspsychologische Besonderheiten musikalischer Lernprozesse*, in: W. Schmidt-Brunner (Hg.): *Methoden des Musikunterrichts*, Mainz 1982, S. 96-111

ders.: *Begabtenförderung - Forschungsförderung -Kulturförderung*, in: *Musik und Bildung* 11/1985, S. 754-759; auch in: Deutscher Musikrat (Hg.): *Musikalische Begabung finden und fördern. Materialien und Dokumente. Kieler Woche 1985*, Regensburg 1986, S. 58

ders.: *Hörertypologien. Zur Psychologie des jugendlichen Musikgeschmacks*, Regensburg 1986a

Arnold Bentley: *Musikalische Begabung und ihre Meßbarkeit*, Frankfurt (1968), 2. Auflage 1973

R. D. Berensmann: *Musizieren ist Schwerarbeit*, in: *Süddeutsche Zeitung*, 30. 12. 1983, S. 24

Werner Bergmann: *Lebenswelt, Lebenswelt des Alltags oder Alltagswelt? Ein grundbegriffliches Problem „alltagstheoretischer" Ansätze*, in: *Kölner Zeitschrift für Soziologie und Sozialpsychologie* 33/1981, S. 56-72

D. Berteaux: *Biography and society. The life history approach in social society*, London 1981

Theodor Billroth: *Wer ist musikalisch?* Berlin 1896

Kurt Blaukopf: *Neue musikalische Verhaltensweisen der Jugend*, Mainz 1974

ders.: *Akustische Umwelt und Musik des Alltags*, in: R. Brinkmann (Hg.):*Musik im Alltag*, Mainz 1980, S. 9-26

ders.: *Musik im Wandel der Gesellschaft - Grundzüge der Musiksoziologie*, München 1984

Doro Bierhoff-Alfermann/B. Höcke: *Kindererziehung aus der Sicht von Eltern zweier antiautoritärer und evangelischer Kindergärten. Eine Erkundungsstudie*, in: *Zeitschrift für Entwicklungspsychologie und Pädagogische Psychologie* 6/1974, S. 139-145

Günther Bittner: *Tiefenpsychologie und Kleinkinderziehung*, Paderborn/München 1979

Otto F. Bollnow: *Vom Geist des Übens. Eine Rückbesinnung auf elementare didaktische Erfahrungen*, München 1978

Roland Böckle: *Spielräume suchen. Wider die Einseitigkeit im Instrumentalunterricht*, in: *Üben & Musizieren* 5/1984, S. 304-312

Pierre Bourdieu: *Die feinen Unterschiede. Kritik der gesellschaftlichen Urteilskraft*, Frankfurt 1982

M. Brand: *Development and validation of the Home Musical Environment Scale for use at the early elementary level*, in: *Psychology of Music* 13/1985

Wilfried Brennecke: *Dem Redakteur fällt die Auswahl schwer. Ein Funk-Journalist über die „Verarbeitung" des Wettbewerbs „Jugend musiziert"*, in: *nmz* 3/1980, S. 25

Wolfgang Brezinka: *Grundbegriffe der Erziehungswissenschaft*, München/Basel 1974

ders.: *Erziehungsziele, Erziehungsmittel, Erziehungserfolg*, München/Basel 1976

ders.: *Erziehung in einer wertunsicheren Gesellschaft*, München 1986

Urie Bronfenbrenner: *Ökologische Sozialisationsforschung*, Stuttgart 1976

ders.: *Ansätze zu einer experimentellen Ökologie menschlicher Entwicklung*, in: R. Oerter (Hg.): *Entwicklung als lebenslanger Prozeß*, Hamburg 1978

Bruhn/Oerter/Rösing (Hg.): *Musikpsychologie. Ein Handbuch in Schlüsselbegriffen*, München 1986

Herbert Bruhn: *Laienmusizieren*, in: Bruhn/Oerter/Rösing (Hg.): *Musikpsychologie. Ein Handbuch in Schlüsselbegriffen*, München 1978, S. 399-406

ders.: *Sinfonieorchester*, in: Bruhn/Oerter/Rösing, a. a. O., S. 417-423

Gert Bucerius: *Die Scheuklappen des Senators*, in: *DIE ZEIT*, Nr. 35, 23. August 1985, S. 1

Marlies Buchmann/Ruth Gurny: *Wenn Subjektivität zum Subjektivismus wird...*, in: *Kölner Zeitschrift für Soziologie und Sozialpsychologie* 4/1984, S. 773-782

Elmar Budde: *Aufführungspraxis und Interpretation*, in: *Journal der Musikhochschule Köln* 9/1987

Bundesminister für Jugend, Familie und Gesundheit (Hg.): *Die verunsicherte Generation. Jugend und Wertewandel. Ein Bericht des SINUS-Institutes i. A. des BMJFG*, Opladen 1983

Robert B. Catell: *Personality and Mood by Questionaire: A Handbook of Interpretive Theory, Psychometrics and Practical Procedures*, San Franzisco 1973

M. Czikszentmihalyi: *The Concept of Flow*, in: B. Sutton-Smith (Ed.): *Play and learning*, New York 1986

Gion Condreau (Hg.): *Psychologie der Kultur*, Band 2: *Imagination, Kunst und Kreativität*, Weinheim 1982

Peter Cossé: *Die Sieger stehen sich gegenseitig im Weg*, in: *nmz* 4/1981, S. 1 und 6

Felix von Cube/Dietger Alshuth: *Fordern statt Verwöhnen. Die Erkenntnisse der Verhaltensbiologie in Erziehung und Führung*, München 1986

Carl Dahlhaus/Michael Zimmermann: *Musik zur Sprache gebracht*, Kassel 1984

Deutsche Gesellschaft für das hochbegabte Kind e. V.: *Labyrinth* Nr. 16, 3/1985

dies.: *Hochbegabung und Hochbegabte. Eine Informationsbroschüre für Eltern und Lehrer*, Hamburg 1984

Deutsches Jugendinstitut (Hg.): *Die neue Jugenddebatte*, München 1982

Deutscher Musikrat (Hg.): *Referate und Informationen*, daraus:
Internationale Musikwettbewerbe 1967, 8/1968
Jugend musiziert 1980/81 – Bericht 48/1981
Tätigkeitsberichte von 1968 bis 1987 (darin: Förderungsprogramme für musikalische Begabungen)
Georg Dietrich: *Erziehungsvorstellungen von Eltern*, Göttingen 1985
R. Dollase/M. Rüsenberg/H. J. Stollenwerk: *Das Jazzpublikum*, Mainz 1986
Hans H. Eggebrecht: *Funktionale Musik*, in: ders.: *Musikalisches Denken*, Wilhelmshaven 1977, S. 153-192
Karl Heinrich Ehrenforth: *Emotionalität und Humanität*, in: *Musik und Bildung* 10/1978, S. 31-36
Hanns Eisler: *Musik und Politik, Schriften 1924-1948*, Leipzig 1973
Günther Engelmann: *Künstlerische Musikberufe. Situationsanalyse und kurzfristiger Bedarf - Orchestermusiker*, in: *Das Orchester 3/1982, S. 222-224*
ders.: *Übersicht über die Probespielergebnisse 1984/85 und 1985/86*, in: *Das Orchester* 2/1987, S. 151-152
ders.: *Ausbildungserfordernisse für den Beruf des Orchestermusikers*, in: *Das Orchester* 6/1987, S. 642-644
Erik H. Erikson: *Jugend und Krise*, Frankfurt (1974) 1981
Otto Ewert: *Begabung und Begabungsmessung*, in: M. Alt (Hg.): *Empirische Forschung in der Musikpädagogik*, Mainz 1970
Peter Faltin: *Über Gegenstand und Sinn der Philosophischen Ästhetik*, in: *International Review of the Aesthetics and Sociology of Music (IRASM)* 2/1980, S. 169-195
R. Fatke: *Kinder erfinden Geschichten - und was man daraus lernen kann*, in: D. Baacke/Th. Schulze (Hg.), a. a. O., 1979, S. 263-275
Wilfried Ferchoff: *Jugend- (Biographien) und Sinnkrise des Jugendalters*, in: D. Baacke/Th. Schulze (Hg.): a. a. O., 1985, S. 64-106
Sigrun-Heide Filip (Hg.): *Kritische Lebensereignisse*, München/Baltimore 1981
Gerald Fischbach: *Interpretative Eloquenz durch lange Bogeneinteilung*, in: *Üben & Musizieren* 3/1985, S. 175-180
Wilfried Fischer: *Thesen zur Musiklehrerausbildung an Wissenschaftlichen Hochschulen*, in: ders. (Hg.): *Musikpädagogik und Hochschuldidaktik*, Band 1, Essen 1986, S. 193 ff.
ders.: *Das „musikdidaktische Wunderland" und die schulpraktische Realität*, in: *Musik und Bildung* 10/1982, S. 621
ders. u. a.: *Lehrerband zu MUSIKUNTERRICHT Grundschule*, Mainz 1977
Wolfgang Fischer: *Struktur und Funktion erzählter Lebensgeschichten*, in: Martin Kohli (Hg.): a. a. O., 1978, S. 311-367
Karla Fohrbeck/Andreas J.Wiesand: *Handbuch der Kulturpreise und der individuellen Künstlerförderung in der Bundesrepublik Deutschland 1978* (i. A. des Bundesministeriums des Innern), Köln 1978
dies.: *Musik, Statistik, Kulturpolitik*, Köln 1982
dies.: *Musikleben und Kulturpolitik* (hrsg. im Auftrag des Deutschen Musikrates), Bonn 1985

J. Freeman: *Musical and artistic talent in children*, in: *Psychology of Music* 2/1974, 1, S. 5-12

Eliot Freidson: *Dominanz der Experten – Zur sozialen Struktur medizinischer Versorgung*, München 1972

Thomas von Freyberg: *ausspioniert und angeschmiert. Das Bewußtsein der Arbeiterjugend als Objekt von Forschung und Erziehung*, Gießen 1978

Egon Friedell: *Kulturgeschichte der Neuzeit*, München 1927, 1928, 1932

Rudolf Frisius: *Thesen zur Fragegruppe „Moderne Industriegesellschaft - Musikpädagogik – Instrumentalunterricht"*, in: *Musik und Bildung* 7, 8/1972, S. 329-332

Gabor Friss: *Musikerziehung in Ungarn*, Stuttgart 1966

W. D. Fröhlich: *Perspektiven der Angstforschung*, in: Hans Thomae (Hg.): *Psychologie der Motive*, Göttingen 1983, S. 110-321

Siegfried Fuchs: *Vorbereitung für eine Spannungsphase*, in: *nmz* 5/1981, S. 24

Werner Fuchs: *Bibel der Jugendkunde? Anmerkung zur Rezeption der Shell-Jugendstudie 1981*, in: Jugendwerk der Deutschen Shell (Hg.): *Näherungsversuche Jugend'81*, S. 488-538

ders.: *Biographische Forschung*, Opladen 1984

Peter Fuhrmann: *Lust, Last und Leid der frühen Preise. Ein Gespräch mit jungen Künstlern über Probleme der Nachwuchsförderung*, in: *nmz* 1/1981, S. 1 und 8 (Fortsetzung in: *nmz* 2/1981, S. 7)

Marie-Luise Fuhrmeister/Eckart Wiesenhütter: *Metamusik*, München 1973

Uwe Füllgrabe: *Ursache und Beseitigung von Lampenfieber*, in: *Neue Unterrichtspraxis* 7/1984, S. 300-307

Ivan Galamian: *Grundlagen und Methoden des Violinspiels* (New York 1962), Deutsche Übersetzung: Gütersloh 1983

Hans-J. Gamm: *Umgang mit sich selbst*, Reinbek 1976

Carl E. Gardner: *Characteristics of Outstanding High School Musicians*, in: *Journal of Research in Music Education (JRME)* 3/ 1955, S. 11-20

Martin Gellrich: *Motivationsprobleme im Instrumentalunterricht*, in: *Üben & Musizieren* 2/1986, S. 132; 3/1986, S. 266-272

Theo Geißler: *Nachwuchs-Musiker mit klaren Vorstellungen. Beispiel: „Bayerisches Landesjugendorchester": Spaß am Lernen statt No-Future*, in: *nmz* 1/1983, S. 3

Hartmut Gerhold: *Gruppenunterricht - ein Ausweg aus der Krise des Instrumentalunterrichts*, in: *Üben & Musizieren* 6/1985; 1/1986, S. 8-13

H. Geuß/Klaus K. Urban: *Probleme der Hochbegabungsforschung*, in: Wilhelm Wieczerkowski/Hans zur Oeveste (Hg.): a. a. O., 1981, S. 87-110

H. Geuß: *Zur Problematik der Identifikation von Hochbegabungen*, in: W. Wieczerkowski/H. Wagner (Hg.): a. a. O., S. 52-67

Edwin E. Gordon: *Musical Aptitude Profile*, Boston 1965

ders.: *Was ist musikalische Begabung?* in: *Üben & Musizieren* 3/1985, S. 160-165

Wolfgang Graetschel: *Von den Funktionen der Musik*, in: W. Müller-Bech/W. Stumme (Hg.): a. a. O., S. 9-15

Karl Graml: *Erfahrungen mit Musik im Kindes- und Jugendalter. Teilergebnisse einer Aus-*

wertung von 600 Berichten, in: H. G. Bastian (Hg.): *Umgang mit Musik, Musikpädagogische Forschung*, Band 6, Laaber 1985, S. 119-136

ders.: *Bewundern und Kopfschütteln. Volksschulklassen mit erweitertem Musikunterricht*, in: *Musik und Bildung* 11/1985, S. 748-753

Frauke Grimmer: *Unglückliche Liebe zum Klavier*, in: *Zeitschrift für Musikpädagogik* 29/1985, S. 69-74

dies.: *Vom Sinn und Un-Sinn des Übens. Anthropologische und pädagogische Aspekte der Instrumentalausbildung*, in: *Zeitschrift für Musikpädagogik* 33/1986, S. 48-51

dies.: *Künstlerische Ausbildung und Lebensgeschichte*, in: H. J. Kaiser (Hg.): *Unterrichtsforschung, Musikpädagogische Forschung*, Band 7, Laaber 1986, S. 71-86

dies.: *Klavierausbildung im Spiegel subjektiver Deutungsmuster*, in: Kleinen, G. (Hg.): *Außerschulische Musikerziehung, Musikpädagogische Forschung*, Band 8, Laaber 1987, S. 65-77

Peter Gstettner: *Biografische Methoden in der Sozialforschung*, in: Klaus Hurrelmann/ Dieter Ulich (Hg.): a. a. O., S. 371-392

U. Günther/Th. Ott/F. Ritzel: *Musikunterricht* 5-11, Weinheim 1983

Willi Gundlach: *Instrumentalunterricht an Gesamtschulen. Zwischenbericht*, Dortmund 1974 (unveröffentl. Manuskript)

Reinhard von Gutzeit: *Jugend musiziert - oder Jugend kämpft?* in: *nmz* 3/1983, S. 27

ders.: *Vom Spaß zum Pflichtbewußtsein ist ein schwerer Schritt. Gespräch mit Preisträgern von „Jugend musiziert"*, in: *Üben & Musizieren* 4/1984, S. 212-221

ders.: *ESTA. Eine Familie, die voneinander lernen möchte*, in: *Üben & Musizieren* 4/ 1985, S. 234-237

G. de Haag/A. Langewand/Th. Schulze: Artikel *„Autobiografie"*, in: Lenzen/Mollenhauer (Hg.): *Enzyklopädie Erziehungswissenschaft*, Band 1, Stuttgart 1983, S. 316-321

Jürgen Habermas: *Technik und Wissenschaft als Ideologie*, Frankfurt 1968

ders.: *Erkenntnis und Interesse*, Frankfurt 1968a

ders.: *Theorie des kommunikativen Handelns*, Frankfurt 1981

D. L. Hamann: *An essessment of anxiety in instrumental and vocal performance*, in: *Journal of Research in Music Education* 30/1982, S. 77-90

Conrad Hansen: *Üben und musizieren am Klavier*, in: *Üben & Musizieren* 1/1986, S. 14–15

Knut Hartmann: *Das Lampenfieber des Musikers - Möglichkeiten der Selbsthilfe und Prophylaxe*, in: *Zeitschrift für Musikpädagogik* 21/1983, S. 29-39

Helmut Hartwig: *Jugendkultur. Ästhetische Praxis und Pubertät*, Reinbek 1980

Heinz Heckhausen: *Leistungsmotivation*, in: *Handbuch der Psychologie* II, Göttingen 1965, S. 604 ff

ders.: *Förderung der Lernmotivierung und der intellektuellen Tüchtigkeit*, in: Heinrich Roth (Hg.): *Begabung und Lernen*, Band 4, Stuttgart 1968, S. 193-228

ders.: *Motivation und Handeln. Lehrbuch der Motivationspsychologie*, Heidelberg 1980

Thomas Heinze/H.-W. Klusemann: *Ein biografisches Interview als Zugang zu einer Bildungsgeschichte*, in: D. Baacke/Th. Schulze (Hg.): a. a. O., 182-225

Thomas Heinze u. a. (Hg.): *Interpretation einer Bildungsgeschichte. Überlegungen zur sozialwissenschaftlichen Hermeneutik*, Bensheim 1980

M. Heitzer u. a. (Hg.): *Hochbegabte in unserem Bildungssystem. Dokumentation zur Internationalen Sonnenberg-Tagung 1983*, Braunschweig 1984

K. A. Heller: *Formen der Hochbegabung bei Kindern und Jugendlichen: Identifikation, Entwicklungs- und Leistungsanalyse*, München 1984 (Exposé einer Forschungsstudie; Manuskript)

ders./John F. Feldhusen (Ed.): *Identifying and Nurturing the Gifted*, Toronto, Stuttgart 1986

Hans Werner Henze (Hg.): *Lehrgänge. Erziehung in Musik. Neue Aspekte der musikalischen Ästhetik* III, Frankfurt 1986

Heinz Josef Herbort: *Auf der Suche nach Talenten. Regatten, Wettbewerbe und ein Kongreß*, in: *DIE ZEIT*, Nr. 28, 5. 7. 1985

Dorothea Hilgenberg: *Streit im Sommerloch*, in: *DIE ZEIT*, Nr. 34, 16. August 1985

Günter Hofmann: *Wir sind nicht auf den Hund gekommen*, in: *DIE ZEIT*, Nr. 34, 16. 8. 1985, S. 1

Christa Hoffmann-Riem: *Sozialforschung einer interpretativen Soziologie. Der Datengewinn*, in: *Kölner Zeitschrift für Soziologie und Sozialpsychologie* 32/1980, S. 339-372

Freia Hoffmann/Eva Rieger: *Über die Benachteiligung von Schülerinnen im Musikunterricht*, in: *Musik und Bildung* 5/1983, S. 29-43

G. Holtmeyer: *Schulmusik und Musiklehrer an der höheren Schule. Ein Beitrag zur Geschichte des Musikpädagogen in Preußen*, Diss. Köln 1975

Friedrich Hommel: *Einige Anmerkungen zur Förderung und Behinderung des musikalischen Nachwuchses*, in: Deutscher Musikrat (Hg.): *Referate und Informationen* 46/1980, S. 15-18

Erika M. Hoerning: *Biografische Methode in der Sozialforschung*, in: *Das Argument* 123/1980, S. 677-687

Chr. Hopf/E. Weingarten (Hg.): *Qualitative Sozialforschung*, Stuttgart 1979

Walter Hornstein: *Jugend als Problem*, in: *Zeitschrift für Pädagogik* 25/1979, S. 671-696

E. Hoyle/J. Wilks: *Gifted children and their education*, Department of Education and Science, London 1975

Christoh Hungerbühler: *Was kümmern uns die Hochbegabten?* in: *die neue schulpraxis* (Schweiz) 4/1987

Klaus Hurrelmann/Dieter Ulich (Hg.): *Handbuch der Sozialisationsforschung*, Weinheim, 2. Auflage 1982

Edmund Husserl: *Die Krise der europäischen Wissenschaften und die transzendentale Phänomenologie*, Den Haag 1976

INFAS: *Vorliebe für Instrumente auf den Zahn gefühlt*, in: *nmz* 3/1984, S. 1 und 9

Christiane Jahnkow: *Frauen in der Rockmusik* (unveröffentlichte Hausarbeit an der Universität in Bonn) 1987

Richard Jakoby: *25 Jahre Deutscher Musikrat*, in: Deutscher Musikrat (Hg.): *Referate und Informationen* 39/1978, S. 2-3 ders.: *Zur Situation der Musikförderung in der Bundesrepublik Deutschland*, in: Deutscher Musikrat (Hg.): *Referate und Informationen* 46/1980, S. 9-14

ders.: *20 Jahre „Jugend musiziert"*, in: Deutscher Musikrat (Hg.): *Referate und Informationen* 54/1983, S. 8-14

ders.: *Zur Situation der musikalischen Berufsausbildung und Nachwuchsförderung in der Bundesrepublik Deutschland*, in: *Üben & Musizieren* 2/1985, S. 76-79

Jugendwerk der Deutschen Shell (Hg.): *Jugendliche zwischen 13 und 24. Vergleich über 20 Jahre*, Hamburg 1975

Jugendwerk der Deutschen Shell (Hg.): *Jugend '81. Lebensentwürfe, Alltagskulturen, Zukunfstbilder*, 3 Bände (Hamburg), Opladen 1982

Jugendwerk der Deutschen Shell (Hg.): *Näherungsversuche. Jugend '81*, Opladen 1983

Jugendwerk der Deutschen Shell (Hg.): *Jugendliche + Erwachsene '85. Generationen im Vergleich*, 5 Bände, Opladen 1985

Ute Jung-Kaiser: Rezension zu *„Unterrichtsforschung"*, *Musikpädagogische Forschung*, Band 7, in: *Zeitschrift für Musikpädagogik* 39/1987, S. 50-51

Karl Heinz Kämmerling/Hans Bäßler: *Begabtenförderung an der Musikhochschule* (Ein Gespräch), in: *Musik und Bildung* 11/1985, S. 763-764

Joachim Kaiser: *Chance und Problem öffentlicher Förderung*, in: Deutscher Musikrat (Hg.): *Referate und Informationen* 46/1980, S. 16

ders.: *Wunderkind gesucht*, in: *nmz* 2/1982, S. 6

A. Kemp: *The Personality Structure of the Musician*, in: *Psychology of Music* 9/1981, S. 3-14

Wolfgang Klafki: *Studien zur Bildungstheorie und Didaktik*, Weinheim (1963), 10. Auflage 1985

Friedrich Klausmeier: *Die Lust sich musikalisch auszudrücken*, Reinbek 1978

G. Kleinen/W. Klüppelholz/W.-D. Lugert (Hg.): *Musik im Alltag*, Düsseldorf 1985

Günter Kleinen: *Über die Durchdringung des täglichen Lebens mit Musik*, in: H. G. Bastian (Hg.): *Umgang mit Musik*, *Musikpädagogische Forschung*, Band 5, Laaber 1985, S. 35-58

Gerhard Kleining: *Umriß zu einer Methodologie qualitativer Sozialforschung*, in: *Kölner Zeitschrift für Soziologie und Sozialpsychologie* 33/1982, S. 224-253

G. Kleining/H. Moore: *Soziale Selbsteinstufung (SSE) – Ein Instrument zur Messung sozialer Schichten*, in: *Kölner Zeitschrift für Soziologie und Sozialpsychologie*, Köln 1968, S. 502 f

Werner Klüppelholz: *Momente musikalischer Sozialisation*, in: K.-E. Behne (Hg.): *Einzeluntersuchungen*, *Musikpädagogische Forschung*, Band 1, Laaber 1980, S. 146-177

Tibor Kneif: *Gegenwartsfragen der Musiksoziologie*, in: *acta musicologica* 38/1966, S. 72-118

Martin Kohli (Hg.): *Soziologie des Lebenslaufs*, Darmstadt und Neuwied 1978

ders.: *Lebenslauftheoretische Ansätze in der Sozialisationsforschung*, in: Hurrelmann/Ulich (Hg.): a. a. O., S. 299-317

ders.: *Wie es zur „biographischen Methode" kam und was daraus geworden ist*, in: *Zeitschrift für Soziologie* 19/1981, S. 273-293 ders.: *Biographie und soziale Wirklichkeit*, Stuttgart 1984

Eberhard Kötter: *Musikalische Begabung*, in: C. Dahlhaus/H. de la Motte-Haber (Hg.): *Systematische Musikwissenschaft*, Band 10, Wiesbaden 1982, S. 270 ff

Claus-Walter König: *Modell für die Arbeit der Zukunft*, in: *Kontrapunkt* 3/1987, S. 5

Adam Kormann: *Der Zusammenhang zwischen Intelligenz und Musikalität unter entwicklungs- und kreativitätspsychologischem Aspekt*, Salzburg 1972

ders.: *Musikalische Früherziehung auf dem Prüfstand.* Teil IV: *Befunde unter schichtspezifischem und kasuistischem Aspekt*, in: *nmz* 1/1985, S. 18 und 19

Rudolf-Dieter Kraemer: *Musikalisches Lernen*, in: W. Gundlach (Hg.): *Handbuch Musikunterricht Grundschule*, Düsseldorf 1984

L. Krappmann: *Typisches im Individuellen. Berichte über Elterninterviews im Sozialisationsprojekt des Institutes für Bildungsforschung*, Teil I, Berlin 1967

Egon Kraus: *Die Bedeutung des Hörens im optischen Zeitalter*, in: *Musik und Bildung* 1/1969, S. 176

Gerhard Kube: *Kind und Musik. Psychologische Voraussetzungen des Musikunterrichts in der Volksschule*, München (1958), 2. Auflage 1965

Hans-Wilhelm Kulenkampff: *Musiker im Orchester*, Frankfurt 1980

Kultusminister des Landes Nordrhein-Westfalen (Hg.): *Schriftenreihe* 29/1972, S. 229

Hanna-Renate Laurien: *Musikalische Begabung finden und fördern*, in: *Musik und Bildung* 11/1985, S. 760-762

R. S. Lazarus/R. Laurien: *Streßbezogene Transaktionen zwischen Person und Umwelt*, in: Nitsch (Hg.): *Streß*, Bern 1981, S. 213-259

Manfred Liebel: *König Subjekt? Anmerkung zu subjektorientierter Jugendforschung*, in: *Deutsche Jugend* 8/1983, S. 360-367

Georg Maas/Wolfgang Schmidt-Brunner: *Pop/Rock im Musikunterricht*, Mainz 1988

D. Maaß: *Konzentriertes Üben*, in: *Musik im Unterricht* 54/1963, S. 221 f

Ulrich Mahlert: *Zeitgenössische Musik im Instrumentalunterricht*, Editorial zu *Üben & Musizieren* 1/1986

Gerhard Mantel: *Üben schwerer Stellen nach dem Prinzip rotierender Aufmerksamkeit*, in: *Üben & Musizieren* 3/1984, S. 147-150

Hans-Georg Mehlhorn (Hg.): *Künstlerische Begabung entwickeln, erkennen und fördern. Eine Dokumentation der Arbeitsgruppe Pädagogik/Psychologie an der Musikhochschule Leipzig*, 1987

ders.: *Persönlichkeitsentwicklung Hochbegabter. Beiträge zur Psychologie*, Berlin (VEB) 1988

Yehudi Menuhin: *Musik kann die Welt verändern - aber leider nicht genug*, in: *Üben & Musizieren* 4/1985, S. 238-241 (Ein Gespräch)

Klaus Merten: *Inhaltsanalyse*, Opladen 1983

Heinz Meyer: *Schülerorientierter Musikunterricht - Ein Traumziel ?*, in: *Musik und Bildung* 7, 8/1981, S. 429

Hilbert Meyer: *Leitfaden zur Unterrichtsvorbereitung*, Königstein 1980

Günter Meyer/Bernhard Werner: *Begabungen und Talente umfassender erkennen und fördern*, in: *Pädagogik* (DDR) 10/1981

Alice Miller: *Das Drama des hochbegabten Kindes*, Frankfurt 1979
Klaus Mollhauer: *Einige erziehungswissenschaftliche Probleme im Zusammenhang der Erforschung von „Alltagswelten Jugendlicher“*, in: D. Lenzen (Hg.): *Pädagogik und Alltag*, Stuttgart 1980, S. 97-112
ders.: *Korrekturen am Bildungsbegriff?*, in: *Zeitschrift für Pädagogik* 1/1987, S. 1-20
Helga de la Motte-Haber: *Die Bedeutung der Motivation für den Instrumentalunterricht*, in: *Zeitschrift für Musikpädagogik* 25/1984, S. 51-54
dies.: *Handbuch der Musikpsychologie*, Laaber 1985
Wolfgang Müller-Bech: *Lernziele und ihre Bedeutung in der Instrumentalausbildung*, in: W. Müller-Bech/W. Stumme (Hg.): a. a. O., S. 39-45
ders.: *Zur Lerntechnik im Bereich des Instrumentalspiels*, ebda., S. 46-63
W. Müller-Bech/W. Stumme (Hg.): *Die Musikschule* Band 1, *Situation – Meinung – Aspekte*, Mainz 1973
Wolfgang Nagel: *Deutschland, deine Wunderkinder*, in: *Rheinischer Merkur*, Nr. 33, 10. 8. 1985, S. 3
Christa Nauck-Börner: *Musikalische Begabung*, in: R. D. Kraemer/W. Schmidt-Brunner (Hg.): *Musikpsychologische Forschung und Musikunterricht*, Mainz 1983, S. 15-36
Lutz Niethammer: *Lebenserfahrung und kollektives Gedächtnis. Die Praxis des „Oral History“*, Frankfurt 1980
Eberhard Nitschke: *Auch hochbegabte Kinder brauchen Hilfe*, in: *DIE WELT*, Nr. 183 vom 9. 8. 1985
Norddeutscher Rundfunk, Abteilung Fernsehen: *Wunderkinder. Ein Bericht über junge Hochbegabte*, Redaktion: Detlef-Michael Behrens/B. Valentin (C 1986),
Rolf Oerter: *Die kreative Persönlichkeit*, in: G. Condreau (Hg.): *Psychologie der Kultur*, Band 2, Weinheim 1982, S. 307-313
Rolf Oerter/Leo Montada (Hg.): *Entwicklungspsychologie*, Weinheim-München, 2. Aufl. 1987
Theo Olk/H.-U. Otto: *Wertewandel und Sozialarbeit*, in: *Neue Praxis* 2/1981, S. 99-146
Anton Pelinka: *Begabtenförderung als Gesellschaftspolitik*, in: *Erziehung und Unterricht* 3/1987, S. 150-154
Anton Pfeifer: *Zehn Thesen zu Bildung und Kultur*, in: Deutscher Musikrat (Hg.): *Referate und Informationen*, Nr. 62, 1986, S. 41
Jürgen-Eckardt Pleines (Hg.): *Bildungstheorien. Probleme und Positionen*, Freiburg 1978
Maximilian Piperek (Hg.): *Streß und Kunst*, Wien 1971
Karl R. Popper: *Duldsamkeit und intellektuelle Verantwortlichkeit*, in: ders. (Hg.): *Auf der Suche nach einer besseren Welt*, München 1984
Maurizio Pollini im Gespräch mit Peter Fuhrmann: *Bach nicht den Experten überlassen*, in: *DIE ZEIT*, 5/1987, S. 50
S. L. Pressey: *Concerning the nature and nature of genius*, in: French, J. L. (Hg.): *Educating the gifted*, New York 1964, S. 11-23
Werner Probst: *Früh-Instrumentalunterricht aus psychologischer Sicht*, in: W. Müller-Bech/W. Stumme (Hg.): a. a. O., S. 30-38

Hermann Rauhe: *Zwei Dutzend Kanäle und wer übt Klavier?*,in: *nmz* 4/1984, S. 1, 8, 9

H. Rauhe/H. P. Reinecke/W. Ribke: *Hören und Verstehen. Theorie und Praxis des handlungsorientierten Musikunterrichts*, München 1975

Karl Rehberg (Hg.): *Deutsche Musikkunde*, Berlin (1951), 12. Aufl. 1971

Gertraud Reinhard: *Untersuchungen zur Leistungsmotivation im musikalischen Bereich*, in: *Forschung in der Musikerziehung* (K. E. Behne, Hg.), Mainz 1979, S. 22-32

dies.: *Bedingungen der Lernmotivation im musikalischen Bereich*, Diss. Köln 1979

Wilfried Ribke: *Zur Psychologie des Übens – Dimensionen der musikalischen Interpretation*, in: W. Schmidt-Brunner (Hg.): *Methoden des Musikunterrichts*, Mainz 1982, S. 298-307

ders.: *Üben aus kognitionspsychologischer und handlungstheoretischer Sicht*, in: G. Kleinen (Hg.): *Außerschulische Musikerziehung, Musikpädagogische Forschung*, Band 8, Laaber 1987, S. 107-122

Christoph Richter: *Möglichkeiten und Grenzen des emotionalen Bereichs im Instrumentalunterricht*, in: D. Wucher u. a. (Hg.): *Handbuch des Musikschulunterrichts*, Regensburg 1979

ders.: Editorial zu *Musik und Bildung* 10/1987

Eva Rieger: *Frau, Musik und Männerherrschaft*, Frankfurt 1981

Jürgen Ritsert: *Inhaltsanalyse und Ideologiekritik. Ein Versuch über kritische Sozialforschung*, Frankfurt (1972), 2. Auflage 1975

Eckart Rohlfs: *Wettbewerb als Erziehungsmittel*, in: D. Wucher u. a. (Hg.): a. a. O., S. 309-316

ders.: *Berufswunsch: Musik? Ergebnis einer Umfrage bei Teilnehmern der Wettbewerbe „Jugend musiziert"*, in: Deutscher Musikrat (Hg.): *Referate und Informationen* 54/1983, S. 15 ff

ders.: *Der Wettbewerb „Jugend musiziert". Entwicklungen und Probleme. E. Rohlfs steht Rede und Antwort*, in: *Üben & Musizieren* 4/1984, S. 225 ff

Hermann Röhrs: Rezension zu Wieczerkowski, W. (Hg.): *Hochbegabung, Gesellschaft, Schule*, Bad Honnef 1986, in: *Pädagogische Rundschau*, 41. Jg., Mai/Juni 1987

Alexander Rößler: *Zur inneren Disposition beim Üben*, in: *Üben & Musizieren* 3/1985, S. 148-154

Michael Roske: *Sozialgeschichte des privaten Musiklehrers vom 17. zum 19. Jahrhundert, Musikpädagogik. Forschung und Lehre*, Band 22, Mainz 1985

Heinrich Roth (Hg.): *Begabung und Lernen. Gutachten und Studien der Bildungskommission*, Band 4, Stuttgart 1969

Horst Rumpf: *Die übergangene Sinnlichkeit*, München 1981

Bernd A. Ruoff: *Psychologische Analysen zum Alltag jugendlicher Leistungssportler. Eine empirische Untersuchung kognitiver Repräsentation von Tagesabläufen*, München 1981

Wolfgang Sandner: *Deutsche Musiker wollen nur Solisten werden*, in: *nmz* 4/1984, S. 1 und S. 8.

Kurt Saßmannshaus: *Vielversprechende Modelle und Ansätze*, in: *nmz* 4/1982, S. 15

H. Sarbath/H. J. Plewig/Th. Wegner: *Selbstthematisierung von Kindern in Tagesheimen angesichts drohender Devianz*, in: *Zeitschrift für Pädagogik* 3/1981, S. 363-378

Erwin K. Scheuch: *Das Interview in der Sozialforschung*, in: R. König (Hg.): *Handbuch der empirischen Sozialforschung*, Stuttgart 1962, S. 136-196

ders.: *„Die" Jugend gibt es nicht. Zur Differenziertheit der Jugend in heutigen Industriegesellschaften*, in: Hentig/Lübbe/Scheuch (Hg.): *Jugend in der Gesellschaft*, München 1975, S. 54-78

Klaus Schilde: *Eine Kursstunde bei Marguerite Long*, in: *Üben & Musizieren* 2/1985, S. 85-89

Fritz Schleicher: *Individueller Ausdruck statt Handwerksdrill*, in: *nmz* 5/1984, S. 22

J. Schlömerkemper: *Begabt werden - und was dann? Heinrich Roth und die neuen Wendungen in der Begabungs-Diskussion*, in: *Westermanns Pädagogische Beiträge* 2/1985, S. 56-59

Hugo Schmale/Heinz Schmidtke: *Der Orchestermusiker, seine Arbeit und Belastung*, Mainz 1985

Wolfgang Schmidt-Brunner (Hg.): *Methoden des Musikunterrichts*, Mainz 1982

Peter Schnaus: *Musik erkennen, verstehen, erleben. Diskussion um utopische und realistische Forderungen für den Instrumentalunterricht*, in: *nmz* 1/1980, S. 14

Wolf-Christian von Schönburg: *Leistungs-Wille ohne Verbissenheit*, in: *nmz* 1/1981, S. 22

Gerhard Schroth: *Zwischen Kreativität und Drill. Europäischer Kongreß der EPTA-Association in Hannover*, in: *Üben & Musizieren* 2/1985, S. 114

Erika Schubert: *Individuelle Anlagen und Fähigkeiten entwickeln*, in: *Musik in der Schule* 32/1984, S. 63-65

Theodor Schulze: *Autobiografie und Lebensgeschichte*, in: D. Baacke/Th, Schulze (Hg.): a. a. O., 1979

ders.: *Lebenslauf und Lebensgeschichte. Zwei unterschiedliche Sichtweisen und Gestaltungsprinzipien biografischer Prozesse*, in: D. Baacke/Th. Schulze (Hg.): a. a. O., S. 29-63

Fritz Schütze: *Biografieforschung und narratives Interview*, in: *Neue Praxis* 3/1983, S. 283-293

Carl E. Seashore: *Psychology of Music*, New York 1938

Rosamund Shuter-Dyson: *Psychologie musikalischen Verhaltens. Angloamerikanische Forschungsbeiträge*, Mainz 1982

dies.: *Musikalische Sozialisation durch Elternhaus und Schule*, in: Bruhn u. a. (Hg.): a. a. O., S. 195-204

dies.: *Musikalische Begabung*, in: Bruhn u. a. (Hg.): a. a. O., S. 235-243

SINUS-Institut: *Die verunsicherte Generation - Jugend und Wertewandel*, Opladen 1983

dass.: *Jugendforschung in der Bundesrepublik. Ein Bericht im Auftrag des Bundesministers für Jugend, Familie und Gesundheit*, Opladen 1984

Hubert Skolud/Horst Stasiak: *Plant uns bloß nicht bei euch ein*, Bergisch Galdbach 1984

DER SPIEGEL: Türen öffnen, in: 17/1982, S. 215-217

Alfons Silbermann: *Die psychosozialen Funktionen der Kunst*, in: G. Condreau (Hg.): a. a. O., S. 664-672

J. A. Sloboda: *The Psychology of Music reading*, in: *Psychology of Music 6/1978, S. 3-20*
Statistisches Bundesamt (Hg.): Bildung im Zahlenspiegel, Mainz 1983
dass.: *Zur Situation der Jugend in der Bundesrepublik Deutschland*, Mainz 1984
Stern-Umfrage: *Was die Deutschen an ihrer Kultur lieben*, 21/1985, S. 24-28
Stern-Umfrage: *Jugend '85. „Das ist eine Voll-Bock-Generation"*. Umfrage des Instituts für Jugendforschung, 20/1985, S. 226-232
William Stern: *Die Jugendkunde als Kulturforderung*, Leipzig 1916
Käte Strobel: *Musikalische Jugendbildung heute*, in: Deutscher Musikrat (Hg.): *Referate und Informationen* 14/1970, S. 17
Wolfgang Stumme: *Unser Kind geht zur Musikschule. Eine Informationsschrift für Eltern*, in: *Die Musikschule*, Band VI, Mainz 1976
Alexander L. Suder: *Künstlerischer Nachwuchs bei Orchestermusikern, Sängern und Dirigenten*, in: Deutscher Musikrat (Hg.): *Referate und Informationen* 50/1982, S. 23–28
Wolfgang Suppan: *Der musizierende Mensch. Eine Anthropologie der Musik*, Mainz 1984
Ilse M. Südmersen: *Hilfe, ich ersticke in Texten! - Eine Anleitung zur Aufarbeitung narrativer Interviews*, in: *Neue Praxis* 3/1983, S. 294-306
Jan Szczepanski: *Die biographische Methode*, in: R. König (Hg.): *Handbuch der empirischen Sozialforschung*, Band 4, Stuttgart 1967, S. 551-569
Reinhard Tausch/Anne-Marie Tausch: *Erziehungspsychologie. Begegnung von Person zu Person* (1963), 9. Aufl. 1979
Friedrich H. Tenbruck: *Jugend und Gesellschaft*, Freiburg, 2. Aufl. 1985
Hans Thomae: *Das Individuum und seine Welt. Eine Persönlichkeitstheorie*, Göttingen 1968
Klaus K. Urban: *Zur Geschichte der Hochbegabtenforschung*, in: W. Wieczerkowski/ Harald Wagner (Hg.): a. a. O., S. 15-37
ders.: *Hochbegabtenerziehung weltweit. Studien zur Bildung und Wissenschaft*, Band 9, Bad Honnef 1984
W. D. Wall: *Highly intelligent children*, Part II: *The Education of the Gifted*, in: *Educational Research* 2/1960, S. 207-217
Bernhard Wallerius: *Gute Noten für Schulmusik-Planung*, in: *nmz* 2/1987, S. 26
James Webb/E. Meckstroth/St. Tolan: *Hochbegabte Kinder. Ihre Eltern. Ihre Lehrer. Ein Ratgeber*, Stuttgart 1985
Ernst Weber: *Bessere Bildung mit mehr Musik? Bericht über Versuche mit erweitertem Musikunterricht in der Schule*, Muri 1981 (MPZ-Spezialdokumentation 30/1988)
Max Weber: *Die rationalen und soziologischen Grundlagen der Musik*, (München 1921) Nachdruck: Tübingen 1972
Grete Wehmeyer: *Bemerkungen zur Einzelhaft am Klavier*, in: *nmz* 1/1980, S.16
Bernd Weidenmann/Andreas Krapp (Hg.): *Pädagogische Psychologie*, München und Weinheim 1986
B. Weiner: *Theories of motivation*, Chicago 1972
F. E. Weinert & H. Wagner (Hg.): *Die Förderung Hochbegabter in der Bundesrepublik*

Deutschland: Probleme, Positionen, Perspektiven, Bad Honnef 1987, S. 152

E. Weingarten/F. Sack/J. Schenhein: *Ethnomethodologie*, Frankfurt 1976

Richard von Weizsäcker: *Die Bedeutung der Musik für Kultur und Erziehung*, in: Deutscher Musikrat (Hg.): *Referate und Informationen* 60/1985, S. 2-7

P. M. Wiedemann: *Erzählte Wirklichkeit. Zur Theorie und Auswertung narrativer Interviews*, Weinheim und München 1986

Wilhelm Wieczerkowski (Hg.): *Hochbegabung, Gesellschaft, Schule*, Bad Honnef 1986

Wilhelm Wieczerkowski/Hans zur Oeveste (Hg.): *Lehrbuch der Entwicklungspsychologie*, Düsseldorf 1982

dies.: *Theoretische Grundzüge der Entwicklungspsychologie*, in: G. Kleinen (Hg.): *Kind und Musik, Musikpädagogische Forschung*, Band 5, Laaber 1984 S. 86-105

W. Wieczerkowski/Harald Wagner (Hg.): *Das hochbegabte Kind*, Düsseldorf 1981

Renate Wieland/Jürgen Uhde: *Der Körper als Instrument in der Musik*, in: *Üben & Musizieren* 3/1985, S. 155-159

Andreas Wiesand (Hg.): *Musikberufe im Wandel*, Mainz 1984

Rolf Willhardt: *Der Nachwuchs liefert solide Leistungen. Beobachtungen beim 20. Bundeswettbewerb Jugend musiziert*, in: *nmz* 4/1983, S. 24

D. Wucher/H. W. Berg/W. Träder (Hg.): *Handbuch des Musikschulunterrichts*, Regensburg 1979

Dieter Wunder: *Statement zum Thema „Computer und Künste - Bildungspolitische Kontrahenten?“*, in: K. H. Ehrenforth (Hg.): *Arbeit-Freizeit-Schule. Brauchen wir eine andere Schule?*, Mainz 1986, S. 21-23

Arlette Zenatti: *L'enfant et son environment musical*, Issey-les-Moulineaux 1981

Philip G. Zimbardo: *Essential of Psychology and Life* (1967), 5. Aufl. 1979; Deutsche Herausgeber und Bearbeiter: W. F. Angermeier/J. C. Brengelmann/Th. J. Thiekötter: *Psychologie*, Berlin, 4. Auflage 1983

Dieter Zimmerschied: *Beat-Background-Beethoven*, Frankfurt 1971

Jürgen Zinnecker: *Jugendliche Subkulturen. Ansichten einer zukünftigen Jugendforschung*, in: *Zeitschrift für Pädagogik* 27/1981, S. 421-440

ders.: *Schule gehen Tag für Tag*. Schülertexte, München 1982

ders.: *„Lehrer und Forscher laßt uns allein“*, in: Jugendwerk der Deutschen Shell (Hg.): a. a. O., 1983, S. 546-550

ders.: *Beziehungen zwischen jüngerer und älterer Generation im Urteil von Jugendlichen und Erwachsenen*, in: Jugendwerk der Deutschen Shell (Hg.): a. a. O., S. 67-104

Anhang

Methodenkritischer Beitrag

Adam Kormann*

Narrative Interviews als Trauma für einen Vertreter des empirisch-statistischen Ansatzes

aufgezeigt am Beispiel von „Schlüsselerlebnissen" in dieser Studie

Problemstellung

Als Jacqueline vier war, hörte sie im Radio ein Cello spielen. „Ich will das Ding haben, das dieses Geräusch macht", bat sie ihre Eltern. Das Cello stand unterm Weihnachtsbaum. Mit 16 gab sie ihr erstes Konzert in London, gastierte in Berlin, Paris, Rotterdam. (*Grandiose Karriere und langes Sterben der Jacqueline du Pré – Bild* vom 21.10.1987)

Die Glaubwürdigkeit dieser Boulevardpressenotiz könnte man vorschnell mit dem Argument anzweifeln, daß es sich eben um eine popular- bzw. pseudowissenschaftliche Information handle. Ein solcher Verdrängungsprozeß will aber nicht gelingen, wenn man von wissenschaftlicher Seite zur Auswertung narrativer Interviews erfährt: *Nur zu oft wird bei der Auswertung qualitativer Daten eine Art journalistischer Zusammenfassung vorgenommen; aus dem Datensatz werden nur die Interviews – und aus ihnen wiederum nur die Passagen – zitiert, die genehm erscheinen bzw. die eigene Hypothese stützen* (Wiedemann 1986, S. 163).

Der Verfasser dieses methodenkritischen Beitrags möchte von seinen über mehrere Monate dauernden Bemühungen berichten, die auf eine Klärung folgender Fragen zielten: Gibt es für die Jugendlichen dieser Stichprobe instrumentale „Schlüsselerlebnisse"?

* Adam Kormann, Dipl. Psych., ist Staatlicher Schulpsychologe für Volksschulen und Schulen für Behinderte im Regierungsbezirk Niederbayern und zugleich Lehrbeauftragter an den Universitäten Regensburg und Passau. Neben Zeitschriften-, Kongreß- und Buchbeiträgen zu den Themen Pädagogische Diagnostik, Schulpsychologie Herausgeber der Publikationen *Beurteilen und Fördern in der Erziehung* (1978) und *Diagnose und Interpretation bei Schullaufbahnproblemen* (1987).
Die Titel der Publikationen, denen Zitate dieses methodenkritischen Exkurses entnommen sind, finden sich in den Literaturhinweisen, die im Anschluß an diesen Aufsatz gegeben werden.

Wann und wie häufig treten sie auf? Läßt sich ein Zusammenhang zwischen einem „Schlüsselerlebnis“ und einer musikalischen Karriere nachweisen, wie dies das obige Zitat impliziert bzw. suggeriert? Welche Probleme wirft das Bemühen um eine fachlich angemessene Ergebnisinterpretation auf?

Zum methodischen Vorgehen

Die folgenden Analysen basieren auf 18 von Hans Günther Bastian nach dem Zufallsprinzip ausgewählten Interviews mit Bundes- und Landessiegern der Wettbewerbe „Jugend musiziert“. Darunter befanden sich 7 weibliche und 11 männliche Jugendliche mit folgenden Erfolgsinstrumenten: Klavier, Orgel, Cello, Kontrabaß, Oboe, Querflöte, Blockflöte, Klarinette, Horn, Trompete, Tuba und Posaune. In 11 Fällen lag ein Elterninterview vor.

Bei der Auswertung versuchte der Verfasser die oben genannten Mängel durch folgendes Vorgehen zu vermeiden:

1. Schritt: Durchsicht aller Interviews, um einen ersten Gesamtüberblick über alle Fragen und deren Beantwortung zu erhalten.
2. Schritt: Nochmalige Durchsicht und Versuch einer systematischen Erfassung der Kernaussagen unter Zugrundelegung des vom Projektleiter empfohlenen Auswertungsrasters. Dabei mußte die ursprüngliche Intention, alle Interviews nach allen Grob- und Feinkategorien zum Zwecke einer umfassenden Überprüfung der Aussagen bezüglich des Kriteriums der „intersubjektiven Konkordanz“ aus folgenden Gründen aufgegeben werden: Da der Interviewleiter zu Recht einen flexiblen Gesprächsablauf praktizierte, der die individuellen Präferenzen und Eigenarten der interviewten Jugendlichen und deren Eltern berücksichtigte, konnten die entsprechenden Antworten nicht in der Reihenfolge der vorgegebenen Gliederungspunkte ausgewertet werden. Häufig war ein zeitintensives Suchen thematisch gleicher oder ähnlicher Inhalte notwendig (z. B. Aussagen zur frühen Kindheit auf S. 1 und S. 24 der Protokolle).
3. Schritt: Beschränkung auf alle Antworten zum Thema „Schlüsselerlebnis“ und Transkription derselben.
4. Schritt: Versuch einer Kategorisierung der verschiedenen Antwortmuster zur Interpretation und Ergebnisdiskussion.

Zusammenfassende Darstellung der Analysen

1. Von den 18 befragten Jugendlichen gab nur einer an (19, m, I 59), daß er weder ein frühes noch ein spätes Schlüsselerlebnis gehabt habe. Selbst die zusätzliche Frage nach einem „großen Erlebnis“ beantwortete er folgendermaßen: *Nee, nee, das hat sich sicher, also langsam, entwickelt.* Sein Vater berichtet auf die Frage nach der Entdeckung der frühen musikalischen Begabung und nach frühen Kindheitserlebnissen

seines Sohnes ergänzend, daß dieser zwar u. a. schon rechtzeitig auf einem kleinen Xylophon „rumgespielt" habe, bestätigte aber zugleich die obige Aussage seines Sohnes: *... Aber man könnte also nicht sagen, daß da irgendetwas Besonderes dran ist.* Bezüglich des musikalischen Werdegangs von XXX fällt auf, daß er relativ spät (ungefähr mit 8 Jahren) und fast zufällig (aufgrund eines Einladungsschreibens der Gemeinde) zu seinem Instrument als Erst- und späterem Erfolgsinstrument (1. Bundespreis) kam. Die Gründe für diese bemerkenswerte Karriere – neben dem Bundespreis Sonderpreis der Stadt Erlangen für die beste Interpretation eines selbstkomponierten zeitgenössischen Werkes sowie Teilnahme am „Festival von Flandern", dabei Platz 5 unter 72 Teilnehmern – dürften vor allem auf „Schlüsselpersönlichkeiten" zurückzuführen sein. Der auffallend lernwillige und fleißige Jugendliche (*Fleiß ist das Allerwichtigste*) schätzt nach eigenen Aussagen die menschlichen und musikalischen Qualitäten seiner Lehrer. Schließlich ist noch anzufügen, daß bei ihm eine familiäre Musiktradition fehlt.

2. Fünf weitere Interviews sind aufgrund der teils widersprüchlichen und vagen Informationen bzw. massiven Erinnerungslücken der Befagten nicht als explizite „Schlüsselerlebnisse", sondern vielmehr als individuelle Antwortvarianten zu bewerten:

   a) Die Negation eines „richtigen" Schlüsselerlebnisses; z. B. *Also so ein richtiges Schlüsselerlebnis hatte ich nicht. Wir haben gesungen, als ich klein war in der Früherziehung mit 4 Jahren* (21, w, I 65). Ein anderer Jugendlicher (19, m, I 27) negiert zunächst ein „Schlüsselerlebnis" (*Da fällt mir jetzt keines ein*), korrigiert jedoch diese Aussage auf die Zusatzfrage des Interviewers, ob er später irgendwelche Erlebnisse gehabt hätte, die *sein Verhältnis zur Musik intensiver machten* folgendermaßen: *Vielleicht mein erster öffentlicher Auftritt mit dem XXX* (Instrument), *da habe ich gerade ein halbes Jahr gespielt... Da war ich 8 1/2... Das war bei einer Christvesper, am Heiligabend in der Kirche, da habe ich den Chor bei manchen Chorälen begleitet und so, Choralvorspiele mit meinem Bruder und meinem Vater zusammen gespielt in der vollbesetzten Kirche. Das war schon Wahnsinn. Ich hatte gerade angefangen... Und das hat mir schon mal wahnsinnig gut gefallen, das vielleicht als Schlüsselerlebnis...*

      An der Biographie dieses Jugendlichen fällt der Tod seines Vaters auf. Dieser war Musikdozent und hatte nach Aussagen des Jugendlichen wesentlichen Anteil an seinem musikalischen Erfolg.

   b) Das „unpersönliche" Schlüsselerlebnis: *So gut kann ich mich da eigentlich nicht dran erinnern, aber ich glaube so die früheste Beziehung mit Musik ist eigentlich schon als Kleinkind oder Baby, wenn man sie irgendwie hört,... wenn man schon einigermaßen sprechen kann* (15, w, I 25).

   c) Das Schlüsselerlebnis vom Hörensagen: *Ich weiß nur, daß ich ständig gesungen habe. Das haben mir meine Eltern halt erzählt. Ich habe ständig vor dem Plattenspieler gesessen, habe die Kinderlieder gehört, mitgesungen... „Klassische Musik" weiß ich gar nichts* (18, w, I 04).

d) „Schlüsselalter“ statt „Schlüsselerlebnis“: Zunächst berichtet der Jugendliche (22, m, I 49) davon, daß es ihm *irgendwann mal* Spaß gemacht habe, seinem Vater im Blasorchester zuzuhören und daß er zum Mitspielen Lust gehabt habe. Mit 13 Jahren sei sein Wunsch insofern rein „zufällig“ in Erfüllung gegangen, weil man einen Posaunisten brauchte. Auf die Feststellung des Interviewleiters *Die Posaune prägte das Leben* antwortete er: *Ja, schon. Am Anfang nicht, aber schon ab dem 15., 16. Lebensjahr, das ist für mich ein Schlüsselalter sozusagen, da habe ich dann... da hat die Posaune doch das Wesentliche übernommen in meinem Leben.* Dieser Jugendliche ist im Vergleich zu den meisten anderen insofern ein „erwartungswidriger“ Fall, weil er eine auffallend steile Karriere aufweisen kann, an der nicht das Elternhaus, sondern sein jetziger, von ihm als „Traumlehrer“ bezeichneter Lehrer offensichtlich den entscheidenden Anteil hatte.

3. Die restlichen 12 Interviews enthalten 22 „Schlüsselerlebnisse“ mit einer Spannweite von 1 bis 7 „Schlüsselerlebnissen“ und bilden den bei narrativen Interviews bekannten *Datenfriedhof* (Wiedemann, 1986, S. 163). Die zu leistende Zusammenfassung, Abstrahierung und Verknüpfung von Informationen ist aufgrund des intimen Charakters von „Schlüsselerlebnissen“ besonders problematisch. Deshalb wäre die komplette Veröffentlichung aller thematisch einschlägigen Passagen zum Zwecke der intersubjektiven Nachprüfbarkeit notwendig, würde aber den Rahmen dieses Beitrags sprengen.

   Der Verfasser versuchte deshalb eine Zusammenfassung der Kernaussagen unter besonderer Berücksichtigung des zeitlichen Aspekts:

   a) „Schlüsselerlebnisse“ in der frühen Kindheit durch
      - Hören von Musik, die der Vater (I 35 u. I 70) und der Vater mit einer Bekannten spielten
      - Hören von Kinderschallplatten (zweimal *Peter und der Wolf* und einmal *Die kleine Flöte*, I 06 u. I 70) und von Schallplatten mit „Klassischer Musik“ (I 70)
      - Hören von Blasmusik, die der Vater spielte und die sein Sohn mit einem Strohhalm „begleitete“ (I 75)
      - eigenes Musizieren zu Hause auf der Melodika, der Flöte und dem Klavier (I 09, I 43)
      - Musizieren im Rahmen der Musikalischen Früherziehung (I 64)

   b) „Schlüsselerlebnisse“ in der späten Kindheit durch
      - Hören von Schallplatten mit „Klassischer Musik“ (I 53, I 70)
      - Musizieren mit dem Vater in einer Blaskapelle (I 75)
      - Singen in einem Chor im Alter von 7 bis 13 Jahre (I 69)

   c) „Schlüsselerlebnisse“ in der Jugend und im frühen Erwachsenenalter durch
      - das Hören spezieller Musikstücke der „Klassischen Musik“ („Brahms-Erste“, „Hindemith-Sonate“, „Haydn-Sinfonien“; I 39, I 53, I 70)
      - die erfolgreiche Teilnahme am Bundeswettbewerb„Jugend musiziert“ in Verbindung mit dem Entschluß, den Beruf des Orchestermusikers zu ergreifen (I 40)
      - die Entscheidung, beim späteren Erfolgsinstrument zu bleiben und die daraus resultierenden Erlebnisse im Orchester und auf Tourneen (I 31)

- das erste Jazzkonzert (I 70)
- die Erfahrungen eines befreundeten Berufsmusikers, daß man Musik auch als Beruf ausüben kann und *dafür Geld bekommt und nicht wenig* (I 53)

Ergänzend zu dieser überblickhaften Darstellung der Inhalte von verschiedenen „Schlüsselerlebnissen" möchte der Verfasser auf verschiedene interindividuelle Differenzen hinweisen, die nachdrücklich gegen Versuche einer uniformen Beschreibung oder Kategorisierung der befragten Jugendlichen sprechen:

Zunächst fällt in zeitlicher Hinsicht auf, daß Informationen zum Auftreten von Schlüsselerlebnissen wie zu deren Dauer höchst unterschiedlicher Art sind. Einige der befragten Jugendlichen und Eltern geben offen Erinnerungslücken zu, andere beschränken sich auf globale Beschreibungen (z. B. *irgendwann, als Kleinkind*) und die restlichen machen mehr oder weniger exakte Zeitangaben. Insgesamt treffen die Aussagen der Entwicklungspsychologie zu, daß die Reihe der persönlichen Erinnerungen etwa im dritten bis vierten Lebensjahr beginnt (Remplein 1954, S. 334). Ungewöhnlich ist die minitiöse Erzählung eines Vaters: *...Ich erinnere mich, er konnte so 8 Töne innerhalb des Oktavbereiches spielen,... und da sehe ich ihn noch morgens um 7.00 Uhr, wir lagen alle noch im Bett, da spielte er schon. Da sehe ich ihn vor mir sitzen, auf einmal kommt er ins Zimmer und sagt: „Papa, guck mal, wenn ich das hier oben spiele, dann klingt das ganz genauso", da hatte er die Oktave entdeckt* (19, m, I43).

In sprachlicher Hinsicht umfassen die Antworten fast das gesamte Ausdrucksspektrum vom „restringierten" bis zum „elaborierten" Sprachcode. So hat ein Jugendlicher (18, m, I 64) offensichtlich begriffliche Schwierigkeiten bezüglich der Orff-Instrumente (*... wie nennt man das nochmal, ja, wir haben da alle möglichen Trommeln gespielt so ...*).

Im Gegensatz dazu drückt ein anderer Jugendlicher (21, m, I 53) sein „absolutes Schlüsselerlebnis", das ihm den Zugang zur „Klassischen Musik" eröffnete, folgendermaßen aus: ... *Ich war absolut weg, das kann man überhaupt nicht beschreiben, ich habe da gelegen auf meinem Bett und habe diesen Brahms gehört und das läßt sich überhaupt nicht beschreiben ... also das war ein Gefühl, gleichzeitig in einen Abgrund hineinzufallen mit der Gewißheit, aufgefangen zu werden und gleichzeitig in irgendwelche höchsten Himmelssphären der Musik emporgehoben zu werden.*

Vor vorschnellen und falschen Schlüssen wird jedoch gewarnt! Das individuelle Sprachniveau ist ebenso wenig wie die Intelligenz ein zuverlässiges Kriterium der Glaubwürdigkeit bzw. der Unglaubwürdigkeit von Aussagen (vgl. Lempp 1983, S. 332).

Schließlich zeigt ein Vergleich der Aussagen von Jugendlichen bezüglich ihrer „Schlüsselerlebnisse" mit den Aussagen ihrer Eltern bezüglich der Entdeckung der musikalischen Begabung ihrer Kinder sowohl Konkordanzen wie Diskrepanzen (vgl. I 27, I 69), was nicht prinzipiell gegen die Glaubwürdigkeit der Aussagen spricht sondern z. B. auf die selektive Wahrnehmung und das individuelle Erlebnisgedächtnis zurückzuführen ist.

4. Die interessante wie methodisch brisante Frage, ob und inwieweit „Schlüsselerlebnisse" im Vergleich zu anderen Faktoren den instrumentalen Erfolg prägen, ist gegenwärtig nicht überzeugend zu beantworten, da es hierzu der Auswertung des

gesamten Datenmaterials bedurft hätte. Außerdem fehlen nach Kenntnis der Verfassers zum Konstrukt „instrumentaler Erfolg" die zahlreichen empirischen Befunde, wie sie zu ähnlichen Konstrukten (z. B. „Schulleistung" oder „Schulfähigkeit"; vgl. zusammenfassend Rüdiger, Kormann & Peez 1976, 1985) vorliegen. Versucht man dennoch eine vorläufige Antwort aufgrund der Durchsicht der vorliegenden Interviews, dann läßt sich zusammenfassend feststellen: In der Regel dürften folgende Faktoren und Determinanten den „instrumentalen Erfolg" weit stärker beeinflussen als die vom Verfasser ermittelten „Schlüsselerlebnisse":

a) Individuelle Persönlichkeitsmerkmale der Jugendlichen, wie z. B. feinmotorisches, musikalisches und kognitives Begabungspotential, bemerkenswerte Lernbereitschaft und – fähigkeit, hohes Leistungsanspruchsniveau, ausgeprägte (bisweilen überstarke) Selbst- und Fremdkritik und intensiver Wunsch nach Selbstverwirklichung;
b) außerindividuelle Determinanten, wie z. B. seitens der Eltern (gerade im Kindesalter) leistungsorientiertes Erziehungsklima, im Jugendalter und nach Erfolgen ihrer Kinder Bereitschaft der Eltern zur Tolerierung der Wünsche ihrer Kinder nach Selbstverwirklichung und vor allem die ungewöhnliche Opferbereitschaft materieller und ideeller Art; seitens der „Erfolgslehrer" neben Fachkompetenz psychologisches Geschick zur optimalen Förderung und Ausschöpfung der Begabungs- und Lernpotenzen ihrer Schüler sowie in nicht wenigen Fällen Aufbau einer intensiven Bindung, die bei den Jugenlichen zur Akzeptanz der sonst häufig abgelehnten Fremdkritik und nicht selten zu einem freundschaftlich-partnerschaftlichen Verhältnis führt;
c) situative Faktoren, wie z. B. „Zufälle" beim Erlernen des Wunsch- und Erfolgsinstruments (*weil es gerade da war* oder *weil man zufällig einen Posaunisten brauchte*), kritische Ereignisse (z. B. Tod des Vaters, Konflikte mit Eltern, Lehrern oder – im Einzelfall – mit einem Partner) und die motivierenden Erfolgserlebnisse bei Wettbewerben.

Unter Berücksichtigung dieser und weiterer fördernder Faktoren in der frühen und späten Kindheit dürfte das vorläufige Fazit Bastians (1986, S. 238*) zur Bedeutung von instrumentalen „Schlüsselerlebnissen" verständlich werden: *Instrumentale „Schlüsselerlebnisse" sind eher selten.*

Erst nach einer differenzierten Analyse des gesamten Datenmaterials wird man die Frage nach den prägenden Einflußgrößen des „instrumentalen Erfolgs" zuverlässiger und umfassender beantworten können. Dabei sollte sich eine solche Analyse nicht auf das Enumerieren aller möglichen Einflußgrößen beschränken, sondern vielmehr auch Aussagen über deren Bedeutung bzw. Gewichtung (z. B. im Sinne der Pfadanalyse) beinhalten.

* Anmerkung: Der Verfasser bezieht sich hier auf eine erste Auswertung von etwa 20 Interviews, die Bastian im Rahmen einer Expertenrunde des Arbeitskreis Musikpädagogische Forschung 1986 vorstellte. Bastian selbst merkt an, daß die Ergebnisse vorläufig sind und eher impressionistisch-eklektizistischen Charakter haben. Die dargestellten Befunde im zitierten Beitrag Bastians basieren auf Erinnerungen an 20 Interviews und noch nicht auf systematischer Inhaltsanalyse wie in dieser Studie.

Schon gegenwärtig kann festgestellt werden, daß diese Gruppe der musikalisch Talentierten wie von Hochbegabten allgemein (vgl. Kraus 1987) eine uniform wirkende Beschreibung nicht zuläßt. So mag im Einzelfall das „absolute Schlüsselerlebnis" die weitere musikalische Entwicklung stark geprägt haben, vor der Annahme einer monokausalen Beziehung warnen nicht nur der Verfasser, sondern die interviewten Personen selbst (vgl. I 69).

Diskussion der vorliegenden Befunde

Wie bereits ausgeführt, erlauben die obigen Befunde nach Meinung des Verfassers keine stringenten Antworten auf die eingangs gestellten Fragen. Die Gründe dafür liegen nicht nur in den bekannten Methodenproblemen der qualitativen Forschung und der Kasuistik allgemein (vgl. Traxel 1974, Kormann 1984, Jüttemann 1985) und von narrativen Interviews im besonderen (vgl. Wiedemann 1986 und die Ausführungen von Bastian im Kapitel *Zur Methode*), sondern in einer Reihe von speziellen Problemfragen. Diese sollen kursorisch und ohne Anspruch auf Vollständigkeit dargestellt werden und zu einer möglichst intensiven Auseinandersetzung und Klärung anregen.

1. In definitorischer Hinsicht fällt zunächst auf, daß der Begriff „Schlüsselerlebnis" mehrdeutig aufgefaßt werden kann. So berichtet Heinritz (1985, S. 12 f.) davon, daß Autoren im Rahmen der Shell-Studie (Band 3) die von ihnen gestalteten „Schlüsselszenen" häufig ausdrücklich als „Schlüsselerlebnisse" bezeichnet hätten, obwohl man es andererseits bei den erstgenannten nur noch in den seltensten Fällen mit spontanen Äußerungen über die Erinnerung zu tun habe.
   Bei der Durchsicht der thematisch einschlägigen Interviewpassagen fiel ergänzend auf, daß einige Jugendliche und deren Eltern auf die explizite Frage nach „Schlüsselerlebnissen" mit „frühesten Erinnerungen" oder „frühesten Erlebnissen" antworteten (vgl. z. B. I 64, I 75).
   Schließlich sind fließende Übergänge zu semantisch ähnelnden Begriffen wie „Schlüsselalter" und „Schlüsselfigur" festzustellen. Möglicherweise sind diese sprachlichen Devianzen nicht zufällig, sondern geben Hinweise auf die *subjektive Wirklichkeit* (Wiedemann) einer Person.
2. In erkenntnistheoretischer Hinsicht wirft gerade die Erforschung von Erinnerungen allgemein und von „Schlüsselerlebnissen" im besonderen Probleme auf, die mit Abwehrmechanismen und den aus der Gedächtnispsychologie bekannten Phänomenen (wie z. B. „Erinnerungslücke", „Erinnerungsverklärung", „Erinnerungstäuschungen"; vgl. Remplein 1954, S. 317 f.) verbunden sein können und das für die Kasuistik und für narrative Interviews besonders relevante Kriterium der „Glaubwürdigkeit" oder „Wahrhaftigkeit" eng tangieren. Zur Vermeidung von falschen Erwartungen und unzulässigen Schlüssen wird die folgende Feststellung Wiedemanns zitiert: *Von Wahrheit einer Erzählung kann nur begrenzt die Rede sein, denn die Wahrheitsprüfung bezieht sich immer nur auf die rekonstruierbare, äußere Seite des Geschehens. Die innerpsychische Geschehensbeteiligung – das Erleben als der wesentliche Kern*

der Erzählung kann nicht auf ihre Wahrheit, sondern nur auf Wahrhaftigkeit hin geprüft werden (1986, S. 86).

Trotzdem ist dabei immer noch die Frage ungeklärt, welche Toleranzgrenzen man bei Erinnerungen und damit auch bei „Schlüsselerlebnissen" bezüglich dieses Kriteriums ansetzen soll. Ist es verantwortbar, das bezüglich von „Schlüsselszenen" vorgebrachte Argument auch bei „Schlüsselerlebnissen" zu übernehmen, daß nämlich die Frage nach „Dichtung und Wahrheit" bei der erstgenannten Form der schriftlichen Darstellung von Erinnerungen weitgehend außeracht gelassen werden kann, weil es hier nicht um die Rekonstruktion historischer Tatbestände, sondern um die Frage der subjektiven Verarbeitung von Erinnerungen gehe? (Vgl. Heinritz 1985, S. 15). Oder soll man gerade angesichts der Gefahr einer Datenerhebung, -auswertung und -interpretation auf boulevardjournalistischem Niveau die (über-)strengen Maßstäbe eines „Glaubwürdigkeitsgutachters" anlegen? Soll der Forscher damit gerade bei diesem positiv getönten Thema der „Schlüsselerlebnisse" mit einem geradezu inquisitorischen Fragenkatalog prüfen, ob der Jugendliche *1. bewußt falsch ausgesagt, 2. einer Suggestion von dritter Stelle unterliegt, 3. einer Autosuggestion unterliegt, 4. seine Aussagen durch eine Veränderung der eigenen Einstellung zur Tat unbewußt ändert* (Lempp 1983, S. 336).

Wahrscheinlich kann man die Frage nach der „Glaubwürdigkeit" oder „Wahrhaftigkeit" nicht isoliert und schematisch, sondern nur unter Berücksichtigung aller zur Gesamtpersönlichkeit vorliegenden Informationen beantworten. Dazu gehören auch Verhaltensbeobachtungen und die Beurteilung der Erzählform (vgl. Wiedemann 1986, S. 61 f.). Auf diese Informationsquellen mußte der Verfasser analog der Zielsetzung dieses Beitrags (Überprüfung der Aussagen auf „intersubjektive Konkordanz") verzichten. Dies ist mit Nachteilen, aber auch mit Vorteilen verbunden. Zunächst kann der Verfasser aufgrund seiner jahrelangen Kontakte mit Siegern dieses Bundeswettbewerbs (vgl. Kormann 1988) die Richtigkeit der Aussagen Bastians bestätigen, daß die Begegnung mit diesen Jugendlichen *persönlich einen kaum einzuschätzenden menschlichen Zugewinn* (bringt), *der die hohe Zeitinvestition allemal rechtfertigt* (1986, S. 249). Andererseits findet er in erkenntnistheoretischer Hinsicht die Möglichkeit zur „distanzierten" und unpersönlichen Begegnung in Form von Textprotokollen als ein Korrektiv und eine Alternative im Sinne der Ergänzung zur persönlichen Beobachtung und Begegnung. Die Euphorie fast überwiegend positiver Charakterisierungen wird durch das häufige Lesen und Analysieren zugunsten einer – soweit möglich – realistischen Betrachtungsweise abgebaut, die auch so manche problematischen Aspekte zunehmend schärfer berücksichtigt. Bewußte oder unbewußte positive wie negative Pauschalierungen, massive Übertreibungen, widersprüchliche Aussagen, Vorurteile und Aversionen (bei einem Teil der befragten Jugendlichen handelt es sich um ausgesprochene „Jazz-" und „Popmuffeln"!), herbe bis unbarmherzige Kritik an der Schule und den Schulmusikern ohne Bereitschaft zu positiven Konsequenzen, teils überzogene und unrealistische Berufsvorstellungen und leider auch in Einzelfällen (bisher) unbewiesene Unterstellungen und Desavouierungen einzelner Institutionen und Personen lassen Zweifel an der Glaubwürdigkeit und Wahrhaftigkeit mancher Protokollaussagen aufkommen, so daß man unmittelbar an die Analogie Brügelmanns erinnert wird: *Fallstudien sind wie Glas ... Allerdings: Glas ist nicht ungefährlich* [...]; *es kann verletzen (Scherben), es kann den Blick schärfen, aber auch einengen (Brille), es kann Illusionen erzeugen (Whiskey-Flasche)* (1982, S. 62).

Schließlich wäre in erkenntnistheoretischer Hinsicht noch die Frage nach der Stabilität und Variabilität von Erinnerungen im allgemeinen und von Schlüsselerlebnissen im besonderen zu klären. Ebenso ist ein Einstellungswandel zum Berufsbild des Schulmusikers nicht auszuschließen, wenn sich die Träume nach Orchester- oder sogar Solokarrieren nicht erfüllten.

3. In methodologischer Hinsicht stellt sich dem Verfasser die Frage, ob und inwieweit bei den vorliegenden narrativen Interviews die in Abbildung 1 von Krippendorf (1980, S. 158) empfohlenen inhaltsanalytischen Gütekriterien erfüllt werden können oder überhaupt überfüllt werden sollen.

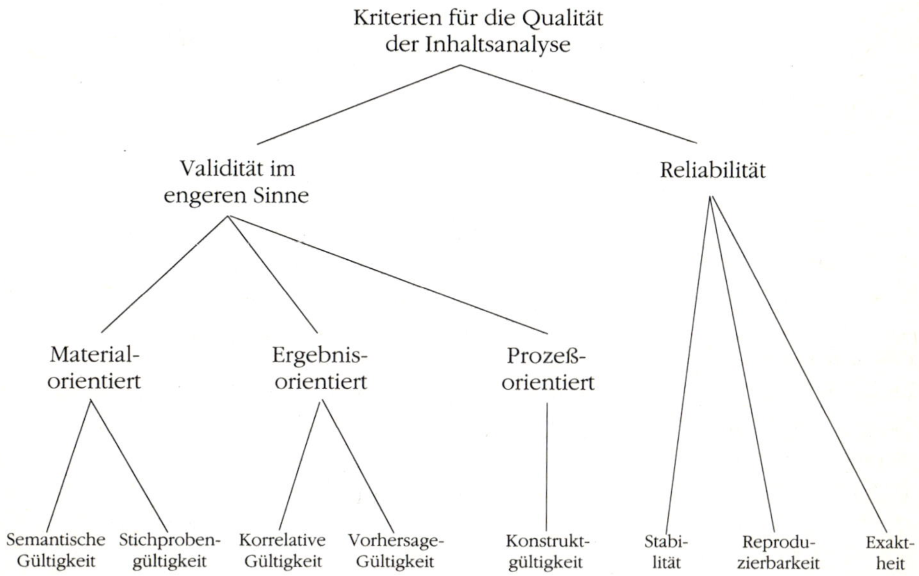

Inhaltsanalytische Gütekriterien nach Krippendorf 1980, S. 158 (zit. nach Philipp Mayring 1985, S. 207)

Vorbehaltlich der Aussagen Bastians zu diesen methodologischen Fragen (vgl. Kapitel *Zur Methode*) vertritt der Verfasser dieses Beitrags folgende Meinung: Fragen nach der „semantischen Gültigkeit" und der „Stichprobengültigkeit" dürften sicher leichter zu beantworten sein als die Frage nach der prozeßorientierten „Konstruktgültigkeit" und der Reliabilität (hier insbesondere das bereits im vorigen Abschnitt angesprochene Problem der „Stabilität" und „Reproduzierbarkeit" der Befunde betreffend). Sicher wäre die Untersuchung der Forschungsfrage sehr reizvoll, ob sich bei der gleichen Stichprobe in Nachbefragungen die Angaben zu „Schlüsselerlebnissen" bestätigen lassen oder ob es bezüglich heikler Themenkomplexe zu Einstellungsänderungen kommt, was nach Untersuchungsbefunden (z. B. von Schmidt und Keßler 1976, Kormann 1977) nicht auszuschließen ist. Zur Beantwortung dieser Fragen sind die herkömmlichen „statusdiagnostischen" Methoden jedoch kaum geeignet. Es bedürfte vielmehr des Methodeninventars der „Prozeßdiagnostik" (vgl. Pawlik 1976, Rüdiger 1981) wobei man redlicherweise ergänzen muß, daß die damit verbundenen methodischen Fragen der „Veränderungsmessung" und „Veränderungsbeschreibung" bisher noch weitgehend unbefriedigend gelöst sind (vgl. Petermann 1978, Kormann 1984). Die Realisierung eines solchen anspruchsvollen Forschungsansatzes wirft außerdem forschungsökonomische und forschungsethische Probleme auf.

4. In forschungsethischer Hinsicht möchte der Verfasser zunächst seinen folgenden, sehr positiven Eindruck wiedergeben: Henningsen erhob bereits 1964 seine warnende Stimme gegen die scheinbar unbegrenzten Möglichkeiten von Umfragen und Tests: *Solange Befragter und Tester noch von der offensichtlich sehr strapazierten Substanz naiver Ergebenheit in den verfügbaren Willen Gottes oder in den Widerspruch nicht duldenden Willens einer omnipotenten Obrigkeit zehren können, taucht das Problem des sich auf seine Freiheit defensiv zurückziehenden Individuums nicht auf. Was aber, wenn dieses Individuum widersetzlich wird?* (S. 50).

   Die gegenwärtige Forschungspraxis mit der zunehmenden Zahl von Antwortverweigerern und den geringen Rücklaufquoten (nicht selten unter 20%!) zeigt, daß sich diese Warnung erfüllt hat. Die vorliegenden Interviews sind jedoch in quantitativer und qualitativer Hinsicht eine bemerkenswerte Ausnahme: Nach den intensiven Textanalysen kann der Verfasser erfreulicherweise feststellen, daß die interviewten Personen (die Anzahl der Jugendlichen und deren Eltern, die das Interview ablehnten, ist ihm nicht bekannt!) die an sie gestellten Fragen umfassend und mit einer bemerkenswerten, teils „beängstigenden" Offenheit beantworteten*. Statt eines Frage-Antwort-Spiels wurde ein auch für den Außenstehenden nachvollziehbarer interessanter Dialog zwischen gleichberechtigten Partnern geführt, die offensichtlich aus einem ehrlichen Mitteilungsbedürfnis der befragten Personen einerseits und der Fähigkeit des Interviewleiters zum aktiven Zuhören, zur flexiblen Gesprächsführung und zum Einfühlungsvermögen ohne professorale Besserwisserei andererseits resultiert. Wer mit hochbegabten Kindern und Jugendlichen bereits Interviews durchführte, kennt deren Blick für „Fassadenhaftigkeit" und deren hohes Anspruchsniveau in formaler, inhaltlicher und ethischer Art.

   Das forschungsethische Problem dieser Untersuchung besteht somit nicht in dem häufig beklagten Problem offener und verdeckter Antwortverweigerung, sondern vielmehr in der für den Verfasser gegenwärtig noch ungelösten Frage: Wie kann man

* Anmerkung:Die Rücklaufquote des 18seitigen Fragebogens in der 2. (empirischen) Forschungsphase beträgt 63% (!).

diese, auch in massiver Kritik an Institutionen und vor allem Personen sich äußernde Offenheit der interviewten Jugendlichen und ihrer Eltern der Öffentlichkeit weitergeben und zugleich den von der Kritik Betroffenen die Chance zur „Kritik an der Kritik" bieten? (Vgl. auch Schlußwort Bastian)

So gesehen dürfte gerade für diese Forschungsmethode die Auffassung Esers zutreffen, daß *Forschung gefährlicher geworden ist – sowohl für den Forscher als auch für sein Objekt* (1976, S. 7).

Literatur

Bastian, Hans Günther: *Zur Alltags- und Lebenswelt musikalischer Begabung. Mit Bundes- und Landessiegern „Jugend musiziert" im narrativen Gespräch*, in: *Musikpädagogische Forschung*, Band 7, 1986, hg. vom Arbeitskreis Musikpädagogische Forschung e. V. (AMPF) durch Hermann J. Kaiser, Laaber 1986. S. 233-251

Brügelmann, Hans: *Pädagogische Fallstudien in der Pädagogik: Methoden-Schisma oder -Schizophrenie?* In Fischer, D. (Hrsg.): *Fallstudien in der Pädagogik*, Konstanz 1982, S. 62-82

Eser, Albin: *Risiken und Privilegien des Forschers – Eine Problemanalyse*, in Eser, A./ Schumann, K. F. (Hrsg.): *Forschung im Konflikt mit Recht und Ethik*, Stuttgart 1976, S. 7-39

Heinritz, Charlotte: *Schlüsselszenen in Autobiographien der 1929 bis 1940 Geborenen*, in: Fischer A.: *Jugendliche und Erwachsene '85: Generationen im Vergleich*, Band 3: *Jugend der fünfziger Jahre – heute*, hg. vom Jugendwerk d. Dt. Shell, Opladen 1985, S. 7-41

Henningsen, Jürgen: *test, experiment, befragung, ein kritisches plädoyer*, Essen 1964

Ingenkamp, Karl Heinz: *Lehrbuch der Pädagogischen Diagnostik*, Weinheim und Basel 1985

Jüttemann, Gerd (Hrsg.): *Qualitative Forschung in der Psychologie. Grundfragen, Verfahrensweisen, Anwendungsfelder*, Weinheim und Basel 1985

Kormann, Adam: *Die Einschätzung der Zuverlässigkeit von Befragungsbefunden*, in: Tack, Werner (Hrsg.): *Bericht über den 30. Kongreß der Deutschen Gesellschaft für Psychologie*, Band 1, Göttingen 1977, S. 78-80

ds.: *Konzepte der Veränderungs- und Lernmessung*, in: Heller, K. A. (Hrsg.): *Leistungsdiagnostik in der Schule*, Bern/Stuttgart/Wien 1984, 4. völlig neu bearbeitete Auflage

ds.: *Möglichkeiten und Grenzen der Kasuistik – beispielhaft dargestellt an einer Lehrkräftebefragung im Rahmen der wissenschaftlichen Begleitung des Programms „Musikalische Früherziehung"*, in: *Musikpädagogische Forschung*, Band 5, 1984, hg. vom Arbeitskreis Musikpädagogische Forschung e. V. (AMPF) durch Günter Kleinen, Laaber 1984, S. 284-229

ds.: *The Correlation Between Intelligence And Musical Ability*, in: Droh, Richard/ Spintge, Ralf (Hrsg.): *Bericht zum III. Internationalen Symposium Musik in der Medizin, Lüdenscheid 1986*, Berlin/New York (i. Druck)

Kraus, Josef: *Hochbegabte Kinder und Jugendliche*, in: Kormann, Adam (Hrsg.): *Beurteilen und Fördern in der Erziehung*, Salzburg 1987, S. 247-262

Lempp, Reinhard: *Gerichtliche Kinder- und Jugendpsychiatrie*, Bern/Stuttgart/Wien 1983

Mayring, Philipp: *Qualitative Inhaltsanalyse*, in: Jüttemann, Gerd (Hrsg.): *Qualitative Forschung in der Psychologie*, Weinheim u. Basel 1985, S. 187-211

Pawlik, Kurt (Hrsg.): *Diagnose der Diagnostik*, Stuttgart 1976

Petermann, Franz: *Veränderungen*, München 1978

Rüdiger, Dietrich: *Prozeßdiagnostik*, in: Schiefele, Hans/Krapp, Andreas (Hrsg.): *Handlexikon der Pädagogischen Psychologie*, München 1981

Rüdiger, Dietrich/Kormann, Adam/Peez, Helmut: *Schuleintritt und Schulfähigkeit*, München 1976

Rüdiger, Dietrich/Peez, Helmut/Kormann, Adam: *Analyse der Schulleistung. DIFF-Studienbrief* 4 des Fernstudienlehrgangs Ausbildung zum Beratungslehrer, Tübingen 1985, revidierte Fassung

Schmidt, Lothar/Kessler, Bernd: *Anamnese*, Weinheim 1976

Traxel, Werner: *Grundlagen und Methoden der Psychologie*, Bern/Stuttgart/Wien 1974, 2. völlig neubearbeitete und erweiterte Auflage

Wiedemann, Peter Michael: *Erzählte Wirklichkeit. Zur Theorie und Auswertung narrativer Interviews*, Weinheim u. München 1986

Die Gesprächseinheiten des narrativen Interviews*

1: Frühe Kindheit/Elternhaus

Fragen an die Jugendlichen

Erzählen Sie von Ihrem ersten (frühesten) Erlebnis mit Musik. Gibt es ein Schlüsselerlebnis, einen Wendepunkt, einen biographischen Punkt, der Ihr Leben mit Musik entscheidend geprägt hat?
Was ist „musikalische Begabung"? Wie erleben Sie Ihre ganz persönlichen Fertigkeiten und Fähigkeiten im Umgang mit Musik? Was fällt Ihnen leicht, worin sehen sie Ihre Begabung, Ihr Talent?
Ist Begabung ererbt, ist sie erlernt? Was kommt hinzu, wenn man Ihren Erfolg haben will? Genügt Talent allein?
Fühlten sie sich als „Wunderkind"? Was sind „Wunderkinder"? Sind Sie derart schon bezeichnet worden?
Wie sieht (sah) der Umgang mit Musik in Ihrer Familie aus?
Welchen Anteil an Ihrer musikalischen Entwicklung haben die Eltern?
Könnten Sie das Erziehungsklima Ihres Elternhauses beschreiben? Ansprüche, Erwartungen, Leistungsorientiertheit usw. Fühlten Sie sich diesen Ansprüchen immer gewachsen? Welchen Einfluß hatte die Erziehung auf Sie selbst, empfanden Sie diese als helfend und förderlich oder als druckvoll und hemmend? Erinnern Sie sich an besondere Konflikte oder auch Hilfeleistungen und Zuwendungen?
Gibt es im Vergleich zu Gleichaltrigen Nachteile, Entbehrungen oder Versäumnisse, die Sie beklagen bzw. die Sie noch immer empfinden?
Wie ist das Verhältnis zu Ihren Geschwistern? Mußten sie unter Ihrer Begabung und besonderen Förderung leiden? Wurden Sie von Ihren Eltern bevorzugt?
Verfügt die Familie über ein „Bildungskapital"? Gibt es bestimmte gehobene kulturelle Ansprüche, die auch Ihr Verhältnis zur klassischen Musik beeinflußten und vorgeprägt haben (Kulturbewußtsein, Wertorientierungen, ästhetische Normen u. a.)?
Wie war Ihre Wohnsituation? Konnten Sie nach Herzenslust üben?

* Die Projektkorrespondenz und die Kurzbiographien der Interviewten finden sich in Hans Günter Bastian: *Jugend musiziert. Der Wettbewerb in der Sicht von Teilnehmern und Verantwortlichen*, B. Schott's Söhne, Mainz 1987 (Bestellnummer ED 7549).

Fragen an die Eltern

Gab es in der frühen Kindheit Anzeichen einer musikalischen Begabung, Auffälligkeiten, Indizien für ein besonderes Talent? Erinnern Sie Schlüsselerlebnisse mit Musik?
Wie sah die erste Förderung des Kindes aus? Welche Erfahrungen haben Sie mit Lernfortschritten? Gab es einen prägenden Einfluß seitens der Familie (Eltern, Geschwister)?
Suchten Sie selbst Erfüllung in Musik? Wie hat sich diese in Ihrer Erziehung ausgewirkt?
Welches Verhältnis haben Sie selbst zur Musik?
Wie würden Sie Ihr Erziehungsklima beschreiben? Sind Sie selbst sehr leistungsorientiert, von einem hohen Arbeitsethos geprägt? Gab es besondere Erziehungsprobleme oder -freuden, an die Sie sich erinnern?
Ist Ihr Kind anders als andere (z. B. Geschwister)? In welchen Eigenschaften unterscheidet es sich? Bedurfte es eines größeren Maßes an Zuwendung und Unterstützung? War Ihr Kind schwieriger oder problemloser in der Erziehung? Ist jemand, der musikalisch so frühreif ist, mit 12 Jahren noch ein Kind? Wo liegen die Hauptgründe für den künstlerischen Erfolg?
Gab es auch Zweifel, ob Ihr Kind ausreichend begabt ist zu einem Beruf mit Musik?
Hat Ihr Kind durch die intensive Beschäftigung mit Musik etwas anderes entbehrt, versäumt? Bestand die Gefahr der Isolation von Gleichaltrigen, gab es Freunde und Freundschaften, oder neigte es mehr zum Einzelgängertum?
Erinnern Sie sich an besonders aufregende Momente in der Lebensgeschichte Ihres Kindes, an Höhepunkte und Krisen?
Welche Empfehlungen, Erfahrungen würden Sie anderen Eltern talentierter Kinder mit auf den Weg geben? Was würden Sie an Ihrer eigenen Erziehung heute ändern wollen?
Wie geht man mit Talenten erziehungsmäßig um?

2: Der instrumentale Werdegang/ Instrumentalpädagogik

Fragen an die Jugendlichen

Wie kamen Sie zu Ihrem Instrument? Erzählen Sie uns Ihre Lerngeschichte vom ersten Instrument bis heute, vom ersten, späteren und heutigen Unterricht, von Lehrern, ihrem Wechsel und den Gründen, die dazu führten.
Gibt es eine instrumentale Tradition in der Familie? Erzählen Sie von (Groß-) Eltern, Geschwistern und Verwandten.
An welche spieltechnischen Schwierigkeiten erinnern Sie sich bzw. haben Sie noch heute? Wie haben Sie mit welchem Erfolg daran gearbeitet?
Erzählen sie von besonderen Krisen und Höhepunkten Ihrer Lerngeschichte. Wie wurden diese ausgelöst, wie wurden sie überwunden. Gab es auch Zeiten, in denen Sie am liebsten aufgehört hätten? Wer oder was hat warum geholfen? Gab es Zeiten eines besonderen Entwicklungsschubes? Was waren die Gründe?

Haben Sie schon einmal bereut, gerade dieses Instrument gelernt zu haben? Warum haben Sie es gewählt? Welche Instrumente spielen Sie noch bzw. würden Sie gerne spielen? Warum? Welchen klangästhetischen Anspruch stellen Sie an Ihr Instrument? Spielen Sie ein besonders wertvolles Instrument, wie teuer, wer finanziert? Ist ein wertvolles Instrument eine moralische Verpflichtung zum Üben?

Wieviel Stunden pro Tag üben Sie für gewöhnlich, wieviel Stunden vor wichtigen Konzerten oder Wettbewerben? Gibt (Gab) es Druck zum Üben von den Eltern? Welcher Art war er? Gab es dadurch chronische Konflikte? Fühlten Sie sich bisweilen in „Einzelhaft" am Instrument?

„Sklave seines Instrumentes sein": Haben (Hatten) Sie mitunter solche Gefühle der Abhängigkeit und Sucht? Haben Sie nach instrumentabstinenten Zeiten „Entzugserscheinungen"? Könnten Sie auch ohne Ihr Instrument leben?

Perfektionismus und Drill begünstigen die technische Beherrschung Ihres Instrumentes. Können Sie auch Individualität behindern? Wie lösen Sie individuell dieses Problem?

In der Kunstinterpretation werden gewöhnlich drei Ansprüche gestellt:

(1) die technische Beherrschung des Instrumentes ist Voraussetzung (Training der Physiognomie), (2) die künstlerische Gestaltung (Interpretation) kommt hinzu, (3) auf der Basis des Sinnverstehens von Musik (Analyse, Werkreflexion). Wie haben Sie diese drei Ansprüche in Ihrer Instrumentalausbildung erlebt, gab es einseitige Akzente oder eine gewisse Balance? Wo spüren Sie warum welche Defizite? Waren Sie selbst um einen Ausgleich (Abbau) bemüht, mit welchem Erfolg?

Fühlen Sie sich zur Zeit in einer künstlerischen Hochform? Warum (nicht)? Gibt es Schwächen, die Sie noch ausbügeln möchten?

Welcher Lehrer wäre Ihr momentaner Traumlehrer? Warum?

Welches Repertoire spielen Sie vorwiegend warum? Wer sucht die Stücke aus? Gab es stilistische Entwicklungen?

Was sagt Ihnen „Neue Musik"? Welchen Zugang haben Sie zu dieser Art von Musik gefunden? Welche Erfahrungen haben Sie gemacht? Was hat Sie fasziniert, was distanziert?

In welchen Ensembles spielen Sie zur Zeit? Gibt es ein Traumorchester, in dem Sie einmal spielen möchten? Am ersten Pult?

Spüren Sie vor Auftritten Lampenfieber? Wie macht es sich bemerkbar, wie kommen Sie damit zurecht? Was hilft Ihnen?

Wie denken Sie über Publikum, was bedeutet es Ihnen? Was geht in Ihnen auf dem Podium vor, was empfinden Sie psychisch?

Was bedeutet Ihnen Kritik? Wie muß sie sein, wer darf Sie äußern? Gab es für Sie auch schon verletzende Kritik? Wie verarbeiten Sie Kritik?

Fragen an die Eltern

Wie haben Sie Probleme des Übens erziehungsmäßig lösen können? An welche Konflikte erinnern Sie sich, wie wurden sie gelöst? Wann hat sich warum das Üben verselbständigt? Welche Rolle spiel(t)en Sie?

Erinnern Sie sich an besondere Konflikte oder Höhepunkte in der Instrumentalausbildung Ihres Kindes? Erzählen Sie von Anfangsschwierigkeiten und chronischen Problemen in der instrumentalen Entwicklung Ihres Kindes.

Mußten Sie Anforderungen an Ihr Kind auch begründen? Gab es Zeiten des Zweifels, daß Anstrengungen in einem angemessenen Verhältnis zum subjektiv empfundenen Erfolg und Zugewinn stehen, daß Ehrgeiz und Bemühen in verantwortbarer Relation zur lebensmäßigen Zufriedenheit Ihres Kindes standen? Mußten Sie Ihr Kind anspornen oder bremsen?

Warum ließen Sie Ihr Kind ein Instrument lernen? Sie haben keine Mühen und Energien gescheut, was glauben Sie, gibt Musik Ihrem Kind? Können Sie heute noch musikalische Hilfen geben?

3: Zur Persönlichkeit musikalischer (Hoch-)Begabungen

Fragen an die Jugendlichen

Es herrscht in der breiten Öffentlichkeit häufig das Urteil, daß junge Menschen, die soviel Zeit am Instrument verbringen, irgend etwas anderes in ihrer Kindheit und Jugend versäumen und entbehren. Was könnten Sie verloren oder versäumt haben? Was haben andere mehr? Welche Interessen haben Sie zurückgestellt?

Eine Frage zur Person... (Name)... Gibt es zwei Naturen des einen ... (Name)... Der eine, der mit seinen Freunden unterwegs ist, in der Clique, der andere, der mit seinem Instrument arbeitet und musiziert? Wenn ja, wie würden Sie diese Naturen beschreiben?

Welche Ihrer Eigenschaften waren letztlich ausschlaggebend für Ihre frühen Erfolge und Fortschritte? Genügt Talent allein?

Sind Sie sehr sensibel? Wie äußert sich diese Eigenschaft? Sind Sie selbstkritisch? Neigen Sie dazu, Selbstkritik und Selbstanspruch bisweilen zu überziehen? Sind Sie schwer zufriedenzustellen? In Lebensgeschichten begabter Menschen ist immer wieder die Rede von einem „Überforderungssyndrom", das leidvoll erlebt, zu einer ernsthaften existentiellen Bedrohung werden kann. Hatten Sie solche Erlebnisse, Erfahrungen?

Ein Kritiker der Bundeswettbewerbe fragte einmal: *Warum begegnet man unter den „Spitzenkönnern" immer wieder jungen Menschen, mit denen man sich über nichts als über ihre Technik, über ihre Übzeiten und Metronomzahlen, über die Behaarung ihres Bogens oder einen Trillerfingersatz unterhalten kann... Man möchte diesen Jugendlichen den Rat geben: Vergeßt nicht, daß ihr nicht nur tolle Instrumentalisten werden sollt, sondern Persönlichkeiten. Dazu gehören Vielseitigkeit und Offenheit, dazu gehören Freunde, und Freundschaften wollen gepflegt werden.* Was würden Sie diesem Kritiker aus eigener Lebenserfahrung antworten?

Kennen Sie aus ihrem Bekanntenkreis Beispiele einer einseitigen Persönlichkeitsentwicklung im Sinne von „Üben, üben...", „Karriere über alles"?

4: Alltags- und Lebenswelt junger Instrumentalbegabungen

Fragen an die Jugendlichen

Was gibt Ihnen (bedeutet Ihnen) der aktive Umgang mit sogenannter klassischer Musik? Wie würden Sie Ihre „musikalische Lebenswelt" beschreiben? Welche Funktion hat Musik in Ihrem Leben?
„Gebrauchen" Sie auch Musik zu lebenswichtigen Alltagszwecken, als Medium zum Abbau von Aggressionen, zur Flucht, zur Ablenkung...?
Reicht das Interesse an Musik über die Musik Ihres Instrumentes hinaus? Welche musikalischen Präferenzen haben Sie? Welche drei Schallplatten würden Sie mit auf eine einsame Insel nehmen? Wie denken Sie über bestimmte Musikarten, wie glauben Sie, daß die breite Öffentlichkeit darüber denkt (Einschätzungsskala über den begleitenden Fragebogen).

Wie steht es mit den Musikarten Jazz und Rock? Spielen und/oder hören Sie diese Musik? Warum (nicht)? Sind Zwischentöne, Übergänge zwischen klassischer Musik und Rock/Jazz denkbar, für Sie akzeptier- und praktizierbar?
Haben Sie sich schon einmal mit „Komposition" beschäftigt? Mit welchem Erfolg?
Welche Rolle wird Musik in Ihrem künftigen Leben spielen? Haben Sie sich für einen Beruf mit Musik entschieden? Warum (nicht)?
Was reizt Sie am Beruf des Orchestermusikers (Solisten)? Welchen Anspruch an ein Orchester stellen Sie? (A-, B-Orchester, welches Pult)? Wissen Sie um Spannungen und Disharmonien innerhalb der Orchester, wie stellen Sie sich darauf ein?
Könnten Sie sich auch als Musikschullehrer vorstellen? Haben Sie grundsätzlich ein pädagogisches Interesse, anderen Menschen Musik zu vermitteln? Geben Sie schon jetzt Unterricht? Warum, mit welchen Erfahrungen?
Träumen Sie bisweilen über Musik und Ihre künftige Lebenswelt? Welche Träume und Phantasien haben Sie?
Nach einer bekannten Jugendstudie markieren drei Fixpunkte den Lebensentwurf junger Menschen:
(1) „anfangen, sich über die eigene Zukunft Gedanken zu machen"...
(2) „zum ersten Mal Rückblick halten, was man aus seinem Leben gemacht hat"...
(3) „zum ersten Mal nicht weiterleben wollen"...

5: Erinnerungen an Schule – Musiklehrer – Musikunterricht

Fragen an die Jugendlichen

Welche Erinnerungen haben Sie an den Musikunterricht in der Grundschule?
Erzählen Sie vom Musikunterricht in der Sekundarstufe I und II. Welche herausragenden Erlebnisse erinnern Sie? Wie war der Musikunterricht in Inhalt und Methode gestaltet? War Musikunterricht verlorenen Zeit für Sie?

Wie war das Verhältnis zu den (Musik-) Lehrern, wie zu Ihren Mitschülern? Erwies sich „Schule“ als tolerant gegenüber Ihren Terminen? Waren Sie als „Musiker“ bekannt, wie wirkte sich Ihr musikalisches Interesse auf die Kontakte aus? Waren Sie ein Außenseiter, ein Künstlertyp oder galten Sie gar als „Wunderkind“?
Haben Sie schulische Musikerfahrungen in irgendeiner Weise gefördert? Was haben Sie für sich lernen können?
Ist der „Schulmusiker“ eine Berufsperspektive für Sie? Warum (nicht)?
Welche besonderen musikalischen Höhepunkte erinnern Sie aus Ihrer Schulzeit? Spielten Sie im Schulorchester oder auch als Solist im Rahmen schulischer Veranstaltungen?
Könnte man den Musikunterricht an den allgemeinbildenden Schulen abschaffen und an die Musikschulen überweisen?
Waren/Sind sie ein guter/schwacher/durchschnittlicher Schüler?
Welche besonderen Fachinteressen haben Sie?
Wie konnten Sie Lernen für die Schule und Üben am Instrument zeit- und kräftemäßig vereinbaren? Gab es Konflikte und wie wurden sie gelöst? Wie reagierten die Eltern, wenn schulische Leistungen sanken?
Möchten Sie wegen Ihres musikalischen Engagements in der Schule stundenmäßig entlastet werden? In welchen Bereichen und warum? Sollten hervorragende außerschulische Musikleistungen (z. B. Landesteilnahme „Jugend musiziert“) im Sinne einer Ausgleichsnote in der Schule eingesetzt werden?

Fragen an die Eltern

Was bedeutet Ihnen der schulische Abschluß (Abitur) Ihres Kindes? Gab es Konflikte zwischen Schule und Instrument? Wie wurden sie ausgelöst und wie überwunden?
Wie reagierten Sie, wenn schulische Leistungen sanken?

6: Freizeit – Freunde – Medien

Fragen an die Jugendlichen

Haben Sie Freizeit? Was bedeutet (gibt) Ihnen Freizeit, wie füllen Sie sie aus?
Erzählen Sie von Ihren Interessen, Neigungen, Hobbys neben der Musik. Gibt es irgendwelche Erfolge oder Auszeichnungen (Lese-, Mal-, Sportwettbewerbe o. a.)?
Wann sind Sie am glücklichsten?
Haben Sie Freunde(innen)? Was bedeutet Ihnen Freundschaft? Beschreiben Sie Ihr Verhältnis zu Freunden(innen). Ist Musik ein Kontaktmedium für Freundschaften oder kann ein(e) Freund(in) auch unmusikalisch sein?
Neigen Sie eher zum Einzelgänger und Außenseiter? Warum?
Besuchen Sie in Ihrer Freizeit bestimmte Veranstaltungen? (Konzerte, Sport, kulturelle Institutionen...)?
Gehen Sie in Discotheken?
Welchen Stellenwert haben Medien in Ihrem Leben:

(1) Schallplatte
(2) Rundfunk
(3) Fernsehen und Video
(4) Walkman
(5) Literatur (speziell über Musik)
(6) Sonstiges (Video-Clips, Computer...)

Schildern Sie einen Tagesablauf, der sehr viel mit Musik zu tun hat.

Gibt es ein soziales, gesellschaftliches und/oder pädagogisches Engagement in Ihrem Leben (Jugendarbeit, Schülerverwaltung, Instrumentalunterricht, Pfarrei- oder Gemeindearbeit, politische Ambitionen, Parteizugehörigkeit, usw.)

7: Gesellschafts-, Bildungs- und Kulturpolitik

Fragen an die Jugendlichen

Wie sehen/erleben Sie die Situation der heutigen Jugend? Chancen, Konflikte, Probleme, Perspektiven... Wieweit sind es auch Ihre Probleme, wieweit identifizieren Sie sich mit „Jugend heute“?

Welches Ansehen hat Kunst (Klassische Musik) in unserer Gesellschaft bzw. sollte sie haben? Wie kann man Kunst einer breiteren Öffentlichkeit vermitteln, ihr die Aura des Elitären und sozialen Etikettes nehmen? Könnten Sie kulturpolitische Initiativen entwikkeln?

Was macht die offizielle Musikerziehung in der allgemeinbildenden Schule richtig/falsch in der Aufgabe der Vermittlung von Jugend und Klassik? Haben Sie selbst wirksame Konzepte?

Wie sollte man (musik-) begabte junge Menschen fördern? Welche Erfahrungen haben Sie gemacht, welchen Anspruch an unsere Gesellschaft würden Sie stellen? Sind Talente in unserer Gesellschaft ausreichend gefördert?

Fragen an die Eltern

Wie sah die staatliche Förderung Ihres Kindes aus? Könnte man junge Talente kultur- und bildungspolitisch anders, wirksamer fördern? Welche fördernden Maßnahmen finanzieller, ideeller, organisatorischer Art erwarten Sie von politischer Seite?

Müssen Eltern talentierter Kinder Opfer bringen (zeitlich, finanziell)?

8: Die Wettbewerbe „Jugend musiziert“

vgl. dazu die Fragen und Ergebnisse in der Studie: *Jugend musiziert. Der Wettbewerb in der Sicht von Teilnehmern und Verantwortlichen*, Mainz 1987

Interview-begleitender Fragebogen

(Sozialstatistik/Einstellungen) Nr. ________

1. Name, Vorname: ______________________ Tag: ________
2. Alter: ________ Jahre ______________________ Dauer: ________
3. Geschlecht: männlich ○ weiblich ○
4. Instrument: ______________ seit wann? ________

5. Teilnahme an Wettbewerben „Jugend musiziert“

Jahr	Instrument	Region	Land	Bund	Leistungsstufe	Preis	Stipendiat

6. Teilnahme an Anschlußmaßnahmen?

   Landesjugendorchester ○ wann? ________

   Bundesjugendorchester ○ wann? ________

   Kurs für Kammermusik ○ wann? ________

   Musik-Camp ○ wann? ________

   Sonstiges? ______________________

7. Teilnahme an anderen Wettbewerben? Auszeichnungen?

   ____

8. Weitere Instrumente? Zweitinstrument ________ seit wann? ________

   Drittinstrument ________ seit wann? ________

9. Mein jetziger Instrumentallehrer ist

   Selbständiger Musikerzieher ○

   Schulmusikerzieher ○

   Kirchenmusiker ○

   Musikschullehrer ○

   Orchestermusiker ○

   Sonstiges: ______________

10. Ich habe an folgendem Institut Instrumentalunterricht

    ____

    Das Institut ist Musikschule ○

    Fachakademie/Konservatorium/Kirchenmusikschule ○

    Musisches Gymnasium ○

    Musikhochschule ○

    Gymnasium mit musischem Zweig ○

    Private Musikschule ○

    Sonstige? ______________________

11. Ich besuche folgende Schule:
    Haupschule ○
    Realschule ○
    Gymnasium ○
    Gesamtschule ○
    Berufschule ○
    Berufsfachschule ○
    Hochschule ○ mit Studienfächern:

    ____

12. Meine derzeitige Berufstätigkeit (wenn nicht Schüler):

    ____

13. Wenn noch Schüler, welchen Berufswunsch hast Du?

    ______________________ Alternative: ______________________

14. Wie würdest Du Deine schulischen Leistungen einschätzen?
    sehr gut ○
    gut ○
    mittel ○
    ausreichend ○
    schwach ○

15. In welchen Fächern bist Du besonders stark? ______________________

    ____

16. Welche Fächer sind Deine beliebtesten?

    ____

17. Einzelkind ○ Geschwister ○ Wieviele? __________

18. Wohnort:
    Großstadt ○ Kleinstadt ○ Dorf/Land ○

19. Beruf des Vaters: ______________ der Mutter: ______________

Sozialstatus:				
	Selbständiger	○	Selbständige	○
	Beamter	○	Beamtin	○
	Angestellter	○	Angestellte	○
	Arbeiter	○	Arbeiter	○
	arbeitslos	○	arbeitslos	○
	Hausmann	○	Hausfrau	○

    Sind beide Eltern berufstätig? ja ○ nein ○

20. Wieviele Stunden pro Tag übst Du im Durchschnitt? ________ Stunden

    In Zeiten vor einem Auftritt/Konzert? bis zu ________ Stunden

21. Welche Kontakte hast Du zu den Medien?

	oft	selten	nie
Schallplatten/Cassetten hören	○	○	○
Musiksendungen im Rundfunk anhören	○	○	○
Fernsehen	○	○	○

22. Welche der Personen findest Du eher sympathisch, welche eher unsympathisch

	symp.	unsymp.		symp.	unsymp.
Karl Heinz Rummenigge	○	○	Bobby Ewing	○	○
Anneliese Rothenberger	○	○	Nena	○	○
Franz Beckenbauer	○	○	Herbert von Karajan	○	○
Dieter Thomas Heck	○	○	Thomas Gottschalk	○	○
Herbert Grönemeyer	○	○	Udo Lindenberg	○	○
Heino	○	○	Gotthilf Fischer	○	○

23. Jede Musikart hat ein bestimmtes Ansehen in der Bevölkerung? Wie urteilst Du selbst? Wie glaubst Du, urteilt die Mehrheit der Bevölkerung?

1 = sehr hohes Ansehen 2 = hohes 3 = mittleres 4 = niedriges 5 = sehr niedriges Ansehen

	meine persönliche Meinung	Mehrheit der Bevölkerung
Rockmusik		
Schlager		
Jazz		
Klassische Musik		
Neue Musik (Avantgarde)		
Volksmusik (z.B. Egerländer)		
Neue Deutsche Welle		
Discomusik		
Punk		
Liedermacher		

24. Für welchen Bereich interessierst Du Dich?

Unterhaltungsfilm	○	Oper	○	Jugendpolitik	○
Politische Lieder	○	Westernfilme	○	Moderne Malerei	○
Gedichte	○	Discotheken	○	Volksmusik	○
Klassisches Theater	○	Architektur	○	Fußball	○
Oper	○	Rockmusik	○	Ballett	○
Wirtschaftspolitik	○	Problemfilme	○	Ortspolitik	○
Sport	○	Kulturberichte	○	klassische Literatur	○

25. Wie würdest Du Dich in dieser Eigenschaftsliste *selbst* bewerten?

Wie glaubst Du, daß Dich die Mehrheit der Bevölkerung als jungen Künstler bewertet? (rote Farbe)

	sehr	etwas	weder noch	etwas	sehr	
sentimental						sachlich
ordentlich						unordentlich
rückständig						fortschrittlich
selbstbewußt						unsicher
ungebildet						gebildet
bewundernswert						alltäglich
leichtfertig						besonnen
aktiv						passiv
tolerant						kritiksüchtig
reizbar						ausgeglichen
ehrgeizig						gleichgültig
leichtsinnig						gewissenhaft
kritisch						unkritisch
massenhaft						individuell
anspruchsvoll						anspruchslos
unterhaltend						langweilig
gefühlvoll						gefühllos
anregend						trüb
sozial						egoistisch
schwierig						einfach
musikalisch						unmusikalisch
	sehr	etwas	weder noch	etwas	sehr	

26. Wie denkst Du über folgende Gruppen unserer Gesellschaft?
1 = finde ich gut 2= sind mir gleichgültig 3 = lehne ich ab

	1	2	3
Hausbesetzer	○	○	○
Popper	○	○	○
Fußball-Fans	○	○	○
Disco-Fans	○	○	○
Gruppen, die mit Gewalt vorgehen	○	○	○
Rock-Gegen-Rechts-Gruppen	○	○	○
Kernkraftgegner	○	○	○
Umweltschützer	○	○	○

Gruppen mit alternativer Lebensweise	○	○	○
Neue religiöse Jugendgruppen (Hare Krishna, u.a.)	○	○	○
Nationale Jugendgruppen (Wehrsportgruppe)	○	○	○
Parteijugend wie Junge Union/Jungsozialisten....	○	○	○
Punker	○	○	○

27. Wie schätzt Du die Zukunft ein – wie geht das Leben in unserer Gesellschaft wohl weiter?

1 =stimmt 2= wahrscheinlich 3 = wahrscheinlich nicht 4 = stimmt nicht

	1	2	3	4
Die Welt wird in einem Atomkrieg untergehen.	○	○	○	○
Die Menschen werden wieder sozialer werden.	○	○	○	○
Technik und Chemie zerstören die Umwelt.	○	○	○	○
Es wird mehr Gleichheit und Gerechtigkeit unter den Menschen geben.	○	○	○	○
Die Menschen werden nur noch an sich selbst denken.	○	○	○	○
Es wird eine sorgenfreie Gesellschaft geben, in der alles vorhanden ist.	○	○	○	○
Die Menschen werden sich auf ein naturverbundenes Leben einstellen.	○	○	○	○
Eine ernsthafte kulturelle Auseinandersetzung schwindet immer mehr.	○	○	○	○
Die Musikkultur wird von den neuen Medien erstickt.	○	○	○	○
Das Konsumverhalten wird die eigene Beschäftigung mit Musik abtöten.	○	○	○	○
Jugend hat in dieser Gesellschaft keine Chance.	○	○	○	○
Diese Gesellschaft hat zu wenig Sinn für ernsthafte Musik.	○	○	○	○

28. Könntest Du Dir vorstellen, Orchestermusiker zu werden. Was spricht dafür – was dagegen?

a. Orchestermusiker	ja	nein
Der Beruf ist sozial und gesundheitlich unsicher	○	○
ein zu kleines Gehalt	○	○
kein besonderes Ansehen in der Gesellschaft	○	○
man muß sich dem Dirigenten unterordnen – keine Selbstentfaltung möglich	○	○
Ein Beruf stumpft ab, und dazu ist mir Musik zu schade	○	○

b. Schulmusiker	stimmt	nicht
Kein besonderes Ansehen in der Gesellschaft	○	○
Umgang mit Schülern ist zu aufreibend	○	○
Zu viele Unbegabte hemmen die pädagogische Arbeit	○	○
Habe grundsätzlich keine Erzieherziele	○	○
Es gibt zu wenig gute Musiziermöglichkeiten in den Mauern der Schule	○	○
Junge Menschen für Musik zu gewinnen, ist für mich ein erstrebenswertes Ziel. Ich werde Musiklehrer, gleich in welcher Schule.	○	○

29. Welche Eigenschaften zeichnen Dich als Teilnehmer der Bundeswettbewerbe aus?

	sehr	weniger	gar nicht
Selbstbewußtsein	○	○	○
Willenskraft	○	○	○
Wissen um meine musikalische Begabung	○	○	○
innere Zielstrebigkeit	○	○	○
Durchsetzungsvermögen	○	○	○
psychische Stabilität	○	○	○
Phantasie	○	○	○
Konzentrationsfähigkeit	○	○	○
musikalisches Gedächtnis	○	○	○
Einfühlungsvermögen	○	○	○
Gefühle haben	○	○	○
Publikum fesseln können	○	○	○
tägliches Üben	○	○	○
Ehrgeiz	○	○	○

Statistische Tabellen

Lfd. Nr.		Geschlecht	Alter	Instr.	BW/Preis	Alterstufe	Land	Elterngespräch
1	KLAVIER	m	15	p	1.	II	NW	E
2		m	17	p	1.	III	RP	E
3		w	18	p	L2	III	RP	E
4		m	20	p	1.	IV	By	
5		w	19	p	L2	IV	Hes	E
6	ORGEL	m	19	org	1.	III	RP	E
7		m	19	org	L2/2.	III/IV	BW	E
8		m	22	org	1.	IV	Ns	E
9	VIOLINE	w	19	vl	1.(82)	III	NW	
10		w	18	vl	L2	III	RP	
11		w	21	vl	1.(82)	IIV	RP	E
12		w	19	vl	L2	IV	BW	
13	VIOLA	w	15	vla	1.	II	BW	E
14		w	15	vla	L2(3.)	II	RP	E
15		w	18	vla	L2	III	BW	E
16		m	22	vla	1.	IV	HH	E
17		w	21	vla	L2	IV	Hes	E
18	CELLO	w	15	vc	1.	II	BW	(Vaterinterview)
19		w	15	vc	L2	II	RP	E
20		m	17	vc	1.	III	NW	
21		m	17	vc	L2	III	By	
22	KONTRABASS	m	19	Cb	1.	IV	RP	E
23		m	20	Cb	L3	IV	NW	E
24		m	17	Cb	1.	III	NW	E
25	TROMPETE	w	15	tr	L3	II	Ns	
26		m	16	tr	1.	III	NW	E
27		m	18	tr	L2	III	Hes	E
28		m	21	tr	1.(82)	IV	BW	
29		m	20	tr	L3	IV	Hes	E
30	HORN	w	15	cor	1.	II	Saar	E
31		m	16	cor	L2	II	Hes	E
32		m	19	cor	L2	III	NW	E
33		w	20	cor	1.	IV	NW	

Grafik: Überblick über alle stichprobendefinierenden Variablen

Lfd. Nr.		Geschlecht	Alter	Instr.	BW/Preis	Alterstufe	Land	Elterngespräch
34	POSAUNE	m	16	trb	1.	II	Hes	E
35		m	18	trb	1.	III	By	E
36		m	18	trb	L2/1.	III/IV	Hes	E
37		m	22	trb	1.	IV	NW	
38		m	21	trb	L2	IV	Hes	E
39	TUBA	m	16	tb	1.	II	NW	E
40		m	18	tb	L2(2.)	III	By	E
41		m	21	tb	1.	IV	BW	
42		m	21	tb	L2(3.)	IV	Hes	E
43	BLOCKFLÖTE	w	14	bl.fl.	1.	II	NW	E
44		w	17	bl.fl.	L3	III	BW	E
45		m	18	bl.fl.	3.	IV	RP	E
46		w	19	bl.fl.	L2	IV	BW	
47	QUERFLÖTE	w	16	fl	1.	II	BW	E
48		w	16	fl	L2	II	NW	E
49		w	19	fl	1.	III	BW	
50		m	18	fl	L3	III	NW	
51		w	21	fl	1.	IV	NW	
52		w	22	fl	L2	IV	Hes	(Vaterinterview)
53	OBOE	w	16	ob	1.	II	BW	E
54		w	17	ob	1.	III	NW	E
55		w	17	ob	L2	III	Hes	E
56		m	21	ob	1.	IV	BW	
57		m	20	ob	L2	IV	NW	E
58	KLARINETTE	m	19	cl	1.	III	BW	E
59		m	19	cl	L2	III	Hes	E
60		m	21	cl	1.	III	NW/Ber	E
61	FAGOTT	m	19	fg	1.	III	BW	
62		m	21	fg	2.	IV	BW	

Summe der Gespräche: 60 Interviews mit Jugendlichen (+ 2 ausführliche Elterngespräche)
43 Elterngespräche

Grafik: (Fortsetzung)

Polaritäten	Selbstbild $\bar{x}$	Selbstbild s	Fremdbild $\bar{x}$	Fremdbild s
sentimental-sachlich	2.8	1.3	2.5	1.2
ordentlich-unordentlich	2.7	1.2	3.1	1.4
rückständig-fortschrittlich	3.5	0.9	3.0	1.0
selbstbewußt-unsicher	2.1	0.9	2.2	1.3
ungebildet-gebildet	3.7	0.9	3.7	1.1
bewunderswert-alltäglich	2.8	0.9	2.0	0.8
leichtfertig-besonnen	3.4	1.1	3.2	1.3
aktiv-passiv	1.8	0.8	1.8	1.1
tolerant-kritiksüchtig	2.2	1.3	2.8	1.2
reizbar-ausgeglichen	2.8	1.2	2.9	1.5
ehrgeizig-gleichgültig	1.9	0.9	1.9	1.0
leichtsinnig-gewissenhaft	3.7	1.1	3.3	1.3
kritisch-unkritisch	1.5	0.7	1.8	1.0
massenhaft-individuell	4.4	0.7	4.4	0.8
anspruchsvoll-anspruchslos	1.8	0.9	1.9	1.0
unterhaltend-langweilig	2.4	0.9	2.3	1.1
gefühlvoll-gefühllos	1.4	0.6(!)	1.5	0.7
anregend-trüb	2.4	0.8	2.2	0.8
sozial-egoistisch	2.5	0.9	2.9	1.1
schwierig-einfach	2.9	0.9	2.4	1.2
musikalisch-unmusikalisch	1.4	0.7	1.2	0.6(!)

Tabelle: Mittelwerte und Standardabweichungen im Selbst- und Fremdbild der Jugendlichen (Polaritätsprofil)

Polaritäten	F < S	F > S	F = S	z	p
sentimental-sachlich	16	13	7	–1.1	.25
ordentlich-unordentlich	9	21	14	–2.0	.04*
rückständig-fortschrittlich	21	7	14	–3.0	.00**
selbstbewußt-unsicher	14	17	17	–.09	.93
ungebildet-gebildet	9	13	22	–.11	.91
bewunderswert-alltäglich	26	5	10	–3.6	.00**
leichtfertig-besonnen	14	12	17	–1.3	.21
aktiv-passiv	11	10	23	–.03	.97
tolerant-kritiksüchtig	3	20	18	–3.1	.00**
reizbar-ausgeglichen	15	15	11	–.21	.84
ehrgeizig-gleichgültig	14	13	17	–.02	.98
leichtsinnig-gewissenhaft	16	10	17	–1.5	.14
kritisch-unkritisch	9	14	20	–1.4	.15
massenhaft-individuell	8	9	25	– 0	1.00
anspruchsvoll-anspruchslos	9	10	24	–.76	.44
unterhaltend-langweilig	12	9	22	–.26	.79
gefühlvoll-gefühllos	6	12	25	–1.5	.13
anregend-trüb	12	7	24	–.93	.35
sozial-egoistisch	7	17	19	–2.2	.02*
schwierig-einfach	20	8	15	–2.0	.04*
musikalisch-unmusikalisch	13	4	27	–1.9	.06

Tabelle: Wilcoxon-Test für Rangdaten und abhängige Gruppen

	Selbsturteil		Fremdurteil	
	$\bar{x}$	s	$\bar{x}$	s
Rockmusik	3.4	1.1	2.4	1.0
Schlager	4.5	0.7	2.2	0.9
Jazz	2.2	1.0	3.2	1.1
Klassische Musik	1.2	0.6	3.2	0.9
Neue Musik	2.5	0.9	4.4	0.9
Volksmusik	4.0	0.9	2.6	0.8
Neue Deutsche Welle	4.4	0.8	2.7	1.0
Discomusik	4.2	0.9	2.5	1.0
Punk	4.5	0.7	3.8	1.1
Liedermacher	2.9	1.0	2.8	0.7

Tabelle: Bewertung musikalischer Genres im Selbst- und vermuteten Fremdurteil (Wie glaubst Du, daß die Mehrheit der Bevölkerung urteilt?)

Vergleich: Fremdurteil vs. Eigenurteil (V 97–V87)

	–	+ Ranks	Ties	z	p (zweiseitig)	
Rock	31	9	10	– 3.59	.0003	*s.s.
Schlager	46	1	4	– 5.91	.0000	s.s.
Jazz	9	31	10	– 3.84	.0001	s.s.
Klassische Musik	2	46	3	– 5.91	.0000	s.s.
Neue Musik	4	44	2	– 5.49	.0000	s.s.
Volksmusik	38	4	8	– 5.2	.0000	s.s.
Neue Deutsche Welle	42	1	7	– 5.61	.0000	s.s.
Disco-Musik	40	3	5	– 5.48	.0000	s.s.
Punk	25	5	16	– 3.54	.0004	s.s.
Liedermacher	17	15	17	– .65	.5128	n.s.

*Lesebeispiel: 31 Fälle (d.h. 31 Vpn) haben in der Bewertung der Rockmusik niedrigere Werte (1,2...) in der Fremdbewertung als im Eigenurteil abgegeben. 9 haben höher bewertet. Inhaltlich: 31 Jugendliche nehmen für Rockmusik eine höhere Wertschätzung in der Gesellschaft an im Vergleich zum eigenen Urteil. Ties bedeutet Urteilsidentität. p gibt die Irrtumswahrscheinlichkeit an.

Tabelle: Ergebnisse des Wilcoxon-Testes (Prüfung von Mittelwerten für korrelierende Stichproben (Fremdurteil vs. Eigenurteil)

Schlager	.2680* N (50) SIG .030								
Jazz	.1152 N (50) SIG .213	−.0106 N (50) SIG .471							
Klassik	−.2953 N (50) SIG .019	−.3325** N (51) SIG .009	.2345* N (50) SIG .051						
Neue Musik	−.3150* N (49) SIG .014	.1423 N (50) SIG .162	.0342 N (49) SIG .408	.1442 N (50) SIG .159					
Volksmusik	−.0549 N (50) SIG .352	.2516* N (51) SIG .037	−.2024 N (50) SIG .079	−.0975 N (51) SIG .248	1646 N (50) SIG .127				
Neue Dt. Welle	.1813 N (50) SIG .104	.2901* N (51) SIG .019	.0026 N (50) SIG .493	−.1446 N (51) SIG .156	−.0215 N (50) SIG .441	−.1355 N (51) SIG .172			
Discomusik	.4018** N (49) SIG .002	.1561 N (50) SIG .140	.1008 N (49) SIG .245	−.1040 N (50) SIG .236	−.1537 N (49) SIG .146	−.1175 N (50) SIG .208	.3954** N (50) SIG .002		
Punkmusik	.2909* N (46) SIG .025	.0402 N (47) SIG .394	.1043 N (46) SIG .245	−.1177 N (47) SIG .215	.0550 N (46) SIG .358	−.3017* N (47) SIG .020	.2928* N (47) SIG .023	.3473** N (46) SIG .009	
Liedermacher	−.0525 N (50) SIG .359	.0223 N (50) SIG .439	−.0973 N (50) SIG .251	−.0199 N (50) SIG .445	.2444* N (49) SIG .045	.0857 N (50) SIG .277	.0522 N (50) SIG .359	.0991 N (49) SIG .249	.3276** N (46) SIG .013
	Rock- musik	Schlager	Jazz	Klassik	Neue Musik	Volks- musik	NDW	Disco- musik	Punk- musik

Tabelle: *Interkorrelationen der Bewertungen einzelner Musikgenres*

1. Zeile: *Korrelationskoeffizient*

2. Zeile: *Anzahl der Fälle (paarweiser Ausschluß fehlender Werte)*

3. Zeile: *Wahrscheinlichkeit, daß diese Korrelation nicht per Zufall, sondern durch einen systematischen Faktor entstanden ist*

*SIG. ≤ .05 signifikant **

*SIG. ≤ .01 hochsignifikant ***